출입국전문가와 함께하는

외국인 체류자격 · 체류기간 및
체류자격 변경절차 실무

출입국/ 비자전문 행정사
법학박사   김동근
                共著
변호사   최나리

- 체류자격별 체류기간
- 체류자격별 취업가능 범위
- 체류자격유형별 변경절차
- 체류기간 연장
- 체류기간 변경
- 체류자격외 활동
- 외국인근로자 근무처변경신고
- 각종 신고의무 기간

법률출판사

머리말

법무부 출입국·외국인정책본부가 2024. 1. 16일 공개한 '2023년 12월 통계월보'에 따르면 지난해 12월 말 기준 체류 외국인은 250만7천584명이며, 전월보다는 8.1%, 전년보다는 11.7% 늘어났다고 합니다.

놀랍게도 이 수치는 대한민국 전체 인구의 4.89%에 해당한다고 합니다.

경제협력개발기구(OECD)는 한 나라의 외국인 비율이 5%를 넘는 경우 다문화 사회로 보고 있는데, 대한민국은 이제 본격적인 다문화 사회로의 진입을 앞둔 셈입니다. 이제는 관광지, 대학, 회사, 농촌 등 대한민국 어디엘 가든 정말 손쉽게 외국인을 만날 수 있는 그러한 세상이 된 것입니다.

이렇듯 국내체류 외국인이 기하급수적으로 증가됨에 따라 대한민국의 관계 부서의 입장에서는 그 만큼 외국인에 대한 체류자격 및 체류관리에 대한 각종 어려움에 직면하게 되었고, 반면, 국내체류 외국인의 경우에는 체류자격 및 체류기간 그리고 국내취업 등을 위한 체류자격 변경 절차 나아가 국내 영구체류가 가능한 영주권 취득 등에 대한 관심이 고조되게 되었습니다.

그럼에도 현재 국내 법률도서 중 위와 관련된 문제를 전문적으로 다루고 있는 도서는 아직 눈에 띄게 존재하지 않는 상태이고, 특히 국내체류 외국인들이 많은 관심을 갖고 있는 분야인 체류자격변경절차 등에 관한 전문도서는 전무한 현실이라서, 체류변경에 관심을 갖고 있는 외국인분들의 어려움은 배가되고 있는 상황입니다.

물론 이는 단지 국내체류 외국인에 국한된 문제는 아니고 관련 업무에 종사하시는 분들도 마찬가지로 참고할만한 전문도서가 존재하지 아니하는 까닭에 일부 전문가들로부터 조언을 구하거나 전해 듣는 구전형태로 업무가 진행되다 보니 다들 어렵게 생각하고 있는 부분이기도 한 영역입니다.

이에 따라 본서는 외국인의 체류자격·체류기간 그리고 체류자격별 변경절차를 개관하여 관련 외국인이나 관련 분야의 전문가 또는 초심자들이 관련절차 진행시 도움이 될 수 있는 지침서를 출간하는데 주안점을 두었습니다.

이에 맞추어 본서는 우선 외국인들의 국내 입국에 관한 기본적인 이론을 기초로 각 체류자격별 체류기간, 체류기간의 한계, 체류자격별 취업가능 범위, 체류기간 연장·변경 그리고 체류자격외 활동 및 각 체류자격에서 취업이나 다른 체류자격으로의 변경요건 충족 시 다른 체류자격으로의 변경절차 등에 관한 실무적인 내용들 즉, 각각의 요건 및 기준 그리고 그에 필요한 점수표, 변경과정 등과 관련된 내용들을 모두 꼼꼼하게 정리함은 물론 그 외 외국인근로자의 근무처변경신고 및 국내체류 외국인의 각종 신고의무 기간까지의 전반적인 내용 또한 기술함으로써 명실상부 외국인의 체류 등과 관련 된 기본적인 지침서로써의 역할을 충분히 다할 수 있도록 기술하였다는데 그 특징이 있습니다.

모쪼록 본서가 국내체류 중 체류자격 변경을 목전에 두고 있거나 사전에 체류변경 절차나 요건에 대한 지식을 습득하고자 하는 외국인분들 그리고 관련 업무에 관심이 있거나 현재 관련 업무에 종사하시는 분들에게 최적의 지침서 역할을 수행할 수 있기를 바라고, 앞으로도 관련 연구를 지속적으로 수행하며 보다 충실한 지침서로써의 역할을 다할 수 있도록 각종 내용을 보완해 나가고자 하오니, 독자분들의 계속된 관심과 응원을 부탁하는 바입니다.

끝으로 근래의 여러 어려운 여건 속에서도 본서의 출판을 위하여 불철주야 노력하신 법률출판사 김용성 사장님을 비롯하여 편집자 및 여러 임직원들 그리고 여러 법률적인 조언을 아끼지 아니하신 법률사무소 로앤어스 최나리 대표변호사님 등에게도 깊은 감사를 드리는 바입니다.

2025. 1.
서초동 사무실에서 저자 김동근 씀

차 례

제1편 외국인의 입국

제2편 외국인의 체류

제3편 체류기간의 연장 및 출국기한의 유예

제4편 제류자격의 변경 및 절차도

제5편 근무처의 변경 등

제6편 제류자격 외 활동

제7편 국내체류 외국인의 각종 신고의무 기간 및 위반시 처벌

별첨 | 사증발급 안내 매뉴얼

알기 쉬운 외국국적동포 업무 매뉴얼

제1편
외국인의 입국

1. 외국인의 입국 등

외국인이 대한민국에 입국을 하기 위해서는 입국허가 즉 사증을 소지하여야 한다. 사증(VISA)의 원래 의미는 일종의 배서 또는 확인으로서 국가 정책에 따라 그 의미가 다르며, 외국인이 그 나라에 입국할 수 있음을 인정하는 "입국허가 확인"의 의미와, 외국인의 입국허가신청에 대한 영사의 "입국추천행위"의 의미로 보고 있는 국가로 대별된다.

우리나라는 후자의 의미, 즉 "외국인의 입국허가 신청에 대한 영사의 입국추천행위"로 이해하고 있다. 따라서 외국인이 사증을 소지한 경우에도 공항만 출입국관리사무소 심사관의 입국심사결과 입국허가 요건에 부합하지 아니한 경우 입국을 허가하지 않을 수 있다. 이러한 사증은 법무부장관의 위임에 따라 재외공관의 장이 외국인의 신청에 따라 발급한다(법 제8조 제2항, 법 시행령 제7조 제1, 2항).

【판시사항】

사증의 개념(서울행정법원 2016. 9. 30. 선고 2015구합77189 판결 : 항소)

【판결요지】

사증이란 사증발급 신청인의 여권이 그 국적국가의 정부기관에서 합법적으로 발급된 유효한 여권임을 확인하고, 사증발급 신청의 사유와 사증발급에 요구되는 기준에 의하여 입국하려는 국가에서 입국·체류하는 것이 상당함을 확인하여 입국항만에서 출입국관리공무원의 입국심사를 받도록 허가한 문서를 말하고, 체류자격이란 외국인이 국내에서 머물면서 일정한 활동을 할 수 있는 법적 지위를 유형화한 것으로, 그에 따라 일정한 권리를 부여받고 의무를 부담하는 출입국관리법에서 정한 자격을 말한다. 따라서 외국인의 입국과 관련하여 발급되는 사증과 외국인이 국내에서 활동할 수 있는 법적 지위를 의미하는 체류자격은 개념상 구분된다 할 것이고, 체류자격 해당 여부를 유효한 여권 소지 여부, 입국금지 대상 여부와 함께 사증발급의 요건의 하나로 규정하고, 체류자격에 관한 사항을 사증의 필수적 기재사항으로 규정하며, 사증을 발급받지 않은 외국인에게도 체류자격을 부여하도록 규정하고 있는 위 출입국관리법령에 의하더라도 사증과 체류자격은 구분된다 할 것이다.

가. 외국인의 입국

(1) 외국인 입국절차

(가) 원칙 - 여권 및 사증소지

여권이란[1] 한 국가의 국민임을 확인하고, 사실상 외국의 당국에게 당해 여권의 소지자에게

---

1) 여권은 위명여권과는 구별된다. 위명여권은 외국인 신분세탁 및 출입국규제 잠탈 목적으로 자국

입국하고 자유로이 그리고 안전하게 통과하도록 허용해달라고 요청하며, 여권의 소지자에게 여권발급국의 외교관 및 영사관직원들의 보호와 주선에 대한 권리를 승인하는 문서이다. 여권은 그 성격과 목적상 외국의 정부에 대하여 제출되는 문서로서, 외국에 대하여 그 명의인의 국적을 증명하는 신분증명서로서의 역할과 함께 국내적으로는 그 명의인에 대한 출국허가의 성격도 갖고 있다. 이처럼 여권은 최소한 여권소지자의 신분증명서(identification card)로서 역할을 하고 있으며, 최대한의 의미에 있어서는 국적(nationality), 신분확인(identification), 편의제공(facilitation), 보호(protection), 귀국보증서(return ticket) 등의 기능을 한다.[2] 따라서 외국인이 대한민국에 입국하고자 할 때에는 유효한 여권과 법무부장관이 발급한 사증(査證)을 가지고 있어야 한다(법 제7조 제1항).

외국인의 입국은 외국인이 대한민국의 국가 영역 안에 도달이라는 객관적 요건과 입국의 의사라는 주관적 요건으로 구성된다. 한편, 여권의 유효성 판단은 여권의 형식적 요건과 실질적 요건을 충족하였는지 여부를 기준으로 하는데, 여기서 형식적 요건이란 ⅰ) 권한 있는 국가 기관에 의하여 적법하게 발급되었을 것, ⅱ) 여권이 유효기간을 경과하지 아니 하였을 것, ⅲ) 여권의 명의인과 소지자가 동일인일 것, ⅳ) 여권이 위조되거나 변조되지 않았을 것, ⅳ) 우리정부가 유효하다고 인정하는 것 등의 기준을 갖추는 것을 말하며, 실질적 요건이란 여권의 명의인과 소지하고 행사하는 외국인이 동일하다는 것을 의미한다.
외국인에게 유효한 여권을 소지하도록 의무화하는 목적은 정확한 외국인의 신원을 파악하여 출입국관리행정의 실효성을 확보하고, 당해 외국인에 대한 외교적 보호의 관할권을 명확히 하며, 강제퇴거의 경우 송환이 가능한 국가를 확인하여 국익을 저해하는 외국인의 추방을 유효하게 집행하고, 대한민국에서 체류하는 외국인의 신원을 확인할 수 있는 국제적으로 공인된 신분증 역할을 하기 때문이다.[3]

【판시사항】
출입국관리법상 '입국'의 의미(대법원 2005. 1. 28. 선고 판결)

【판결요지】
출입국관리법상 '입국'이라 함은 대한민국 밖의 지역으로부터 대한민국 안의 지역으로 들어오는

정부에 허위의 인적사항을 신고하여 발급받은 여권을 이른바 위명여권이라 한다.
2) 서울고등법원 2007. 5. 3. 선고 2006누20268 판결.
3) 법무부 출입국·외국인정책본부, 앞의 책 65면.

것을 말하고, 여기서 '대한민국 안의 지역'이라 함은 대한민국의 영해, 영공 안의 지역을 의미하며, 따라서 출입국관리법 제12조 제1항 또는 제2항의 규정에 의하여 입국심사를 받아야 하는 외국인을 집단으로 불법입국시키거나 이를 알선한 자 등을 처벌하는 출입국관리법 제93조의2 제1호 위반죄의 기수시기는 불법입국하는 외국인이 대한민국의 영해 또는 영공 안의 지역에 들어올 때를 기준으로 판단하여야 한다.

(나) 예외 - 국체친선 등을 위한 입국허가

외국인이 대한민국에 입국하고자 할 때에는 유효한 여권과 법무부장관이 발급한 사증(査證)을 가지고 있어야 하지만, 다음의 어느 하나에 해당하는 외국인은 사증 없이도 입국할 수 있다(법 제7조 제2항).

1) 재입국허가를 받은 사람 또는 재입국허가가 면제된 사람으로서 그 허가 또는 면제받은 기간이 끝나기 전에 입국하는 사람

2) 대한민국과 사증면제협정을 체결한 국가의 국민으로서 그 협정에 따라 면제대상이 되는 사람

3) 국제친선, 관광 또는 대한민국의 이익 등을 위하여 입국하는 사람으로서 대통령령으로 정하는 바에 따라 따로 입국허가를 받은 사람. 이에 따라 사증 없이 입국할 수 있는 외국인은 ⅰ) 외국정부 또는 국제기구의 업무를 수행하는 사람으로서 부득이한 사유로 사증을 가지지 아니하고 입국하려는 사람, ⅱ) 법무부령으로 정하는 기간 내에 대한민국을 관광하거나 통과할 목적으로 입국하려는 사람, ⅲ) 그 밖에 법무부장관이 대한민국의 이익 등을 위하여 입국이 필요하다고 인정하는 사람의 어느 하나에 해당하는 사람으로 한다(법 시행령 제8조 제1항). 또한, 이에 따라 사증 없이 입국할 수 있는 외국인의 입국허가 절차를 정하며(같은 조 제2항), 외국인의 구체적인 범위는 법무부장관이 국가와 사회의 안전 또는 외국인의 체류질서를 고려하여 정한다(같은 조 제3항).

4) 난민여행증명서를 발급받고 출국한 후 그 유효기간이 끝나기 전에 입국하는 사람

(2) 사증면제협정 적용의 일시 정지

법무부장관은 공공질서의 유지나 국가이익에 필요하다고 인정하면 대한민국과 사증면제협정을 체결한 국가의 국민으로서 그 협정에 따라 면제대상이 되는 사람에 대하여 사증면제협정의 적용을 일시 정지할 수 있다(법 제7조 제3항).

(가) 외교부장관과의 협의

법무부장관은 사증면제협정의 적용을 일시 정지하려면 외교부장관과 미리 협의하여야 한다(법 시행령 제9조 제1항).

(나) 당사국 통지

법무부장관은 사증면제협정의 적용을 일시 정지하기로 결정한 때에는 지체 없이 그 사실을 외교부장관을 거쳐 당사국에 통고하여야 한다(법 시행령 제9조 제2항).

(3) 미수교국가 등 입국절차

(가) 외국인입국허가서의 발급 등

대한민국과 수교(修交)하지 아니한 국가나 법무부장관이 외교부장관과 협의하여 지정한 국가의 국민은 재외공관의 장이나 지방출입국·외국인관서의 장이 발급한 외국인입국허가서를 가지고 입국할 수 있다(법 제7조 제4항). 여기서 미수교국가[4]란 대한민국이 해당 국가와 외교 관계를 맺지 않았거나 국교를 단절한 국가를 의미한다. 원칙적으로 미수교국가의 정부가 발급한 여권은 유효한 것으로 인정하지 않기 때문에 통상의 절차에 의해서는 입국이 불가능하지만, 법 제7조 제4항은 미수교국가라도 자국의 이익에 부합할 경우 예외적으로 입국을 허용할 수 있는 내용을 규정한 것이다.[5]

다만, 미수교국가 또는 특정국가의 국민은 법 제7조 제4항에 따라 긴급한 사유 그 밖에 부득이한 사유로 인하여 재외공관의 장으로부터 외국인입국허가서를 발급받지 아니하고 입국하고자 하는 때에는 청장·사무소장 또는 출장소장에게 외국인입국허가서 발급신청을 하여야 되며(법 시행규칙 제16조 제1항), 이에 따라 외국인입국허가서발급신청을 하고자 하는 자는 사증발급신청서에 사증발급 등 신청시의 첨부서류(법 시행규칙 제76조)를 첨부하여 이를 청장·사무소장 또는 출장소장에게 제출하여야 한다(법 시행규칙 제16조 제2항). 이에 따른 신청에 대하여 청장·사무소장 또는 출장소장은 이를 허가하거나 거부하고자 하는 때에는 법무부장관의 승인을 얻어야 한다. 이 경우 필요하다고 인정하는 때에는 당해 출입국항에 주재하는 관계기관의 공무원에게 의견을 물을 수 있다(같은 조 제3항). 또한 이에 따른 허가의 승인이 있는 때에는 청장·사무소장 또는 출장소장은 외국인입국허가서에 허가된 체류자격과 체류기간을 기재한 후 발급기관란에 출입국·외국인청장인, 출입국·외국인사무소

---

4) 현재 대한민국과 수교하지 아니한 국가는 쿠바, 마케도니아, 시리아, 팔레스타인 등이 있다.
5) 법무부 출입국·외국인정책본부, 앞의 책 69면.

장인, 출입국·외국인청 출장소장인 또는 출입국·외국인사무소 출장소장인을 찍고 서명하여야 한다(같은 조 제4항). 이 경우 체류자격 및 근무처의 기재방법에 관하여는 제8조 제3항 후단을 준용한다(같은 조 제5항).

1) 협의지정 국가 통보

법무부장관은 외교부장관과 협의하여 국가를 지정하면 지체 없이 그 사실을 재외공관의 장, 청장·사무소장 및 출장소장에게 통보하여야 한다(법 시행령 제10조 제1항).

2) 사증발급신청 및 사증발급 거부의 처분성

가) 사증발급신청

외국인입국허가서를 발급받으려는 사람은 사증발급 신청서에 법무부령으로 정하는 서류를 첨부하여 재외공관의 장, 청장·사무소장 또는 출장소장에게 제출하여야 한다(법 시행령 제10조 제2항).

나) 거부처분의 처분성

대법원 행정청이 국민의 신청에 대하여 한 거부행위가 항고소송의 대상인 행정처분이 되기 위한 요건으로서 '신청인의 법률관계에 어떤 변동을 일으키는 것'의 의미에 관한 사안에서 '국민의 적극적 행위 신청에 대하여 행정청이 그 신청에 따른 행위를 하지 않겠다고 거부한 행위가 항고소송의 대상이 되는 행정처분에 해당하는 것이라고 하려면, 그 신청한 행위가 공권력의 행사 또는 이에 준하는 행정작용이어야 하고 그 거부행위가 신청인의 법률관계에 어떤 변동을 일으키는 것이어야 하며 그 국민에게 그 행위발동을 요구할 법규상 또는 조리상의 신청권이 있어야 한다고 할 것인바, 여기에서 '신청인의 법률관계에 어떤 변동을 일으키는 것'이라는 의미는 신청인의 실체상의 권리관계에 직접적인 변동을 일으키는 것은 물론 그렇지 않다 하더라도 신청인이 실체상의 권리자로서 권리를 행사함에 중대한 지장을 초래하는 것도 포함한다고 해석함이 상당하다.'라고 함으로써, 결국 사증발급거부행위의 처분성 여부는 법률상 이익 및 신청권의 존부에 따라 달라진다고 할 것이다.6)

> **【판시사항】**
> 외국인에게 사증발급 거부처분의 취소를 구할 법률상 이익이 인정되는지 여부(대법원 2018. 5. 15. 선고 2014두42506 판결)

---

6) 대법원 2002. 11. 22. 선고 2000두9229 판결.

3) 입국인 입국허가서의 발급

재외공관의 장, 청장·사무소장 또는 출장소장은 제2항에 따른 외국인 입국허가 신청을 한 사람에게 법무부령으로 정하는 바에 따라 외국인입국허가서를 발급하여야 한다. 이 경우 그 외국인입국허가서에는 체류자격, 체류기간 및 근무처 등을 적어야 한다(법 시행령 제10조 제3항).

4) 외국인입국허가서의 유효기간

가) 원칙

외국인입국허가서의 유효기간은 3개월로 하며, 1회 입국에만 효력을 가진다.

나) 예외

다만, 별표 1의2 중 1. 외교(A-1)부터 3. 협정(A-3)까지의 체류자격에 해당하는 사람으로서 대한민국에 주재하기 위하여 입국하려는 사람에 대한 외국인입국허가서의 유효기간은 3년으로 하며, 2회 이상 입국할 수 있는 효력을 가진다(법 시행령 제10조 제4항).

[별표 1의2]

장기체류자격(제12조 관련)

체류자격 (기호)	체류자격에 해당하는 사람 또는 활동범위
1. 외교 (A-1)	대한민국정부가 접수한 외국정부의 외교사절단이나 영사기관의 구성원, 조약 또는 국제관행에 따라 외교사절과 동등한 특권과 면제를 받는 사람과 그 가족
2. 공무 (A-2)	대한민국정부가 승인한 외국정부 또는 국제기구의 공무를 수행하는 사람과 그 가족
3. 협정 (A-3)	대한민국정부와의 협정에 따라 외국인등록이 면제되거나 면제할 필요가 있다고 인정되는 사람과 그 가족

5) 외국인입국허가서 회수

가) 원칙

출입국관리공무원은 외국인입국허가서를 발급받아 입국한 외국인이 출국할 때에는 외국인입국허가서를 회수하여야 한다.

나) 예외

다만, 제4항 단서에 해당하는 외국인입국허가서를 발급받아 입국한 외국인에 대해서는 최종적으로 출국할 때에 회수하여야 한다(법 시행령 제10조 제5항).

(나) 사증 등 발급의 승인

1) 승인권자

가) 원칙

재외공관의 장은 대한민국과 수교하지 아니한 국가나 법무부장관이 외교부장관과 협의하여 지정한 국가(이하 "특정국가"라 한다)의 국민 및 미수교국가 또는 특정국가에 거주하는 무국적자에 대하여 외국인입국허가서를 발급하거나, 그 발급권한이 위임되지 아니한 사증을 발급하고자 하는 때에는 법무부장관의 승인을 얻어야 한다(법 시행규칙 제8조 제1항 본문).

나) 예외

다만, 국제연합기구 또는 각국 정부간의 국제기구가 주관하는 행사에 참석하는 자와 법무부장관이 따로 정하는 자에 대하여 체류기간 90일이하의 외국인입국허가서 또는 사증을 발급하는 경우에는 그러하지 아니하다(법 시행규칙 제8조 제1항 단서).

2) 승인요청

재외공관의 장은 승인을 얻고자 하는 때에는 사증발급승인신청서에 입국의 적합 여부에 관한 의견을 붙여 외교부장관을 거쳐 법무부장관에게 승인요청을 하여야 한다. 다만, 긴급을 요하는 때에는 사증발급승인요청서에 의하여 전문으로 승인을 요청할 수 있으며, 이 경우 재외공관의 장은 그 신청인으로부터 실비상당의 전신료를 징수할 수 있다(법 시행규칙 제8조 제2항).

■ 출입국관리법 시행규칙 [별지 제19호서식] 〈개정 2015.6.15.〉

사증발급승인요청서

1. 승인대상 외국인의 인적사항

국적		성명						생년월일		남 · 여
여권번호		여권 종류	외교관 [ ]	관용 [ ]	일반 [ ]	여행 증명서 [ ]	기타 [ ]	체류예정 기간	( )일	
입국목적										
주소 (국가명에서 번지까지)	출생지									
	현주소					연락처	(본국)			
	국내체류 예정지						(한국내)			
직업	직장명			배우자		국적				
	담당업무					성명				
	직위					생년월일				
	연락처					연락처				
최근 5년 이내 한국방문 사실	( )회	최근 5년 이내 한국 이외의 다른 국가 방문 경험(국가명 기재)								

2. 승인대상 외국인의 초청내용

초청업체명 (초청인)		사업자등록번호		대표자 성명		생년월일	
연락처		주소					
초청목적							

3. 국내 체류 중인 가족 (직계가족 및 배우자만 기재)

연번	국적	성명	생년월일	성별	여권번호	관계
1						
2						
3						
4						
5						

4. 공관장 의견

체류자격		체류기간	( )일	사증종류		단수 · 복수	유효기간 ※복수만 기재	( )년
〈공관장 의견 및 특이사항 기재〉								

210mm×297mm[백상지 80g/㎡(재활용품)]

3) 법무부장관의 심사 및 통지

법무부장관은 사증발급에 관하여 승인요청이 있는 때에는 입국의 적합 여부를 심사한 후에 그 승인여부와 승인하는 경우 그 사증의 단수 또는 복수의 구분, 체류자격 및 체류기간을 각각 명시하여 이를 외교부장관을 거쳐 해당재외공관의 장에게 통지한다. 이 경우 체류자격은 문자와 기호를 함께 적고, 근무처, 연수장소, 학교명 등이 있는 때에는 이를 명시하여야 한다(법 시행규칙 제8조 제3항).

4) 사증발급 제한

재외공관의 장은 법무부장관에게 사증발급승인을 요청한 때에는 그 승인통지를 받기 전에 사증을 발급하여서는 아니 된다(법 시행규칙 제8조 제4항).

나. 허위초청 등의 금지

(1) 금지행위 유형

누구든지 외국인을 입국시키기 위하여 ⅰ) 거짓된 사실의 기재나 거짓된 신원보증 등 부정한 방법으로 외국인을 초청하거나 그러한 초청을 알선하는 행위, ⅱ) 거짓으로 사증 또는 사증발급인정서를 신청하거나 그러한 신청을 알선하는 행위의 어느 하나의 행위를 하여서는 아니 된다(법 제7조의2).

【판시사항】
불법체류를 이유로 강제출국 당한 중국 동포인 피고인이 중국에서 이름과 생년월일을 변경한 호구부(호구부)를 발급받아 중국 주재 대한민국 총영사관에 제출하여 입국사증을 받은 다음, 다시 입국하여 외국인등록증을 발급받고 귀화허가신청서까지 제출한 사안에서, 피고인에게 각 '위계에 의한 공무집행방해죄'를 인정한 원심판단을 수긍한 사례(대법원 2011. 4. 28. 선고 2010도14696 판결)

【판결요지】
불법체류를 이유로 강제출국 당한 중국 동포인 피고인이 중국에서 이름과 생년월일을 변경한 호구부(호구부)를 발급받아 중국 주재 대한민국 총영사관에 제출하여 변경된 명의로 입국사증을 받은 다음, 다시 입국하여 그 명의로 외국인등록증을 발급받고 귀화허가신청서까지 제출한 사안에서, 피고인이 자신과 동일성을 확인할 수 없도록 변경된 호구부를 중국의 담당관청에서 발급받아 위 대한민국 총영사관에 제출하였으므로, 영사관 담당직원 등이 호구부의 기재를 통하여 피고인의 인적사항 외에 강제출국 전력을 확인하지 못하였더라도, 사증 및 외국인등록증의 발급요건 존부에 대하여

충분한 심사를 한 것으로 보아야 하고, 이러한 경우 행정청의 불충분한 심사가 아니라 출원인의 적극적인 위계에 의해 사증 및 외국인등록증이 발급되었던 것이므로 위계에 의한 공무집행방해죄가 성립하고, 또한 피고인의 위계행위에 의하여 귀화허가에 관한 공무집행방해 상태가 초래된 것이 분명하므로, 귀화허가가 이루어지지 아니하였더라도 위 죄의 성립에 아무런 영향이 없다는 이유로, 피고인에게 각 '위계에 의한 공무집행방해죄'를 인정한 원심판단을 수긍하였다.

(2) 사증발급인정서 신청 주체

법 제7조, 법 시행령 제7조 제1항에 의하면 사증의 발급신청자는 사증을 발급받고자 하는 외국인이고, 법 제9조 제1항, 제2항, 법 시행규칙 제17조 제2항에 의하면 사증발급인정서의 신청자도 외국인이고 그 외국인을 초청하려는 자는 대리로 신청할 수 있도록 규정하고 있는 점, 외국인이든 초청자든 허위로 사증 내지 사증발급인정서를 신청하는 경우에 우리나라의 사증 등 발급업무를 포함한 외국인 출입국관리업무에 중대한 영향을 미치는 데에 아무런 차이가 없는 점 등을 종합해 보면, 법 제7조의2 제2호의 누구든지 외국인을 입국시키기 위하여 허위로 사증 또는 사증발급인정서를 신청하는 행위의 주체에는 외국인도 포함된다고 보는 것이 상당하다.

다. 사전여행허가

(1) 사전여행허가 대상

법무부장관은 공공질서의 유지나 국가이익에 필요하다고 인정하면 i)국제친선, 관광 또는 대한민국의 이익 등을 위하여 입국하는 사람으로서 대통령령으로 정하는 바에 따라 따로 입국허가를 받은 사람(제7조 제2항 제2호 또는 제3호), ii) 다른 법률에 따라 사증 없이 입국할 수 있는 외국인에 대하여 입국하기 전에 허가를 받도록 할 수 있다(법 제7조의3).

(2) 입국시 사전영행허가서 지참

사전여행허가를 받은 외국인은 입국할 때에 사전여행허가서를 가지고 있어야 하며, 사전여행허가서 발급에 관한 기준 및 절차·방법은 법무부령으로 정한다.

2. 사증

가. 사증의 개념 및 구분

(1) 사증의 개념

사증(visa)이란 라틴어의 'vise'가 어원이며, 이는 배서하다, 보증하다, 확인하다, 인정하다, 증명하다 등의 의미를 갖고 있다. 사증(査證)과 비자는 같은 말이다. 이러한 사증은 법무부장관이 발행하되 법무부장관은 그 업무를 재외공관의 장에게 위임할 수 있다. 특히, 입국사증은 사증 또는 비자라고도 불리는데, 아무리 인간의 거주이전의 자유가 인정된다고 하여도 외국인의 입국을 무조건적으로 허용하는 국가는 없다. 즉, 전과자, 수배자, 전염병환자 등 입국할 국가의 안전을 해칠 우려가 있는 자 등에 대해서는 입국을 제한하기 위하여 입국자격을 심사하고, 입국자격을 증명하기 위하여 입국사증을 발급하고 있다. 우리나라에 사증제도가 도입된 것은 1918년 「외국인도래에 관한 건」에 의해서부터이다. 물론, 그전에도 외국과 교류가 있었으므로 외국인의 입국통제수단은 있었다.

【판시사항】

헌법 제14조에 정한 거주·이전의 자유의 의미와 그 구체적 내용(대법원 2008. 1. 24. 선고 2007두 10846 판결)

【판결요지】

거주·이전의 자유란 국민이 자기가 원하는 곳에 주소나 거소를 설정하고 그것을 이전할 자유를 말하며 그 자유에는 국내에서의 거주·이전의 자유 이외에 해외여행 및 해외이주의 자유가 포함되고, 해외여행 및 해외이주의 자유는 대한민국의 통치권이 미치지 않는 곳으로 여행하거나 이주할 수 있는 자유로서 구체적으로 우리나라를 떠날 수 있는 출국의 자유와 외국 체류를 중단하고 다시 우리나라로 돌아올 수 있는 입국의 자유를 포함한다.

대한민국사증
스티커사증

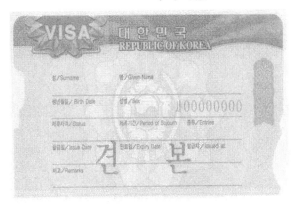

120mm×80mm

사증인

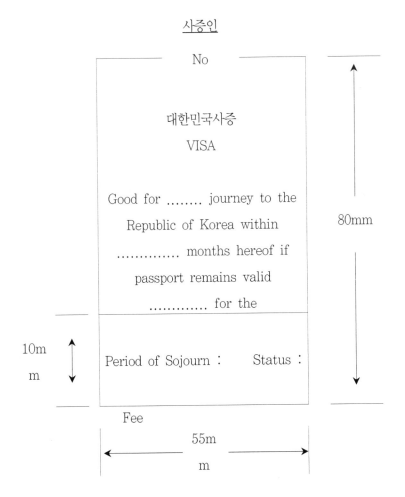

(2) 사증구분 및 유효기간

(가) 구분

사증은 1회만 입국할 수 있는 단수사증(單數査證)과 2회 이상 입국할 수 있는 복수사증(複數査證)으로 구분한다(법 제8조 제1항). 복수사증은 다시 2회 사용가능한 복수사증과 횟수에 제한 없이 사용가능한 복수사증으로 나뉘는데 이 경우에는 사증발급 수수료에 차이가 있다. 실무적으로는 2회 사용가능한 복수사증을 '더블사증'이라 한다.

【판시사항】

사증의 개념(서울고등법원 2016. 9. 30. 선고 2015구합77189 판결.

【판결요지】

사증이란, 사증발급 신청인의 여권이 그 국적국가의 정부기관에서 합법적으로 발급된 유효한 여권임을 확인하고, 사증발급 신청의 사유와 사증발급에 요구되는 기준에 의하여 입국하려는 국가에서 입국·체류하는 것이 상당함을 확인하여 입국항만에서 출입국관리공무원의 입국심사를 받도록 하는 문서이다.

(나) 유효기간

1) 단수사증

단수사증의 유효기간은 발급일부터 3개월로 한다(법 시행규칙 제12조 제1항).

2) 복수사증

복수사증의 유효기간은 발급일부터 다음의 기간으로 한다(법 시행규칙 제12조 제2항).

가) 영 별표 1의2 중 체류자격 1. 외교(A-1)부터 3. 협정(A-3)까지에 해당하는 사람의 복수사증은 3년 이내

[별표 1의2]

장기체류자격(제12조 관련)

체류자격 (기호)	체류자격에 해당하는 사람 또는 활동범위
1. 외교 (A-1)	대한민국정부가 접수한 외국정부의 외교사절단이나 영사기관의 구성원, 조약 또는 국제관행에 따라 외교사절과 동등한 특권과 면제를 받는 사람과 그 가족

체류자격 (기호)	체류자격에 해당하는 사람 또는 활동범위
2. 공무 (A-2)	대한민국정부가 승인한 외국정부 또는 국제기구의 공무를 수행하는 사람과 그 가족
3. 협정 (A-3)	대한민국정부와의 협정에 따라 외국인등록이 면제되거나 면제할 필요가 있다고 인정되는 사람과 그 가족

나) 영 별표 1의2 중 29. 방문취업(H-2)의 체류자격에 해당하는 사람의 복수사증은 5년 이내

[별표 1의2]

장기체류자격(제12조 관련)

체류자격 (기호)	체류자격에 해당하는 사람 또는 활동범위
29. 방문취업 (H-2)	가. 체류자격에 해당하는 사람 : 「재외동포의 출입국과 법적 지위에 관한 법률」 제2조제2호에 따른 외국국적동포(이하 "외국국적동포"라 한다)에 해당하고, 다음의 어느 하나에 해당하는 18세 이상인 사람 중에서 나목의 활동범위 내에서 체류하려는 사람으로서 법무부장관이 인정하는 사람[재외동포(F-4) 체류자격에 해당하는 사람은 제외한다] 1) 출생 당시에 대한민국 국민이었던 사람으로서 가족관계등록부, 폐쇄등록부 또는 제적부에 등재되어 있는 사람 및 그 직계비속 2) 국내에 주소를 둔 대한민국 국민 또는 별표 1의3 영주(F-5) 제5호에 해당하는 사람의 8촌 이내의 혈족 또는 4촌 이내의 인척으로부터 초청을 받은 사람 3) 「국가유공자 등 예우 및 지원에 관한 법률」 제4조에 따른 국가유공자와 그 유족 등에 해당하거나 「독립유공자예우에 관한 법률」 제4조에 따른 독립유공자와 그 유족 또는 그 가족에 해당하는 사람 4) 대한민국에 특별한 공로가 있거나 대한민국의 국익 증진에 기여한 사람 5) 유학(D-2) 체류자격으로 1학기 이상 재학 중인 사람의 부모 및 배우자 6) 국내 외국인의 체류질서 유지를 위하여 법무부장관이 정하는 기준 및 절차에 따라 자진하여 출국한 사람 7) 1)부터 6)까지의 규정에 해당하지 않는 사람으로서 법무부장관이 정하여 고시하는 한국어시험, 추첨 등의 절차에 따라 선정된 사람 나. 활동범위 1) 방문, 친척과의 일시 동거, 관광, 요양, 견학, 친선경기, 비영리 문화예술활동, 회의 참석, 학술자료 수집, 시장조사 · 업무연락 · 계약 등 상업적 용무, 그 밖에 이와 유사한 목적의 활동 2) 한국표준산업분류표에 따른 다음의 산업 분야에서의 활동 가) 작물 재배업(011) 나) 축산업(012) 다) 작물재배 및 축산 관련 서비스업(014) 라) 연근해 어업(03112) 마) 양식 어업(0321) 바) 천일염 생산 및 암염 채취업(07220) 시) 제조업(10~34). 다만, 상시 사용하는 근로자 수가 300명 미만이거나 자본금이 80억원 이하인 경우에만 해당한다. 아) 하수, 폐수 및 분뇨 처리업(37)

자) 폐기물 수집, 운반, 처리 및 원료재생업(38)

차) 건설업(41~42). 다만, 발전소·제철소·석유화학 건설현장의 건설업체 중 업종이 산업·환경설비 공사인 경우는 제외한다.

카) 육지동물 및 애완동물 도매업(46205)

타) 기타 산업용 농산물 도매업(46209)

파) 생활용품 도매업(464)

하) 기계장비 및 관련 물품 도매업(465)

거) 재생용 재료 수집 및 판매업(46791)

너) 기타 생활용품 소매업(475)

더) 기타 상품 전문 소매업(478)

러) 무점포 소매업(479)

머) 육상 여객 운송업(492)

버) 냉장 및 냉동 창고업(52102). 다만, 내륙에 위치한 업체에 한정한다.

서) 호텔업(55101). 다만, 「관광진흥법」에 따른 호텔업은 1등급·2등급 및 3등급의 호텔업으로 한정한다.

어) 여관업(55102)

저) 한식 음식점업(5611)

처) 외국인 음식점업(5612)

커) 기타 간이 음식점업(5619)

터) 서적, 잡지 및 기타 인쇄물 출판업(581)

퍼) 음악 및 기타 오디오물 출판업(59201)

허) 사업시설 유지관리 서비스업(741)

고) 건축물 일반 청소업(74211)

노) 산업설비, 운송장비 및 공공장소 청소업(74212)

도) 여행사 및 기타 여행보조 서비스업(752)

로) 사회복지 서비스업(87)

모) 자동차 종합 수리업(95211)

보) 자동차 전문 수리업(95212)

소) 모터사이클 수리업(9522)

오) 욕탕업(96121)

조) 산업용 세탁업(96911)

초) 개인 간병 및 유사 서비스업(96993)

코) 가구 내 고용활동(97)

다) 복수사증발급협정 등에 의하여 발급된 복수사증은 협정상의 기간

라) 상호주의 기타 국가이익 등을 고려하여 발급된 복수사증은 법무부장관이 따로 정하는 기간

3) 기간경과시 신청의 효력

사증발급신청인은 사증발급신청일 또는 사증발급에 관한 법무부장관의 승인통보를 받은 날부터 3개월이 경과한 후에 사증을 발급받고자 하는 때에는 새로이 사증발급신청을 하여야 한다. 이 경우 법무부장관의 승인을 얻어야 하는 사증발급에 있어서는 새로이 그 승인을 얻어야 한다(법 시행규칙 제12조 제3항).

나. 사증발급 권한의 위임

법무부장관은 사증발급에 관한 권한을 재외공관의 장에게 위임할 수 있다(법 제8조). 이러한 행정권의 위임은 행정청이 그의 권한의 일부를 다른 행정기관에 실질적으로 이전하여 그 다른 기관 즉 수임기관의 권한과 책임하에 행사하게 하는 것을 말하는 것으로, 권한의 전부를 위임할 수는 없다.

(1) 별표 1의2 중 1. 외교(A-1)부터 3. 협정(A-3)까지의 체류자격

법무부장관은 별표 1의2 중 1. 외교(A-1)부터 3. 협정(A-3)까지의 체류자격에 해당하는 사람에 대한 사증발급 권한을 재외공관의 장에게 위임한다(법 시행령 제11조 제1항).

[별표 1의2]

장기체류자격(제12조 관련)

체류자격 (기호)	체류자격에 해당하는 사람 또는 활동범위
1. 외교 (A-1)	대한민국정부가 접수한 외국정부의 외교사절단이나 영사기관의 구성원, 조약 또는 국제관행에 따라 외교사절과 동등한 특권과 면제를 받는 사람과 그 가족
2. 공무 (A-2)	대한민국정부가 승인한 외국정부 또는 국제기구의 공무를 수행하는 사람과 그 가족
3. 협정 (A-3)	대한민국정부와의 협정에 따라 외국인등록이 면제되거나 면제할 필요가 있다고 인정되는 사람과 그 가족

(2) 별표 1 중 3. 일시취재(C-1)부터 5. 단기취업(C-4)까지, 별표 1의2 중 4. 문화예술(D-1)부터 30. 기타(G-1)까지 또는 별표 1의3 영주(F-5)의 체류자격

법무부장관은 별표 1 중 3. 일시취재(C-1)부터 5. 단기취업(C-4)까지의 체류자격에 해당하는 사람에 대한 사증발급 권한(전자사증 발급권한은 제외한다)을 법무부령으로 그 범위를 정하여 재외공관의 장에게 위임할 수 있는데(법 시행령 제11조 제2항), 이에 따라 법무부장관이 재외공관의 장에게 위임하는 사증발급 권은 다음과 같다(법 시행규칙 제9조 제1항).

가) 다음에 해당하는 사증 발급(이 경우에는 입국 후에 체류자격 변경을 허가하지 아니한다는 뜻을 신청인에게 알려야 한다)(법 시행규칙 제9조 제1항 제1호).

① 영 별표 1 중 체류자격 3. 일시취재(C-1)·5. 단기취업(C-4)의 자격에 해당하는 사람에 대한 체류기간 90일 이하의 단수사증(법 시행규칙 제9조 제1항 제1호 가목).

[별표 1]

단기체류자격(제12조 관련)

체류자격 (기호)	체류자격에 해당하는 사람 또는 활동범위
3. 일시취재 (C-1)	일시적인 취재 또는 보도활동을 하려는 사람
5. 단기취업 (C-4)	일시 흥행, 광고·패션 모델, 강의·강연, 연구, 기술지도 등 별표 1의2 중 14. 교수(E-1)부터 20. 특정활동(E-7)까지의 체류자격에 해당하는 분야에 수익을 목적으로 단기간 취업활동을 하거나 각종 용역계약 등에 의하여 기계류 등의 설치·유지·보수, 조선 및 산업설비 제작·감독 등을 목적으로 국내 공공기관·민간단체에 파견되어 단기간 영리활동을 하려는 사람

② 복수사증발급협정 등이 체결된 국가의 경우 영 별표 1 중 체류자격 3. 일시취재(C-1)의 자격에 해당하는 사람에 대한 체류기간 90일 이하의 사증(법 시행규칙 제9조 제1항 제1호 나목).

③ 영 별표 1 중 체류자격 단기방문(C-3)의 자격에 해당하는 사람에 대한 체류기간 90일 이하의 사증(법 시행규칙 제9조 제1항 제1호 다목).

[별표 1]

단기체류자격(제12조 관련)

체류자격 (기호)	체류자격에 해당하는 사람 또는 활동범위
4. 단기방문 (C-3)	시장조사, 업무 연락, 상담, 계약 등의 상용(商用)활동과 관광, 통과, 요양, 친지 방문, 친선경기, 각종 행사나 회의 참가 또는 참관, 문화예술, 일반연수, 강습, 종교의식 참석, 학술자료 수집, 그 밖에 이와 유사한 목적으로 90일을 넘지 않는 기간 동안 체류하려는 사람(영리를 목적으로 하는 사람은 제외한다)

(3) 영 별표 1의2 중 체류자격 5. 유학(D-2)의 자격에 해당하는 사람에 대한 체류기간 2
년 이하의 단수사증 발급 및 13. 구직(D-10)의 자격에 해당하는 사람에 대한 체류기
간 6개월 이하의 단수사증 발급(법 시행규칙 제9조 제1항 제2호)

[별표 1의2]

장기체류자격(제12조 관련)

체류자격 (기호)	체류자격에 해당하는 사람 또는 활동범위
5. 유학 (D-2)	전문대학 이상의 교육기관 또는 학술연구기관에서 정규과정의 교육을 받거나 특정 연구를 하려는 사람
13. 구직 (D-10)	가. 교수(E-1)부터 특정활동(E-7)까지의 체류자격[예술흥행(E-6) 체류자격 중 법무부장관이 정하는 공연업소의 종사자는 제외한다]에 해당하는 분야에 취업하기 위하여 연수나 구직활동 등을 하려는 사람으로서 법무부장관이 인정하는 사람 나. 기업투자(D-8) 다목에 해당하는 법인의 창업 준비 등을 하려는 사람으로서 법무부장관이 인정하는 사람

(4) 영 별표 1의2 중 체류자격 11. 기업투자(D-8)의 자격에 해당하는 사람과
그 동반가족[체류자격 25. 동반(F-3)]에 대한 체류기간 1년 이하의 단수사
증 발급(법 시행규칙 제9조 제1항 제3호).

[별표 1의2]

장기체류자격(제12조 관련)

체류자격 (기호)	체류자격에 해당하는 사람 또는 활동범위
11. 기업투자 (D-8)	가. 「외국인투자 촉진법」에 따른 외국인투자기업의 경영·관리 또는 생산·기술 분야에 종사하려는 필수전문인력으로서 법무부장관이 인정하는 사람(국내에서 채용하는 사람은 제외한다) 나. 지식재산권을 보유하는 등 우수한 기술력으로 「벤처기업육성에 관한 특별조치법」제2조의2 제1항제2호다목에 따른 벤처기업을 설립한 사람 중 같은 법 제25조에 따라 벤처기업 확인을 받은 사람 또는 이에 준하는 사람으로서 법무부장관이 인정하는 사람 다. 다음의 어느 하나에 해당하는 사람으로서 지식재산권을 보유하거나 이에 준하는 기술력 등을 가진 사람 중 법무부장관이 인정한 법인 창업자 　1) 국내에서 전문학사 이상의 학위를 취득한 사람 　2) 외국에서 학사 이상의 학위를 취득한 사람 　3) 관계 중앙행정기관의 장이 지식재산권 보유 등 우수한 기술력을 보유한 사람으로 인정하여 추천한 사람
25. 동반 (F-3)	문화예술(D-1)부터 특정활동(E-7)까지의 체류자격에 해당하는 사람의 배우자 및 미성년 자녀로서 배우자가 없는 사람[기술연수(D-3) 체류자격에 해당하는 사람은 제외한다]

(5) 「경제자유구역의 지정 및 운영에 관한 법률」 제4조에 따라 지정된 경제자유구역에 투자한 자로서 영 별표 1의2 중 체류자격 11. 기업투자(D-8) 가목의 자격에 해당하는 사람과 그 동반가족[체류자격 25. 동반(F-3)]에 대한 체류기간 2년 이하의 사증 발급(법 시행규칙 제9조 제1항 제4호).

(6) 영 별표 1의2 중 체류자격 26. 재외동포(F-4)의 자격에 해당하는 사람에 대한 체류기간 2년 이하의 사증 발급(법 시행규칙 제9조 제1항 제5호).

[별표 1의2]

장기체류자격(제12조 관련)

체류자격 (기호)	체류자격에 해당하는 사람 또는 활동범위
26. 재외동포 (F-4)	「재외동포의 출입국과 법적 지위에 관한 법률」 제2조제2호에 해당하는 사람(단순 노무행위 등 이 영 제23조제3항 각 호에서 규정한 취업활동에 종사하려는 사람은 제외한다)

(7) 별표 1의3 영주(F-5)의 자격에 해당하는 사람에 대한 단수사증 발급(법 시행규칙 제9조 제1항 제7호).

[별표 1의3]

영주자격에 부합하는 사람(제12조의2제1항 관련)

체류자격 (기호)	영주자격에 부합하는 사람의 범위
영주	법 제46조제1항 각 호의 어느 하나에 해당하지 않는 사람으로서 다음 각 호의 어느 하나에 해당하는 사람 1. 대한민국 「민법」에 따른 성년으로서 별표 1의2 중 10. 주재(D-7)부터 20. 특정활동(E-7)까지의 체류자격이나 별표 1의2 중 24. 거주(F-2) 체류자격으로 5년 이상 대한민국에 체류하고 있는 사람 2. 국민 또는 영주자격(F-5)을 가진 사람의 배우자 또는 미성년 자녀로서 대한민국에 2년 이상 체류하고 있는 사람 및 대한민국에서 출생한 것을 이유로 법 제23조에 따라 체류자격 부여 신청을 한 사람으로서 출생 당시 그의 부 또는 모가 영주자격(F-5)으로 대한민국에 체류하고 있는 사람 중 법무부장관이 인정하는 사람

3. 「외국인투자 촉진법」에 따라 미화 50만 달러를 투자한 외국인투자자로서 5명 이상의 국민을 고용하고 있는 사람

4. 별표 1의2 중 26. 재외동포(F-4) 체류자격으로 대한민국에 2년 이상 계속 체류하고 있는 사람으로서 대한민국에 계속 거주할 필요가 있다고 법무부장관이 인정하는 사람

5. 「재외동포의 출입국과 법적 지위에 관한 법률」 제2조제2호의 외국국적동포로서 「국적법」에 따른 국적 취득 요건을 갖춘 사람

6. 종전 「출입국관리법 시행령」(대통령령 제17579호로 일부개정되어 2002. 4. 18. 공포·시행되기 이전의 것을 말한다) 별표 1 제27호란의 거주(F-2) 체류자격(이에 해당되는 종전의 체류자격을 가진 적이 있는 사람을 포함한다)이 있었던 사람으로서 대한민국에 계속 거주할 필요가 있다고 법무부장관이 인정하는 사람

7. 다음 각 목의 어느 하나에 해당하는 사람으로서 법무부장관이 인정하는 사람
   가. 국외에서 일정 분야의 박사 학위를 취득한 사람으로서 영주자격(F-5) 신청 시 국내 기업 등에 고용된 사람
   나. 국내 대학원에서 정규과정을 마치고 박사학위를 취득한 사람

8. 법무부장관이 정하는 분야의 학사 학위 이상의 학위증 또는 법무부장관이 정하는 기술자격증이 있는 사람으로서 국내 체류기간이 3년 이상이고, 영주자격(F-5) 신청 시 국내기업에 고용되어 법무부장관이 정하는 금액 이상의 임금을 받는 사람

9. 과학·경영·교육·문화예술·체육 등 특정 분야에서 탁월한 능력이 있는 사람 중 법무부장관이 인정하는 사람

10. 대한민국에 특별한 공로가 있다고 법무부장관이 인정하는 사람

11. 60세 이상으로서 법무부장관이 정하는 금액 이상의 연금을 국외로부터 받고 있는 사람

12. 별표 1의2 중 29. 방문취업(H-2) 체류자격으로 취업활동을 하고 있는 사람으로서 같은 표 중 24. 거주(F-2)란의 사목 1)부터 3)까지의 요건을 모두 갖추고 있는 사람 중 근속기간이나 취업지역, 산업 분야의 특성, 인력 부족 상황 및 국민의 취업 선호도 등을 고려하여 법무부장관이 인정하는 사람

13. 별표 1의2 중 24. 거주(F-2) 자목에 해당하는 체류자격으로 대한민국에서 3년 이상 체류하고 있는 사람으로서 대한민국에 계속 거주할 필요가 있다고 법무부장관이 인정하는 사람

14. 별표 1의2 중 24. 거주(F-2) 차목에 해당하는 체류자격을 받은 후 5년 이상 계속 투자 상태를 유지하고 있는 사람으로서 대한민국에 계속 거주할 필요가 있다고 법무부장관이 인정하는 사람과 그 배우자 및 자녀(법무부장관이 정하는 요건을 갖춘 자녀만 해당한다)

15. 별표 1의2 중 11. 기업투자(D-8) 다목에 해당하는 체류자격으로 대한민국에 3년 이상 계속 체류하고 있는 사람으로서 투자자로부터 3억원 이상의 투자금을 유치하고 2명 이상의 국민을 고용하는 등 법무부장관이 정하는 요건을 갖춘 사람

16. 5년 이상 투자 상태를 유지할 것을 조건으로 법무부장관이 정하여 고시하는 금액 이상을 투자한 사람으로서 법무부장관이 정하는 요건을 갖춘 사람

17. 별표 1의2 중 11. 기업투자(D-8) 가목에 해당하는 체류자격을 가지고 「외국인투자촉진법 시행령」 제25조제1항제4호에 따른 연구개발시설의 필수전문인력으로 대한민국에 3년 이상 계속 체류하고 있는 사람으로서 법무부장관이 인정하는 사람

18. 별표 1의2 중 24. 거주(F-2) 다목에 해당하는 체류자격으로 2년 이상 대한민국에 체류하고 있는 사람

(8) 영 별표 1의2 중 체류자격 28. 관광취업(H-1)의 자격에 해당하는 사람에 대한 체류기간 1년 이하의 사증 발급(법 시행규칙 제9조 제1항 제7호).

[별표 1의2]

장기체류자격(제12조 관련)

체류자격 (기호)	체류자격에 해당하는 사람 또는 활동범위
28. 관광취업 (H-1)	대한민국과 "관광취업"에 관한 협정이나 양해각서 등을 체결한 국가의 국민으로서 협정 등의 내용에 따라 관광과 취업활동을 하려는 사람(협정 등의 취지에 반하는 업종이나 국내법에 따라 일정한 자격요건을 갖추어야 하는 직종에 취업하려는 사람은 제외한다)

(9) 영 별표 1의2 중 체류자격 29. 방문취업(H-2)의 자격에 해당하는 사람에 대한 체류기간 1년 이하의 사증 발급(법 시행규칙 제9조 제1항 제8호).

[별표 1의2]

장기체류자격(제12조 관련)

체류자격 (기호)	체류자격에 해당하는 사람 또는 활동범위
29. 방문취업 (H-2)	가. 체류자격에 해당하는 사람 : 「재외동포의 출입국과 법적 지위에 관한 법률」 제2조제2호에 따른 외국국적동포(이하 "외국국적동포"라 한다)에 해당하고, 다음의 어느 하나에 해당하는 18세 이상인 사람 중에서 나목의 활동범위 내에서 체류하려는 사람으로서 법무부장관이 인정하는 사람[재외동포(F-4) 체류자격에 해당하는 사람은 제외한다] 1) 출생 당시에 대한민국 국민이었던 사람으로서 가족관계등록부, 폐쇄등록부 또는 제적부에 등재되어 있는 사람 및 그 직계비속 2) 국내에 주소를 둔 대한민국 국민 또는 별표 1의3 영주(F-5) 제5호에 해당하는 사람의 8촌 이내의 혈족 또는 4촌 이내의 인척으로부터 초청을 받은 사람 3) 「국가유공자 등 예우 및 지원에 관한 법률」 제4조에 따른 국가유공자와 그 유족 등에 해당하거나 「독립유공자예우에 관한 법률」 제4조에 따른 독립유공자와 그 유족 또는 그 가족에 해당하는 사람 4) 대한민국에 특별한 공로가 있거나 대한민국의 국익 증진에 기여한 사람 5) 유학(D-2) 체류자격으로 1학기 이상 재학 중인 사람의 부모 및 배우자 6) 국내 외국인의 체류질서 유지를 위하여 법무부장관이 정하는 기준 및 절차에 따라 자진하여 출국한 사람 7) 1)부터 6)까지의 규정에 해당하지 않는 사람으로서 법무부장관이 정하여 고시하는 한국어시험, 추첨 등의 절차에 따라 선정된 사람 나. 활동범위

1) 방문, 친척과의 일시 동거, 관광, 요양, 견학, 친선경기, 비영리 문화예술활동, 회의 참석, 학술자료 수집, 시장조사 · 업무연락 · 계약 등 상업적 용무, 그 밖에 이와 유사한 목적의 활동
2) 한국표준산업분류표에 따른 다음의 산업 분야에서의 활동
　가) 작물 재배업(011)
　나) 축산업(012)
　다) 작물재배 및 축산 관련 서비스업(014)
　라) 연근해 어업(03112)
　마) 양식 어업(0321)
　바) 천일염 생산 및 암염 채취업(07220)
　사) 제조업(10~34). 다만, 상시 사용하는 근로자 수가 300명 미만이거나 자본금이 80억 원 이하인 경우에만 해당한다.
　아) 하수, 폐수 및 분뇨 처리업(37)
　자) 폐기물 수집, 운반, 처리 및 원료재생업(38)
　차) 건설업(41~42). 다만, 발전소 · 제철소 · 석유화학 건설현장의 건설업체 중 업종이 산업 · 환경설비 공사인 경우는 제외한다.
　카) 육지동물 및 애완동물 도매업(46205)
　타) 기타 산업용 농산물 도매업(46209)
　파) 생활용품 도매업(464)
　하) 기계장비 및 관련 물품 도매업(465)
　거) 재생용 재료 수집 및 판매업(46791)
　너) 기타 생활용품 소매업(475)
　더) 기타 상품 전문 소매업(478)
　러) 무점포 소매업(479)
　머) 육상 여객 운송업(492)
　버) 냉장 및 냉동 창고업(52102). 다만, 내륙에 위치한 업체에 한정한다.
　서) 호텔업(55101). 다만, 「관광진흥법」에 따른 호텔업은 1등급 · 2등급 및 3등급의 호텔업으로 한정한다.
　어) 여관업(55102)
　저) 한식 음식점업(5611)
　처) 외국인 음식점업(5612)
　커) 기타 간이 음식점업(5619)
　터) 서적, 잡지 및 기타 인쇄물 출판업(581)
　퍼) 음악 및 기타 오디오물 출판업(59201)
　허) 사업시설 유지관리 서비스업(741)
　고) 건축물 일반 청소업(74211)
　노) 산업설비, 운송장비 및 공공장소 청소업(74212)
　도) 여행사 및 기타 여행보조 서비스업(752)
　로) 사회복지 서비스업(87)
　모) 자동차 종합 수리업(95211)
　보) 자동차 전문 수리업(95212)
　소) 모터사이클 수리업(9522)
　오) 욕탕업(96121)
　죠) 산업용 세탁업(96911)
　초) 개인 간병 및 유사 서비스업(96993)
　코) 가구 내 고용활동(97)

(10) 그 밖에 영 별표 1의2 중 체류자격 4. 문화예술(D-1), 6. 기술연수(D-3) 부터 10. 주재(D-7)까지, 12. 무역경영(D-9), 14. 교수(E-1)부터 25. 동반(F-3)까지, 27. 결혼이민(F-6) 및 30. 기타(G-1)의 자격에 해당하는 사람 중 상호주의 또는 대한민국의 이익 등을 위하여 법무부장관이 특히 필요하다고 인정하는 사람에 대한 체류기간 1년 이하의 사증 발급(법 시행규칙 제9조 제1항 제9호).

[별표 1의2]

장기체류자격(제12조 관련)

체류자격 (기호)	체류자격에 해당하는 사람 또는 활동범위
4. 문화예술 (D-1)	수익을 목적으로 하지 않는 문화 또는 예술 관련 활동을 하려는 사람(대한민국의 전통문화 또는 예술에 대하여 전문적인 연구를 하거나 전문가의 지도를 받으려는 사람을 포함한다)
6. 기술연수 (D-3)	법무부장관이 정하는 연수조건을 갖춘 사람으로서 국내의 산업체에서 연수를 받으려는 사람
7. 일반연수 (D-4)	법무부장관이 정하는 요건을 갖춘 교육기관이나 기업체, 단체 등에서 교육 또는 연수를 받거나 연구활동에 종사하려는 사람[연수기관으로부터 체재비를 초과하는 보수(報酬)를 받거나 유학(D-2)·기술연수(D-3) 체류자격에 해당하는 사람은 제외한다]
8. 취재 (D-5)	외국의 신문사, 방송사, 잡지사 또는 그 밖의 보도기관으로부터 파견되거나 외국 보도기관과의 계약에 따라 국내에 주재하면서 취재 또는 보도활동을 하려는 사람
9. 종교 (D-6)	가. 외국의 종교단체 또는 사회복지단체로부터 파견되어 대한민국에 있는 지부 또는 유관 종교단체에서 종교활동을 하려는 사람 나. 대한민국 내의 종교단체 또는 사회복지단체의 초청을 받아 사회복지활동을 하려는 사람 다. 그 밖에 법무부장관이 인정하는 종교활동 또는 사회복지활동에 종사하려는 사람
10. 주재 (D-7)	가. 외국의 공공기관·단체 또는 회사의 본사, 지사, 그 밖의 사업소 등에서 1년 이상 근무한 사람으로서 대한민국에 있는 그 계열회사, 자회사, 지점 또는 사무소 등에 필수 전문인력으로 파견되어 근무하려는 사람[기업투자(D-8) 체류자격에 해당하는 사람은 제외하며, 국가기간산업 또는 국책사업에 종사하려는 경우나 그 밖에 법무부장관이 필요하다고 인정하는 경우에는 1년 이상의 근무요건을 적용하지 않는다] 나. 「자본시장과 금융투자업에 관한 법률」 제9조제15항제1호에 따른 상장법인 또는 「공공기관의 운영에 관한 법률」 제4조제1항에 따른 공공기관이 설립한 해외 현지법인이나 해외지점에서 1년 이상 근무한 사람으로서 대한민국에 있는 그 본사나 본점에 파견되어 전문적인 지식·기술 또는 기능을 제공하거나 전수받으려는 사람(상장법인의 해외 현지법인이나 해외지점 중 본사의 투자금액이 미화 50만 달러 미만인 경우는 제외한다)
12. 무역경영 (D-9)	대한민국에 회사를 설립하여 경영하거나 무역, 그 밖의 영리사업을 위한 활동을 하려는 사람으로서 필수 전문인력에 해당하는 사람[수입기계 등의 설치, 보수, 조선 및 산업설비 제작·감독 등을 위하여 대한민국 내의 공공기관·민간단체에 파견되어 근무하려는 사람을 포함하되, 국내에서

	채용하는 사람과 기업투자(D-8) 체류자격에 해당하는 사람은 제외한다]
14. 교수 (E-1)	「고등교육법」 제14조제1항·제2항 또는 제17조에 따른 자격요건을 갖춘 외국인으로서 전문대학 이상의 교육기관이나 이에 준하는 기관에서 전문 분야의 교육 또는 연구·지도 활동에 종사하려는 사람
15. 회화지도 (E-2)	법무부장관이 정하는 자격요건을 갖춘 외국인으로서 외국어전문학원, 초등학교 이상의 교육기관 및 부설어학연구소, 방송사 및 기업체 부설 어학연수원, 그 밖에 이에 준하는 기관 또는 단체에서 외국어 회화지도에 종사하려는 사람
16. 연구 (E-3)	대한민국 내 공공기관·민간단체으로부터 초청을 받아 각종 연구소에서 자연과학 분야의 연구 또는 산업상 고도기술의 연구·개발에 종사하려는 사람[교수(E-1) 체류자격에 해당하는 사람은 제외한다]
17. 기술지도 (E-4)	자연과학 분야의 전문지식 또는 산업상 특수한 분야에 속하는 기술을 제공하기 위하여 대한민국 내 공공기관·민간단체로부터 초청을 받아 종사하려는 사람
18. 전문직업 (E-5)	대한민국 법률에 따라 자격이 인정된 외국의 변호사, 공인회계사, 의사, 그 밖에 국가공인 자격이 있는 사람으로서 대한민국 법률에 따라 할 수 있도록 되어 있는 법률, 회계, 의료 등의 전문업무에 종사하려는 사람[교수(E-1) 체류자격에 해당하는 사람은 제외한다]
19. 예술흥행 (E-6)	수익이 따르는 음악, 미술, 문학 등의 예술활동과 수익을 목적으로 하는 연예, 연주, 연극, 운동경기, 광고·패션 모델, 그 밖에 이에 준하는 활동을 하려는 사람
20. 특정활동 (E-7)	대한민국 내의 공공기관·민간단체 등과의 계약에 따라 법무부장관이 특별히 지정하는 활동에 종사하려는 사람
21. 비전문취업 (E-9)	「외국인근로자의 고용 등에 관한 법률」에 따른 국내 취업요건을 갖춘 사람(일정 자격이나 경력 등이 필요한 전문직종에 종사하려는 사람은 제외한다)
22. 선원취업 (E-10)	다음 각 목에 해당하는 사람과 그 사업체에서 6개월 이상 노무를 제공할 것을 조건으로 선원근로계약을 체결한 외국인으로서 「선원법」 제2조제6호에 따른 부원(部員)에 해당하는 사람 가. 「해운법」 제3조제1호·제2호·제5호 또는 제23조제1호에 따른 사업을 경영하는 사람 나. 「수산업법」 제8조제1항제1호, 제41조제1항 또는 제57조제1항에 따른 사업을 경영하는 사람 다. 「크루즈산업의 육성 및 지원에 관한 법률」 제2조제7호에 따른 국적 크루즈사업자로서 같은 조 제4호에 따른 국제순항 크루즈선을 이용하여 사업을 경영하는 사람
23. 방문동거 (F-1)	가. 친척 방문, 가족 동거, 피부양(被扶養), 가사정리, 그 밖에 이와 유사한 목적으로 체류하려는 사람으로서 법무부장관이 인정하는 사람 나. 다음의 어느 하나에 해당하는 사람의 가사보조인 1) 외교(A-1), 공무(A-2) 체류자격에 해당하는 사람 2) 미화 50만 달러 이상을 투자한 외국투자가(법인인 경우 그 임직원을 포함한다)로서 기업투자(D-8), 거주(F-2), 영주(F-5), 결혼이민(F-6) 체류자격에 해당하는 사람 3) 인공지능(AI), 정보기술(IT), 전자상거래 등 기업정보화(e-business), 생물산업(BT), 나노기술(NT) 분야 등 법무부장관이 정하는 첨단·정보기술 업체에 투자한 외국투자가(법인인 경우 그 임직원을 포함한다)로서 기업투자(D-8), 거주(F-2), 영주(F-5), 결혼이민(F-6) 체류자격에 해당하는 사람 4) 취재(D-5), 주재(D-7), 무역경영(D-9), 교수(E-1)부터 특정활동(E-7)까지의 체류자격에 해당하거나 그 체류자격에서 거주(F-2) 바목 또는 별표 1의3 영주(F-5) 제1호의 체류자격으로 변경한 전문인력으로서 법무부장관이 인정하는 사람 다. 외교(A-1)부터 협정(A-3)까지의 체류자격에 해당하는 사람의 동일한 세대에 속하지 않는 동거인으로서 그 체류의 필요성을 법무부장관이 인정하는 사람

	라. 그 밖에 부득이한 사유로 직업활동에 종사하지 않고 대한민국에 장기간 체류하여야 할 사정이 있다고 인정되는 사람

24. 거주 (F-2)	가. 국민의 미성년 외국인 자녀 또는 별표 1의3 영주(F-5) 체류자격을 가지고 있는 사람의 배우자 및 그의 미성년 자녀
	나. 국민과 혼인관계(사실상의 혼인관계를 포함한다)에서 출생한 사람으로서 법무부장관이 인정하는 사람
	다. 난민의 인정을 받은 사람
	라. 「외국인투자 촉진법」에 따른 외국투자가 등으로 다음의 어느 하나에 해당하는 사람
	  1) 미화 50만 달러 이상을 투자한 외국인으로서 기업투자(D-8) 체류자격으로 3년 이상 계속 체류하고 있는 사람
	  2) 미화 50만 달러 이상을 투자한 외국법인이 「외국인투자 촉진법」에 따른 국내 외국인투자기업에 파견한 임직원으로서 3년 이상 계속 체류하고 있는 사람
	  3) 미화 30만 달러 이상을 투자한 외국인으로서 2명 이상의 국민을 고용하고 있는 사람
	마. 별표 1의3 영주(F-5) 체류자격을 상실한 사람 중 국내 생활관계의 권익보호 등을 고려하여 법무부장관이 국내에서 계속 체류하여야 할 필요가 있다고 인정하는 사람(강제퇴거된 사람은 제외한다)
	바. 외교(A-1)부터 협정(A-3)까지의 체류자격 외의 체류자격으로 대한민국에 5년 이상 계속 체류하여 생활 근거지가 국내에 있는 사람으로서 법무부장관이 인정하는 사람
	사. 비전문취업(E-9), 선원취업(E-10) 또는 방문취업(H-2) 체류자격으로 취업활동을 하고 있는 사람으로서 과거 10년 이내에 법무부장관이 정하는 체류자격으로 4년 이상의 기간 동안 취업활동을 한 사실이 있는 사람 중 다음 요건을 모두 갖춘 사람
	  1) 법무부장관이 정하는 기술·기능 자격증을 가지고 있거나 일정 금액 이상의 임금을 국내에서 받고 있을 것(기술·기능 자격증의 종류 및 임금의 기준에 관하여는 법무부장관이 관계 중앙행정기관의 장과 협의하여 고시한다)
	  2) 법무부장관이 정하는 금액 이상의 자산을 가지고 있을 것
	  3) 대한민국 「민법」에 따른 성년으로서 품행이 단정하고 대한민국에서 거주하는 데 필요한 기본 소양을 갖추고 있을 것
	아. 「국가공무원법」 또는 「지방공무원법」에 따라 공무원으로 임용된 사람으로서 법무부장관이 인정하는 사람
	자. 나이, 학력, 소득 등이 법무부장관이 정하여 고시하는 기준에 해당하는 사람
	차. 투자지역, 투자대상, 투자금액 등 법무부장관이 정하여 고시하는 기준에 따라 부동산 등 자산에 투자한 사람 또는 법인의 임원, 주주 등으로서 법무부장관이 인정하는 외국인. 이 경우 법인에 대해서는 법무부장관이 투자금액 등을 고려하여 체류자격 부여인원을 정한다.
	카. 자목이나 차목에 해당하는 사람의 배우자 및 자녀(법무부장관이 정하는 요건을 갖춘 자녀만 해당한다)

25. 동반 (F-3)	문화예술(D-1)부터 특정활동(E-7)까지의 체류자격에 해당하는 사람의 배우자 및 미성년 자녀로서 배우자가 없는 사람[기술연수(D-3) 체류자격에 해당하는 사람은 제외한다]
27. 결혼이민 (F-6)	가. 국민의 배우자 나. 국민과 혼인관계(사실상의 혼인관계를 포함한다)에서 출생한 자녀를 양육하고 있는 부 또는 모로서 법무부장관이 인정하는 사람 다. 국민인 배우자와 혼인한 상태로 국내에 체류하던 중 그 배우자의 사망이나 실종, 그 밖에 자신에게 책임이 없는 사유로 정상적인 혼인관계를 유지할 수 없는 사람으로서 법무부장관이 인정하는 사람
30. 기타 (G-1)	별표 1, 이 표 중 외교(A-1)부터 방문취업(H-2)까지 또는 별표 1의3의 체류자격에 해당하지 않는 사람으로서 법무부장관이 인정하는 사람

다. 사증발급절차

[재외동포 사증발급절차 흐름도]

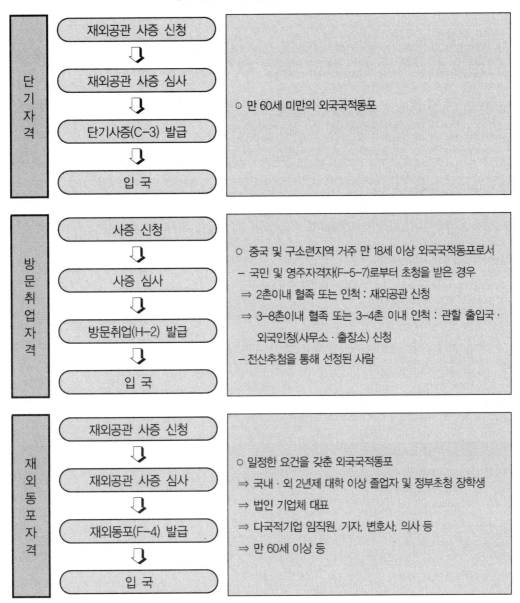

단기자격
- 재외공관 사증 신청
- ⇩
- 재외공관 사증 심사
- ⇩
- 단기사증(C-3) 발급
- ⇩
- 입 국

○ 만 60세 미만의 외국국적동포

방문취업자격
- 사증 신청
- ⇩
- 사증 심사
- ⇩
- 방문취업(H-2) 발급
- ⇩
- 입 국

○ 중국 및 구소련지역 거주 만 18세 이상 외국국적동포로서
- 국민 및 영주자격재(F-5-7)로부터 초청을 받은 경우
  ⇒ 2촌이내 혈족 또는 인척 : 재외공관 신청
  ⇒ 3-8촌이내 혈족 또는 3-4촌 이내 인척 : 관할 출입국 · 외국인청(사무소 · 출장소) 신청
- 전산추첨을 통해 선정된 사람

재외동포자격
- 재외공관 사증 신청
- ⇩
- 재외공관 사증 심사
- ⇩
- 재외동포(F-4) 발급
- ⇩
- 입 국

○ 일정한 요건을 갖춘 외국국적동포
⇒ 국내 · 외 2년제 대학 이상 졸업자 및 정부초청 장학생
⇒ 법인 기업체 대표
⇒ 다국적기업 임직원, 기자, 변호사, 의사 등
⇒ 만 60세 이상 등

(1) 사증발급신청서 제출

외국인이 입국할 때에는 유효한 여권과 법무부장관이 발급한 사증(查證)을 가지고 있어야 하는데, 이에 따라 사증(查證)을 발급받으려는 외국인은 사증발급 신청서에 법무부령으로 정하는 서류를 첨부하여 법무부장관에게 제출하여야 한다(법 시행령 제7조 제1항).

사증발급신청서
APPLICATION FOR VISA

〈신청서 작성방법〉
▶ 신청인은 사실에 근거하여 빠짐없이 정확하게 신청서를 작성하여야 합니다.
▶ 신청서상의 모든 질문에 대한 답변은 한글 또는 영문으로 기재하여야 합니다.
▶ 선택사항은 해당 칸[ ] 안에 √ 표시를 하시기 바랍니다.
▶ '기타'를 선택한 경우, 상세내용을 기재하시기 바랍니다.
〈How to fill out this form〉
▶ You must fill out this form completely and correctly.
▶ You must write in block letters either in English or Korean.
▶ For multiple-choice questions, you must check [√] all that apply.
▶ If you select'Other', please provide us with more information in the given space.

1. 인적사항 / PERSONAL DETAILS

PHOTO 여권용사진 (35mm×45mm) – 흰색 바탕에 모자를 쓰지 않은 정면 사진으로 촬영일부터 6개월이 경과하지 않아야 함 A color photo taken within last 6 months(full face without hat, front view against white or off-white background)	1.1 여권에 기재된 영문 성명/Full name in English (as shown in your passport)	
	성 Family Name	명 Given Names
	1.2 한자성명 漢字姓名	1.3 성별 Sex 남성/Male[ ] 여성/Female[ ]
	1.4 생년월일 Date of Birth (yyyy/mm/dd)	1.5 국적 Nationality
	1.6 출생국가 Country of Birth	1.7 국가신분증번호 National Identity No.

1.8 이전에 한국에 출입국하였을 때 다른 성명을 사용했는지 여부
　　Have you ever used any other names to enter or depart Korea?
　　아니오 No [   ]　예 Yes [   ]　→ '예'선택 시　상세내용 기재 If'Yes'please provide details
　　(성 Family Name　　　　　　　　　　　　　　, 명 Given Name　　　　　　　　　　　)

1.9 복수 국적 여부 Are you a citizen of more than one country ?　아니오 No [   ]　예 Yes [   ]
　　→'예'선택 시　상세내용 기재 If'Yes'please write the countries　(　　　　　　　　　　　　)

2. 여권정보 / PASSPORT INFORMATION

2.1 여권종류 Passport Type
　　　　외교관 Diplomatic [   ]　　　　　　　　　관용 Official [   ]
　　　　일반 Regular [   ]　　　　　　　　　　　기타 Other [   ]
　　→ '기타'상세내용 If'Other'please provide details (　　　　　　　　　　　　)

2.2 여권번호 Passport No.	2.3 발급국가 Country of Passport	2.4 발급지 Place of Issue
2.5 발급일자 Date of Issue	2.6 기간만료일 Date Of Expiry	

2.7 다른 여권 소지 여부 Does the invitee have any other valid passport ?　아니오 No [   ]　예 Yes [   ]
　　→ '예'선택 시　상세내용 기재 If 'Yes'please provide details

a) 여권종류 Passport Type
　　　　외교관 Diplomatic [   ]　　　　　　　　　관용 Official [   ]
　　　　일반 Regular [   ]　　　　　　　　　　　기타 Other [   ]

b) 여권번호 Passport No.　　　c) 발급국가 Country of Passport　　　d) 기간만료일 Date of Expiry

210mm×297mm[백상지(80g/㎡) 또는 중질지(80g/㎡)]

3. 연락처 / CONTACT INFORMATION

3.1 본국 주소 Address in Your Home Country

3.2 현 거주지 Current Residential Address *현 거주지가 본국 주소와 다를 경우 기재 / Write if it is different from the above address

3.3 휴대전화 Cell Phone No.   3.4 일반전화 Telephone No.   3.5 이메일 E-mail

3.6 비상시 연락처 Emergency Contact Information

a) 성명 Full Name in English	b) 거주국가 Country of Residence
c) 전화번호 Telephone No.	d) 관계 Relationship to you

4. 혼인사항 및 가족사항 / MARITAL STATUS AND FAMILY DETAILS

4.1 현재 혼인사항 Current Marital Status

기혼 Married [   ]   이혼 Divorced [   ]   미혼 Single [   ]

4.2 배우자 인적사항 Personal Information of Your Spouse *기혼으로 표기한 경우에만 기재 If'Married'please provide details of your spouse

a) 성 Family Name (in English)	b) 명 Given Names (in English)
c) 생년월일 Date of Birth (yyyy/mm/dd)	d) 국적 Nationality
e) 거주지 Residential Address	f) 연락처 Contact No.

4.3 자녀 유무 Do you have children?

없음 No [   ]   있음 Yes [   ]   자녀수 Number of children [   ]

5. 학력 / EDUCATION

5.1 최종학력 What is the highest degree or level of education the invitee has completed ?

석사/박사 Master's /Doctoral Degree [   ]   대졸 Bachelor's Degree [   ]

고졸 High School Diploma [   ]   기타 Other [   ]

→ '기타'선택 시 상세내용 기재 If'Other'please provide details (   )

5.2 학교명 Name of School	5.3 학교 소재지 Location of School(city/province/country)

6. 직업 / EMPLOYMENT

6.1 직업 Current personal circumstances

사업가 Entrepreneur [   ]   자영업자 Self-Employed [   ]   직장인 Employed [   ]

공무원 Civil Servant [   ]   학생 Student [   ]   퇴직자 Retired [   ]

무직 Unemployed [   ]   기타 Other [   ]

→ '기타'선택 시 상세내용 기재 If'Other'please provide details (   )

6.2 직업 상세정보 Employment Details

a) 회사/기관/학교명 Name of Company/Institute/School	b) 직위/과정 Position/Course
c) 회사/기관/학교 주소 Address of Company/Institute/School	d) 전화번호 Telephone No.

210mm×297mm[백상지(80g/㎡) 또는 중질지(80g/㎡)]

7. 방문정보 / DETAILS OF VISIT

7.1 입국목적 Purpose of Visit to Korea

관광/통과 Tourism/Transit [ ]	행사참석/Meeting, Conference [ ]	의료관광 Medical Tourism [ ]
단기상용 Business Trip [ ]	유학/연수 Study/Training [ ]	취업활동 Work [ ]
무역/투자/주재 Trade/Investment/Intra—Corporate Transferee [ ]	가족 또는 친지방문 Visiting Family /Relatives/Friends [ ]	결혼이민 Marriage Migrant [ ]
외교/공무 Diplomatic/Official [ ]	기타 Other [ ]	

→ '기타'선택 시 상세내용 기재 If 'Other' please provide details ( )

7.2 체류예정기간 Intended Period of Stay	7.3 입국예정일 Intended Date of Entry
7.4 체류예정지(호텔 포함) Address in Korea (including hotels)	7.5 한국 내 연락처 Contact No. in Korea

7.6 과거 5년간 한국을 방문한 경력 Has the invitee travelled to Korea in the last 5 years ?
아니오 No [ ] 예 Yes [ ] → '예'선택 시 상세내용 기재 If 'Yes' please provide details of any trips to Korea
( ) 회 times, 최근 방문목적 Purpose of Recent Visit ( )

7.7 한국 이외에 과거 5년간 여행한 국가 Has the invitee travelled outside his/her country of residence, excluding to Korea, in the last 5 years?
아니오 No [ ] 예 Yes [ ] → '예'선택 시 상세내용 기재 If 'Yes' please provide details of these trips

국가명 Name of Country (in English)	방문목적 Purpose of Visit	방문기간 Period of Stay (yyyy/mm/dd)~ (yyyy/mm/dd)

7.8. 동반입국 가족 유무 Is the invitee travelling to Korea with any family member ?
아니오 No [ ] 예 Yes [ ] → '예'선택 시 상세내용 기재 If 'Yes' please provide details of the family members the invitee is travelling with

성명 Full name in English	생년월일 Date of Birth (yyyy/mm/dd)	국적 Nationality	관계 Relationship to the invitee

* 참고 : 가족의 범위 – 배우자, 자녀, 부모, 형제
Note : Definition of a Family Member – your spouse, father, mother, children, brothers and sisters

8. 초청인 정보 / DETAILS OF SPONSOR

8.1 초청인/초청회사 Do you have anyone sponsoring you for the visa?
아니오 No [ ] 예 Yes [ ] → '예'선택 시 상세내용 기재 If'Yes'please provide details

a) 초청인/초청회사명 Name of your visa sponsor (Korean, foreign resident in Korea, company, or institute)

b) 생년월일/사업자등록번호 Date of Birth/Business Registration No.	c) 관계 Relationship to you
d) 주소 Address	e) 전화번호 Phone No.

210mm×297mm[백상지(80g/㎡) 또는 중질지(80g/㎡)]

9. 방문경비 / FUNDING DETAILS

9.1 방문경비(미국 달러 기준) Estimated travel costs(in US dollars)

9.2 경비지불자 Who will pay for your travel-related expenses ? (any person including yourself and/or institute)

a) 성명/회사(단체)명 Name of Person/Company(Institute)	b) 관계 Relationship to you
c) 지원내용 Type of Support	d) 연락처 Contact No.

10. 서류 작성 시 도움 여부 / ASSISTANCE WITH THIS FORM

10.1 이 신청서를 작성하는데 다른 사람의 도움을 받았습니까? Did you receive assistance in completing this form?
아니오 No [　] 예 Yes [　] → '예'선택 시 상세내용 If'Yes'please provide details of the person who assisted you

성명 Full Name	생년월일 Date of Birth (yyyy/mm/dd)	연락처 Telephone No.	관계 Relationship to you

11. 서약 / DECLARATION

본인은 이 신청서에 기재된 내용이 거짓 없이 정확하게 작성되었음을 확인합니다. 또한 본인은 대한민국의 출입국관리법 규정을 준수할 것을 서약합니다.

I declare that the statements made in this application are true and correct to the best of my knowledge and belief, and that I will comply with the Immigration Act of the Republic of Korea.

신청일자 (년. 월. 일) DATE OF APPLICATION (yyyy/mm/dd)

/　/　/

신청인 서명 SIGNATURE OF APPLICANT

17세 미만자의 경우 부모 또는 법정후견인의 서명
Signature of Parent or Legal Guardian′s for a person under 17 years of age

첨부서류 ATTACH MENT	1. 「출입국관리법 시행규칙」 제76조제1항 관련 [별표 5] 사증발급신청 등 첨부서류

유의사항 Notice

1. 위 기재사항과 관련하여 자세한 내용은 별지로 작성하거나 관련 서류를 추가로 제출할 수 있습니다.
If extra space is needed to complete any item, record on a separate sheet of paper or submit relevant documents which could support your application.
2. 대한민국 사증을 승인받은 후 분실 또는 훼손 등의 사유로 여권을 새로 발급받은 경우에는, 정확한 개인정보를 반영할 수 있도록 변경된 여권정보를 사증처리기관에 통보하여야 합니다.
If you received Korean visa approval, and have new passport issued thereafter in lieu of lost/damaged passport, you must notify the concerned visa office of changes in your passport information.
3. 사증을 발급받았더라도 대한민국 입국 시 입국거부 사유가 발견될 경우에는 대한민국으로의 입국이 허가되지 않을 수 있습니다.
Possession of a visa does not entitle the bearer to enter the Republic of Korea upon arrival at the port of entry if he/she is found inadmissible.
4. 「출입국관리법 시행규칙」 제9조제1항에 따라 C 계열 사증소지자는 입국 후에 체류자격을 변경할 수 없습니다.
Please note that category C visa holders are not able to change their status of stay after their entry into the Republic of Korea in accordance with Article 9(1) of the Enforcement Regulations of the Immigration Act.

210mm×297mm[백상지(80 g/㎡) 또는 중질지(80 g/㎡)]

공용란 FOR OFFICIAL USE ONLY						
기본사항	체류자격		체류기간		사증종류	단수 · 복수(2회, 3회 이상)
접수사항	접수일자		접수번호		처리과	
허가사항	허가일자		사증번호		고지사항	
결 재	담당자		가 [ ] 부 [ ]	〈심사의견〉		

〈 수입인지 부착란 〉

210mm×297mm[백상지(80 9/㎡) 또는 중질지(80 9/㎡)]

(2) 사증발급

(가) 통상 발급절차

1) 법무부장관의 발급

법무부장관은 외국인이 사증발급 신청을 하면 법무부령으로 정하는 바에 따라 사증을 발급한다. 이 경우 그 사증에는 체류자격과 체류기간 등 필요한 사항을 적어야 한다(법 시행령 제7조 제2항). 법무부장관은 사증을 발급하는 경우 전자통신매체를 이용할 수 있다(법 시행령 제7조 제3항).

한편, 법무부장관은 취업활동을 할 수 있는 체류자격에 해당하는 사증을 발급하는 경우에는 국내 고용사정을 고려하여야 한다.

2) 출천서 제출요청 등

법무부장관은 사증 발급에 필요하다고 인정하는 때에는 사증을 발급받으려는 외국인에게 관계 중앙행정기관의 장으로부터 추천서를 발급받아 제출하게 하거나 관계 중앙행정기관의 장에게 의견을 물을 수 있다.

3) 추천서 발급기준

추천서 발급기준은 관계 중앙행정기관의 장이 법무부장관과 협의하여 따로 정한다.

【판시사항】

외국 주재 한국영사관에 허위의 자료를 첨부하여 비자발급신청을 하고 이에 업무담당자가 충분히 심사하였으나 신청사유 및 소명자료가 허위임을 발견하지 못하여 신청을 수리한 경우, 위계에 의한 공무집행방해죄가 성립하는지 여부(적극)(대법원 2009. 2. 26. 선고 2008도11862 판결)

【판결요지】

외국 주재 한국영사관의 비자발급업무와 같이, 상대방으로부터 신청을 받아 일정한 자격요건 등을 갖춘 경우에 한하여 그에 대한 수용 여부를 결정하는 업무에 있어서는 신청서에 기재된 사유가 사실과 부합하지 않을 수 있음을 전제로 하여 그 자격요건 등을 심사·판단하는 것이므로, 그 업무담당자가 사실을 충분히 확인하지 아니한 채 신청인이 제출한 허위의 신청사유나 소명자료를 가볍게 믿고 이를 수용하였다면, 이는 업무담당자의 불충분한 심사에 기인한 것으로서 위계에 의한 공무집행방해죄를 구성하지 않는다. 그러나 신청인이 업무담당자에게 허위의 주장을 하면서 이에 부합하는 허위의 소명자료를 첨부하여 제출한 경우, 그 수리 여부를 결정하는 업무담당자가 관계 규정이 정한 바에 따라 그 요건의 존부에 관하여 나름대로 충분히 심사를 하였으나 신청사유 및 소명자료가 허위임을 발견하지 못하여 그 신청을 수리하게 될 정도에 이르렀다면, 이는 업무담당자의 불충분한 심사가 아니라 신청인의 위계행위에 의한 것으로서 위계에 의한 공무집행방해죄가 성립한다.

(나) 온라인에 의한 사증발급 신청 등

1) 정보통신망 설치·운영

법무부장관은 사증(법 제7조 제1항) 또는 사증발급인정서(법 제9조 제1항)의 온라인 발급 신청 등을 위하여 정보통신망을 설치·운영할 수 있다(법 시행령 제7조의2 제1항).

2) 정보통신망을 통한 사증 등의 발급신청

가) 신청서 등 제출

정보통신망을 통하여 사증 등의 발급을 신청하려는 사람은 신청서와 법무부령으로 정하는 서류를 온라인으로 제출할 수 있다(법 시행령 제7조의2 제2항).

나) 사업자등록

정보통신망을 통하여 사증등의 발급을 신청하려는 사람은 미리 사용자 등록을 하여야 한다(법 시행령 제7조의2 제3항).

다) 온라인 사증발급(전자사증 발급)

① 전자사증 발급

법무부장관은 법무부령으로 정하는 외국인이 온라인으로 사증의 발급을 신청한 경우에는 그 외국인에게 온라인으로 사증을 발급할 수 있다(법 시행령 제7조의2 제4항). 이에 따라 온라인으로 발급하는 사증(이하 "전자사증"이라 한다)의 발급신청과 수수료의 납부는 그 외국인을 초청하려는 자가 대리할 수 있다(법 시행령 제7조의2 제5항).

② 전자사증 발급 대상자

위 ①에서 법무부령으로 정한 외국인란 다음의 어느 하나에 해당하는 외국인을 말한다(법 시행규칙 제8조의2).

㉠ 영 별표 1의2 중 14. 교수(E-1), 16. 연구(E-3), 17. 기술지도(E-4) 및 18. 전문직업
   (E-5) 체류자격에 해당하는 외국인

[별표 1의2]

장기체류자격(제12조 관련)

체류자격 (기호)	체류자격에 해당하는 사람 또는 활동범위
14. 교수 (E-1)	「고등교육법」 제14조제1항·제2항 또는 제17조에 따른 자격요건을 갖춘 외국인으로서 전문대학 이상의 교육기관이나 이에 준하는 기관에서 전문 분야의 교육 또는 연구·지도 활동에 종사하려는 사람
16. 연구 (E-3)	대한민국 내 공공기관·민간단체으로부터 초청을 받아 각종 연구소에서 자연과학 분야의 연구 또는 산업상 고도기술의 연구·개발에 종사하려는 사람[교수(E-1) 체류자격에 해당하는 사람은 제외한다]
17. 기술지도 (E-4)	자연과학 분야의 전문지식 또는 산업상 특수한 분야에 속하는 기술을 제공하기 위하여 대한민국 내 공공기관·민간단체로부터 초청을 받아 종사하려는 사람
18. 전문직업 (E-5)	대한민국 법률에 따라 자격이 인정된 외국의 변호사, 공인회계사, 의사, 그 밖에 국가공인 자격이 있는 사람으로서 대한민국 법률에 따라 할 수 있도록 되어 있는 법률, 회계, 의료 등의 전문업무에 종사하려는 사람[교수(E-1) 체류자격에 해당하는 사람은 제외한다]

ⓒ 그 밖에 상호주의 또는 대한민국의 이익 등을 위하여 재외공관의 장의 심사가 필요하지 아니하다고 법무부장관이 인정하는 외국인

라) 관련서식

정보통신망 설치·운영, 온라인에 의한 사증등 발급 신청서의 서식 및 전자사증 발급 등에 필요한 세부 사항은 법무부장관이 정한다(법 시행령 제7조의2 제6항).

3) 협정에 의한 사정발급

재외공관의 장은 대한민국정부가 체결한 협정이나 합의각서 등에 사증발급에 관하여 이 규칙과 다른 규정이 있는 때 또는 법무부장관이 호혜원칙등을 고려하여 따로 정하는 때에는 그에 따라 사증을 발급하여야 하며(법 시행규칙 제13조 제1항), 이 경우 사증발급대상자가 복수사증발급협정등이 체결된 국가의 국민이라 하더라도 특별한 사유가 있는 때에는 단수사증을 발급할 수 있다(같은 조 제2항).

(3) 추천서발급요청 등

법무부장관은 사증 발급에 필요하다고 인정하는 때에는 사증을 발급받으려는 외국인에게 관계 중앙행정기관의 장으로부터 추천서를 발급받아 제출하게 하거나 관계 중앙행정기관의 장

에게 의견을 물을 수 있다(법 시행령 제7조 제4항). 이에 따른 추천서 발급기준은 관계 중앙행정기관의 장이 법무부장관과 협의하여 따로 정한다(법 시행령 제7조 제5항).

(4) 국내 고용사정 고려

법무부장관은 취업활동을 할 수 있는 체류자격에 해당하는 사증을 발급하는 경우에는 국내 고용사정을 고려하여야 한다(법 시행령 제7조 제6항).

라. 사증 등 발급의 기준
(1) 발급기준 및 거부처분의 효력
(가) 사증발급 기준

법무부장관이 사증 등의 발급을 승인하거나 재외공관의 장이 사증을 발급하는 경우 사증발급을 신청한 외국인이 ⅰ) 유효한 여권을 소지하고 있는지 여부, ⅱ) 입국의 금지 또는 거부의 대상이 아닌지 여부(법 제11조), ⅲ) 영 별표 1부터 별표 1의3까지에서 정하는 체류자격에 해당하는지 여부, ⅳ) 영 별표 1부터 별표 1의3까지에서 정하는 체류자격에 부합한 입국목적을 소명하는지 여부, ⅴ) 해당 체류자격별로 허가된 체류기간 내에 본국으로 귀국할 것이 인정되는지 여부, ⅵ) 그 밖에 영 별표 1부터 별표 1의3까지의 체류자격별로 법무부장관이 따로 정하는 기준에 해당하는지 여부 등의 요건을 갖추었는지의 여부를 심사ㆍ확인하여야 한다(법 시행규칙 제9조의2).

(나) 사증발급거부의 처분성
1) 거부행위가 항고소송의 대상인 행정처분이 되기 위한 요건

국민의 적극적 행위 신청에 대하여 행정청이 그 신청에 따른 행위를 하지 않겠다고 거부한 행위가 항고소송의 대상이 되는 행정처분에 해당하는 것이라고 하려면, 그 신청한 행위가 공권력의 행사 또는 이에 준하는 행정작용이어야 하고 그 거부행위가 신청인의 법률관계에 어떤 변동을 일으키는 것이어야 하며 그 국민에게 그 행위발동을 요구할 법규상 또는 조리상의 신청권이 있어야 한다고 할 것인바, 여기에서 '신청인의 법률관계에 어떤 변동을 일으키는 것'이라는 의미는 신청인의 실체상의 권리관계에 직접적인 변동을 일으키는 것은 물론 그렇지 않다 하더라도 신청인이 실체상의 권리자로서 권리를 행사함에 중대한 지장을 초래하는 것도 포함한다고 해석함이 상당하다.[7]

2) 학설의 견해

원칙적으로 외국인은 사증발급에 관한 법률상·조리상 신청권을 가지지 못하고 대한민국에 입국할 권리가 없으므로 사증발급거부 행위는 항고소송이 대상이 될 수 없다는 견해가 다수의 견해이다.

3) 판례의 태도

사증발급거부행위가 행정소송의 대상이 되는 처분성이 있는지에 관한 법원의 태도는 일관되지 않아, 그에 대한 처분성을 인정하는 견해를 취하는 판례도 있고, 반대로 처분성을 부정하는 견해를 취하는 판례도 있다.

가) 부정하는 견해를 취하는 판례의 논거

외국인에게 대한민국에 대하여 사증발급을 요구할 수 있는 법률상·조리상의 신청권이 없고, 외국인에게 대한민국 입국의 자유를 보장하는 규정이 없고, 사증관련 규정은 절차에 관한 규정일 뿐 외국인에게 사증을 발급받을 수 있는 권리 또는 법률상 이익을 부여한 것이 아니므로 사증발급으로 인한 이익을 반사적 이익에 불과하다[8]는 논거로 사증발급거부행위가 행정소송이 대상이 되는 처분성은 없다고 보고 있다.

나) 긍정하는 견해를 취하는 판례의 논거

사증을 발급받는 것은 외국인이 대한민국에 입국하기 위한 요건이 되는 것이므로, 재외공관의 장의 사증발급행위는 공권력의 행사에 해당하고 그 거부행위는 사증신청인으로 하여금 대한민국에 입국할 수 없도록 하는 것으로서 신청인의 법률관계에 변동을 초래한다고 할 것이며, 위 법령의 규정에 따라 외국인은 사증발급에 관한 법규상의 신청권을 가진다고 할 것이라는 점을 들어 사증발급거부행위가 항고소송의 대상이 된다는 점을 밝히고 있다.[9]

(2) 사증추천인

(가) 사증추천인 지정

법무부장관은 다음의 어느 하나에 해당하는 자를 사증추천인으로 지정할 수 있다(법 시행규

---

7) 대법원 2002. 11. 22. 선고 2000두9229 판결.
8) 서울행정법원 2016. 9. 30. 선고 2015구합77189 판결 : 항소.
9) 서울행정법원 2013. 12. 12. 선고 2013구합21205 판결.

칙 제9조의3 제1항). 이에 따른 사증발급 추천의 기준과 절차 등에 관한 세부사항은 법무부장관이 정한다(법 시행규칙 제9조의3 제4항).

1) 과학, 기술, 사회, 경제, 교육, 문화 등 전문분야에서 뛰어난 능력이 있는 자
2) 대한민국의 이익에 특별히 기여한 공로가 있는 자
3) 위 1) 및 2)에서 규정한 자 외에 학력이나 경력·경험 등을 고려하여 사증발급 추천을 하기에 적합한 능력이 있다고 법무부장관이 인정하는 자

(나) 전문가 등의 의견청취

법무부장관은 사증추천인의 지정에 필요한 경우 전문적인 지식이나 경험이 있는 관계 전문가의 의견을 들을 수 있다(법 시행규칙 제9조의3 제2항).

(다) 사증발급 추천

사증추천인으로 지정된 자는 외국인재의 능력 및 자격을 평가한 후 정보통신망을 통하여 해당 외국인에 대한 사증발급을 추천할 수 있다(법 시행규칙 제9조의3 제3항). 이에 따른 사증발급 추천의 기준과 절차 등에 관한 세부사항은 법무부장관이 정한다(법 시행규칙 제9조의3 제4항).

마. 사증발급인정서

사증과 구별되는 사증인정서제도는 재외공관장의 사증발급에 앞서 특히 필요하다고 인정할 때에는 초청자와 외국인의 입국의 편의를 위해 입국하고자 하는 외국인이 직접 신청하거나 초청자가 대리하여 사증발급인정서를 신청하고 이를 발급받은 후 외국인이 사증발급인정서를 재외공관에 제출하여 사증을 발급받은 제도로서 1992년 출입국관리법 개정시에 도입된 제도이다.

이렇듯 사증발급인정서 발급 목적은 재외공관장에게 위임되지 아니한 사증에 대하여 사증발급절차 간소화 및 발급기간 단축 등을 위하여 그 외국인을 초청하려는 자의 주소지 관할 출입국관리사무소 또는 출장소에서 사증발급인정서를 발급하도록 하는 제도이다.

여기서 초청자는 외국인을 대신하여 초청에 필요한 서류의 제출 등을 대리하는 것일 뿐, 초청자가 독자적으로 사증발급인정서를 신청할 수 없다. 또한 사증발급인증서는 변형된 사증의 형식으로 보아야 하고 사증의 효력은 직접 외국인에게 미치는 것이므로 사증발급인정서도

그 신청인이 외국인일 수밖에 없다.[10) 다만, 초청인에게 사증발급인정불허처분을 다툴 원고적격이 있는지에 대해, 원칙적으로 사증발급인정서 발급은 국가기관의 재량사항에 해당하나 국내 장기체류 등으로 긴밀한 생활관계가 형성된 외국인 또는 결혼이민을 통한 가족형성 등 초청인에게 법률상 보호받아야 할 이익이 있는 경우 원고적격을 폭넓게 인정할 필요가 있다는 견해가 있다.[11)

【판시사항】

사증발급인정서의 신청인 적격(서울행정법원 2009. 3. 13. 선고 2008구합41250 판결)

【판결요지】

출입국관리법 제7조 제1항, 제9조 제1항 및 제2항, 제92조 제1항, 같은 법 시행령 제7조 제1항, 제2항, 제96조 제1항, 같은 법 시행규칙 제17조 제2항부터 제5항까지 등 관계 법령의 규정에 의하면 출입국관리사무소는 대한민국에 입국하고자 하는 외국인의 신청에 이하여 사증발급인정서를 발급할 수 있도록 되어 있고, 초청자는 외국인의 신청을 대리할 수 있을 뿐 독자적으로 이를 신청할 수 없다. 따라서 외국인을 초청하려는 자에게 그 외국인에 대한 사증발급인정서의 발급을 독자적으로 요구할 법규상 또는 조리상의 신청이 있다고 할 수 없으므로, 그 거부행위를 행정소송의 대상이 되는 행정처분에 해당한다고 볼 수 없다. 또한, 사증발급인정서 발급 거부행위가 외국인의 구체적 권리나 법적 이익을 침해한 것이 아니므로 외국인은 원고적격이 인정되지 않는다고 보았다.

이에 따라 법무부장관은 사증을 발급하기 전에 특히 필요하다고 인정할 때에는 입국하려는 외국인의 신청을 받아 사증발급인정서를 발급할 수 있으며, 이때 사증발급인정서 발급신청은 그 외국인을 초청하려는 자가 대리할 수 있는 것이다(법 제9조). 한편, 위와 같은 절차 진행을 위한 사증발급인정서의 발급대상·발급기준 및 발급절차는 법무부령으로 정한다(법 제9조 제3항).

【판시사항】

외국인을 초청하려는 사람이 사증발급인정불허처분의 취소를 구할 원고적격이 인정되는지 여부(적극) (제주지방법원 2006. 6. 7. 선고 2005구합733 판결 : 확정)

---

10) 이민법연구회, 앞의 책 80면.
11) 차용호, 앞의 책, 82면.

출입국관리법 제9조 이하에서 규정하는 사증발급인정서 제도는 관련 외국인 입국과 관련하여 직접적인 이해당사자인 초청인으로 하여금 국내에서 직접 사증발급 관련 절차를 주도적으로 처리하도록 함으로써 피초청인(외국인)이 용이하고도 신속하게 입국할 수 있도록 신설된 제도인바, 출입국관리법 제9조는 사증발급인정서를 외국인의 신청에 의해 발급할 수 있다고 하면서도 명문으로 그 발급신청을 초청인이 대리할 수 있다고 명문으로 규정함으로써 관련 외국인 입국과 관련된 초청인의 이해관계를 법적으로 보장하고 있는 점, 이에 따라 사증발급인정을 신청함에 있어 '초청인'의 주소지 관할 사무소장에게 '초청인' 작성의 서류를 제출하도록 규정하고 있고, 사증발급인정서를 교부하는 경우에는 이를 '초청인'에게 교부하도록 규정하고 있어 초청인이 가지는 이해관계를 법적으로 보호하고 있는 점, 무엇보다 사증발급인정서 발급 여부를 심사함에 있어 출장소장이나 법무부장관은 '초청인의 초청사유가 타당한지 여부'를 중점적으로 심사하도록 규정하고 있어 초청인의 결격사유 유무가 사증발급인정서 발급에 있어 매우 중요한 기준이 되는 점, 초청인이 아무런 결격사유가 없음에도 사무소장이 사증발급인정을 불허하는 경우에 직접적인 이해당사자인 초청인이 이를 다툴 수 없다면 사증발급인정불허처분에 대해서 다툴 방도가 사실상 봉쇄된다는 점 등에 비추어 보면, 초청인은 사증발급인정불허처분에 의해 법률상 보호된 이익을 침해당하였다고 할 것이므로 그 취소를 구할 원고적격이 인정된다.

(1) 사증발급인정서의 발급절차 등

(가) 사증발급인정서 발급대상자

사증발급인정서의 신청은 대한민국에 입국하려는 외국인이 신청하는데, 이는 외국인을 초청하는 국민이 대리할 수 있으며(법 제9조 제2항), 사증발급인정서를 발급할 수 있는 대상은 다음과 같다(법 시행규칙 제17조 제1항). 다만, 사증발급인정서 발급대상은 사증의 유형이나 나라별로 상의할 수 있다.

1) 미수교국가 또는 특정국가의 국민(쿠바, 시리아, 코소보, 마케도니아), 단 90일의 단기사증(단수)은 재외공관장이 발급

2) 출입국관리법 시행령 별표 1의 2중 체류자격 4. 문화예술(D-1)부터 20. 특정활동(E-7)·21 비전문취업(E-9)·22. 선원취업(E-10)·23. 방문동거(F-1)·24. 거주(F-2)·25. 동반(F-3)·26. 재외동포(F-4)·26. 영주(F-5)·27. 결혼이민(F-6)·29. 방문취업(H-2), 30. 기타(G-1) 까지의 자격에 해당하는 사람

3) 기타 법무부장관이 특히 필요하다고 인정하는 자

다만, 아래의 비자유형은 사증발급인정서 발급제외 대상이다.

1) 외교(A-1), 공무(A-2), 협정(A-3) 자격에 해당하는 자

2) 사증면제(B-1), 관광통과(B-2) 자격에 해당하는 자

[사증발급인정서 발급대상]

구 분	체류자격	내 용
D - 계열 비자	D-1 (문화예술)	• 수익을 목적으로 하지 아니하는 학술 또는 예술활동을 하는 자 • 논문 작성, 창작 활동을 하는 자 • 비영리 학술활동, 예술단체의 초청으로 학술 또는 순수 예술활동에 종사하는 자 • 대한민국의 고유문화 또는 예술에 대하여 전문적으로 연구하거나 전문가의 지도를 받으려는 자(예 태권도 등 전통무예, 한국무용, 서예, 궁중음악, 참선, 농악 등)
	D-2 (유학)	교육법의 규정에 의하여 설립된 전문대학, 대학, 대학원 또는 특별법의 규정에 의하 여 설립된 전문대학 이상의 학술연구기관에서 정규과정(학사, 석사, 박사)의 교육을 받거나 특정의 연구를 하고자 하는 자
	D-3 (산업연수)	• 법무부장관이 정하는 연수조건을 갖춘 자로서 다음의 국내산업체에서 연수를 받고자하는 외국인 (1) 외국환거래법에 의거 외국에 직접투자한 산업체의 현지 직원 (2) 기술개발촉진법에 의거 외국에 기술을 수출하는 산업체 (3) 대외무역법에 의거 외국에 산업설비를 수출하는 산업체 (4) 기타 산업체로서 소관 중앙행정기관의 장이 지정, 고시하는 산업체 관련기관, 단체의 장, 연수추천단체가 추천하는 산업체 • 중소기업협동조합중앙회장 이 추천하는 중소제조업체 : D-3-2 • 수산업협동조합중앙회장이 추천하는 연근해어선 : D-3-3 • 한국해운조합회장이 추천하는 내항선 : D-3-6
	D-4 (일반연수)	• 대학부설어학원에서 한국어를 연수하는 자 • 유학(D-2) 자격에 해당하는 교육기관 또는 학술연구기관 이외의 교육기관에서 교육을 받는 자 • 국·공립 또는 공공의 연구기관, 연수원, 단체 등에서 기술, 기능 등을 연수하는 자 • 연수하는 기관으로부터 보수를 받거나 산업연수(D-3)자격 해당자, 그리고 방문동거 • (F-1) 및 동반(F-3)의 자격으로 고등학교 이하의 교육기관에서 교육을 받는 자는 위의 대상에서 제외
	D-5 (취재)	• 외국의 신문, 방송, 잡지, 기타 보도기관으로부터 파견되어 국내에 주재하면서 취재, 보도 활동을 하는 자 • 외국의 보도기관과의 계약에 의하여 국내에서 주재하면서 취재, 보도 활동을 하는 자 • 국내에 지사나 지국이 이미 개설된 외국의 신문, 방송, 잡지, 기타 보도기관으로 부터 파견되어 국내에서 취재, 보도활동을 하는 자
	D-6 (종교)	• 외국의 종교단체 또는 사회복지단체로부터 국내에 등록된 그 지부에 파견되어 근무하는 자

		• 외국의 종교단체 또는 사회복지단체로부터 파견되어 국내 유관 종교단체에서 종교활동을 하는 자 • 소속 종교단체가 운영하는 의료, 교육, 구호단체 등에서 선교 또는 사회복지 활동에 종사하는 자(종사하는 기관으로부터 보수를 받는 자는 제외) • 국내 종교단체의 추천을 받아 그 종교단체에서 수도, 수련, 연구활동을 하는 자 • 국내 종교단체 또는 사회복지단체로부터 초청되어 사회복지 활동에만 종사하는 자
	D-7 (주재)	외국의 공공기관, 단체 또는 회사의 본사, 지사, 기타 사업소 등에서 1년 이상 근무한 자로서 그 지사, 자회사, 주재사무소 등에 필수 전문인력으로 파견되어 근무하고자 하는 자
	D-8 (기업투자)	외국인투자촉진법의 규정에 의한 외국인 투자기업의 필수전문인력으로 경영이나 관리 및 생산, 기술분야에 종사하려는 자(투자자나 경영자 또는 기술자로 파견되는 자를 포함하되 국내에서 채용하는 자는 제외)
	D-9 (무역경영)	• 대외무역법의 규정에 의하여 한국무역협회에 무역업신고를 한 무역업자 • 대외무역법의 규정에 의하여 한국무역협회 또는 한국외국기업협회에 무역대리업 신고를 한 무역대리업자 • 산업설비(기계) 도입회사에 파견 또는 초청되어 그 장비의 설치. 운영. 보수(정비)에 필요한 기술을 제공하는 자(국내수입업자로부터 상당한 보수를 받는 자는 제외됨) • 대선박건조 및 산업설비 제작의 감독을 위하여 파견되는 자(발주자 또는 발주자가 지정하는 전문용역 제공회사에서 파견되는 자)
E – 계열 비자	E-1 (교수)	• 전문대학교 이상의 교육기관이나 이에 준하는 기관에서 교육 또는 연구지도하려는 자 • 한국과학기술원 등 학술기관의 교수 • 전문대학 이상의 교육기관에서 임용하는 전임강사 이상의 교수 • 대학 또는 대학부설연구소의 특수분야 연구교수
	E-2 (회화지도)	• 해당 외국어를 모국어로 하는 국가에서 대학 이상의 학교를 졸업한 자로서 학사학위 이상의 자격을 소지한 자 또는 이와 동등이상의 학력이 있는 자 • 초등학교 이상의 교육기관 또는 부설 어학연구소 • 학원의 설립운영에 관한법률 시행령 제7조의 2에 의하여 등록된 외국어 계열 교습학원 　– 복수교습과정등록, 운영가능 　– 출입국관리법 시행령 제12조에 규정되어 있는 외국어 전문학원에 준하는 학원에 해당 • 직원교육을 위하여 부설연수원이 설립된 기관.단체
	E-3 (연구)	대한민국 내의 공·사기관으로부터 초청되어 각종 연구소에서 자연과학분야의 연구 또는 산업상의 고도기술의 연구개발에 종사(특정 연구기관 육성법, 정부출연 연구 기관 등의 설립, 운영 및 육성에 관한 법률에 의한 연구기간에서 자연과학분의 연구 또는 산업상의 고두기술의 연구개발)하는 자
	E-4 (기술지도)	자연과학분야의 전문지식 또는 산업상의 특수한 분야에 속하는 기술을 제공하기 위하여 대한민국내의 공·사기관으로부터 초청되어 종사하고자 하는 자
	E-5 (전문직업)	대한민국의 법률에 의하여 자격이 인정된 외국의 변호사, 공인회계사, 의사, 기타 국가공인 자격을 소지하였으며 대한민국의 법률에 의하여 행할 수 있도록 되어 있는 법률, 회계, 의료 등의 전문 업무에 종사하고자 하는 자
	E-6	• 수익이 따르는 음악, 미술, 문학 등의 예술활동을 하려는 자

	(예술흥행)	• 수익을 목적으로 하는 연예, 연주, 연극, 운동경기, 광고, 패션모델 등으로 출연하는 흥행활동을 하려는 자
	E-7 (특정활동)	대한민국 내의 공·사기관 등과의 계약에 의하여 법무부장관이 특히 지정하는 활동에 종사하고자 하는 자로서 구체적으로 다음과 같습니다. - 외국인 학교 교사, 공·사기관의 외국어 교열원으로 근무하는 자 - 자연과학분야의 전문지식, 특정 기술, 기능 소지자로 공·사기관 등에 고용되어 산업상 필요한 기술, 기능, 전문 지식을 제공하는 자 - 공·사기관등의 특수직책에 고용되어 국가경쟁력 강화에 기여할 것으로 판단되는 자 - 운동 경기단체 등으로부터 초청되어 선수 지도 등으로 체육진흥에기여할 것으로 판단되는 감독이나 코치 - 주한 외국공관이나 외국기관 등에서 고용하는 행정요원 등 - 외국인 투자기업, 외국기업 국내지사, 외국인 개인업체 등의 국내 채용 필수전문 인력 (다만, 현재 근무처의 장으로부터 이적동의서를 받지 아니한 자는 제외) ※ 위 대상에 해당하는 경우라도 체류기간 90일 이하인 경우는 단기취업(C-4)자격에 해당 됩니다. - 국내 운수회사 등에 고용되어 정기여객선, 금강산관광선 등에 승무원 등으로 근무하려는 자
	정보기술 등 첨단기술 분야	벤처기업 등의 정보기술(IT) 분야에 종사하고자 하는 자 또는 전자상거래 등 기업정보호 (E-Business)분야에 종사하고자 하는 자로서 소관부처 장관의 고용추천이 있는 자 - 전자상거래 등 기업정보화(E-Business)분야 : 산업자원부 - 정보기술 (IT)분야 : 정보통신분야
	E-8 (연수취업)	산업연수활동을 할 수 있는 체류자격을 가지고 필요한 연수기간동안 지정된 연수장소를 이탈하지 아니하고 연수한 자로서 기술자격검정등 연수취업요건을 갖추고 국내 기업체에서 근무하려고 하는 자
F - 계열 비자	F-1 (방문동거)	가족동거, 피부양, 가사정리, 기타 이와 유사한 목적으로 입국하고자 하는 외국인으로 다음과 같습니다. - 대한민국 국민의 배우자나 자녀로서 거주(F-2) 자격을 부여받지 못한 자 - 대한국계 외국인(이중국적자, 국적상실 신고 미필자 포함) - 주한 외국공관원의 가사보조인(대한민국의 외국국적 동포는 공관원과 동일국적일 경우 사증발급인정서 불요) - 외교(A-1),공무(A-2),협정(A-3) 자격에 해당하는 자와 외국인 등록을 마친 자의 동거인으로서 그 세대에 속하지 않는 자(대한민국의 외국국적 동포는 사증발급 인정서 불요) - 거주(F-2) 자격을 가지고 있는 자의 처 또는 자로서 그 체류자격을 부여받지 못한 자 - 미화 50만불 이상을 국내에 투자한 외국투자가 (투자한 기업의 임직원 포함) 의 가사보조원으로서 대한민국의 외국국적 동포 - 산업연수(D-3)자격을 제외한 문화예술(D-1)내지 특정활동 (E-7)에 해당하는 자의 성년인 자(子)로서 그의 부 또는 모와 동거를 원하는 자
	F-2 (거주)	대한민국에 계속 거주하여 생활의 근거가 국내에 있는 자, 그의 배우자 및 출생자녀 와 국민의 배우지
	F-3 (동반)	문화예술(D-1), 유학(D-2), 일반연수(D-4), 취재(D-5), 종교(D-6), 주재(D-7), 기업

G-계열 비자	G-1 (기타)	투자(D-8), 무역경영(D-9), 교수(E-1), 회화지도(E-2), 연구(E-3), 기술지도(E-4), 전문직업(E-5), 예술흥행(E-6), 특정활동(E-7) 자격에 해당하는 자의 배우자 및 20세 미만의 자녀로서 배우자가 없는 자로서 동반가족
		외교(A-1)내지 동반(F-4) 및 관광취업(H-1)자격에 해당하지 아니하는 활동을 하려는 자로서 대한민국에 91일 이상 체류하고자 하는 다음에 해당하는 자입니다. - 치료를 받는 자 - 소송을 수행하는 자
H-계열 비자	H-1 (관광취업)	대한민국과 관광취업에 관한 협정이나 양해각서를 체결한 국가의 국민으로서 관광을 주된 목적으로 하면서 이에 수반되는 관광경비 충당을 위하여 단기간 취업활동을 하려는 자 ▶ 관광취업 협정 체결 국가 - 호주 : 체류기간 1년, 유효기간 1년의 복수사증 - 캐나다 : 체류기간 6개월, 유효기간 3개월의 단수사증 - 일본 : 체류기간 1년, 유효기간 1년의 단수사증 - 뉴질랜드 : 체류기간 1년 유효기간 1년의 복수사증

(나) 사증발급인정신청서 제출

사증발급인정서를 발급받고자 하는 자는 사증발급인정신청서에 사증발급 등 신청시의 첨부서류(제76조)를 첨부하여 그 외국인을 초청하려는 자의 주소지 관할 청장·사무소장 또는 출장소장에게 제출하여야 한다(법 시행규칙 제17조 제2항).

사증발급인정서
CONFIRMATION OF VISA ISSUANCE

사증발급인정번호(Confirmation No.) : 　　　　　호　(VALID UNTIL 　　/ 　　/ 　　까지 유효)

1. 신청인 정보 / APPLICANT INFORMATION

신청인 사진(Photo) 여권용사진 (35mm×45mm) – 흰색 바탕에 모자를 쓰지 않은 정면 사진으로 촬영일부터 6개월이 경과하지 않아야 함 A color photo taken within last 6 months(full face without hat, front view against white or off–white background)	성명 Full Name		한자성명 漢字姓名
	생년월일 Date of Birth		성별 Sex
	국적 Nationality		
	여권번호 Passport No.		
	여권만료일 Passport Expiry Date		

2. 초청인 정보 / SPONSOR INFORMATION

성명 Full Name		생년월일 Date of Birth	
국적 Nationality		성별 Sex	
회사/기관명 Company/Institute		직위 Job Position	

3. 사증사항 / VISA DETAILS

체류자격 Status of Stay		체류기간 Duration of Stay		사증종류 Visa Type	
				유효기간 Period of Validity	
비고 Remarks					

「출입국관리법」 제9조에 따라 위의 신청인에 대한 사증발급인정서가 발급되었음을 확인합니다.
This document confirms that the above applicant's visa application has been preapproved in accordance with Article 9 of the Immigration Act.

발급일　Date of Issue _____.____.____.

○○출입국 · 외국인청(사무소 · 출장소)장 　[직인]

CHIEF, ○○IMMIGRATION OFFICE

유의사항 (Notice)

1. 사증을 발급받으려면, 외국에 주재하는 대한민국 대사관 또는 영사관에 이 인정서를 제출하여야 합니다.
   If you wish to obtain a visa, you must submit this document to a Korean embassy or consulate.

2. 발급일부터 3개월 내에 사증발급을 신청하지 않으면 이 인정서는 효력을 잃게 됩니다.
   This confirmation document will expire if you do not apply for a visa within 3 months from its issuance date.

210mm×297mm[백상지(80g/㎡) 또는 중질지(80g/㎡)]

(다) 사증발급인정서 발급절차

사증발급인정서를 발급받고자 하는 자는 사증발급인정서에 필요한 서류를 첨부한 다음 그 외국인을 초청하려는 자의 주소지를 관할 청장·사무소장에게 제출하여야 한다(법 시행규칙 제17조 제2항).

(라) 법무부장관에 송부

주소지 관할 청장·사무소장 또는 출장소장은 사증발급인증서 발급신청서를 제출받은 때에는 발급기준을 확인하고 의견을 붙여 이를 법무부장관에게 송부하여야 한다(법 시행규칙 제17조 제4항).

(마) 사증발급인정서 발급·통지 등

법무부장관은 신청서류를 심사한 결과 사증발급이 타당하다고 인정하는 때에는 「전자정부법」의 규정에 의한 전자문서(원칙적으로 E-MAIL로 사증발급인정번호를 통지하고, 예외적으로 사증발급인정번호를 통지할 수 없는 부득이한 사정이 있는 경우에는 직접 사증발급인정서를 교부)로 사증발급인정서를 발급하여 이를 재외공관의 장에게 송신하고, 초청자에게는 사증발급인정번호를 포함한 사증발급인정내용을 지체없이 통지하여야 한다(법 시행규칙 제17조 제5항).

[사증발급인정서 발급 허가 여부 조회 방법]

- ARS번호(02-2650-6363)로 허가 여부를 확인한 다음 허가되었을 경우에는 e-Mail 또는 휴대폰으로 사증발급인정번호를 확인하시기 바랍니다.
- 또한 홈페이지 전자민원창구 사증발급인정서 결과조회를 통해서도 허가여부 및 사증발급인정번호 확인이 가능합니다.
- 초청인은 사증발급인정번호를 확인한 후, 피초청인에게 사증발급인정번호를 알려주고, 피초청인은 재외공관에 비치된 사증발급신청서에 사증발급인정번호를 기재하여 사증발급을 신청하시면 됩니다.

(사) 사증발급인증서 직접교부

법무부장관은 재외공관에 출입국관리정보시스템이 개설되어 있지 아니하는 등 전자문서에 의한 사증발급인정서를 송신할 수 없는 부득이 한 사유가 있는 경우에는 초청자에게 직접 사증발급인정서를 교부할 수 있다(법 시행규칙 제17조 제6항).

(아) 사증발급인정서 발급대상자가 2인 이상일 경우

법무부장관은 초청인이 동시에 신청한 사증발급인정서 발급대상자가 2인 이상일 경우에는 그 대표자의 사증발급인정서에 사증발급대상자 명단을 첨부하여 사증발급인정서를 발급할 수 있다(법 시행규칙 제17조 제7항).

■ 출입국관리법 시행규칙 [별지 제21호의2서식] 〈개정 2016. 9. 29.〉

사증발급대상자 명단
(LIST OF VISA ISSUANCE CONFIRMATION)

(제 쪽)

연번 (Serial No.)	신청 번호(Application No.)		성명(Full Name)		성별(Sex)
	사증발급인정번호(Confirmation No.)	생년월일(Date of Birth)	국적(Nationality)		비고(Remarks)

210mm×297mm[백상지(80g/㎡) 또는 중질지(80g/㎡)]

(2) 사증발급인정서에 의한 사증발급

(가) 사증발급인정서에 의한 사증발급신청

1) 사증발급인정내용을 통보받은 자

사증발급인정번호 등 사증발급인정내용을 통보받은 자는 사증발급신청서에 사증발급인정번호를 기재하여 직접 재외공관의 장에게 사증발급을 신청할 수 있다(법 시행규칙 제17조의2 제1항).

2) 사증발급인정서를 교부받은 자

법 시행규칙 제17조제6항에 따라 사증발급인정서를 교부받은 자는 사증발급신청서에 사증발급인정서를 첨부하여 재외공관의 장에게 사증발급을 신청할 수 있다(법 시행규칙 제17조의2 제2항). 사증발급인정서의 유효기간은 3개월이며, 한번ㄴ의 사증발급에 한하여 그 효력이 인정된다.

(나) 사증발급인정서에 의한 사증발급

재외공관의 장은 사증발급을 신청하는 자에 대하여는 사증 등 발급의 승인절차 규정에도 불구하고 사증발급인정번호 등 사증발급인정내용 또는 사증발급인정서의 내용에 따라 사증을 발급하여야 한다(법 시행규칙 제17조의2 제3항).

사증발급인정신청서
APPLICATION FOR CONFIRMATION OF VISA ISSUANCE

〈신청서 작성방법〉
▶ 신청인은 사실에 근거하여 빠짐없이 정확하게 신청서를 작성하여야 합니다.
▶ 신청서상의 모든 질문에 대한 답변은 한글 또는 영문으로 기재하여야 합니다.
▶ 선택사항은 해당 칸[ ] 안에 √ 표시를 하시기 바랍니다.
▶ '기타'를 선택한 경우, 상세내용을 기재하시기 바랍니다.

〈How to fill out this form〉
▶ You must fill out this form completely and correctly.
▶ You must write in block letters either in English or Korean.
▶ For multiple-choice questions, you must check [√] all that apply.
▶ If you select 'Other', please provide us with more information in the given space.

1. 인적사항 / PERSONAL DETAILS

<table>
<tr>
<td rowspan="5">여권용사진
(35mm×45mm)
- 흰색 바탕에 모자를 쓰지 않은 정면 사진으로 촬영일부터 6개월이 경과하지 않아야 함
A color photo taken within last 6 months(full face without hat, front view against white or off-white background)</td>
<td colspan="2">1.1 여권에 기재된 영문 성명 Full Name in English (as shown in your passport)</td>
</tr>
<tr>
<td>성 Family Name</td>
<td>명 Given Names</td>
</tr>
<tr>
<td>1.2 한자성명 漢字姓名</td>
<td>1.3 성별 Sex
남성/Male[ ] 여성/Female[ ]</td>
</tr>
<tr>
<td>1.4 생년월일 Date of Birth (yyyy/mm/dd)</td>
<td>1.5 국적 Nationality</td>
</tr>
<tr>
<td>1.6 출생국가 Country of Birth</td>
<td>1.7 국가신분증번호 National Identity No.</td>
</tr>
</table>

1.8 이전에 한국에 출입국하였을 때 다른 성명을 사용했는지 여부
　　Have you ever used any other names to enter or depart Korea?
　　아니오 No [ ] 예 Yes [ ] → '예' 선택 시 상세내용 기재 If 'Yes', please provide details
　　(성 Family Name　　　　　　　　　　　　, 명 Given Names　　　　　　　　　　)

1.9 복수 국적 여부 Is the invitee a citizen of more than one country ? 아니오 No [ ] 예 Yes [ ]
　　→ '예'선택 시 상세내용 기재 If 'Yes', please provide details (　　　　　　　　　　　)

2. 여권정보 / PASSPORT INFORMATION

2.1 여권종류 Passport Type
　　　　　　　외교관 Diplomatic [ ]　　　　　　　　　　관용 Official [ ]
　　　　　　　일반 Regular [ ]　　　　　　　　　　　　기타 Other [ ]
　　→ '기타'상세내용 If'Other', please provide details (　　　　　　　　　　)

<table>
<tr>
<td>2.2 여권번호 Passport No.</td>
<td>2.3 발급국가 Country of Passport</td>
<td>2.4 발급지 Place of Issue</td>
</tr>
<tr>
<td>2.5 발급일자 Date of Issue</td>
<td>2.6 기간만료일 Date Of Expiry</td>
<td></td>
</tr>
</table>

2.7 다른 여권 소지 여부 Does the invitee have any other valid passport ? 아니오 No [ ] 예 Yes [ ]
　　→ '예'선택 시 상세내용 기재 If 'Yes', please provide details

a) 여권종류 Passport Type
　　　　　　　외교관 Diplomatic [ ]　　　　　　　　　　관용 Official [ ]
　　　　　　　일반 Regular [ ]　　　　　　　　　　　　기타 Other [ ]
b) 여권번호 Passport No.　　　　c) 발급국가 Country of Passport　　d) 기간만료일 Date of Expiry

210mm×297mm[백상지(80 g/㎡) 또는 중질지(80 g/㎡)]

3. 연락처 / CONTACT INFORMATION

3.1 본국 주소 Address in Your Home Country

3.2 현 거주지 Current Residential Address *현 거주지가 본국 주소와 다를 경우 기재 / Write if it is different from the above address

3.3 휴대전화 Cell Phone No.   3.4 일반전화 Telephone No.   3.5 이메일 E-mail

3.6 비상시 연락처 Emergency Contact Information

a) 성명 Full Name in English	b) 거주국가 Country of Residence
c) 전화번호 Telephone No.	d) 관계 Relationship to you

4. 혼인사항 및 가족사항 / MARITAL STATUS AND FAMILY DETAILS

4.1 현재 혼인사항 Current Marital Status

기혼 Married [   ]   이혼 Divorced [   ]   미혼 Single [   ]

4.2 배우자 인적사항 Personal Information of Your Spouse *기혼으로 표기한 경우에만 기재 If'Married',   please provide details of your spouse.

a) 성 Family Name (in English)	b) 명 Given Names (in English)
c) 생년월일 Date of Birth (yyyy/mm/dd)	d) 국적 Nationality
e) 거주지 Residential Address	f) 연락처 Contact No.

4.3 자녀 유무 Do you have children?

없음 No [   ]   있음 Yes [   ]   자녀수 Number of children [   ]

5. 학력 / EDUCATION

5.1 최종학력 What is the highest degree or level of education the invitee has completed ?

석사/박사 Master's /Doctoral Degree [   ]   대졸 Bachelor's Degree [   ]

고졸 High School Diploma [   ]   기타 Other [   ]

→ '기타'선택 시 상세내용 기재 If'Other', please provide details (   )

5.2 학교명 Name of School	5.3 학교 소재지 Location of School(city/province/country)

6. 직업 / EMPLOYMENT

6.1 직업 Current personal circumstances

사업가 Entrepreneur [   ]   자영업자 Self-Employed [   ]   직장인 Employed [   ]

공무원 Civil Servant [   ]   학생 Student [   ]   퇴직자 Retired [   ]

무직 Unemployed [   ]   기타 Other [   ]

→ '기타'선택 시 상세내용 기재 If'Other', please provide details (   )

6.2. 직업 상세정보 Employment Details

a) 회사/기관/학교명 Name of Company/Institute/School	b) 직위/과정 Position/Course
c) 회사/기관/학교 주소 Address of Company/Institute/School	d) 전화번호 Telephone No.

210mm×297mm[백상지(80 g /㎡) 또는 중질지(80 g /㎡)]

7. 방문정보 / DETAILS OF VISIT

7.1 입국목적 Purpose of Visit to Korea

관광/통과 Tourism/Transit [　] 　행사참석/Meeting, Conference [　] 　의료관광 Medical Tourism [　]

단기상용 Business Trip [　] 　유학/연수 Study/Training [　] 　취업활동 Work [　]

무역/투자/주재 Trade/Investment/Intra-Corporate Transferee [　] 　가족 또는 친지방문 Visiting Family/Relatives/Friends [　] 　결혼이민 Marriage Migrant [　]

외교/공무 Diplomatic/Official [　] 　기타 Other [　]

→ '기타'선택 시 상세내용 기재 If 'Other', please provide details (　　　　　　　　　　)

7.2 체류예정기간 Intended Period of Stay	7.3 입국예정일 Intended Date of Entry

7.4 체류예정지(호텔 포함) Address in Korea (including hotels)	7.5 한국 내 연락처 Contact No. in Korea

7.6 과거 5년간 한국을 방문한 경력 Has the invitee travelled to Korea in the last 5 years?
아니오 No [　] 예 Yes [　] → '예'선택 시 상세내용 기재 If 'Yes', please provide details of any trips to Korea
(　　　　　) 회 times, 　최근 방문목적 Purpose of Recent Visit (　　　　　　　)

7.7 한국 외에 과거 5년간 여행한 국가 Has the invitee travelled outside his/her country of residence, excluding to Korea, in the last 5 years?
아니오 No [　] 예 Yes [　] → '예'선택 시 상세내용 기재 If 'Yes', please provide details of these trips

국가명 Name of Country (in English)	방문목적 Purpose of Visit	방문기간 Period of Stay (yyyy/mm/dd)~ (yyyy/mm/dd)

7.8. 동반입국 가족 유무 Is the invitee travelling to Korea with any family member?
아니오 No [　] 예 Yes [　] → '예'선택 시 상세내용 기재 If 'Yes', please provide details of the family members the invitee is travelling with

성명 Full name in English	생년월일 Date of Birth (yyyy/mm/dd)	국적 Nationality	관계 Relationship to the invitee

* 참고 : 가족의 범위 - 배우자, 자녀, 부모, 형제
Note : Definition of a Family Member - your spouse, father, mother, children, brothers and sisters

8. 서류 작성 시 도움 여부 / ASSISTANCE WITH THIS FORM

8.1 이 신청서를 작성하는데 다른 사람의 도움을 받았습니까? Did you receive assistance in completing this form?
아니오 No [　] 예 Yes [　] → '예'선택 시 상세내용 If'Yes', please provide details of the person who assisted you.

성명 Full Name	생년월일 Date of Birth (yyyy/mm/dd)	연락처 Phone No.	관계 Relationship to you

210mm×297mm[백상지(80 g/㎡) 또는 중질지(80 g/㎡)]

9. 초청인 정보 / DETAILS OF SPONSOR

9.1 초청인/초청회사 Sponsor/sponsor company

아니오 No [　] 예 Yes [　] → '예'선택 시 상세내용 기재 If'Yes', please provide details

a) 초청인/초청회사명 Name of sponsor/sponsor company (Korean, foreign resident in Korea, company, or institute)

b) 생년월일/사업자등록번호 Date of Birth / Business Registration No.	c) 관계 Relationship to you
d) 주소 Address	e) 전화번호 Phone No.

「출입국관리법 시행규칙」 제17조제2항에 따라 위 외국인 ＿＿＿＿＿＿＿＿＿＿에 대한 사증발급인정서를 신청합니다.

I hereby apply for Confirmation of Visa Issuance for the invitee ＿＿＿＿＿＿＿ , in accordance with article 17(2) of the Enforcement Regulations of the Immigration Act.

신청일자 (년. 월. 일) DATE OF APPLICATION (yyyy/mm/dd)

／　／

신청인(초청인) 성명 NAME OF APPLICANT(SPONSOR)　신청인(초청인) 서명(인) SIGNATURE(SEAL) OF APPLICANT(SPONSOR)

(신청인이 17세 미만자의 경우 부모 또는 법정후견인의 서명)
Signature of Parent or Legal Guardian's for a person under 17 years of age

첨부서류	「출입국관리법 시행규칙」 제76조제1항 관련 [별표 5] 사증발급신청 등 첨부서류
담당공무원 확인사항	「출입국관리법 시행규칙」 제76조제1항 관련 [별표 5] 사증발급신청 등 첨부서류

행정정보 공동이용 동의서 / Consent for sharing of administrative information

[초청인용 Only for sponsor]

본인은 이 건 업무처리와 관련하여 담당 공무원이 「전자정부법」 제36조에 따른 행정정보의 공동이용을 통하여 위의 담당 공무원 확인 사항을 확인하는 것에 동의합니다.　　*동의하지 아니하는 경우에는 신청인이 직접 관련 서류를 제출하여야 합니다.

I, the undersigned, hereby consent to allow all documents and information required for the processing of this application to be viewed by the public servant in charge in accordance with Article 36 (sharing of administrative information) of the Electronic Government Act.

* If you disagree, you have to present all related documents yourself.

신청인 성명 NAME OF APPLICANT　　　신청인 서명(인) SIGNATURE(SEAL) OF APPLICANT

210mm×297mm[백상지(80 g/㎡) 또는 중질지(80 g/㎡)]

유의사항 / Notice

1. 위 기재사항과 관련하여 자세한 내용은 별지로 작성하거나 관련 서류를 추가로 제출할 수 있습니다.
If extra space is needed to complete any item, record on a separate sheet of paper or submit relevant documents which could support your application.

2. 대한민국 사증을 승인받은 후 분실 또는 훼손 등의 사유로 여권을 새로 발급받은 경우에는, 정확한 개인정보를 반영할 수 있도록 변경된 여권정보를 사증처리기관에 통보하여야 합니다.
If you received Korean visa approval, and have new passport issued thereafter in lieu of lost/damaged passport, you must notify the concerned visa office of changes in your passport information.

3. 「출입국관리법 시행규칙」 제9조제1항에 따라 C 계열 사증소지자는 입국 후에 체류자격을 변경할 수 없습니다.
Please note that category C visa holders are not able to change their status of stay after their entry into Republic of Korea in accordance with Article 9(1) of the Enforcement Regulations of the Immigration Act.

공용란 / FOR OFFICIAL USE ONLY

기본사항	체류자격		체류기간		사증종류	단수 · 복수(2회, 3회 이상)
접수사항	접수일자		접수번호		처리과	
허가사항	허가일자		인정번호		고지사항	
결 재	담당자		가 [ ] 부 [ ]	〈심사의견〉		

처리절차 / Procedure

인정신청서 작성 Application for Confirmation	→	접 수 Reception	→	심 사 Assessment	→	결과통지 Notification	→	사증신청 및 발급 Visa Application and Issuance
신청인 또는 초청인 Applicant or Spons or		처 리 기 관 출입국 · 외국인청 (사무소 · 출장소) Immigration Office		처 리 기 관 (좌동) Immigration Office		처 리 기 관 (좌동) Immigration Office		처 리 기 관 (재외공관) Diplomatic Mission

210mm×297mm[백상지(80 g /㎡) 또는 중질지(80 g /㎡)]

(다) 사증발급인정서 회수

재외공관의 장은 사증발급인정서를 교부받은 자가 사증발급신청서에 사증발급인정서를 첨부하여 사증발급을 신청하는 자에 대하여 사증을 발급한 때에는 사증발급인정서를 회수하여야 한다(법 시행규칙 제17조의2 제4항).

(3) 사증발급인정서 발급의 기준

(가) 사증 등 발급의 기준 준용

사증발급인정서 발급의 기준(법 제9조 제1항의 규정)에 관하여는 법 시행규칙 제9조의2의 사증 등 발급의 기준 규정을 준용한다(법 시행규칙 제17조의3 제1항).

【판시사항】

법무부 훈령인 사증발급인정서 발급 등에 관한 업무처리지침의 법적 성질(제주지방법원 2006. 6. 7. 선고 2005구합733 판결 : 확정)

【판결요지】

출입국관리법 제9조 제3항은 사증발급인정서 발급기준을 '법무부령'으로 정하도록 규정하고 있는데, 사증발급인정서 발급 등에 관한 업무처리지침(2004. 8. 7.)은 '훈령'에 불과하므로 사증발급인정서 발급업무를 처리함에 있어 행정기관 내부에서 지켜야 할 사무처리 준칙에 불과할 뿐이고, 그것이 법원 또는 국민을 기속하는 법규적 효력이 있는 것은 아니다.

(나) 사증발급인정서 발급제한

1) 법무부장관은 「파견근로자보호 등에 관한 법률」에 따라 피초청 외국인을 사용하려는 사용사업주 또는 법 제9조 제2항에 따라 외국인을 초청하는 사람이 다음의 어느 하나에 해당하는 경우에는 피초청 외국인에 대한 사증발급인정서를 발급하지 아니할 수 있다(법 시행규칙 제17조의3 제2항).

가) 법 제7조의2(허위초청 금지), 법 제12조의3(선박 등의 제공금지), 법 제18조제3항부터 제5항까지(외국인 고용제한), 법 제21조제2항(근무처의 변경·추가) 또는 법 제33조의3 제1호(외국인등록증 등의 채무이행 확보수단 제공 등의 금지)의 규정을 위반하여 금고 이상의 형의 선고를 받고 그 형의 집행이 종료되거나 집행을 받지 아니하기로 한 날 또

는 500만 원 이상의 벌금형의 선고를 받거나 500만원 이상의 범칙금의 통고처분을 받고 벌금 또는 범칙금을 납부한 날부터 3년이 경과되지 아니한 사람

나) 법 제7조의2, 법 제12조의3, 법 제18조제3항부터 제5항까지, 법 제21조제2항 또는 법 제33조의3제1호의 규정을 위반하여 500만원 미만의 벌금형의 선고를 받거나 500만원 미만의 범칙금의 통고처분을 받고 벌금 또는 범칙금을 납부한 날부터 1년(다만, 법무부장관은 재범의 위험성, 법 위반의 동기와 결과, 그 밖의 정상을 고려하여 1년 미만의 기간으로 정할 수 있다)이 경과되지 아니한 사람

다) 외국인에게 윤락행위·사행행위·마약류 판매 및 공급행위 강요 등으로 「성매매알선 등 행위의 처벌에 관한 법률」, 「사행행위 등 규제 및 처벌특례법」 및 「마약류 관리에 관한 법률」 등을 위반하여 금고 이상의 형의 선고를 받고 그 형의 집행이 종료되거나 집행을 받지 아니하기로 한 날 또는 금고 이상의 형의 집행유예를 선고받고 그 판결이 확정된 날부터 3년이 경과되지 아니한 사람

라) 외국인근로자 또는 기술연수생에게 임금 또는 수당을 체불하거나 강제근로시키는 등 「근로기준법」을 위반하여 금고 이상의 형의 선고를 받고 그 형의 집행이 종료되거나 집행을 받지 아니하기로 한 날 또는 금고 이상의 형의 집행유예를 선고받고 그 판결이 확정된 날부터 3년이 경과되지 아니한 사람

마) 신청일부터 최근 1년간 법 제9조제2항에 따라 10인 이상의 외국인을 초청한 자로서 피초청 외국인의 과반수가 불법체류 중인 사람

바) 신청일부터 최근 1개월간 법 제19조 또는 법 제19조의4의 규정에 의한 신고의무를 2회 이상 게을리 한 사람

사) 「성폭력범죄의 처벌 등에 관한 특례법」 또는 「성폭력방지 및 피해자보호 등에 관한 법률」 제8조를 위반하여 금고 이상의 형의 선고를 받고 그 형의 집행이 종료되거나 집행을 받지 아니하기로 한 날 또는 금고 이상의 형의 집행유예를 선고받고 그 판결이 확정된 날부터 5년이 경과되지 아니한 사람

아) 그 밖에 제1호부터 제7호까지의 규정에 준하는 사유에 해당하는 자로서 법무부장관이 따로 정하는 사람

2) 법무부장관은 영 별표 1의2 중 체류자격 21. 비전문취업(E-9) 또는 22. 선원취업(E-10)에 해당하는 사증발급인정서를 발급받으려는 외국인이 비전문취업(E-9) 체류자격으로 국내에 5년(「외국인근로자의 고용 등에 관한 법률」 제18조의2제2항에 따라 취업활동 기

간이 연장된 경우에는 6년) 이상 체류한 사실이 있는 경우, 선원취업(E-10) 체류자격으로 국내에 5년 이상 체류한 사실이 있는 경우, 비전문취업(E-9) 또는 선원취업(E-10) 체류자격으로 국내에 체류한 기간을 합산한 기간이 5년(「외국인근로자의 고용 등에 관한 법률」제18조의2제2항에 따라 취업활동 기간이 연장된 경우에는 6년) 이상인 경우의 어느 하나에 해당하는 경우에는 사증발급인정서를 발급하지 아니한다(법 시행규칙 제17조의3 제3항).

[별표 1의2]

장기체류자격(제12조 관련)

체류자격 (기호)	체류자격에 해당하는 사람 또는 활동범위
21. 비전문취업 (E-9)	「외국인근로자의 고용 등에 관한 법률」에 따른 국내 취업요건을 갖춘 사람(일정 자격이나 경력 등이 필요한 전문직종에 종사하려는 사람은 제외한다)
22. 선원취업 (E-10)	다음 각 목에 해당하는 사람과 그 사업체에서 6개월 이상 노무를 제공할 것을 조건으로 선원근로계약을 체결한 외국인으로서 「선원법」 제2조제6호에 따른 부원(部員)에 해당하는 사람 가. 「해운법」 제3조제1호 · 제2호 · 제5호 또는 제23조제1호에 따른 사업을 경영하는 사람 나. 「수산업법」 제8조제1항제1호, 제41조제1항 또는 제57조제1항에 따른 사업을 경영하는 사람 다. 「크루즈산업의 육성 및 지원에 관한 법률」 제2조제7호에 따른 국적 크루즈사업자로서 같은 조 제4호에 따른 국제순항 크루즈선을 이용하여 사업을 경영하는 사람

(다) 거주 및 결혼동거 목적의 사증발급인정서 발급 기준

영 별표 1의2 중 체류자격 24. 거주(F-2) 가목 또는 27. 결혼이민(F-6) 가목에 해당하는 결혼동거 목적의 사증발급인정서 발급 기준 등에 관하여는 제9조의5 결혼동거 목적의 사증발급 기준 등을 준용한다(법 시행규칙 제17조의3 제4항).

(4) 사증발급인정서 발급 거부의 통지

가) 거부통지

법무부장관은 제17조의3제2항 및 제3항에 따라 사증발급인정서를 발급하지 않는 경우에는 발급거부 사실 및 그 사유를 포함한 발급거부통지서를 법무부장관이 정하는 정보통신망을 통해 i) 법 제9조제1항에 따라 사증발급인정서를 신청한 사람, ii) 법 제9조제2항에 따라 사증발급인정서 발급신청을 대리한 사람의 어느 하나에 해당하는 사람에게 통지할 수 있다(법 시행규칙 제17조의4).

나) 발급거부통지서 교부

위 가)항 불구하고 ⅰ) 법 제9조제1항에 따라 사증발급인정서를 신청한 사람, ⅱ) 법 제9조 제2항에 따라 사증발급인정서 발급신청을 대리한 사람의 어느 하나에 해당하는 사람이 출입 국·외국인청(이하 "청"이라 한다), 출입국·외국인사무소(이하 "사무소"라 한다), 출입국·외 국인청 또는 출입국·외국인사무소의 출장소(이하 "출장소"라 한다)에 방문하여 발급거부통 지서의 교부를 요청하면 지체 없이 교부해야 한다.

(5) 사증발급인정서의 효력

사증발급인정서의 유효기간은 3개월로 하고, 한번의 사증발급에 한하여 그 효력을 가진다. 다만, 법무부장관은 특히 필요하다고 인정되는 경우에는 사증발급인정서의 유효기간을 달리 정할 수 있다(법 시행규칙 제18조).

바. 사증발급의 승인

재외공관의 장은 다음의 어느 하나에 해당하는 자에 대하여 사증을 발급하고자 하는 때에는 사증발급권한의 위임(법 시행규칙 제9조)에도 불구하고 법무부장관의 승인을 얻어야 하며, 그 승인에 관한 절차는 제8조 제2항부터 제4항까지의 규정[12]에 따른다(법 시행규칙 제10조).

(1) 국민에 대하여 사증발급을 억제하고 있는 국가의 국민

(2) 「국가보안법」 제2조의 규정에 의한 반국가단체에 소속하고 있는 자

(3) 법무부장관이 그 사증발급에 관하여 특별히 승인을 얻어야만 사증발급을 받을 수 있도록 한 사증발급규제자

(4) 「재외동포의 출입국과 법적 지위에 관한 법률」 제5조제2항의 규정에 의한 대한민국의 안전보 장과 질서유지·공공복리·외교관계 기타 대한민국의 이익을 해할 우려가 있다고 판단되는 자

[12) 법 시행규칙 제9조
② 재외공관의 장은 제1항에 따른 승인을 얻고자 하는 때에는 사증발급승인신청서에 입국의 적합 여부에 관한 의견을 붙여 외교부장관을 거쳐 법무부장관에게 승인요청을 하여야 한다. 다만, 긴급을 요하는 때에는 사증발급승인요청서에 의하여 전문으로 승인을 요청할 수 있으며, 이 경우 재외공관의 장은 그 신청인으로부터 실비상당의 전신료를 징수할 수 있다.
③ 법무부장관은 사증발급에 관하여 제2항에 따른 승인요청이 있는 때에는 입국의 적합 여부를 심사한 후에 그 승인여부와 승인하는 경우 그 사증의 단수 또는 복수의 구분, 체류자격 및 체류기간을 각각 명시하여 이를 외교부장관을 거쳐 해당재외공관의 장에게 통시한나. 이 경우 체류자격은 문자와 기호 를 함께 적고, 근무처, 연수장소, 학교명 등이 있는 때에는 이를 명시하여야 한다.
④ 재외공관의 장은 제2항의 규정에 의하여 법무부장관에게 사증발급승인을 요청한 때에는 그 승인통지 를 받기 전에 제9조의 규정에 의한 사증을 발급하여서는 아니된다.]

(5) 기타 법무부장관이 대한민국의 이익 등을 보호하기 위하여 따로 지정한 국가의 국민 또는 단체에 소속하고 있는 자

사. 단체사증의 발급

(1) 단체사증 발급대상

재외공관의 장은 일시방문하는 외교사절단, 국제행사참가단체, 수학여행단체 기타 이에 준하는 여행객 단체로서 그 구성원의 수가 법무부장관이 따로 정하는 인원을 초과하는 단체의 구성원이 동일한 선박·항공기·기차·자동차 기타의 교통기관(이하 "선박 등"이라 한다)으로 입국하고자 하는 때에는 단체사증을 발급할 수 있다(법 시행규칙 제11조 제1항).

(2) 단체사증발급신청서 제출

단체사증을 발급받고자 하는 경우에는 그 단체의 대표자 또는 양국간 협정 등에 의하여 지정된 자가 단체사증발급신청서에 구성원 전원의 여권과 법무부장관이 따로 정하는 서류를 첨부하여 재외공관의 장에게 제출하여야 한다(법 시행규칙 제11조 제2항).

團體查證發給申請書
Application For Group Visa Issuance

(公館 申請番號   )

代 表 者 Represen – tative	英字 姓名 Name In Full			漢子 姓名	
	性別 Gender	[ ]M [ ]F	生年月日 Date Of Birth	國籍 Nationality	旅券番號 Passport No.
	職場 / 職位 / 電話番號 Place Of Work/Post/Phone No.				
	職場 住所 Address Of Working Place				

韓國內 主要觀光 日程 Tour Itiner ary In Koreat	日時 Date & Time		觀光計劃 Tour Schedule	

指定旅行社 Travel Agent	中國 China		韓國 Korea	

團體 (名單) Group (lists)	國籍 Nationality	英字姓名(漢字名) English Names(Chinese Names)	性別 Gender	生年月日 Date Of Birth	旅券番號 Passport No.	備考 Remarks

※ 단체인원이 많을 때에는 별지사용 가능 Seperate papers will be available if there are many group members

申請日字: /   /   /
Date Of Application: (Year) (Month) (Day)

旅行社 代表人 署名(印):
Signature Or Seal By Representative Of Travel Agent:

210mm×297mm[백상지 80g/㎡(재활용품)]

(3) 단체사증 발급방법

(가) 원칙

재외공관의 장이 단체사증을 발급하는 때에는 그 대표자의 여권에 사증인을 찍고 그 사증의 왼쪽 아랫부분에 "단체사증발급신청서 사본 별첨"인을 찍어야 한다(법 시행규칙 제11조 제3항 본문).

(나) 예외

다만, 재외공관의 장이 특별한 사유가 있다고 인정하는 경우에는 각 신청자의 여권에 사증을 발급할 수 있다. 이 경우 그 사증의 아랫부분에 단체의 일원임을 확인할 수 있는 표시를 하여야 한다(법 시행규칙 제11조 제3항 단서).

(4) 단체사증 교부 및 제시

재외공관의 장이 단체사증을 교부하는 때에는 제2항의 규정에 의하여 제출된 단체사증발급 신청서사본에 재외공관의 확인인을 찍어 그 사증과 함께 교부하고 입국할 때에 그 대표자(대표자가 그 구성원과 함께 입국하지 아니하는 경우에는 대표자가 미리 지명한 구성원을 말한다)가 출입국관리공무원에게 이를 제시하여야 한다는 뜻을 알려야 한다(법 시행규칙 제11조 제4항).

■ 출입국관리법 시행규칙 [별지 제22호서식] 〈개정 2016. 9. 29.〉

단체사증 발급대상자 명단(GROUP LIST)

연번 (No.)	국적 (Nationality)	성명 (Full name)	성별 (Sex)	생년월일 (Date Of Birth)	여권번호 (Passport No.)	직업 (Occupation)	비고 (인정서번호) (Remarks)

210mm×297mm[백상지(120g/㎡) 또는 백상지(80g/㎡)]

(5) 단체사증 심사방법 등

(가) 입국심사인 날인 및 반환

출입국관리공무원이 단체사증을 발급받아 입국하는 단체에 대하여 입국심사를 마친 때에는 제4항의 규정에 의하여 교부한 단체사증발급신청서 사본의 왼쪽 아랫부분에 입국심사인을 찍어 이를 반환하여야 한다(법 시행규칙 제11조 제5항).

(나) 여권에 체류자격 등 기재

출입국관리공무원이 단체사증발급신청서 사본에 기재된 자에 대하여 입국심사를 하는 때에는 그 구성원의 여권에 각각 입국심사인을 찍고 그 대표자의 사증에 부여된 것과 같은 체류자격 및 체류기간을 기재하여야 한다. 이 경우 대표자가 그 구성원과 함께 입국하지 아니하는 경우에는 출입국관리공무원은 정보통신망을 통하여 대표자의 사증에 부여된 것과 같은 체류자격 및 체류기간을 확인하여 처리하여야 한다(법 시행규칙 제11조 제6항).

(다) 출국시 단체사증발급신청서 사본회수 등

출입국관리공무원은 단체사증을 발급받아 입국한 단체의 구성원이 출국하는 때에는 구성원의 여권에 각각 출국심사인을 찍는 외에 교부한 단체사증발급신청서 사본을 회수하여 그 오른쪽 아랫부분에 출국심사인을 찍어야 한다. 이 경우 출국하지 아니하는 자가 있는 때에는 단체사증발급신청서 사본에 그 사실을 적어 보관하여야 하며, 그가 출국하는 때에 이를 정리하여야 한다(법 시행규칙 제11조 제7항).

[별지 제2호서식] 〈개정 2010.11.16〉

아. 사증발급 신청서류의 보존기간

(1) 보존기간 3년

재외공관의 장은 사증발급 심사를 위하여 신청인으로부터 접수한 사증발급 신청서류를 3년 간 보존하여야 한다(법 시행령 제11조의2 제1항 본문).

(2) 보존기간 1년

다만, 다음 각 호의 어느 하나에 해당하는 서류의 보존기간은 1년으로 한다(법 시행령 제11조의2 제1항 단서).

(가) 법무부령으로 정하는 사증발급 신청서류. 여기서 "법무부령으로 정하는 사증 발급 신청 서류"란 ⅰ) 제11조에 따른 단체사증 발급 관련 신청서류, ⅱ) 영 별표 1 중 3. 일시취 재(C-1)부터 5. 단기취업(C-4)까지의 체류자격에 해당하는 사증 발급 관련 신청서류 중 법무부장관이 정하는 서류의 어느 하나에 해당하는 서류를 말한다.

(나) 사증발급인정서를 통한 사증발급 관련 신청서류

(다) 그 밖에 법무부장관이 지정한 정보통신망에 저장된 사증발급 신청서류로서 법무부장관 이 인정하는 서류

(3) 보존기간의 기산점

서류의 보존기간은 그 서류의 처리가 완결된 날이 속하는 해의 다음 해 1월 1일부터 기산 (起算)한다.(법 시행령 제11조의2 제2항)

3. 결혼동거 목적의 외국인 초청절차 등

가. 결혼동거 목적의 외국인 초청절차

(1) 배우자의 초청

외국인이 영 별표 1의2 중 24. 거주(F-2) 가목 또는 27. 결혼이민(F-6) 가목에 해당하는 결혼 동거 목적의 사증을 발급받기 위해서는 배우자의 초청이 있어야 한다. 이 경우 초청인 은 법 제90조 제1항에 따라 피초청인의 신원보증인이 된다(법 시행규칙 제9조의4 제1항).

[별표 1의2] 〈신설 2018. 9. 18.〉

장기체류자격(제12조 관련)

체류자격 (기호)	체류자격에 해당하는 사람 또는 활동범위
24. 거주 (F-2)	가. 국민의 미성년 외국인 자녀 또는 별표 1의3 영주(F-5) 체류자격을 가지고 있는 사람의 배우자 및 그의 미성년 자녀
27. 결혼이민 (F-6)	가. 국민의 배우자 나. 국민과 혼인관계(사실상의 혼인관계를 포함한다)에서 출생한 자녀를 양육하고 있는 부 또는 모로서 법무부장관이 인정하는 사람 다. 국민인 배우자와 혼인한 상태로 국내에 체류하던 중 그 배우자의 사망이나 실종, 그 밖에 자신에게 책임이 없는 사유로 정상적인 혼인관계를 유지할 수 없는 사람으로서 법무부장관이 인정하는 사람

(2) 국제결혼 안내프로그램 이수증명서 등 제출

위 (1)에 따른 사증을 발급받으려는 외국인 중 법무부장관이 고시하는 요건에 해당하는 사람은 그의 배우자인 초청인이 법무부장관이 시행하는 국제결혼에 관한 안내프로그램(이하 "국제결혼 안내프로그램"이라 한다)을 이수하였다는 증명서를 첨부하거나 초청장에 국제결혼 안내프로그램 이수번호를 기재하여 사증 발급을 신청하여야 한다(법 시행규칙 제9조의4 제2항).

(3) 국제결혼 안내프로그램 시행기관 등

국제결혼 안내프로그램의 시행기관, 비용 지원 등 그 운영에 필요한 사항은 법무부장관이 정하여 고시한다(법 시행규칙 제9조의4 제3항).

나. 결혼동거 목적의 사증 발급 기준 등

(1) 사증발급 요건심사 및 확인

결혼동거 목적의 사증 발급 신청을 받은 재외공관의 장은 혼인의 진정성 및 정상적인 결혼생활의 가능성 여부를 판단하기 위하여 제9조의2 각 호(제5호는 제외한다) 외에도 사증 발급을 신청한 외국인과 그 초청인에 대하여 다음의 요건을 심사·확인할 수 있다. 다만, 초청인과 피초청인 사이에 출생한 자녀가 있는 경우 등 법무부장관이 정하는 경우에 해당하면 다음의 요건 중 일부에 대한 심사를 면제할 수 있다(법 시행규칙 제9조의5 제1항).

(가) 교제경위 및 혼인의사 여부

(나) 당사국의 법령에 따른 혼인의 성립 여부

(다) 초청인이 최근 5년 이내에 다른 배우자를 초청한 사실이 있는지 여부

(라) 초청인이 「국민기초생활 보장법」 제2조제11호에 따른 기준 중위소득을 고려하여 법무부장관이 매년 정하여 고시하는 소득 요건을 충족하였는지 여부

(마) 건강상태 및 범죄경력 정보 등의 상호 제공 여부

(바) 피초청인이 기초 수준 이상의 한국어 구사가 가능한지 여부. 이 경우 구체적인 심사·확인 기준은 법무부장관이 정하여 고시한다.

(바) 부부가 함께 지속적으로 거주할 수 있는 정상적인 주거공간의 확보 여부. 이 경우 고시원, 모텔, 비닐하우스 등 일반적으로 부부가 함께 지속적으로 거주할 수 있는 장소로 보기 어려운 곳은 정상적인 주거 공간이 확보된 것으로 보지 아니한다.

(사) 초청인이 「국적법」 제6조제2항제1호 또는 제2호에 따라 국적을 취득하거나 영 별표 1의3 영주(F-5) 제2호에 따라 영주자격을 취득하고 3년이 경과하였는지 여부

(아) 초청인이 「가정폭력범죄의 처벌 등에 관한 특례법」(이하 "가정폭력처벌법"이라 한다) 제2조제3호에 따른 가정폭력범죄를 범한 전력이 있는 경우에는 다음의 어느 하나에 해당하는지 여부

1) 가정폭력처벌법 제29조의 임시조치 결정에 따른 임시조치기간이 종료되거나 임시조치 결정이 취소되었는지 여부

2) 가정폭력처벌법 제40조의 보호처분 결정에 따른 보호처분의 기간이 종료되었는지 여부

3) 가정폭력처벌법 제63조에 따른 금고 이상의 형의 선고를 받고 그 형의 집행이 종료되거나 집행을 받지 아니하기로 한 날부터 10년이 경과하였는지 여부

4) 가정폭력처벌법 제63조에 따른 금고 이상의 형의 집행유예를 선고받고 그 판결이 확정된 날부터 10년이 경과하였는지 여부

5) 가정폭력처벌법 제63조에 따른 벌금 이상의 형이 확정된 날부터 10년이 경과하였는지 여부

(자) 초청인이 「아동·청소년의 성보호에 관한 법률」 제2조제2호에 따른 아동·청소년대상 성범죄를 범한 전력이 있는 경우에는 다음의 어느 하나에 해당하는 날부터 10년이 경과하였는지 여부

1) 금고 이상의 형의 선고를 받고 그 형의 집행이 종료되거나 집행을 받지 아니하기로 한 날

2) 금고 이상의 형의 집행유예를 선고받고 그 판결이 확정된 날

3) 벌금형이 확정된 날

(차) 초청인이 「성폭력범죄의 처벌 등에 관한 특례법」 제2조제1항 각 호에 따른 성폭력범죄, 「특정강력범죄의 처벌에 관한 특례법」 제2조제1항 각 호에 따른 특정강력범죄 또는 「형법」 제2편제24장 살인의 죄를 범한 전력이 있는 경우에는 다음의 어느 하나에 해당하는 날부터 10년이 경과하였는지 여부

1) 금고 이상의 형의 선고를 받고 그 형의 집행이 종료되거나 집행을 받지 아니하기로 한 날
2) 금고 이상의 형의 집행유예를 선고받고 그 판결이 확정된 날

(카) 초청인이 허위의 혼인신고로 「형법」 제228조를 위반한 전력이 있는 경우에는 다음 의 어느 하나에 해당하는 날부터 5년이 경과하였는지 여부

1) 금고 이상의 형의 선고를 받고 그 형의 집행이 종료되거나 집행을 받지 아니하기로 한 날
2) 금고 이상의 형의 집행유예를 선고받고 그 판결이 확정된 날
3) 벌금형이 확정된 날

(2) 사실관계 확인 요청

재외공관의 장은 위 (1)항의 요건을 심사·확인하기 위하여 필요할 때에는 초청인의 주소지를 관할하는 청장·사무소장 또는 출장소장(이하 "주소지 관할 사무소장 또는 출장소장"이라 한다)에게 사실관계의 확인을 요청할 수 있다(법 시행규칙 제9조의5 제2항).

(3) 사증발급 재신청 및 신청기한

위 (1)항의 요건을 심사·확인한 결과에 따라 사증 발급이 허가되지 않은 경우 해당 신청인은 그 배우자와 혼인의 진정성 등을 재고(再考)하여 허가되지 않은 날부터 6개월이 경과한 후에 사증 발급을 다시 신청할 수 있다. 다만, 출산이나 그 밖에 국내에 입국하여야 할 급박한 사정이 있는 경우에는 6개월이 경과하지 아니한 경우에도 신청할 수 있다(법 시행규칙 제9조의5 제3항).

4. 공무수행 등을 위한 입국허가

가. 입국허가 대상

외국정부 또는 국제기구의 업무를 수행하는 사람으로서 부득이한 사유로 사증을 가지지 아니하고 입국하려는 사람에 대하여는 청장·사무소장 또는 출장소장이 그 입국을 허가할 수 있다(법 시행규칙 제14조 제1항).

나. 입국허가 절차

청장·사무소장 또는 출장소장이 입국을 허가하는 때에는 여권에 입국심사인을 찍고, 영 별표 1의2 중 체류자격 1. 외교(A-1)부터 3. 협정(A-3)까지의 자격에 해당하는 자격과 그 체류기간을 기재하여야 한다(법 시행규칙 제14조 제2항).

[별지 제3호서식] 〈개정 2010.11.16〉

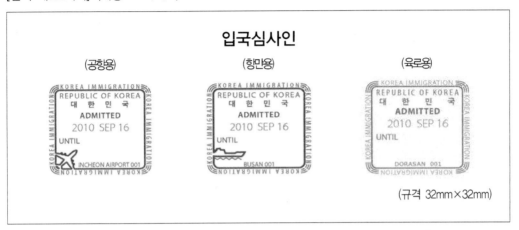

(1) 영 별표 1 중 4. 단기방문(C-3)의 체류자격에 해당하는 사람

[별표 1]

단기체류자격(제12조 관련)

체류자격 (기호)	체류자격에 해당하는 사람 또는 활동범위
4. 단기방문 (C-3)	시장조사, 업무 연락, 상담, 계약 등의 상용(商用)활동과 관광, 통과, 요양, 친지 방문, 친선경기, 각종 행사나 회의 참가 또는 참관, 문화예술, 일반연수, 강습, 종교의식 참석, 학술자료 수집, 그 밖에 이와 유사한 목적으로 90일을 넘지 않는 기간 동안 체류하려는 사람(영리를 목적으로 하는 사람은 제외한다)

(2) 영 별표 1의2 중 23. 방문동거(F-1)의 체류자격에 해당하는 사람으로서 17세 미만이거나 61세 이상인 사람

장기체류자격(제12조 관련)

체류자격 (기호)	체류자격에 해당하는 사람 또는 활동범위
23. 방문동거 (F-1)	가. 친척 방문, 가족 동거, 피부양(被扶養), 가사정리, 그 밖에 이와 유사한 목적으로 체류하려는 사람으로서 법무부장관이 인정하는 사람 나. 다음의 어느 하나에 해당하는 사람의 가사보조인 　1) 외교(A-1), 공무(A-2) 체류자격에 해당하는 사람 　2) 미화 50만 달러 이상을 투자한 외국투자가(법인인 경우 그 임직원을 포함한다)로서 기업투자(D-8), 거주(F-2), 영주(F-5), 결혼이민(F-6) 체류자격에 해당하는 사람 　3) 인공지능(AI), 정보기술(IT), 전자상거래 등 기업정보화(e-business), 생물산업(BT), 나노기술(NT) 분야 등 법무부장관이 정하는 첨단·정보기술 업체에 투자한 외국투자가(법인인 경우 그 임직원을 포함한다)로서 기업투자(D-8), 거주(F-2), 영주(F-5), 결혼이민(F-6) 체류자격에 해당하는 사람 　4) 취재(D-5), 주재(D-7), 무역경영(D-9), 교수(E-1)부터 특정활동(E-7)까지의 체류자격에 해당하거나 그 체류자격에서 거주(F-2) 바목 또는 별표 1의3 영주(F-5) 제1호의 체류자격으로 변경한 전문인력으로서 법무부장관이 인정하는 사람 다. 외교(A-1)부터 협정(A-3)까지의 체류자격에 해당하는 사람의 동일한 세대에 속하지 않는 동거인으로서 그 체류의 필요성을 법무부장관이 인정하는 사람 라. 그 밖에 부득이한 사유로 직업활동에 종사하지 않고 대한민국에 장기간 체류하여야 할 사정이 있다고 인정되는 사람

(3) 영 별표 1의2 중 25. 동반(F-3)의 체류자격에 해당하는 사람으로서 17세 미만인 사람

[별표 1의2]

장기체류자격(제12조 관련)

체류자격 (기호)	체류자격에 해당하는 사람 또는 활동범위
25. 동반 (F-3)	문화예술(D-1)부터 특정활동(E-7)까지의 체류자격에 해당하는 사람의 배우자 및 미성년 자녀로서 배우자가 없는 사람[기술연수(D-3) 체류자격에 해당하는 사람은 제외한다]

다. 법무부장관의 승인

(1) 원칙

법무부장관이 대한민국의 이익 등을 위하여 입국이 필요하다고 인정하는 사람에 대해서는 청장·사무소장 또는 출장소장이 법무부장관의 승인을 받아 입국을 허가할 수 있다.

(2) 예외

다만, 다음 각 호의 어느 하나에 해당하는 사람에 대해서는 청장·사무소장 또는 출장소장은 체류기간 90일의 범위에서 법무부장관의 승인없이 그 입국을 허가할 수 있다(법 시행규칙 제14조 제3항). 또한, 법무부장관이 대한민국의 이익 등을 위하여 입국이 필요하다고 인정하는 사람으로서 법무부장관이 정하는 증명서를 소지한 자에 대하여는 위의 규정에 불구하고 출입국관리공무원이 체류기간 90일의 범위 내에서 그 입국을 허가할 수 있다(법 시행규칙 제14조 제6항).

(가) 영 별표 1중 8. 단기방문(C-3)의 체류자격에 해당하는 자

[별표 1]

단기체류자격(제12조 관련)

체류자격 (기호)	체류자격에 해당하는 사람 또는 활동범위
4. 단기방문 (C-3)	시장조사, 업무 연락, 상담, 계약 등의 상용(商用)활동과 관광, 통과, 요양, 친지 방문, 친선경기, 각종 행사나 회의 참가 또는 참관, 문화예술, 일반연수, 강습, 종교의식 참석, 학술자료 수집, 그 밖에 이와 유사한 목적으로 90일을 넘지 않는 기간 동안 체류하려는 사람(영리를 목적으로 하는 사람은 제외한다)

(나) 영 별표 1중 26. 방문동거(F-1)의 체류자격에 해당하는 자로서 그 연령이 17세미만이거나 61세 이상인 자

(다) 영 별표 1중 28. 동반(F-3)의 체류자격에 해당하는 자로서 그 연령이 17세미만인 자

라. 제출서류 및 진위 등 확인

청장·사무소장 또는 출장소장은 입국허가를 하려면 다음 각 호의 서류를 받아 신청인의 진술내용이나 제출서류의 진위 등을 확인하여야 한다(법 시행규칙 제14조 제4항).

(1) 입국허가 신청서

(2) 유효한 사증을 가지지 못한 부득이한 사유를 증명하는 서류 또는 사유서

(3) 제76조에 따른 체류자격별 첨부서류

■ 출입국관리법시행규칙 [별지 제24호의2서식] 〈개정 2016. 9. 29.〉

입국허가 신청서
(APPLICATION FOR ENTRY PERMIT)

접수번호	접수일자	처리일자	처리기간

인적사항 (Personal information)	성명 (Full name)		
	한자성명 (漢字姓名)	성별 (Sex)	
	생년월일 (Date of Birth)	국적 (Nationality)	
	여권번호 (Passport No.)	출생지 (Place of Birth)	
	본국 주소 (Address in Home Country) (연락처 Tel. :)		
	국내 체류지 (Address in Korea) (연락처 Tel. :)		
	직장 (Occupation) / 직위 (Position)		
	입국목적 (Purpose of Entry)		
	체류 예정기간 (Desired Length of Stay)		

사증 없이 도착한 사유 (Reason for arriving without a visa)	
입증 자료 (Supporting evidence)	

신청일 (Date of Application)   년 월 일 (year) (month) (day)

신청인 (Applicant)   (서명 또는 인) (signature or seal)

공용란(FOR OFFICIAL USE ONLY)				
허가번호		결재	소장	수입인지 부착란
허가일자			국장	
체류자격			과장	
체류기간			담당	

210mm×297mm[백상지(80g/㎡) 또는 중질지(80g/㎡)]

마. 입국허가대장에 기재 등

청장·사무소장 또는 출장소장이 입국허가를 하는 때에는 이를 외국인 입국허가대장에 기재하여야 하며, 여권에 입국심사인을 찍고 허가된 체류자격과 체류기간을 기재하여야 한다(법 시행규칙 제14조 제5항).

■ 출입국관리법 시행규칙 [별지 제24호의3서식] 〈개정 2016. 9. 29.〉

외국인 입국허가대장

허가일	허가번호	체류자격 체류기간	성명	생년월일	성별	국적	사증 없이 도착한 사유	보증인 등 성명	법무부장관 사전승인 시 (허가번호)	비고

257mm×364mm[백상지(80g/㎡) 또는 중질지(80g/㎡)]

5. 관광 등을 위한 입국허가

가. 입국허가 대상

법무부장관이 정하는 국가의 국민으로서 법무부령으로 정하는 기간 내에 대한민국을 관광하거나 통과할 목적으로 입국하려는 사람에 대하여는 출입국관리공무원이 그 입국을 허가할 수 있다(법 시행규칙 제15조 제1항).

나. 체류자격 및 체류기간 부여

출입국관리공무원은 위 가.의 규정에 의한 입국허가를 하는 때에는 여권에 입국심사인을 찍고 영 별표 1의2 중 체류자격 2. 관광통과(B-2)의 자격과 30일의 범위 내에서의 체류기간을 부여하여야 한다. 다만, 법무부장관이 국제관례, 상호주의 또는 대한민국의 이익 등을 고려하여 체류기간 등을 따로 정하는 때에는 그에 따라야 한다(법 시행규칙 제15조 제2항).

다. 체류자격 및 체류기간 변경제한

(1) 원칙

위 나.항에 따라 입국허가를 받은 자에 대하여는 체류자격변경 또는 체류기간연장을 허가하지 아니한다.

(2) 예외

다만, 부득이한 사유가 있다고 인정되는 때에는 청장·사무소장 또는 출장소장이 제78조제5항에 따라 권한이 위임된 범위에서 이를 허가할 수 있으며(법 시행규칙 제15조 제3항), 이에 따라 체류기간을 연장하는 때에는 입국일부터 90일을 초과하여 연장할 수 없다(법 시행규칙 제15조 제4항).

6. 체류자격별로 부여하는 체류기간의 상한

가. 체류자격 구분

일정한 체류자격을 가진 외국인만이 대한민국으로 입국이 가능하다. 따라서 대한민국에 입국하려는 외국인은 다음의 어느 하나에 해당하는 체류자격을 가져야 한다(법 제10조). 여기서 체류자격이란 체류와 활동의 두가지 요소를 결합하여 만들어진 개념으로 대한민국에 체류하고 있는 외국인의 일정 범위 내에서의 활동을 규율하고 있는 출입국관리법상의 자격을 말한다. 외국인은 그 부여된 체류자격에 의해 인정되는 일정한 활동을 행할 수 있음과 동시에 체류자격에 대응하여 정해진 체류 기간 내에서 체류가 보장된다.

(1) 일반체류자격 : 이 법에 따라 대한민국에 체류할 수 있는 기간이 제한되는 체류자격

(2) 영주자격 : 대한민국에 영주(永住)할 수 있는 체류자격

나. 일반체류자격

체류자격의 대분류에 따라 일반체류자격(이하 "일반체류자격"이라 한다)은 다음의 구분과 같이 단기체류자격과 장기체류자격으로 구분된다(법 제10조의2 제1항).

(1) 단기체류자격

관광, 방문 등의 목적으로 대한민국에 90일 이하의 기간(사증면제협정이나 상호주의에 따라 90일을 초과하는 경우에는 그 기간) 동안 일시적으로 머물 수 있는 체류자격을 말한다.

단기체류자격을 가지고 입국한 경우에는 원칙적으로 체류자격 변경허가가 허용되지 않으며, 외국인등록을 할 수 없다. 단기체류자격으로는 사증면제(B-1), 광광·통역(B-2), 일시취재(C-1), 단기방문(C-3), 단기취업(C-4) 등이 있다.[13]

(2) 장기체류자격

유학, 연수, 투자, 주재, 결혼 등의 목적으로 대한민국에 90일을 초과하여 법무부령으로 정하는 체류기간의 상한 범위에서 거주할 수 있는 체류자격을 말한다.

장기체류자격을 가지고 입국한 외국인은 90일 이내에 외국인 등록을 하여야 하며, 주소지가 변경될 때마다 체류지 변경신고를 하여야 하는 등 일정한 의무가 부과되며, 일정 거주기간 및 요건이 충족될 경우 영주자격을 취득하거나 귀화허가를 받을 수 있다. 장기체류자격에 해당하는 체류자격으로는 A계열(외교, 공무 등), D계열(유학, 연수, 주재 등), E계열(교수, 회화지도, 특정활동 등), F계열(거주, 결혼이민 등) G계열, H계열(관광취업, 방문취업) 등이 있다.[14]

---

13) 이민법연구회, 앞의 책 87면.
14) 이민법연구회, 앞의 책 87면.

(3) 체류자격별 체류기간 상한

체류자격별 체류기간의 상한은 아래의 별표 1과 같다. 다만, 법무부장관은 국제관례나 상호 주의 원칙 또는 국가이익에 비추어 필요하다고 인정하는 때에는 그 상한을 달리 정할 수 있 다(법 시행규칙 제18조의3).

[별표 1]

체류자격별 체류기간의 상한(제18조의3 관련)

체류자격(기호)	체류기간의 상한	체류자격(기호)	체류기간의 상한
외교(A-1)	재임기간	구직(D-10)	6개월
공무(A-2)	공무수행기간	교수(E-1)	5년
협정(A-3)	신분존속기간 또는 협정 상의 체류기간	회화지도(E-2)	2년
		연구(E-3)	5년
문화예술(D-1)	2년	기술지도(E-4)	5년
유학(D-2)	2년	전문직업(E-5)	5년
기술연수(D-3)	2년	예술흥행(E-6)	2년
일반연수(D-4)	2년	특정활동(E-7)	3년
취재(D-5)	2년	비전문취업(E-9)	3년
종교(D-6)	2년	선원취업(E-10)	3년
주재(D-7)	3년	방문동거(F-1)	2년
기업투자(D-8)	영 별표 1의2 11. 기업투자(D-8)란의 가목에 해당하는 사람 : 5년	거주(F-2)	5년
		동반(F-3)	동반하는 본인에 정하여진 기간
		재외동포(F-4)	3년
	영 별표 1의2 11. 기업투자(D-8)란의 나목·다목에 해당하는 사람 : 2년	결혼이민(F-6)	3년
		기타(G-1)	1년
		관광취업(H-1)	협정 상의 체류기간
무역경영(D-9)	2년	방문취업(H-2)	3년

※ 위 별표에도 불구하고 법무부장관은 필요하다고 인정하는 경우 법 제25조에 따라 체류기간의 상한을 초과하여 체류를 허가할 수 있음

【판시사항】

근로기준법상의 근로자에 해당하는지 여부의 판단 기준 및 산업기술연수생인 외국인이 대상 업체의 사업장에서 실질적으로 업체의 지시·감독을 받으면서 근로를 제공하고 수당 명목의 금품을 수령한 경우, 근로기준법 제14조에 정한 근로자로 볼 수 있는지 여부(적극)(대법원 2005. 11. 10. 선고 2005다50034 판결)

【판결요지】

근로기준법상의 근로자에 해당하는지 여부를 판단함에는 그 계약의 형식이 민법상의 고용계약인지 또는 도급계약인지에 관계없이 그 실질면에서 근로자가 사업 또는 사업장에 임금을 목적으로 종속적인 관계에서 사용자에게 근로를 제공하였는지 여부에 따라 판단하여야 하고, 그러한 종속적인 관계가 있는지 여부를 판단함에는 업무의 내용이 사용자에 의하여 정하여지고 취업규칙 또는 복무(인사)규정 등의 적용을 받으며 업무수행과정에서도 사용자로부터 구체적 개별적인 지휘·감독을 받는지 여부, 사용자에 의하여 근무시간과 근무장소가 지정되고 이에 구속을 받는지 여부, 근로자 스스로가 제3자를 고용하여 업무를 대행케 하는 등 업무의 대체성 유무, 비품·원자재·작업도구 등의 소유관계, 보수의 성격이 근로 자체에 대한 대상적 성격이 있는지 여부와 기본급이나 고정급이 정하여져 있는지 여부 및 근로소득세의 원천징수 여부 등 보수에 관한 사항, 근로제공관계의 계속성과 사용자에의 전속성의 유무와 정도, 사회보장제도에 관한 법령 등 다른 법령에 의하여 근로자의 지위를 인정받는지 여부, 양 당사자의 사회·경제적 조건 등을 종합적으로 고려하여 판단하여야 한다.

따라서 산업기술연수사증을 발급받은 외국인이 정부가 실시하는 외국인 산업기술연수제도의 국내 대상 업체에 산업기술연수생으로 배정되어 대상 업체와 사이에 연수계약을 체결하였다 하더라도 그 계약의 내용이 단순히 산업기술의 연수만으로 그치는 것이 아니고 대상 업체가 지시하는 바에 따라 소정시간 근로를 제공하고, 그 대가로 일정액의 금품을 지급받으며 더욱이 소정시간 외의 근무에 대하여는 근로기준법에 따른 시간외 근로수당을 지급받기로 하는 것이고, 이에 따라 당해 외국인이 대상 업체의 사업장에서 실질적으로 대상 업체의 지시·감독을 받으면서 근로를 제공하고 수당 명목의 금품을 수령하여 왔다면 당해 외국인도 근로기준법 제14조에 정한 근로자에 해당한다.

(4) 체류자격 및 자격의 종류 등

단기체류자격 및 장기체류자격의 종류, 체류자격에 해당하는 사람 또는 그 체류자격에 따른 활동범위는 체류목적, 취업활동 가능 여부 등을 고려하여 대통령령으로 정한다(법 제10조의 2 제2항).

다. 영주자격

영주자격(이하 "영주자격"이라 한다)을 가진 외국인은 활동범위 및 체류기간의 제한을 받지 아니한다(법 제10조의3 제1항).

(1) 영주자격의 요건

본 조에서는 영주자격 취득요건을 구체적으로 명시하고 있는 바, 영주자격을 취득하려는 사람은 별표 1에 부합하는 사람으로서 다음 의 요건을 모두 갖추어야 한다(법 제10조의3 제2항). 이 규정은 영주자격을 심사함에 있어서 행정기관의 자의성이나 임의적 판단을 배제하고 영주자격 취득에 대한 세부요건을 기재해 놓아 대상자들에 대한 예측가능성을 폭넓게 부여하였다는데 의미가 있다.

(가) 대한민국의 법령을 준수하는 등 품행이 단정할 것

(나) 본인 또는 생계를 같이하는 가족의 소득, 재산 등으로 생계를 유지할 능력이 있을 것

(다) 한국어능력과 한국사회·문화에 대한 이해 등 대한민국에서 계속 살아가는 데 필요한 기본소양을 갖추고 있을 것

다만, 법무부장관은 다음에서 정하는 바에 따라 법 제10조의3 제2항 제2호 또는 제3호 의 요건을 완화하거나 면제할 수 있다. 이 경우 법무부장관은 그 완화 또는 면제의 기준을 정하여 고시한다(법 시행령 제12조의2).

(라) 제2항 제1호에 해당하는 사람 : 대한민국 사회에 기여한 정도 또는 기여가능성, 투자금액 등을 고려하여 법 제10조의3 제2항 제2호 또는 제3호의 요건을 완화 또는 면제

(마) 제2항 제2호에 해당하는 사람 : 대한민국 사회에 기여한 정도, 대한민국 사회와의 유대

관계 및 인도적 사유 등을 고려하여 법 제10조의3 제2항 제2호 또는 제3호의 요건을 완화 또는 면제

(2) 영주자격 요건완화 기준

법무부장관은 영주자격 요건에도 불구하고 대한민국에 특별한 공로가 있는 사람, 과학·경영·교육·문화예술·체육 등 특정 분야에서 탁월한 능력이 있는 사람, 대한민국에 일정금액 이상을 투자한 사람 등 대통령령으로 정하는 사람에 대해서는 대통령령으로 정하는 바에 따라 영주자격 요건의 전부 또는 일부를 완화하거나 면제할 수 있다(법 제10조의3 제3항). 이 규정은 우리나라에 필요한 인재는 국적을 불문하고 적극적으로 수용하겠다는 의미와 아무리 우수한 인재라도 대한민국의 공공안녕이나 질서를 해하는 행동을 하는 외국인은 우리사회의 영구적 구성원으로 수용하지 않겠다는 의미도 함께 담겨져 있다.

(가) 대한민국에 특별한 공로가 있는 사람 등

대한민국에 특별한 공로가 있는 사람, 과학·경영·교육·문화예술·체육 등 특정 분야에서 탁월한 능력이 있는 사람, 대한민국에 일정금액 이상 투자를 한 사람 등 대통령령으로 정하는 사람이란 다음 각 호의 어느 하나에 해당하는 사람을 말한다(법 시행령 제12조의2).

1) 별표 1의3 중 제3호, 제9호, 제10호 또는 제14호부터 제16호까지의 어느 하나에 해당하는 사람

[별표 1의3]

영주자격에 부합하는 사람(제12조의2제1항 관련)

체류자격 (기호)	영주자격에 부합하는 사람의 범위
영주 (F-5)	법 제46조제1항 각 호의 어느 하나에 해당하지 않는 사람으로서 다음 각 호의 어느 하나에 해당하는 사람 3. 「외국인투자 촉진법」에 따라 미화 50만 달러를 투자한 외국인투자가로서 5명 이상의 국민을 고용하고 있는 사람 9. 과학·경영·교육·문화예술·체육 등 특정 분야에서 탁월한 능력이 있는 사람 중 법무부장관이 인정하는 사람 10. 대한민국에 특별한 공로가 있다고 법무부장관이 인정하는 사람 14. 별표 1의2 중 24. 거주(F-2) 차목에 해당하는 체류자격을 받은 후 5년 이상 계속 투자 상태

를 유지하고 있는 사람으로서 대한민국에 계속 거주할 필요가 있다고 법무부장관이 인정하는 사람과 그 배우자 및 자녀(법무부장관이 정하는 요건을 갖춘 자녀만 해당한다)

15. 별표 1의2 중 11. 기업투자(D-8) 다목에 해당하는 체류자격으로 대한민국에 3년 이상 계속 체류하고 있는 사람으로서 투자자로부터 3억원 이상의 투자금을 유치하고 2명 이상의 국민을 고용하는 등 법무부장관이 정하는 요건을 갖춘 사람

16. 5년 이상 투자 상태를 유지할 것을 조건으로 법무부장관이 정하여 고시하는 금액 이상을 투자한 사람으로서 법무부장관이 정하는 요건을 갖춘 사람

2) 위 1) 외에 법무부장관이 국가이익이나 인도주의(人道主義)에 비추어 영주자격 요건 중(법 제10조의3 제2항) 본인 또는 생계를 같이하는 가족의 소득, 재산 등으로 생계를 유지할 능력이 있을 것(제2호) 및 한국어능력과 한국사회·문화에 대한 이해 등 대한민국에서 계속 살아가는 데 필요한 기본소양을 갖추고 있을 것(제3호)의 요건의 전부 또는 일부를 완화하거나 면제하여야 할 특별한 사정이 있다고 인정하는 사람

(3) 영주자격 요건의 기준·범위 등

영주자격 요건의 기준·범위 등에 필요한 사항은 법무부령으로 정한다(법 제10조의3 제4항).

7. 입국의 금지 등

가. 입국의 금지

입국금지는 출입국관리사무소가 외국인에 대한 조사를 종료한 후 출입국관리법 제58조에 따라 출입국사범심사결정을 내릴 때 대상 외국인이 대한민국에 재차 입국하는 것이 적절하지 않다고 판단할 경우 향후 일정한 기간 동안 입국을 금지하는 것이 타당하다는 의견을 입력하는 행위이다.[15]

이러한 입국금지 행위가 항고소송이 되는 처분성이 있는지에 관하여 출입국사범심사 시 이루어지는 입국금지에 대한 의견 표명은 처분이 아니라는 등의 이유로 처분성을 부인하는 판례도 있고,[16] 입국금지가 처분에 해당한다는 이유로 처분성을 인정하는 판례도 있다.[17] 통

---

15) 정혁진·최영재, 출입국관리법, 싸아이알, 2018. 75면.
16) 서울고등법원 2014. 10. 1. 선고 2014누40334 판결, 서울행정법원 2014. 10. 31. 선고 2014구합12550 판결, 서울행정법원 2018. 1. 11. 선고 2017구합80127 판결 등 참고.
17) 대법원 2013. 2. 28. 선고 2012두5992 판결, 서울행정법원 2013. 6. 20. 선고 2012구합37227 판결, 서울고등법원 2016. 9. 30. 판결, 서울행정법원 2017. 11. 29. 선고 2017구단67653 판결 참조.

상 항고소송의 대상이 되는 행정처분은 행정청의 공법상의 행위로서 특정사항에 대하여 법률에 의하여 권리를 설정하고 의무를 부과를 명하고, 기타 법률상 효과를 발생케 하는 등 국민의 권리 및 의무에 직접관계가 있는 행위이어야 하고, 그 자체로서 국민의 구체적인 권리·의무에 직접적인 변동을 초래하는 것이 아닌 일반적·추상적 법령 또는 내부적 내규 및 내부적 사업계획에 불과한 것 등은 그 대상이 될 수 없다.[18]

이에 따르면 입국금지는 처분청이 해당 외국인이 장차 대한민국에 입국할 때 대처하기 위해 내려둔 내부적 의사결정 행위이고, 외국인의 입국을 지도하는 시점인 사증발급신청 시에 사증발급거부의 형태로, 또는 무사증의 경우 공항만에서 입국심사 시 입국불허의 형태로서 드러나게 되는 점에서 입국금지 그 자체는 처분이 없는 것으로 보는 것이 맞다. 그러나 이러한 입국금지의 의사결정 내지 의견의 입력 이후 행정청에서 별도로 다른 취소가 취해지지는 않는다는 점, 이후의 모든 행정행위가 그러한 의사결정 내지 의견의 입력을 근거로 이루어진다는 점을 고려하여 입국금지의 처분성을 인정하여야 한다는 견해도 있다.[19]

(1) 입국금지 사유

법무부장관은 다음의 어느 하나에 해당하는 외국인에 대하여는 입국을 금지할 수 있다(법 제11조 제1항).

(가) 감염병환자, 마약류중독자, 그 밖에 공중위생상 위해를 끼칠 염려가 있다고 인정되는 사람. 여기서 '감염병'이란 제1군감염병, 제2군감염병, 제3군감염병, 제4군감염병, 제5군감염병, 지정감염병, 세계보건기구 감시대상 감염병, 생물테러감염병, 성매개감염병, 인수(人獸)공통감염병 및 의료관련감염병을 말한다(감염병의 예방 및 관리에 관한 법률 제2조 제1호).

(나) 「총포·도검·화약류 등의 안전관리에 관한 법률」에서 정하는 총포·도검·화약류 등을 위법하게 가지고 입국하려는 사람

(다) 대한민국의 이익이나 공공의 안전을 해치는 행동을 할 염려가 있다고 인정할 만한 상당한 이유가 있는 사람

(라) 경제질서 또는 사회질서를 해치거나 선량한 풍속을 해치는 행동을 할 염려가 있다고 인정할 만한 상당한 이유가 있는 사람

---

18) 대법원 1994. 9. 10. 선고 94두33판결.
19) 정혁진·최영재, 앞의 책, 88~89면.

(마) 사리 분별력이 없고 국내에서 체류활동을 보조할 사람이 없는 정신장애인, 국내체류비용을 부담할 능력이 없는 사람, 그 밖에 구호(救護)가 필요한 사람

(바) 강제퇴거명령을 받고 출국한 후 5년이 지나지 아니한 사람

(사) 1910년 8월 29일부터 1945년 8월 15일까지 사이에 ⅰ) 일본 정부, ⅱ) 일본 정부와 동맹 관계에 있던 정부, ⅲ) 일본 정부의 우월한 힘이 미치던 정부의 어느 하나에 해당하는 정부의 지시를 받거나 그 정부와 연계하여 인종, 민족, 종교, 국적, 정치적 견해 등을 이유로 사람을 학살·학대하는 일에 관여한 사람

(아) (가)부터 (사)까지의 규정에 준하는 사람으로서 법무부장관이 그 입국이 적당하지 아니하다고 인정하는 사람

(2) 상호주의에 의한 입국금지

법무부장관은 입국하려는 외국인의 본국(本國)이 제1항 각 호 외의 사유로 국민의 입국을 거부할 때에는 그와 동일한 사유로 그 외국인의 입국을 거부할 수 있다(법 제11조 제2항).

(3) 입국금지자의 자료관리

법무부장관은 입국을 금지하기로 결정한 사람에 대해서는 지체 없이 정보화업무처리 절차에 따라 그 자료를 관리하여야 한다. 입국금지를 해제한 때에도 또한 같다(법 시행령 제13조).

(4) 입국금지 요청 및 해제

(가) 입국금지 요청

1) 원칙

중앙행정기관의 장 및 법무부장관이 정하는 관계 기관의 장은 소관 업무와 관련하여 법 제11조 제1항의 입국금지 또는 같은 조 제2항의 입국거부 사유에 해당한다고 인정하는 외국인에 대해서는 법무부장관에게 입국금지 또는 입국거부를 요청할 수 있다.

2) 예외

다만, 시장·군수 또는 구청장의 소관 업무에 관한 입국금지의 요청은 특별시장·광역시장 또는 도지사가 한다(법 시행령 제14조 제1항).

(나) 입국금지 또는 입국거부의 요청 절차

입국금지 또는 입국거부의 요청 절차에 관하여는 법 시행령 제2조 제2항(중앙행정기관의 장 및 법무부장관이 정하는 관계 기관의 장은 출국금지를 요청하는 경우에는 출국금지 요청 사유와 출국금지 예정기간 등을 적은 출국금지 요청서에 법무부령으로 정하는 서류를 첨부하여 법무부장관에게 보내야 한다. 다만, 시장·군수 또는 구청장의 소관 업무에 관한 출국금지 요청은 특별시장·광역시장 또는 도지사가 한다.), 제2조의2 제2항(출국금지를 요청한 중앙행정기관의 장 및 법무부장관이 정하는 관계 기관의 장은 출국금지기간 연장을 요청하는 경우에는 출국금지기간 연장요청 사유와 출국금지기간 연장예정기간 등을 적은 출국금지기간 연장요청서에 법무부령으로 정하는 서류를 첨부하여 법무부장관에게 보내야 한다) 및 제2조의3 제3항·제4항(법무부장관은 출국금지 요청이나 출국금지기간 연장요청의 심사에 필요하다고 인정하면 출국금지 요청기관의 장에게 관련 자료를 제출하도록 요청할 수 있다. 또한 심사 결과 출국금지나 출국금지기간 연장을 하지 아니하기로 결정하면 그 이유를 분명히 밝혀 출국금지 요청기관의 장에게 통보하여야 한다.)을 준용한다. 다만, 입국금지 또는 입국거부의 예정기간에 관한 사항은 그러하지 아니하다(법 시행령 제14조 제2항).

(다) 입국금지 해제요청

입국금지 또는 입국거부를 요청한 기관의 장은 그 사유가 소멸한 때에는 지체 없이 법무부장관에게 입국금지 또는 입국거부의 해제를 요청하여야 한다(법 시행령 제14조 제3항).

나. 입국심사

외국인이 입국하려는 경우에는 의무적으로 입국하는 출입국항에서 여권과 입국신고서를 출입국관리공무원에게 제출하여 입국심사를 받아야 한다(법 제12조 제1항).

이 경우 출입국관리공무원은 위변조 여권 등을 이용한 불법입국자, 입국금지 또는 거부사유 해당자, 입국목적과 체류자격이 부합하지 않는다고 의심되는 자 등 대한민국에 바람직하지 않는 외국인의 입국을 사전에 저지하여야 한다. 이렇듯 대한민국에 입국하려는 외국인은 입국요건을 갖추었는지에 대해 출입국관리공무원으로부터 입국심사를 받은 후에 최종적으로

여권에 입국 심사인을 받아야 비로소 입국행위가 완성된다.[20]

다만, 부득이한 사유로 출입국항으로 입국할 수 없을 때에는 지방출입국 · 외국인관서의 장의 허가를 받아 출입국항이 아닌 장소에서 출입국관리공무원의 입국심사를 받은 후 입국할 수 있으며(법 제6조 제1항 단서), 이에 따른 입국심사는 정보화기기에 의한 입국심사로 갈음할 수 있다(법 제12조 제2항).

(1) 입국심사 사항

출입국관리공무원은 대한민국에 입국하려는 외국인에 대한 입국심사를 할 때에 다음 각 호의 요건을 갖추었는지를 심사하여 입국을 허가한다(법 제12조 제3항).

(가) 대한민국에 입국하려는 외국인의 여권과 사증이 유효할 것. 다만, 사증은 출입국관리법에서 요구하는 경우만을 말한다. 따라서 법 제7조 제2항에 따라 사증없이 입국할 수 있는 경우에는 사증의 유무를 심사할 필요가 없다.

(나) 입국목적이 체류자격에 맞을 것. 이는 대한민국에 입국하려는 외국인이 소지하는 사증에 기재된 체류자격과 입국심사 시 확인한 입국목적이 부합하는지 여부를 심사하는 것으로 출입국관리공무원의 외국인에 대한 질문이나 관련 입증자료를 통해 확인 할 수 있다.

(다) 체류기간이 법무부령으로 정하는 바에 따라 정하여졌을 것. 이는 대한민국에 입국하고자 하는 외국인의 사증에 부여된 체류기간이 법무부령으로 정하고 있는 체류기간 이내인지 여부를 확인하는 것이다. 만일 사증의 체류기간이 잘못 부여되었다면 출입국관리공무원은 이를 정정할 수 있으며(법 시행령 제15조 제6항), 다만, 체류기간 요건이 갖추어지지 않은 것은 외국인의 귀책사유로 볼 수 없어 제4항의 입국불허의 사유로는 적절하지 아니한 측면이 있다.[21]

(라) 제11조에 따른 입국의 금지 또는 거부의 대상이 아닐 것이 인정되는지 여부 등(대법원 2014. 8. 25 자 2014인마5 결정)

---

20) 법무부 출입국 · 외국인정책본부, 앞의 책 202면.
21) 법무부 출입국 · 외국인정책본부, 앞의 책 203면.

(2) 입국불허

출입국관리공무원은 외국인이 위 (1)의 요건을 갖추었음을 외국인 스스로의 진술 및 객관적인 증거자료를 통하여 증명하지 못하면 입국을 허가하지 아니할 수 있다(법 제12조 제4항).

(3) 체류자격 부여 및 체류기간 지정

출입국관리공무원은 거짓된 사실의 기재나 거짓된 신원보증 등 부정한 방법으로 외국인을 초청하거나 그러한 초청을 알선하는 행위(제7조 제2항 제2호) 또는 거짓으로 사증 또는 사증발급인정서를 신청하거나 그러한 신청을 알선하는 행위(제3호)에 해당하는 사람에게 입국을 허가할 때에는 대통령령으로 정하는 바에 따라 체류자격을 부여하고 체류기간을 정하여야 한다(법 제12조 제5항).

(4) 선박 등에 출입

출입국관리공무원은 입국심사를 하기 위하여 대한민국과 대한민국 밖의 지역 사이에서 사람 또는 물건을 수송하는 선박 등(선박, 항공기, 기차, 자동차 등)에 출입할 수 있다(법 제12조 제6항). 일반적으로 대한민국에 입국하고자 하는 외국인은 선박 등으로부터 내려서 출입국관리공무원이 있는 입국심사장에 와서 입국심사를 받아야 하지만, 필요(예를 들어, 크루즈 선박 등 대규모의 인원을 신속하게 심사할 필요)에 따라 선박 등에 승선하여 입국심사를 할 수 있도록 규정한 것이다.

(5) 입국심사 절차

(가) 입국신고서 제출 등

외국인은 입국심사를 받을 때에는 여권과 입국신고서를 출입국관리공무원에게 제출하고 질문에 답하여야 한다. 다만, 다음의 어느 하나에 해당하는 경우에는 입국신고서의 제출을 생략할 수 있다(법 시행령 제15조 제1항).

1) 법 제31조에 따른 외국인등록이 유효한 경우
2) 「재외동포의 출입국과 법적지위에 관한 법률」 제6조에 따른 국내거소신고가 유효한 경우
3) 그 밖에 법무부장관이 정하는 경우

한편, 출입국관리공무원은 이에 따른 입국심사를 할 때에는 입국의 적격 여부와 그 밖에 여권명의인의 본인 여부 및 여권의 위·변조여부, 출입국규제여부 기타 법무부장관이 따로 정한 사항 등 필요한 사항을 확인하여야 한다(법 시행령 제15조 제2항, 법 시행규칙 제19조 제1항).

입국신고서 (영어-앞면)
(제주특별자치도 외 지역 입국 외국인용)

ARRIVAL CARD ※ Please fill out in Korean or English.
입국신고서(외국인용) ※ 한글 또는 영어로 작성해 주시기 바랍니다.

Family Name / 성	Given Name / 명	☐ Male / 남 ☐ Female / 여
Nationality / 국적	Date of Birth / 생년월일　YYYYMMDD	Occupation / 직업

Address in Korea / 한국내 주소　　(☎:　　　　)

※ 'Address in Korea' should be filled out in detail. (See the back side)
※ '한국내 주소'는 반드시 상세하게 작성해 주시기 바랍니다. (뒷면 참조)

Purpose of visit / 입국 목적	Signature / 서명
☐ Tour 관광　　　☐ Visit 방문 ☐ Business 상용　　☐ Employment 취업 ☐ Others 기타(　　　　　　　)	

120mm(가로)×80mm(세로) 인쇄용지(OCR급) 105g/㎡

입국신고서 (영어-뒷면)
(제주특별자치도 외 지역 입국 외국인용)

〈How to fill out the Arrival Card〉

① Name, Date of Birth and Nationality on your passport

② Occupation(job) in your country

③ Address or accommodation where you are planning to stay in Korea

④ Purpose of entry into Korea

⑤ Your signature(autograph)

※ Choose one of the below examples of 'Address in Korea'.

Address in Korea	
▪ Hotel, Accommodation	**e.g.)** Seoul ○○ Hotel
▪ Address of acquaintance	**e.g.)** Myeong-dong, Jung-gu, Seoul 1
▪ Sponsor Company	**e.g.)** ○○ Corporation

KOREA IMMIGRARTION SERVICE

120mm(가로)×90mm(세로) 인쇄용지(OCR급) 105g/㎡

입국신고서 (영어 · 러시아어-앞면)
(제주특별자치도 외 지역 입국 외국인용)

ARRIVAL CARD
Миграционная карта

※ Please fill out in Korean or English.
※ Пожалуйста, заполните только на корейском или английском языке.

Family Name / ФАМИЛИЯ	Given Name / ИМЯ	☐ Male/муж
		☐ Female/жен

Nationality / гражданство	Date of Birth / дата рождения Y Y Y Y M M D D	Occupation / профессия

Address in Korea / Адрес в Корее   (☎:   )

※ 'Address in Korea' should be filled out in detail. (See the back side)
※ 'Адрес в Корее' должен быть заполнен подробно. (см. обратную сторону)

Purpose of visit / цель визита	Signature / Подпись
☐ Tour туризм ☐ Visit визит	
☐ Business Бизнес ☐ Employment работа	
☐ Others и т.д ( )	

120mm(가로)×80mm(세로) 인쇄용지(OCR급) 105g/㎡

입국신고서 (영어 · 러시아어-뒷면)
(제주특별자치도 외 지역 입국 외국인용)

〈 Как заполнить Миграционную Карту 〉

① Имя, дата рождения, гражданство как в паспорте
② Профессия в своей стране
③ Адрес или название гостиницы, где вы планируете остановиться в Корее
④ Цель въезда в Корею
⑤ Ваша подпись (автограф)

※ Пожалуйста, выберите один из указанных ниже примеров.

Адрес в Корее	
■ Гостиница, Местопребывания	пример) Seoul ○○ Hotel
■ Адрес знакомых	пример) Myeong-dong, Jung-gu, Seoul 1
■ Приглашающая компания	пример) ○○ Corporation

Корейская Иммигационная Служба

120mm(가로)×90mm(세로) 인쇄용지(OCR급) 105g/㎡

입국신고서 (영어 · 베트남어-앞면)
(제주특별자치도 외 지역 입국 외국인용)

ARRIVAL CARD
Tờ khai nhập cảnh
※ Please fill out in Korean or English.
※ Xin hãy viết tiếng Anh hoặc tiếng Hàn.

Family Name / Họ	Given Name / tên	☐ Male / Nam ☐ Female / Nữ
Nationality / Quốc tịch	Date of Birth / Sinh ngày Y Y Y Y M M D D	Occupation / Nghề nghiệp

Address in Korea / Địa chỉ ở Hàn Quốc (☎ :)

※ 'Address in Korea' should be filled out in detail. (See the back side)
※ Bạn phải ghi chi tiết 'địa chỉ Hàn Quốc' vào tờ khai nhập cảnh. (tham khảo mặt sau)

Purpose of visit / Mục đích nhập cảnh | **Signature / Ký tên**

☐ Tour Du lịch ☐ Visit Thăm than nhan
☐ Business Kinh doanh ☐ Employment Lao đọng
☐ Others Mục đích khác ( )

120mm(가로)×80mm(세로) 인쇄용지(OCR급) 105g/㎡

입국신고서 (영어 · 베트남어-뒷면)
(제주특별자치도 외 지역 입국 외국인용)

〈 Phương pháp viết tờ khai nhập cảnh 〉

① Họ và tên, sinh ngày, quốc tịch

② Nghề nghiệp tại Việt Nam

③ Địa chỉ dự định tạm trú Hán Quốc

④ Mục đích nhập cảnh Hàn Quốc

⑤ Ký tên

※Xin hãy chọn một ví dụ dưới đây

Địa chỉ tại Hàn Quốc	
▪ Khách sạn	Ví dụ) Seoul ○○ Hotel
▪ Địa chỉ người quen	Ví dụ) Myeong-dong, Jung-gu, Seoul 1
▪ Công ty dự định thăm	Ví dụ) ○○ Corporation
Phòng quản lý xuất nhập cảnh Hàn Quốc	

120mm(가로)×90mm(세로) 인쇄용지(OCR급) 105g/㎡

입국신고서 (영어 · 일본어–앞면)
(제주특별자치도 외 지역 입국 외국인용)

ARRIVAL CARD
入国申告書(外国人用)

※ Please fill out in Korean or English.
※ 请镇写韩语或英语。

| Family Name / 氏 | Given Name / 名 | ☐ Male / 男 |
| | | ☐ Female / 女 |

| Nationality / 国名 | Date of Birth / 生年月日 | Occupation / 職業 |

Y Y Y Y M M D D

Address in Korea / 韓国の連絡先 (☎: -)

※ 'Address in Korea' should be filled out in detail. (See the back side)
※ '韓国の連絡先'は必ず詳しく作成して下さい. (裏面参照)

Purpose of visit / 入国目的
☐ Tour 観光 ☐ Visit 訪問
☐ Business 常用 ☐ Employment 就業
☐ Others その他( )

Signature / 署名

120mm(가로)×80mm(세로) 인쇄용지(OCR급) 105g/㎡

입국신고서 (영어 · 일본어–뒷면)
(제주특별자치도 외 지역 입국 외국인용)

〈 入国申告書作成方法 〉

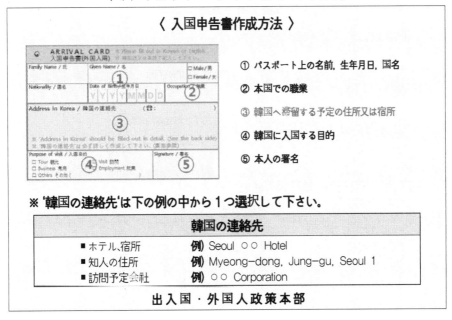

① パスポート上の名前, 生年月日, 国名

② 本国での職業

③ 韓国へ滞留する予定の住所又は宿所

④ 韓国に入国する目的

⑤ 本人の署名

※ '韓国の連絡先'は下の例の中から1つ選択して下さい。

韓国の連絡先	
■ ホテル、宿所	例) Seoul ○○ Hotel
■ 知人の住所	例) Myeong-dong, Jung-gu, Seoul 1
■ 訪問予定会社	例) ○○ Corporation

出入国 · 外国人政策本部

120mm(가로)×90mm(세로) 인쇄용지(OCR급) 105g/㎡

입국신고서 (영어 · 중국어-앞면)
(제주특별자치도 외 지역 입국 외국인용)

120mm(가로)×80mm(세로) 인쇄용지(OCR급) 105g/㎡

입국신고서 (영어 · 중국어-뒷면)
(제주특별자치도 외 지역 입국 외국인용)

120mm(가로)×90mm(세로) 인쇄용지(OCR급) 105g/㎡

입국신고서 (영어 · 태국어-앞면)
(제주특별자치도 외 지역 입국 외국인용)

ARRIVAL CARD ชาวต่างชาติ
※ Please fill out in Korean or English.
※ กรุณากรอกข้อมูลลงในแบบฟอร์มด้วยภาษาเกาหลีหรือภาษาอังกฤษ

Family Name / นามสกุล	Given Name / ชื่อจริง	□ Male/ชาย □ Female/หญิง

Nationality / สัญชาติ	Date of Birth / วันเดือนปีเกิด Y Y Y Y M M D D	Occupation / อาชีพ

Address in Korea / ที่อยู่ในประเทศเกาหลี　(☎ :)

※ 'Address in Korea' should be filled out in detail. (See the back side)
※ ข้อมูลที่อยู่ในประเทศเกาหลีควรกรอกข้อมูลตามตัวอย่างที่ปรากฏอยู่ในด้านหลังเอกสารนี้

Purpose of visit / วัตถุประสงค์	Signature / ลายมือชื่อ
□ Tour การท่องเที่ยว　□ Visit การเยี่ยม □ Business การธุรกิจ　□ Employment การทำงาน □ Others เป็นต้น ( )	

120mm(가로)×80mm(세로) 인쇄용지(OCR급) 105g/㎡

입국신고서 (영어 · 태국어-뒷면)
(제주특별자치도 외 지역 입국 외국인용)

〈 วิธีกรอกข้อมูลในบัตรขาเข้า 〉

① ชื่อนามสกุล วันเดือนปีที่เกิดและสัญชาติที่ปรากฏบนหนังสือเดินทางของท่าน

② อาชีพหรือการงานที่ทำวีที่ประเทศของท่าน(ประเทศไทย)

③ ที่อยู่หรือที่พักที่ท่านวางแผนจะไปพักอาศัยขณะที่อยู่ในประเทศเกาหลีใต้

④ วัตถุประสงค์ที่ท่านเดินทางมาประเทศเกาหลีใต้

⑤ ลายมือชื่อหรือลายเซ็น

※ กรุณาเลือกกรอกข้อมูลที่อยู่ในประเทศเกาหลีใต้ตามตัวอย่างที่ปรากฏเพียงหนึ่งแบบ

ที่อยู่ที่จะพักอาศัยในประเทศเกาหลีใต้
■ โรงแรม หรือที่พักอื่นๆ(เกสเฮาส์, อพาร์ทเมนต์)　ตัวอย่าง) Seoul ○○ Hotel ■ ที่อยู่ของคนที่รู้จักในประเทศเกาหลีใต้　ตัวอย่าง) Myeong-dong, Jung-gu, Seoul 1 ■ บริษัท หรือผู้สนับสนุน การเดินทาง　ตัวอย่าง) ○○ Corporation

การบริการของตรวจคนเข้าเมืองประเทศเกาหลีใต้

120mm(가로)×90mm(세로) 인쇄용지(OCR급) 105g/㎡

입국신고서 (외국인용-앞면)
(제주특별자치도 입국 외국인용)

JEJU ARRIVAL CARD 濟州 入境卡(外国人用)		漢字姓名	
Family Name / 姓	Given Name / 名		( ) Male / 男 ( ) Female / 女
Nationality / 国籍	Date of Birth / 出生日期		Passport No. / 旅券番號
Home Address & contact person / 本國住所 連絡人 (Tel :)	Company Name / 職場名 (Tel :) Position / 職位		
Address in Korea / 在韓地址 (Tel :)	Emergency contact in Korea / 韓國内 緣故人 (Tel :)		
Period of stay / 滯留期間	Companion / 同伴 (persons / 名) Accompanied Family / 家族 (persons / 名)		
Purpose of visit / 入境目的 ( ) Tour 观光 ( ) Business 商务 ( ) Conference 會議 ( ) Visit 访问 ( ) Employment 就业 ( ) Official 公務 ( ) Study 留學 ( ) Others 其他	Flight(Vessel) No. / 便名·船名 Port of Boarding / 出發地		
Signature / 签名			

120mm(가로)×80mm(세로) 인쇄용지(OCR급) 105g/㎡

입국신고서 (외국인용-뒷면)
(제주특별자치도 입국 외국인용)

〈How to fill out the Arrival Card / 入境卡填写方法〉

① Name, Date of Birth and Nationality on your passport
護照上的姓名、出生日期、国籍

② Occupation(job) in your country
在本国内的职业

③ Address or accommodation where you are planning to stay in Korea
在大韓民国内将滞留的住址或宿舍

④ Purpose of entry into Korea
访问大韓民国的目的

⑤ Your signature(autograph)
本人的签名

※ Choose one of the below examples of 'Address in Korea'.
在下列'在韓地址'中 选择相关住址

Address in Korea / 在韓地址	
▪ Hotel, Accommodation / 酒店、宿舍	e.g.例) Seoul ○○ Hotel
▪ Address of acquaintance / 熟人的地址	e.g.例) Myeong-dong, Jung-gu, Seoul 1
▪ Sponsor Company / 预计访问的企业名称	e.g.例) ○○ Corporation

KOREA IMMIGRATION SERVICE

120mm(가로)×90mm(세로) 인쇄용지(OCR급) 105g/㎡

(나) 입국심사인 날인 등

출입국관리공무원은 입국심사를 마친 때에는 제출받은 여권에 입국심사인을 찍어야 한다. 이 경우 입국심사인에는 허가된 체류자격과 체류기간을 적어야 한다(법 시행령 제15조 제3항).

(다) 외국인의 정보화기기에 의한 입국심사(자동입국심사)

1) 입국심사 요건

다음의 요건을 모두 갖춘 외국인은 정보화기기에 의한 입국심사를 받을 수 있다. 이 경우 법 제38조 제1항 제1호에 따라 지문과 얼굴에 관한 정보를 제공한 외국인으로서 정보화기기를 이용한 입국심사에 지장이 없는 경우에는 제2호의 요건을 갖춘 것으로 본다(법 시행령 제15조 제4항).

가) 17세 이상으로서 다음의 어느 하나에 해당하는 사람일 것

① 다음의 어느 하나에 해당하는 사람

　　㉠ 법 제31조에 따른 외국인등록이 유효한 사람

　　㉡ 「재외동포의 출입국과 법적 지위에 관한 법률」 제6조에 따른 국내거소신고가 유효한 사람

② 대한민국과 상호 간에 정보화기기를 이용한 출입국심사를 할 수 있도록 양해각서·협정 등을 체결하거나 그 밖의 방법으로 합의한 국가의 국민으로서 법무부장관이 정하는 사람

③ 그 밖에 법무부장관이 정보화기기에 의한 입국심사를 받을 필요가 있다고 인정하는 사람

나) 법무부령으로 정하는 바에 따라 스스로 지문과 얼굴에 관한 정보를 등록하였을 것

다) 그 밖에 법무부장관이 정하여 고시하는 요건을 갖추고 있을 것

2) 등록신청서 제출

정보화기기에 의한 입국심사(이하 "자동입국심사"라 한다)를 받기 위하여 지문과 얼굴에 관한 정보를 등록하려는 외국인은 청장·사무소장 또는 출장소장에게 자동입국심사 등록신청서를 제출하여야 한다. 다만, 법무부장관은 필요하다고 인정하는 외국인의 경우에는 정보화기기를 통하여 자동입국심사 등록을 신청하게 할 수 있다(법 시행규칙 제19조의 제1항).

3) 자동입국심사 등록 확인인 날인 등

청장·사무소장 또는 출장소장은 신청을 받으면 위 1)의 입국심사요건(영 제15조 제4항 각 호의 요건)을 갖추었는지 확인하고, 신청자의 여권에 자동입국심사 등록 확인인을 날인하거나 자동입국심사 등록 스티커를 붙여야 한다(법 시행규칙 제19조의2 제2항).

4) 외국인의 등록해지 및 등록정보 정정

가) 등록해지 및 등록정보 정정 신청

자동입국심사 절차에 따라 등록을 한 외국인이 등록을 해지하거나 등록정보를 정정하려면 청장·사무소장 또는 출장소장에게 ⅰ) 등록을 해지하려는 경우: 자동입국심사 등록 해지신청서, ⅱ) 등록정보를 정정하려는 경우: 자동입국심사 등록정보 정정신청서의 구분에 따른 서류를 제출하여야 한다. 다만, 법무부장관은 필요하다고 인정하는 외국인의 경우에는 정보화기기를 통하여 등록 해지 또는 등록정보 정정을 신청하게 할 수 있다(법 시행규칙 제19조의2 제3항).

나) 등록해지 및 정정

청장·사무소장 또는 출장소장은 해지 또는 정정 신청을 접수하면 지체 없이 그 등록을 해지하거나 등록정보를 정정하여야 한다(법 시행규칙 제19조의2 제4항).

5) 등록해지

청장·사무소장 또는 출장소장은 자동입국심사 등록을 한 외국인이 사정변경으로 영 제15조 제4항 각 호의 요건을 갖추지 못하게 되면 그 등록을 해지할 수 있다(법 시행규칙 제19조의2 제5항).

6) 양해각서 등에 따른 예외 규정

법 시행규칙 제19조의2 제1항부터 제5항까지의 규정에도 불구하고 법무부장관은 대한민국과 상호 간에 정보화기기를 이용한 출입국심사를 할 수 있도록 양해각서·협정 등을 체결하거나 그 밖의 방법으로 합의한 국가의 국민으로서 법무부장관이 정하는 사람(영 제15조 제4항 제1호 나목)에 해당하는 사람의 자동입국심사 등록 절차에 관하여는 해당 국가와의 양해각서·협정 등을 고려하여 달리 정할 수 있다(법 시행규칙 제19조의2 제6항).

(라) 입국심사서 제출 등 생략

입국심사를 마친 외국인에 대해서는 입국신고서의 제출과 입국심사인의 날인을 생략한다(법 시행령 제15조 제5항).

(마) 입국불허가결정 등 보고

출입국관리공무원은 외국인이 입국심사 요건을 갖추지 못한 경우 및 외국인이 지문과 얼굴에 관한 정보를 제공하지 아니하여 그의 입국을 허가하지 아니하기로 결정한 경우 그 사안이 중요하다고 인정되면 지체 없이 법무부장관에게 보고하여야 한다(법 시행령 제15조 제6항).

(바) 사증면제대상국가의 국민입국

출입국관리공무원은 대한민국과 사증면제협정을 체결한 국가의 국민으로서 그 협정에 따라 면제대상이 되는 사람에 해당하는 외국인의 입국을 허가할 때에는 여권에 입국심사인을 찍고 별표 1 중 1. 사증면제(B-1) 체류자격과 체류기간을 적어야 한다.

[별표 1]

단기체류자격(제12조 관련)

체류자격 (기호)	체류자격에 해당하는 사람 또는 활동범위
1. 사증면제 (B-1)	대한민국과 사증면제협정을 체결한 국가의 국민으로서 그 협정에 따른 활동을 하려는 사람

다만, 외교·관용 사증면제협정 적용대상으로서 대한민국에 주재하려는 외국인의 입국을 허가할 때에는 별표 1의2 중 1. 외교(A-1) 또는 2. 공무(A-2) 체류자격과 체류기간을 적어야 한다(법 시행령 제15조 제7항).

[별표 1의2]

장기체류자격(제12조 관련)

체류자격 (기호)	체류자격에 해당하는 사람 또는 활동범위
1. 외교 (A-1)	대한민국정부가 접수한 외국정부의 외교사절단이나 영사기관의 구성원, 조약 또는 국제관행에 따라 외교사절과 동등한 특권과 면제를 받는 사람과 그 가족
2. 공무 (A-2)	대한민국정부가 승인한 외국정부 또는 국제기구의 공무를 수행하는 사람과 그 가족

(사) 사증내용의 정정

출입국관리공무원은 입국심사를 받는 외국인이 가지고 있는 사증의 구분, 체류자격 및 체류기간 등이 잘못된 것이 명백한 경우에는 법무부령으로 정하는 바에 따라 해당 사증의 내용을 정정하여 입국을 허가할 수 있으며(법 시행령 제15조 제8항), 이에 사증내용을 정정하는 때에는 삭제된 문자를 알아볼 수 있도록 남겨두고, 사증 아랫부분에 정정사실을 기재한 후 서명 또는 날인하여야 한다(법 시행규칙 제20조 제1항).

[별지 제28호서식] 〈개정 2018. 5. 15.〉

입국사실확인인

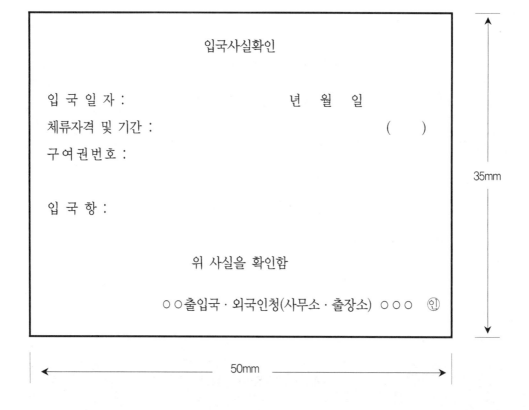

(아) 위조 또는 변조된 여권 등의 통지 및 보관 등

법 제12조의4제1항에 따른 위조 또는 변조된 여권·선원신분증명서의 보관과 그 통지절차에 관하여는 제6조 제1항(발급기관의 장에 대한 통지는 제외한다) 및 제2항을 준용한다(법 시행령 제15조 제9항). 따라서 출입국관리공무원은 여권 또는 선원신분증명서를 보관할 때에는 여권 또는 선원신분증명서의 소지인에게 그 사유를 알리고, 그 사실을 발급기관의 장에게 알릴 수 있으며, 출입국·외국인청의 장, 출입국·외국인사무소의 장, 출입국·외국인청 출장소의 장 또는 출입국·외국인사무소 출장소의 장은 ⅰ) 수사기관의 장이 수사상 필요하여 송부를 요청한 경우, ⅱ) 발급기관의 장이 요청한 경우의 어느 하나에 해당할 때에는 보관 중인 여권 또는 선원신분증명서를 요청기관 또는 발급기관의 장에게 보낼 수 있다.

(자) 대한민국의 선박 등에 고용된 외국인승무원의 입국절차

대한민국의 선박 등에 고용된 외국인승무원의 입국절차에 관하여는 제1조 제4항을 준용한다(법 시행령 제15조 제10항). 이에 따라 출입국관리공무원은 선박 등의 승무원인 국민이 출입국하는 경우에는 승무원등록증 또는 선원신분증명서의 확인으로 출입국신고서의 제출과 출국심사인 또는 입국심사인의 날인을 갈음할 수 있다. 다만, 선박등의 승무원이 최초로 출국하거나 최종적으로 입국하는 경우에는 그러하지 아니하다

또한, 외국인승무원이 대한민국 안에 정박 중인 선박 등에서 하선하여 승객으로 출국하려는 경우나 관광상륙허가를 받은 외국인승객이 하선하여 다른 선박 등으로 출국하려는 경우에는 법 시행령 영 제15조 제1항부터 제3항까지의 규정에 따른 입국심사를 받아야 한다.

■ 출입국관리법 시행규칙 [별지 제5호서식] 〈개정 2018. 5. 15.〉

승무원등록신고서

| 등록번호 | | | | | – | | – | | – | | | |

	성명			성별	남 [　　]
사진 3.5㎝×4.5㎝ (여권용 사진)					여 [　　]
	생년월일		국적		
	소속(회사명) 및 직위		계약기간 만료일		
주소			연락처		
여권번호		여권발급일자		여권유효기간	
등록사항변경					

신고일　　　　　.　　　.　　　.
신고인 서명 _____
○○출입국·외국인청(사무소·출장소)장　　귀하

CREW REGISTRATION

No. [ ] − [ ] − [ ] − [ ]

PHOTO 3.5cm×4.5cm	Full Name		Sex	Male [ ]
				Female [ ]
	Date Of Birth	Nationality		
	Company name & Positon	Employment Expiry Date		

| Address In Korea | Phone No. |

| Passport No. | Date of Issue | Date of Expiry |

Remarks (Change of Information on Crew Registration)

Date Of Report　　　.　　　.　　　.

Signature Of Applicant......................

TO : CHIEF,　　　○ ○IMMIGRATION OFFICE

150mm×110mm[백상지(150 g /㎡)]

승무원등록증

〈앞면〉

CREW REGISTRATION CARD

승무원등록증

사진

Photo

2.7㎜×3.5㎜

MINISTRY OF JUSTICE

REPUBLIC OF KOREA

Reg No.

Name

Date of birth   Sex

Nationality

Passport No.   Rank

Name of bearer

Date Of Issue   Expiry

출입국 · 외국인청(사무소 · 출장소)장   인

Chief, ○○Immigration Office

85.6㎜(가로)×54.0(세로)×0.76㎜(두께)
재질 : (PVC, 경질 폴리염화비닐) ISO 7810 ID-1 type

기재사항변경/Change if statements

일 자	구 분	내 용	확 인 자

주의사항/Notice

1. 이 증은 출입국시 항시 휴대하여야 하며 출입국관리공무원이나 다른 권한있는 공무원의 요구가 있을 때에는 제시하여야 합니다.

   This card should be carried at all times and presented to an immigration officer or other authorized official upon request.

2. 이 증의 소지자 또는 운수업자는 명의인이 승무종료로 하선하거나 퇴직한 때, 승무원 등록이 취소 또는 무효가 된 때에는 빠른 시일 내에 출입국관리공무원에게 반환하여야 합니다.

   Surrender this card to an immigration officer when the bearer of this card retired or was fired.

3. 이 증을 습득하신 분은 우체통에 넣어주세요.

   If found, please put this into the postbox.

다. 입국시 생체정보의 등

(1) 입국시 본인확인 절차

(가) 원칙

17세 이상인 외국인이 입국심사를 받을 때에는 법무부령으로 정하는 방법으로 지문 및 얼굴에 관한 생체정보를 제공하고 본인임을 확인하는 절차에 응하여야 한다(법 제12조의2 제1항 본문). 이에 따라 외국인이 입국심사를 받을 때에는 출입국관리공무원이 지정하는 정보화기기를 통하여 양쪽 집게손가락의 지문과 얼굴에 관한 정보를 제공하여야 한다. 다만, 훼손되거나 그 밖의 사유로 집게손가락의 지문을 제공할 수 없는 경우에는 엄지손가락, 가운데손가락, 약손가락, 새끼손가락의 순서에 따라 지문을 제공하여야 한다(법 시행규칙 제19조의3).

이 제도는 국가간 인적교류가 급증하고 있는 국제화 시대에 테러범 등 국제범죄자의 입국을 방지하기 위하여 미국, 일본 등 다수국가에서 다음과 같은 취지에서 시행하고 있으며, 우리나라는 2010년 5월 14일 도입되었다.[22]

첫째, 위·변조 수법의 지능화·다양화로 출입국심사관의 육안 검사로는 적발에 한계 있는 현실에서 위·변조 여권을 이용하는 외국인의 불법입국을 효과적으로 방지할 수 있다. 둘째, 외국인범죄 발생 시 해당 외국인의 신원 확인을 통하여 신속한 검거 및 사건해결을 기할 수 있으며, 사고를 당한 외국인의 신원도 신속하게 확인할 수 있다. 셋째, 국제 범죄조직원의 입국봉쇄를 위한 외국인 신원관리 시스템이 부재한 우리 현실에서 테러 등의 위험으로부터 국민의 생명을 보호하고 국가시설의 안전을 보장할 수 있다. 넷째, 과거 국내에서 범죄를 저지른 자나 불법체류자 등의 신분세탁을 통한 재입국을 방지하여 외국인에 의한 범죄 우려를 최소화할 수 있다. 다섯째, 경찰청에서 보관하고 있는 외국인 범죄자의 지문을 외국인 입국심사 시 신원확인 자료로 활용이 가능하다.

(나) 예외 - 지문정보 등의 생체제공 제외 대상

다만, ⅰ) 17세 미만인 사람, ⅱ) 외국정부 또는 국제기구의 업무를 수행하기 위하여 입국하는 사람과 그 동반 가족, ⅲ) 외국과의 우호 및 문화교류 증진, 경제활동 촉진 또는 대한민국의 이익 등을 고려하여 지문 및 얼굴에 관한 정보의 제공을 면제하는 것이 필요하다고 대통령령으로 정하는 사람은 지문정보 등의 제공 제외대상이다(법 제12조의2 제1항 단서). 위와 같은 지문정보 등의 제공 제외대상자는 일반적으로 상대국과의 외교관계적 측면을 고려하거나 아니면 범죄나 위해한 행동을 할 가능성이 없는 자들이다.

(2) 입국허가 불허

출입국관리공무원은 외국인이 입국심사 본인확인을 위한 지문 및 얼굴에 관한 생체정보를 제공하지 아니하는 경우에는 그의 입국을 허가하지 아니할 수 있다(법 제12조의2 제2항).

---

22) 법무부 출입국·외국인 정책본부, 앞의 책 207면.

(3) 관련자료 제출요청 및 활용

(가) 자료제출 요청

법무부장관은 입국심사에 필요한 경우에는 관계 행정기관이 보유하고 있는 외국인의 지문 및 얼굴에 관한 생체정보의 제출을 요청할 수 있으며(법 제12조의2 제3항), 이에 따라 협조를 요청받은 관계 행정기관은 정당한 이유 없이 그 요청을 거부하여서는 아니 된다(법 제12조의2 제4항).

(나) 관련자료 활용

출입국관리공무원은 입국심사시 본인확인을 위하여 제공받은 지문 및 얼굴에 관한 생체정보와 입국심사에 필요하여 관계 행정기간에 자료제출 요구를 통하여 제출받은 생체자료를 입국심사에 활용할 수 있다(법 제12조의2 제5항).

(4) 관련자료의 보유 및 관리

법무부장관은 입국심사시 본인확인을 위하여 제공받은 지문 및 얼굴에 관한 정보와 입국심사에 필요하여 관계 행정기간에 자료제출 요구를 통하여 제출받은 자료를 「개인정보 보호법」에 따라 보유하고 관리한다(법 제12조의2 제6항).

(5) 지문 및 얼굴에 관한 정보 제공 의무의 면제

(가) 지문 및 얼굴에 관한 정보 제공 의무 면제자

국과의 우호 및 문화교류 증진, 경제활동 촉진 또는 대한민국의 이익 등을 고려하여 지문 및 얼굴에 관한 정보의 제공을 면제하는 것이 필요하다고 대통령령으로 정하는 사람(법 시행령 제12조의 제2항 제3호)이란 다음의 어느 하나에 해당하는 사람을 말한다(법 시행령 제15조의2 제1항).

1) 다음의 어느 하나에 해당하는 외국인 중 중앙행정기관의 장의 요청에 따라 지문 및 얼굴에 관한 정보 제공 의무를 면제할 필요가 있다고 법무부장관이 인정한 사람

가) 전·현직 국가 원수, 장관 또는 그에 준하는 고위 공직자로서 국제 우호 증진을 위하여 입국하려는 사람

나) 교육·과학·문화·예술·체육 등의 분야에서 저명한 사람

다) 투자사절단 등 경제 활동 촉진을 위하여 입국이 필요하다고 인정되는 사람

2) 별표 1의2 중 3. 협정(A-3) 체류자격에 해당하는 사람

[별표 1의2]

장기체류자격(제12조 관련)

체류자격 (기호)	체류자격에 해당하는 사람 또는 활동범위
3. 협정 (A-3)	대한민국정부와의 협정에 따라 외국인등록이 면제되거나 면제할 필요가 있다고 인정되는 사람과 그 가족

3) 그 밖에 대한민국의 이익 등을 고려하여 지문 및 얼굴에 관한 정보 제공 의무를 면제할 필요가 있다고 법무부장관이 인정하는 사람

(나) 외국인의 지문 및 얼굴에 관한 정보 제공의무 면제요청 절차

1) 면제요청 방법

중앙행정기관의 장은 외국인이 지문 및 얼굴에 관한 정보 제공 의무를 면제받을 수 있도록 요청하려면 외국인의 신원을 확인하고, 입국 24시간 전까지 요청 사유와 입국·출국 예정일 등을 법무부장관에게 제출하여야 하며(법 시행령 제15조의2 제2항),

2) 심사 및 결정

이에 따른 요청을 받은 법무부장관은 해당 외국인의 지문 및 얼굴에 관한 정보 제공 의무를 면제할 것인지를 지체 없이 심사하여 결정하여야 한다(법 시행령 제15조의2 제3항).

3) 면제거부 통지

법무부장관은 심사 결과 해당 외국인의 지문 및 얼굴에 관한 정보 제공 의무를 면제하지 않기로 결정한 때에는 그 이유를 분명히 밝혀 요청한 기관의 장에게 알려야 한다(법 시행령 제15조의2 제4항).

라. 선박 등의 제공금지

2000년대 들어 불법입국이 알선 브로커 등에 의해 집단으로 이루어지고 있음에 따라 국제사회는 발리회의 실무전문가 회의를 개최하여 밀입국 및 국제적 인신매매 관련정보의 교류 및 관련 법제 정비를 추진하기로 함에 따라 신설된 규정이다.

(1) 불법입국을 위한 선박 등 제공

누구든지 외국인을 불법으로 입국 또는 출국하게 하거나 대한민국을 거쳐 다른 국가에 불법으로 입국하게 할 목적으로 다음의 행위를 하여서는 아니 된다(법 제12조의3 제1항).

(가) 선박 등이나 여권 또는 사증, 탑승권이나 그 밖에 출입국에 사용될 수 있는 서류 및 물품을 제공하는 행위

【판시사항】

불법취업을 위하여 입국하려는 비자면제국가 국민에게 2002년 월드컵 경기의 입장권을 구입하여 제공하는 행위가 구 출입국관리법 제12조의2 제1항 소정의 '출입국에 사용될 수 있는 서류 등의 제공'에 해당하지 여부 (출처 : 대법원 2003. 5. 16. 자 2002모338 결정)

【결정요지】

불법취업을 위하여 입국하려는 비자면제국가 국민에게 2002년 월드컵 경기의 입장권을 구입하여 제공하는 행위가 구 출입국관리법 제12조의2 제1항 소정의 '출입국에 사용될 수 있는 서류 등의 제공'에 해당하지 않는다.

(나) (가)의 행위를 알선하는 행위

【판시사항】

구 출입국관리법 제12조의2 제1항의 입법취지(대법원 2003. 5. 16. 자 2002모338 결정)

【결정요지】

구 출입국관리법(2002. 12. 5. 법률 제6745호로 개정되기 전의 것)은 제12조의2 제1항에서 외국인을 불법으로 입국시킬 목적으로 선박 등(법 제2조 제8호에 의하면, 선박·항공기·기차·자동차 기타의 교통수단을 말한다)이나 여권·선원수첩·사증·탑승권 그 밖에 출입국에 사용될 수 있는 서류 및 물품을 제공하는 행위를 금지하고, 제94조 제2의2호에서 이를 위반한 자를 처벌하고 있는바, 이는 외국인을 정상적인 입국심사절차를 거치지 아니하고 불법으로 입국시키기 위하여 밀입국에 사용되는 교통수단이나 여권·선원수첩·사증·탑승권 등 밀입국에 직접 사용되는 서류 및 물품을 제공하여 불법입국의 편의를 제공하는 자를 처벌하려는 데 그 취지가 있다.

(2) 은닉 또는 도피를 위한 교통수단의 제공 등

누구든지 불법으로 입국한 외국인에 대하여 다음의 행위를 하여서는 아니 된다(법 제12조의 3 제2항).

(가) 해당 외국인을 대한민국에서 은닉 또는 도피하게 하거나 그러한 목적으로 교통수단을 제공하는 행위

(나) (가)의 행위를 알선하는 행위

마. 외국인의 여권 등의 보관

(1) 위·변조된 외국인의 여권 등 보관

위조되거나 변조된 외국인의 여권·선원신분증명서에 관하여는 출입국관리공무원은 위조되거나 변조된 국민의 여권 또는 선원신분증명서를 발견하였을 때에는 위조·변조된 여권이 재사용할 수 없도록 이를 회수하여 보관할 수 있다(법 제12조의4 제1항).

(2) 강제퇴거대상자의 여권 등 보관

출입국관리공무원은 이 법을 위반하여 조사를 받고 있는 사람으로서 강제퇴거 대상자(법 제46조)에 해당하는 출입국사범의 여권·선원신분증명서를 발견하면 회수하여 보관할 수 있다(법 제12조의4 제2항).

이는 강제퇴거대상자자를 대한민국 밖으로 강제퇴거 시키려고 할 때 여권이나 선원신분증명서가 반드시 필요하지만, 상당수 외국인이 강제퇴거 집행을 지연시키거나 신분을 감출 의도로 여권이나 선원신분증명서를 감추거나 폐기하는 경우에 대비하여 이들의 여권이나 선원신분증명서를 반견하면 즉시 이를 확보하여 신속하게 강제퇴거명령을 집행하기 위하여 마련된 규정이다.[23]

바. 조건부 입국허가

(1) 조건부 입국허가 대상

지방출입국·외국인관서의 장은 외국인이 입국허가의 요건을 갖추지 못하였지만 입국하여야 할 특별한 사정이 있는 다음의 어느 하나에 해당하는 외국인에 대히여는 대통령령으로 정하는 바에 따라 조건부로 임시적 입국을 허가할 수 있다(법 제13조 제1항). 이에 따라

---

23) 법무부 출입국·외국인정책본부, 앞의 책 213면.

조건부 입국을 허가하고자 할 때에는 그 외국인으로부터 여권과 사증이 유효할 것의 요건을 갖추지 못한 부득이한 사유를 입증하는 서류 또는 사유서를 받아야 한다(법 시행규칙 제22조 제1항).

(가) 입국심사 시 여권의 분실 등의 사유로 여권과 사증 등(법 제12조 제3항 제1호) 입국허가 요건을 갖추지 못하였다면, 입국을 거부하는 것이 원칙이다. 그러나 일정 기간 내에 그 요건을 갖출 수 있다고 인정되는 사람은 조건부로 임시적 입국을 허가할 수 있다

(나) i) 감염병환자, 마약류중독자, 그 밖에 공중위생상 위해를 끼칠 염려가 있다고 인정되는 사람, ii) 「총포 · 도검 · 화약류 등의 안전관리에 관한 법률」에서 정하는 총포 · 도검 · 화약류 등을 위법하게 가지고 입국하려는 사람, iii) 대한민국의 이익이나 공공의 안전을 해치는 행동을 할 염려가 있다고 인정할 만한 상당한 이유가 있는 사람, iv) 경제질서 또는 사회질서를 해치거나 선량한 풍속을 해치는 행동을 할 염려가 있다고 인정할 만한 상당한 이유가 있는 사람, v) 사리 분별력이 없고 국내에서 체류활동을 보조할 사람이 없는 정신장애인, 국내체류비용을 부담할 능력이 없는 사람, 그 밖에 구호(救護)가 필요한 사람vi) 강제퇴거명령을 받고 출국한 후 5년이 지나지 아니한 사람, vii) 1910년 8월 29일부터 1945년 8월 15일까지 사이에 ① 일본 정부, ② 일본 정부와 동맹 관계에 있던 정부, ③ 일본 정부의 우월한 힘이 미치던 정부의 어느 하나에 해당하는 정부의 지시를 받거나 그 정부와 연계하여 인종, 민족, 종교, 국적, 정치적 견해 등을 이유로 사람을 학살 · 학대하는 일에 관여한 사람, viii) i)부터 vii)까지의 규정에 준하는 사람으로서 법무부장관이 그 입국이 적당하지 아니하다고 인정하는 사람의 어느 하나에 해당된다고 의심되거나 입국목적이 체류자격에 맞을 것 등의 요건을 갖추지 못하였다고 의심되어 특별히 심사할 필요가 있다고 인정되는 사람

(다) 그 외 지방출입국 · 외국인관서의 장이 조건부 입국을 허가할 필요가 있다고 인정되는 사람

(2) 조건부 입국허가 기간

(가) 허가기간

청장 · 사무소장 또는 출장소장은 조건부 입국을 허가할 때에는 72시간의 범위에서 허가기간을 정할 수 있다(법 시행령 제16조 제1항).

(나) 허가기간 연장사유 및 연장기간

청장·사무소장 또는 출장소장은 조건부 입국허가를 받은 외국인이 부득이한 사유로 그 허가기간 내에 조건을 갖추지 못하였거나 조건을 갖추지 못할 것으로 인정될 때에는 허가기간 72시간을 초과하지 아니하는 범위에서 조건부 입국허가기간을 연장할 수 있다(법 시행령 제16조 제2항).

(3) 조건부 입국허가를 받은 외국인에 대한 입국심사

(가) 심사요건 등

출입국관리공무원은 조건부 입국허가를 받은 외국인이 그 허가기간 내에 여권 및 사증이 유효하고, 입국목적이 체류자격에 부합하며, 체류기간이 법무부령으로 정하는 바에 따라 정하여졌고, 입국의 금지 또는 거부의 대상이 아닐 것 등의 요건을 갖추었다고 인정되면 입국심사(법 시행령 제15조 제1항부터 제3항까지의 규정에 따른)를 하여야 한다. 이 경우 입국일은 조건부 입국허가일로 한다(법 시행령 제16조 제3항).

(나) 조건부 입국허가서 회수

출입국관리공무원은 조건부 입국허가를 받은 외국인에 대한 입국심사를 할 때에는 그 외국인의 조건부 입국허가서를 회수하여야 한다(법 시행령 제16조 제4항). 또한 출입국관리공무원은 조건부 입국허가를 받은 외국인이 위 (가)에 따른 입국심사를 받지 아니하고 출국할 때에는 조건부 입국허가서를 회수하여야 한다(법 시행령 제16조 제5항).

(4) 조건부입국허가서 발급

지방출입국·외국인관서의 장은 조건부 입국을 허가할 때에는 조건부입국허가서를 발급하여야 한다. 이 경우 그 허가서에는 주거의 제한, 출석요구에 따를 의무 및 그 밖에 필요한 조건을 붙여야 하며(법 제13조 제2항), 이에 따라 조건부입국허가서를 발급하는 때에는 이를 조건부입국허가서발급대장에 기재하여야 한다(법 시행규칙 제22조 제2항).

■ 출입국관리법 시행규칙 [별지 제23호서식] 〈개정 2018. 5. 15.〉

허가번호(No.) :

조건부입국허가서
(CONDITIONAL ENTRY PERMIT)

대상자 (Person to whom the Permit is issued)	성명 (Full name)	
	성별 (Sex) 남 Male[ ] 여 Female[ ]	
	생년월일 (Date of Birth)	
	국적 (Nationality)	
	여권번호 (Passport No.)	
	선박명 (Vessel Name)	

위 사람에 대해 「출입국관리법」 제13조에 따라 아래와 같이 조건부입국을 허가합니다.

You are hereby granted conditional entry permission under the following conditions pursuant to Article 13 of the Immigration Act.

조건 / 제한 (Restrictions / Conditions)	허가기간 (Period of permit)
	행동범위 (Area of movement)
	기타 (Others)

〈유의사항 / Notice〉

1. 출석요구를 받았을 때에는 지정된 일시 및 장소에 출석하여야 합니다.

   You must appear at a designated place and time when your attendance is requested.
2. 조건부입국허가 기간 중에는 입국수속에 필요한 행동 이외의 행동을 하여서는 안 됩니다.

   You must refrain from any behavior or actions other than required for the entry procedure during the period of conditional entry.
3. 조건에 위반할 때에는 이 허가를 취소하고, 예치된 보증금의 전부 또는 일부를 국고에 귀속할 수 있으며, 「출입국관리법」에 따라 처벌됩니다.

   Failure to observe any of the above conditions shall cause an immediate rescission of the permit. In addition, the full amount or portion of the bond that you deposited will be confiscated to the national funds, and you will be subject to punishment pursuant to the Immigration Act.

년   월   일
Date   year   month   day

○○출입국 · 외국인청(사무소 · 출장소)장   직인

CHIEF, ○○IMMIGRATION OFFICE

210mm×297mm[백상지(80g/㎡) 또는 중질지(80g/㎡)]

■ 출입국관리법 시행규칙 [별지 제24호서식] 〈개정 2016. 9. 29.〉

조건부입국허가서 발급대장

허가일	허가번호	국적	성명	생년월일	성별	입국일자	탑승선박명	사유	조건부입국 허가사항				조치결과	비고
									허가기간	주거제한	보증금 예치여부	기타조건		

297mm×420mm[백상지(80 g/㎡) 또는 중질지(80 g/㎡)]

사. 보증금의 예치 및 반환과 국고귀속 절차

(1) 보증금의 예치

지방출입국·외국인관서의 장은 조건부 입국을 허가할 때에는 조건부입국허가서를 발급시 필요하다고 인정할 때에는 1천만원 이하의 보증금을 예치(預置)하게 할 수 있다(법 제13조 제2항).

(2) 보증금의 국고귀속

지방출입국·외국인관서의 장은 조건부 입국허가를 받은 외국인이 그 조건을 위반하였을 때에는 그 예치된 보증금의 전부 또는 일부를 국고(國庫)에 귀속시킬 수 있다(법 제13조 제3항).

(3) 보증금액수 산정방법

청장·사무소장 또는 출장소장은 외국인에게 보증금을 예치하게 할 때에는 그 외국인의 소지금·입국목적·체류비용과 그 밖의 사정을 고려하여 보증금액을 정하여야 한다(법 시행령 제17조 제1항).

(4) 보증금 국고귀속 사유 통지

청장·사무소장 또는 출장소장은 보증금을 예치받은 때에는 허가서에 붙인 주거의 제한, 출석요구에 따를 의무 및 그 밖에 필요한 조건을 위반하는 경우 그 보증금을 국고에 귀속시킬 수 있다는 뜻을 그 외국인에게 알려야 하며, 보증금의 예치 및 납부 등에 관한 절차는 정부가 보관하는 보관금 취급에 관한 절차에 따른다(법 시행령 제17조 제2항).

(5) 보증금의 반환

예치된 보증금은 그 외국인이 조건부 허가기간 내에 여권과 사증이 유효하고, 입국목적이 체류자격에 부합하며, 체류기간이 법무부령으로 정하는 방에 따라 정하였고, 입국의 금지 또는 거부의 대상이 아닐 것 등의 요건을 갖추어 입국심사를 받은 때 또는 허가기간 내에 위의 요건을 갖추지 못하여 출국할 때 돌려주어야 한다(법 시행령 제17조 제3항).

(6) 보증금의 전부 또는 일부 국고귀속 사유

청장·사무소장 또는 출장소장은 조건부 입국허가를 받은 사람이 도주하거나 정당한 사유 없이 2회 이상 출석요구에 따르지 아니한 때에는 보증금 전부를, 그 밖의 이유로 허가조건을 위반한 때에는 그 일부를 국고에 귀속시킬 수 있다(법 시행령 제17조 제4항).

(7) 보증금 국고귀속 통지서 발급

청장·사무소장 또는 출장소장은 제4항에 따라 보증금을 국고에 귀속시키려면 국고귀속 결정 사유 및 국고귀속 금액 등을 적은 보증금 국고귀속 통지서를 그 외국인에게 발급하여야 한다(법 시행령 제17조 제1항).

아. 주한미군지위협정 해당자의 입국

출입국관리공무원이 「대한민국과 아메리카합중국간의 상호방위조약 제4조에 의한 시설과 구역 및 대한민국에서의 합중국군대의 지위에 관한 협정」의 적용을 받는 자에 대하여 입국심사(법 시행령 제15조 제1항부터 제3항까지의 규정에 따른)를 하는 때에는 신분증명서등에 의하여 그의 신분을 확인하고 여권에 주한미군지위협정 해당자인을 찍어야 하며, 법 시행령 체류자격 부여인을 찍을 때(법 시행령 제29조 제3항에 따른) 또는 체류자격 변경허가인을 찍을 때(법 시행령 제30조 제3항에 따른)에도 또한 같다.

제2편

외국인의 체류

1. 외국인의 체류자격

가. 개념 등

(1) 개념

대한민국에 입국한 외국인이 대한민국에서 적법하게 체류하기 위해서는 앞서 설명한 바와 같이 체류자격이 있어야 하고, 이에 따른 체류가격을 가진 외국인은 그 체류자격에 의하여 인정되는 일정한 활동과 체류기간의 범위에서 대한민국에 체류할 수 있다(법 제17조 제1항). 이때의 체류자격은 외국인이 국내에 머물면서 일정한 활동을 할 수 있는 법적 지위를 유형화한 것으로, 그에 따라 일정한 권리를 부여받고 의무를 부담하는 출입국관리법에서 정한 자격을 말한다.[24]

(2) 대한민국 외국인 체류현황

법무부 출입국 · 외국인정책본부가 2024. 1. 16. 공개한 '2023년 12월 출입국 · 외국인정책 통계월보'에 따르면 지난해 체류 외국인은 전년 대비 11.7% 증가한 250만7584명으로 집계됐다. 이는 한국 전체 인구의 4.89%에 해당하는 수치로 역대 최다 외국인 수를 기록한 2019년(252만4656명)보다 적지만 비율로는 2019년(4.86%)을 넘어서는 수치다.

경제협력개발기구(OECD)는 내국인 귀화자, 내국인 이민자 2세 및 외국인 인구를 합친 이주배경인구가 총인구의 5%를 넘을 경우 '다문화 · 다인종 국가'로 분류하는데 이 같은 수치는 한국이 본격적인 다문화사회 진입을 목전에 두고 있는 것으로 해석된다.

지난해 체류 외국인 250만여 명 중 90일 이상 장기체류를 위해 당국에 등록하거나 거소 신고를 한 외국인은 188만1921명(75.0%), 단기체류자는 62만5663명(25.0%)이며, 국적별로는 중국(94만2395명)이 가장 많았다. 이어 베트남(27만1712명), 태국(20만2121명), 미국(16만1895명), 우즈베키스탄(8만7698명) 등 순이었다. 또한, 외국인 유학생 수는 2020년(15만3361명)부터 최근 4년간 꾸준히 증가해 22만6507명을 기록했다. 학위 과정 등 유학을 온 외국인이 15만2094명, 한국어 등 연수를 위해 온 외국인이 7만4413명이었으며, 유학생 국적은 베트남(8만343명), 중국(7만888명), 몽골(1만3802명), 우즈베키스탄(1만2530명), 미얀마(5064명) 등 순이었다.

이렇듯 국내 체류외국인이 급증하는 추세에 맞추어 정부는 2023. 12. 향후 5년간 외국인 정책 방향을 담은 '제4차 외국인정책 기본계획(2023~2027)'을 확정하고 이들에 대한 차별

---

24) 서울행정법원 2016. 9. 30. 선고 2015구합77189 판결.

을 해소하고 법적 지위와 처우를 보장하기 위한 목적으로 이민자 유입·통합 정책의 체계화, 출입국·이민관리청 신설 등의 내용을 발표했다.

[전체 체류외국인 통계]

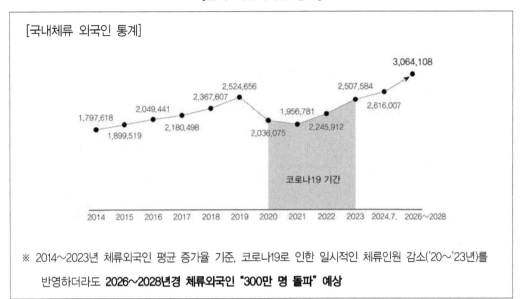

나. 외국인의 체류기간 및 활동범위

체류자격이 부여된 외국인은 그 체류자격과 체류기간의 범위 내에서 대한민국에 체류할 수 있다.

(1) 정치활동 금지

외국인이 대한민국에서 체류기간 동안 출입국관리법(이하 '법'이라고 약칭함) 또는 다른 법률에서 정하는 경우를 제외하고는 정치활동을 하여서는 아니 된다(법 제17조 제2항). 이는 체류자격과 기간 내에서 적법하게 체류하는 외국인이더라도 정치활동 부분(예, 선거권, 피선거권, 공무담임권, 국민투표권, 정당활동 등)에 대해서는 이를 금지하는 의무를 부과한 규정이다. 만일 외국인이 이를 위반하여 정치활동을 할 경우 강제퇴거대상자가 될 뿐 그 외 처벌의 대상은 아니다.

(2) 중지명령

만일, 대한민국에 체류하는 외국인 정지활동 금지 규정을 위반하여 정치활동을 하였을 경우 법무부장관은 그 외국인에게 서면으로 그 활동의 중지명령이나 그 밖에 필요한 명령을 할 수 있다(법 제17조 제3항).

(3) 체류자격 없는 국내체류 및 활동범위를 초과시 제재

외국인이 국내에 머물면서 일정한 활동을 할 수 있는 체류자격 없이 국내에 체류하거나 체류자격의 허용범위를 넘는 활동을 하는 경우 강제퇴거, 출국명령, 출국권고 등의 대상이 되며(법 제46조 제1항, 법 제68조 제1항 1호, 법제 67조 제1항 1호), 나아가 이러한 출입국관리법 위반은 3년 이항의 징역 또는 3천만원 이하의 형사처벌의 대상이 된다(법 제94조 제7호).[25]

[체류자격이나 체류범위 위반시 처벌]

구 분		대 상	입국금지 등
46-1 : 강제퇴거	법 위반	• 유효한 여권과 사증없이 입국한 외국인 • 부정한 방법으로 사증을 신청하거나 외국인을 초청 알선한 외국인 행위자와 이러한 행위를 통해 입국한 외국인 • 체류 중 입국금지사유가 새롭게 발생한 외국인 • 조건부 입국허가를 받아 입국한 외국인이 그 조건을 위반한 경우 • 상륙허가를 받지 아니하고 상륙한 외국인 또는 상륙허가 조건을 위반한 외국인	■ 가장 강력한 행정처분 ■ 강제퇴거된 외국인은 원칙적으로 5년간 입국제한 ■ 자기비용에 의한 자진출국 : 출국명령에 따른 출국으로 재입국 제한에 해당하지 않음
	체류관리 위반	• 체류자격, 체류범위, 체류기간 등을 위반한 외국인 • 외국인 고용제한을 위반한 외국인 • 근무지변경 허가없이 근무처를 변경한 외국인 • 외국인 등록을 위반한 외국인	
	범죄 등	• 금고 이상이 형을 선고 받고 석방된 외국인 • 형법상 살인죄, 강도죄, 강간과 추행죄 등을 범한 외국인 • 마약류관리법 위반의 죄를 범한 외국인 • 국가보안법위반의 죄를 범한 외국인 • 대한민국의 이익이나 공공의 안전을 해치는 행위를 할 염려가 있는 자 • 경제 및 사회질서, 선량한 풍속을 해치는 행동을 할 염려가 있는 자	

---

25) 제94조(벌칙) 다음 각 호의 어느 하나에 해당하는 사람은 3년 이하의 징역 또는 3천만원 이하의 벌금에 처한다.
7. 제17조 제1항을 위반하여 체류자격이나 체류기간의 범위를 벗어나서 체류한 사람

67-1 : 출국권고	• 체류자격의 범위를 넘어서가나 체류기간을 초과한 자	■ 자발적으로 출국할 수 있고, 재입국에 대한 불이익은 거의 없음 ■ 출국권고를 받고 5일 이내 출국하지 않을 경우 출국명령 발부대상이 됨.
68-1 : 출국명령	• 강제퇴거사유에 해당하는 사람으로서 자기비용으로 자진하여 출국하려는 사람 • 출국권고를 받고도 이행하지 않는 사람(법 제67조) • 각종 허가 등이 취소된 사람(법 제89조) • 과태료처분 후 출국조치를 하는 것이 타당하다고 인정되는 사람(법 제100조) • 통고처분 후 출국조치를 하는 것이 타당하다고 인정되는 사람(법 제102조)	■ 출국명령의 불이행시 - 강제퇴거명령서 발급. ■ 보통 1~3년 정도의 입국규제를 받음 ■ 기한 내 출국하지 않으면 강제퇴거 대상이 됨.

자진출국신고를 하고 본국으로 돌아가는 경우, "68-1" 도장을 받는데, 이때 "자진출국확인서"도 받게되며, 향후 한국에 다시 입국을 하기 위해 비자를 신청할 때 관련 혜택을 받으려면 이를 잘 보관한 후 제출해야 함.

2. 체류자격의 유형 등

체류자격이란 외국인이 국내에 입국 후 체류하면서 행할 수 있는 사회적인 활동이나 신분의 종류를 유형화한 것이며, 외국인이 대한민국에 입국하려면 이와 관련된 비자(사증)을 받아야 한다.

앞서 상세히 설명한 바와 같이 비자(VISA)란 방문하고자 하는 상대국의 정부에서 입국을 허가해 주는 일종의 허가증으로, "사증"이라고도 하며 입국의 종류와 목적, 체류자격(입국목적이 체류자격에 맞을 것) 및 체류기간(체류기간은 법령에 따라 정해 짐) 등이 명시되며, 대한민국에 입국하려는 외국인은 반드시 유효한 비자가 있어야 한다(법 제12조제3항).

비자(VISA) 기재 사항	① 사증번호 : 비자발급 일련번호 ② 체류자격 : 외국인이 국내에 체류하면서 행할 수 있는 사회적인 활동이나 신분의 종류 ③ 체류기간 : 대한민국 입국일부터 기산하여 체류할 수 있는 기간 ④ 사증 종류 : 비자의 종류 즉, 단수비자(Single) 또는 복수비자(Multiple) 표시 ⑤ 발급일 : 비자의 발급일 ⑥ 사증 유효기간 : 비자의 유효기간을 의미함. 유효기간 이전에 한국에 입국해야 함. ⑦ 발급 기관 : 비자 발급 기관에 대한 정보

가. 체류자격의 종류 및 체류기간

(1) 비자의 종류

대한민국 비자는 1회만 입국할 수 있는 단수비자와 2회 이상 입국할 수 있는 복수비자의 두 가지로 구분되며(법 제8조제1항), 단수비자와 복수비자의 유효기간은 다음과 같다(법 시행규칙 제12조제1항 및 제2항).

복수비자(Multiple)		단수비자(Single)
체류자격 외교(A-1), 공무(A-2), 협정(A-3)에 해당하는 사람의 복수비자	3년 이내	발급일로부터 3개월
체류자격 방문취업(H-2)에 해당하는 사람의 복수비자	5년 이내	
복수비자발급협정 등에 따라 발급된 복수비자	협정상의 기간	
상호주의, 그 밖에 국가이익 등을 고려하여 발급된 복수비자	법무부장관이 따로 정하는 기간	

(2) 체류자격의 유형

대한민국에 입국하려는 외국인은 다음 표상의 어느 하나에 해당하는 체류자격을 가져야 한다(법 제10조 제10조의2, 제10조의3).

일반 체류자격		영주자격
단기 체류자격	관광, 방문 등의 목적으로 대한민국에 90일 이하의 기간(비자면제협정이나 상호주의에 따라 90일을 초과하는 경우에는 그 기간) 동안 머물 수 있는 체류자격	활동범위 및 체류기간의 제한을 받지 않고 대한민국에 영주(永住)할 수 있는 체류자격
장기 체류자격	유학, 연수, 투자, 주재, 결혼 등의 목적으로 대한민국에 90일을 초과하여 「출입국관리법 시행규칙」 별표 1로 정하는 체류기간의 상한 범위에서 거주할 수 있는 체류자격	

(3) 체류자격 유형별 체류기간 범위

외국인이 국내 입국을 위하여 부여받을 수 있는 체류자격은 크게 A계열, B계열, C계열, D계열, E계열, F계열, G계열, H계열로 분류되며, 각 체류자격의 경우 A계열은 외교, 공무, 국가간 협정에 따라 체류하는 사람이, B계열은 사증면제협정, 상호주의 등에 따라 입국이 허용된 사람이, C계열은 90일 이내 일시 체류목적으로 입국하는 사람, D계열은 교육, 문화,

투자 관련 활동을 위해 체류하는 사람이, E계열은 전문분야, 비전문분야 활동을 위해 체류하는 사람이, F계열 가족동반, 거주, 동포, 영주, 결혼이민 자격으로 체류하는 사람이 각 부여받을 수 있으며, 그 외 G-1(기타), H-1(관광취업) 등은 협정에 의한 취업, 인도적 사유로 체류하는 사람이 받을 수 있는 비자로써, 각 체류자격 별 체류기간은 아래 각 표와 같다.

(가) A계열 : 외교, 공무, 국가간 협정에 따라 체류하는 사람

체류자격	대상 및 활동범위	체류기간
A-1(외교)	외국 정부의 외교사절단 또는 영사기관의 구성원과 그 가족	재임기간
A-2(공무)	외국 정부 또는 국제기구의 공무 수행자와 그 가족	공무수행기간
A-3(협정)	SOFA 협정에 따른 주한미군, 군속, 초청계약자 및 그 가족	신분존속기간

(나) B계열 : 사증면제협정, 상호주의 등에 따라 입국이 허용된 사람

체류자격	대상 및 활동범위	체류기간
B-1(사증면제)	대한민국과 사증면제협정을 체결한 국가의 국민	3개월 이내(연장 불가)
B-2(광관·통과)	관광·통과 등의 목적으로 사증 없이 입국하는 사람(법무부 장관이 그 대상을 정함)	

(다) C계열 : 90일 이내 일시 체류목적으로 입국하는 사람

체류자격	대상 및 활동범위	체류기간
C-1(일시취재)	일시적인 취재 또는 보도활동을 하는 사람	90일 이내 (연장 불가)
C-3(단기방문)	관광, 상용, 방문 등의 목적으로 단기간 체류하는 사람	
C-4(단기취업)	단기간 취업·영리활동을 하는 사람	

(라) D계열 : 교육, 문화, 투자 관련 활동을 위해 체류하는 사람

체류자격	대상 및 활동범위	체류기간
D-1(문화예술)	수익을 목적으로 하지 않는 문화·예술 활동을 하는 사람	2년(연장 가능)
D-2(유학)	전문대학 이상의 교육기관 등에서 정규 교육을 받는 사람	2년(연장 가능)
D-3(기술연수)	국내 산업체에서 연수를 받으려는 해외 법인 생산직 근로자	2년(연장 가능)

체류자격	대상 및 활동범위	체류기간
D-4(일반연수)	대학부설 어학원, 사설 교육기관 등에서 연수를 받는 사람	2년(연장 가능)
D-5(취재)	국내에 주재하면서 취재 또는 보도활동을 하는 사람	2년(연장 가능)
D-6(종교)	외국의 종교단체 등에서 파견되어 종교 활동을 하는 사람	2년(연장 가능)
D-7(주재)	외국 기업 등으로부터 국내 지점 등에 파견된 필수 인력	3년(연장 가능)
D-8(기업투자)	「외국인투자촉진법」에 따른 외투기업의 필수전문인력 및 벤처 기업·기술창업	5년(연장 가능)
D-9(무역경영)	회사 설립 및 경영, 무역 또는 수입기계 등의 설치 · 산업설비 제작 등을 위해 파견되어 근무하는 사람	2년(연장 가능)
D-10(구직)	취업을 위한 구직활동, 기술창업 준비 또는 요건을 갖춘 기업에서 첨단기술 분야 인턴활동을 하는 사람	6개월(첨단기술인터 1년) (연장가능)

(마) E계열 : 전문분야, 비전문분야 활동을 위해 체류하는 사람

체류자격	대상 및 활동범위	체류기간
E-1(교수)	전문대학 이상의 교육기관 등에서 교육 등에 근무하는 사람	5년(연장 가능)
E-2(회화)	외국어전문학원 등에서 회화지도에 근무하는 사람	2년(연장 가능)
E-3(연구)	자연과학 또는 산업상 고도기술 분야의 연구원	5년(연장 가능)
E-4(기술지도)	산업상 특수한 분야 등에 속하는 기술을 보유한 사람	5년(연장 가능)
E-5(전문직업)	법률, 회계, 의료 등 전문 분야에 근무하는 사람	5년(연장 가능)
E-6(예술흥행)	수익을 목적으로 예술활동, 연예, 운동경기 등 활동을 하는 사람	2년(연장 가능)
E-7(특정활동)	특정 분야에서 전문, 준전문, 일반기능, 숙련기능인력으로 근무하는 사람	3년(연장 가능)
E-8(계절근로)	농작물 재배·수확, 수산물 원시가공 분야에서 근무하는 사람	5개월(원칙적 연장 불가)
E-9(비전문취업)	「외국인근로자의 고용 등에 관한 법률」에 따라 16개 송출국가 국민 으로서 제조업 등 단순노무분야에서 근무하는 사람	3년(연장 가능)
E-10(선원취업)	선원근로계약을 체결하여 내항선원 등으로 근무하는 사람	3년(연장 가능)
H-2(방문취업)	18세 이상 7개 국적의 동포로서 모국 방문 또는 취업(46개 업종) 하려는 사람(중국, 우즈베키스탄, 키르기즈 , 카자흐스탄, 우크라이나, 타지키스탄, 투르크메니스탄	3년(연장 가능)

(바) F계열 : 가족동반, 거주, 동포, 영주, 결혼이민 자격으로 체류하는 사람

체류자격	대상 및 활동범위	체류기간
F-1(방문동거)	친척방문, 가족 동거 등의 목적으로 체류하는 사람	2년(취업 불가)
F-2(거주)	생활근거가 국내에 있는 장기체류자, 난민인정자 또는 일정요건을 갖춘 투자자	5년(취업 일부 제한)
F-3(동반)	문화예술(D-1)부터 특정활동(E-7) 자격자의 배우자 또는 미성년자녀	동반기간(취업 불가)
F-4(재외동포)	「재외동포법」 제2조 2호에 해당하는 외국국적동포	3년(단순노무 가능)
F-5(영주)	국내 영주할 목적으로 체류 중인 사람으로 국민에 준하는 대우를 받음	영구(취업 가능)
F-6(결혼)	국민과 혼인한 사람	3년(취업 가능)

(사) 기타 : 협정에 의한 취업, 인도적 사유로 체류하는 사람

체류자격	대상 및 활동범위	체류기간
H-1(관광취업)	관광취업(working holiday) 협정 등이 체결된 국가의 국민	협정상 기간(연장 불가)
G-1(기타)	산재·질병치료, 난민신청자 등 인도적 고려가 필요한 사람	1년(연장 가능)

(4) 장기체류 외국인 주요비자별 통계

가. 전체 장기체류외국인

① 연도별 추이

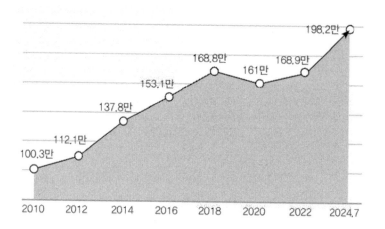

② 지역별 분포 변화

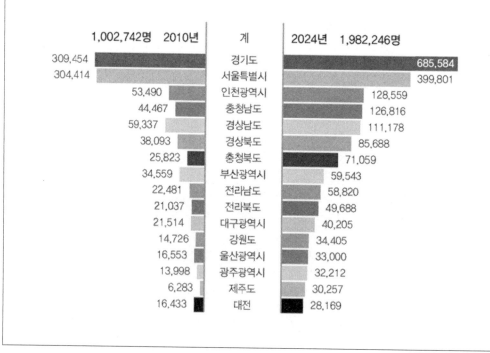

나. 외국인유학생(유학(D-2), 연수(D-4) 비자 등)

① 연도별 추이

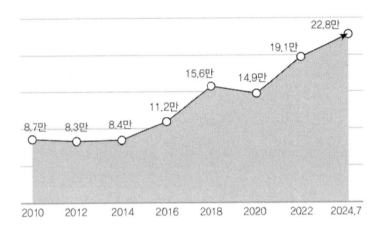

② 지역별 분포 변화

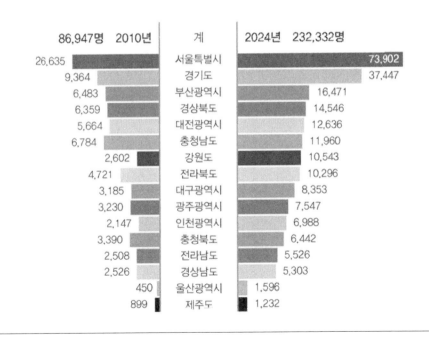

86,947명 2010년	계	2024년 232,332명
26,635	서울특별시	73,902
9,364	경기도	37,447
6,483	부산광역시	16,471
6,359	경상북도	14,546
5,664	대전광역시	12,636
6,784	충청남도	11,960
2,602	강원도	10,543
4,721	전라북도	10,296
3,185	대구광역시	8,353
3,230	광주광역시	7,547
2,147	인천광역시	6,988
3,390	충청북도	6,442
2,508	전라남도	5,526
2,526	경상남도	5,303
450	울산광역시	1,596
899	제주도	1,232

다. 외국인력(E계열 비자)

① 연도별 추이

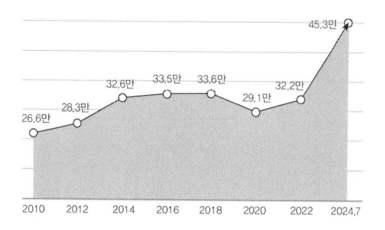

② 지역별 분포 변화

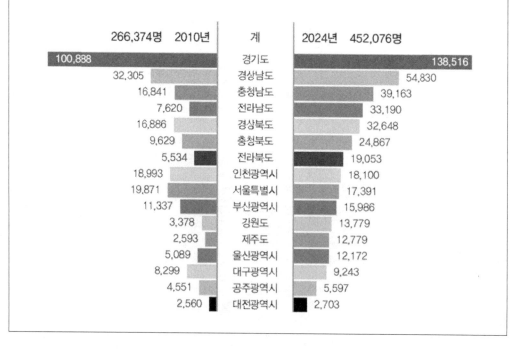

연도별 구성 변화(2014~2024)

(단위: 만 명)

구분		'14	'15	'16	'17	'18	'19	'20	'21	'22	'23	'24. 7.
총 계		179.8 (100%)	190.0 (100%)	204.9 (100%)	218.0 (100%)	236.8 (100%)	252.5 (100%)	203.6 (100%)	195.7 (100%)	224.6 (100%)	250.8 (100%)	261.6 (100%)
장기체류	소계	137.8 (76.7%)	146.8 (77.3%)	153.1 (74.7%)	158.3 (72.6%)	168.8 (71.3%)	173.2 (68.6%)	161 (79.1%)	157.0 (80.2%)	168.9 (75.2%)	188.2 (75%)	198.2 (75.8%)
	유학 (D2,D41,D47)	8.4	9.4	11.2	13.0	15.6	17.5	14.9	15.8	19.1	21.9	22.8
	취업 전문 (E1~E7)	4.8	4.7	4.7	4.5	4.5	4.4	4.0	4.3	4.8	6.9	7.8
	취업 비전문 (E8~E10)	27.9	28.6	28.9	28.9	29.2	28.8	25.1	23.1	27.4	33.1	37.5
	동반 (F3)	2.1	2.2	2.3	2.2	2.2	2.2	2.0	2.1	2.4	3.0	3.8
	동포 (H2,F4)	56.6	60.8	61.9	63.7	68.7	68.4	61.7	59.9	60.2	63.5	64.1
	영주 (F5)	8.9	9.8	10.3	10.6	11.1	12.0	12.8	13.5	14.4	15.4	16.3
	결혼 (F6,F21,F52)	14.9	15.0	15.1	15.4	15.7	16.4	16.7	16.7	16.8	17.3	17.7
	기타	14.2	16.3	18.7	20.0	21.8	23.3	23.8	21.6	23.8	27.1	28.2
단기체류		42.0 (23.3%)	43.2 (22.7%)	51.8 (25.3%)	59.7 (27.4%)	68.0 (28.7%)	79.3 (31.4%)	42.6 (20.9%)	38.7 (19.8%)	55.7 (24.8%)	62.6 (25%)	63.4 (24.2%)

2014년 및 2024년 장기체류외국인 구성 비교

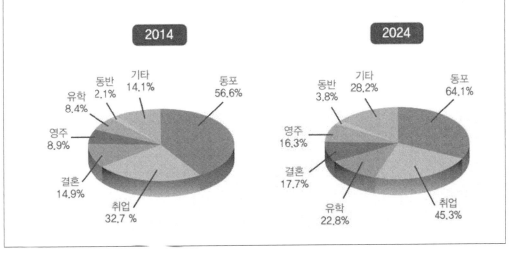

나. 취업활동 유무에 따른 구분

외국인이 국내에 입국시 부여받은 체류자격 외 활동을 법부부장관의 허가를 받지 않고 하게 되면 대한민국 밖으로 강제퇴거되거나 자진해서 출국할 것을 권고 받을 수 있으며, 3년 이하의 징역 또는 3천만원 이하의 벌금에 처해진다(출입국관리법 제46조제1항제8호, 제67조제1항제1호 및 제94조제12호).

(1) 취업활동을 할 수 있는 취업사증

대한민국에 입국 후 부여받은 체류자격을 통하여 체류기간 동안 취업활동을 할 수 있는 취업사증은 C계열의 C-4(단기취업) 비자이며, 같은 계열의 C-3(방문비자)는 취업이 불가능한 비자이다. E계열의 E-1~7까지의 비자는 장기 취업을 할 수 있는 비자로써 교수, 원어민 강사, 연구원, 기술지도원, 전문직, 비전문직, 선원 등이 여기에 속한다. 그 외 H-1 관광취업비자는 워킹홀리데이 비자라고도 하며 대한민국과 관광취업에 관한 협정이나 양해각서를 체결한 국가의 국민으로서 관광을 주된 목적으로 하면서 이에 수반되는 경비 충당을 위한 단기간 취업활동을 하려는 경우 협정상의 체류기간 내에서 취업활동이 가능하다.

체류자격	체류기간	활동범위
단기취업(C-4)	90일	일시흥행, 광고, 강연, 연구 등 수익 목적의 단기간 체류
교 수(E-1)	2 년	전문대학 이상의 교육기관 등에서의 교육 또는 연구
회화지도(E-2)	1 년	초등학교이상의 교육기관 및 전문학원, 연수원 등에서의 회화지도
연 구(E-3)	2 년	대한민국내 공.사기관의 초청에 따른 자연과학분야 또는 산업상의 연구개발
기술지도(E-4)	2 년	대한민국의 공.사기관에 자연과학분야 또는 산업상의 특수한 분야의 기술제공
전문직업(E-5)	2 년	법률,의료 등의 전문분야
예술흥행(E-6)	6 개월	수익을 목적으로 한 음악, 미술 등의 예술활동과 연주, 운동경기 등의 활동
특정활동(E-7)	2 년	대한민국 공.사기관 등과의 계약에 의한 특정 활동
연수취업(E-8)	1 년	국내에서 산업연수를 마치고 국가검정자격 시험에 합격하여 국내 기업체에 취업
관광취업(H-1)	협정기간	대한민국과 관광취업에 관한 협정 등을 체결한 국가의 국민이 관광을 주목적으로 하면서 단기간 취업활동

(2) 취업활동을 할 수 없는 단기사증

위 (1)과 달리 대한민국으로부터 일정한 체류자격을 부여받고 입국한 경우라도 C-1(일시취재)비자나 C-3(단기방문)비자의 경우에는 입국 후 수익을 목적으로 어떠한 활동도 할 수 없을 뿐만 아니라, 입국 후 체류자격 변경이 불가능한 사증이다(C-4 단기취업 포함).

구분	체류기간	활동범위
일시취재(C-1)	90일	일시적인 취재 또는 보도활동
단기방문(C-3)	90일	방문, 회의참석, 강습 등 비영리 목적의 단기간 체류, 시장조사, 상담, 계약 등 비영리 목적의 단기간 체류

(3) 기타 일반사증

기타 일반사증의 경우 위 (1) 및 (2)와는 달리 처음부터 취업목적이나 또는 취업 외 활동을 목적으로 입국한 경우와는 달리, 각각의 체류자격을 부여받은 후 일정한 요건이 충족될 경우 국내에서 일부 취업 등의 활동이 가능한 사증유형이다.

구분	체류기간	활동범위
문화예술(D-1)	1년	수익의 목적이 없는 학술 또는 예술활동
유 학(D-2)	2년	전문대학이상의 교육기관 또는 학술 연구기관에서의 정규과정의 교육 또는 연구
산업연수(D-3)	1년	국내의 산업체에서의 연수 활동
일반연수(D-4)	2년	유학(D-2) 자격에 해당하는 교육기관등 에서 교육 또는 연수
취 재(D-5)	1년	외국 보도기관에서 대한민국에 주재하면서 취재 또는 보도활동
종 교(D-6)	1년	종교 또는 사회복지단체 종사
주 재(D-7)	2년	외국 공공기관, 단체, 회사의 대한민국내 지사, 자회사, 주재사무소등에 필수 전문 인력으로 파견근무
기업투자(D-8)	1년	외국인 투자기업의 필수전문인력으로 경영이나 관리 및 생산.기술분야 종사
무역경영(D-9)	1년	대한민국에 회사를 설립하여 사업의 경영, 무역, 기타 영리사업을 하는 필수 인력
방문동거(F-1)	1년	친척빙문,가족동거등 기타 이와 유사한 목적의 체류
거 주(F-2)	5년	대한민국에 계속 거주하여 생활의 근거가 국내에 있는 자, 그의 배우자 및 출생자녀와 국민의 배우자

동 반(F-3)	동반자와 동일	문화예술(D-1) 내지 특정활동(E-7) 자격에 해당하는 자의 배우자 및 20세 미만의자녀로서 배우자가 없는 자
재외동포(F-4)	2 년	재외동포 한국계 미국인 • 거소신고 안내 • F-4 비자 안내
결혼이민(F-6)	90일	• 국민의 배우자, 자녀 • 외국인 등록 및 체류기간 연장 고지
기 타(G-1)	1 년	법무부 장관이 인정하는 특정한 경우

제3편
체류기간의 연장 및 출국기한의 유예

1. 체류기간의 연장

가. 체류기간 연장허가

(1) 체류기간 연장허가

외국인이 체류자격에 해당하는 활동을 마치지 못하여 그 체류자격을 유지하면서 국내에 계속 체류하려면 체류기간이 끝나기 전에 법무부장관의 체류기간 연장허가를 받아야 한다(법 제25조). 이러한 체류기간 연장허가는 연장한 기간 동안 해당 체류자격범위 내에서 국내에 체류할 수 있도록 하는 외국인에 대한 설권행위로서, 허가권자가 신청의 적격성, 체류 목적, 공익 등을 참작하여 허가여부를 결정할 수 있는 재량행위이다. 또한 체류기간 연장허가 역시 체류자격 변경허가와 동일하게 재입국에 대한 예외적인 조치이다.[26]

【판시사항】

갑과 혼인하여 대한민국 국민의 배우자로 체류자격을 얻어 입국한 베트남 국적 여성 을이 갑을 상대로 이혼 및 위자료 청구소송을 제기하여 일부승소판결이 확정된 후 체류기간 연장허가 신청을 하였으나, 관할 출입국관리사무소장이 '혼인의 진정성 결여 및 배우자의 귀책사유 불명확 등'을 이유로 위 신청을 불허하는 처분을 한 사안에서, 제반 사정들을 고려하면 을이 자신에게 책임이 없는 사유로 갑과 정상적인 혼인생활을 할 수 없었다고 보이므로 을 역시 혼인관계 파탄에 책임이 있다고 판단하여 위 처분을 한 것은 재량권을 일탈·남용한 것으로 위법한지의 여부(울산지방법원 2017. 5. 11. 선고 2016구합7006 판결 : 항소)

【판결요지】

갑과 혼인하여 대한민국 국민의 배우자로 체류자격을 얻어 입국한 베트남 국적 여성 을이 갑을 상대로 이혼 및 위자료 청구소송을 제기하여 일부승소판결이 확정된 후 체류기간 연장허가 신청을 하였으나, 관할 출입국관리사무소장이 '혼인의 진정성 결여 및 배우자의 귀책사유 불명확 등'을 이유로 위 신청을 불허하는 처분을 한 사안에서, 갑은 2년여에 걸친 혼인생활 동안 자주 술을 마시고 늦게 귀가하거나 외박을 하는 등 가정생활을 소홀히 한 반면, 을은 언어 소통이 잘 되지 않는 어려운 상황에서도 아이를 낳아 가정을 꾸리고자 하는 의지가 있었고, 아이를 낳을 것을 제안하였으나 갑의 거절로 이러한 바람이 무산된 점, 혼인관계가 해소되었기 때문에 을이 국내에 머무를 중요한 이유가 없어졌다고 볼 여지는 있으나 을이 국내에 입국한 후 가출할 때까지 약 2년간 부부의 공동생활이 유지되었고 최종적으로 혼인관계가 해소될 때까지 약 4년의 기간이 경과하였으며 을은 이 기간을 통하여 대한민국에 터전을 잡고 삶을 영위하여 왔는데 이것을

---

26) 대구고등법원 2016. 8. 5. 선고 2016누4547 판결.

단지 남편의 잘못으로 발생한 이혼을 이유로 송두리째 부인한다면 그 결과는 을에게 지나치게 가혹한 점 등 제반 사정들을 고려하면, 을이 자신에게 책임이 없는 사유로 갑과 정상적인 혼인생활을 할 수 없었다고 보이므로 이와 달리 을 역시 혼인관계 파탄에 책임이 있다고 판단하여 위 처분을 한 것은 재량권을 일탈·남용한 것으로 위법하다.

【판시사항】

이혼소송에서 조정을 갈음하는 확정된 결정조서에 유책배우자를 특정하는 내용의 기재가 있는 경우, 행정청의 처분 등에 대하여 제기된 항고소송에서 법원이 채택한 증거에 기초하여 자유로운 심증에 의하여 혼인관계 파탄의 책임 유무를 인정할 수 있는지 여부(대법원 2014. 9. 4. 선고 2014두36402 판결)

【참조판례】

이혼소송에서 확정된 조정을 갈음하는 결정조서는 확정판결과 동일한 효력이 있으나(가사소송법 제59조 제2항, 민사소송법 제220조), 그 결정조서에 유책배우자를 특정하는 내용의 기재가 있다고 하더라도 이를 확정판결에서 인정된 사실과 같이 볼 수는 없으므로, 행정청의 처분 등에 대하여 제기된 항고소송에서 법원은 채택한 증거에 기초하여 자유로운 심증에 의하여 혼인관계 파탄의 책임 유무를 인정할 수 있다.

【판시사항】

파키스탄 국적인 甲의 체류기간 연장신청에 대하여 乙 출입국관리사무소장이 범죄경력이 있는 점 등을 이유로 출국을 명하는 처분을 한 사안에서, 위 처분은 재량권을 일탈·남용하였다고 한 사례[인천지법 2015. 11. 5., 선고, 2015구합50805, 판결 : 확정]

【판결요지】

파키스탄 국적인 甲의 체류기간 연장신청에 대하여 乙 출입국관리사무소장이 업무상과실장물보관죄 및 농지법위반죄의 범죄경력이 있는 점 등을 이유로 체류기간 연장신청을 불허하는 취지에서 甲에게 출국을 명하는 처분을 한 사안에서, 甲이 업무상과실장물보관죄로 기소유예 처분을 받았으나 과실범에 불과하고 사안이 경미하다고 보아 기소유예 처분을 받은 점 등을 종합하면, 처분으로 달성하고자 하는 공익에 비하여 甲이 입는 불이익이 지나치게 크므로, 위 처분은 재량권을 일탈·남용하였다

(2) 체류기간 연장허가 절차

(가) 체류기간 연장허가 신청서 등 제출

체류기간 연장허가를 받으려는 사람은 체류기간이 끝나기 전 4개월부터 체류기간 연장신청이 가능하며 만료당일 까지 체류기간 연장허가 신청서에 법무부령으로 정하는 서류를 첨부하여 청장·사무소장 또는 출장소장에게 제출하여야 한다(법 시행령 제31조 제1항). 문제는 체류기간 연장허가 신청서 제출 후 그 심사기간 동안 이미 부여받은 체류기간이 도과되는 경우인데, 이때는 체류기간 도과전에 연장허가 신청을 하였기 때문에 불법체류자로 보지는 않는다.

참고로, 체류기간 연장신청은 반드시 사무소를 방문하여야 하는 것은 아니고 전자민원으로 신청이 가능한 체류자격이다. 따라서 온라인 신청도 가능하며, 그 외 해외 출장 중에도 체류자격연장이나 변경이 가능한지가 문제될 수 있는데, 각종 체류허가 신청을 하고자 하는 외국인은 반드시 국내에 체류 중에 있어야 하며, 출국 중에는 출입국민원 대행기관의 대행 신청도 할 수 없다.

(나) 법무부장관에 송부

청장·사무소장 또는 출장소장은 체류기간 연장허가 신청서를 제출받은 때에는 의견을 붙여 지체 없이 법무부장관에게 보내야 한다(법 시행령 제31조 제2항).

(다) 체류기간 연장허가시 조치

청장·사무소장 또는 출장소장은 법무부장관이 체류기간 연장허가 신청에 대하여 허가한 때에는 여권에 체류기간 연장허가인을 찍고 체류기간을 적거나 체류기간 연장허가 스티커를 붙여야 한다. 다만, 외국인등록을 마친 사람에 대하여 체류기간 연장을 허가한 때에는 외국인등록증에 허가기간을 적음으로써 이를 갈음한다(법 시행령 제31조 제3항).

[별지 제42호서식] 〈개정 2008.7.3.〉

1. 체류기간연장허가인(날인 방식)

체류기간연장허가

PERMISSION FOR EXTENSION

OF SOJOURN PERIOD

NO. :

The period of sojourn is extended

Until _____

Date of Issue:

Chief, ○○Immigration Office

50mm×50mm

2. 체류기간연장허가 스티커(부착 방식)

70mm×50mm(편면 인쇄용아트지)

(라) 체류기간 상한

1) 체류자격별 체류기간 상한

체류기간 연장허가 시 장기체류자격자의 체류자격별 체류기간의 상한은 아래 별표 1과 같다. 다만, 법무부장관은 국제관례나 상호주의 원칙 또는 국가이익에 비추어 필요하다고 인정하는 때에는 그 상한을 달리 정할 수 있다(법 시행규칙 제37조 제1항).

[별표 1]

체류자격별 체류기간의 상한(제18조의3 관련)

체류자격(기호)	체류기간의 상한	체류자격(기호)	체류기간의 상한
외교(A-1)	재임기간	구직(D-10)	6개월
공무(A-2)	공무수행기간	교수(E-1)	5년
협정(A-3)	신분존속기간 또는 협정 상의 체류기간	회화지도(E-2)	2년
		연구(E-3)	5년
문화예술(D-1)	2년	기술지도(E-4)	5년
유학(D-2)	2년	전문직업(E-5)	5년
기술연수(D-3)	2년	예술흥행(E-6)	2년
일반연수(D-4)	2년	특정활동(E-7)	3년
취재(D-5)	2년	비전문취업(E-9)	3년
종교(D-6)	2년	선원취업(E-10)	3년
주재(D-7)	3년	방문동거(F-1)	2년
기업투자(D-8)	영 별표 1의2 11. 기업투자(D-8)란의 가목에 해당하는 사람 : 5년	거주(F-2)	5년
		동반(F-3)	동반하는 본인에 정하여진 기간
		재외동포(F-4)	3년
	영 별표 1의2 11. 기업투자(D-8)란의 나목ㆍ다목에 해당하는 사람 : 2년	결혼이민(F-6)	3년
		기타(G-1)	1년
		관광취업(H-1)	협정 상의 체류기간
무역경영(D-9)	2년	방문취업(H-2)	3년

※ 위 별표에도 불구하고 법무부장관은 필요하다고 인정하는 경우 법 제25조에 따라 체류기간의 상한을 초과하여 체류를 허가할 수 있음

2) 영 별표 1의2 중 체류자격 29. 방문취업(H-2)의 자격을 가진 사람의 경우

가) 원칙 - 3년 초과금지

영 별표 1의2 중 체류자격 29. 방문취업(H-2)의 자격을 가진 사람에 대하여 체류기간연장을 허가하는 경우 그의 체류기간이 계속하여 3년을 초과하지 아니하도록 하여야 한다(법 시행규칙 제37조 제2항 본문).

[별표 1의2]

장기체류자격(제12조 관련)

체류자격 (기호)	체류자격에 해당하는 사람 또는 활동범위
29. 방문취업 (H-2)	가. 체류자격에 해당하는 사람: 「재외동포의 출입국과 법적 지위에 관한 법률」 제2조제2호에 따른 외국국적동포(이하 "외국국적동포"라 한다)에 해당하고, 다음의 어느 하나에 해당하는 18세 이상인 사람 중에서 나목의 활동범위 내에서 체류하려는 사람으로서 법무부장관이 인정하는 사람[재외동포(F-4) 체류자격에 해당하는 사람은 제외한다] 　1) 출생 당시에 대한민국 국민이었던 사람으로서 가족관계등록부, 폐쇄등록부 또는 제적부에 등재되어 있는 사람 및 그 직계비속 　2) 국내에 주소를 둔 대한민국 국민 또는 별표 1의3 영주(F-5) 제5호에 해당하는 사람의 8촌 이내의 혈족 또는 4촌 이내의 인척으로부터 초청을 받은 사람 　3) 「국가유공자 등 예우 및 지원에 관한 법률」 제4조에 따른 국가유공자와 그 유족 등에 해당하거나 「독립유공자예우에 관한 법률」 제4조에 따른 독립유공자와 그 유족 또는 그 가족에 해당하는 사람 　4) 대한민국에 특별한 공로가 있거나 대한민국의 국익 증진에 기여한 사람 　5) 유학(D-2) 체류자격으로 1학기 이상 재학 중인 사람의 부모 및 배우자 　6) 국내 외국인의 체류질서 유지를 위하여 법무부장관이 정하는 기준 및 절차에 따라 자진하여 출국한 사람 　7) 1)부터 6)까지의 규정에 해당하지 않는 사람으로서 법무부장관이 정하여 고시하는 한국어시험, 추첨 등의 절차에 따라 선정된 사람 나. 활동범위 　1) 방문, 친척과의 일시 동거, 관광, 요양, 견학, 친선경기, 비영리 문화예술활동, 회의 참석, 학술자료 수집, 시장조사 · 업무연락 · 계약 등 상업적 용무, 그 밖에 이와 유사한 목적의 활동 　2) 한국표준산업분류표에 따른 다음의 산업 분야에서의 활동 　　가) 작물 재배업(011) 　　나) 축산업(012) 　　다) 작물재배 및 축산 관련 서비스업(014) 　　라) 연근해 어업(03112)

마) 양식 어업(0321)

바) 천일염 생산 및 암염 채취업(07220)

사) 제조업(10 ~ 34). 다만, 상시 사용하는 근로자 수가 300명 미만이거나 자본금이 80억원 이하인 경우에만 해당한다.

아) 하수, 폐수 및 분뇨 처리업(37)

자) 폐기물 수집, 운반, 처리 및 원료재생업(38)

차) 건설업(41 ~ 42). 다만, 발전소·제철소·석유화학 건설현장의 건설업체 중 업종이 산업·환경설비 공사인 경우는 제외한다.

카) 육지동물 및 애완동물 도매업(46205)

타) 기타 산업용 농산물 도매업(46209)

파) 생활용품 도매업(464)

하) 기계장비 및 관련 물품 도매업(465)

거) 재생용 재료 수집 및 판매업(46791)

너) 기타 생활용품 소매업(475)

더) 기타 상품 전문 소매업(478)

러) 무점포 소매업(479)

머) 육상 여객 운송업(492)

버) 냉장 및 냉동 창고업(52102). 다만, 내륙에 위치한 업체에 한정한다.

서) 호텔업(55101). 다만, 「관광진흥법」에 따른 호텔업은 1등급·2등급 및 3등급의 호텔업으로 한정한다.

어) 여관업(55102)

저) 한식 음식점업(5611)

처) 외국인 음식점업(5612)

커) 기타 간이 음식점업(5619)

터) 서적, 잡지 및 기타 인쇄물 출판업(581)

퍼) 음악 및 기타 오디오물 출판업(59201)

허) 사업시설 유지관리 서비스업(741)

고) 건축물 일반 청소업(74211)

노) 산업설비, 운송장비 및 공공장소 청소업(74212)

도) 여행사 및 기타 여행보조 서비스업(752)

로) 사회복지 서비스업(87)

모) 자동차 종합 수리업(95211)

보) 자동차 전문 수리업(95212)

소) 모터사이클 수리업(9522)

오) 욕탕업(96121)

조) 산업용 세탁업(96911)

초) 개인 간병 및 유사 서비스업(96993)

코) 가구 내 고용활동(97)

나) 예외 - 5년 미만 연장

다만, 고용주의 추천 등 법무부장관이 정하는 요건에 해당하는 사람에 대해서는 5년 미만의 범위에서 체류기간의 연장을 허가할 수 있다(법 시행규칙 제37조 제2항 단서).

3) 영 별표 1의2 중 체류자격 5. 유학(D-2)의 자격에 해당하는 사람의 부·모 또는 배우자로서 체류자격 29. 방문취업(H-2)의 자격으로 체류하고 있는 사람의 경우

위 2)에도 불구하고 영 별표 1의2 중 체류자격 5. 유학(D-2)의 자격에 해당하는 사람의 부·모 또는 배우자로서 체류자격 29. 방문취업(H-2)의 자격으로 체류하고 있는 사람에 대해서는 그 유학자격으로 체류 중인 사람의 체류기간을 초과하지 아니하도록 하여야 한다(법 시행규칙 제37조 제1항).

[별표 1의2]

장기체류자격(제12조 관련)

5. 유학 (D-2)	전문대학 이상의 교육기관 또는 학술연구기관에서 정규과정의 교육을 받거나 특정 연구를 하려는 사람

(마) 벌칙

체류기간 연장허가를 받지 아니하고 체류기간을 초과하여 계속 체류하는 사람은 강제퇴거 및 입국금지의 처벌 외에 3년 이하의 징역 또는 2천만원 이하의 벌금(불법체류 기간에 따라 부과)에 처해 질 수 있다(법 제94조 제17호). 따라서 비자기간이 만료되기 이전에 반드시 비자 연장을 하여야 하며, 다만 체류기간초과가 단기인 경우, 당사자의 귀국 희망시, 출입국관리국에 벌금 납부 후 출국이 가능하지만, 장기 체류기간초과의 경우 상기의 규정에 의하여 처벌이 불가피하다.

나. 체류기간 연장 불허시 출국통지

(1) 체류기간 연장 불허시 불허통지서 발급 및 체류방법

(가) 체류기간 연장 등 불허통지서 발급

법무부장관은 체류자격 부여, 체류자격 변경허가, 체류기간 변경허가(법 시행령 제29조 부터 제31조까지)의 규정에 따른 허가 등을 하지 아니할 때에는 신청인에게 체류기간 연장 등 불허결정 통지서를 발급하여야 한다(법 시행령 제30조 제1항).

(나) 체류기간 연장 불허가시 체류방법

체류자격 변경허가를 하지 아니할 때에는 이미 허가된 체류자격으로 체류하게 할 수 있다(법 시행령 제30조 제1항).

(2) 출국기간 통지

(가) 원칙

체류기간 연장 등 불허결정 통지서에는 그 발급일부터 14일을 초과하지 아니하는 범위에서 출국기한을 분명하게 밝혀야 한다(법 시행령 제33조 제2항 본문).

■ 출입국관리법 시행규칙 [별지 제43호의3서식] 〈신설 2018. 9. 21.〉

체류기간 연장 불허결정 통지서
DISAPPROVAL NOTICE ON THE EXTENSION OF SOJOURN PERIOD

발행번호 (No.   )

인적사항 Personal Information	성명 Name in Full	
	생년월일 Date of Birth	국적 Nationality
	성별 [ ] 남 [ ] 여 Sex [ ] M [ ] F	
	대한민국 내 주소 Address in Korea	
불허사유 Reasons for Denial		
출국기한 Deadline for Departure		

1. 「출입국관리법 시행령」 제33조에 따라 귀하의 체류기간 연장 신청에 대하여는 허가하지 아니하기로 결정하였음을 통보합니다.

   In accordance with Article 33 of the Enforcement Decree of the Immigration Act, we notify you that your application for the extension of sojourn period has been denied.

2. 귀하는 위 처분에 대하여 이의가 있을 때에는 이 통지서를 받은 날부터 90일 이내에 행정심판 또는 행정소송을 제기할 수 있습니다.

   ※ 행정심판을 청구할 때에는 온라인행정심판(www.simpan.go.kr), 행정소송을 청구할 때에는 전자소송(ecfs.scourt.go.kr)을 통하여 온라인으로도 청구할 수 있습니다.

   A person who has an objection to the above disposition may file an administrative appeal or an administrative litigation within 90 days after receipt of the disapproval notice.

   ※ You may file an administrative appeal online (www.simpan.go.kr) and an administrative litigation on the Internet (ecfs.scourt.go.kr)

년   월   일
Date

○○출입국 · 외국인청(사무소 · 출장소)장 | 직인 |

CHIEF, ○○IMMIGRATION OFFICE

210mm×297mm[백상지(80 g/㎡) 또는 중질지(80 g/㎡)]

(나) 예외

다만, 법무부장관이 필요하다고 인정할 때에는 이미 허가된 체류기간의 만료일을 출국기한으로 할 수 있으며, 이미 허가된 체류자격으로 체류하게 할 때에는 그 출국기한을 적지 아니할 수 있다(법 시행령 제33조 제2항 단서).

(3) 체류기간연장등불허결정통지서 발급대장

청장ㆍ사무소장 또는 출장소장은 체류기간연장등불허결정통지서를 발급하는 때에는 국적ㆍ성명ㆍ출국기한등을 체류기간연장등불허결정통지서 발급대장에 기재하여야 한다. 다만, 체류자격 변경허가를 하지 아니하여 이미 허가된 체류자격으로 체류하게 되는 경우에는 출국기한을 기재하지 아니할 수 있다(법 시행규칙 제36조).

■ 출입국관리법 시행규칙 [별지 제43호서식] 〈개정 2018. 9. 21.〉

체류자격 부여 불허결정 통지서
DISAPPROVAL NOTICE ON THE GRANT OF STATUS OF SOJOURN

발행번호 (No.   )

인적사항 Personal Information	성 명 Name in Full	
	생년월일 Date of Birth	국적 Nationality
	성 별 [ ] 남 [ ] 여 Sex [ ] M [ ] F	
	대한민국 내 주소 Address in Korea	
불허사유 Reasons for Denial		
출국기한 Deadline for Departure		

1. 「출입국관리법 시행령」 제33조에 따라 귀하의 체류자격 부여 신청에 대하여는 허가하지 아니하기로 결정하였음을 통보합니다.

   In accordance with Article 33 of the Enforcement Decree of the Immigration Act, we notify you that your application for the grant of status of sojourn has been denied.

2. 귀하는 위 처분에 대하여 이의가 있을 때에는 이 통지서를 받은 날부터 90일 이내에 행정심판 또는 행정소송을 제기할 수 있습니다.

   ※ 행정심판을 청구할 때에는 온라인행정심판(www.simpan.go.kr), 행정소송을 청구할 때에는 전자소송(ecfs.scourt.go.kr)을 통하여 온라인으로도 청구할 수 있습니다.

   A person who has an objection to the above disposition may file an administrative appeal or an administrative litigation within 90 days after receipt of the disapproval notice.

   ※ You may file an administrative appeal online (www.simpan.go.kr) and an administrative litigation on the Internet (ecfs.scourt.go.kr)

년   월   일

Date

○○출입국 · 외국인청(사무소 · 출장소)장

직인

CHIEF, ○○IMMIGRATION OFFICE

210㎜×297㎜[백상지(80 g /㎡) 또는 중질지(80 g /㎡)]

다. 체류자격 부여 등에 따른 출국예고

(1) 체류자격 부여 등에 따른 출국예고

체류자격 부여, 체류자격 변경허가, 체류기간 연장허가(법 제23조 부터 제25조까지)의 규정에 따라 법무부장관이 체류자격을 부여하거나 체류자격 변경 등의 허가를 하는 경우 그 이후의 체류기간 연장을 허가하지 아니하기로 결정한 때에는 청장·사무소장 또는 출장소장은 허가된 체류기간 내에 출국하여야 한다는 뜻을 여권에 적어야 한다(법 시행령 제34조).

이렇듯 허가된 체류기간내에 출국하여야 한다는 뜻을 기재하고자 하는 때에는 여권에 출국예고인을 찍음으로써 이에 갈음할 수 있다(법 시행규칙 제38조 제1항).

[별지 제55호서식] 〈개정 2018. 5. 15.〉

출국예고인

연장불가(FINAL EXTENSION)

You are requested to leave Korea not later than

_____.

○○출입국 · 외국인청(사무소 · 출장소)장 ⑪

Chief, ○○Immigration Office

70mm×25mm

■ 출입국관리법 시행규칙 [별지 제43호의2서식] 〈개정 2018. 9. 21.〉

체류자격 변경 불허결정 통지서
DISAPPROVAL NOTICE ON THE CHANGE OF STATUS OF SOJOURN

발행번호 (No.   )

인적사항 Personal Information	성 명 Name in Full	
	생년월일 Date of Birth	국적 Nationality
	성별 [ ] 남 [ ] 여 Sex [ ] M [ ] F	
	대한민국 내 주소 Address in Korea	
불허사유 Reasons for Denial		
출국기한 Deadline for Departure		

1. 「출입국관리법 시행령」 제33조에 따라 귀하의 체류자격 변경 신청에 대하여는 허가하지 아니하기로 결정하였음을 통보합니다.

   In accordance with Article 33 of the Enforcement Decree of the Immigration Act, we notify you that your application for the change of status of sojourn has been denied.

2. 귀하는 위 처분에 대하여 이의가 있을 때에는 이 통지서를 받은 날부터 90일 이내에 행정심판 또는 행정소송을 제기할 수 있습니다.

   ※ 행정심판을 청구할 때에는 온라인행정심판(www.simpan.go.kr), 행정소송을 청구할 때에는 전자소송(ecfs.scourt.go.kr)을 통하여 온라인으로도 청구할 수 있습니다.

   A person who has an objection to the above disposition may file an administrative appeal or an administrative litigation within 90 days after receipt of the disapproval notice.

   ※ You may file an administrative appeal online (www.simpan.go.kr) and an administrative litigation on the Internet (ecfs.scourt.go.kr)

년   월   일

Date

○○출입국 · 외국인청(사무소 · 출장소)장

CHIEF, ○○IMMIGRATION OFFICE

직인

210㎜×297㎜[백상지(80 g /㎡) 또는 중질지(80 g /㎡)]

(2) 체류자격 외 활동허가 신청 등에 관한 온라인 방문 예약

다음에 따른 신청 또는 신고를 하려는 사람은 방문하는 출입국·외국인청, 출입국·외국인사무소, 출입국·외국인청 출장소 또는 출입국·외국인사무소 출장소의 명칭, 방문 일시, 신청·신고 업무 등을 방문하는 전날까지 법무부장관이 정하는 정보통신망에 입력(이하 "온라인 방문 예약"이라 한다)해야 한다. 다만, 임산부 및 「장애인복지법」 제2조제1항에 따른 장애인 등 법무부장관이 정하는 외국인은 온라인 방문 예약을 하지 않을 수 있다(법 시행령 제34조의2).

(가) 법 제20조에 따른 체류자격 외 활동허가 신청

(나) 법 제21조제1항 본문에 따른 근무처의 변경·추가 허가 신청 및 같은 항 단서에 따른 근무처의 변경·추가 신고

(다) 법 제23조에 따른 체류자격 부여 신청

(라) 법 제24조에 따른 체류자격 변경허가 신청

(마) 법 제25조에 따른 체류기간 연장허가 신청

(바) 법 제31조에 따른 외국인등록 신청

라. 출국을 위한 체류기간 연장허가

(1) 출국을 위한 체류기간 연장사유

청장·사무소장 또는 출장소장은 허가된 체류기간이 만료되는 자가 다음의 어느 하나에 해당하는 경우에는 그 체류기간을 연장할 수 있다. 다만, 체류연장기간이 30일을 초과하는 때에는 법무부장관의 승인을 얻어야 한다(법 시행규칙 제32조 제1항).

(가) 외국인등록을 한 자로서 그 체류자격의 활동을 마치고 국내여행 등을 목적으로 일시 체류하고자 하는 경우

(나) 출국할 선박 등이 없거나 그밖에 부득이한 사유로 출국할 수 없는 경우

(2) 체류기간연장허가신청서 제출

체류기간연장허가를 받고자 하는 자는 체류기간연장허가신청서에 그 사유를 소명하는 자료를 첨부하여 청장·사무소장 또는 출장소장에게 제출하여야 한다(법 시행규칙 제32조 제2항).

(3) 체류기간 연장 등 허가대장

출국을 위한 체류기간 연장 시 그 사실을 체류기간 연장 등 허가대장에 기재하여야 한다.

■ 출입국관리법 시행규칙 [별지 제48호서식] 〈개정 2018. 5. 15.〉

체류기간 연장 등 허가대장

○○출입국 · 외국인청(사무소 · 출장소)

연번	외국인 등록번호	성명	국적	허가일	허가 번호	허가 사항	허가내용 (체류기간 연장, 체류자격 변경 등)	비고

297mm×420mm[백상지(80 g/㎡) 또는 중질지(80 g/㎡)]

(4) 수수료 면제

위 (1)의 사유로 인하여 체류기간연장을 허가하는 때에는 수수료를 받지 아니한다(법 시행규칙 제32조 제3항).

2. 출국기한의 유예

가. 출국기한의 유예

(1) 출국기한의 유예사유 등

(가) 출국기한 유예사유

청장·사무소장·출장소장 또는 외국인보호소의 장(이하 "보호소장"이라 한다)은 체류기간연장등불허결정통지를 받은 자나 출국권고 또는 출국명령을 받은 자가 출국할 선박 등이 없거나 질병 기타 부득이한 사유로 그 기한내에 출국할 수 없음이 명백한 때에는 그 출국기한을 유예할 수 있다(법 시행규칙 제33조 제1항). 이러한 출국기간 유예는 출국기한을 유예받고자 하는 자의 신청을 전제로 한다. 한편, 법원은 대학원 석사과정에 재학 중인 외국인의 석사학위논문 심사와 대여금청구의 민사소송 수행 등의 사유는 출입국관리법 시행규칙 제33조 제1항에서 정하는 출국기한 내에 출국할 수 없음이 명백한 부득이한 사유에 해당하지 않는다고 판시한 사례가 있다.[27]

---

27) 대구고등법원 2018. 5. 4. 선고 2017누5240 판결.

■ 출입국관리법시행규칙 [별지 제44호서식] 〈개정 2018. 6. 12.〉

출국기한유예신청서
(Application For Postponement Of The Termination Of Departure)

접수번호	접수일자	처리일자	처리기간

신청인 (Applicant)	성명 (Full name)			
	한자성명 (漢字姓名)	성별 (Sex)	[ ] 남/M [ ] 여/F	
	생년월일 (Date of Birth)	국적 (Nationality)		
	본국 주소 (Address in Home Country) (연락처 Tel. :)			
	국내 체류지 (Address in Korea) (연락처 Tel. :)			
	출국 예정일 (Approximate Date Of Departure)			
	출국 예정항 (Approximate Port Of Departure)			
	신청 사유 (Reason For Application)			

동반자 (Dependent)	연번 (No.)	성명 (Full name)	생년월일 (Date Of Birth)	성별 (Sex)	관계 (Relation)	비고 (Remarks)
				[ ] M [ ] F		
				[ ] M [ ] F		
				[ ] M [ ] F		
				[ ] M [ ] F		

소명 자료 (Supporting evidence)	

「출입국관리법 시행규칙」 제33조에 따라 위와 같이 신청합니다.
I hereby apply for Postponement Of The Termination Of Departure, pursuant to Article 33 of the provisions for enforcement of the Immigration Act.

	신청일 (Date of Application)	년 (year)	월 (month)	일 (day)
	신청인 (Applicant)	(서명 또는 인) (signature or seal)		

공용란(FOR OFFICIAL USE ONLY)				
접수일자		최초 출국유예일자	청(소)장	가 / 부
접수번호		출국유예 연장기간	과장	
허가일자		참고사항	팀장	
허가번호			담당	

210mm×297mm[백상지(80 g/㎡) 또는 중질지(80 g/㎡)]

(나) 출국을 위한 기한연장과의 차이

출국기한의 유예는 체류기간연장 등 불허결정통지, 출국권고 또는 출국명령 등의 종국적 처분을 통하여 더 이상 해당 체류자격 또는 다른 체류자격으로 체류할 수 없는 상태이나, 출국할 선박 등이 없거나 질병 기타 부득이한 사유로 인하여 출국을 원하나 출국할 수 없는 장애사실이 발생할 경우 일정한 기한을 정하여 출국의무만을 부여하고 동 기간 내에 출국할 수 있도록 배려한 처분으로 출국을 위한 기한연장과는 법적성격에 차이가 있다.[28]

(2) 출국기간유예사유 소명

출국기한을 유예받고자 하는 자는 출국기한유예신청서에 그 사유를 소명하는 자료를 첨부하여 청장·사무소장·출장소장 또는 보호소장에게 제출하여야 한다(법 시행규칙 제33조 제2항).

(3) 출국기간유예 결정

청장·사무소장·출장소장 또는 보호소장은 출국기한유예신청에 따른 신청서류를 심사한 결과 그 출국기한의 유예가 필요하다고 인정하는 경우 출국할 선박 등이 없는 때에는 출국예상인원 및 선박 등의 사정 등을 참작하여 법무부장관이 따로 정하는 기간까지, 그 밖의 경우에는 그 사유가 소멸할 때까지 그 출국기한을 유예할 수 있다(법 시행규칙 제33조 제3항).

참고로, 출국기간이 유예된 경우 기존에 취업활동이 가능한 자격증으로 유예기간 내 취업활동이 가능한지가 문제될 수 있지만, 출국기간연장 또는 출국기한 유예를 받은 사람은 더 이상 취업이 가능하지 않다.

나. 각종 허가 등의 대장

청장·사무소장 또는 출장소장은 체류자격 외 활동(영 제25조), 근무처의 변경·추가 허가(영 제26조) 및 체류자격의 부여(영 제29조), 체류자격 변경허가(영 제30조), 체류기간 연장허가(영 제31조)의 규정에 따른 허가를 하는 때에는 이를 허가대장에 기재하여야 한다(법 시행규칙 제35조).

---

28) 이민법연구회, 앞의 책 183면.

제4편

제류자격의 변경 및 절차도

제1장 유학 후 체류 가능한 체류자격 변경

1. 유학 · 연수 비자

가. D-2 유학

(1) D-2 유학

(가) 대상

- 전문학사, 학사, 석사, 박사, 연구과정 유학생
- 교환학생
- 일·학습연계과정 유학생
- 방문학생

전문대학 이상의 교육·학술연구 기관에서의 유학 또는 연구활동을 목적으로 입국한 자로서, 고등교육법의 규정에 의하여 설립된 전문대학, 대학, 대학원 또는 특별법의 규정에 의하여 설립된 전문대학 이상의 학술기관에서 정규과정(학사·석사·박사)의 교육을 받거나 특정의 연구를 하고자 하는 자 등이 그 대상이다.

단, 야간대학, 원격대학 (방송대학, 통신대학, 방송·통신대학, 사이버대학) 및 한국폴리텍대학 직업훈련과정 (단, 학위과정인 다기능기술자과정은 인정)은 고등교육법 규정 및 FIMS 등록여부와 관계없이 유학 (D-2) 사증발급 제외 대상이다.

(2) 적용대상별 세부약호

약 호	대 상 자
D-2-1	전문학사과정 유학
D-2-2	학사과정 유학
D-2-3	석사과정 유학
D-2-4	박사과정 유학

D-2-5	연구과정 유학
D-2-6	교환학생 유학
D-2-7	일-학습연계 유학
D-2-8	단기유학

(3) 제출서류[29]

(가) 공통서류

① 사증발급(인정)신청서, 여권사본, 사진 1매(6개월 이내 촬영 반명함판)

② 교육기관 사업자등록증 (또는 고유번호증) 사본

③ 표준입학허가서 (대학 총·학장 발행)

　단, 국립국제교육원 및 국방부초청 정부 장학생은 교육원장 및 국방부장관이 발급한 초
청장(정부초청 외국인 장학증명서 등)으로 대체

④ 가족관계 입증서류 (부모의 잔고증명 등을 제출한 경우에 한함)

　– 원본 및 번역본 첨부 원칙, 부모의 영문성명*을 알 수 있는 자료 첨부할 것)

　* 한글 번역본에 영문성명 기재, 여권사본 첨부 등

가족관계 입증서류 예시

중국 : 호구부 또는 친족관계공증, **필리핀** : Family Census, **인도네시아** : 가족관계증명서 (KARTU KELUARGA), **방글라데시** : 점머 까꺼즈 또는 점마 싸이드티켓, **베트남** : 호적부 (So Ho Khau) 또는 출생증명서 (Giay khai sinh), **몽골** : 친족관계증명서, **파키스탄** : Family Certificate, **스리랑카** : 빠울러 서티피케이트, **미얀마** : 가족관계증명서 (잉타웅수사옌), **네팔** : 전마달다, **키르기즈스탄·카자흐스탄·우즈벡·우크라이나·태국** : 출생증명서

---

⑤ 최종학력 입증서류

– 최종학력 입증서류는 원본심사를 원칙 다만, 학위 등 인증보고서는 대학담당자의 원본
대조필인이 있을 경우 사본도 가능하고 개인이 직접 신청하여 발급한 학력입증서류는
유효기간 내에서만 인정, 통상 발급일로부터 30일이며 연장 가능

---

29) 제출서류는 법무부 출입국·외국인정책본부 사증발급 안내매뉴얼(체류자격별 대상 첨부서류 등)
2024. 7.의 내용을 원용한 것임. 이하 같음.

– 아래 21개국 출신 국민 또는 동 국가 소재 대학 등에서 학위 (학력) 취득자는 아래 ㉮, ㉯, ㉰ 중 택일

법무부장관 고시 21개 국가

중국, 필리핀, 인도네시아, 방글라데시, 베트남, 몽골, 태국, 파키스탄, 스리랑카, 인도, 미얀마, 네팔, 이란, 우즈베키스탄, 카자흐스탄, 키르기스스탄, 우크라이나, 나이지리아, 가나, 이집트, 페루 (총 21개국)

㉮ 아포스티유[30] (Apostille) 확인을 받은 학위 (학력) 등 입증서류

㉯ 출신학교가 속한 국가 주재 한국영사 또는 주한 공관 영사확인을 받은 학위 등 입증서류

㉰ 중국 교육부 운영 학력·학위인증센터 발행 학위 등 인증보고서 (중국 내 학력·학위 취득자에 한함)

  ※ 단, 국내 대학 등에서 학위 (학력)를 취득한 경우에는 공적확인을 받지 않은 학위증 제출 허용

– 상기 21개 국가 국민에 해당하지 않은 자는 학위증 등 위변조 혐의가 있을 경우에 한

---

30) Q. 아포스티유 협약이란?

A. 아포스티유 협약이란, 외국공문서에 대한 인증의 요구를 폐지하는 협약으로 2007.7.14.부 우리나라에 발효

▶ 아포스티유 확인이 된 협약가입국의 문서는 재외공관 영사확인과 동일한 효력
▶ 사증발급인정서 발급 등 신청 시 첨부서류 중 영사확인을 요건으로 하는 제출서류는 기존 영사확인(비체약국) 또는 아포스티유 확인을 거친 문서도 인정
▶ 가입국 현황 (2012.07.10.현재 103개국)

지역	계	가입국
아시아	13	대한민국, 몽골, 브루나이, 홍콩, 마카오, 일본, 인도, 이스라엘, 터키, 키르키즈스탄, 카자흐스탄, 우즈베키스탄, 오만
유럽	46	영국, 프랑스, 독일, 네덜란드, 노르웨이, 이탈리아, 알바니아, 오스트리아, 벨라루스, 벨기에, 불가리아, 덴마크, 보스니아헤르체코비나, 크로아티아, 사이프러스, 체코, 핀란드, 에스토니아, 조지아, 그리스, 헝가리, 아일랜드, 아이슬란드, 라트비아, 리투아니아, 룩셈부르크, 몰타, 모나코, 폴란드, 포르투갈, 러시아, 루마니아, 세르비아, 슬로바키아, 슬로베니아, 스페인, 스웨덴, 스위스, 마케도니아, 우크라이나, 안도라, 몰도바, 아르메니아, 아제르바이잔, 리히텐슈타인, 산마리노
아메리카	24	미국, 멕시코, 페루, 도미니카공화국, 아르헨티나, 파나마, 수리남, 베네수엘라, 안티과바뷰다, 바하마, 바바도스, 벨리즈, 두라스, 콜롬비아, 도미니카, 에콰도르, 엘살바도르, 그라나다, 세인트빈센트, 트리니다드 토바고, 세인트루시아, 세인트키츠네비스, 우루과이, 코스타리카
아프리카	10	사우스아프리카, 모리셔스, 카보베르데, 상투에 프린시페, 보츠와나, 레소토, 라이베리아, 나미비아, 스와칠랜드, 말라위
오세아니아	10	뉴질랜드, 호주, 피지, 마우리제도, 마샬군도, 사모아, 쿡제도, 통가, 세이셀제도, 니우에

해 출입국·외국인청(사무소·출장소)장 재량으로 상기 ㉮ 내지 ㉰ 항에 해당하는 서류
징구할 수 있음

	적용 예시

가. 중국인이 미국에서 학위 (학력)를 취득한 경우 : Apostille 확인, 미국 주재 한국 영사 또는
　한국주재 미국 대사관의 영사확인
나. 미국인이 중국에서 학위 (학력)를 취득한 경우 : 중국교육부 운영 학력·학위 인증센터인증보고서
　또는 주 중국 한국공관의 영사확인
다. **최종학력이 고등학교인 경우** : 학력입증 (졸업증명서)
라. **최종학력이 대학이상인 경우** : 학위입증 (학위가 표시된 졸업증명서도 가능)
마. **편입인 경우** : 최종학력 (학사 이상인 경우 학위) 및 현재 재학 중인 학교의 재학증명서 (재학
　중인 경우에 한함)제출

⑥ 재정능력 입증서류
 － 1년간 등록금 및 체재비 상당하는 금액

(2) 과정별 추가 제출서류

특정 연구과정	⑤ 최종학력 입증서류(석사학위이상 소지자를 원칙으로 함) ⑥ 체재비 입증서류(잔고증명, 연구수당 지급 확인서 등) ⑦ 특정연구과정임을 입증하는 서류(총장의 연구생확인서 등)
교환학생	⑤ 최종학력입증서류 － 제출 면제 ⑥ 체재비 입증서류 (등록금은 본국에서 납부하는 점을 감안) ⑦ 소속 (본국) 대학의 장이 발급한 추천서 ⑧ 교환학생임을 입증하는 서류 (초청 대학의 공문, 대학 간 체결한 학생교류 　협정서 등) ⑨1학기 이상을 수학하였음을 입증하는 서류 (본국 대학의 재학증명서 등)
국방부초청 외국군 수탁교육생	④ 가족관계 서류 － 제출면제 ⑤ 최종학력 입증서류 － 제출면제 ⑥ 재정능력 입증서류 － 제출면제 ⑦ 국방부 발행 '초청장'
※ 재외공관의 장은 입국목적, 초청의 진정성, 초청자 및 피초청자의 자격 확인 등을 심사하기 위해 　필요한 경우 첨부서류를 일부 가감할 수 있음	

나. D-4 연수

- 한국어 연수생
- 대학부설 어학원 제외기관 연수생(외국인투자기업 등)
- 고등학교 이하 재학생
- 한식조리연수생
- 사설기관 연수생
- 외국어 연수생

(1) 대상

유학(D-2) 자격에 해당하는 교육기관 또는 학술연구기관 외에 교육기관이나 기업체·단체 등에서 교육 또는 연수를 받거나 연구하는 활동을 목적으로 입국한 자로서, 대학부설 어학원에서 한국어를 연수하는 자, 유학(D-2) 자격에 해당하는 기관 또는 학술연구기관 이외의 교육기관에서 교육을 받는 자, 국·공립 연구기관이나 연수원 등에서 기술, 기능 등을 연수하는 자, 외국인투자기업 또는 외국에 투자한 기업체 등에서 인턴(실습사원)으로 교육 또는 연수를 받거나 연구 활동에 종사하는 자 등이 그 대상이다(외국어 연수 D-4-7은 고등학교 이하의 학교 재학생도 포함).

(2) D-4-1(한국어 연수) 대상 국가

분류	대상국가
우대	우수인증대학(유학 및 어학연수)
관리	쿠바, 시리아, 코소보 국민 유학 및 어학연수
관리	중국, 베트남, 몽골, 우즈베키스탄 국민 중 아래 대상자 ❶ 하위대학 어학연수(D-4-1) ❷ 일반대학 어학연수(D-4-1) * 단, ❶,❷에도 불구하고 정부초청장학생의 경우는 사증발급 가능 * 하위대학 및 일반대학 베트남 어학연수생(D-4-1) 의 경우 유학 경비 보증금 제도 적용

(3) 연수과정 기본요건

한국어 연수과정은 주중(월-금) 최소 4일 이상, 주당 주간 최소 15시간 이상의 어학연수 과정을 주간에 운영하여야 한다(반기 당 최소 300시간 이상 교육). 다만, 부득이한 사정이 있는 경우 사유서 및 수업시수 등이 포함된 모집요강 등을 검토하여 예외가 인정(단, 연 600시간 이상 교육 원칙)된다.

(4) 첨부서류

초청인측	피초청인측
○ 사증발급인정신청서(별지 제21호 서식) – 피초청인의 3.5cm×4.5cm 여권용 사진 1장 부착(최근 6개월 이내 촬영한 것, 프린트사진 불가) ○ 교육기관 사업자등록증 또는 고유번호증 사본 ○ **표준입학허가서(대학 총 · 학장 발행)** – 유학생정보시스템(FIMS) 표준입학 정보 확인으로 갈음 – 국립국제교육원 초청 장학생은 교육원장이 발급한 『초청장』으로 대체 ○ **연수계획서** – 강의시간표, 강사 구성표, 연수시설, 연수과정 등의 내용 포함 ○ **연수과정 운영현황** ○ **어학연수 필요성 소명자료** – 고시국가 국민 중 연령 등을 고려할 때 어학연수 필요성이 적다고 판단되는 경우	○ 여권 사본 ○ **재학증명서 또는 최종학력입증서류 원본** ○ **재정능력 입증서류 원본** – <u>6개월간의 등록금 및 체재비에 상당하는 금액</u> – 잔고증명(유효기간 30일), 통장, 입출금내역서 등 ＊ 잔고증명서에 유효기간이 있는 경우 최대 6개월 범위 내에서 유효기간까지 인정 – <u>유학경비 예치확인서(예치기간 1년, 예치금 1만 불)</u> ＊ <u>베트남 유학경비 보증금 제도 적용 대상의 경우 유학경비 예치확인서로 제출</u> – 부모의 잔고증명서, 재직증명서, 자산증명서 등 제출 가능 ＊ 부모의 재직증명서, 자산증명서로 제출하고자 하는 경우 관련 서류 지참 후 관할소에 내방상담 필요 – 대학 등으로부터 장학금(수업료 및 체재비)을 받는 경우 대학 총학장 발행 장학금 지급확인서 등으로 대체 가능 ○ **가족관계 입증서류 원본** – 부모의 재정능력 입증서류를 제출하는 경우에 한함
참고사항	

2. 취업 후 영주자격 취득 절차

[취업 후 영주자격취득 절차도]

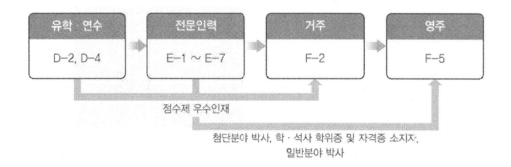

D-2 유학비자를 통해 국내에 입국한 후 대학(대학원)을 졸업한 외국인 유학생의 경우 졸업 후 체류자격별 변동요건의 충족 시 국내 장기체류가 가능한 전문인력인 E-1(교수), E-2(회화지도), E-3(연구), E-4(기술지도), E-5(전문직업), E-6(예술흥행), E-7(특정활동) 등으로 체류자격의 변경이 가능하며, 이후 영주자격을 부여받기 위해 국내 장기체류가 가능한 F-2(거주)비자로 변경한 다음 최종 국내 영구체류가 가능한 F-5(영주) 비자로 체류자격의 변경이 가능하다.

3. 유학생 취업 후 영주자격 취득 요건

가. 유학생의 취업 후 영주자격 취득

(1) 1단계 : 유학 · 연수 후 전문인력으로 체류자격 변경

D-2 유학 후 전문인력인 E-1(교수), E-2(회화지도), E-3(연구), E-4(기술지도), E-5(전문직업), E-6(예술흥행), E-7(특정활동) 등으로 체류자격의 변경하기 위해서는 각 체류자격에 맞는 취업요건을 충족하여야 한다.

가령, E계열 비자 중 가장 많은 비중을 차지하고 있는 E-7(특정활동) 비자는 한국인으로 대체하기 어려운 외국인 전문인력을 국내 기업 등에서 고용하여 활용할 수 있도록 하는 비자의 한 유형으로써, 2024년 12월말 기준으로 90개이고, 도입가능 직업은 277개이다. 따라서 특정활동(E-7) 비자 신청시 85개 직종 코드와 288개 세부직업 코드에 해당하는지를 우선 검토해야 한다.

분류	내용
전문인력 (E-7-1)	기업의 고위임원, 각종 전문분야의 관리자, 각종 공학 기술자, 간호사, 대학 강사, 외국인학교 교사, 경영 전문가, 해외 영업원, 번역 · 통역가, 디자이너, 아나운서 등
준전문인력 (E-7-2)	면세점 판매직원, 항공사 접수직원, 호텔 접수직원, 의료 코디네이터, 고객상담원, 배 · 비행기 승무원, 관광통역, 카지노 딜러, 호텔 · 음식점 요리사 (주방장, 조리사), 요양보호사
일반기능인력 (E-7-3)	동물 사육사, 양식 기술자, 할랄 도축원, 악기제조 및 조율사, 조선 용접공, 선박 전기원, 선박 도장공, 항공기 정비원, 항공기 (부품) 제조원, 송전 전기원
숙련기능인력 (E-7-4)	제조업, 농업, 임업, 축산업, 어업, 건설업의 종사자(해외에서 E-7-4 비자를 발급받기 위해서는 국내 뿌리산업 기술인력 양성대학을 졸업해야 하고, 뿌리기업에 고용되어야 합니다.)
네거티브 방식의 전문인력 (E-7-S)	고소득자, 첨단기술분야 종사자

그 외에도

ⅰ) 외국인은 취업하려는 직업과 관련된 학력과 경력 요건을 갖추어야 한다(학력 및 경력요건 구비 및 업무와 전공의 적합성 - 도입직종과 연관성이 있는 분야의 석사 이상 학위 소지, 도입직종과 연관성이 있는 학사학위 소지 + 1년 이상의 해당분야 경력, 도입직종과 연관성이 있는 분야에 5년 이상의 근무경력 - 경력은 학위취득 이후의 경력만 인정). 다만, 국내대학 졸업, 해외 명문대학 졸업 등 예외가 인정된다.

[E-7 비자를 발급받기 위해서는 다음 요건 중 하나를 충족하여야 합니다.]
① 도입직종과 연관성이 있는 분야의 석사 이상 학위 소지
② 도입직종과 연관성이 있는 학사학위 소지 + 1년 이상의 해당분야 경력(경력은 학위, 자격증 취득 이후의 경력만 인정)
③ 도입직종과 연관성이 있는 분야에 5년 이상의 근무경력

위와 같은 일반 요건에도 불구하고 우수인재 유치를 위한 특별자격요건도 있는데요, 우수인재 유치 및 육성형 인재 활용 등의 차원에서 특례를 정한 우수인재와 직종 특성을 감안하여 별도의 학력 또는 경력요건을 정한 직종에 종사하는 경우에는 아래 요건을 충족하는 경우 E-7 비자 발급이 가능합니다.
① 세계 500대 기업 1년 이상 전문직종 근무경력자: 도입직종에 정한 학력 및 경력요건 등을 갖추지 못하였더라도 고용의 필요성 등이 인정되면 허용됩니다.
② 세계 우수 대학 졸업(예정) 학사학위 소지자: 타임지 200대 대학 및 QS(Quacquarelli Symonds)

세계대학순위 500위 이내 대학 학사학위 소지자는 전공분야 1년 이상 경력요건을 갖추지 못하였더라도 고용의 필요성 등이 인정되면 허용됩니다.

③ 국내 전문대학졸업(예정)자: 전공과목과 관련이 있는 도입허용직종에 취업하는 경우 1년 이상의 경력요건을 면제하고, 고용의 필요성 등이 인정되면 허용됩니다.

④ 국내 대학 졸업(예정) 학사이상 학위 소지자: 전공과목과 관련이 있는 직종에 취업하는 경우 전공과목과 무관하게, 고용의 필요성 등이 인정되면 허용됩니다.

⑤ 기타 : 주무부처 고용추천을 받은 첨단 과학기술분야 우수인재, 특정 일본인 소프트웨어 기술자 등, 부서추천 전문능력 구비 우수인재, 고소득 전문직 우수인재 등에 대해서는 특별요건이 적용됩니다.

ⅱ) 외국인을 고용하려는 국내 고용회사는 매출규모가 일정 수준 이상이어야 하고, 세금을 체납(국세, 지방세)하지 않아야 한다.

ⅲ) 외국인을 고용하려는 국내 고용회사는 내국인을 일정 수 이상 고용하고 있어야 하고(5인 이상), 외국인에게 최저임금 이상을 지급해야 하며(전년도 국민 1인당 GNI의 80% 이상, 다만, 중소·벤처·비수도권 중견기업 특례 70%), 고용할 수 있는 외국인 수에 제한(국민고용자의 20%내)이 있다.

ⅳ) 외국인을 고용하고자 하는 사업체의 대표가 출입국관리법 시행규칙 제17조의3 제2항 제1호 내지 제6호에 규정된 비자발급인정서 발급제한 대상자에 해당하지 않아야 한다(각종 범죄로 처벌된 자를 의미합니다).

[국민고용 보호를 위한 심사기준]

일단 일반적인 국민고용보호를 위한 심사기준은 다음과 같습니다.

- 고용업체 규모
국민 고용자가 5명 미만이고 내수 위주인 업체는 원칙적으로 초청이 제한되며, 여기서 고용인원은 고용부의 고용보험가입자명부에 최저임금을 충족하는 3개월 이상 등재된 인원을 말합니다. 이때 3개월 이상 고용보험 가입자 명부를 제출해야 되므로 원칙적으로 개업 후 최소 3개월 이후 신청이 가능합니다.
- 고용업체의 업종
업종 특성을 감안하여 별도의 고용업체 요건을 정한 경우에는 해당 요건을 충족하여야 합니다.

- 외국인 고용비율

국민고용 보호 직종은 원칙적으로 국민고용자의 20% 범위 내에서 외국인 고용을 허용합니다. 총 국민고용자의 20%를 초과하여 국민고용 보호 심사기준 적용대상 E-7 외국인을 고용 중인 업체는 신규 및 대체인력 초청과 체류자격변경, 근무처변경ㆍ추가 등이 원칙적으로 불허됩니다.

- 임금요건

저임금 편법인력 활용 방지를 위해 동종 직무를 수행하는 동일 경력 내국인의 평균임금과 연계하여 전문인력 수준에 따라 직종별로 차등적용하여 심사하는데, 전문인력은 전년도 국민 1인당 GNI의 80%이상이어야 하고, 준전문인력, 일반기능인력, 숙련기능인력은 최저임금 이상을 적용합니다. 단, 일부직종에 대해서는 해당 직종에서 별도로 정하는 기준을 따릅니다.

(2) 2단계 : 전문인력 취업 후 F-2(거주)비자로 체류자격 변경

(가) F-2, 점수제 우수인재

상장법인 종사자, 유망산업분야 종사자, 전문직 종사자, 유학인재, 잠재적 우수인재 중 하나에 해당하고 점수제 요건 충족을 충족할 경우 F-2(거주)비자로의 변경이 가능하다. 한편, 점수제 우수인재의 경우 사회통합프로그램[31] 이수 단계에 따라 점수가 차등 부여되며, 만일 5단계 이상 이수자의 경우에는 점수제 가점 부여된다.

[F2-7비자 우수인재 점수제]

I. 우수인재 점수제 비자 신청 가능 대상

1. **전문직ㆍ준전문직 종사자** 등으로서 교수(E-1), 회화지도(E-2), 연구(E-3), 기술지도(E-4), 전문직업(E-5), 예술흥행(E-6), 특정활동(E-7), 취재(D-5), 종교(D-6), 주재(D-7), 기업투자(D-8), 무역경영 (D-9) 체류자격(단, 호텔ㆍ관광유흥업소 종사자(E-6-2), 숙련기능인력(E-7-4) 제외)을 가진 등록외국인 으로 다음 요건을 모두 충족하는 사람
   ① 신청일 현재 신청 당시 체류자격으로 3년 이상 연속하여 합법체류 중일 것. 다만, 아래 중

---

31) 사회통합프로그램이란 대한민국에 체류하는 이민자가 우리 사회 구성원으로 적응, 자립하는데 필요한 기본소양을 함양할 수 있도록 마련한 교육이며, 이수할 경우 영주 자격 신청 시 기본소양 요건 충족, 그 외 체류자격 신청 시 점수제의 경우 가점 부여 등 혜택이 있다. 한편, 사회통합프로그램과는 다른 조기적응 프로그램은 입국 초기 단계의 외국인에게 한국 생활에 필수적인 기초법, 질서를 안내하고 긴급상황 발생 시 구제 절차와 각종 생활 편의 정보를 총 18가지 언어로 제공하는 교육입니다. 조기적응 프로그램 참여 시, 2시간을 사회통합프로그램 이수 시간으로 인정하고 있다(제공 언어 : 한국어, 중국어, 베트남어, 영어, 러시아어, 몽골어, 타갈로그어, 일본어, 캄보디아어, 태국어, 인도네시아어, 불어, 네팔어, 벵골어, 우즈베크어, 카자흐어, 라오어, 미얀마어 등).

하 나에 해당하는 경우 체류기간 요건(3년) 면제

　가. 연간 소득금액이 4천만 원 이상인 자(소득금액증명 제출자에 한함)

나. 법무부장관이 인정하는 이공계 해외인재 유치 지원 사업 초청 대상자로서 관계 중앙행정 기관장의 추천을 받은 자

다. 유학(D-2) 또는 구직(D-10) 체류자격으로 합산하여 3년 이상 연속하여 합법 체류한 등록 외국인으로서 국내에서 정규 석사 이상의 과정을 마치고 석사 이상의 학위를 취득한 자(단, 한국전 참전국 우수인재로서 중앙행정기관 추천을 받은 외국인은 국내 학사 학위 이상 취득 시에도 신청 가 능)

　② 신청 당시 소지한 체류자격의 체류 요건을 갖추었을 것 ※ 신청 당시 소지한 체류자격의 체류기간 연장 요건을 충족하지 못한 사람은 우수인재 비자 신청 불가

　③ 결격사유에 해당하지 않을 것

2. 유학(D-2) 또는 구직(D-10) 체류자격을 가진 사람으로 다음의 요건을 모두 충족하는 사람

　① 신청일 현재 유학(D-2) 또는 구직(D-10) 체류자격으로 합산하여 3년 이상 연속하여 합법체류 중인 등록외국인일 것

　② 국내에서 정규 석사 이상의 과정을 마치고 석사 이상의 학위를 취득하였을 것(단, 한국전 참 전 전국 우수인재로서 중앙행정기관 추천을 받은 외국인은 국내 학사 학위 이상 취득 시에도 신청 가능)

　③ 교수(E-1), 회화지도(E-2), 연구(E-3), 기술지도(E-4), 전문직업(E-5), 예술흥행(E-6), 특정활 동(E-7), 취재(D-5), 종교(D-6), 주재(D-7), 기업투자(D-8), 무역경영(D-9) 체류자격(호텔·관광유흥업 소 종사자(E-6-2), 숙련기능인력(E-7-4) 제외)에 해당하는 직종에 취업이 확정되었을 것(단, 한국전 참전국 우수인재로서 중앙행정기관 추천을 받은 외국인의 경우 미취업 상태에서도 신청 가능)

　④ 결격사유에 해당하지 않을 것

3. 유가증권시장(KOSPI) 또는 코스닥(KOSDAQ)에 상장된 법인에 취업 중이거나 해당 상장법인과 고용계약을 체결한 외국인으로서 다음 요건을 모두 충족하는 사람

　① 통계청 고시 '한국표준직업분류'에 따른 관리자(1), 전문가 및 관련 종사자(2)에 해당하는 직종에 취업 중이거나 취업이 확정되어 있을 것

　② 결격사유에 해당하지 않을 것

4. 우수인재 비자 신청 요건을 충족하는 사람(1, 2, 3) 중 연간소득*이 한국은행에서 최근(신청일 기 준) 고시한 1인당 국민총소득(GNI) 이상인 사람의 동반가족(배우자와 미성년 자녀)으로서 결격사유가 없는 사람

* 제출 가능한 가장 최신의 소득금액증명(세무서 발급)에 기재된 최근 1년간의 과세대상 소득 금액을

연간소득으로 평가(단, 유가증권시장(KOSPI) 또는 코스닥(KOSDAQ) 상장된 법인에 취업자 (취업 예정자 포함)로서 소득금액증명 제출이 불가능한 경우 예외적으로 고용계약서에 기재된 연봉 상당 금액으로 연간소득 산정)

II. 결격사유

① 신청일로부터 5년 이내에 금고 이상의 형(집행유예를 포함)을 선고 받은 사실이 있는 경우(외국 정부로부터 처벌받은 경우를 포함)

② 신청일로부터 3년 이내에 출입국관리법을 3회 이상 위반한 사람 중 통고처분 금액의 합계가 500만 원 이상에 해당하는 경우

③ 신청일로부터 3년 이내에 대한민국 법률(출입국관리법 포함)을 위반하여 300만 원 이상의 벌금 형을 선고받은 경우

④ 신청 시 또는 신청일로부터 최근 3년 이내에 허위서류를 제출한 경우

⑤ 입국금지 사유에 해당하는 경우

⑥ 범죄를 저지른 경우 등 대한민국의 안전보장과 질서유지·공공복리·기타 대한민국의 이익을 해 할 우려가 있는 경우에 해당한다고 지방출입국·외국인관서의 장이 인정하는 경우

III. 대상별 비자 신청 방법 및 신청서류

가. 비자발급인정서·체류자격 변경· 체류기간 연장 신청

① 모든 신청자의 여권 ※ 동반가족은 우수인재 비자 소지자의 여권을 함께 제출

② 외국인등록증(외국인등록을 마친 사람만 해당)

※ 동반가족은 우수인재 비자 소지자의 외국인등록증을 함께 제출

③ 본인이 해당하는 점수를 기재한 점수표(서식 1)

④ 고용계약서 또는 재직증명서(대표자의 경우 사업자등록증 또는 법인등기부등본도 인정, 이하 같음)

⑤ 가족관계 소명 서류(동반가족이 있는 경우)

⑥ 본인이 기재한 평가 항목별 점수를 소명하는 서류

☞ 본인이 제출하는 점수표(별표)에 본인이 기재한 점수 항목을 소명하는 서류만 제출(모든 평가 항목에 대한 소명 서류를 제출할 필요가 없음)

☞ 제출한 서류만으로 심사(점수 부여)

IV. 항목별 배점 및 심사 기준 (총 170 점)

1. 평가항목별 배점 (가점 포함 최대 총 170점)

- 나이 : 25   - 학력 : 25

- 한국어능력 : 20   - 연간소득 : 60
- 가점 : 40   - 감점 : -80

2. 합격점수 : 80점 이상(평가항목별 합산 점수)

3. 평가항목별 세부 배점 및 평가 기준
    (1) 나이: 18-24 (23점), 25-29 (25점), 30-34 (23점), 35-39 (20점), 40-44 (12점), 45-50 (8점), 51세 이상 (3점)
    (2) 학력: 박사 (이공계/2개이상 (25점), 이공계외 (20점)), 석사 (이공개/2개 이상 (20점), 이공계 외 (17점)), 학사 (이공계/2개 이상 (17점), 이공계 외 (15점)), 전문학사 (이공계 (15점), 이공계 외 (10점))
    (3) 한국어능력시험 또는 사회통합프로그램:
        5급(5단계): 20점, 4급(4단계):15점, 3급(3단계): 10점, 2급(2단계): 5점, 1급(1단계): 3점
    (4) 연간소득:
        1억이상 (60점), 9천만~1억미만 (58점), 8천만~9천만미만(56점), 7천만~8천만미만 (53점), 6천만~7천만미만 (50점), 5천만~6천만미만 (45점), 4천만~5천만미만(40점), 3천만~4천만미만 (30점), 최저임금~3천만미만 (10점)

4. 가점 항목
    - 한국전 참전국 우수인재: 20점
    - 중앙행정기관 추천: 20점
    - 사회프로그램 5단계 이수: 10점
    - 우수대학 박사 (30점), 석사 (20점), 학사 (15점)/국내 대학 박사 (10점), 석사 (7점), 학사 (5점)
    - 국내 사회 봉사 활동: 3년 이상 (7점), 2년~3년 미만 (5점), 1년~2년 미만 (1점)

5. 감점항목:
    - 출입국 관리법 위반에 따른 범칙금 처분 합계:
        300만원 이상 (-30점), 100만원~300만원 미만 (-20점), 50만원~100만원 미만 (-10 점)
    - 형사처벌 전력:
        200만~300만원 (-30점), 200만원 미만 (-20점), 벌금형 초과 (-40점)
    - 동반가족 또는 피초청자가 불법체류 중이거나 최근 3년 이내에 100만원 이상의 벌금형을 받았거나 출국권고 명령, 강제퇴거된 경우 (-10점)

〈서식 1〉 점수표 (신청 시 해당 점수에 표시 후 제출)

< 서약 사항 >
신청 결격사유가 없으며, 기재사항 및 제출사항이 진실함을 서약합니다.
성명: 생년월일: 서명:

○ 종합 점수표

구분	공통 평가 항목 (최대 130점)				가점 (최대 40점)	합계
	나이	학력	한국어능력 및 사회통합프로그램	연간 소득		
최대 배점						

○ 나이 (최대 25점)

구분	18-24세	25-29세	30-34세	35-39세	40-44세	45-50세	51세 이상
배점	23	25	23	20	12	8	3

○ 학력 (최대 25점)

학력	박사		석사		학사		전문학사	
	이공계/2개 이상	이공계 외	이공계/2개 이상	이공계 외	이공계/2개 이상	이공계 외	이공계	이공계 외
배점	25	20	20	17	17	15	15	10

○ 한국어능력 · 사회통합프로그램 이수 (최대 20점)

한국어 능력	사회생활에서 충분한 의사소통 (고급)	친숙한 주제 의사소통 (중급)		기본적인 의사소통 (초급)	
	TOPIK 5급 이상/사회통합프로그램 5단계	4급/4단계	3급/3단계	2급/2단계	1급/1단계
배점	20	15	10	5	3

○ 연간 소득 (최대 60점)

연간 소득	1억원 이상	9천만~1억원 미만	8천만~9천만원 미만	7천만~8천만원 미만	6천만~7천만원 미만	5천만~6천만원 미만	4천만~5천만원 미만	3천만~4천만원 미만	최저임금 이상~3천만
배점	60	58	56	53	50	45	40	30	10

○ 가점항목 (최대 40점까지 인정)

가점 항목	참전 국민	정부 추천	사회통합 프로그램	우수대학/국내대학 학위보유			국내 사회봉사 활동		
	한국전 참전국 우수인재	중앙 행정기관 추천	사회통합 프로그램 5단계 이수자	우수대학박사/국내대학박사	우수대학석사/국내대학석사	우수대학학사/국내대학학사	3년 이상	2-3년 미만	1-2년 미만
배점	20	20	10	30 / 10	20 / 7	15 / 5	7	5	1

(나) F-2, 장기체류자

E-1~E-7 체류자격으로 5년 이상 국내 체류한 자로 품행 요건, 생계유지 능력 요건 등 모든 요건을 충족하고 사회통합프로그램 4단계 이상 이수하거나 사전평가 81점 이상 취득할 경우 기본소양 요건 충족점수제 우수인재의 경우 요건 충족 시 D-2(유학) 자격에서 F-2(거주) 자격으로 체류자격 변경 바로가기가 가능하다.

[F-2-99 체류자격 변경대상 기본요건 (1~3 모두 충족)]

1. 신청자 체류자격
- D-1, D-5, D-6, D-7, D-8*, D-9, E-1, E-2, E-3, E-4, E-5, E-6-1, E-6-3, E-7, F-1*** 신청 당시 투자금액이 1억원 이상, ** 본국 호적부에 등록되지 않은 국내 출생 대만화교에 한함
- 상기 체류자격의 배우자 및 미성년 자녀로 합법체류 중인 외국인

2. 국내 체류기간 : 신청대상 체류자격으로 5년 이상 국내 계속 체류
가. 체류기간에서 제외되는 기간
- 완전 출국하여 국내체류하지 않은 기간이 30일 이상 초과한 경우 해당 기간
- 불법체류 및 불법취업 기간
- 출국을 위한 체류기간 연장 기간
- 출국기한 유예, 출국권고, 출국명령, 강제퇴거명령을 받은 기간

나. 국내체류 연속성 판단기준
- F-2-99 신청이 가능한 체류자격으로 계속 변경하면서 5년 이상 체류는 인정
- F-2-99 신청이 불가한 체류자격으로 변경되었다가, 다시 변경 가능한 자격이 된 경우 연속성을 인정하지 아니하며, 다시 처음부터 산정함
- 출국명령, 강제퇴거로 출국한 경우에는 단절될 것으로 간주함

3. 생계유지 능력(가~다 모두 충족)
신청인이 현재 보유하고 있는 비자의 소득요건과 F-2-99 비자의 소득요건을 비교하였을 때 더 높은 쪽의 소득요건을 충족하여야 함

가. 자산
- 본인만 신청시, 신청자 소유 자산 1,500만원 이상

- 동반가족 포함시, '주체류자 자산 1,500만원 이상'+'동반가족 자산과 합산 3,000만원 이상'
- 자산의 종류

  6개월 이상 계속 보유하고 있는 예금, 적금, 증권, 적립형 보험, 부동산 임대보증금

나. 연간소득
- 소득주체

  신청인 또는 신청인의 가족(같은 주소지에서 1년 이상 동거하면서 생계를 같이하는 배우자, 자녀, 부모, 배우자의 부모

- 소득산정기간 : 신청일 전년도 소득
- 본인만 신청시, 전년도 최저임금 이상 - 최저임금×12개월 이상(= 023년 기준 월 2,010,580원×12 배 = 24,126,960원)(* 단, 근무처변경허가대상 E-7은 1.5배 이상)
- 동반가족 포함시, 전년도 1인당 국민총소득(GNI =2023년 기준 1인당 GNI 42,487,000원) 이상 (단, 근무처변경허가대상 E-7은 1.5배 이상
- E-7 비자 중 판매사무원, 주방장 및 조리사, 디자이너, 호텔접수사무원, 의료코디네이터, 해삼양식 기술자, 조건용접기능공, E-7-4 숙련우수인재(제조업 현장관리자, 건설럽 현장관리자, 농축어업 현장관리자)는 최정임금의 18배 적용, 동반가족 신청시에는 GNI 1.5배 이상
- 생계유지능력 심사면제자
• 국내출생 대만화교
• 국내 10년 이상 체류 중인 종교(D-6) 자격으로 중아부터, 지자체장의 추천을 받은 자
- 경제활동 : 신청일 기준 체류자격에서 허용되는 생계유지활동을 하고 있을

3. 주거지 : 면적, 방 개수 등을 종합적으로 판단하여 사회 통념상 장기 거주가 가능할 것

4. 한국어와 한국문화에 대한 기본소양
- 「초·중등교육법」에 의한 초·중·고등학교 졸업
- 「고등교육법」에 의한 대학(산업대학·교육대학·전문대학·방송·통신대학·사이버대학·기술 대학) 또는 대학원(일반대학원·전문대학원·특수대학원), 「근로자직업능력개발법」에 의한 기능 대학 중 어느 하나를 졸업
- 법무부 주관 사회통합프로그램 4단계 이상 교육 이수
- 「초·중등교육법 시행령」에 규정된 중·고등학교 입학자격검정고시 또는 고등학교 졸업학력 검정고시 합격
- 법무부 주관 사히통합프로그램 사전평가에서 81점 이상 취득

5. 법령준수 등 품행요건

– 신청일로부터 5년 이내에 금고 이상의 형(집행유예를 포함)을 선고 받은 사실이 있는 경우

– 신청일로부터 3년 이내에 출입국관리법을 3회 이상 위반한 사람 중 통고처분 금액의 합계가 500만 원 이상에 해당하는 경우

– 신청일로부터 3년 이내에 대한민국 법률(출입국관리법 포함)을 위반하여 300만 원 이상의 벌금형을 선고받은 경우

– 신청 시 또는 신청일로부터 최근 3년 이내에 허위서류를 제출한 경우

– 입국금지 사유에 해당하는 경우

– 범죄를 저지른 경우 등 대한민국의 안전보장과 질서유지 · 공공복리 · 기타 대한민국의 이익을 해할 우려가 있는 경우에 해당한다고 지방출입국 · 외국인관서의 장이 인정하는 경우

– 특정강력범죄의 처벌에 관한 특례법 제2조에서 규정한 특정강력범죄 및 협박, 공갈, 사기, 보이스피싱, 마약, 성폭력 관련 범죄로 외국에서 형을 선고받았거나, 그 이외의 범죄로 외국에서 금고 이상의 형을 선고받고 그 형의 집행이 종료되거나 집행을 받지 아니하기로 한 날부터 5년이 경과되지 아니한 사람

– 신청일 기준 조세 등 체납외국인 체류관리 통합지침에서 규정하는 세금 등을 체납한 경우

– 신청자중 국내법 위반사실이 확인된 자는 준법시민교육 시행 후 허가

(3) 3단계 : F-2(거주)비자에서 F-5[32](영주)비자로 체류자격 변경

---

32) 영주 (F-5) 비자의 세부 유형은 다음과 같습니다.
고액투자 (F-5-5), 특정능력 (F-5-11) 비자는 해외에서 비자발급을 받거나 국내에서 변경할 수 있습니다. 나머지 유형은 국내에서 변경만 가능합니다.

– 일반영주자 (F-5-1): 성년자로서 D-7, D-8, D-9, D-10, E-1, E-2, E-3, E-4, E-5, E-6, E-7, F-2 비자로 5년 이상 한국에 체류하고 있는 자

– 결혼이민자 (F-5-2): 한국인의 배우자이거나 과거에 배우자였던 자로서 F-6 비자로 2년 이상 한국에 체류하고 있는 자

– 국민의 미성년 자녀 (F-5-3): 한국인의 미성년 자녀로서 F-2 비자로 2년 이상 한국에 체류하고 있는 자

– 영주자의 배우자, 미성년 자녀 (F-5-4): 영주자 (점수제 영주자 제외)의 배우자, 미성년 자녀로서 2년 이상 한국에 체류하고 있는 자

– 고액투자 (F-5-5): USD 500,000 (50만 달러) 이상을 투자하고 한국인을 5인 이상 정규직원으로 고용한 자

– 재외동포 (F-5-6): F-4 비자로 2년 이상 체류하고 있는 자

– 국적취득 (F-5-7): 재외동포 (외국국적동포)로서 국적법상 국적취득 요건을 갖춘 자

– 화교 (F-5-8): 한국에서 출생한 화교

– 첨단분야박사 (F-5-9): 해외에서 첨단산업 분야의 박사학위를 취득하였고 F-5 비자를 신청할 당시에 한국기업에 고용된 자

– 학사 · 석사 및 자격증 소지자 (F-5-10): 첨단산업 분야의 학사 이상의 학위, 일반분야의 석사 이상의 학위 또는 기술자격증을 소지하고 한국기업에 1년 이상 전일제 상용고용된 자

– 특정능력 (F-5-11): 과학, 경영, 교육, 문화예술, 체육 등 특정 분야에서 탁월한 능력이 있는 자

F-5 영주권 비자종류	
F-5-1	– 5년 이상 대한민국에 체류하고 있는 사람(일반 영주자) – 성년자로서 D-7, D-8, D-9, D-10, E-1, E-2, E-3, E-4, E-5, E-6, E-7, F-2 비자로 5년 이상 한국에 체류하고 있는 자
F-5-9	– 첨단분야 박사 – 해외에서 첨단산업 분야의 박사학위를 취득하였고 F-5 비자를 신청할 당시에 한국기업에 고용된 자
F-5-10	– 학사, 석사 학위증, 자격증 소지자 – 첨단산업 분야의 학사 이상의 학위, 일반분야의 석사 이상의 학위 또는 기술자격증을 소지하고 한국기업에 1년 이상 전일제 상용고용된 자
F-5-15	– 국내박사 – 한국의 대학원에서 정규과정을 이수해 박사학위를 취득한 후 한국기업에 고용된 자

▶ 영주권취득 시 혜택
 – 대한민국 체류기간의 별도의 제한이 없음, 10년마다 연장 갱신을 하면됨
 – 4대 사회보험 혜택을 적용받을 수 있음
 – 3년 이후 지방선거 선거권이 부여됨
 – 자유로운 취업활동이 가능함

– 특별공로자 (F-5-12): 한국에 특별한 공로가 있는 자
– 연금수혜자 (F-5-13): 60세 이상으로 해외로부터 일정 금액 이상의 연금을 받고 있는 자
– 방문취업 근무 (F-5-14): H-2 비자로 4년 이상 근무한 자
– 일반분야 박사 (F-5-15): 한국의 대학원에서 정규과정을 이수해 박사학위를 취득한 후 한국기업에 고용된 자
– 점수제 영주자 (F-5-16): F-2-7 비자로 3년 이상 체류한 자
– 부동산투자자 (F-5-17): F-2-8 비자로 5년 이상 계속 투자한 자
– 점수제 영주자의 배우자, 미성년 자녀 (F-5-18)
– 부동산투자자의 배우자, 미혼 자녀 (F-5-19)
– 영주자의 국내출생 자녀 (F-5-20): 한국에서 출생한 자녀
– 공익사업 일반투자자 (F-5-21): F-2-12 비자로 5년 이상 계속 투자한 자
– 공익사업 투자자의 배우자, 미혼 자녀 (F-5-22): F-5-21 또는 F-5-23 비자 소지자의 배우자, 미혼 자녀
– 공익사업 은퇴이민 투자자 (F-5-23): F-2-14 비자로 공익사업에 5년 이상 계속 투자하고 한국에서 보유 중인 자산이 KRW 300,000,000 (3억원) 이상인 자
– 기술창업투자 (F-5-24): D-8-4 비자로 KRW 300,000,000 (3억원) 이상 투자금을 유치하고 한국인 2인 이상을 고용한 자
– 조건부 고액투자자 (F-5-25): KRW 3,000,000,000 (30억원) 이상을 5년 이상 투자하는 조건을 서약한 자 및 배우자, 미혼자녀
– 외국인투자기업의 연구개발인력 (F-5-26): 외국인이 투자한 연구개발시설의 필수전문 인력으로 3년 이상 근무한 자
– 난민 (F-5-27): F-2-4 비자로 2년 이상 한국에서 체류하고 있는 자

▶ 일반영주, 학·석사 학위증 및 자격증 소지자, 점수제 영주자의 경우 사회통합프로그램 5단계 이상 이수할 경우 기본소양 요건 충족

▶ 첨단분야 박사, 일반분야 박사의 경우 기본소양 요건(사회통합프로그램 등) 면제

▶ 첨단분야 박사, 학·석사 학위증 및 자격증 소지자, 일반분야 박사의 경우 요건 충족 시 [전문인력]에서 [영주] 자격으로 바로가기 가능

(가) 영주권 기본소양 등

제10조의3(영주자격) ① 제10조 제2호에 따른 영주자격(이하 "영주자격"이라 한다)을 가진 외국인은 활동범위 및 체류기간의 제한을 받지 아니한다.
② 영주자격을 취득하려는 사람은 대통령령으로 정하는 영주의 자격에 부합한 사람으로서 다음 각 호의 요건을 모두 갖추어야 한다.
    1. 대한민국의 법령을 준수하는 등 품행이 단정할 것
    2. 본인 또는 생계를 같이하는 가족의 소득, 재산 등으로 생계를 유지할 능력이 있을 것
    3. 한국어능력과 한국사회·문화에 대한 이해 등 대한민국에서 계속 살아가는 데 필요한 기본소양을 갖추고 있을 것
③ 법무부장관은 제2항제2호 및 제3호에도 불구하고 대한민국에 특별한 공로가 있는 사람, 과학·경영·교육·문화예술·체육 등 특정 분야에서 탁월한 능력이 있는 사람, 대한민국에 일정금액 이상을 투자한 사람 등 대통령령으로 정하는 사람에 대해서는 대통령령으로 정하는 바에 따라 제2항제2호 및 제3호의 요건의 전부 또는 일부를 완화하거나 면제할 수 있다.
④ 제2항 각 호에 따른 요건의 기준·범위 등에 필요한 사항은 법무부령으로 정한다.

F-2(거주)비자로 체류 중에 F-5(영주) 비자로 변경하기 위해서는 대한민국의 법령을 준수하는 등 품행이 단정할 것, 본인 또는 생계를 같이하는 가족의 소득이나 재산 등으로 생계를 유지할 능력이 있을 것, 한국어능력과 한국사회·문화에 대한 이해 등 대한민국에서 계속 살아가는 데 필요한 기본소양을 갖추고 있을 것 등의 요건을 모두 갖추어야 한다.

1) 품행단정 요건(국내범죄경력과 해외범죄경력 심사)

일반 영주자격을 신청하려면 대한민국 법령 준수 등 품행이 단정해야 하며, 다음 어느 하나에 해당되는 경우에는 품행 단정 요건을 갖추지 못한 것으로 인정되어 영주자격이 불허될 수 있다.

가) 금고 이상의 형의 선고를 받고 그 형의 집행이 종료되거나 집행을 받지 아니하기로 한 날부터 5년이 경과되지 아니한 사람

나) 벌금형의 선고를 받고 그 벌금을 납부한 날로부터 3년이 경과되지 아니한 사람,

다) 출입국관리법 제7조제1항을 위반(위변조 여권이나 사증 소지 및 행사자) 한 날부터 5년이 경과되지 아니한 사람

라) 영주자격 신청일 이전 5년간 출입국관리법을 3회 이상 위반한 사람(과태료 처분을 받은 사람은 제외)

마) 강제퇴거명령을 받고 출국한 날부터 7년이 경과하지 않았거나 출국명령을 받고 출국한 날부터 5년이 경과하지 않은 사람

바) 최근 3년간 출입국관리법 위반으로 500만 원 이상의 범칙금 처분을 받았거나, 합산한 범칙금 금액이 700만 원 이상인 사람

사) 출입국관리법 제46조 제1항 각 호의 강제퇴거 대상에 해당되는 사람

아) 외국에서 특정강력범죄 및 협박, 공갈, 사기, 보이스피싱, 마약 범죄에 준하는 범죄로 형을 선고받았거나, 그 이외의 범죄로 외국에서 금고 이상의 형에 준하는 형을 선고받은 사실이 범죄경력증명서 등을 통하여 확인된 사람 등은 영주자격이 불허될 수 있다.

자) 다만, 만 14세 이상, 신청일까지 국내에서 10년 이상 계속하여 합법 체류한 사람 등은 해외범죄경력 확인 생략이 가능하다.

2) 기본소양 요건

일반 영주자와 그의 배우자, 점수제 영주자와 그의 배우자, 학사·석사 및 자격증 영주자는 영주자격 신청시 기본소양 요건을 충족하여야 한다.

가) 사회통합프로그램(KIIP) 5단계 이수자, 한국어가 유창하다면 KIIP 사전 평가 시험을 통과하고 한국이민영주적격 시험에 합격하면 기간을 앞당길 수 있음

나) 영주용 또는 귀화용 종합평가에서 100점 만점에 60점 이상 득점, 한국어능력시험 4급 이상 취득하면 기본소양 요건을 갖춘 것으로 인정한다.

3) 생계유지능역

영주자격을 신청하려면 생계유지 능력을 갖추어야 하는데, 소득 주체의 소득을 합산한 금액이 영주자격별로 요구되는 연간소득을 충족할 경우 생계유지 요건을 갖춘 것으로 인정한다.

가) 소득기준은 한국에서 발생한 소득으로 세무신고가 되고 소득세를 납부한 소득만 인정한다.

나) 신청일 전년도 1년 간(1.1. ~12. 31.) 소득을 심사한다.

다) 소득기준은 주로 대한민국 1인당 국민총소득(GNI)를 기준 2배(약 8,810만원) 이상이거나 자산이 전년도 평균 순자산의 1.5배 이상(6억 2,178만원)이 되어야 한다. 소득은 전년도(5월 이전에는 전전년도) 세무서 발급 소득금액증명원으로 증명하며, 5월 이전의 경우에는 직장 발급 전년도 원천징수영수증과 은행 발급 연간 월 급여입금내역 등으로 보완을 해여야 한다.

라) 소득 주체는 영주자격 신청인 본인 및 한국 내에서 동거하는 신청자의 가족소득을 합산할 수 있으며(이 경우 본인의 소득 또는 자산이 50% 이상 이어야 함), 다만, 점수제 거주 자격 소지자와 연금 수혜자가 영주자격을 신청할 경우에는 신청인만 소득주체로 인정한다.

(나) 대상

위 (가).항의 요건을 모두 충족하고, 각 세부자격별 요건을 충족하는 아래의 대상이어야 한다.

1) F-5, 일반영주

가) 대상

대한민국 민법에 따른 성년으로서, D-7(주재), D-8(기업투자), D-9(무역경영), D-10(구직) 및 E-1(교수), E-2(회화지도), E-3(연구), E-4(기술지도), E-5(전문직업), E-6(예술흥행), E-7(특정활동) 체류자격이나 F-2 체류자격으로 5년 이상 대한민국에 체류하고 있는 사람이 그 대상이다.

나) 요건

체류기간 5년은 위 각 대상 체류자격으로 신청일 기준 대한민국에서 5년 이상 계속 체류할 것이 요건이며, 과거 체류기간은 제외한다. 다만, 완전출국 없이 위 각 대상에 규정된 체류자격간 자격변경의 경우에는 각 체류기간의 합산이 가능하다.

[체류자격 합산 사례]

▶ 저는 D-2 체류자격으로 3년 체류했고, 현재는 E-7으로 체류하고 있습니다. F-5-1 체류자격 변경 신청 기본조건이 '대한민국에서 5년 이상 체류' 인데 D-2 체류

기간 합산이 가능한가요?

D-2 체류기간은 제외됩니다. F-5-1 체류자격변경 시 체류기간은 주재(D-7)부터 특정활동(E-7)까지의 체류자격이나 거주(F-2)체류자격으로 5년 이상 체류하고 있는 사람의 경우 신청 가능합니다. 또한, 완전출국 없이 위 체류자격으로만 연속하여 체류한 경우 각 체류기간 합산할 수 있습니다.

▶ 현재 E-7으로 체류 중입니다. F-2-7으로 변경하려면 3년 이상 합법체류 중이어야 한다는데, 혹시 이전 체류자격인 D-2와 D-10으로 체류한 기간도 합산이 되나요?

문의하신 내용이 '전문직 종사자' 유형의 F-2-7 체류자격 변경인 경우라면, D-2와 D-10으로 체류한 기간은 합산 되지 않습니다. (E-1~E-7-1 또는 D-5~D9으로 국내 체류한 기간만 합산)다만, 아래 어느 하나에 해당하는 경우 체류기간 요건(3년)이 면제됩니다. ㉮ 소득금액증명서 상의 연간 소득금액이 4천만 원 이상인 경우㉯ 법무부장관이 인정하는 이공계 해외인재 유치 지원 사업 피초청인으로서 중앙행정기관의 장이 추천을 받은 경우

참고로, E-7(특정활동) 비자의 경우 학사 학위 이상 소지를 요건으로 하고, 신청인이 D-8(기업투자) 체류자격인 경우 신청일이 속하는 년의 이전 2년간(신청일의 전년도와 전전년도 연평균 매출액 10억 원 이상, 신청인이 D-9(무역경영) 체류자격인 경우 신청일이 속하는 년의 이전 최근 2년간 연평균 수출액 5억 원 이상 또는 연평균 매출액 10억 원 이상일 것을 요한다. 다만, 수출설비 설치·운영·보수자, 선박건조·설비제작 감독 등은 적용이 면제된다.

2) F-5, 첨단분야 박사

가) 대상

국외에서 첨단기술 분야 박사 학위 취득 후 국내 기업에서 학위 관련 분야에서 1년 이상 전일제 상용근로 형태로 계속 근무사람 중 법부부장관이 인정한 사람이 그 대상이다.

나) 요건

① 해외에서 첨단기술 분야의 박사학위를 취득하고, 국내 기업에 고용된 자(「산업발전법」 제 5조에 따라 고시되며 IT, 기술경영, 나노, 디지털전자, 바이오, 수송 및 기계, 신소재, 환경 및 에너지 등이 있음)이어야 한다

② 신청일 이전에 해외에서 첨단기술 분야에서 박사학위를 취득하였어야 하며, 취득예정자는 제외한다.

③ 국내기업 등에서 소지 학위와 관련된 분야의 정규직(전일세 상용 근로 형태)으로 1년 이상 근무 중이어야 하며, 만일, 1년 내 근무처가 변경된 과거 근무처의 근무기간의 합산이 가능하고, 근무중단 기간이 30일 이내인 경우에는 연속성이 인정된다. 이때 고용형태는 정규직이 아니더라도 Full-Time job으로 지속 계약 가능성이 높은 형태의 1년 단위 고용계약이 지속 되고 있는 경우에도 신청이 가능하다.

3) F-5, 학·석사 학위증 및 자격증 소지자

가) 대상

특정 분야의 학사 학위 이상 또는 기술자격증 취득자로 3년 이상 국내 체류하며 국내 기업에 1년 이상 전일제 상용근로 형태로 근무하는 사람이 그 대상이다.

나) 요건

다음 ①, ②, ③ 의 요건을 모두 충족하여야 한다.

① 다음의 학위증 또는 기술자격증 중 어느 하나 이상 소지하여야 한다.

　㉮ 첨단기술 분야의 학사 이상 학위증

　　여기서 첨단기술 분야라 함은「산업발전법」 제 5조에 따라 고시된 IT, 기술경영, 나노, 디지털전자, 바이오, 수송 및 기계, 신소재, 환경 및 에너지 등

　㉯ 국내 대학(원)에서 정규과정을 마치고 취득한 이공계 학사(첨단기술 분야 아닌 경우도 포함) 이상 학위증

　㉰ 국내 대학(원)에서 정규과정을 마치고 취득한 석사(이공계 또는 첨단기술 분야 아닌 경우도 포함) 이상 학위증

　㉱ 한국산업인력관리공단에서 발급하는 기술사자격증 또는 이에 갈음할 수 있는 자격증*
　　* 상호인증합의서(MRA)에 의해 대한민국 정부에서 인정하는 자격증

② 다음 기준에 따라 신청일 이전 부터 3년 이상 국내에서 계속 체류

　㉮ 신청일 이전부터 3년 이상 국내에서 체류를 계속해야 하며, 완전출국 한 과거 체류기
　　간은 제외

　㉯ 해외 학위 또는 자격증 취득자는 해당 학위 또는 자격증으로 국내 관련분야에서 근무
　　하며 계속하여 체류한 기간이 3년 이상일 것

　㉰ 국내 학위 취득자는 해당 학위 취득 이후 국내에 계속하여 체류한 기간이 3년 이상일 것

③ 신청 당시 국내기업에 정규직으로 1년 이상 정규직으로 근무중일 것

　㉮ 근무처가 변경된 경우 과거 근무처의 근무 기간도 합산 가능하다.

　㉯ 위 ①의 ㉮ 또는 ㉰를 취득한 사람은 해당 학위증 또는 자격증과 관련된 분야에서 근
　　무할 것을 요한다. 반면, ㉯ 또는 ㉰를 취득한 사람은 근무 분야의 제한이 없다.

4) F-5, 일반분야 박사

가) 대상

국내 대학원에서 정규 박사과정 이수, 학위 취득 후 국내 기업에서 1년 이상 전일제 상용근
로 형태로 계속 근무하는 사람이 그 대상이다.

나) 요건

① 국내 대학원에서 정규과정을 마치고 박사 학위를 취득한 사람
② 신청일 이전 국내 대학원에서 정규 박사과정을 이수하고 박사학위 취득하여야 하며, 취
　득 예정자 제외하고, 박사과정(D-2-4) 등 유학(D-2)요건을 구비한 경우를 의미하며,
　국내 대학원에서 소정의 과정을 이수하지 않은 채 학위만 취득한 경우는 해당되지 않음
③ 국내 기업 등에서 정규직으로 1년 이상 근무 중일 것, 근무처가 변경된 경우 과거 근무
　처의 근무 기간 합산 가능
④ 소지한 박사학위의 전공분야 관련 여부는 불문

5) F-5, 점수제 영주자

가) 대상

점수제 거주(F-2) 체류자격으로 대한민국에서 3년 이상 체류하고 있는 자로서 대한민국에
계속 거주할 필요가 있다고 법무부장관이 인정하는 사람이 그 대상이다.

나) 요건

① 점수제 거주 자격(F-2-7)으로 신청일 기준 3년 이상 대한민국에 계속 체류

② 신청일 기준 3년 동안 전문직종이 아닌 비전문직종이나 유흥 서비스업(유사 업종 포함) 종사경력이 없을 것

나. D-4, D-2 졸업 후 D-10(구직) 체류자격 취득

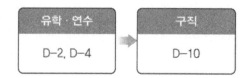

(1) D-10 구직비자 취득

(가) 활동범위 및 대상 등

1) 활동범위

구직활동 및 기술창업활동 등에는 국내 기업·단체 등에서 행하는 구직활동 뿐만 아니라 정식 취업 전에 연수비를 받고 행하는 단기 인턴과정을 포함하고, 창업이민교육프로그램 참가, 지식재산권 등 특허출원 준비 및 출원, 창업법인 설립 준비 등 창업과 관련된 제반 준비활동 등을 포함한다.

2) 대상

대상자는 교수(E-1)·회화지도(E-2)·연구(E-3)·기술지도(E-4)·전문직업(E-5)·예술흥행(E-6)·특정활동(E-7) 자격에 해당하는 분야에 취업하기 위해 연수나 구직활동 등을 하려는 자이다. 다만, 예술흥행(E-6) 자격 중 유흥업소 등의 흥행활동(E-6-2)은 제외하고, 순수예술 및 스포츠분야만 허용되며, E-7 자격 중 준전문인력과 숙련기능인력은 해외신청 불가하다. 또한, 기업투자(D-8) 자격의 경우 기술창업 준비 등을 하려는 자로서 학사이상의 학위를 가지거나 지식재산권을 보유하거나 이에 준하는 기술력 등을 가진 사람 중 법무부장관이 인정한 법인 창업자(기술창업이민자) 등이 그 대상이다.

약 호	분류기준	참 고
D-10-1	일반구직(점수제 적용)	-> E1~E7, '18.10. 점수제로 전환
D-10-2	기술창업 준비	-> D-8-4 /'14. 4. 신설

3) 첨부서류

일반구직(D-10-1)	창업준비(D-10-2)
○ 공통서류(신청서, 사진, 여권사본, 수수료, 신분증사본 등)	○ 공통서류(신청서, 사진, 여권사본, 수수료, 신분증사본 등)
○ 구직활동 계획서	○ 학력증명서
○ 학위증	○ 기술창업계획서
－ 국내 전문대학 이상 졸업자 : 학력증명서	○ 특허증·실용신안등록증·디자인등록증 사본 또는 특허 등 출원사실증명서(해당자)
* 출입국관리정보시스템(유학생정보시스템)으로 확인되는 경우에는 제출 면제	○ 창업이민종합지원시스템 교육과정 이수증 또는 교육참여 확인서(해당자)
－ 세계 우수대학 대학 졸업자 : 학력증명서* 졸업(예정)증명서, 학위증, 학위취득증명서 중 1종만 제출	
○ 근무경력 증빙서류(해당자에 한함)	
－ 근무기간, 장소, 직종 등이 포함된 경력증명서 (재직증명서)	
○ 국내 연수 활동 증빙서류(해당자에 한함)	
－ 연구(연수)기관의 장이 연구주제(연수과정), 연구(연수)기간, 수료여부 등을 명기하여 발급한 증명서	
※ 연구기관 연구활동 수료자 : 수료증명서	
※ 연수기관 연수활동 수료자 : 연수활동 수료증명서	
※ 교환학생 : 학교장 발행 교환학생 경력 확인증명	
○ 한국어 능력 입증서류(해당자에 한함)	
－ TOPIK(유효기간 이내) 또는 KIIP 이수증빙서류	
○ 고용추천서(해당자에 한함)	
－ 관계 중앙행정기관장 추천 : 부처(위임기관) 발행 고용추천서	
－ 재외공관장 추천 : 공관 내부추천 문서	
* 학력입증서류, 경력증명서, 해당 단체 추천서 또는 관련 입증자료(권위 있는 국제 또는 국내대회 입상 및 언론 등에 보도된 경우)	
○ 고소득 전문가 입증서류(해당자에 한함)	
－ 자국 공공기관이 발행한 전년도 근로소득 입증서류	

(나) D-4, D-2 졸업 후 D-10(구직) 체류자격 변경절차

1) 대상

교수(E-1)부터 특정활동(E-7) 자격에 해당하는 분야에 취업하기 위해 연수나 구직활동을 하려는 자로서 학사 학위(국내 전문학사 포함) 이상의 학위를 소지하고 점수 요건을 충족한 사람이 그 대상이다. 다만, 국내 대학 출신 한국어 우수자의 경우 점수제는 면제된다. 또한, 국내 정규 대학에서 전문학사 이상 학위 취득 후 3년이 경과되지 아니한 자로, 토픽 4급 이상 유효 성적표를 소지하거나 사회통합 프로그램 4단계 중간평가 합격자 또는 사전평가 5단계 배정자도 점수제 면제된다.

한편, 기술창업(D-8) 자격에 해당하는 기술 창업 준비 하려는 자로 학사(국내 전문학사 포함) 이상의 학위를 소지하고 관련 체류자격 요건을 충족하여야 한다.

2) 점수제 구직비자 배점표

【점수제 구직비자(D-10-1) 배점표】

□ 총 180점 중 기본항목이 20점 이상으로 총 득점이 60점 이상인자

배점항목			배점기준	배점	비고
기본	연령		20~ 24세	10	50점
			25~ 29세	15	
			30~ 34세	20	
			35~ 39세	15	
			40세~49세	5	
	최종학력	국내	전문학사	10	
		국내/국외	학사	15	
			석사	20	
			박사	30	

		국내	국외		
선택	취업 경력	1년~2년	3년~4년	5	60점
		3년~4년	5년~6년	10	
		5년이상	7년이상	15	
	국내 유학	전문학사(졸업후 3년이내)		5(20)	
		학　사(졸업후 3년이내)		10(20)	
		석　사(졸업후 3년이내)		15(30)	
		박　사(졸업후 3년이내)		20(30)	
	국내 연수	대학 연구생 (D-2-5)	12개월~18개월	3	
			19개월이상	5	
		교환학생 (D-2-6)	12개월~18개월	3	
			19개월이상	5	
		국공립 기관 연수(D-4-2)	12개월~18개월	3	
			19개월이상	5	
		어학연수 (D-4-1)	12개월~18개월	3	
			19개월이상	–	
		우수사설 기관 연수 (D-4-6)	12개월~18개월	3	
			19개월이상	5	
	한국어 능력	토픽(TOPIK) / 사회통합 프로그램(KIIP)	5급/5단계 이상	20	
			4급/4단계	15	
			3급/3단계	10	
			2급/2단계	5	
가점	① 관계 중앙행정기관장, 재외공관장 구직비자 발급 추천			20	70점
	② 세계 우수대학 졸업자(타임지 200대, QS 500대)			20	
	③ 글로벌기업근무 경력자(포천지 500대)			20	
	④ 이공계 학사(국내전문학사) 학위 소지자			5	
	⑤ 고소득(5만달러) 전문직 종사 경력자			5	

	위반횟수	1회	2회	3회	
감점	출입국관리법	5	10	30	
	기타 국내법령	5	10	30	

【점수제 구직비자(D-10-1) 세부평가 및 배점표】

▫ 점수요건 : 총 180점 중 기본항목이 20점 이상으로 총 득점이 60점 이상인자

　　※ 단, 불법취업, 시간제취업 등 취업과 관련된 출입국관리법령 위반으로 40만원 이상의 벌금,
　　　범칙금, 과태료 처분을 받은 이력이 있는 경우 신청 대상에서 제외됨

가. 기본항목 : 최대 50점 중 20점 이상인 자

1) 연령 : 최대 20점

구 분	20 ～ 24세	25～ 29세	30～ 34세	35～ 39세	40세～49세
배 점	10	15	20	15	5

〈범례〉: 연령은 만 나이로 계산, 예시 – 49세 12월 30일까지는 점수 5점을 부여함

2) 최종학력 : 최대 30점

구 분	국내	국내 · 국외		
	전문학사	학사	석사	박사
배 점	10	15	20	30

〈범례〉: 학위증만 인정(졸업증, 수료증, 자격증 등 불인정)

나. 선택항목 : 최대 70점

1) 최근 10년 이내 근무 경력 : 최대 15점

구 분	국내근무			국외근무		
	1년～2년	3년～4년	5년 이상	3년～4년	5년～6년	7년 이상
배 점	5	10	15	5	10	15

〈범례〉: 최근 10년 이내 국내 + 국외 경력 중복 산정 가능하며, 학위취득 후 전공 관련 유사 분야
　　　　경력에 한정함

　　☞ 유사경력 여부는 신청자가 관련 증빙서류를 제출하여 입증 입증하여야 하며, 인턴 등 구직과정에서

의 경력은 제외함

2) 국내 유학(2년 이상)경력 : 최대 30점

구 분		전문학사	학사	석사	박사
배 점	졸업 후 3년 이내	20	20	30	30
	졸업 후 3년 이후	5	10	15	20

〈범례〉: 유학경력은 정규대학에서 2년 이상 학적을 유지한 경우에 한함[유학(D-2)에 해당하는
체류자격을 가질 수 있는 요건을 갖춘 경우를 말함(원격대학, 사이버대학 등 제외), 교환학생
및 복수학위 학생은 2년 이상 국내유학 경험이 있을 것]
※ 최종 학력과 국내 경험은 중복 적용 가능

3) 기타 국내 연수, 교육 경력(1년 이상) : 최대 5점

구 분		대학 연구생 (D-2-5)	교환학생 (D-2-6)	국공립 기관 연수(D-4-2)	어학연수 (D-4-1)	우수사설 기관 연수 (D-4-6)
배 점	1년~1년6개월	3	3	3	3	3
	1년 7개월 이상	5	5	5		5

〈범례〉: 대학, 기관 등에서 연수기간을 기재하여 발급한 경력, 이력, 이수증 등으로 요건 입증
※ 최종 학력과 국내 연수, 교육, 학력은 기간요건을 충족할 경우 중복 적용 가능(ex. 학력
+ 국내 유학 + 어학연수 + 교환학생)

4) 한국어능력 : 최대 20점

토픽(TOPIK) 또는 사회통합프로그램(KIIP)			
2급/2단계	3급/3단계	4급/4단계	5급/5단계 이상
5	10	15	20

〈참고〉: 토픽은 공식점수표(유효기간내의 것만 인정), 사회통합프로그램(KIIP)은 공식 이수증이나
단계별 확인서

다. 가점 부여 (중복 산정 가능) : 총 70점

1) 관계 중앙행정기관장 및 재외공관장의 구직비자 발급 추천 최대 20점
   - 구직분야 관련 중앙행정기관장 또는 재외공관장이 전문인력임을 확인하여 비자발급 관련 추천을 하는 경우 최대 20점 이내에서 점수를 차등 부여가 가능함
   - 관계부처 고용추천서 발급 절차와 요건을 준용하며 이 경우 취업예정 기업이 없으므로 기업에 대한 요건 심사를 생략함

2) 글로벌기업 근무 경력자 : 20점
   - 최근 3년 이내 Fortune誌 선정 500대 기업에서 신청일 기준 최근 10년 이내 1년 이상 근무한 경력자

3) 세계 우수대학 졸업자 : 20점
   - 최근 3년 이내 Time誌 선정 200대 대학의 졸업생
   - 최근 3년 이내 QS 세계대학순위 500위 이내 대학의 졸업생

4) 이공계 학사 학위 이상 소지자 : 5점
   - 국내 전문학사 학위 소지자 중 이공계 분야도 가점 부여
   ※ 이공계 분야 국외 전문학사 등은 학력검증이 불가하므로 대상에서 제외

5) 고소득 전문직 종사 경력자 : 5점
   - 직전 근무처의 연봉이 5만 달러 이상인 외국인에 대하여 해당국가 정부발행 소득 증빙서류를 통해 확인이 될 경우 가점 부여

라. 법 위반자에 대한 감점항목 : 최대 60점

구 분	출입국관리법 위반Ⓐ			기타 국내 법령 위반Ⓑ		
	1회	2회 이상	3회 이상	1회	2회 이상	3회 이상
배 점	5	10	30	5	10	30

〈참고〉 : 항목 간 합산(Ⓐ+Ⓑ)점수를 적용함
〈범례〉 : Ⓐ 신청일 기준 10년 이내 위반 횟수만 기산하며 처벌여부와 상관없이 위반이 확정된 건은 모두 포함(처벌면제, 경고 및 과태료 포함)하며, 4회 이상 위반자는 신청제한
Ⓑ 10년 이내 위반 횟수만 기산

다. D-4, D-2 유학생이 D-8(기업투자, 창업), D-9(무역경영) 자격취득 후 F-5 영
   주자격 취득

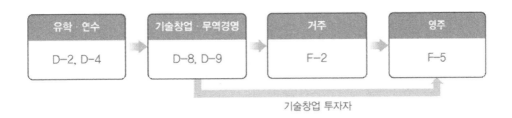

기술창업 투자자

(1) D-8(기업투자, 창업), D-9(무역경업)비자 취득

(가) 활동범위 및 대상 등

1) D-8(기업투자, 창업)

D-8(기업투자, 창업) 비자의 대상자는 ⅰ)「외국인투자촉진법」에 따른 외국인투자기업 대한
민국 법인(설립완료 법인만 해당)의 경영·관리 또는 생산·기술 분야에 종사하려는 필수 전
문인력(국내에서 채용하는 사람은 제외) : 법인에 '투자(D-8-1)'로 구분, ⅱ) 지식재산권을
보유하는 등 우수한 기술력으로「벤처 기업육성에 관한 특별조치법」제2조의2 제1항 제2호
다목에 따른 벤처기업을 설립한 사람 중 같은 법 제25조에 따라 벤처기업 확인을 받은 기업
의 대표자 또는 기술성이 우수한 것으로 평가를 받은 기업의 대표자 : '벤처 투자(D-8-2)'
로 구분, ⅲ)「외국인투자촉진법」에 따른 외국인투자기업인 대한민국 국민(개인)이 경영하는
기업의 경영·관리 또는 생산·기술 분야에 종사하려는 필수전문인력(국내에서 채용하는 사
람은 제외) : '개인기업에 투자(D-8-3)'로 구분, ⅳ) 국내에서 전문학사 이상의 학위를 취득
한 사람, 또는 국외에서 학사 이상의 학위를 취득한 사람, 또는 관계 중앙행정기관의 장이
추천한 사람으로서 지식재산권을 보유하거나 이에 준하는 기술력 등을 가진 법인창업자 :
'기술 창업(D-8-4)'으로 구분된다.

구분	기본요건	첨부서류
법인에투자 (D-8-1)	가. 기본요건 - 투자대상이 대한민국 법인(설립완료 법인만 해당) 일 것 - 투자금액이 1억원 이상으로, 투자한 법인의 의결권 있는 주식총수의 100분의 10이상을 소유(외국인투자촉진법시행령 제2조제2항1호)하거나 법인의 주식 등을 소유하면서 임원 파견, 선임 계약 등을 체결 (외국인투자촉진법시행령 제2조제2항2호) 나. 신청기관 - 원칙적으로 신청자의 본국에 소재한 대한민국 공관 단. 신청인이 해외에 주재하며 사업체 등을 운영(영주권 소지 등 장기거주자 포함)하고 있을 경우에는 주재하고 있는 국가 소재 재외공관에서 신청 가능	① 사증발급신청서 (별지 제17호 서식), 여권, 표준규격사진 1매, 수수료 ② 주재활동의 경우 파견명령서(파견기간 명시) 및 재직증명서 ③ 외국인 투자신고서 또는 투자기업등록증 사본 ④ 사업자등록증 사본, 법인등기사항전부증명서, 주주변동상황명세서 원본 ⑤ 투자자금 도입관련 입증서류 ㉮ 현금출자의 경우 - 해당국 세관이나 본국 은행 (금융기관)의 외화반출허가(신고)서 (해당자) - 투자자금 도입 내역서 (송금확인증, 외국환 매입증명서, 세관신고서 등) ㉯ 현물출자의 경우 - 현물출자완료 확인서 사본(관세청장 발행) - 세관 수입신고필증 사본 ⑥ 투자금액 3억원 미만 개인투자자에 대한 추가서류 - 자본금 사용내역 입증서류 (물품구매 영수증, 사무실 인테리어 비용, 국내은행 계좌 입출금 내역서 등) - 사업장 존재 입증 서류 (사무실 임대차 계약서, 사업장 전경·사무공간 간판 사진 등 자료) - 해당 업종 또는 분야의 사업 경험 관련 국적국 서류 (필요시 징구)
벤처투자 (D-8-2)	가. 기본요건 - 지식재산권을 보유하는 등 우수한 기술력으로「벤처 기업육성에 관한 특별조치법」제2조의2제1항제2호다목에 따른 벤처기업을 설립 (또는 설립예비)*한 사람 중 같은 법 제25조에 따라 벤처기업 확인(또는 예비 벤처기업 확인)**을 받은 기업의 대표자 또는 기술성이 우수한 것으로 평가***를 받은 기업의 대표자 * 기술평가보증기업 및 예비벤처기업(해당 벤처기업의 법인설립 또는 사업자등록을 준비 중인 경우 및 동 기업의 창업 후 6개월	① 사증발급신청서 (별지 제17호 서식), 여권사본, 표준규격사진 1매, 수수료 ② 사업자등록증 사본, 법인등기사항전부증명서 ③ 벤처기업확인서 또는 예비벤처기업확인서 ④ 지식재산권을 보유하는 등 우수한 기술력을 가지고 있음을 입증하는 서류 - 특허증(특허청), 실용신안등록증(특허청), 디자인등록증(특허청), 상표등록증(특허청), 저작권등록증(한국저작권위원회) 등 사본 - 기술신용보증기금 또는 중소기업진흥공단의 기술성 우수평가서

<table>
<tr><td></td><td>이내의 기업)도 해당

** 벤처기업 또는 예비벤처기업인지 여부의 확인은 기술신용보증기금(기술신용보증기금법), 중소기업진흥공단(중소기업진흥에 관한 법률) 또는 한국벤처캐피탈협회(벤처 기업육성에 관한 특별조치법)에서 실시

*** 평가는 기술신용보증기금(기술신용보증기금법) 또는 중소기업진흥공단(중소기업진흥에 관한 법률)으로부터 받은 것을 말함

나. 신청기관
- 원칙적으로 신청자의 본국에 소재한 대한민국 공관
※ 단, 신청인이 해외에 주재하며 사업체 등을 운영(영주권 소지 등 장기거주자 포함)하고 있을 경우에는 주재하고 있는 국가 소재 재외공관에서 신청 가능</td><td></td></tr>
<tr><td>개인기업에투자
(D-8-3)</td><td>가. 기본요건
◉ 투자대상이 대한민국 국민(개인)이 경영하는 기업일 것
◉ 투자금액이 1억원 이상으로, 투자한 기업의 출자총액의 100분의 10이상을 소유(외국인투자촉진법시행령 제2조제2항1호)하고 사업자등록증상 한국인과 공동대표로 등재될 것
◉ 공동사업자인 국민의 사업자금이 1억원 이상일 것

나. 신청기관
◉ 원칙적으로 신청자의 본국에 소재한 대한민국 공관
※ 단, 신청인이 해외에 주재하며 사업체 등을 운영(영주권 소지 등 장기거주자 포함)하고 있을 경우에는 주재하고 있는 국가 소재 재외공관에서 신청 가능</td><td>① 사증발급신청서 (별지 제17호 서식), 여권, 표준규격사진 1매, 수수료
② 외국인투자신고서 또는 투자기업등록증 사본
③ 공동사업자인 국민의 사업자금(사용 내역) 입증서류
④ 공동사업자가 표시된 사업자등록증 사본, 공동사업자약정서 원본
⑤ 투자자금 도입관련 입증서류
㉠ 현금출자의 경우
- 해당국 세관이나 본국 은행 (금융기관)의 외화반출허가(신고)서 (해당자)
- 투자자금 도입 내역서 (송금확인증, 외국환 매입증명서, 세관신고서 등)
㉡ 현물출자의 경우
- 현물출자완료 확인서 사본(관세청장 발행)
- 세관 수입신고필증 사본
⑥ 투자금액 3억원 미만 신청자에 대한 추가서류
- 자본금 사용내역 입증서류 (물품구매 영수증,</td></tr>
</table>

		사무실 인테리어 비용, 국내은행 계좌 입출금 내역서 등) – 사업장 존재 입증 서류 (사무실 임대차 계약서, 사업장 전경·사무공간간판 사진 등 자료) – 해당 업종 또는 분야의 사업 경험 관련 국적국 서류 (필요시 징구) ※ 3억 미만 소액투자자로서 사업 경험이 없는 자는 정밀심사
기술창업 (D-8-4)	가. 기본요건 ◉ 국내에서 전문학사 이상의 학위를 취득한 사람, 또는 외국에서 학사 이상의 학위*를 취득한 사람, 또는 관계 중앙행정기관의 장이 추천한 사람일 것 * 학위는 이미 취득한 경우만 인정하고 취득 예정자는 제외함 ◉ 지식재산권*을 보유하거나 이에 준하는 기술력**을 가지고 있을 것 * 특허권(특허법), 실용신안권(실용신안법), 디자인권(디자인보호법), 상표권(상표법), 저작권(저작권법) 등 국내법에 따라 인정된 지식재산권 ** 「중소기업창업지원법」 등 법률에 근거한 정부지원 사업에 선정된 외국인의 창업아이템을 말하며, 해당 외국인이 선정 당사자인 경우에 한함 ◉ 대한민국 법인을 설립하고 법인등기 및 사업자등록을 완료하였을 것 나. 신청기관 ◉ 원칙적으로 신청자의 본국에 소재한 대한민국 공관 ※ 단, 신청인이 해외에 주재하며 사업체 등을 운영(영주권 소지 등 장기거주자 포함)하고 있을 경우에는 주재하고 있는 국가 소재 재외공관에서 신청 가능	① 사증발급신청서 (별지 제17호 서식), 여권, 표준규격사진 1매, 수수료 ② 법인등기사항전부증명서 및 사업자등록증 사본 ③ 학위증명서 사본 또는 관계 중앙행정기관의 장의 추천서 ④ 점수제 해당 항목(및 점수) 입증 서류 – 지식재산권 보유(등록)자는 특허증·실용신안등록증·디자인등록증 사본 ☞ 지식재산권 보유 검색은 특허청의 '특허정보넷 키프리스'(www.kipris.or.kr/ khome/main.jsp) 활용 – 특허 등 출원자는 특허청장 발행 출원사실증명서 – 법무부장관이 지정한 '글로벌창업이민센터'의 장이 발급한 창업이민 종합지원시스템(OASIS) 해당 항목 이수(수료, 졸업) 증서, 입상확인서, 선정공문 등 입증서류 – 기타 점수제 해당 항목 등 입증서류

2) D-9(무역경업)

D-9(무역경업) 비자의 대상자는 아래와 같다.

가) 회사 경영, 무역, 영리사업

대외무역법령 및 대외무역관리규정에 의하여 한국무역협회장으로부터 무역거래자별 무역업 고유번호를 부여받은 무역거래자이다.

나) 수출설비(기계)의 설치·운영·보수

산업설비(기계) 도입회사에 파견 또는 초청되어 그 장비의 설치·운영·보수(정비)에 필요한 기술을 제공하는 자이다.

다) 선박건조, 설비제작 감독

선박건조 및 산업설비 제작의 감독을 위하여 파견되는 자(발주자 또는 발주사가 지정하는 전 문용역 제공회사에서 파견되는 자이다.

라) 회사경영, 영리사업

대한민국에 회사를 설립하여 사업을 경영하거나 영리활동을 하는 자이다/

(나) 첨부서류(D-9)

	대상자	필요서류
D-9	수출설비(기계)의 설치·운영·보수 수출설비(기계)의 설치 및 운영 보수 산업설비(기계) 도입회사에 파견 또는 초청되어 그 장비의 설치·운영·보수(정비)에 필요한 기술을 제공하는 자	o 설비도입계약서 또는 산업설비도입 입증서류 o 파견명령서 o 초청회사의 사업자등록증 사본 또는 법인등기사항전부증명서 o 연간 납세사실증명서
	선박건조, 설비제작 감독 선박건조, 설비제작 감독 선박건조 및 산업설비 제작의 감독을 위하여 파견되는 자(발주자 또는 발주자가 지정하는 전문용역 제공회사에서 파견되는 자)	o 수주계약서 사본 o 파견명령서 o 초청회사의 사업자등록증 사본 또는 법인등기사항전부증명서 o 연간 납세사실증명서

| | 외국인 개인사업자
가. 「외국환거래법」및「외국환거
래규정」*에 따라 3억원 이상
의 외자를 도입한 후「부가가
치세법」**에 의한 사업자등
록을 필한 자로 국내에서 회
사를 경영하거나 영리사업을
하고자 하는 자
「외국인투자촉진법」에 따라
외국인투자신고 후 투자기업
등록증을 발급받은 자본금 3
억원 이상의 개인사업자

나. 신청기관
　　o 원칙적으로 신청자의
　　본국에 소재한 대한민국 공
　　관 | o 사업자등록증 사본, 영업허가증 사본 (해당자), 투자기업등록
　증 (소지자)
o 공동사업약정서 원본 및 사본 (해당자)
※ 총 자본금, 지분 및 수익금 분배방법 등이 포함되어 있어야 함
o 사업자금 도입관련 입증서류
* 송금확인증, 외국환 매입증명서, 세관신고서, 해당국세관 반
　출신고서 등
o 자본금 사용내역 입증서류
* 물품구매 영수증, 사무실 인테리어 비용, 국내은행 계좌 입출
　금 내역서 등
o 영업실적 입증서류
* 수출입면장, 부가세예정 또는 확정 신고서 등
※ 사증신청 전 단기사증 (C-3-4)등을 소지하고 영업행위를 한
　경우에만 해당
o 사업장 존재 입증서류
* 임대차계약서, 사업장·사무공간·간판 사진 등 자료
o 국민고용예정서약서(해당자) |
| 공통서류
(사증발급인증서) | o 사증발급신청서
o 여권(잔여 유효기간 : 신청일로부터 6개월 이상)
o 사진 1장(컬러, 3.5x4.5cm, 배경 흰색, 6개월 이내 촬영)
o 수수료
o 여권 사진면 사본 1장 |

(2) D-4, D-2 유학생이 D-8, D-9 자격취득 후 F-5 영주자격 취득절차

> D-4(일반연수), D-2(유학), D-10(구직) ▶ E-7(특정활동), F-6(결혼이민), D-8(투자),
> D-9(무역경영) 등으로 변경 가능하다.

(가) 1단계 (유학·연수 → 기술창업·무역경영)

1) D-8, 기술창업

가) 대상

점수제 기술창업비자(D-8-4) 대상자는 국내에서 전문학사 이상의 학위를 취득한 사람으로
지식재산권을 보유하거나 이에 준하는 기술력 등을 가진 사람 또는 국외에서 학사이상의 학
위를 취득한 사람으로 지식재산권을 보유하거나 이에 준하는 기술력 등을 가진 사람 그리고

관계 중앙행정기관의 장이 추천한 사람으로 사람으로서 점수제 등 요건을 충족하거나, K-startup 그랜드챌린지 참여자로서 요건이 충족된 사람 등이 그 대상이며, 사회통합프로그램 3단계 이상 이수자의 경우 점수제 가점이 부여된다.

참고로, 기술창업비자(D-8-4) 소지자가 영주(F-5)자격을 신청하려면 ⅰ) 영주자격 신청일을 기준으로 기술창업(D-8-4) 자격으로 3년 이상 국내에 계속해서 체류하여야 하고, ⅱ) 국내외 투자자로부터 3억 원 이상의 투자금을 유치하였거나, 이에 준하는 자본금을 확보하여야 하며,[33] 마지막으로 ⅲ) 영주자격 신청일 이전 2명 이상의 국민을 6개월 이상 정규직으로 계속해서 고용해야 한다는 등의 요건을 모두 갖추어야 한다.

나) 점수제 요건

아래 표상의 ①은 지식재산권 소양 기초교육(OASIS-1) 수료자, ②는 지식재산권 소양 심화교육(OASIS-2) 수료자, ③은 창업 소양교육(OASIS-4) 수료자, ④는 창업 코칭 및 멘토링(OASIS-5) 수료자, ⑤는 발명·창업대전(OASIS-6)에서 1~3위 입상자, ⑥은 창업인큐베이터(OASIS-7) 졸업자, ⑦은 법무부장관이 인정하는 정부지원 사업에 선정된 외국인의 창업 아이템 (OASIS-9)을 말한다.

[점수제 기술창업비자(D-8-4) 발급요건 및 점수항목]

□ 국내 전문학사(국외 학사학위) 이상 소지자 또는 관계 중앙행기관의 장이 추천한 사람 + 법인설립 + 총368점 중 80점 이상 득점자 (1개 이상 필수항목 포함)

□ 필수항목 및 점수(233점) : 1개 이상 필수

구분	지식재산권 보유(등록)		지식재산권 출원		보유(등록) 완료된 지식재산권의 공동 발명자		연구 (E3) 자격으로 3년 체류	⑤ ⑦
	특허 또는 실용신안	디자인	특허 또는 실용신안	디자인	특허 또는 실용신안	디자인		
배점	80점	50점	20점	10점	5점	3점	15점	각 25점

---

33) 만일, 유치한 투자금과 해당 법인의 자본금의 합계가 3억원 이상인 경우에도 인정한다.

□ 선택항목 및 점수(135점)

구분	②.③	①.④.⑥	자본금 1억 이상	학 력		토픽 3급 이상 또는 사회통합 프로그램 이수
				국내외 대학 박사학위	국내 대학 학사 또는 석사학위	
배점	각 25점	각 15점	15점	10점	5점	10점

□ 국내 전문학사(국외 학사학위) 이상 소지자 또는 관계 중앙행기관의 장이 추천한 사람 + 법인설립 + 총368점 중 80점 이상 득점자 (1개 이상 필수항목 포함)

□ 필수항목 및 점수(233점) : 1개 이상 필수

구분	지식재산권 보유(등록)		지식재산권 출원		보유(등록) 완료된 지식재산권의 공동 발명자		연구(E3) 자격으로 3년 체류	⑤⑦
	특허 또는 실용신안	디자인	특허 또는 실용신안	디자인	특허 또는 실용신안	디자인		
배점	80점	50점	20점	10점	5점	3점	15점	각 25점

□ 선택항목 및 점수(135점)

구분	②.③	①.④.⑥	자본금 1억 이상	학 력		토픽 3급 이상 또는 사회통합 프로그램 이수
				국내외 대학 박사학위	국내 대학 학사 또는 석사학위	
배점	각 25점	각 15점	15점	10점	5점	10점

2) D-9. 무역고유거래

구분	내용
D-9-1(무역고유거래)	한국무역협회장으로부터 무역거래자별 무역업 고유번호를 부여받은 무역거래자
D-9-2(수출설비)	산업설비(기계) 도입회사에 파견 또는 초청되어 그 장비의 설치 · 운영 · 보수(정비)에 필요한 기술을 제공하는 자
D-9-3(선박설비)	선박건조 및 산업설비 제작의 감독을 위하여 파견되는 자
D-9-4(경영영리사업)	대한민국에 회사를 설립하여 사업을 경영하거나 영리활동을 하는 자
D-9-5(유학무역경영)	국내대학에서 석사이상 학위 취득자로 대한민국에서 회사를 설립하여 경영하거나 영리활동을 하는 자

가) 대상

한국어 토픽 3단계 및 무역비자 점수제의 총160점 중 60점 이상 득점자로서, 필수항목 점수가 10점 이상인 자로서, 신청자 본인 명의로 무역업에 대한 사업자등록을 완료하였으며, 신청일 기준 3년 이내에 출입국관리법을 위반한 사실이 없을 것[34] 등의 요건을 충족한 자가 그 대상이다. 다만, 사회통합프로그램 3단계 이상 이수자의 경우 점수제 가산점이 부여된다.

이는 우수한 외국 무역인의 국내 체류편의를 확대하기 위해 무역의 전문성, 국내 체류경험 등을 점수화 하여 무역비자 취득 요건을 다양화 하고, 국민고용 및 무역실적 등에 따라 연장 기준을 차등화한 제도이다.

나) 점수제 등 요건

신청자는 기본적으로 한국어 토픽 3단계 및 아래 표상 무역비자 점수제의 총160점 중 60점 이상 득점자로서, 필수항목 점수가 10점 이상을 득하여야 한다.

---

34) 신청일 기준 3년 이내에 출입국관리법을 위반한 사실이 있는 경우(200만 원 미만의 과태료 또는 범칙금 처분을 받고 이행한 자는 제외) 및 밀입국 또는 위변조여권을 행사한 사실이 있는 경우, 입국금지 사유에 해당하거나 대한민국의 안전보장과 질서유지, 공공복리, 기타 대한민국의 이익을 해할 우려가 있는 경우, 허위서류를 제출한 경우에는 점수제 무역비자(D-9-1)를 신청할 수 없다.

[점수제 무역비자(D-9-1) 발급요건 및 점수항목]

□ 점수요건 : 총 160점 중 60점 이상 득점자로 필수항목 점수가 10점 이상인 자,
　동일 체류자격을 소지한 외국인과 공동대표인 경우 1/n 점수 적용

□ 필수항목 : 최대 65점
● 무역실적 (신청일 기준 최근 2년간 연평균 실적) : 최대 30점

구 분	수출 실적		무역 실적 (수출+수입)	
	30만불 이상	10만불 이상	50만불 이상	30만불 이상
배 점	30점	20점	15점	10점

※ 항목간 중복 산정 불가(가장 높은 점수 하나만 산정 가능)
● 무역분야 전문성 : 최대 35점

구 분	무역관련 분야 경력 Ⓐ	무역관련 분야 전공 Ⓑ	무역 전문교육 이수 Ⓒ
배 점	20점	15점	10점

※ Ⓐ는 국내외 공·사 기관에서 무역관련 분야 정규직 근무경력 2년 이상자
　Ⓑ는 국내외 대학에서 무역관련 분야 전공으로 학사학위 이상 취득자
　Ⓒ는 법무부장관이 인정하는 기관 및 과정 이수자
　Ⓐ해당자에 한해 Ⓑ 또는 Ⓒ 중 1개만 중복 허용

□ 선택항목 : 최대 95점
● 국내 체류기간(신청일 기준) : 최대 20점

구 분	외국인등록 후 계속해서 국내 체류			외국인등록 없이 최근 2년간 200일 이상 체류
	5년 이상	3년 이상	1년 이상	
배 점	20점	15점	10점	5점

● 학력 : 최대 20점

구 분	박사	석사	학사	전문학사
배 점	20점	15점	10점	5점

● 가점 : 최대 55점

구 분	국내유학 경험 Ⓐ	자본금 1억 이상 Ⓑ	토픽 3급↑ 또는 KIIP 이수
배 점	30점	15점	10점

※ Ⓐ는 국내 대학에서 2년 이상 유학하고 전문학사 학위 이상을 취득한 경우임
　Ⓑ는 무역업 운영관련 본인 소유 자본금에 한함(융자금 등은 제외)
　· 항목 간 중복 허용

3) D-9-5, 유학무역경영

가) 대상

국내 대학에서 석사 이상의 학위를 취득(예정자 포함)한 유학(D-2) 및 구직(D-10) 자격자로서 1억 원 이상을 투자한 후 「부가가치세법」에 의한 사업자등록을 마치고 국내에서 회사를 경영하거나 영리사업을 하고자 하는 자가 그 대상이다.

나) 요건

위 1억원의 투자금 중 최대 5,000만원까지는 국내에서 조성된 자금을 인정하나, 나머지 자금은 반드시 「외국환거래법」 및 「외국환거래규정」에 따른 외자이어야 한다. 다만, 국내 대학에서 학사 학위 취득자(예정자 포함)로서 '창업이민종합지원시스템(OASIS-1부터 8)'에서 총 40점 이상의 학점을 취득한 경우는 예외로 한다.

(나) 2단계 (D-8 : 기술창업 · D-9 : 무역경영 → F-2 : 거주)

F-2(거주)비자 체류자격 취득에 관한 자세한 내용은 전설한 '3. 유학생 취업 후 영주자격 취득 요건 가. 유학생의 취업 후 영주자격 취득 중 (2) 2단계 : 전문인력 취업 후 F-2(거주)비자로 체류자격 변경 '란을 참조하기 바라며, 기술창업이나 무역경영 비자를 받은 후 거주비자로 체류자격의 변경을 위해서는 기본적으로 아래의 요건을 충족하여야 한다.

F-2, 점수제 우수인재의 경우에는 상장법인 종사자, 유망산업분야 종사자, 전문직 종사자, 유학인재, 잠재적 우수인재 중 하나에 해당하고 점수제 요건 충족하여야 하며, 사회통합프로그램 이수 단계에 따라 점수 차등 부여되는데, 5단계 이상 이수자의 경우 점수제 가점이 부여된다.

그 외 F-2, 장기체류자의 경우에는 D-8(기술창업) 및 D-9(무역경영) 체류자격으로 5년 이상 국내 체류한 자로 품행 요건, 생계유지 능력 요건 등 모든 요건을 충족하여야 하며, 기본소양 요건 충족을 위해서는 사회통합프로그램 4단계 이상 이수하거나 사전평가 81점 이상 취득할 것을 요한다.

(다) 3단계 (F-2 : 거주 → F-5 : 영주)

F-5(영주)비자 체류자격 취득에 관한 자세한 내용은 전설한'3. 유학생 취업 후 영주자격 취득 요건 가. 유학생의 취업 후 영주자격 취득 중 (3) 3단계 : F-2(거주)비자에서 F-5(영

주)비자로 체류자격 변경'란을 참조하기 하기 바라며, 거주비자에서 영주비자로의 체류자격을 변경하기 위해서는 아래의 대상에 해당하고, 영주 공통요건(품행 단정, 생계유지능력, 기본소양 요건) 및 세부자격별 요건을 충족하여야 한다.

F-5, 일반영주의 경우에는 D-7(주재), D-8(기업투자), D-9(무역경영), D-10(구직), E-1(교수), E-2(회화지도), E-3(연구), E-4(기술지도), E-5(전문직업), E-6(예술흥행), E-7(특정활동) 체류자격이나 F-2(거주) 체류자격으로 5년 이상 국내에 체류할 것을 요하며, F-5, 점수제 영주자의 경우에는 점수제 거주(F-2) 자격으로 3년 이상 국내에 체류할 것을 요하고, F-5, 기술창업 투자자의 경우에는 기술창업(D-8) 자격으로 3년 이상 국내 체류하고 있는 자로 3억원 이상 투자금을 유치하고 2명 이상의 국민을 고용할 것을 요건으로 한다.

한편, 일반영주, 점수제 영주자의 경우에는 사회통합프로그램 5단계 이상 이수할 경우 기본소양 요건 충족될 것을 요하지만, 기술창업 투자자의 경우에는 기본소양 요건(사회통합프로그램 등) 면제될 뿐만 아니라 요건 충족 시 기술창업에서 영주자격으로 바로가기도 가능하다.

3. D-4, D-2 유학생의 취업가능 범위

가. 기본원칙 및 허가절차

유학생의 유학경비는 국외 조달이 원칙이다. 따라서 영리, 취업 활동은 원칙적으로 금지된다. 다만, 사전에 소속 대학의 확인 및 관할 출입국관서의 허가를 받은 경우, 통상적으로 대학생이 행하는 아르바이트 수준의 시간제 취업(단순노무 등) 활동에 한정하여 허용된다.

【시간제취업 허가 절차】

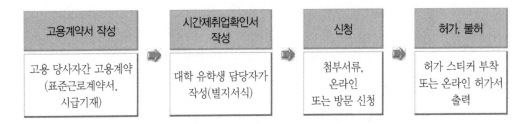

나. 대상자

시간제취업 허가 대상자는 어학연수(D-4)자격 및 방문학생(D-2)자격 변경일·입국일로부터 6개월 경과된 자, 유학(D-2) 체류자격자 중 일부이다.

(1) 원칙

(가) 유학(D-2-1~4, D-2-6~8)

1) 체류기간 및 성적 기준

방문학생(D-2-8)은 체류자격 변경일(사증 소지자는 입국일)로부터 6개월이 경과하여야 하며, 신청일 기준 직전학기 평균 성적이 C학점(2.0)이상이어야 한다. 단, 입학 후 최초 1학기 수강 중인 자로 성적표가 미발급된 경우는 제외한다.

2) 한국어 능력 기준

구 분	한국어능력시험 (TOPIK)	사회통합프로그램 (KIIP)	세종학당 한국어과정
전문학사, 학사 1~2년	3급 이상	3단계 이상 이수 또는 사전평가 61점 이상	중급1 과정 이상
학사 3~4년, 석·박사	4급 이상	4단계 이상 이수 또는 사전평가 81점 이상	중급2 과정 이상

(나) 어학연수(D-4-1·7)

어학연수의 경우에는 다음 요건을 모두 갖추어야 한다.

1) 체류기간 및 출석기준

체류자격 변경일(사증 소지자는 입국일)로부터 6개월이 경과하여야 하며, 출석률이 전체 이수학기 평균 90% 이상이어야 한다.

2) 한국어 능력 기준

구 분	한국어능력시험 (TOPIK)	사회통합프로그램 (KIIP)	세종학당 한국어과정
어학연수	2급 이상	2단계 이상 이수 또는 사전평가 41점 이상	초급2 과정 이상

다. 허용범위

(1) 허용범위

통상적으로 학생이 행하는 아르바이트 수준의 단순노무 등 활동에 한정하며, 전문분야는 제외하고.[35] 최근 이수학기 기준 출석률, 평균학점, 체류실태 등을 통해 학업과 취업의 병행을 허가하는 것이 타당한 범위 내에서 허용된다.

(2) 예외적 허용

○ 한국어능력시험(TOPIK) 4급 이상 또는 사회통합프로그램 4단계 이상 이수하거나 사전평가 81점 이상 취득, 세종학당 중급2과정 이상 이수한 경우 제조업 분야 시간제 취업활동을 예외적으로 허용

○ 사업자등록증 상 업종에 제조업, 건설업 등 제한업종과 그 외 업종이 병기된 복합 업종이면, 대학이 제출하는 '시간제 취업 확인서(붙임4-1)' 상 기재된 업종이 제한업종이 아닌 경우 허용

○ 미성년 학생 대상 외국어 교육 유관 시설에서 시간제 취업활동은 제한되나, 영어키즈카페, 영어캠프에서 안전보조원, 놀이보조원 등의 활동을 하려는 사람이 공적 확인을 받은 자국정부 발급 범죄경력증명서 및 법무부장관 지정 의료기관발행 채용신체검사서(마약검사 결과 포함)를 제출하는 경우 허용

> 【주의】 단, 회화지도(E-2) 활동에 대한 시간제 취업은 허용하지 않으며(요건을 갖추어 체류자격외 활동허가를 받은 경우만 가능), 최초 위반이라 하더라도 완화* 없이 원칙대로 처벌
> * "아. 시간제 취업허가 위반자 처리기준"의 1차 적발 시 완화규정 배제

○ 시간제 또는 전일제 계절근로 활동
　※ 세부 허가내용은 「외국인 계절근로자 프로그램 기본계획」 참조

○ 전문분야(E-1~E-7, E-6-2 제외) 시간제 취업활동 허용 예외
　① 전문분야(E-1~E-7, E-6-2 제외)의 보조적인 활동*
　　* (예시) 통역·번역 보조, 조리사 보조, 일반 사무보조, 관광안내 보조, 면세점 판매 보조 등
　② 일-학습연계 유학생의 전문분야(E-1~E-7) 인턴 활동
　－ (내용) 대학 외부기관 및 기업체에서의 전문분야(E-1~E-7) 인턴*활동 허용
　　* 소정의 연수 수당을 받고 전문분야(E-1~E-7) 허용 분야에서 연수·수습 등 인턴사원 형태로

---

35) * 전문분야에 대한 예외적 허용 : 통·번역, 음식업 보조, 일반 사무보조, 관광안내 보조 및 면세점 판매 보조 등 사업자등록증 상 업종이 제조업, 건설업인 경우 허가가 제한되나, 제조업의 경우 토픽 4급 이상 소지한 경우 예외적 허용

근무하기로 계약을 체결한 경우를 의미, 학점 취득한 무관한 경우라도 시간제 취업 허용
- (허용범위) 재학기간 중 1회 최대 6개월, 방학 중 횟수 제한없음
③ 방학 기간 중 학위과정 유학생의 전문분야(E-1~E-7) 인턴 활동
- (대상) 학위과정 유학생(D-2)
  ※ 단, 연구유학(D-2-5)는 제외
- (내용) 방학 기간에 한하여 대학 외부기관 및 기업체에서의 전문분야(E-1~E-7) 인턴*활동 허용
  * 소정의 연수 수당을 받고 전문분야(E-1~E-7) 허용 분야에서 연수·수습 등 인턴사원 형태로
  근무하기로 계약을 체결한 경우를 의미, 학점 취득한 무관한 경우라도 시간제 취업 허용

(3) 시간제취업 제한 업종

[시간제 취업 제한]
○ 선량한 풍속이나 그 밖의 사회질서에 반하는 행위(시행규칙 제27조의2 제2항)에 해당하는 활동
【풍속영업의 규제에 관한 법률 2조 및 시행령 2조의 영업장 예시】

1. 「게임산업진흥에 관한 법률」 제2조제6호에 따른 게임 제공업 및 같은 법 제2조제8호에
   따른 복합유통게임제공업
2. 「영화 및 비디오물의 진흥에 관한 법률」 제2조제16호 가목에 따른 비디오물 감상실업
3. 「음악산업진흥에 관한 법률」 제2조제13호에 따른 노래연습장업
4. 「공중위생관리법」 제2조제1항제2호부터 제4호까지의 규정에 따른 숙박업, 목욕장업(沐浴場
   業), 이용업(理容業) 중 대통령령으로 정하는 것
5. 「식품위생법」 제36조제1항제3호에 따른 단란주점영업 및 유흥주점영업
6. 「체육시설의 설치·이용에 관한 법률」 제10조제1항제2호에 따른 무도학원업 및 무도장업
7. 그 밖에 선량한 풍속을 해치거나 청소년의 건전한 성장을 저해할 우려가 있는 영업으로
   대통령령으로 정하는 것

○ 과거 불법고용 등 처벌 경력으로 사증발급이 제한되는 업체 및 고용주 사업장에서의 활동
○ 전문 분야(E-1~E-7) 활동범위
○ 비전문취업(E-9) 및 선원취업(E-10) 업종*
  * (예시) 제조업, 건설업, 20톤 이상의 어선원 등
○ 미성년 학생 대상 외국어 교육 유관 시설*에서의 활동
  * 영어키즈카페, 영어캠프, 외국어회화학원 등
○ 택배기사, 배달대행업체 라이더, 대리기사, 보험설계사, 학습지 교사, 방문판매원 등 특수형태근
  로종사자의 활동

○ 파견, 도급, 알선* 관계에 따른 취업활동

　*　단, 지역적 특성 등을 고려하여 법무부장관이 별도로 정하는 지역 대학이 산학연계 방식으로
　　유학생의 인턴활동을 알선하는 경우는 제외

○ 원거리 근무

라. 원칙적 허용시간

(1) 어학연수

어학연수의 경우 시간제취업 허용시간은 주중 20시간 이내이며, 이는 학기 중 주말·공휴일 및 방학 기간을 모두 포함하여 주당 20시간 이내이다.

(2) 전문학사, 학사

전문학사, 학사의 경우 시간제취업 허용시간은 주중 25시간 이내이다.

(3) 석사, 박사

석사, 박사의 경우 시간제취업 허용시간은 주중 25시간 이내이다.

다만, 시간제 취업허가 한국어능력 기준*을 충족한 사람으로서 인증대학 재학생이거나, 성적 우수자(직전 학기 성적 평균 A학점 이상인 사람) 또는 한국어능력 우수자[한국어능력시험(TOPIK) 5급 이상 또는 사회통합프로그램 5단계 이수하거나 종합평가 합격한 사람]인 경우 주중 5시간 추가 허용(주중 허용시간 우대)되며, 시간제 취업허가 한국어능력 기준을 충족한 학위과정(D-2) 유학생은 학기 중 주말·공휴일 및 방학 기간 동안 허용시간의 제한 없이 시간제 취업활동 가능하다(주말 · 공휴일 · 방학기간 우대)

마. 체류자격외 활동

전문 분야(E-1 ~ E-7 체류자격의 활동 범위 등)의 활동을 하려는 경우 요건을 갖추어 사전에 체류자격외 활동 허가를 받아야 한다.

(1) 일반적인 체류자격외 활동허가

(가) 외국인 유학생의 체류자격외 활동허가

1) 기본원칙

체류자격별 개별 지침에서 정하는 바에 따라 외국인 유학생의 체류자격외 활동이 가능한 경우 허용된다.

2) 과학·기술연구 분야 학생연구원으로의 체류자격외 활동허가 특례

가) 허가대상

석사 또는 박사과정에 재학 중이거나 수료한 학생으로서 소속대학 이외의 '정부출연 연구기관'에서 '학생연구원'으로 고용계약을 맺고 근무하려는 사람이며, 고용계약서, 연구원의 사업자등록증 사본 등이 필요하다.

나) 유학활동 희망자에 대한 특례

① 유학(D-2) 활동 희망자

㉮ 기본원칙

아래 체류자격 소지자의 경우 본래의 체류목적을 침해하지 않는 범위 내에서 유학 활동을 하고자 하는 때에는 체류기간 범위 내에서 별도의 허가 절차 불요하다.

㉯ 대상 체류자격

– 단기 체류자로 사증면제(B-1) 협정국가 국민의 방문학생(D-2-8) 및 어학연수(D-4-1·7)

– 등록외국인 중 외교(A-1) 내지 협정(A-3), 문화예술(D-1), 일반연수(D-4-2), 취재(D-5) 내지 무역경영(D-9), 교수(E-1) 내지 특정활동(E-7), 비전문취업(E-9), 선원취업(E-10), 방문동거(F-1) 내지 결혼이민(F-6), 난민신청자(G-1-5), 인도적 체류허가(G-1-6), 방문취업(H-2)자격 소지자(단, 체류자격 별 지침에 특히 유학활동을 제한하는 경우는 제외)

  다만, 비전문취업(E-9), 선원취업(E-10), 난민신청자(G-1-5)의 경우 별도의 허가 없이 유학 활동이 가능하나, 현 체류기간 종료 후 유학활동을 사유로 유학(D-2)자격으로의 체류자격 변경은 불가, 출국 후 사증(사증발급인정서) 발급 받아 입국 가능

– 관광취업(H-1) 자격 소지자는 협정상 제한이 없는 국가의 경우 별도 허가 없이 연수 및 유학 활동 가능

  딘, 호주, 대만, 아일랜드, 덴마크, 캐나다, 홍콩 국민은 협정상 허용 범위 내에서만 별도 허가 없이 연수 가능하며, 협정 상 허용 범위를 넘어서는 활동의 경우 허가 필요

(2) 어학연수(D-4) 활동 희망자

국내체류 중인 외국인이 어학연수를 하고자 하는 때에는 체류기간 범위 내에서는 별도의 허가 절차 불요하며, 그 대상은 국내 합법체류 중인 외국인(장단기 불문)이다.

4. D-4, D-2 유학생의 동반 가족 초청

가. F-3, 동반

국내 대학의 학사과정 이상에서 6개월 이상 유학자격(D-2)으로 체류 중인 자는 배우자 및 미성년 자녀를 F-3(동반) 자격으로 초청 가능하다.

다만, 체류기간 2년 이내인 일부 유학(D-2) 및 연수(D-4) 자격자는 인도적 사유가 없는 한 배우자 및 자녀 초청 제한되고, 불법체류다발국가 및 중점관리국가 국민의 경우 재외공관에 사증을 신청하여야 하며, 일반 국가의 경우 국내에서 체류자격의 변경이 허용된다.

[유학생 가족초청 사례]

▶ 저는 D-2로 석사 과정 중입니다. 부모님을 장기체류 비자로 초청 가능한가요?

국내 대학의 석·박사과정에서 6개월 이상 유학하며 체류 중인 자로 충분한 재정 능력 및 주거시설을 확보하고 동반에 필요한 사유를 소명하는 경우 부모님을 방문동거(F-1) 자격으로 초청할 수 있습니다

나. F-1, 우수인재 · 투자자 및 유학생 부모

국내 대학의 석 · 박사과정에서 6개월 이상 유학하며 체류 중인 자는 부모(배우자의 부모 포함)를 F-1 자격으로 초청 가능 (단, 체류경비 요건 입증하여야 함)하다. 다만, 해당 자격의 경우, 원칙적으로 국내 체류자격 변경이 불가하며 사증발급인정서 신청 대상이다.

우수인재, 투자자 및 유학생 부모(F-1-15)	가. 초청자 요건 ◉ (우수인재) 취재(D-5), 주재(D-7), 기업투자(D-8), 무역경영(D-9), 교수(E-1) ~ 특정활동(E-7) 자격자로서, 연간 소득이 전년도 GNI 2배 이상인 자 – 해당 자격의 활동범위를 유지하며 다른 체류자격(F-2, F-5 등)으로 변경한 경우도 포함 ◉ (투자자) 외국인투자촉진법, 외국환거래법, 투자이민제 등에 따라 국내에 3억원 이상을 투자한 후 외국인등록을 하고 계속해서 6개월 이상 국내 체류 중인 자 ◉ (유학생) 국내 대학의 석·박사과정에서 6개월 이상 유학하며 체류 중인 자 – 단, 피초청자 포함 초청자 동반가족이 3명 이상인 경우, 학비 외에 전년도 GNI

50% 이상에 해당하는 연간 체류경비를 국내에 보유하고 있음을 입증

나. 피초청자 요건

● (대상) 초청자 또는 그 배우자의 부모

● (허용 인원) 최대 2명 이내 동시 체류 허용

다. F-1, 미성년 유학생 부모

자비 부담 고등학교 이하 외국인 유학생(D-4)에 한정하여 동반 부모를 F-1 자격으로 초청 가능하다. 다만, 유학생이 불법체류다발국가 출신일 경우 재정능력 갖춘 경우로 한정된다.

외국인 유학생(고등학교 이하) 동반 부모(F-1-13)	가. 해당자 ● 해당 교육기관*에서 입학허가를 받고 입학 예정이거나 재학 중인 자비 부담 외국인유학생의 2촌 이내의 친인척으로서 재정요건 등 일정 요건을 갖춘 자로서 외국인유학생 1명당 1명 허용** *「초중등교육법」제2조 제1호~3호에 따른 초등학교, 중학교, 고등학교(공민학교, 고등공민학교, 방송통신중·고등학교, 고등기술학교는 제외), 제5호 각종학교 중 외국인학교 및 ***대안학교),「경제자유구역 및 제주국제자유도시 외국교육기관 설립·운영에 관한 특별법」제2조 제2호에 따른 외국교육기관(단 초중등교육법 제10조의1, 제12조 또는 의무(무상) 교육기관은 제외 ** 정부기관, 법인 등 단체의 초청 장학생은 원칙적으로 동반 부모 사증 대상이 아님 *** 학비가 연간 500만원 이상이며, 교육감 설립 인가를 받은 학력 인정 기관만 해당 – 체재비(1년간 생활비) · 1년 간 생활비: 1외국인 유학생의 연락 생활비 기준액의 2배 상당 금액(1인 기준) – 일정 수준 이상의 재정능력을 보휴하고 있을 것(21개 국가 국민) – 연간 소득이 전년도 GNI 이상이거나, 자산이 국민기초생활보장법에 따른 중위 수준 이상일 것 – 재정요건(21개 국가 국민) *〈21개 국가〉: 중국, 필리핀, 인도네시아, 방글라데시, 베트남, 몽골, 태국, 파키스탄, 스리랑카, 인도, 미얀마, 네팔, 이란, 우즈베키스탄, 카자흐스탄, 키르기즈스탄, 우크라이나, 나이지리아, 가나, 이집트, 페루 ** 재정요건은 연간 소득이나 소유 자산 요건 중 택일 가능하며, 부부의 소득이나 자산은 합산 가능 – 기타 요건 · 최근 5년 이내 출입국관리법 위반 등 범법사실로 200만원 이상의 벌금형 또는 통고처분을 받거나, 강제퇴거 또는 출국명령 처분을 받은 사실이 있는 자는 사증(사증발급인정서)발급 제한

제2장 D-7(주재), D-8(투자), D-9(무역경영) 자격에서 F-5(영주) 체류자격 취득

1. D-7(주재), D-8(투자), D-9(무역경영)비자의 내용

가. D-7(주재)

체류자격	세부 대상
D-7(주재)	• 외국기업 국내지사 등에서 주재하는 자 • 해외진출기업 근무 외국인력이 국내 본사에 주재하는 자

D-7(주재)비자란 한국에 본사를 법인이 해외 현지법인 또는 지점에 근무한 직원이나 외국기업들이 한국진출을 위해 자본을 투입하여 한국에 지사나 지점을 설치하거나 영업활동을 위한 시장조사 등을 하기 위한 목으로 연락사무소를 설치하여 주재원 자격으로 직원을 파견하고자 할 때 받는 비자이다.

(1) 활동범위 및 대상

(가) 외국기업 국내지사 등에서 주재활동

외국의 공공기관, 단체 또는 회사의 본사, 지사, 기타 사업소 등에서 1년 이상 근무한 자로서, 대한민국에 있는 그 계열회사, 자회사, 지점 또는 사무소 등에 필수전문인력으로 파견되어 근무하는 자. 다만, 기업투자(D-8)자격에 해당하는 자는 제외하며, ⅰ) 국가기간산업 또는 국책사업에 종사하려는 경우, ⅱ) '영업자금도입실적'이 미화 50만 불 이상인 외국기업의 국내지사 등에 파견되는 필수전문인력'의 경우에는 1년 이상의 근무요건을 적용하지 아니한다.

(나) 해외진출 기업 근무 외국인력 국내 본사 주재활동

상장법인 또는 공공기관이 설립한 해외 현지법인이나 해외지점에서 1년 이상 근무한 자로서 대한민국에 있는 그 본사나 본점에 파견되어 전문 적인 지식·기술 또는 기능을 제공하거나 전수받으려는 자. 다만, 상장법인의 해외 현지법인이나 해외지점 중 본사의 투자금액 또는 영업기금이 미화 50만 달러 미만인 경우는 제외하며, 국가기간사업 또는 국책사업에 종사하려는 경우 그 밖에 법무부장관이 필요하다고 인정하는 경우에는 1년 이상의 근무요건을 적용하지 아니한다.

(2) 첨부서류

체류자격	첨부서류
D-7-1 외국법인 국내에 주재원 파견	– 사증발급인정신청서, 여권, 표준규격 1진 1매 – 초청사유서 – 필수전문인력36)임을 입증하는 서류(이력서, 경력증명서 등) – 외국 소재 회사 등 재직증명서 – 국내지점 등 설치 입증서류(지사나 연락사무소 설치허가서 사본 또는 신고수리서 사본) – 지사 도는 연락사무소가 정상 운영되고 있음을 입증하는 서류
D-7-1 한국법인이 해외에 있는 직원을 본사로 파견	– 사증발급인정신청서, 여권, 표준규격 1진 1매 – 초청사유서 – 필수전문인력임을 입증하는 서류(이력서, 경력증명서 등) – 본사의 등기사항전문증명서 – 해외직접투자신고수리서 또는 해외지점설치신고수리서 – 해외송금확인 입증서류 – 해외지사의 법인등기사항전부증명서 또는 사업자등록증 – 본사의 납세사실증명 – 인사명령서(파견명령서) : 파견기간 명기된 명령서일 것
▶ 위의 기본서류는 상황에 따라 추가 보완될 수 있음	

나. D-8(투자)

체류자격	세부 대상
D-8(투자)	• 대한민국 법인에 투자한 자 • 벤처기업을 설립한 자 또는 예비하는 자 • 대한민국 국민이 경영하는 기업에 투자한 자 • 학사 이상(국내 전문학사 이상)의 학위 소지자로서 기술창업자

---

36) 필수전문인력이란, 조직 내에서 조직관리를 1차적으로 지휘하며 의사결정에 광범위한 권한을 행사하는 그 기업의 최고위 임원으로서 이사회, 주주로부터 일반적인 지휘나 감독만을 받는 자 및 기업 또는 부서단위 조직의 목표와 정책의 수립 및 시행에 책임을 지고 계획, 지휘, 감독에 관한 권한과 직원에 대한 고용 및 해고권 또는 이에 관한 추진권을 가지고 다른 감독직, 전문직, 관리직 종사자의 업무를 결정 감독 통제하거나 일상 업무에 재량권을 행사하는 자를 지칭한다.

(1) 활동범위 및 대상

(가) D-8-1

1) 대상

대한민국 기업에 투자를 하고자 하는 외국인은 기업투자비자인 D-8비자를 발급받아야 하며, 그 대상은 외국인투자촉진법의 규정에 의한 「외국인 투자기업에서의 주재활동」 해당자이다. 단, 쿠바는 제외한다.

2) 기본요건

투자 대상이 대한민국 법인(설립 중인 법인 포함) 이어야 하고, 투자금액이 1억원 이상으로, 투자한 법인의 의결권 있는 주식총수의 100분의 10이상을 소유(외국인투자촉진법시행령 제2조 제2항 1호)하거나 법인의 주식 등을 소유하면서 임원 파견, 선임 계약 등을 체결(외국인투자촉진법시행령 제2조 제2항 2호)하여야 한다.

(나) D-8-2

1) 대상

벤처기업 육성에 관한 특별조치법에 따라 벤처기업을 설립한 자 등에 대한 기업투자(D-8-2) 사증발급을 발급한다. 다만, 중국, 쿠바는 제외한다.

2) 기본요건

지식재산권을 보유하는 등 우수한 기술력으로 「벤처 기업육성에 관한 특별조치법」 제2조의2제1항 제2호 다목에 따른 벤처기업을 설립(또는 설립예비)[37]한 사람 중 같은 법 제25조에 따라 벤처기업 확인(또는 예비 벤처기업 확인)[38]을 받은 기업의 대표자 또는 기술성이 우수한 것으로 평가[39]를 받은 기업의 대표자

---

37) 기술평가보증기업 및 예비벤처기업(해당 벤처기업의 법인설립 또는 사업자등록을 준비 중인 경우 및 동 기업의 창업 후 6개월 이내의 기업)도 해당된다.
38) 벤처기업 또는 예비벤처기업인지 여부의 확인은 기술신용보증기금(기술신용보증기금법), 중소기업진흥공단(중소기업진흥에 관한 법률) 또는 한국벤처캐피탈협회(벤처 기업육성에 관한 특별조치법)에서 실시한다.
39) 평가는 기술신용보증기금(기술신용보증기금법) 또는 중소기업진흥공단(중소기업진흥에 관한 법률)으로부터 받은 것을 말한다.

(다) D-8-3

1) 대상

대한민국 국민(개인)이 경영하는 기업에 투자하는 외국인에 대한 기업투자이다.

2) 허가요건

투자대상이 대한민국 국민(개인)이 경영하는 기업이어야 하며, 투자금액이 1억원 이상으로, 투자한 기업의 출자총액의 100분의 10이상[40]을 소유 (외국인투자촉진법시행령 제2조 제2항 1호)하고 사업자등록증상 한국인과 공동대표로 등재될 것을 요건으로 한다.

(라) D-8-4

1) 대상

국내에서 전문학사 이상의 학위를 취득한 사람, 또는 국외에서 학사 이상의 학위를 취득한 사람, 또는 관계 중앙행정기관의 장이 추천한 사람으로서 지식재산권을 보유하거나 이에 준하는 기술력 등을 가진 기술창업자이다.

2) 기본요건

국내에서 전문학사 이상의 학위를 취득한 사람, 또는 외국에서 학사 이상의 학위[41]를 취득한 사람, 또는 관계 중앙행정기관의 장이 추천한 사람일 것을 요건으로 한다.

(2) 첨부서류

비자종류	필요서류
D-8-1	o 주재활동의 경우 파견명령서(파견기간 명시, 해외 본사 및 해외본사의 제3국지사 발행) 및 재직증명서 o 외국인투자기업등록증 사본 o 사업자등록증 사본, 법인등기사항전부증명서, 주주변동상황명세서 원본

---

40) 「외국인투자촉진법 시행규칙」에 따라 산업통상자원부장관이 지정한 「연구개발시설(제16조)」은 100분의 30 이상
 – 공동사업자인 국민의 사업자금이 1억원 이상일 것
 – 「외국인투자촉진법 시행규칙」 제16조에 따라 산업통상자원부장관이 지정한 "연구개발시설"은 학사학위 소지자로서 3년 이상 연구경력 또는 석사학위 이상 소지한 연구 전담인력이 5명 이상이어야 함
41) 학위는 이미 취득한 경우만 인정하고 취득 예정자는 제외한다.

	o 「외국인투자촉진법 시행규칙」에 따라 산업통상자원부장관이 지정한 「지역본부(제9조의4)」 또는 「연구개발시설(제16조)」은 지정서 및 근무인력 명단(성명, 직책, 학력, 연구경력, 근무분야 등) 추가 제출 o 투자자금 도입관련 입증서류 ㉮ 현금출자의 경우 *해당국 세관이나 본국 은행 (금융기관)의 외화반출허가(신고)서 (해당자) *투자자금 도입 내역서 (송금확인증, 외국환 매입증명서, 세관신고서 등) ㉯ 현물출자의 경우 *현물출자완료 확인서 사본(관세청장 발행) *세관 수입신고필증 사본 o 투자금액 3억원(약 3,000만엔) 미만 개인투자자에 대한 추가서류 *자본금 사용내역 입증서류 (물품구매 영수증, 사무실 인테리어 비용, 국내은행 계좌 입출금 내역서 등) *사업장 존재 입증 서류 (사무실 임대차 계약서, 사업장 전경·사무공간 간판 사진 등 자료) *해당 업종 또는 분야의 사업 경험 관련 국적국 서류 (필요시 징구)
D-8-2	o 사업자등록증 사 본, 법인등기사항전부증명서 o 벤처기업확인서 또는 예비벤처기업확인서 o 지식재산권을 보유하는 등 우수한 기술력을 가지고 있음을 입증하는 서류 *특허증(특허청), 실용신안등록증(특허청), 디자인등록증(특허청), 상표등록증(특허청), 저작권등록증(한국저작권위원회) 등 사본 *기술신용보증기금 또는 중소기업진흥공단의 기술성 우수평가서
D-8-3	o 외국인투자기업등록증 사본 o 공동사업자인 국민의 사업자금(사용 내역) 입증서류 o 공동사업자가 표시된 사업자등록증 사본, 공동사업자약정서 원본 o 투자자금 도입관련 입증서류 ㉮ 현금출자의 경우 *해당국 세관이나 본국 은행 (금융기관)의 외화반출허가(신고)서 (해당자) *투자자금 도입 내역서 (송금확인증, 외국환 매입증명서, 세관신고서 등) ㉯ 현물출자의 경우 *현물출자완료 확인서 사본(관세청장 발행) *세관 수입신고필증 사본 o 투자금액 3억원 미만 신청자에 대한 추가서류 *자본금 사용내역 입증서류 (물품구매 영수증, 사무실 인테리어 비용, 국내은행 계좌 입출금 내역서 등) *사업장 존재 입증 서류 (사무실 임대차 계약서, 사업장 전경·사무공간간판 사진 등 자료) *해당 업종 또는 분야의 사업 경험 관련 국적국 서류 (필요시 징구) ※ 3억 미만 소액투자자로서 사업 경험이 없는 자는 정밀심사
D-8-4	o 법인등기사항전부증명서 및 사업자등록증 사본 o 학위증명서 사본 또는 관계 중앙행정기관의 장의 추천서

	o 점수제 해당 항목(및 점수) 입증 서류 *지식재산권 보유(등록)자는 특허증 · 실용신안등록증 · 디자인등록증 사본 ☞지식재산권 보유 검색은 특허청의 '특허정보넷 키프리스'(www.kipris.or.kr/ khome/main.jsp) 활용 *특허 등 출원자는 특허청장 발행 출원사실증명서 *법무부장관이 지정한 '글로벌창업이민센터'의 장이 발급한 창업이민 종합지원시스템(OASIS) 해당 항목 이수(수료, 졸업) 증서, 입상확인서, 선정공문 등 입증서류 *기타 점수제 해당 항목 등 입증서류
공통서류	o 사증발급신청서 o 여권(잔여 유효기간 : 신청일로부터 6개월 이상) o 사진 1장(컬러, 3.5x4.5cm, 배경 흰색, 6개월 이내 촬영) o 수수료 : 국적에 따라 상이 o 여권 사진면 사본 1장

다. D-9(무역경영)

체류자격	세부 대상
D-9(무역경영)	• 무역업 고유번호를 부여받은 무역거래자 • 수출설비(기계)를 설치 · 운영 · 보수하는 자 • 선박건조, 설비제작 감독하는 자 • 회사 경영 및 영리사업자 • 유학생 출신 무역경영자

(1) 대상 등

가) 대상

국내 대학에서 석사 이상의 학위를 취득(예정자 포함)한 유학(D-2) 및 구직(D-10) 자격자로서 1억원 이상을 투자한 후 「부가가치세법」에 의한 사업자등록을 마치고 국내에서 회사를 경영하거나 영리사업을 하고자 하는 자가 그 대상이다.

나) 요건

위 1억 원의 투자금 중 최대 5,000만 원까지는 국내에서 조성된 자금을 인정하나, 나머지 자금은 반드시 「외국환거래법」 및 「외국환거래규정」에 따른 외자이어야 한다. 다만, 국내 대학에서 학사 학위 취득자(예정자 포함)로서 '창업이민종합지원시스템(OASIS-1부터 8)'에서 총 40점 이상의 학점을 취득한 경우는 예외로 한다.

(2) 첨부서류

체류자격	
D-9(무역경영)	1. 비자신청서 1부 2. 여권원본 3. 여권(사진면) 복사 1부 4. 여권사이즈 사진 1매 5. OECD 국가 관광비자 소지자의 경우, 비자면 복사 1부 6. 파송장 원본 1부 7. 고용계약서 사본 1부 8. 국내 법인회사의 초청장 1부(공문서식으로 작성) - 공증불필요, 초청목적, 체류기간 등 자세히 기재, 국내회사 주소, 연락처, 담당자 성명 필수 9. 국내 법인회사의 사업자등록증 사본 1부 10. 국내 법인회사의 연간 납세사실증명서 사본 1부 11. 선박수주계약서 사본 1부 * 국내에서 준비해서 보내실 서류는 한글로 작성하여 직접 초청하려는 당사자에게 보내시기 바랍니다

2. D-7(주재), D-8(투자), D-9(무역경영) 자격에서 F-5(영주) 체류자격 취득 절차

D-7(주재), D-8(투자), D-9(무역경영) 입국한 후 체류자격별 변동요건의 충족 시 영주자격을 부여받기 위한 국내 장기체류가 가능한 F-2(거주)비자로 변경이 가능하며, 최종 국내 영구체류가 가능한 F-5(영주) 비자로의 체류자격 변경이 가능하다.

가. 1단계 [D-7(주재), D-8(투자), D-9(무역경영) → F-2(거주)]

F-2(거주) 체류자격 취득요건에 관한 자세한 내용은 전설한 '3. 유학생 취업 후 영주자격 취득 요건 가. 유학생의 취업 후 영주자격 취득 중 (2) 2단계 : 전문인력 취업 후 F-2(거주)비자로 체류자격 변경'란을 참조하기 바라며, D-7(주재), D-8(투자), D-9(무역경영)비자 체류자격에서 F-2(거주) 비자 체류자격으로 변경하기 위해서는 기본적으로 아래의 요건을 충족하여야 한다.

F-2, 점수제 우수인재의 경우에는 상장법인 종사자, 유망산업분야 종사자, 전문직 종사자, 유학인재, 잠재적 우수인재 중 하나에 해당하고 점수제 요건 충족을 충족하여야 한다. 다만, 사회통합프로그램 이수 단계에 따라 점수가 차등으로 부여되며, 5단계 이상 이수자의 경우 점수제 가점이 부여된다.

또한, F-2, 장기체류자의 경우에는 D-7~D-9 체류자격으로 5년 이상 국내 체류한 자로 품행 요건, 생계유지 능력 요건 등 모든 요건을 충족하여야 하며, 그 외 기본소양 요건 충족을 위해서는 사회통합프로그램 4단계 이상 이수하거나 사전평가 81점 이상 취득하여야 한다.

나. 2단계[F-2(거주) → F-5(영주)]

F-5(영주)비자 체류자격 취득요건에 관한 자세한 내용은 전설한 '3. 유학생 취업 후 영주자격 취득 요건 가. 유학생의 취업 후 영주자격 취득 중 (3) 3단계 : F-2(거주)비자에서 F-5(영주)비자로 체류자격 변경'란을 참조하기 하기 바라며, F-2(거주)비자 체류자격에서 F-5(영주)비자로의 체류자격 변경을 위해서는 아래의 대상에 해당하고, 영주 공통요건(품행 단정, 생계유지능력, 기본소양 요건) 및 세부자격별 요건을 충족하여야 한다.

F-5, 일반영주의 경우에는 D-7~D-10, E-1~E-7 체류자격이나 F-2 체류자격으로 5년 이상 국내 체류를 요하고, F-5, 점수제 영주자의 경우에는 점수제 거주(F-2) 자격으로 3년 이상 국내 체류할 것을 요한다. 그 외 일반영주, 점수제 영주자의 경우 사회통합프로그램 5단계 이상 이수할 경우 기본소양 요건이 충족된 것으로 본다.

3. 고액투자자의 영주자격 취득

D-8(고액투자자)의 경우 체류자격별 변동요건의 충족 시 영주자격을 부여받기 위해 국내 장기체류가 가능한 F-2(거주)비자로 변경이 가능하며, 최종 국내 영구체류가 가능한 F-5(영주) 비자로의 체류자격 변경이 가능하다.

가. 대상 : 투자외국인에 대한 F-2(거주)비자 부여

미화 50만 달러 이상을 투자한 외국인으로서 D-8 체류 자격으로 3년 이상 국내 체류한 자 또는 미화 50만 달러 이상을 투자한 외국법인이 「외국인 투자촉진법」에 따른 국내 외국인투자기업에 파견한 임직원으로서 3년 이상 계속 체류하고 있는[42] 사람 또는 미화 30만 달러 이상을 투자하여 2명 이상의 국민을 정규직으로 6개월 고용하고 있는 사람이다.

나. 고액투자자 영주권취득 요건

외국인투자촉진법에 따라 미화 50만 달러를 투자한 외국인 투자가로서 5명 이상의 국민을 고용하는 사람이고, 투자자 본인 이외에 임직원이나 직원은 대상이 아니다.

(가) 단독투자자

신청인이 국민 5명 이상을 정규직으로 6개월 이상 직접 고용 중인 고용계약 당사자이어야 한다. 여기서 정규직이란 단독투자자에게 직접 고용되어 있어야 한다는 의미이며, 아르바이트는 그 대상이 아니다.

(나) 공동투자자

투자자 1인당 외국인투자촉진법에 따라 미화 50만 달러 이상을 투자하여야 하고 그 외 국민 5명 이상을 고용하여야 하는데, 각 투자자는 위 (가)항의 단독투자자 요건을 갖추어야 한다. 한편 공동투자의 경우 국민 5명 이상의 고용조건에 대한 산정은 투자자 별로 각기 다른 국민일 것을 조건으로 한다.

다. 절차

한국 영주권을 신청하기 위한 절차는 일반적으로 D-8 기업투자 비자를 먼저 취득한 후, 필요한 조건을 충족시켜 F-5-5 영주권으로 전환하는 방식으로 이루어진다. 구체적인 단계는 외국인 투자 신고, 투자금 송금, 외국인투자법인 설립 및 등기, 법인 설립 신고 및 사업자등록, 외국인 투자 기업 등록, D-8 비자 발급, 한국인 고용 조건 충족 후 최종적으로 F-5-5 영주권 신청의 순서로 진행된다.

---

[42] 이는 외국인투자촉진법에 따른 규정으로, 투자의 진정성과 규모를 보장하기 위한 조건이다.

(1) 1단계 [D-8(투자) → F-2(거주)]

F-2(거주)체류자격 취득에 관한 자세한 내용은 전설한 '3. 유학생 취업 후 영주자격 취득요건 가. 유학생의 취업 후 영주자격 취득 중 (2) 2단계 : 전문인력 취업 후 F-2(거주)비자로 체류자격 변경'란을 참조하기 바라며, F-2. 고액투자 장기체류외국인은 전설한 바와 같이 ⅰ) 미화 50만 달러 이상을 투자한 외국인으로서 D-8 체류 자격으로 3년 이상 국내 체류한 자 또는 ⅱ) 미화 50만 달러 이상을 투자한 외국법인이 「외국인 투자촉진법」에 따른 국내 외국인투자기업에 파견한 임직원으로서 3년 이상 계속 체류하고 있는 사람 또는 ⅲ) 미화 30만 달러 이상을 투자하여 2명 이상의 국민을 고용하고 있는 사람일 것 등의 요건을 충족할 경우 D-8(투자)비자 체류자격에서 F-2(거주)비자 체류자격을 부여받을 수 있다.

[출입국관리법 시행령 [별표 1의2] 〈개정 2024. 7. 2.〉 장기체류자격(제12조 관련)]

F-2(거주)	라. 「외국인투자 촉진법」에 따른 외국투자가 등으로 다음의 어느 하나에 해당하는 사람 1) 미화 50만 달러 이상을 투자한 외국인으로서 기업투자(D-8) 체류자격으로 3년 이상 계속 체류하고 있는 사람 2) 미화 50만 달러 이상을 투자한 외국법인이 「외국인투자 촉진법」에 따른 국내 외국인투자기업에 파견한 임. 직원으로서 3년 이상 계속 체류하고 있는 사람 3) 미화 30만 달러 이상을 투자한 외국인으로서 2명 이상의 국민을 고용하고 있는 사람

(2) 2단계 [F-2(거주) → F-5-5(영주)]

F-5(영주)비자 체류자격 취득에 관한 자세한 내용은 전설한 '3. 유학생 취업 후 영주자격 취득 요건 가. 유학생의 취업 후 영주자격 취득 중 (3) 3단계 : F-2(거주)비자에서 F-5(영주)비자로 체류자격 변경'란을 참조하기 하기 바라며, F-2(거주)에서 F-5-5(영주)비자로 체류자격을 변경하기 위해서는 미화 50만 달러 이상을 투자한 외국인투자가로서 5명 이상의 국민을 고용하여하고, 영주권 취득의 공통요건(품행 단정, 생계유지능력, 기본소양 요건) 및 세부자격별 요건을 충족하여야 하여야 한다. 다만, 고액 투자자의 경우 기본소양 요건(사회통합프로그램 등)은 면제된다.

[출입국관리법 시행령 [별표 1의3] 영주자격에 부합하는 사람(제12조의2제1항 관련)]

F-5(영주)	3. 「외국인투자 촉진법」에 따라 미화 50만 달러를 투자한 외국인투자가로서 5명 이상의 국민을 고용하고 있는 사람

4. 기업창업자의 영주자격 취득

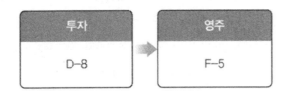

D-8(기업창업자)의 경우 체류자격별 변동요건의 충족 시 영주자격을 부여받기 위해 국내 장기체류가 가능한 F-5(영주)비자로 변경이 가능하며, 최종 국내 영구체류가 가능한 F-5(영주) 비자로의 체류자격 변경이 가능하다.

가. 기술창업 비자(D-8-4)

(1) 개념

기술창업 비자(D-8-4)란 우수한 기술력을 보유한 외국인이 국내에 계속 체류하면서 창업을 통한 사업을 영위하는 경우 부여하는 비자유형이다.

(2) 기본요건

가) 학사 이상의 학위를 가진 사람일 것

국외 또는 국내에서 취득한 학위를 모두 인정하며, 학위를 이미 취득한 경우만 인정하고 취득 예정자는 제외한다.

나) 지식재산권을 보유하거나 이에 준하는 기술력을 가지로 있을 것

지식재산권이란 특허권(특허법), 실용신안권(실용신안법), 디자인권(디자인보호법), 상표권(상표법), 저작권(저작권법) 등 국내법에 따라 인정된 지식재산권을 말하며, 기술력이란 「중소기업창업지원법」등 법률에 근거한 정부지원 사업에 선정된 외국인의 창업 아이템을 말하고, 해당 외국인이 선정 당사자인 경우에 한한다.

다) 그 외 대한민국 법인을 설립하고 법인등기 및 사업자등록을 완료하였을 것 등을 요건으로 한다.

나 절차 : 1단계 [D-8(투자) → F-5(기업창업투자자, 영주)]

F-5(영주)비자 체류자격 취득에 관한 자세한 내용은 전설한 '3. 유학생 취업 후 영주자격 취득 요건 가. 유학생의 취업 후 영주자격 취득 중 (3) 3단계 : F-2(거주)비자에서 F-5(영주)비자로 체류자격 변경'란을 참조하기 하기 바라며, D-8(기술창업)비자 체류자격에서 F-5(기술창업 투자자, 영주)비자 체류자격으로 변경하기 위해서는 D-8(기술창업) 자격으로 3년 이상 국내 체류하고 있는 자로서 3억원 이상 투자금을 유치하고 2명 이상의 국민 고용하여야 하고, 영주 공통요건(품행 단정, 생계유지능력, 기본소양 요건) 및 세부자격별 요건을 충족하여야 한다. 다만, 기술창업 투자자의 경우 기본소양 요건(사회통합프로그램 등)은 면제된다.

[출입국관리법 시행령 [별표 1의3] 영주자격에 부합하는 사람(제12조의2제1항 관련)]

F-5(영주) 기술창업 투자자	15. 별표 1의2 중 11. 기업투자(D-8) 다목에 해당하는 체류자격으로 대한민국에 3년 이상 계속 체류하고 있는 사람으로서 투자자로부터 3억원 이상의 투자금을 유치하고 2명 이상의 국민을 고용하는 등 법무부장관이 정하는 요건을 갖춘 사람

5. 동반가족 초청

가. F-3, 동반

D-7(주재)~D-9(무역경영) 자격 소지자는 배우자 및 미성년 자녀를 F-3(동반) 자격으로 초청이 가능하며, D-8(기업투자) 자격에 해당하는 가족은 공관장 재량으로 1년 이하의 단수사증이 발급된다. 이때 동반가족의 체류비자는 원자격자와 함께 사증발급인정서 발급을 통하여 받거나 재외공관을 통하여 사증을 받을 수도 있고 온라인 전자비자민원센터에서 전자사증제도를 통해 체류자격을 부여받을 수 있다. 한편, F-3비자 소지자는 원칙적으로 취업활동이 금지되지만, 계절근로는 허용된다.

[전자비자 발급대상]

전자비자란 해외 우수인재 및 단체관광객 등에 대해 재외공관을 방문하지 않고 비자를 온라인으로 신청, 발급받을 수 있도록 지원하는 제도이다. 발급대상에 해당하는 경우 비자포털(www.visa.go.kr)에서 전자비자 신청 가능하다.

● 장기체류비자 (90일 초과 체류 가능)
- 전문인력 및 그 동반가족(전문인력 : E-1, E-3, E-4, E-5, 첨단과학기술분야 고용추천서 또는

소재 · 부품 · 장비 분야 KOTRA 고용추천서를 발급받은 E-7)

– 인증대학 석 · 박사과정 입학 예정 유학생(D-2-3, D-2-4)

– 외국인 환자와 그 동반 가족(G-1-10)

※ 법무부 지정 외국인환자 우수 유치기관에서 초청한 경우에 한함

● 단기체류비자 (90일 이내 체류 가능)

– 재외공관이 지정한 국외 전담여행사가 비자 신청을 대행하는 단체관광객(C-3-2)

※ 현재 중국 및 동남아 3개국(필리핀, 베트남, 인도네시아)을 대상으로 시행중

– 외국인환자와 그 동반가족(C-3-3)

※ 법무부 지정 외국인환자 우수 유치기관에서 초청한 경우에 한함

– 국내 기업에서 초청하여 상용목적으로 빈번 출입국하는 사람(C-3-4)

– 과학기술분야 정부출연연구기관 또는 인증대학에서 초청하는 외국인 과학자(C-4-5)

나. F-1, 우수인재 · 투자자 및 유학생의 부모

D-7(주재)~D-9(무역경영) 자격자로서, 연간 소득이 전년도 GNI 2배(2024. 7. 1. 적용 GNI 44,051,000원 ×2 = 88,102,000원) 이상인 자는 부모(배우자의 부모 포함)를 F-1 자격으로 초청 가능하다. 단, 초청자가 유학생(일반 학사과정은 유학생에 해당하지 않음)일 경우에는 국내 대학에서 학사학위 이상을 취득한 후, 상기 체류자격으로 변경한 자는 GNI 이상으로 완화[43]된다.

해당 자격의 경우, 원칙적으로 국내 체류자격 변경이 불가하며 사증발급인정서 신청 대상이다.

---

43) 피초청인을 포함하여 초청인 동반가족이 3인 이상인 경우 학비 외에도 연간 체류비용으로 GNI 50% 이상으로 보유하고 있는 통장잔고가 있어야 한다.

제3장 D-10(구직)

1. D-10 구직비자의 내용

가. D-10(구직)의 개념 및 유형

체류자격	세부 대상
D-10(구직)	• 일반구직자 (국내 기업·단체 구직활동, 단기 인턴 과정 등) • 기술창업 준비자 (창업이민교육프로그램 참가, 지식재산권 등 특허 출원, 창업법인 설립 준비 등) • 첨단기술인턴 (첨단기술 분야 인턴 활동)

(1) 개념

D-10(구직)비자는 유학생들이 유학을 마치고 대한민국에서 취업을 목표로 하거나 기술 창업 등을 준비하는 경우 일정한 심사를 통해 취업 전에 부여되는 체류자격이다. 보통 D-2(DB유학) 비자 유학생들이 졸업 후 E-7비자 같은 특정활동 전문직 직군으로 취업 전에 신청하는 경우가 많은 비자유형이다.

한편, 2024. 9. 26. 법무부에서 발표한 '체류외국인 300만 시대를 대비하는 新 출입국·이민정책 추진방안'에 따르면 졸업생의 진로 탐색 기간이 짧고, 취업이 허용되는 직종 범위가 협소하여 졸업 후 취업·정착에 애로가 있다는 등의 현실적인 점을 반영하여 졸업 후 진로 탐색을 위한 구직(D-10) 비자 체류기간을 최대 3년으로 상향(기존 2년)하고, 단일 기업에서의 인턴 활동 허용 기간을 상향(6개월→1년)한다는 등의 내용을 발표한 상태이다.

(2) 유형

약호	분류기준	참고
D-10-1	일반구직	E-1~E~7 / 2018. 10.월 점수제로 전환
D-10-2	기술창업준비	D-8-4 / 2014. 4.월 신설
D-10-3	첨단기술인턴	관계부처, 업계 수용에 따라 신설

(가) 일반구직(D-10-1 : 점수제 적용)

학사 학위(국내 전문학사 포함) 이상의 학위를 소지한 자로, 구직자격 점수표에 따라 총 190점 중 기본항목이 20점 이상이면서 총 득점이 60점 이상인 자이다.

다만, 유학생 (D-2)이 국내 전문대학 이상 학교를 졸업 후 처음으로 D-10-1 비자를 신청하거나 국내에서 변경하는 경우 및 국내 정규대학에서 전문 학사이상 학위 취득 후 3년이 경과하지 아니한 자로서 TOPIC 4급 이상 유효성적표 소지자, 사회통합프로그램 4단계 중간평가 합격자 또는 사전평가 5단계 배정자 등은 점수제 면제 특례가 인정된다.

또한, 교수(E-1)부터 특정활동(E-7)[44]까지의 자격으로 체류중인 외국인이 계속하여 취업을 희망하지만 체류기간 만료일 이전에 고용계약갱신 또는 다른 근무처를 구하지 못한 자도 점수제 면제 특례가 인정된다.

한편, 법무부장관 고시 21개 국가 국민 중 B-1, B-2, C-1, C-3, C-4, D-3, E-9, E-10,G-1 자격에 대해서는 자격변경 제한되는 점에 유의할 필요가 있다.

점수제 구직비자(D-10-1) 배점표

□ 총 190점 중 기본항목이 20점 이상으로 총 득점이 60점 이상인자

배점항목		배점기준		배점	비고
기본	연령	20~24세		10	50점
		25~29세		15	
		30~34세		20	
		35~39세		15	
		40세~49세		5	
	최종학력	국내	전문학사	15	
		국내/국외	학사	15	
			석사	20	
			박사	30	
선택	취업경력	국내	국외		70점
		1년~2년	3년~4년	5	
		3년~4년	5년~6년	10	
		5년이상	7년이상	15	
	국내유학	전문학사(졸업후 3년이내)		5(30)	
		학 사(졸업후 3년이내)		10(30)	
		석 사(졸업후 3년이내)		15(30)	
		박 사(졸업후 3년이내)		20(30)	
	국내 연수	대학 연구생 (D-2-5) 교환학생 (D-2-6) 국공립기관 연수(D-4-2) 사설 기관 연수 (D-4-6)	12개월~18개월	3	
			19개월이상	5	
		어학연수 (D-4-1)	12개월~	3	
	한국어 능력	토픽(TOPIK) / 사회통합 프로그램(KIIP)	5급/5단계 이상	20	
			4급/4단계	15	
			3급/3단계	10	
			2급/2단계	5	

---

44) 단, 예술흥행(E-6) 자격의 경우 유흥업소 등 공연자(E-6-2)는 대상에서 제외

가점	① 관계 중앙행정기관장, 재외공관장 구직비자 발급 추천		20	70점
	② 세계 우수대학 졸업자(타임지 200대, QS 500대)		20	
	③ 글로벌기업근무 경력자(포천지 500대)		20	
	④ 이공계 학사(국내 전문학사 포함) 학위 소지자		5	
	⑤ 고소득(5만달러) 전문직 종사 경력자		5	
감점	위반횟수	1회	2회	3회
	출입국관리법	5	10	30
	기타 국내법령	5	10	30

(2) 창업준비(D-10-2)

학사(국내 전문학사) 이상을 가지고 있어야 하며, 한국의 전문학사 소지자자로서 대한민국 지식재산권 중 특허권, 실용신안권, 디자인권 보유 중이거나 출원중이거나, OECD 지식재산권 보유 중이거나, 3년 내에 OASIS 교육을 받았거나 현재 교육을 받고 있는 중이거나, 현재 단기비자로 입국해서 K-Startup 그랜드 챌린지 교육을 받고 있는 자로서 정보통신산업진흥원장의 체류자격변경허가추천을 받은 자 등의 요건을 갖춘 자이다. 다만, E-9, E-10, G-1 자격 소지자에 대해서는 D-10-2 체류자격변경이 제한된다.

(3) 첨단기술인턴(D-10-3)

해외 우수대학(본교만 해당) 첨단기술 분야[45] 학사과정 이상 재학생 또는 학위 취득일로부터 3년이 경과되지 않은 졸업생(학사 : 30세 미만, 석사 이상 : 만 35세 미만)으로, 등 첨단 시술분야 연구시설(연구전담부서)을 갖춘 국내 상장기업, 기초연구법 제14조의2에 따른 기업부설연구서 또는 연구개발전담부서를 갖춘 국내기업, 연구개발특구의 육성에 관한 특별법 제9조에 따라 첨단기술기업으로 지정받은 기업, 벤처기업육성에 관한 특별조치법 제25조에 따라 중소벤처기업부의 확인을 받은 벤처기업, 국공립 연구기관, 특정연구기관, 과학기술분야 정부출연 연구기관 등 어느 하나에 해당하는 국내 기업 등과 인턴활동 계약을 체결한 자이다.

(4) 체류자격변경 허가 제한

최근 3년 이내 출입국관리법 등을 위반하여 자비귀국 등으로 출국명령을 받은 적이 있거나, 통고처분 또는 벌금을 부과 받은 합산 금액이 200만원을 초과하는 자, 신청당시 이전 근무처와의 고용계약 기간이 남아 있어 새로운 근무처와 고용·계약 체결에 제한이 있는 경우(다

---

45) 첨단기술의 범위 : 산업발전법 제5조에 따라 고시되는 첨단기술로 반도체, IT, 기술경영, 나노, 디지털전자, 바이오, 수송 및 기계, 신소재, 환경 및 에너지 등이다.

만, 고용주로부터 이적동의서를 발급받은 경우 예외적으로 인정), 신청일 기준 최근 1년 이내 구직(D-10) 자격으로 6개월 이상 체류한 적이 있는 자, 3년 이내 완전출국 없이 3회 이상 D-10으로 자격변경을 신청하는 자, OASIS 교육 이수일로부터 3년이 경과하여 기술창업준비(D-10-2) 체류자격변경을 신청하는 자(단, 교육 재이수 중인 자 제외), 기타 입국금지, 사증발급 규제 사유가 입국 후 발생하거나 발견된 자 및 기타 국내법 위반 등 사유로 구직(D-10) 체류자격변경을 제한할 필요가 있는 자 등은 체류자격변경 허가 제한 대상이다.

나. 활동범위 및 대상

(1) 활동범위

(가) 구직활동

국내 기업·단체 등에서 행하는 구직활동 뿐만 아니라 정식 취업 전에 연수비를 받고 행하는 단기 인턴과정을 포함한다. E-1 ~ E-7 자격 (E-6-2 제외)으로 계속해서 취업하기를 원하지만 체류기간 만료일 이전에 고용계약 갱신을 못하거나 다른 직장을 구하지 못한 경우에 D-10-1 자격으로 변경 받아 계속 체류할 수 있다.

D-10-1 비자 소지자는 구직활동, 인턴활동을 할 수 있고, 일정한 요건을 충족한 경우 체류자격 외 활동 허가를 받아 아르바이트 등 단기 취업활동을 할 수 있으며, 취업활동 범위는 유학 (D-2) 비자의 경우와 동일하다. 다만, 단순노무나 노동직에서는 인턴 근무를 할 수 없고, 제조업, 건설업, 영어키즈카페 등은 제한된다. 또한, 기술창업(D-10-2) 자격 소지자 및 전문직종(E-1~E-7) 취업 경력자로 구직 (D-10-1) 체류자격으로 변경허가를 받은 자는 인턴활동 불가하다.

(나) 기술창업활동

창업이민교육프로그램 참가, 지식재산권 등 특허출원 준비 및 출원, 창업법인 설립 준비 등 창업과 관련된 제반 준비활동 등을 말한다. D-10-2 비자로 한국에서 창업교육을 받고 법인설립, 정부추천 등 요건을 구비하여 창업 (D-8-4) 비자로 변경할 수 있다. D-10-2 비자 소지자는 창업준비만 할 수 있으며 인턴활동, 아르바이트를 할 수 없습니다.

(다) 첨단기술인턴

첨단분야 인턴비자는 미래 우수 인재의 선제적 확보를 통한 기업 경쟁력 강화를 지원하기 위한 목적으로 2022. 8. 8. 신설된 비자로서, 해외 우수대학 재학생 등을 대상으로 법무부장관이 정한 요건을 갖춘 기업(기관)과의 인턴근로계약에 따른 첨단기술 분야 인턴활동을 말한다. 기존에는 학위를 취득한 외국인에게 국내 인턴 활동이 허용되고, 국내 대학의 외국인 유학생은 학업과 관련된 인턴 활동이 가능했던 반면, 해외 대학 재학생의 경우 국내 기업 인턴 활동이 허용되지 아니하였다.

(2) 대상

교수(E-1)·회화지도(E-2)·연구(E-3)·기술지도(E-4)·전문직업(E-5)·예술흥행(E-6)[46]·특정활동(E-7) 자격에 해당하는 분야에 취업하기 위해 연수나 구직활동 등을 하려는 자로서 일정한 요건을 갖춘 자 및 기업투자(D-8) 자격인 학사이상의 학위를 가진 사람으로서 지식재산권을 보유하거나 이에 준하는 기술력 등을 가진 사람 중 법무부장관이 인정한 법인 창업자 (기술창업이민자)에 해당하는 기술창업 준비 등을 하려는 자 그리고 해외 우수대학[47] 첨단기술 분야 학사과정 이상 재학생 또는 학위취득일로부터 3년이 경과되지 않은 졸업생으로 만 30세 미만인 자(석사 이상 : 만 35세)로, 법무부장관이 정한 요건을 갖춘 기업에서 첨단기술 분야 인턴활동을 하려는 자등이다.

다. 첨부서류

기본서류	① 여권, 외국인등록증 (해당자), 수수료(자격변경 10만원+등록증 3만원), 통합신청서 (별지 34호) ②-1 D-10-1 : 구직활동 계획서 (지난 6개월 동안의 구직 내역 및 향후 계획 포함) ②-2 D-10-2 : 기술창업활동 계획서 (지난 6개월 동안의 활동 내역 및 향후 계획 포함) ③ 체류지 입증서류 ④ 결핵진단서 (해당자에 한함, 유효기간 3개월) : 보건소, 법무부 지정병원 발급
[해당자에 따른 서류-점수제 적용자]	⑤ 학위증 - 국내 전문대학 이상 졸업자 : 학력증명서 (유학생정보시스템으로 확인되는 경우에는 제출 면제) - 세계 우수대학 대학 졸업자 : 학력증명서 (졸업증명서, 학위증, 학위취득증명서 중 1종만 인정) ⑥ 근무경력 증빙서류(해당자에 한함) : 근무기간, 장소, 직종 등이 포함된 경력증명서(재직증명서) ⑦ 국내 연수 활동 증빙서류(해당자에 한함) - 연구(연수)기관의 장이 연구주제(연수과정), 연구(연수)기간, 수료여부 등을 명기하여 발급한 증명서 ※ 연구기관 연구활동 수

---

46) 단, 예술흥행(E-6) 자격 중 유흥업소 등의 흥행활동(E-6-2)은 제외하고, 순수예술 및 스포츠분야만 허용, E-7 자격 중 준전문인력과 숙련기능인력은 해외신청 불가하다.

47) 타임지 선정 세계 200대, QS(Quacquarelli Symonds) 세계대한순위 500위 이내 해외 대학(본교만 인정).

	료자 : 수료증명서 ※ 연수기관 연수활동 수료자 : 연수활동 수료증명서 ※ 교환학생 : 학교장 발행 교환학생 경력 확인 증명 ⑧ 한국어 능력 입증서류(해당자에 한함) : TOPIK 또는 KIIP 이수증빙서류 ⑨ 고용추천서(해당자에 한함) – 관계 중앙행정기관장 추천 : 부처(위임기관) 발행 고용 추천서 – 재외공관장 추천 : 공관 내부추천 문서 * 학력입증서류, 경력증명서, 해당 단체 추천서 또는 관련 입증자료 (권위 있는 국제 또는 국내대회 입상 및 언론 등에 보도된 경우) ⑩ 고소득 전문가 입증서류(해당자에 한함) : 자국 공공기관이 발행한 전년도 근로소득 입 증서류 ⑪ 체류경비 입증서류 : '연도별 1인 가구 주거급여 기준액 × 체류개월 수' 이상 금액이 예 치된 은행잔고증명서 등 – 단, 유학(D-2) 체류자격에서 구직(D-10) 체류자격으로 최 초 변경하는 자에 대해서는 제출 면제 ※ 기타 점수제 평가를 위해 필요하다고 인정되는 서류가 추가요구 될 수 있습니다.
[해당자에 따른 서류–점수제 적용 면제자]	⑤-1 국내 대학 출신 한국어 성적 우수자 – 졸업증명서 또는 학위증 (국내 학위 취득일로 부터 3년 미경과 시에만 인정), – TOPIK 4급 이상 유효 성적표, – 사회통합프로그 램 중간평가 합격증 또는 사전평가 점수표(81점 이상) ★ 재정능력 입증서류 제출 면제 ⑤-2 전문직종(E-1~E-7) 근무 경력자 – 이적동의서 (이전 근무처에서 잔여 고용계약 기간이 1개월 이상 있는 경우) ★ 전문직종(E-1~E-7) 체류자격에서 구직(D-10) 체류자격으로 최초 변경하는 자에 대 해서는 재정능력 입증서류 제출 면제
[해당자에 따른 서류–창업 활동자]	⑤ 학력증명서(국내 대학 : 전문학사 이상, 외국대학 : 학사 이상) – 단, 글로벌창업이민센터에서 우수한 기술력을 인정하여 추천한 자, 중기부 주관 K-St artup그랜드챌린지 참여자, OECD 지식재산권 보유자는 학력증명서 제출 면제 ⑥ 창업이민종합지원시스템 교육과정 이수증 또는 교육참여 확인서(해당자) ⑦ 특허증 · 실용신안등록증 · 디자인등록증 사본 또는 특허 등 출원서 사본 및 접수증(해 당자) ⑧ 정보통신산업진흥원 발행 K-Startup 그랜드챌린지 참여 확인 사실이 기재된 체류자 격변경허가 추천서(해당자) ⑨ OECD 국가 지식재산권 보유 사실을 확인할 수 있는 공적 서류(해당자)⑩ 체류경비 입 증서류 : '연도별 1인 가구 주거급여 기준액 × 체류개월 수' 이상 금액이 예치된은행잔 고증명서 등 – 단, 유학(D-2) 체류자격에서 기술창업(D-10-2) 체류자격으로 최초 변경하는 자에 대 해서는 제출 면제
	⑤ 인턴계획서 ⑥ 타임지 선정 세계 200, QS 세계대학순위 500위 이내 해외 대학 정규학위과정(첨단기 술분야만 해당) 재학증명서 또는 졸업증명서 ⑦ 인턴근로계약서(기업, 인턴활동분야(첨단기술분야로 제한), 인턴기간 명시 필수) ⑧ 초청기업 사업자등록증(고유번호증), 법인등기부등본, 고용보험가입자 명부, 연구시 설 현황자료 ⑨ 첨단기술인턴 초청이 가능한 기업임을 증명할 수 있는 서류 ⑩ 체제비 입증서류(유학사증 준용)

2. D-10 구직자가 취업 후 F-5 영주자격 취득

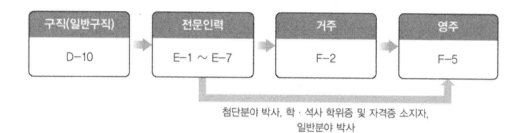

첨단분야 박사, 학·석사 학위증 및 자격증 소지자,
일반분야 박사

D-2 유학비자를 통해 국내에 입국한 후 대학(대학원)을 졸업한 외국인 유학생의 경우 졸업
후 구직준비를 위한 D-10 구직비자로 체류자격별을 변경한 다음 취업 후 국내 장기체류가
가능한 전문인력인 E-1(교수), E-2(회화지도), E-3(연구), E-4(기술지도), E-5(전문직
업), E-6(예술흥행), E-7(특정활동) 등으로 체류자격의 변경이 가능하며, 이후 영주자격을
부여받기 위해 국내 장기체류가 가능한 F-2(거주)비자로 변경한 다음 최종 국내 영구체류가
가능한 F-5(영주) 비자로 체류자격의 변경이 가능하다.

[E-7 비자의 유형]

E1(교수)비자	「고등교육법」 제14조제1항·제2항 또는 제17조에 따른 자격요건을 갖춘 외국인으로서 전문대학 이상의 교육기관이나 이에 준하는 기관에서 전문 분야의 교육 또는 연구·지도 활동에 종사하려는 사람
E2(회화지도) 비자	법무부장관이 정하는 자격요건을 갖춘 외국인으로서 외국어 전문학원, 초등학교 이상의 교육기관 및 부설 어학연구소, 방송사 및 기업체 부설 어학연수원, 그 밖에 이에 준하는 기관 또는 단체에서 외국어 회화지도에 종사하려는 사람 (E2-1, E2-2, E2-91)
E3(연구) 비자	대한민국 내 공공기관·민간단체으로부터 초청을 받아 각종 연구소에서 자연과학 분야의 연구, 사회과학·인문학·예체능 분야의 연구 또는 산업상 고도기술의 연구·개발에 종사하려는 사람[교수(E-1) 체류자격에 해당하는 사람은 제외한다]
E4(기술지도) 비자	자연과학 분야의 전문지식 또는 산업상 특수한 분야에 속하는 기술을 제공하기 위하여 대한민국 내 공공기관·민간단체로부터 초청을 받아 종사하려는 사람
E5(전문직업) 비자	대한민국 법률에 따라 자격이 인정된 외국의 변호사, 공인회계사, 의사, 그 밖에 국가공인 자격이 있는 사람으로서 대한민국 법률에 따라 할 수 있도록 되어 있는 법률, 회계, 의료 등의 전문 업무에 종사하려는 사람[교수(E-1) 체류 자격에 해당하는 사람은 제외한다]
E6(예술흥행) 비자	수익이 따르는 음악, 미술, 문학 등의 예술 활동과 수익을 목적으로 하는 연예, 연주, 연극, 운동경기, 광고·패션 모델, 그 밖에 이에 준하는 활동을 하려는 사람 (E6-1, E6-2, E6-3)
E7(특정활동) 비자	대한민국 내의 공공기관·민간단체 등과의 계약에 따라 법무부장관이 특별히 지정하는 활동에 종사하려는 사람 (E7-1, E7-2, E7-3, E7-4, E7-91)
E8(계절근로) 비자	법무부장관이 관계 중앙행정기관의 장과 협의하여 정하는 농작물 재배·수확(재배·수확과 연계된 원시가공 분야를 포함한다) 및 수산물 원시가공 분야에서 취업 활동을 하려는 사람으로서 법무부장관이 인정하는 사람

E9(비전문취업) 비자	「외국인 근로자의 고용 등에 관한 법률」에 따른 국내 취업요건을 갖춘 사람(일정 자격이나 경력 등이 필요한 전문직종에 종사하려는 사람은 제외한다) (E9-1, E9-2, E9-3, E9-4, E9-5, E9-6, E9-7, E9-8, E9-95, E9-96, E9-97, E9-98)
E10(선원취업) 비자	다음 각 목에 해당하는 사람과 그 사업체에서 6개월 이상 노무를 제공할 것을 조건으로 선원근로계약을 체결한 외국인으로서 「선원법」 제2조제에 따른 부원(部員)에 해당하는 사람 1. 「해운법」 제3조제1호ㆍ제2호ㆍ제5호 또는 제23조제1호에 따른 사업을 경영하는 사람 2. 「수산업법」 제8조제1항제1호, 제41조제1항 또는 제57조제1항에 따른 사업을 경영하는 사람 3. 「크루즈산업의 육성 및 지원에 관한 법률」 제2조제7호에 따른 국적 크루즈사업자로서 같은 조 제4호에 따른 국제 순항 크루즈선을 이용하여 사업을 경영하는 사람 (E10-1, E10-2, E10-3)

가. D-10 구직자의 취업 후 F-5 영주자격 취득절차

(1) 1단계 (D-10 구직 → E-1~7 전문인력)

체류자격	내용
전문인력 (E-7-1)	기업의 고위임원, 각종 전문분야의 관리자, 각종 공학 기술자, 간호사, 대학 강사, 외국인학교 교사, 경영 전문가, 해외 영업원, 번역ㆍ통역가, 디자이너, 아나운서 등
준전문인력 (E-7-2)	면세점 판매직원, 항공사 접수직원, 호텔 접수직원, 의료 코디네이터, 고객상담원, 배ㆍ비행기 승무원, 관광통역, 카지노 딜러, 호텔ㆍ음식점 요리사 (주방장, 조리사), 요양보호사
일반기능인력 (E-7-3)	동물 사육사, 양식 기술자, 할랄 도축원, 악기제조 및 조율사, 조선 용접공, 선박 전기원, 선박 도장공, 항공기 정비원, 항공기 (부품) 제조원, 송전 전기원
숙련기능인력 (E-7-4)	제조업, 농업, 임업, 축산업, 어업, 건설업의 종사자
네거티브 방식의 전문인력(E-7-S)	고소득자, 첨단기술분야 종사자

D-2 유학생이 졸업을 하게 되면 진로 탐색을 위한 D-10 구직비자를 부여받게 되는데, 가령, D-10 구직비자에서 가장 많은 비중을 차지하는 E-7(특정활동) 비자로 체류자격을 변경하기 위한 조건들을 살펴보면, 우선 전문적인 지식ㆍ기술 또는 기능을 가진 외국인력 도입이 특히 필요하다고 지정한 분야여야 하고, 해당 외국인의 전공, 자격, 기술, 기능 등이 외국인이 근무하게 될 회사와 직접적인 연관성이 있어야 하며, 단순 노무직이 아닌 전문기술 또는 기능직이어야 하고, 국민으로 대체고용이 되지 아니하여 외국인 고용의 필요성이 있어야 한다는 등의 요건 및 아래 각 표 등 각 체류자격에 맞는 취업 요건을 충족하여야만 D-10 비자에서 E-7 비자로의 체류자격 변경이 가능하다.

[E-7 비자를 발급받기 위해서는 다음 요건 중 하나를 충족하여야 합니다.]

① 도입직종과 연관성이 있는 분야의 **석사** 이상 학위 소지

② 도입직종과 연관성이 있는 **학사**학위 소지 + **1년** 이상의 해당분야 경력(경력은 학위, 자격증 취득 이후의 경력만 인정)

③ 도입직종과 연관성이 있는 분야에 **5년** 이상의 근무경력

위와 같은 일반 요건에도 불구하고 우수인재 유치를 위한 **특별자격요건**도 있는데요, 우수인재 유치 및 육성형 인재 활용 등의 차원에서 특례를 정한 우수인재와 직종 특성을 감안하여 별도의 학력 또는 경력요건을 정한 직종에 종사하는 경우에는 아래 요건을 충족하는 경우 E-7 비자 발급이 가능합니다.

① 세계 500대 기업 1년 이상 전문직종 근무경력자 : 도입직종에 정한 학력 및 경력요건 등을 갖추지 못하였더라도 고용의 필요성 등이 인정되면 허용됩니다.

② 세계 우수 대학 졸업(예정) 학사학위 소지자 : 타임지 200대 대학 및 QS 세계대학순위 500위 이내 대학 학사학위 소지자는 전공분야 1년 이상 경력요건을 갖추지 못하였더라도 고용의 필요성 등이 인정되면 허용됩니다.

③ 국내 전문대학졸업(예정)자 : 전공과목과 관련이 있는 도입허용직종에 취업하는 경우 1년 이상의 경력요건을 면제하고, 고용의 필요성 등이 인정되면 허용됩니다.

④ 국내 대학 졸업(예정) 학사이상 학위 소지자 : 전공과목과 관련이 있는 직종에 취업하는 경우 전공과목과 무관하게, 고용의 필요성 등이 인정되면 허용됩니다.

⑤ 기타 : 주무부처 고용추천을 받은 첨단 과학기술분야 우수인재, 특정 일본인 소프트웨어 기술자 등, 부서추천 전문능력 구비 우수인재, 고소득 전문직 우수인재 등에 대해서는 특별요건이 적용됩니다.

[국민고용 보호를 위한 심사기준]

일단 일반적인 국민고용보호를 위한 심사기준은 다음과 같습니다.

- 고용업체 규모
국민 고용자가 5명 미만이고 내수 위주인 업체는 원칙적으로 초청이 제한되며, 여기서 고용인원은 고용부의 고용보험가입자명부에 최저임금을 충족하는 3개월 이상 등재된 인원을 말합니다. 이때 3개월 이상 고용보험 가입자 명부를 제출해야 되므로 원칙적으로 개업 후 최소 3개월 이후 신청이 가능합니다.

- 고용업체의 업종
업종 특성을 감안하여 별도의 고용업체 요건을 정한 경우에는 해당 요건을 충족하여야 합니다.

- 외국인 고용비율

국민고용 보호 직종은 원칙적으로 국민고용자의 20% 범위 내에서 외국인 고용을 허용합니다. 총 국민고용자의 20%를 초과하여 국민고용 보호 심사기준 적용대상 E-7 외국인을 고용 중인 업체는 신규 및 대체인력 초청과 체류자격변경, 근무처변경·추가 등이 원칙적으로 불허됩니다.

- 임금요건

저임금 편법인력 활용 방지를 위해 동종 직무를 수행하는 동일 경력 내국인의 평균임금과 연계하여 전문인력 수준에 따라 직종별로 차등적용하여 심사하는데, **전문인력은 전년도 국민 1인당 GNI의 80%이상이어야** 하고, **준전문인력, 일반기능인력, 숙련기능인력은 최저임금 이상을 적용**합니다. 단, 일부직종에 대해서는 해당 직종에서 별도로 정하는 기준을 따릅니다.

(2) 2단계 (E-계열 전문인력 → F-2 거주)

F-2(거주)체류자격 취득에 관한 자세한 내용은 전설한 '3. 유학생 취업 후 영주자격 취득 요건 가. 유학생의 취업 후 영주자격 취득 중 (2) 2단계 : 전문인력 취업 후 F-2(거주)비자로 체류자격 변경'란을 참조하기 바라며, E-계열 전문인력에서 F-2 거주비자로의 체류자격 변경을 위해서는, F-2, 점수제 우수인재의 경우에는 상장법인 종사자, 유망산업분야 종사자, 전문직 종사자, 유학인재, 잠재적 우수인재 중 하나에 해당하고 점수제 요건 충족(평가항목별 배점의 점수가 170점 중 80점 이상일 것)하여야 한다. 다만, 사회통합프로그램 이수 단계에 따라 점수 차등 부여되고, 5단계 이상 이수자의 경우 점수제 가점이 부여된다. 또한, F-2, 장기체류자인 경우에는 E-1~E-7 체류자격으로 5년 이상 국내 체류한 자로 품행 요건, 생계유지능력 요건 등 모든 요건을 충족하며, 기본소양 요건 충족을 위해서는 사회통합프로그램 4단계 이상 이수하거나 사전평가 81점 이상 취득할 것 등의 요건을 모두 충족하여야 한다.

(3) 3단계 (F-2 거주 → F-5 영주)

F-5(영주)비자 체류자격 취득에 관한 자세한 내용은 전설한 '3. 유학생 취업 후 영주자격 취득 요건 가. 유학생의 취업 후 영주자격 취득 중 (3) 3단계 : F-2(거주)비자에서 F-5(영주)비자로 체류자격 변경'란을 참조하기 하기 바라며, F-2(거주)에서 F-5(영주)비자로 체류자격을 변경하기 위해서는 아래의 대상에 해당하고, 영주 공통요건(품행 단정, 생계유지능력, 기본소양 요건) 및 세부자격별 요건을 충족하여야 한다.

F-5, 일반영주의 경우에는 D-7~D-10, E-1~E-7 체류자격이나 F-2 체류자격으로 5년 이상 국내 체류할 것을 요건으로 하고, F-5, 첨단분야 박사의 경우에는 국외에서 첨단기술

분야 박사 학위 취득 후 국내 기업에서 학위 관련 분야에서 1년 이상 전일제 상용근로 형태로 계속 근무할 것을 요건으로 하며, F-5, 학·석사 학위증 및 자격증 소지자의 경우에는 특정 분야의 학사 학위 이상 또는 기술자격증 취득자로 3년 이상 국내 체류하며 국내 기업에 1년 이상 전일제 상용근로 형태로 근무할 것으로 요건으로 한다.

그 외 F-5, 일반분야 박사의 경우에는 국내 대학원에서 정규 박사과정 이수, 학위 취득 후 국내 기업에서 1년 이상 전일제 상용근로 형태로 계속 근무할 것을 요건으로 하고, F-5, 점수제 영주자의 경우에는 점수제 거주(F-2) 자격으로 3년 이상 국내 체류할 것 등의 요건을 충족하여야만, F-2 거주비자에서 F-5 영주비자로의 체류자격 변동이 가능하다.

참고로, 일반영주, 학·석사 학위증 및 자격증 소지자, 점수제 영주자의 경우 사회통합프로그램 5단계 이상 이수할 경우 기본소양 요건 충족하여야 한다. 다만, 첨단분야 박사, 일반분야 박사의 경우 기본소양 요건이(사회통합프로그램 등) 면제되며, 첨단분야 박사, 학·석사 학위증 및 자격증 소지자, 일반분야 박사의 경우 요건 충족 시 E-계열 전문인력에서 F-5 영주비자 자격으로 바로가기도 가능하다.

나. 기술창업 준비자가 기술창업 후 영주자격 취득

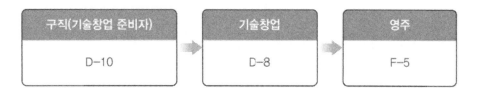

D-10 구직비자에서 D-8(기업창업자)비자의 체류자격별 변동요건의 충족 시 영주자격을 부여받기 위한 국내 장기체류가 가능한 F-5(영주)비자로 변경이 가능하며, 최종 국내 영구체류가 가능한 F-5(영주) 비자로의 체류자격 변경이 가능하다.

(1) 1단계 (D-10 구직 → D-8 기술창업)

D-10 구직비자에서 D-8, 기술창업 비자로의 체류자격 변경의 경우 국내 전문학사 이상 취득, 국외 학사 이상 취득 또는 중앙행정기관의 장이 추천한 사람으로서 점수제 등의 요건을 충족하거나, K-startup 그랜드챌린지 참여자로서 요건 충족할 것을 요하며, 사회통합프로그램 3단계 이상 이수자의 경우 점수제 가점 부여된다.

(2) 2단계 (D-8 기술창업 → F-5 영주)

F-5(영주)비자 체류자격 취득에 관한 자세한 내용은 전설한 '3. 유학생 취업 후 영주자격 취득 요건 가. 유학생의 취업 후 영주자격 취득 중 (3) 3단계 : F-2(거주)비자에서 F-5(영주)비자로 체류자격 변경'란을 참조하기 하기 바라며, D-8(기술창업)비자 체류자격에서 F-5(기술창업 투자자, 영주)비자 체류자격으로 변경하기 위해서는 D-8(기술창업) 자격으로 3년 이상 국내 체류하고 있는 자로서 3억원 이상 투자금을 유치하고 2명 이상의 국민 고용하여야 하며, 영주 공통요건(품행 단정, 생계유지능력, 기본소양 요건) 및 세부자격별 요건을 충족하여야 한다. 다만, 기술창업 투자자의 경우 기본소양 요건(사회통합프로그램 등)은 면제된다.

다. 해외 우수대학 졸업자가 첨단기술인턴 후 또는 창업 시 체류특례

해외 우수대학 졸업자가 D-10 첨단기술인턴 후 또는 전문인력 특정활동 체류자격 요건을 충족하여 E-7 비자로 체류자격을 변경하거나 D-8 창업 시에는 체류특례가 인정된다.

(1) 1단계 (해외 우수 대학 재학생, 졸업생 → 첨단기술인턴)

해외 우수 대학 재학생, 졸업생의 D-10, 첨단기술인턴 비자 미국 시사주간지 타임 선정 세계 200대 대학, 영국의 글로벌 대학평가 기관 'QS(Quacquarelli Symonds)' 세계대학순위 500위 이내 해외 대학에서 첨단기술 분야를 전공하는 재학생이나 졸업 후 3년 이내 졸업생일 것을 취득요건으로 한다. 이들은 반도체와 IT, 기술경영, 나노, 디지털전자, 바이오, 수송 및 기계, 신소재, 환경 및 에너지 등 첨단기술 분야 연구시설을 갖춘 국내 상장기업이나 기업부설연구소(연구개발 전담부서 포함), 벤처 기업, 과학기술분야 정부출연 연구기관 등지에서 일을 할 수 있다.

첨단분야 인턴에 대한 체류 지원 특례도 마련되었다. 1회 부여할 수 있는 체류 기간은 1년이고, 인턴 급여 수령도 최저임금 이상으로 허용한다. 유학, 취·창업 지원을 위해서는 국내 대학으로 유학을 희망할 경우 제출 서류를 간소화하고, 취업·창업 비자로 변경 시 특정활동(E-7) 자격의 학력, 경력 요건을 면제하는 등 우대 조항을 적용한다. 다만, 국내 청년 일자리가 침해되지 않도록 기업은 고용인원의 20% 범위 안에서만 해외 대학 인턴을 채용할 수 있다. 인력 확보가 어려운 중소·벤처기업은 설립 후 3년까지는 이 제한을 받지 않는다.

(2) 2단계 (첨단기술인턴 → E-7, 전문인력 or D-8,기술창업)

첨단기술인턴(D-10)이 E-7, 전문인력 직종에 맞는 취업 요건 충족 시에는 E-7, 전문인력으로 체류자격의 변경이 가능하다.

다만, 첨단기술인턴(D-10) 자격으로 국내 기업 등에서 1년 이상 인턴활동을 한 자로서, 인턴 활동 분야에 정식 취업하고, 임금이 전년도 1인당 GNI 이상인 경우, 특정활동(E-7) 체류자격 변경 시 학력, 경력 등의 요건이 면제되는 특례가 적용된다.

또한, 첨단기술인턴(D-10)이 국내 전문학사 이상 취득, 국외 학사 이상 취득 또는 중앙행정기관의 장이 추천한 사람으로서 점수제 등 요건을 충족하거나, K-startup 그랜드챌린지 참여자로서 요건을 충족하는 경우에는 D-8, 기술창업 비자로의 변경이 가능하다.

다만, 사회통합프로그램 3단계 이상 이수자의 경우에는 점수제 가점 부여되고, 첨단기술인턴(D-10) 자격으로 국내 기업에서 1년 이상 인턴활동을 한 자로, 인턴 활동 분야 기술창업 희망 시 기술창업(D-8) 점수제 가점이 부여된다.

3. 취업 가능범위 - 시간제 취업위주

유학(D-2) 체류자격에서 일반구직(D-10) 체류자격으로 변경 허가를 받은 자로 국내 정규 대학 전문학사 이상 학위를 취득하고, 학위 취득일로부터 3년이 경과하지 않은 자, TOPIK 4급 이상 유효 성적표 및 사회통합프로그램 중간평가 합격증 또는 사전평가 점수표(81점) 이상 소지자, 전문직종(E-1~E-7) 체류자격으로 체류한 사실이 없는 자, 출입국관리법 및 다른 법 위반 사실이 없는 자 (과태료 처분 제외) 등의 요건을 모두 갖춘 자는 외국인 유학생 시간제 취업 활동 가능 분야에서 시간제 취업이 가능하다.

4. 동반 가족 초청

F-3, 동반비자는 점수제 구직(D-10) 자격이 경우 주 자격사의 점수 총점이 80점 이상인 경우에 한해 배우자 및 미성년 자녀를 F-3(동반) 자격으로 초청 가능하며, 점수제 면제 특례자도 구직 점수 요건 충족 시에만 동반 비자로 초청이 가능하다.

제4장 취업(전문인력) (C-4, E-1 ~ E-7)

1. 취업(전문인력) 비자의 종류

체류자격	세부 대상
C-4(단기취업)	• 계절근로 단기취업 • 그 외 단기취업 (일시흥행, 강의, 연구 등)
E-1(교수)	• 전문대학 이상의 교육기관 등에서 교육, 연구, 지도하는 자
E-2(회화지도)	• 외국어 회화 지도 강사 • 정부초청 보조교사
E-3(연구)	• 자연과학, 사회과학, 인문학, 예체능 등 분야의 연구원
E-4(기술지도)	• 공·사기관에서 자연과학 분야의 전문지식 또는 산업상 특수분야의 기술 제공하는 자
E-5(전문직업)	• 법률, 회계, 의료 등 전문 분야에 근무하는 자
E-6(예술흥행)	• 음악, 미술, 문학 등의 예술, 방송연예 활동하는 자 • 호텔업 시설, 유흥업소 등에서 공연하는 자 • 운동선수, 프로팀 감독, 매니저
E-7(특정활동)	• 전문인력 • 준전문인력 • 일반기능인력 • 숙련기능인력(점수제)

가. C-4(단기취업)

(1) 활동범위 및 대상 : 수익을 목적으로 단기간 취업활동을 하려는 자

C-4(단기취업) 체류자격은 ⅰ) 일시 흥행, 광고·패션 모델, 강의·강연, 연구, 기술지도 등 별표 1의2 중 14. 교수(E-1)부터 20. 특정활동(E-7)까지의 체류자격에 해당하는 분야에 수익을 목적으로 단기간 취업활동을 하려는 사람, ⅱ) 각종 용역계약 등에 의하여 기계류 등의 설치·유지·보수, 조선 및 산업설비 제작·감독 등을 목적으로 국내 공공기관·민간단체에 파견되어 단기간 영리활동을 하려는 사람, ⅲ) 법무부장관이 관계 중앙행정기관의 장과 협의하여 정하는 농작물 재배·수확(재배·수확과 연계된 원시가공 분야를 포함한다) 및 수산물 원시가공 분야에서 단기간 취업 활동을 하려는 사람으로서 법무부장관이 인정하는 사람 등이 그 대상이다.

C-4(단기취업) 체류자격은 1회에 부여할 수 있는 체류기간 상한이 90이고, 원칙적으로

연장이 불가능하다. 이점은 C-3 비자와 동일하다. 단기비자인 C-3 비자와의 가장 큰 차이점은 수익적 활동으로 인한 보수 혹은 수당을 받는다는 점이다.

(2) 초청사유

C-4(단기취업) 체류자격은 i) 광고, 패션모델, 운동경기, 경연 등에 활동을 하려는 경우, ii) 교수 (E-1)나 전문인력 (E-7)의 자격 대상으로서 강의, 강연, 연구활동을 하려는 경우, iii) 영어캠프 등에서 90일 이하 회화지도 활동을 하려는 경우, iv) IT, E-business, 생물산업, 나노기술, 신소재분야, 수송기계, 디지털전자 및 환경 에너지, 기술경영 분야 종사 하려는 자로서 소관부처의 고용추천이 있는 경우, v) 수입기계 등의 설치, 보수, 조선 및 산업설비 제작 및 감독 등 각종 용역제공계약, 구매계약, 사업수주 계약 등에 의해 국내에 파견되어 국내 공·사기관으로부터 체재비 등 보수성 경비를 지급받고 근무하려는 경우, vi) 그 밖에 고용의 필요성으로 인해 단기취업을 하려는 경우 등이 사유로 수익을 목적으로 단기간인 90일미만 취업활동을 하려는 자 등을 초청하는 단기위업 비자이며, 단순노무 직종은 단기위업 자격에 해당하지 아니한다.

나. 첨부서류

구 분	첨부서류
수입기계 등의 설치,보수, 조선 및 산업설비 제작,감독	• 사증발급신청서 , 여권, 표준규격사진 1매, 수수료 • 용역계약서(또는 구매계약서, 사업수주계약서 등) 사본 • 파견명령서 또는 출장명령서 • 초청회사 사업자 등록증 및 대표 신분증 사본 • 거주 숙소제공 확인서 : 숙소를 초청회사에서 제공하는 경우 • 피초청인의 해당 업무 관련 입증서류: 재직증명서,경력증명서 등
영어캠프 등에서 90일 이하 회화지도	• 사증발급신청서,여권, 표준규격사진 1매, 수수료 • 학위관련 검증서류(아래 사항 중 택1) – 학위증 사본(아포스티유 확인 또는 해외주재 대한민국 공관의 영사확인)– 해당 대학에서 발행한 학위취득 증명서(아포스티유 확인 또는 해외주재 대한민국 공관의 영사확인) – 학위취득 사실이 기재된 졸업증명서(아포스티유 확인 또는 해외주재 대한민국 공관의 영사확인) • 범죄경력증명서-아포스티유 또는 해외주재 대한민국 공관의 영사확인 • 고용계약서 • 사업자등록증, 법인등기부등본 또는 교육기관 설립관게 서류 • 평생교육시설등록증 등 평생교육시설 신고수리·지정관련 서류 • 영어캠프 운영일정표 및 강의시간표-해당 외국인 참여시간 표기

공연, 광고, 패션모델 등의 취업활동 또는 운동경기, 바둑시합, 가요 경연 등에 참가	**[공연법에 의해 공연하는 경우]** • 사증발급신청서, 여권, 표준규격 사진 1매, 수수료 • 영상물등급위원회 – 제주특별자치도의 경우 제주특별자치도지사)의 공연추천서(추천 제외 대상공연은 면제 • 공연계획서, 공연계약서 • 피초청인이 미성년자인 경우 법정대리인의 동의서
	[호텔, 유흥업소 등에서 공연 또는 연예활동의 경우] • 사증발급신청서, 여권, 표준규격 사진 1매, 수수료 • 영상물등급위원회의 공연추천서 – 관광업소에서의 연주, 가요, 곡예, 마술에 대한 공연추천은 '주한 미8군 영내클럽, – 3급 이상 관광호텔, 관광유람선, 휴양콘도미니엄, 관광극장유흥업, 외국인전용음식점, 국제회의시설의 부대시설'을 제외하고 추천하지 않음 – 단, 관광업소중 공연법령의 규정에 의하여 등록된 공연장(예: 워커힐 호텔, 부산롯데호텔 등)에서의 퍼레이드 쇼 뮤지컬 등 가무적 요소를 갖춘 공연과 유원시설(예: 에버랜드, 롯데월드, 서울랜드 등) 및 국제회의시설의 부대시설(코엑스 벡스코 등 무역전시장 및 롯데 하얏트 등 특급호텔)에서의 '가무'도 공연추천 • 연예활동계획서 • 자격증명서 또는 경력증명서, • 신원보증서 • 피초청인이 미성년자인 경우 법정대리인의 동의
	[광고 모델의 경우] • 사증발급신청서, 여권, 표준규격 사진 1매, 수수료 • 사업자등록증 • 대중문화예술기획업 등록증 • 부가가치세 과세표준증명⑤ 납세증명서 • 기타 기업의 건전성을 증빙하는 서류 • 고용계약서, 신원보증서, 이력서, 보호자 동의서 (미성년인 경우) • 광고촬영 패션쇼 관련 계약서(광고건별 제출) – 광고주 초청업체 계약 시 : 광고주 ↔ 초청업체, 초청업체 외국인 각 1부(총 2부) – 광고대행사 초청업체 계약 시 : 광고주 광고대행사, 광고대행사, 초청업체, 초청업체 외국인 각 1부(총3부) ▶ 계약서 필수 포함사항 : 대금 지불방법, 권리의무 관계(저작권), 계약당사자의 서명 또는 날인 • 광고촬영·패션쇼 관련 모델 사용 개요(광고주 작성), 국내 활동 계획서 • 기타 모델의 전문성을 입증할 수 있는 서류 • 직전 초청 외국인의 국내 활동 내역, 귀국 여부 등 증빙서류 – 해당사항이 있는 경우 해당 공관 사증발급 신청건만 해당 ▶ 영사 인터뷰 필수
	그 밖의 사유 • 사증발급신청서, 여권, 표준규격사진 1매, 수수료 • 소관 중앙행정기관 장의 고용추천서 또는 고용의 필요성을 입증하는 서류 • 피초청인이 미성년자인 경우 법정대리인의 동의

교수(E-1) 또는 특정활동(E-7) 자격 대상자로 강의 강연 연구활동을 하는 자 (대학교원 또는 관련분야 전문가 등)	• 사증발급신청서, 여권, 표준규격사진 1매, 수수료 • 고용(강의 · 강연)계약서 또는 강의료 액수 등 수익금액이 기재되어 있는 초청장(사증발 급 협조요청 문서) • 신청인의 학위증 사본 및 재직증명서 • 초청 교육기관 등의 설립관련 서류 (사업자등록증 사본 또는 법인등기사항전부증명서 등) ▶ 초청에 의한 1회성 강의 · 강연 · 자문활동 등의 경우 단기취업(C-4-5) 비자가 아닌 다 른 단기비자 소지자(C-3, B-1, B-2) 소지자도 가능

나. E-1(교수)

E-1(교수) 비자신청은 전문대학 이상 교육기관 및 연구기관에서 근무하는 외국인 교수 채용을 위해 신청이 가능하며, 특히 교수(E-1), 연구(E-3), 기술지도(E-4) 및 전문직업(E-5) 자격 등의 발급대상은 영사의 인터뷰가 필요없는 비자유형임에 주의를 요한다.

(1) 활동범위 및 해당자

전문대학 이상 교육기관에서 90일을 초과하여 교육 또는 연구 지도활동을 하는 대학의 장, 교수 부교수 조교수 또는 겸임교원 명예교수 초빙교원 교환교수 등, 외국인 교수 초청을 위한 비자이다.

(가) 고등교육법에 의한 자격요건을 갖춘 외국인으로서 전문대 이상의 교육기관이나 이에 준하는 기관에서 교육 또는 연구지도

한국과학기술원 등 학술기관의 교수, 전문대학 이상의 교육기관에서 임용하는 전임강사 이상의 교수, 대학 또는 대학부설연구소의 특수분야 연구교수 등을 말한다.

(나) 고급과학 기술인력

전문대학 이상의 교육과학기술분야의 교육 · 연구지도 활동에 종사하고자 하는 자로서 교육부장관의 고용추천이 있는 자를 말한다.

(2) 대상

(가) 전문대 이상의 교육기관이나 이에 준하는 기관에서 교육 또는 연구지도

전문대학 이상 교육기관에서 91일 이상 교육 또는 연구 · 지도활동을 하는 대학의 장(총장 ·

학장), 교수·부교수·조교수, 겸임교원·명예교수·초빙교원, 교환교수 등 아래의 기준을 갖춘 자가 그 대상이다.

1) 대상 및 자격기준

가) 총·학장

교수자격을 갖춘 자 중에서 소정의 절차에 따라 임용하고, 교무총괄· 교직원감독·학생 지도가 임무(법 제15조 제1항)인 자이다.

나) 교수·부교수·조교수

아래【별표】에 해당하거나 대학인사위원회 또는 교원인사위원회의 인정을 받은 교원으로서, 학생을 교육·지도하고 학문을 연구 (법 제15조 제2항·제16조, 대학교원 자격기준 등에 관한 규정 제2조)하는 자이다.

【별표】교원 및 조교의 자격기준

연구·교육 \ 학력	대학졸업자·동등자격자			전문대학졸업자·동등자격자		
직명 \ 경력연수*	연구실적 연 수	교육경력 연 수	계	연구실적 연 수	교육경력 연 수	계
교 수	4	6	10	5	8	13
부교수	3	4	7	4	6	10
조교수	2	2	4	3	4	7
강 사	1	1	2	1	2	3
조 교	근무하려는 학교와 동등 이상의 학교를 졸업한 학력이 있는 사람					

* 연구실적연수와 교육경력연수 중 어느 하나가 기준에 미달하더라도 연구실적연수와 교육경력연수의 합계가 해당 기준을 충족하면 자격기준을 갖춘 것으로 본다.

다) 기타

그 외 겸임교원은 고등교육법 제16조의 규정에 의한 별표 자격기준을 갖추고 관련분야에 전문지식이 있는 자 (고등교육법 시행령 제7조 1호)이며, 명예교수는 교육 또는 학술상의 업적이 현저한 자로서 교육과학기술부령으로 정하는 자 (고등교육법 시행령 제7조 2호, 명예교수규칙 제3조)이고, 초빙교원은 고등교육법 제16조의 규정에 의한 별표 자격기준에 해당하는 자 (다만, 특수한 교과를 교수하게 하기 위해 임용하는 경우에는 그 자격기준에 해당하지 아니하는 자를 임용할 수 있음. 고등교육법시행령 제7조 4호)이며, 대학 간의 교환교수 교류협정에 따라 국내 대학에 파견되는 교환교수 등이다.

(2) 고급과학 기술인력

교육부장관의 추천을 받고 전문대학 이상의 교육기관에서 과학기술 분야의 교육 · 연구지도 활동에 종사하는 고급과학 기술인력으로서 아래의 기준을 갖춘 자이다.

이공계 박사학위소지자 또는 이공계 석사학위를 소지하고 해당분야 연구 개발업무 3년 이상 종사자, 단, 산업기술촉진법 등 관련법령에 따라 자연과학분야나 산업상의 고도산업기술을 개발하기 위해 전문대학 이상의 교육기관에서 연구하는 과학기술자 연구(E-3)자격에 해당하는 자가 그 대상이다.

구분	첨부서류
전문대 이상의 교육기관이나 이에 준하는 기관에서 교육 또는 연구지도	• 사증발급인정신청서, 여권, 표준규격사진 1매 • 경력증명서 및 학위증 – 조교수 이상의 자격기준에 해당하는 전임교수 등의 경우 제출 생략 • 고용계약서 또는 임용예정확인서 – 파견 또는 협약에 따른 교환교수, 방문교수 등에 대해서는 대학 명의의 위촉·초청 공문(임금요건 불필요)으로 대체 가능(경력증명서 및 학위증 생략 가능) • 초청학교 설립관련 서류 – 사업자등록증 사본 또는 법인등기사항전부증명서 ➡ 대리인 신청시 : 위임장, 대리인 재직증명서, 대리인 신분증 추가 제출 ▶ 출입국 · 외국인청(사무소 · 출장소)장은 초청의 진정성, 초청자 및 피초청자의 자격 확인 등을 심사하기 위해 첨부서류의 일부를 가감할 수 있음
고급과학 기술인력	• 사증발급인정신청서, 여권, 표준규격사진 1매 • 고용계약서 또는 임용예정확인서* * 학위증 및 경력증명서는 제출 면제 (고용추천과정에서 교과부 등이 사전검증 완료 • 교육부장관의 '고급과학기술인력' 고용추천서*(다만, 경제자유구역 내에서 취업활동을 하려는 자는 관할 특별시장 · 광역시장 · 도지사의 고용추천서 또는 고용의 필요성을 입증할 수 있는 서류) • 초청기관 설립관련 서류 (사업자등록증 또는 법인등기사항전부증명서) • BK21 관련 공문 사본 (해딩자에 한함) ➡ 대리인 신청시 : 위임장, 대리인 재직증명서, 대리인 신분증 추가 제출

다. E-2(회화지도)

(1) 활동범위 및 대상

(가) 활동범위

법무부장관이 정하는 자격요건을 갖춘 외국인으로서 외국어전문학원, 초등학교 이상의 교육기관 및 부설어학연구소, 방송사 및 기업체부설 어학연수원 기타 이에 준하는 기관 또는 단체에 채용되어 외국어 회화지도[48]를 하는 외국인의 경우 E-2 비자가 필요하다.

(2) 활동장소

E-2 비자를 받고 입국한 외국인이 활동할 수 있는 장소는 외국어전문학원, 초등학교 이상의 교육기관 및 부설어학연구소, 방송사 및 기업체부설 어학연수원 기타 이에 준하는 기관 또는 단체 등이다.

(다) 해당자

구분	활동장소
E-2-1(일반회화강사)	해당 외국어를 모국어로 하는 국가의 국민으로서 해당 국가에서 대학 이상의 학교를 졸업하고, 학사 이상의 학위를 소지한 자 또는 이와 동등 이상의 학력이 있는 자 ▶ 외국어전문학원, 초등학교 이상의 교육기관 및 부설어학연구소, 방송사 및 기업체 부설 어학연수원, 그 밖에 이에 준하는 기관 또는 단체에서 외국어 회화지도에 종사하려는 사람 ▶ 국내 대학 졸업자에 대한 특례 : 해당 외국어를 모국어로 하는 국가에서 고등학교 또는 전문대학을 졸업하고 국내의 대학에서 학사 이상의 학위를 취득한 경우 자격 인정 ▶ 공용어 사용 국가 국민에 대한 특례 : 영·중·일어를 제외한 나머지 외국어에 대해 해당 외국어를 공용어로 사용하는 국가의 국민 중 아래 요건을 갖출 시 회화지도 자격 부여 • 해당 외국어에 대한 공인된 교원자격을 소지하거나 해당 외국어 관련 학과 학사 학위 이상을 소지할 것 • 임금요건이 전년도 국민 1인당 GNI의 80% 이상 일 것 * 단, 주한공관문화원 등 비영리기관에 대해서는 당해 연도 최저임금 이상 요건 적용

---

48) 회화지도란, 외국어전문학원·교육기관·기업·단체 등에서 수강생에게 외국어로 상호 의사소통하는 방법을 지도하는 활동을 말한다. 따라서 외국어로 특정 어학이나 문학 또는 통·번역 기법 등을 지도하는 것은 회화지도 활동에 해당하지 않는다.

	교육부 또는 시·도 교육감 주관으로 모집 또는 선발된 자로서 초·중·고등학교에서 근무하고자 하는 자
E-2-2(학교보조교사)	**원어민 영어보조교사(EPIK)** ▶ 영어를 모국어로 하는 국가* 국민으로서 출신국가에서 대학을 졸업하고 학사학위 이상의 학위를 취득한 자 　* 영어 모국어 국가(7개국) : 미국, 영국, 캐나다, 남아공, 뉴질랜드, 호주, 아일랜드 **한-인도 CEPA협정에 따른 영어보조교사** ▶ 인도 국적자로서 대학 이상의 학교를 졸업하고 학사이상의 학위와 교사자격증(영어전공)을 소지한 자 **정부초청 해외 영어봉사장학생(TaLK)** ▶ 영어를 모국어로 하는 국가 국민으로서 　- 출신국가에서 대학 2년 이상을 이수(단, 영국인의 경우에는 영국대학 1년 이상 이수)하였거나 전문대학 이상을 졸업한 자 　- 또는 10년 이상 해당 외국어로 정규교육을 받고 국내 대학에서 2년 이상을 이수하였거나 전문대학 이상을 졸업한 자 **원어민 중국어보조교사(CPIK)** ▶ 중국 국적자로서 중국 내 대학 이상의 학교를 졸업하고, 학사 이상의 학위증과 중국 국가한어판공실이 발급한 '외국어로서 중국어 교사 자격증서'를 소지한 자
전문인력, 유학생의 비영어권 배우자에 대한 영어 회화지도 강사	▶ 전문인력(E-1~E-7)* 및 유학생(이공계 석·박사 이상에 한함)의 배우자로서 영어권 출신이 아니라도 TESOL** 자격을 소지하고 학사 이상의 학위를 소지한 자 또는 동등 이상의 학력이 있는 자 　* 호텔·유흥(E-6-2) 자격은 제외함 　** TESOL : 영어가 모국어가 아닌 사람이 비영어권국가에서 영어를 가르칠 수 있도록 자격을 부여하는 영어전문 교사 양성과정

(2) 첨부서류

구분	첨부서류
외국어 보조교사	• 사증발급신청서, 여권, 표준규격사진 1매, 수수료 • 원어민 영어 보조교사 또는 원어민 중국어보조교사 합격증 또는 Talk장학생 초청장*(국립 국제교육원장 또는 시·도 교육감 발급) 　* 국립국제교육원 또는 시·도교육감이 학력사항 및 범죄경력 등을 검증한 후에 합격통지 서 또는 초청장을 발급하기 때문에 원칙적으로 해당서류 제출 면제 • 시·도 교육감 등과 체결한 고용계약서
외국어학원 강사	• 사증발급인정신청서, 여권, 표준규격사진 1매 • 공적확인*을 받은 학력증명서 (학위증 사본, 학위취득 증명서, 학위취득 사실이 기재된 졸 업증명서 중 1종만 제출) 　* 아포스티유 확인(협약국가) 또는 해외주재 한국공관 영사확인 (아포스티유협약 미체결 국가) 또는 자국 정부기관의 별도 확인 문서(일본의 경우) 　– 국내 대학에서 학위를 취득한 경우에는 공적확인을 받지 않은 학위증 사본 제출 허용 　– 과거에 공적확인을 받은 학력 입증서류를 제출한 경우에는 제출 면제 • 공적확인*을 받은 자국정부 발급 범죄경력증명서 (자국 전역의 범죄경력이 포함되어 있어 야 함) 　* 아포스티유 확인(협약국가) 또는 주재국 한국공관 영사확인 (아포스티유협약 미체결국 가) 　– 범죄경력증명서는 접수일 기준 6개월 이내에 발급된 것이어야 함 　– 과거에 공적확인을 받은 범죄경력증명서를 제출하고 체류하다 출국한 후 3개월 이내에 재신청하는 경우에는 제출을 면제하고, 재입국일 기준 해외 체류기간이 3개월을 초과하 는 경우에는 외국인등록 시에 새로 제출 • 공적확인을 받은 제3국 범죄경력증명서('20. 1. 1. 시행) 　– 자국 이외의 국가에서 학위를 취득한 경우 제출 　– 범죄경력증명서의 내용 및 기준 등은 상기 ③ 자국 범죄경력증명서 규정 준용 • 자기건강확인서 ('18.5.15. 개정된 서식) • 고용계약서(최소 임금요건 : 당해연도 최저임금 이상), 학원 또는 단체 설립관련 서류 • 기타 심사에 필요한 참고자료 　– 강사활용계획서, 수강생 및 직원현황 등 ➡ 대리인 신청시 : 위임장, 대리인 재직증명서, 대리인 신분증 추가 제출

라. E-3(연구)

(1) 활동범위

E-3(연구) 비자는 자연과학분야의 연구 또는 산업상 고도기술의 연구개발 종사, 고급과학 기술인력, 사회과학·인문학·예체능 분야의 연구 인력 등으로 활동하고자 하는 외국인의 경 우 E-3 비자가 필요하다.

(2) 대상

(가) 대상

E-3 비자의 해당자는 ⅰ) 특정 연구기관 육성법, 정부출연 연구기관 등의 설립·운영 및 육성에 관한 법률, 과학기술분야 정부출연연구기관 등의 설립·운영 및 육성에 관한 법률에 의한 연구기관에서 자연과학·사회과학·인문학·예체능 분야의 연구 또는 산업상의 고도기술의 연구개발에 종사하는 자, ⅱ) 방위사업법의 규정에 의한 연구기관에서 연구 활동에 종사하는 과학기술자, ⅲ) 산업기술혁신촉진법 등 관련법령에 따라 자연과학분야 또는 산업상의 고도산업기술을 개발하기 위하여 각주49)상의 기관 또는 단체와 계약을 맺어 동 기관 또는 단체에서 연구하는 과학기술자, ⅳ) 정부출연연구소, 국·공립연구소, 기업부설연구소 등 이공계 연구기관에서 자연과학분야의 연구 또는 산업상 고도기술의 연구개발에 종사하고자 하는 자로서 과학기술정보통신부장관의 고용추천이 있는 자, ⅴ) 전문대학 이상의 교육기관 또는 기타 학술연구기관 등에서 사회과학·인문학·예체능 분야의 연구를 하고자 하는 자 등이다.

(나) 자격요건

박사 학위 소지자(취득 예정자)이며, 만일 석사 학위의 경우 석사 학위 소지자로서 3년 이상 경력자이다.

【경력요건 면제 대상자】

구 분	세부 내용
국내 석사 학위 소지자	국내 대학을 졸업한 석사 학위 소지자
해외 우수대학 석사 학위 소지자	① TIMES誌 선정 세계 200대 대학 또는 ② QS 세계 순위 500위 이내 해외 우수대학 졸업 석사 학위 소지자
우수 학술논문 저자	SCIE, A&HCI, SCI, SSCI 등재 논문 저자* * 주저자, 공저자(제2저자 이하), 교신저자로 확인되는 경우 인정

---

49) - 기업부설연구소
   - 산업기술연구조합육성법에 의한 산업기술연구조합
   - 교육법에 의한 대학 또는 전문대학
   - 산학협력법에 의한 산학협력단
   - 국·공립 연구기관
   - 산업기술혁신촉진법에 의한 기술 지원공공기관
   - 민법 또는 다른 법률에 의하여 설립된 과학기술분야의 비영리법인인 연구기관
   - 기타 과학기술분야의 연구기관이나 단체와 영리를 목적으로 하는 법인

(3) 비자신청절차

(가) 사증발급신청절차

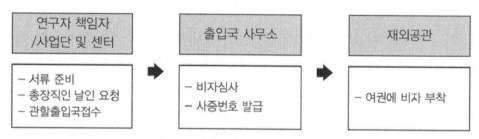

1) 연구자 책임자/사업단 및 센터: 연구원 고용 신청을 마친 후 관련 서류 구비하여 총장직인 날인 후 관할 출입국에 사증번호발급 신청
2) 출입국 사무소(사증과): 서류 심사 후 사증번호 발급
3) 고용예정 연구원: 재외공관에 비자신청

(나) 사증발급 신청 이후

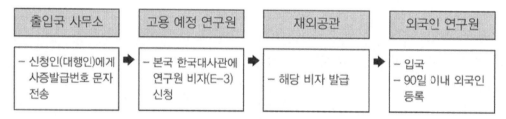

1) 소요기간: 관할 출입국 사무소 접수 후 2~4주 소요
2) 입국이후: 90일 이내에 외국인 등록(관할 출입국 사무소)

(4) 첨부서류

구분	첨부서류
	1. 사증발급인정신청서 [목록 – Notice: 사증발급인정신청서 다운]
	1. 사진 1장
	– 프린트 된 사진은 사용할 수 없음
	– 최근 6개월 이내 촬영 된 컬러증명사진
	– 규격 : 3.5cm x 4.5cm
	– 증명사진 촬영시 사진배경색은 어두운색보다는 밝은색을 권장
	1. 여권사본
	– 중국인일 경우 거민증 사본과 호구부 사본 첨부 원본대조필 도장을 찍고, 담당교수님 및 담당선생님의 서명 후 제출

거민증 (居民證) : 그 지방이나 그 나라에 사는 주민임을 확인하는 증명 문건
호구부 (戶口簿) : 우리나라 호적등본, 가족관계증명서에 해당되는 서류. 가족과 함께 입국 예정
인 경우 각각의 호구부가 아닌, 결혼 후 남편과 아내의 정보가 합쳐진 호구부로
제출
1. 고용계약서
1. 최종학위증 원본
- 부득이하게 사본 제출 할 경우 원본대조필 도장을 찍고, 담당교수님 또는 담당선생님의 서명
후 제출
1. 경력증명서 원본 (박사학위자는 경력증명서 없이 가능)
- 부득이하게 사본 제출 할 경우 원본대조필 도장을 찍고, 담당교수님 또는 담당선생님의 서명
후 제출
1. 이력서(연구실적리스트포함)
1. 연구(활용)계획서 [파일첨부]
1. 초청사유서 [파일첨부]
1. 사업자등록증사본(인사팀에서 준비하는 서류)
1. 위임장(인사팀에서 준비하는 서류)
1. 위임자의 재직증명서(인사팀에서 준비하는 서류)

마. E-4(기술지도)

E-4(기술지도)는 국외로부터 기술도입계약이나 용역거래 계약을 통해 산업상 고도한 기술을
제공받기 위해 해외 우수인력을 초청하기 위한 비자이다.

(1) 대상

E-4(기술지도) 비자의 해당자는 국내에서 구할 수 없는 산업상의 고도기술 등을 국내 공·
사 기관에 제공하는 자, 즉, 외국의 용역발주업체에서 파견되어 산업상의 특수분야에 속하는
기술을 제공하는 자 및 국내 산업체에서 도입한 특수기술 등을 제공하는 자 등이다.

(2) 활동범위

E-4(기술지도) 비자의 활동범위는 공·사기관에서 자연과학분야의 전문지식 또는 산업상의
특수 분야에 속하는 기술 제공 등이다.

(3) 첨부서류

구분	첨부서류

산업상 고도기술 제공	① 사증발급인정신청서 (별지 제21호 서식), 여권, 표준규격사진 1매
	② 공사기관 설립관련 서류
	  – 사업자등록증, 외국인투자기업등록증, 지사설치허가서 등
	③ 기술도입계약신고수리서, 기술도입계약서(또는 용역거래 계약서) 또는 방산업체지정서 사본
	  ※ 용역거래 : 거주자와 국외 특수관계자 간의 경영관리, 금융자문, 지급보증, 전산지원 및 기술지원 그밖에 사업상 필요하다고 인정되는 거래(국제조세조정에 관한 법률 시행령 제6조의 2)
	④ 파견명령서(또는 재직증명서)
	  ➡ 대리인 신청시 : 위임장, 대리인 재직증명서, 대리인 신분증 추가 제출

구분		첨부서류
한·인도 사증절차간소화협정 관련 사증발급 대상자	공통	① 사증발급인정신청서 (별지 제21호 서식), 여권, 표준규격사진 1매
	기업내 전근자	② 파견명령서 및 1년 이상의 재직증명서 ③ 지사 또는 연락사무소 설치허가서 사본
	계약서비스 공급자 (contractual services suppliers) 또는 이를 지원하는 자	② 고용주가 발행한 재직증명서, 인도정부발행 사업자등록증 등 회사(기관)설립 관련 서류 ③ 우리나라 회사 또는 기관과의 서비스 공급계약 체결 입증 서류
	독립전문가 (an independent professionals)	② 고용 계약서 또는 용역계약서 등 계약을 입증하는 서류 ③ 학위증, 관련 분야 자격증, 1년 이상 해당 분야 취업경력 입증 서류
	➡ 대리인 신청시 : 위임장, 대리인 재직증명서, 대리인 신분증 추가 제출	
	※ 출입국·외국인청(사무소·출장소)장은 초청의 진정성, 초청자 및 피초청자의 자격 확인 등을 심사하기 위해 첨부서류의 일부를 가감할 수 있음	

바. E-5(전문직업)

E-5 비자란 전문직업비자로써, 대한민국 법률에 따라 자격이 인정된 외국의 변호사, 공인회계사, 의사, 그 밖에 국가공인 자격이 있는 사람으로서 대한민국 법률에 따라 할 수 있도록 되어 있는 법률, 회계, 의료 등의 전문업무에 종사하려는 사람을 대상으로 하며, E-1 비자에 해당하는 교수는 제외한다.

(1) 활동범위

E-5(전문직업)비자의 활동범위는 대한민국의 법률에 의하여 행할 수 있도록 되어 있는 전문 업무 종사이다.

(2) 대상

E-5(전문직업)비자의 해당자는 대한민국의 법률에 의하여 인정된 외국의 국가공인자격증을 소지한 자로서 대한민국 법률에 의하여 행할 수 있도록 되어 있는, 국토해양부장관의 추천을 받은 항공기조종사, 최신의학 및 첨단의술 보유자로서 보건복지부장관의 고용추천을 받아 다음 의료기관에 근무하고자 하는 의사,[50] 국내의 의(치)과 대학을 졸업한 후 대학부속병원 또는 보건복지부장관이 지정한 병원 등에서 인턴·레지던트 과정을 연수하는 자, 남북교류협력에 관한 법률 규정에 따라 남북 협력사업 승인을 받은 자가 금강산 관광개발사업 등의 목적으로 초청하는 관광선 운항에 필요한 선박 등의 필수전문인력, 국내 운수회사 등에 고용되어 선장 등 선박 운항의 필수전문요원으로 근무하고자 하는 자 등이다.

(3) 첨부서류

구분	첨부서류
공관장 재량	[항공기 조정사, 선장, 선박운항 필수전문요원 등] ① 사증발급신청서 (별지 제17호 서식), 여권, 표준규격사진 1매, 수수료 ② 학위증 및 자격증(면허증) 사본 ③ 소관 중앙행정기관장의 고용추천서(다만, 경제자유구역 내에서 취업활동을 하려는 자는 관할 특별시장·광역시장·도지사의 고용추천서 또는 고용의 필요성을 입증할 수 있는 서류) 또는 고용의 필요성을 입증할 수 있는 서류 ④ 고용계약서
재량으로 발급할 수 있는 경우 제외 (사증발급인정서 발급)	① 사증발급인정신청서 (별지 제21호 서식), 여권, 표준규격사진 1매 ② 초청사유서 ③ 학위증 및 자격증 사본 ④ 소관 중앙행정기관의 장의 고용추천서 또는 고용의 필요성을 입증할 수 있는 서류 - 다만, 경제자유구역 내에서 취업활동을 하려는 자는 관할 특별시장·광역시장·도지사의 고용추천서 또는 고용의 필요성을 입증할 수 있는 서류 또는 고용의 필요성을 입증할 수 있는 서류 ⑤ 고용계약서

---

50) 국가 또는 지방자치단체 의료기관, 의료법인, 비영리법인 및 정부투자기관에서 개설한 의료기관 등에 근무하고자 하는 의사.

사. E-6(예술흥행)

연예인 비자로 알려진 E-6(예술흥행)비자는 대한민국에서 90일 이상 장기 거주하면서 주로 수익을 목적으로 한 연예, 연주, 연극, 운동경기, 광고, 패션모델, 기타 이에 준하는 활동을 하고자 하는 자가 신청하는 비자이다.

(1) 활동범위

분류기호	활동분야(예시)
E-6-1 (예술·연예)	수익이 따르는 음악, 미술, 문학 등의 예술활동 및 전문 방송연기에 해당하는 자와 공연법의 규정에 의한 전문 연예활동에 종사하는 자 (작곡가·화가·사진작가 등 예술가, 오케스트라 연주·지휘자, 광고·패션모델, 바둑기사, 방송인, 연예인, 연극인, 분장사 등)
E-6-2 (호텔·유흥)	'E-6-1'에 해당하지 않고 관광진흥법에 의한 호텔업시설, 유흥업소 등에서 공연 또는 연예활동에 종사하는 자 (가요·연주자, 곡예·마술사 등) - 관광진흥법 제3조제1항제6호의 규정에 의한 국제회의시설의 부대시설 종사자 및 관광진흥법에 의한 관광업소 중 공연법에 의해 등록된 공연장(예 : 워커힐 호텔 등)에서 활동하려는 자
E-6-3 (운동)	축구·야구·농구 등 프로 운동선수 및 그 동행 매니저 등으로 운동 분야에 종사하는 자 (축구·야구·농구 등 프로선수, 프로팀 감독, 매니저 등)

(2) 대상

(가) 수익이 따르는 음악, 미술, 문학 등의 예술 활동

수익이 따르는 음악, 미술 등의 예술활동이란 창작활동을 하는 작곡가, 화가, 조각가, 공예가, 저술가 및 사진작가 등의 예술가, 음악, 미술, 문학, 사진, 연주, 무용, 영화, 체육, 기타 예술상의 활동에 관한 지도를 하는 자(예 : 프로 및 아마추어 스포츠 감독, 오케스트라 지휘자 등) 등을 말한다.

(나) 수익을 목적으로 하는 연예, 연주, 연극, 운동경기, 광고, 패션모델 등으로 출연하는 흥행 활동

수익을 목적으로 하는 연예 등으로 출연하는 흥행활동이란 출연형태나 명목을 불문하고 수익을 위하여 개인 또는 단체로 연예, 연주, 연극, 운동 등을 하는 자(예 : 프로 및 아마추어 스포츠 선수 등) 및 스스로 연예, 연주, 연극 등에 출연하려는 자 뿐만 아니라 분장사, 매니

저 등 동행하는 자를 포함한다. 다만, 체류기간 90일 이하인 경우는 단기취업의 경우에는 C
-4-5의 체류자격에 해당된다.

(3) 첨부서류

E-6(예술흥행)비자 첨부서류	
초청인즉	피초청인측

• 사증발급인정신청서(별지 제21호 서식)
• 사업자 등록증 사본
• 고용계약서 사본
• 공연법 규정에 의한 공연인 경우
  - 영상물등급위원회의 공연추천서와 공연
• 관광진흥법에 의한 관광호텔업, 외국인전용 유흥음식
  점업 등에서 공연 또는 연예활동에 종사하려는 경우
  - 영상물등급위원회의 공연추천서와 연예활동계획
    서
  - 신원보증서
  - 공연장소 시설현황확인서(별도서식)
    * 종합유원시설업, 관광호텔업, 국제회의시설업,
      관광유람선업에 대해서는 공연장소 시설현황 확
      인서 제출 면제
• 그 밖의 경우
  - 소관 중앙행정기관의 장의 고용추천서 또는 고용의
    필요성을 입증하는 서류
• 파견의 경우 추가 서류
  - 근로자파견 사업허가증
  - 출연업소의 사업자 등록증 사본, 관광 사업자 등록
    증 사본
  - 출연업소와의 파견계약서 사본
    * 제출서류에 출연업소 대표의 인적사항(이름, 주
      민등록번호)이 확인되지 않는 경우 인적사항 확
      인 가능한 서류 추가 제출 필요
	• 여권 사본
	• 거민신분증 사본
	• 고용계약서 사본
	  - 중국인의 경우
	• 자격증명서 또는 경력증명서
	  * E-6-2의 경우 아포스티유 확인(아포스티유 협약
	    국가) 또는 영사(아포스티유 비협약 국가)확인 받
	    은 3년 이상의 경력증명서 제출 (공연과 관련 있는
	    학사 이상 학위 소지자는 아포스티유 및 영사확인
	    을 받은 학위증 제출로 3년 이상 경력증명서 제출
	    면제)
	• 미성년자인 경우
	  - 법정대리인의 동의서

아. E-7(특정활동)

E-7(특정활동) 비자는 한국인으로 대체하기 어려운 외국인 전문인력을 국내 기업 등에서 고
용하여 활용할 수 있도록 하는 비자의 한 종류이다. 여기서 특정활동이란 법무부장관이 국
가경쟁력 강화 등을 위해 전문적인 지식·기술 또는 기능을 가진 외국인력 도입이 특히 필
요하다고 지정한 분야(이하 '도입직종'이라 함)에서의 활동을 의미한다.

(1) 도입직종의 유형

'한국표준직업분류' 상 대분류 항목과 직능수준 등을 감안하여 전문직종, 준전문직종, 일반기능, 숙련기능직종으로 구분된다. 이에 따른 도입직종은 총 90개 직종이다.

(가) 관리 · 전문직종

대분류 항목 1(관리자)과 2(전문가 및 관련 종사자)의 직종(직능 수준 3, 4) 중 법무부 장관이 선정한 67개 직종(=경제이익단체 고위임원 등 15개 직종 관리자와 생명과학전문가 등 52개 직종 전문가 및 관련 종사자)

(나) 준전문 직종

대분류 항목 3(사무종사자)과 4(서비스종사자), 5(판매종사자)의 직종(직능수준 2, 3) 중 법무부 장관이 선정한 10개 직종(항공운송사무원 등 5개 직종 사무종사자와 운송서비스 종사자 등 5개 직종 서비스 종사자)

(다) 일반기능직종

대분류 항목 6(농림어업 숙련종사자) · 7(기능원 및 관련 기능 종사자) · 8(장치기계조작 및 조립종사자)의 직종(직능수준 2) 중 법무부 장관이 선정한 10개 직종(일반 : 동물사육사, 양식기술자, 할랄도축원 등 기능원 및 관련 기능인력)

(라) 숙련기능직종) 대분류 항목 6(농림어업 숙련종사자) · 7(기능원 및 관련 기능 종사자) · 8(장치기계조작 및 조립종사자)의 직종(직능수준 2) 중 점수제를 적용하는 법무부 장관이 선정한 3개 직종(점수제 : 농림축산어업, 제조, 건설 등 분야 숙련기능인력)

신 약호	분류기준	참고
E-7-1	전문인력	관리자 및 전문가 (67개 직종)
E-7-2	준전문인력	사무 및 서비스종사자 (10개 직종)
E-7-3	일반기능인력	기능원 및 관련기능종사자(10개 직종)
E-7-4	숙련기능인력(점수제)	'17.8.1신설 (3개 직종)
E-7-91	FTA 독립전문가	T6(구약호)
E-7-S	네거티브 방식 전문인력	고소득자, 첨단산업분야 종사(예정)자

〈특정활동(E-7) 허용직종 현황 : 90개〉

구 분	직 종(코드)
전문인력 (E-7-1) ※ 67개 직종	**가. 관리자 : 15개 직종** 1) 경제이익단체 고위임원(S110) 2) 기업 고위임원(1120) 3) 경영지원 관리자(1212 舊1202) 4) 교육 관리자(1312) 5) 보험 및 금융관리자(1320) 6) 문화·예술·디자인 및 영상관련 관리자(1340) 7) 정보통신관련 관리자(1350) 8) 기타 전문서비스 관리자(1390) 9) 건설 및 광업 관련 관리자(1411) 10) 제품 생산관련 관리자(1413) 11) 농림·어업관련 관리자(14901) 12) 영업 및 판매 관련 관리자(1511) 13) 운송관련 관리자(1512) 14) 숙박·여행·오락 및 스포츠 관련 관리자(1521) 15) 음식서비스관련 관리자(1522) **나. 전문가 및 관련종사자 : 52개 직종** 1) 생명과학 전문가(2111) 2) 자연과학 전문가(2112) 3) 사회과학 연구원(2122) 4) 컴퓨터 하드웨어 기술자(2211) 5) 통신공학 기술자(2212) 6) 컴퓨터시스템 설계 및 분석가(2221) 7) 시스템 소프트웨어 개발자(2222) 8) 응용 소프트웨어 개발자(2223) 9) 웹 개발자(2224 舊2228) 10) 데이터 전문가(2231 舊2224) 11) 네트워크시스템 개발자(2232 舊2225) 12) 정보 보안 전문가(2233 舊2226) 13) 건축가(2311) 14) 건축공학 기술자(2312) 15) 토목공학 전문가(2313 舊2312) 16) 조경 기술자(2314 舊2313) 17) 도시 및 교통관련 전문가(2315 舊2314) 18) 화학공학 기술자(2321) 19) 금속·재료 공학 기술자(2331) 20) 전기공학 기술자(2341 舊2351) 21) 전자공학 기술자(2342 舊2352) 22) 기계공학 기술자(2351 舊2353) 23) 플랜트공학 기술자(23512 舊23532) 24) 로봇공학 전문가(2352) 25) 자동차·조선·비행기·철도차량공학 전문가(S2353)

구 분	직 종(코드)
	26) 산업안전 및 위험 전문가(2364) 27) 환경공학 기술자(2371 舊2341) 28) 가스 · 에너지 기술자(2372 舊9233) 29) 섬유공학 기술자(2392) 30) 제도사(2395 舊2396) 31) 간호사(2430) 32) 대학 강사(2512) 33) 해외기술전문학교 기술강사(2543) 34) 교육관련 전문가(2591 舊25919) 35) 외국인학교 · 외국교육기관 · 국제학교 · 영재학교 등의 교사(2599) 36) 법률 전문가(261) 37) 정부 및 공공 행정 전문가(2620) 38) 특수기관 행정요원(S2620) 39) 경영 및 진단 전문가(2715) 40) 금융 및 보험 전문가(272) 41) 상품기획 전문가(2731) 42) 여행상품 개발자(2732) 43) 광고 및 홍보 전문가(2733) 44) 조사 전문가(2734) 45) 행사 기획자(2735) 46) 해외 영업원(2742) 47) 기술 영업원(2743) 48) 기술경영 전문가(S2743) 49) 번역가 · 통역가(2814) 50) 아나운서(28331) 51) 디자이너(285) 52) 영상관련 디자이너(S2855)
준전문인력 (E-7-2) ※ 10개 직종	**가. 사무종사자 : 5개 직종** 1) 면세점 또는 제주영어교육도시 내 판매 사무원(31215) 2) 항공운송 사무원(31264) 3) 호텔 접수 사무원(3922) 4) 의료 코디네이터(S3922) 5) 고객상담 사무원(3991) **나. 서비스 종사자 : 5개 직종** 1) 운송 서비스 종사자(431) 2) 관광 통역 안내원(43213) 3) 카지노 딜러(43291) 4) 주방장 및 조리사(441) 5) 요양보호사(42111)
일반기능인력 (E-7-3) ※ 9개 직종	일반기능인력 : 9개 직종 1) 동물사육사(61395) 2) 양식기술자(6301)

구 분	직 종(코드)
	3) 할랄 도축원(7103) 4) 악기제조 및 조율사(7303) 5) 조선 용접공(7430) 6) 선박 전기원(76212) 7) 선박 도장공(78369) 8) 항공기 정비원(7521) 9) 항공기(부품) 제조원(S8417) 10) 송전 전기원(76231)
숙련기능인력 (E-7-4) ※ 3개 직종	숙련기능 인력(점수제) : 3개 직종 1) 뿌리산업체 숙련기능공(S740) 2) 농림축산어업 숙련기능인(S610) 3) 일반 제조업체 및 건설업체 숙련기능공(S700)
네거티브 방식 전문인력 (E-7-S)	가. 고소득자 => E-7-S1
	나. 첨단산업분야 종사(예정)자 => E-7-S2

(2) 직종별 자격요건

(가) 일반요건

특정활동(E-7) 비자 신청시 직종별 자격요건은 . ⅰ) 도입 직종과 관련 있는 분야의 석사학위 이상 소지자, ⅱ) 도입 직종과 관련 있는 분야의 학사학위 소지자로서 1년 이상의 해당분야 경력자51), ⅲ) 도입 직종과 관련 있는 분야에서의 5년 이상의 근무경력자일 것 중 어느 하나에 해당되어야 한다.

(나) 특별우대 조건

우수인재 유치 및 육성형 인재 활용 등의 차원에서 특례를 정한 우수인재와 직종 특성을 감안하여 별도의 학력 또는 경력요건을 정한 직종에 종사하는 경우에는 해당 요건을 충족하여야 한다.

---

51) 경력은 학위, 자격증 취득 이후의 경력만 인정하되 첨단기술(산업발전법 제5조에 따라 산업통상부장관이 고시하는 첨단분야 - IT, 바이오, 나노 등) 분야 종사자에 한하여 졸업 이전 해당 분야 인턴 경력을 근무 경력으로 인정된다.

1) 세계 500대 기업 1년 이상 전문직종 근무경력자

도입직종에 정한 학력 및 경력요건 등을 갖추지 못하였더라도 고용의 필요성 등이 인정되면 허용된다.

2) 세계 우수 대학[52] 졸업(예정) 학사학위 소지자

전공분야 1년 이상 경력요건을 갖추지 못하였더라도 고용의 필요성 등이 인정되면 허용된다.

3) 국내 전문대학졸업(예정)자)

전공과목과 관련이 있는 도입허용 직종에 취업하는 경우 1년 이상의 경력요건을 면제하고, 고용의 필요성 등이 인정되면 허용된다. 다만, 고등교육법 제2조 제1호~제4호에 해당하는 대학에서 학위를 취득한 경우에만 적용된다.

4) 국내 대학 졸업(예정) 학사이상 학위 소지자

도입허용 직종에 취업하는 경우 전공과목과 무관하게, 고용의 필요성 등이 인정되면 허용(학사 이상의 경우 1년 이상의 경력 요건 면제), 일/학습연계유학(D-2-7)자격 졸업자는 국민고용비율 적용을 면제한다. 다만, 고등교육법 제2조 제1호~제4호에 해당하는 대학에서 학위를 취득한 경우에만 적용된다.

5) 주무부처 고용추천을 받은 첨단 과학기술분야 우수인재

사증 등의 우대 대상이라는 점을 감안하여 일반요건보다 강화된 기준으로 고용추천된다.

6) 첨단기술인턴(D-10-3) 체류자

첨단 기술인턴(D-10-3) 자격으로 국내 기업 등에서 1년 이상 인턴활동을 한 자가 인턴 활동 분야에 정식으로 취업하고 임금이 전년도 1인당 국민총소득(GNI)의 1배 이상인 경우, 체류자격 변경 시 학력·경력 등의 요건이 면제된다.

---

52) 타임誌 200대 대학 및 QS 세계대학순위 500위 이내 대학을 의미 한다.

〈첨단과학기술인력 우대 고용추천〉

구 분	골드카드
고용추천기관	산업통상자원부(KOTRA)
시행연도	2000년
추천대상자 요건	■ 동종 5년 이상 경력 ■ 학사 + 1년 이상 경력 ■ 석사 이상 * 국내 학위취득자는 해당 분야 경력 불요
추천대상 직종	* KOTRA : IT, 기술경영, 나노, 디지털 전자, 바이오, 수송 및 기계, 신소재, 환경 및 에너지 등 8개 분야(공·사 기관)

7) 특정 일본인 소프트웨어 기술자 등

일본정보처리개발협회소속 중앙정보교육연구소(CAIT) 및 정보처리기술자시험센터(JITEC)가 인정하는 소프트웨어개발기술자와 기본정보기술자 자격증을 소지한 일본인에 대해서는 자격기준과 무관하게 사증발급인정서 발급 등 허용된다.

8) 부처추천 전문능력 구비 우수인재

연간 총 수령보수가 전년도 1인당 국민총소득(GNI)의 1.5배 이상이고 소관 중앙행정기관의 장(경제자유구역의 지정 및 운영에 관한 특별법 또는 지역특화발전특구에 대한 규제특례법 등의 적용을 받는 경우에는 관할 특별시장·광역시장·도지사, 제주특별자치도지사 포함)의 추천을 받은 경우 전문인력(67개 직종)에 한해 학력, 경력 등의 요건이 모두 면제가능하다.[53]

9) 고소득 전문직 우수인재

연간 총 수령보수가 전년도 1인당 국민총소득(GNI)의 3배 이상 되는 경우 직종에 관계없이 학력, 경력 모두 면제가능(주무부처장관의 고용추천 불필요)하다

---

53) * 소관 중앙행정기관의 장(경제자유구역의 지정 및 운영에 관한 특별법 또는 지역특화발전특구에 대한 규제특례법 등의 적용을 받는 경우에는 관할 지방자치단체의 장)의 고용추천서를 필수로 제출하여야 하며, 최초 허가 시 체류기간 1년만 부여하고 이후 연장 시 반드시 세무서장 발행 소득금액증명원을 제출받아 실제 수령보수 등을 확인 후 정상 절차에 따라 연장여부 결정된다.

10) 우수사설기관 연수 수료자

해외 전문학사 이상 학력 소지자 중 해당 전공분야의 국내 연수과정(D-4-6, 20개월 이상)을 정상적으로 수료하고 국내 공인 자격증 취득과 사회통합프로그램을 4단계 이상을 이수한 외국인에 대해 해당 전공분야로의 자격변경을 허용 (E-7-4 분야 제외)된다.

11) 요리사, 뿌리산업체 숙련기능공, 조선용접공 등) 직종별 해당 기준이 적용된다.

(3) 심사기준

사증발급인정서 발급 제한대상인지 여부, 고용업체 요건 충족 및 정상 운영 여부, 저임금 활용여부 등을 종합적으로 심사한다.

(가) 창업 초기 소규모 외국인투자기업 또는 벤처기업

제조 · 무역 · 컨설팅 · R&D 등 소규모 업체가 전문인력을 고용하고자 할 경우 창업일로부터 최대 5년간은 매출실적이 없어도 허용(67개 전문인력 직종만 해당)된다.

(나) 숙련기능인력 고용업체

판매사무원, 주방장 및 조리사 등 숙련기능 인력들을 초청한 경우에는 직종별 심사기준에 따라 고용업체 요건 충족 및 정상 운영 여부, 저임금 활용 여부 등을 종합 심사하여 허가 여부 및 적정 허용인원을 판단한다.

(4) 국민고용 보호를 위한 심사기준

정부는 특정활동(E-7) 비자 신청시 인건비 절감을 위한 외국인력의 편법 고용을 방지하고 국민 일자리를 보호하기 위해 '국민고용 보호를 위한 심사기준'을 마련하여 다음과 같이 시행하고 있다.

(가) 원칙

1) 외국인 전문인력 중 초청장 남발 우려가 있는 기계공학 기술자, 제도사, 여행상품개발자, 해외영업원, 통·번역가 등에 대해서는 국민고용 보호를 위한 심사기준이 예외적으로 적용된다. 따라서 외국인 전문인력 중 국민고용 보호 직종과 준전문인력, 일반기능인력, 숙련기능인력 등은 국민고용 침해 소지가 없도록 고용업체 자격요건과 업체당 외국인 고용

허용인원 상한 및 최저 임금요건 등이 적용된다.

2) 고용업체 요건으로 국민 고용자가 5명 미만이고 수출업체가 아닌 내수 위주의 영세업체는 원칙적으로 외국인 전문인력 초청이 제한된다. 여기서 고용인원은 고용노동부의 고용보험 가입자명부에 최저임금을 충족하는 3개월 이상 등재된 인원을 말한다. 예를 들면 외국인 요리사를 초청하는 경우 3개월 이상 고용보험 가입자 명부를 제출해야 하므로 원칙적으로 식당 개업 후 최소 3개월 이후에 신청이 가능하다. 국민고용 보호 직종은 원칙적으로 국민 고용자의 20% 범위 내(국민 고용자 5명 이상)에서 외국인 고용이 허용된다. 다만, 재한화교(F-2 및 F-5자격 소지자), 결혼이민(F-6) 자격 소지자, 영주(F-5) 자격 소자자의 경우에는 외국인 고용인원에서 제외된다.

3) 임금요건으로는 외국인 전문인력을 저임금 목적으로 편법으로 활용하는 것을 방지하기 위해 동종 직무를 수행하는 동일 경력 내국인의 평균임금과 연계하여 전문인력 수준에 따라 직종별로 차등 적용한다. 즉 외국인 전문인력의 임금요건은 전년도 국민 1인당 GNI의 80% 이상을 적용하고, 준전문인력과 일반기능인력 및 숙련기능인력은 최저임금 이상을 적용한다.

(나) 특례
다음의 경우에는 국민고용 보호를 위한 심사 시 특례를 인정한다.

1) 특수기술보유업체, 매출액 10만 달러 이상에 국민고용 1명 이상인 외국인투자기업, 러시아, 베트남, 몽골 등 특수 언어지역 대상 무역업체, 벤처기업 등은 국민 고용자가 5명 미만인 경우라도 주무부처(KOTRA, 한국무역협회) 등의 추천이 있는 경우에는 외국인(예: 통·번역가, 해외 영업원 등) 1명 고용이 허용된다.

2) 첨단산업분야 제조업체는 주무부처(KOTRA, 한국무역협회) 등의 추천이 있는 경우 국민고용 인원의 50%까지 외국인(예: 통·번역가, 해외 영업원 등) 고용이 허용된다.

3) 국민대체가 용이한 영어·중국어·일본어를 제외한 러시아어 등 특수 언어를 사용하는 국가에 연간 50만 달러 이상을 수출하는 특수 언어지역 대상 무역업체(외투기업 포함)는

주무부처(KOTRA, 한국무역협회) 등의 추천이 있는 경우 국민고용 인원의 70%까지 외국인(예: 통·번역가, 해외 영업원 등) 고용이 허용된다.

4) 창업 초기 소규모 외국인투자기업과 벤처기업 등에 대해서는 창업일로부터 최대 2년간 업체당 외국인 고용허용 기준 적용을 유예한다. 즉, 국민고용이 없더라도 외국인 고용을 허용한다.

(5) GNI 기준금액

(가) 원칙

외국인 유학생 및 해외의 고급인력들이 국내의 기업이나 공공단체 등에 취업하려는 경우 취업하려는 직업과 관련된 학력과 전공, 자격, 기술, 기능 등 경력을 갖추어야 함은 물론 단순노무직이 아닌 전문기술 또는 기능직 이어야 하고, 국민으로 대체고용이 되지 아니하여 외국인 고용이 필요한 경우여야 하며, 그 외 고용회사 또한 매출규모가 일정 수준 이상이어야 하고, 세금을 체납하지 않아야 하며, 내국인을 일정 수 이상 고용하고 있어야 하고(국민 고용자가 5인 미만이고 내수 위주인 업체는 원칙적으로 초청 제한, 고용인원은 고용부의 고용보험가입자명부에 최저임금을 충족하는 3개월 이상 등재된 인원을 말함, 고민고용보호 직종은 원칙적으로 국민고용자의 20% 범위 내에서 외국인 고용을 허용함), 외국인에게 최저임금 이상을 지급해야 한다는 등의 요건 등이 완비되었을 때 E-7 비자의 발급을 신청할 수 있다.

2024년 변경된 GNI 기준으로 E-7 비자 신청시 적용되는 소득기준을 살펴보면, 법무부는 2024년 7월 1일부터 2025년 3월까지 적용되는 GNI는 2023년 대비 3.7% 상승한 연 44,051,000원(33,745 달러)을 기준으로 적용하기로 결정된다.

다만, 이러한 소득기준은 모든 사례에 일률적으로 적용되는 것은 아니며, 이는 채용하는 기업의 성격과 외국인의 경력에 따라 달라질 수 있는 것이다.

[채용 유형별 적용비율]

채용 유형(사례)	적용 비율
중소기업 또는 비수도권 중견기업에서 경력 3년 이하의 외국인 채용	GNI 70% 적용
대다수 전문인력이 E-7-1 비자를 신청할 때	GNI 80% 적용
첨단분야에서 E-7-1 비자를 신청할 때	GNI 100% 적용
E-7-2~3 인력의 채용	최저임금 기준

위 적용비율에 맞추어 E-7 비자 신청시 적용되는 연봉 기준(월급) 등을 정리하면 아래 표와 같다.

GNI 비율	적용금액(연간)	월급여
GNI 70% 적용	30,835,700원	2,569,642원
GNI 80% 적용	35,240,800원	2,936,733원
GNI 100% 적용	44,051,000원	3,670,017원
최저임금 기준	24,728,880원	2,060,740원

그 외 참고적으로 GNI 기준에 따른 비자신청 체류자격 심사 시 기준이 되는 적용비율(기준금액)을 살펴보면 아래 표와 같다.

GNI 적용비율	적용시 기준금액	적용 비자유형
GNI ×1배	44,051,000원	- 대부분 F-5 영주권 신청 - F-5-71 신청
GNI ×1.5배 이상 적용	66,076,500원	- F-2-99 신청(체류자+배우자 동 시신청)
GNI ×2배 이상 적용	88,102,000원	- F-5-1 일반영주권 신청 - F-5-16 신청
GNI 80% 적용	35,240,800원	- E-7-1(특정활동) 체류자격 변경
GNI 70% 적용	30,835,700원	- E-7-1, E-7-3(기업특례 해당) - F-5-14 체류자격변경 - F-2-R, F-5-6R, F-5-8 체류자 격 변경

E-7 비자신청시 근로계약서(고용계약서) 상의 연봉이 위의 심사 기준에 미치지 못할 경우 원하시는 비자발급이 제한 될 수 있다. 따라서 E-7 비자신청시 소득기준은 매우 중요하게

살펴보아야 할 부분이며, 특히 이러한 소득기준은 차후 근무처변경이나 비자연장 시에도 매우 중요한 역할을 하므로 처음부터 최소한 위 기준에 부합하도록 소득기준을 맞춘 후 관련 절차를 진행하는 것이 좋다. 이 때문에 실제 E-7 비자신청시 위 기준의 부합여부를 입증하기 위한 자료로 외국인 근로자와 체결한 고용계약서는 물론이고 소득금액증명서까지 제출하는 것이다.

(나) 중소 · 벤처 · 비수도권 중견기업 특례

중소 · 벤처 · 비수도권 중견기업 특례란, 중소기업기본법상 중소기업(소상공인)확인서로 확인되는 기업, 벤처기업법상 벤처기업 확인서를 확인되는 벤처기업, 중견기업법 상 중견기업 확인서로 확인되는 비수도권 소재 중견기업 등은 고용 외국인 중 전년도 GNI의 80% 이상 임금 요건이 적용되는 직종에 종사할 예정이고, 국내 기업 근무경력이 없거나 3년 이하지 자에 대하여 완화된 임금요건인 전년도 GNI의 70% 이상이 적용된다.

참고로, GNI의 80% 이상이 적용되는 직종은 전문인력(E-7-1) 67개 직종 및 일반기능인력(E-7-3) 중 조건용접공, 선박도장공 등이다.

(6) 첨부서류

구분	첨부서류
E-7(특정활동)	① 여권, 외국인등록증, 신청서 ② 표준규격 사진 1매 ③ 고용계약서 원본 및 사본 – 시간당 급여단가, 일일 근무시간, 계약기간(3개월 이상), 근무내용 등 포함 기재 ④ 사업자등록증 및 법인등기부등본 등 설립기관 입증서류 ⑤ (소속회사) : 납부내역증명(납세사실증명) 또는 회사재무제표, 납세증명서(국세완납증명서), 지방세 납세증명서(정상영업 및 세금체납여부확인) ⑥ 고용필요성을 입증할 수 있는 서류 – 고용추천서 필수제출 직종의 경우 고용추천서 – 고용추천서 필수제출이 아닌 직종의 경우 고용사유서 ⑦ 고용보험피보험자격 취득 내역(사업장용), 사업장고용정보현황 (해당자에 한함.) – 일–학습연계유학(D-2-7) 자격 졸업자의 경우 직종상관없이 제출 면제 – 제출 대상 직종이 아닌 경우에도 초청업체 및 고용현황을 위해 제출 요구될 수 있습니다 ⑧ 신원보증서 제출대상: 아래의 근무처변경 · 추가 제한 직종 기계공학기술자(2351), 제도사(2395), 해외영업원(2742) 중 해외 온라인상품판매원, 디자이너(285), 숙련기능 점수제 종사자[뿌리산업체 숙련기능공(S740) ⑨ 체류지 입증서류 (부동산등기사항 전부증명서(등기부등본) 또는 전월세계약서 등) ⑩ 결핵진단서 (해당자에 한함. 보건소 또는 법무부지정병원, 3개월 이내 발급) ⑪ 외국인 직업 및 연간소득금액 신고서, 소득금액 증명원 (해당자에 한함.) ⑫ 외국인의 자격요건 입증서류 : 학위증, 경력증명서, 자격증 등 ⑬ 도입 직종별 추가 서류

2. 취업한 전문인력의 영주자격 취득과정

취업 후 국내 장기체류가 가능한 전문인력인 E-1(교수), E-2(회화지도), E-3(연구), E-4 (기술지도), E-5(전문직업), E-6(예술흥행), E-7(특정활동) 등의 비자 체류자격은 F-2(거주)비자로의 체류자격 변경 요건을 충족한 경우 영주자격을 부여받기 위해 국내 장기체류가 가능한 F-2(거주)비자로 변경한 다음 최종 국내 영구체류가 가능한 F-5(영주) 비자로 체류 자격의 변경이 가능하다.

가. 1단계 (전문인력 → 거주)

F-2(거주)체류자격 취득에 관한 자세한 내용은 전설한 '3. 유학생 취업 후 영주자격 취득 요건 가. 유학생의 취업 후 영주자격 취득 중 (2) 2단계 : 전문인력 취업 후 F-2(거주)비자 로 체류자격 변경 '란을 참조하기 바라며, E-계열 전문인력에서 F-2 거주비자로의 체류자 격 변경을 위해서는, F-2. 점수제 우수인재의 경우에는 상장법인 종사자, 유망산업분야 종 사자, 전문직 종사자, 유학인재, 잠재적 우수인재 중 하나에 해당하고 점수제 요건 충족(평 가항목별 배점의 점수가 170점 중 80점 이상일 것)하여야 한다. 다만, 사회통합프로그램 이 수 단계에 따라 점수 차등 부여되고, 5단계 이상 이수자의 경우 점수제 가점이 부여된다. 또한, F-2. 장기체류자인 경우에는 E-1~E-7 체류자격으로 5년 이상 국내 체류한 자로 품행 요건, 생계유지 능력 요건 등 모든 요건을 충족하며, 기본소양 요건 충족을 위해서는 사회통합프로그램 4단계 이상 이수하거나 사전평가 81점 이상 취득할 것 등의 요건을 모두 충족하여야 한다.

나. 2단계 (거주 → 영주)

F-5(영주)비자 체류자격 취득에 관한 자세한 내용은 전설한 '3. 유학생 취업 후 영주자격 취득 요건 가. 유학생의 취업 후 영주자격 취득 중 (3) 3단계 : F-2(거주)비자에서 F-5(영 주)비자로 체류자격 변경'란을 참조하기 하기 바라며, F-2(거주)비자 체류자격에서 F-5(영

주)비비 체류자격으로 변경하기 위해서는, F-5, 일반영주의 경우에는 D-7~D-10, E-1~ E-7 체류자격이나 F-2 체류자격으로 5년 이상 국내 체류를 요하고, F-5, 첨단분야 박사의 경우에는 국외에서 첨단기술 분야 박사 학위 취득 후 국내 기업에서 학위 관련 분야에서 1년 이상 전일제 상용근로 형태로 계속 근무할 것을 요하며, F-5, 학·석사 학위증 및 자격증 소지자의 경우에는 특정 분야의 학사 학위 이상 또는 기술 자격증 취득자로 3년 이상 국내 체류하며 국내 기업에 1년 이상 전일제 상용근로 형태로 근무할 것을 요하고, F-5, 일반분야 박사의 경우에는 국내 대학원에서 정규 박사과정 이수, 학위 취득 후 국내 기업에서 1년 이상 전일제 상용근로 형태로 계속 근무할 것을 요하며, F-5, 점수제 영주자의 경우에는 점수제 거주(F-2) 자격으로 3년 이상 국내 체류할 것을 요하고, 그 외 영주 공통요건(품행 단정, 생계유지능력, 기본소양 요건) 및 세부자격별 요건을 충족하여야 한다.

한편, 일반영주, 학·석사 학위증 및 자격증 소지자, 점수제 영주자의 경우 사회통합프로그램 5단계 이상 이수할 경우 기본소양 요건 충족하여야 하지만, 첨단분야 박사, 일반분야 박사의 경우 기본소양 요건(사회통합프로그램 등)이 면제된다.

3. 동반 가족 초청

E-1(교수)~E-7(특정활동) 자격 소지자는 배우자 및 미성년 자녀를 F-3(동반) 자격으로 초청 가능하고, E-1(교수)~E-7(특정활동) 자격자로서, 연간 소득이 전년도 GNI 2배 이상인 자는 부모(배우자의 부모 포함)를 F-1 자격으로 초청 가능하다. 단, 국내 대학에서 학사학위 이상을 취득한 후, 상기 체류자격으로 변경한 자는 GNI 이상으로 완화된다.

제5장 취업(비전문인력 : E-8, E-9, E-10)

1. 취업(비전문인력) 비자의 종류

체류자격	세부 대상
E-8(계절근로)	• 농작물 재배, 수확, 수산물 원시 가공 분야에서 취업 활동을 하려는 자
E-9(비전문취업)	• 제조업, 건설업, 농축산업, 어업, 서비스업 종사자
E-10(선원취업)	내항선원, 어선원, 순항여객선 취업선원

가. E-8(계절근로)

E-8(계절근로)비자는 파종기·수확기 등 계절성이 있어 단기간 집중적으로 일손이 필요한 농어업 분야에서 합법적으로 외국인을 고용할 수 있는 제도로서, 일손이 필요한 기간이 짧아 '고용허가제'를 통한 외국인 고용이 어려운 농어업 분야에 최대 8개월 간 계절근로자 고용을 허용하는 제도이다. 또한, 이는 지역사회 농어업 분야 실정에 부합하는 맞춤형 외국인력 도입을 통한 농어촌 구인난 해소에 기여한다는 장점이 있는 제도이다.

체류자격	내용
E-8-1	국내지자체와 외국지자체간 MOU 방식으로 선정 (농업)
E-8-2	한국인과 결혼하여 F-6비자를 발급받은 이민자가 해외에 거주하는 4촌 이내 친척을 추천 (농업)
E-8-3	국내지자체와 외국지자체간 MOU 방식으로 선정 (어업)
E-8-4	한국인과 결혼하여 F-6비자를 발급받은 이민자가 해외에 거주하는 4촌 이내 친척을 추천 (어업)

(1) 대상 및 활동범위

(가) 대상

법무부장관이 관계 중앙행정기관의 장과 협의하여 정하는 농작물 재배 · 수확(재배 · 수확과 연계된 원시가공 분야를 포함한다) 및 수산물 원시가공 분야에서 취업 활동을 하려는 사람으로서 법무부장관이 인정하는 사람이다.

체류 자격	계절근로자 선정 방식	근로 분야
E-8-1	국내지자체와 외국지자체간 MOU 방식으로 선정	농업
E-8-2	결혼이민자가 해외 거주하는 4촌 이내 친척을 추천	농업
E-8-3	국내지자체와 외국지자체간 MOU 방식으로 선정	어업
E-8-4	결혼이민자가 해외 거주하는 4촌 이내 친척을 추천	어업
E-8-5	기타(G-1) 자격으로 계절근로 활동 후 재입국 추천	농업
E-8-6	기타(G-1) 자격으로 계절근로 활동 후 재입국 추천	어업
E-8-99	언어소통 도우미 등 기타 보조 인력	기타

(나) 세부내용

1) E-8-1

국내지자체와 외국지자체간 계절근로 수급관련 MOU를 체결를 체결하면, 해당 외국지자체가 자신의 주민을 선정하여 국내지자체에 추천하고, 국내지자체가 계절근로자를 농가에 배정 후 초청절차(사증발급 인정신청)를 진행하면, 계절근로자가 입국한 후 농업분야에 5개월 이내 종사할 수 있다.

2) E-8-2

한국인과 혼인관계를 유지 중인 결혼이민자(한국 국적 취득자 포함)가 자신의 해외 거주 친척(4촌 이내, 해당 4촌의 배우자 포함)을 국내지자체에 추천하면 국내지자체가 계절근로자를 농가에 배정 후 초청(사증발급인정신청)절차를 진행하고, 계절 근로자가 입국한 후 농업분야에 5개월 이내 종사할 수 있다.

3) E-8-3

국내지자체와 외국지자체간 계절근로 수급관련 MOU를 체결하면, 해당 외국지자체가 자신의 주민을 선정하여 국내지자체에 추천하고, 국내지자체가 계절근로자를 어가에 배정 후 초청절차(사증발급 인정신청)를 진행하면, 계절근로자가 입국한 후 어업분야에 5개월 이내 종사할 수 있다.

4) E-8-4

한국인과 혼인관계를 유지 중인 결혼이민자(한국 국적 취득자 포함)가 자신의 해외 거주 친척(4촌 이내, 해당 4촌의 배우자 포함)을 국내지자체에 추천하면, 국내지자체가 계절근로자를 어가에 배정 후 초청 (사증발급인정신청) 절차를 진행하고, 계절근로자가 입국한 후 어업분야에 5개월 이내 종사할 수 있다.

5) E-8-5

기타(G-1-19) 자격으로 농업분야 계절근로에 참여한 외국인에 대하여 고용주가 국내 지자체에 재고용 추천하면, 국내 지자체가 계절근로자를 농가에 배정 후 초청(사증발급인정신청) 절차를 진행하고 계절근로자가 입국한 후 농업분야에 5개월 이내 종사할 수 있다.

6) E-8-6

기타(G-1-19) 자격으로 어업분야 계절근로에 참여한 외국인에 대하여 고용주가 국내 지자체에 재고용 추천하면, 국내 지자체가 계절근로자를 농가에 배정 후 초청(사증발급인정신청) 절차를 진행하고 계절근로자가 입국한 후 어업분야에 5개월 이내 종사할 수 있다.

7) E-8-99

해외 지자체에서 언어소통 도우미 등 관리 목적의 인력 파견 시 국내 지자체에 신청하면 국내 지자체가 입국 필요성 등 확인 후 초청(사증발급인정신청) 절차를 진행하고 근로자가 입국한 후 해당 분야에 5개월 이내 종사할 수 있다.

(다) 허용업종 및 허용인원

1) 농업분야 허용 작물

재배면적 허용작물	재배면적(단위 : 1000㎡)				
① 시설원예 · 특작	2.6미만	2.6~3.9미만	3.9~5.2미만	5.2~6.5미만	6.5이상
② 버섯	5.2미만	5.2~7.8미만	7.8~10.4미만	10.4~13미만	1.3이상
③ 과수	16미만	16~24미만	24~32미만	32~38미만	38이상
④ 인삼, 일반채소	12미만	12~18미만	18~24미만	24~30미만	30이상
⑤ 종묘재배	0.35미만	0.35~0.65미만	0.65~0.86미만	0.86~1.06미만	1.06이상

⑥ 기타원예·특작	7.8미만	7.8~11.7미만	11.7~15.6미만	15.6~19.5미만	19.5이상
⑦ 곡물	50미만	50~300미만	300~400미만	400~500미만	500이상
⑧ 기타 식량작물	7미만	7~10미만	10~13미만	13~16미만	16이상
⑨ 곶감 가공	70접 미만	70~80접 미만	80~90접 미만	90~100접 미만	100접 이상
허용인원	5명 이하*	6명 이하	7명 이하	8명 이하	9명 이하

* 지자체장 또는 관할 출입국외국인관서의 장 판단 하에 영세 농가 등의 허용인원 조정 가능

2) 어업분야 허용 수산물

허용 수산물		적용 수산물(예시)
① 해조류	육상 가공·생산	㉠ 김 건조, ㉡ 기타
	양식(해상 채취, 육상 가공)	㉢ 해조류 ㉣ 해조류종자
② 어패류	육상 가공·생산	㉠ 멸치 건조 ㉡ 가자미·오징어·명태·과메기 건조, 　참조기 그물 털기·선별·포장 ㉢ 명태 가공 ㉣ 굴 선별·세척·까기·포장(가공) ㉤ 전복종자생산
	양식(해상 채취, 육상 가공)	㉥ 가리비(경남 고성군 시범운영)

3) 생산규모별 허용인원

허용수산물 \ 생산규모		생산규모(단위 : 속, 톤, 박스)				
해 조 류	마른김	30만속 미만	30~50만속 미만	50~60만속 미만	60~70만속미만	70만속이상
	기타	5천톤 미만	5~8천톤 미만	8천~1만톤 미만	1~1.2만톤미만	1.2만톤이상
	양식	5명 이하				
어 패 류	멸치 건조	8만박스 미만	8~12만박스 미만	12~16만박스 미만	16~20만박스미만	20만이상
	기타	12톤 미만	12~20톤 미만	20~30톤 미만	30~40톤미만	40톤이상
	전복종자	250만 마리 (파판 50만장)	300만 마리 (파판 60만장)	350만 마리 (파판 70만장)	400만 마리 (파판 80만장)	450만 마리 (파판 90만장)
허용인원		5명 이하*	6명 이하	7명 이하	8명 이하	9명 이하

* 지자체장 또는 관할 출입국외국인관서의 장 판단 하에 영세 어가 등의 허용인원 조정 가능

'23년 상반기 배정심사협의회에서 시범운영하기로 결정된 가리비 양식은 고성군(5ha미만 양식장)에서 어가별 2명 이하 고용으로 한정(2023. 7. 1.부)

(2) 도입주체

E-8(계절근로)의 도입주체는 계절성으로 5개월 동안 노동력이 집중적으로 필요한 농어업 부분[54]에 대하여 계절근로자 도입을 희망하는 기초 지방자치단체장(시장·군수)이다. 이때 외국인 배정은 배정심사협의회[55]에서 관리능력, 이탈·인권침해 방지 대책 등을 감안하여 지자체별 총인원을 배정하고, 지자체에서는 별도 기준에 따라 농·어가, 농업·어업 조합 법인, 농업회사당 배정하는데, 경작 면적 등 기준에 따라 고용주별 9명까지 고용 허용되며, 지자체에서 정한 인센티브 기준에 따라 최대 3명, 최근 3년간 평균 이탈률 5% 미만의 우수 기초지자체는 최대 5명까지 추가 허용하여 그 인원은 연간 최대 14명까지 배정이 가능하다(면적 기준 9명 + 추가 5명 가능).

한편, 계절근로자 도입을 위한 사증발급인정서 신청시는 농·어업 작업시기, 사증발급인정서 발급 소요 기간(신청일로부터 약 10일 소요), 외국인 계절근로자 사증 준비 및 자국 출국을 위한 행정 절차 소요 기간 등을 고려하여 신청시기 결정한다.

○ 사증발급인정서로 신청하는 계절근로 사증 종류

사증(VISA)	대상자	허용 분야	최대 체류기간
E-8-1(단수)	MOU 체결 외국지자체의 주민	농 업	
E-8-2(단수)	결혼이민자의 외국 거주 친척		
E-8-3(단수)	MOU 체결 외국지자체의 주민	어 업	
E-8-4(단수)	결혼이민자의 외국 거주 친척		5개월
E-8-5(단수)	기타(G-1) 자격으로 활동 후 재입국한 자	농 업	
E-8-6(단수)	기타(G-1) 자격으로 활동 후 재입국한 자	어 업	
E-8-99(단수)	언어소통 도우미 등 기타 보조 인력	기 타	

---

54) 농업분야는 농림축산식품부, 어업분야는 해양수산부에서 심사 후 법무부에서 최종 결정한다.
55) 법무부(주재)·고용노동부·농림축산식품부·해양수산부·행정안전부로 구성된 배정심사협의회를 통해 지자체별 계절근로자 배정 규모 확정(연 2회)한다.

- 비자포털에 부정확한 정보 입력으로 반려되는 경우 적정한 시기에 계절근로자를 초청하지 못하는 문제가 발생하기 때문에 추천자 및 허용분야를 확인하여 정확한 사증 종류를 신청하고 필요 정보를 정확히 입력하여야 함.

(3) 도입절차 절차

Step 01	Step 02	Step 03	Step 04	Step 05	Step 06
지자체 유치 신청	출입국 사전 심사	배정심사 협의회 배정 확정	지자체 → 출입국 사증발급인정서 신청 · 발급	외국인 → 재외공관 사증 신청 · 발급	입국

(4) 고용업체 자격요건

계절근로 고용업체는 대한민국 근로기준법상 최저임금 기준을 준수하셔야 하고, 숙소 및 샤워 시설을 갖추고 있어야 하며 지자체에 숙소 점검을 받아야 한다. 또한 산업재해보험을 의무적으로 가입해야 하고, 휴일은 매월 2일 이상 보장되어야 한다.

(5) 계절근로 프로그램에 참여 가능한 외국인

계절근로 프로그램에 참여 가능한 외국인은 대한민국 지자체와 계절근로 관련 MOU를 체결한 외국 지자체의 주민(농·어민) 및 결혼이민자 본국의 가족 및 사촌 이내의 친척(그 배우자 포함), 계절근로 참여 요건을 갖춘 국내체류 외국인 즉, 문화예술(D-1), 유학(D-2), 어학연수(D-4), 구직(D-10), 방문(F-1), 동거(F-3) 체류자격 소지자 등이다.

(6) 첨부서류

구분	첨부서류
E-8 계절근로	① 표준근로계약서 ② 내국인 구인노력 증빙자료(구인 광고내용 사본 및 최종 구인실적 등) ③ 외국인 계절근로자 관련 서류 　㉠ 외국인 계절근로자 여권 사본 　㉡ MOU 외국인 : 본국에서의 농·어업 종사 이력 　㉢ 결혼이민자의 4촌 이내 친척(배우자 포함) : 결혼이민자 신분증, (국내용) 혼인관계증명서, (국내용) 가족관계증명서(혼인귀화자 해당), 기본증명서(혼인귀화자 해당), 결혼이민자의 친척 관계도, 거주국(체류국)에서 발급한 가족관계증명서

나. E-9(비전문취업)

E-9(비전문취업)비자는 고용허가제라는 제도를 통해 국내에 입국한 외국인 근로자에게 부여되는 비자를 말한다.

(1) 고용허가제

고용허가제란? 「외국인근로자의 고용 등에 관한 법률」에 의거, 사업주에게 외국인근로자의 고용을 허가하고, 외국인 근로자에게는 당해 사업주에게 고용되는 조건으로 최장 4년 10개월간 취업을 허용하는 인력제도로, '2004. 8월 제도 시행이후 현재까지 16개국과 MOU를 체결하여 운영 중이다.

구분	내용
E-9 비자를 받을 수 있는 국가	[고용허가제 선정국가(17개국)] • 태국 (Thailand) • 필리핀 (Philippines) • 스리랑카 (Sri Lanka) • 베트남 (Vietnam) • 인도네시아 (Indonesia) • 몽골 (Mongolia) • 파키스탄 (Pakistan) • 우즈베키스탄 (Uzbekistan) • 캄보디아 (Cambodia) • 중국 (China) • 방글라데시 (Bangladesh) • 네팔 (Nepal) • 미얀마 (Myanmar) • 키르키즈스탄 (Kyrgyzstan) • 동티모르 (East Timor) • 라오스 (Laos) • 타지키스탄 (Tajikistan) *2025년 예정

(2) 고용허가제의 유형

(가) 일반 고용허가제(E-9 비자)

1) 외국인근로자의 고용은 우선 고용노동부 고용센터에 내국인 구인신청을 하여야 하고, 고용센터는 구인 노력을 하였음에도 적합한 인력을 충원하지 못한 사용자에게 고용허가서를 발급한다. 이 경우 사용자는 고용센터에서 3배수로 추천한 외국인 구직자 명부를 받은 후 근로자를 선정하며, 사용자가 추천된 외국인 구직자 중에서 적격자를 선정하는 경우 해당 외국인 근로자에 대해 고용허가서를 발급한다. 고용허가서를 발급하기 전에 심사단계에서는 신청기업이 고용대상인지 여부, 내국인 구인노력 여부, 지난 5개월 동안의 체불임금 여부 등을 확인한다.

2) 사용자는 외국인근로자를 고용할 경우에는 '표준근로계약서'를 작성하여야 하는데, '표준근로계약서'에는 근로계약기간, 근로장소, 업무에 관한 사항, 근로시간과 휴게시간 및 휴일, 임금에 관한 사항 등을 반드시 기재해야 한다. 근로계약기간 즉, 취업기간은 외국인근로자가 입국한 날로부터 3년의 범위 내에서 정할 수 있으며, 사용자가 고용노동부로부터 재고용 허가를 받은 경우 추가로 2년을 더 재고용이 가능하다.

3) 비전문취업(E-9) 비자로 입국한 외국인근로자는 입국한 날로부터 90일 이내에 체류지(주소지) 관할 출입국외국인관서를 방문하여 외국인등록을 신청해야 한다. 또한 국내에 입국한 외국인근로자는 15일 이내에 지정된 교육기관으로부터 취업교육을 받아야 한다.

(나) 특례 고용허가제(H-2 비자)

1) 특례 고용허가제는 제조업, 건설업, 서비스업 등의 분야에서 이미 입국한 외국국적 동포를 고용할 수 있도록 허용하는 제도로써, 방문취업(H-2) 비자를 갖고 입국한 동포는 취업교육을 이수하고 구직신청을 거쳐서 채용되며, 3년간 취업이 가능하다.

2) 방문취업(H-2) 비자 대상자는 ⅰ) 중국 및 구소련 지역 거주 만25세 이상인 외국국적 동포 중에서 출생당시 대한민국 국민이었던 자로서 대한민국 호적(제적)에 등재되어 있는 자와 그 비속, 그리고 국내에 주소를 둔 대한민국 국민인 8촌 이내의 혈족 또는 4촌 이내의 인척으로부터 초청을 받은 자, ⅱ) 국내친족이나 호적 등이 없는 무연고 동포의 경우 한국말 시험, 추첨 등 일정한 절차에 의해 선정된 자 등이다.

3) 국내에 연고가 있는 자는 재외공관에서 방문취업(H-2) 비자를 발급받아 입국하며, 연고가 없는 자는 한국어시험과 추첨을 통해 재외공관에서 방문취업(H-2) 비자를 발급받아 입국한다.

4) 방문취업(H-2) 비자로 입국한 동포근로자는 한국산업인력공단에서 운영하는 취업교육장에서 실시하는 취업교육을 이수한 후 고용노동부 고용센터에 구직신청을 하면 고용센터의 알선 또는 자율적인 구직활동을 통해 취업이 가능하다. 다만, 건설업에 취업하려는 동포근로자는 건설업 취업교육을 이수하고 건설업 취업인정증을 발급받은 후에 취업이 가능하다.

5) 동포근로자를 고용하려는 사용자는 일반 고용허가제와 같은 절차를 통하여 내국인을 대상으로 구인노력을 한 후에 부족한 인력에 대해 고용노동부 고용센터에서 특례고용가능확인서를 발급받는다.

6) 특례 고용허가제의 경우에도 근로계약 체결시 표준근로계약서를 작성하여야 하며, 근로계약기간은 해당 동포근로자의 취업활동기간 내에서 당사자간 합의에 따라 결정되고 근로계약 효력발생 시기는 동포근로자가 사업 또는 사업장에 취업하여 근로를 개시한 날로 한다. 사용자는 동포근로자를 고용한 날로부터 10일 이내에 사업장 소재지 관할 고용센터에 근로개시 신고를 하여야 한다. 사업장 변경횟수와 관련하여 동포근로자는 외국인근로자와 달리 사업장변경 횟수 제한 없이 자유롭게 사업장 변경이 허용된다.

[일반고용허가제와 특례고용허가제의 비교]

구 분	일반고용허가제	특례고용허가제
① 체류(취업기간)	• 3년 *비전문취업비자(E-9)로 입국 후 입국일로부터 3년간 취업 〈사업주 요청시 재고용 가능〉	• 3년 *방문취업비자(H-2)로 입국 후 3년간 취업 〈사업주 요청시 재고용 가능〉
② 대상 요건	• 한국어시험 및 건강검진 등 절차를 거쳐 구직 등록한 자	• 중국, 구소련지역에 거주하는 외국국적 동포
③ 취업허용업종	• 제조업, 건설업, 서비스업, 농축산업, 어업으로서 외국인력정책위원회에서 정하는 업종	• 일반고용허가제 허용업종에 일부 서비스업종 추가
④ 취업절차	• 한국어시험 → 근로계약 → 비전문취업비자(E-9)로 입국 → 취업 교육 → 사업장배치 *사업장변경 제한	• 방문취업비자로 입국 → 취업 교육 → 구직등록 → 고용지원 센터의 알선 또는 자유 구직 선택 → 근로계약 후 취업 *사업장변경 무제한
⑤ 사용자의 고용절차	• 내국인구인노력 → 고용지원 센터에 고용허가신청 → 고용허가서 발급 → 근로계약 후 고용 *근로개시 신고의무 불필요	• 내국인구인노력 → 고용센터에 특례고용 가능확인서 발급 → 근로계약 → 근무시작 및 근로 개시 신고 *근로개시 신고 필요
상시근로자 300인 미만 또는 자본금 80억원 이하 *상기기준에 충족하지 않더라도 지방중소기업청에서 발급한 '중소기업확인서' 제출 시 인정	• 사업장 규모별로 외국인근로자 고용허용 상한 설정	• 제조업, 농축산업, 어업의 경우 일반 외국인근로자 고용허용인원 만큼 외국국적동포 추가 고용 가능 • 건설업, 서비스업은 일반외국인과 외국국적 동포의 합이 고용허용인원을 넘을 수 없음

(3) 허용업종 및 규모

(가) 허용업종

허용업종	체류자격	적용범위	세부직업 분류
제조업	E-9-1	– 상시근로자 300인 미만 또는 자본금 80억원 이하 제조업 ※ 단, 상기 기준에 충족하지 않더라도 아래 증빙서류 제출 시 인정 : 중소기업(지방중소기업청에서 발급한 '중소기업확인서') / 비수도권 소재 뿌리산업 중견기업 (한국생산기술연구원에서 발급한 '뿌리기업 확인서' 및 한국중견기업연합회에서 발급한 '중견기업 확인서')	제조업 뿌리산업
건설업	E-9-2	– 모든 건설공사 ※ 발전소·제철소·석유화학 건설현장의 건설업체 중 건설면허가 산업환경 설비인 경우에는 적용 제외	건설업
농축산업	E-9-3	– 작물재배업	농업
		– 축산업	축산업
		– 작물재배 및 축산관련 서비스업	농·축산서비스업

어업	E-9-4	– 연안어업 · 근해어업	연 · 근해어업
		– 양식어업	양식어업
		– 소금채취업	소금채취업
임업	E-9-9	– 임업 종묘 생산업, 육림업, 벌목업, 임업 관련 서비스업 ※ 위 업종 중 「산림기술 진흥 및 관리에 관한 법률」 제2조제7호에 따른 '산림사업시행업자' 중 법인 및 「산림자원의 조성 및 관리에 관한 법률」 제16조에 따른 '종묘생산업자' 중 법인에 한함 ※ 표준직업분류상 '임업 단순 종사원' 고용에 한함	임업
광업	E-9-10	– 금속 광업, 비금속광물 광업 ※ 위 업종 중 연간 생산량 15만톤 이상의 「광업법」 제3조제3·4호에 따른 '채굴권' 또는 '조광권'이 설정된 업체에 한함 ※ 표준직업분류상 '광업 단순 종사원' 고용에 한함	광업
서비스업	E-9-5	– 건설폐기물 처리업	건설폐기업
		– 냉장 · 냉동 창고업(내륙에 위치한 업체)	냉장 · 냉동업
		– 호텔업, 휴양콘도 운영업, 기타 일반 및 생활 숙박시설 운영업 중 호스텔업 ※ 위 업종 중 서울특별시·부산광역시·강원특별자치도· 제주특별자치도 소재 업체에 한함 ※ 표준직업분류상 '건물 청소원', '주방 보조원' 고용에 한함	호텔 · 숙박업
		– 한식 음식점업 ※ 음식점업 외국인력 허용 시범 지역에 소재한 '내국인 피보험자 수 5인 이상 사업장 중 5년 이상 영업을 유지하고 있는 사업체' 또는 '내국인 피보험자 수 5인 미만 사업장 중 7년 이상 영업을 유지하고 있는 사업체'에 한함 ※ 표준직업분류상 '주방 보조원' 고용에 한함	음식점업
		– 재생용 재료수집 및 판매업	재료수집업
		– 서적, 잡지 및 기타 인쇄물 출판업	출판업
		– 음악 및 기타 오디오 출판업	
		– 아래 업종의 표준직업분류상 하역 및 적재 단순종사자 · 폐기물 수집, 운반, 처리 및 원료 재생업 ※ 단, '폐기물 수집, 운반, 처리 및 원료 재생업'의 경우는 폐기물 분류 업무도 포함 · 음식료품 및 담배 중개업 · 기타 신선 식품 및 단순 가공식품 도매업 · 택배업 · 기타 항공 운송지원 서비스업(52939) 중 「항공사업법」 시행규칙 제5조세2호에 따른 항공기하역업체 · 항공 및 육상화물취급업 중 「축산물 위생관리법」 제2조에 따른 식육을 운반하는 업체, 「생활물류서비스 산업발전법」 제2조제3호가목에 따른 택배서비스업체	–

※ 비전문취업자 중 연근해어업(E-9-4)은 선원법 적용을 받지 않는 20톤 미만 어선 종사자에 한함

※ 신규 추가된 '한식 음식점업*', '호텔·숙박업', '임업', '광업'은 '24년도 고용허가서 발급 시점 이후부터 사증발급인정서 발급 신청 가능

* 한식 음식점업 외국인력(E-9) 허용 시범 지역에 관한 사항은 고용노동부 홈페이지 참고

(나) 허용규모

1) 중소업체

고용인원은 기업의 규모에 따라 차이가 있으며, 중소제조업체의 내국인 근로자의 10~20% 내이다.

2) 건설업

고용허용 인원은 연평균 공사금액이 15억원 미만인 경우에는 5명이며, 15억 이상인 경우에는 공사금액 1억원 당 0.4명을 기준으로 계산한 인원이 허용된다.

3) 서비스업

5인 이하의 사업장은 내국인 근로자가 없더라도 2명까지 고용이 가능하며, 6인 이상을 고용한 사업장은 내국인 근로자의 30~40%에 해당하는 외국국적동포 근로자를 고용할 수 있다.

4) 농축산업체

10인 이하의 농축산업체는 내국인 근로자가 없더라도 5인 이내에서 고용이 가능하며, 그 이상의 규모는 대략 내국인 근로자의 20%이내로 외국인의 고용이 가능하다. 어업의 경우 선원법 적용을 받지 않는 20톤 미만의 어선과 양식어업에 한해 사용가능하며, 배(척)당 내국인 어선원의 40% 이내에서 고용이 가능하다.

(4) 일반외국인 근로자 도입절차

(가) 일반외국인 근로자 도입절차

| 1. 도입규모 및 송출국가 선정 등 주요정책 결정 | • 외국인력정책위원회(위원장: 국무조정실장)에서 심의·의결
　– 도입업종·규모, 송출국 선정 등 외국인력 관련 주요사항 |

| 2. 인력송출 양해각서 체결
　(한국 정부 ↔ 송출국 정부) | • 송출국 노동행정 관장기관과 인력송출 양해각서를 체결
• 양해각서 이행여부를 평가해 갱신체결 여부 결정 |

▼

| 3. 구직자명부의 작성
　(송출국 정부 ↔ 우리 정부) | • 건강진단을 통과한 한국어능력시험 합격자를 대상으로 외국인 구직자 명부를 작성
• 송출국 정부에서 구직자명부(안)을 작성하면, 공단에서 인증 |

▼

| 4. 내국인 구인신청
　(사용자 ↔ 고용노동부) | • 지방고용노동관서는 내국인 구인신청(농축산업 어업: 3일 또는 7일, 그 외: 7일 또는 14일) 등 일정한 요건을 갖춘 사용자에게 외국인 구직자 명부 중에서 적격자를 추천(3배수 이내) |

▼

| 5. 고용허가서 발급
　(사용자 ↔ 고용노동부) | • 일정한 고용허가 요건(업종 등)을 갖춘 사용자에게 고용허가서를 발급 |

▼

| 6. 근로계약 체결
　(사용자 ↔ 외국인근로자) | • 사용자는 자신이 선정한 외국인과 근로계약 체결
　– 표준근로계약서를 이용(임금, 근로시간 등 근로조건 명시)
• 근로계약체결 및 도입 지원은 산업인력공단이 대행 |

▼

| 7. 사증발급인정서 발급
　(사용자 ↔ 법무부) | • 사용자는 법무부에 고용허가서, 표준근로계약서 등을 제출하여 사증발급인정서를 신청·발급(중기중앙회, 농협, 수협, 건설협회 등이 대행 가능) |

| 8. 외국인근로자의 도입
　(사용자 ↔ 외국인근로자) | • 외국인은 재외공관으로부터 취업사증(E-9)을 발급받고, 일정한 입국 전 교육을 이수한 후에 한국에 입국
• 국내 입국한 외국인은 건강진단을 받고 취업교육 이수
　(16시간 이상, 중소기업중앙회 등 민간 취업교육기관) |

▼

| 9. 외국인근로자 고용관리
　(고용노동부)
외국인근로자 체류관리
　(법무부) | • 고용노동부
　– 입국 초기 모니터링·고충상담, 사업장 지도점검
　– 고용변동신고, 사업장 변경(휴·폐업, 임금체불 등), 재고용허가
• 법무부
　– 외국인등록, 체류기간연장, 근무처 변경 |

▼

| 10. 귀국지원
　(고용노동부) | • 취업활동기간 만료자를 대상으로 귀국지원 프로그램 실시
　– 경력증명서 발급, 귀국 후 취업알선 등 |

(나) 특례 외국인근로자 선정 및 취업절차

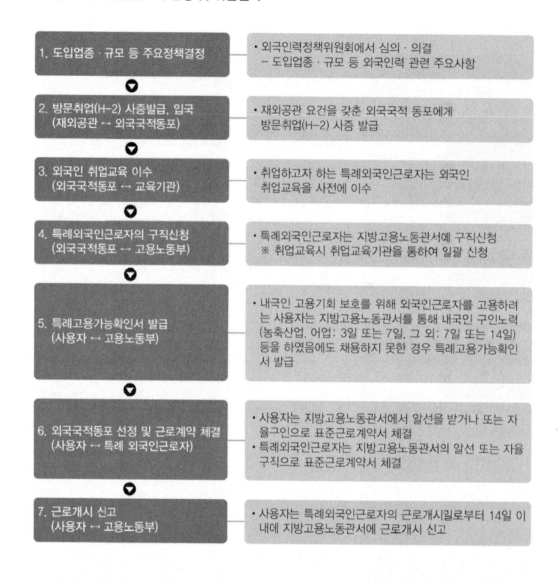

1. 도입업종·규모 등 주요정책결정	• 외국인력정책위원회에서 심의·의결 – 도입업종·규모 등 외국인력 관련 주요사항
2. 방문취업(H-2) 사증발급, 입국 (재외공관 ↔ 외국국적동포)	• 재외공관 요건을 갖춘 외국국적 동포에게 방문취업(H-2) 사증 발급
3. 외국인 취업교육 이수 (외국국적동포 ↔ 교육기관)	• 취업하고자 하는 특례외국인근로자는 외국인 취업교육을 사전에 이수
4. 특례외국인근로자의 구직신청 (외국국적동포 ↔ 고용노동부)	• 특례외국인근로자는 지방고용노동관서에 구직신청 ※ 취업교육시 취업교육기관을 통하여 일괄 신청
5. 특례고용가능확인서 발급 (사용자 ↔ 고용노동부)	• 내국인 고용기회 보호를 위해 외국인근로자를 고용하려는 사용자는 지방고용노동관서를 통해 내국인 구인노력(농축산업, 어업: 3일 또는 7일, 그 외: 7일 또는 14일) 등을 하였음에도 채용하지 못한 경우 특례고용가능확인서 발급
6. 외국국적동포 선정 및 근로계약 체결 (사용자 ↔ 특례 외국인근로자)	• 사용자는 지방고용노동관서에서 알선을 받거나 또는 자율구인으로 표준근로계약서 체결 • 특례외국인근로자는 지방고용노동관서의 알선 또는 자율구직으로 표준근로계약서 체결
7. 근로개시 신고 (사용자 ↔ 고용노동부)	• 사용자는 특례외국인근로자의 근로개시일로부터 14일 이내에 지방고용노동관서에 근로개시 신고

(5) 고용허가제 조건

상시근로자(고용보험 기준) 300인 미만 또는 자본금 80억원 이하 중소기업에 고용허가를 허용한다.

(6) 첨부서류

구분		첨부서류
공통서류		– 사증발급인정신청서 (별지 제21호 서식), 여권, 표준규격사진 1매 – 사업자등록증 사본 – 고용허가서 및 표준근로계약서 사본 – 사업장실태조사서
추가서류	제조업	– 추가서류 없음
	건설업	– 건설업등록증, 도급(하도급) 계약서 – 건설현장에 대한 근무 중 외국인력 현황표(해당 현장 책임건설업〈원 도급업체〉작성
	농축산업	– 농업경영체등록(변경등록)확인서(국립농산물품질관리원장 발급, 유효기간 1년) – 연근해어업 : 선박(어선)검사증서, 어업허가증(연안어업, 근해어업, 구획어업), 또는 어업면허증 및 관리선사용지정증(정치망어업) – 양식어업 : 선박(어선)검사증서, 어업허가증 또는 어업면허증 또는 내수면어업신고필증 – 천일염 생산 및 암염 채취업 : 염제조업허가증사본* * 염전임차인의 경우에는 시장·군수가 발급하는 염제조업 확인서와 임대차계약서, 임대인의 염제조허가증
	서비스업	– 한식 음식점업 : 사업자등록증 또는 영업신고증(지자체 발급), 위탁업체 또는 가맹점인 경우 위탁계약서·가맹계약서 ※ 필요시 부가가치세 과세표준증명원 – 호텔·숙박업 : 관광사업 등록증(지자체 발급) ※ 건축물일반청소업의 경우 호텔 등과 맺은 위탁계약서
	임업	– 산림사업시행법인 : 사업자등록증 및 산림사업법인 등록증 – 국유림영림단 : 사업자등록증 및 국유림영림단 등록증 – 산림조합, 산림조합중앙회 : 사업자등록증 또는 위탁계약서 – 원목생산업자 : 사업자등록증 및 목재생산업 등록증 – 종묘생산법인 : 사업자등록증 또는 위탁계약서
		광업원부(광업등록사무소 발급) 및 광물생산보고서(광업법에 따라 관할 지자체에 매월 제출하는 보고서)
※ 출입국·외국인청(사무소·출장소)장은 초청의 진정성, 초청자 및 피초청자의 자격 확인 등을 심사하기 위해 첨부서류의 일부를 가감할 수 있음		

[재입국특례 외국인근로자(구 성실근로자)에 대한 조치]

〈 재입국 취업 제한의 특례 제도 〉

일정한 요건을 갖춘 성실외국인 근로자가 취업활동 기간이 만료되어 출국하기 전에 사용자가 재입국 후의 고용허가를 신청하면 그 외국인근로자에 대하여 출국한 날로부터 1개월이 지나면 다시 취업할 수 있는 특례

가. 접 수

■ 해당 외국인근로자의 출국사실을 확인한 후 접수·심사 가능

■ 대행기관에 의한 사증발급인정서 신청 가능

나. 대상자

① 외국인근로자의 고용 등에 관한 법률 제18조의4 규정에 해당하는 자

   - 취업활동기간(5년 미만 또는 직권 연장 시 6년 미만) 중에 사업장을 변경하지 아니한 경우 또는 최초 근무한 업종과 동일 업종 내에서 사업장 변경하여 4년 10개월 근속한 경우(사용자와 취업활동기간 종료일까지의 근로계약 기간이 1년 이상일 것)

   - 휴업·폐업 등 외국인근로자의 책임이 아닌 사유로 사업장을 변경한 경우로서 사용자와 취업활동기간 종료일까지의 근로계약 기간이 1년 이상일 것 또는 근로계약 기간이 1년 미만이나 고용노동부(고용센터)가 재입국 특례 적용을 인정한 경우

② 재입국하여 근로를 시작하는 날부터 효력이 발생하는 1년 이상의 근로계약을 체결하고 있을 것

③ 사업장별 외국인 고용한도 등 고용허가서 발급요건을 갖추고 있을 것 (다만, 내국인 구인노력은 요하지 않음)

다. 허용 업종 및 인원

■ 허용업종: 농축산업, 어업, 서비스업, 300인* 미만의 제조업(뿌리산업 포함)

   * 뿌리산업: 주조, 금형, 소성가공, 용접, 표면처리, 열처리 등 공정기술을 활용하여 사업을 영위하는 업종

   ※ 30인 또는 50인의 기준: 재입국 고용허가 신청일 이전 3개월간 내국인 피보험자수의 평균치 (외국인, 결혼이민자 중 국적 미취득자 등은 제외)

■ 허용인원: 업종별·사업장별 고용허용 기준에 의함

   - 사업장별 총 고용허용인원을 초과할 수 없음

라. 우대 내용

■ 사업주

   - (내국인 구인노력 면제) 고용허가서 발급 시 사업주의 내국인 구인노력 불요

   - (숙련인력 계속 사용) 한 사업장에서 장기 근속하여 숙련도가 향상된 외국인근로자를 단기 출국시킨 후 재고용 가능

다. 선원취업(E-10)

선원취업 (E-10)비자의 경우 배에서 6개월 이상 근무할 것을 조건으로 취업한 외국인은 E-10 비자를 받을 수 있는데, 현재 국내에서 활동 중인 선원의 약 43% 정도가 외국인 선원일 정도로 외국인 선원은 우리 수산업에서 큰 비중을 차지하고 있다. 한편, 선원취업(E-10) 자격은 고용허가제 적용 대상에서 제외되며, 20톤 미만 어선에서 연근해어업에 종사하는 경우는 비전문취업(E-9-4) 자격에 해당하고, 내항선원(E-10-1) 및 순항여객선원(E-10-3)의 외국인 운영기관은 한국해운조합이며, 어선원(E-10-2)의 경우 수협중앙』에서 담당한다.

(1) 대상[56]

(가) 내항선원(E-10-1)

해운법 제3조제1호(내항정기여객운송사업)·제2호(내항부정기여객운송 사업) 및 제23조제1호 (내항화물운송)의 사업을 영위하는 자와 그 사업체에서 6개월 이상 선원근로계약을 체결한 선원법 제2조제6호의 부원(部員)[57]에 해당하는 자를 말한다.

---

56) 부원은 船長, 航海士, 機關長, 機關士, 通信長, 通信士, 運航長, 運航士 등 직원과 어로장, 사무장, 의사 등을 제외한 해원(海員)을 말하고(선원법 제2조), 선박법에 따른 대한민국 선박(어선법에 의한 어선 포함) 및 국적취득부 용선 외국선박, 내항운행 외국선박(단, 총톤수 5톤 미만의 선박, 호수·강 또는 항내만 항행하는 선박, 총톤수 20톤 미만의 어선, 자력항행능력 없는 부서은 제외) (선원법 제3조제1항), 외국인선원의 총원 및 척당 승선인원, 취업분야 등은 한국해운조합·수협중앙회 등 사용자단체와 선원노동조합연합단체가 노사 합의로 결정한 후 해양수산부에 통보하도록 되어 있다(선원법 제115조 및 동법 시행령 제39조, 해양수산부 고시 외국인선원관리지침).
57) 선원법이 적용되는 선박 중 어선을 제외한 총톤수 5톤 이상의 내항상선에 승선하는 부원에 한한다.

(나) 어선원(E-10-2)

수산업법 제7조제1항제1호(정치망어업), 제40조제1항(동력어선을 이용한 근해어업), 제51조제1항(어획물운반업)의 규정에 의한 사업을 영위하는 자와 그 사업체(20톤 이상의 어선)에서 6개월 이상 선원근로계약을 체결한 자로서, 선원법 제2조제6호의 규정에 의한 부원(部員)에 해당하는 자를 말한다. 이 경우 수협중앙회에서 관련 업무를 담당한다.

(다) 순항여객선원(E-10-3)

크루즈산업의 육성 및 지원에 관한 법률 제2조제7호에 따른 국적 크루즈 사업자로서 같은 조 제4호에 따른 국제순항 크루즈선을 이용하여 사업을 경영하는 자와 그 사업체에서 6개월 이상 노무를 제공할 것을 조건으로 선원근로계약을 체결한 자로서, 해운법시행령 제3조의 규정에 따라 총톤수 2천 톤 이상의 크루즈선에 승선하는 선원법 제2조제6호의 규정에 의한 부원(部員)에 해당하는 자를 말한다.

(2) 첨부서류

공통서류	① 사증발급인정신청서 (별지 제21호 서식), 여권, 사업자 등록증, 표준규격사진 1매 ② 표준근로계약서 사본 ③ 신원보증서 ④ 외국인선원고용신고수리서(지방해양항만청장 발급)

≪업종별 추가서류≫

내항선원 (E-10-1)	⑤ 『해운법』에 따른 내항여객운송사업면허증·내항화물운송사업등록증 사본(최초 신청 또는 등록사항 변경 시에만 제출) ⑥ 외국인선원고용추천서(지방해양수산청장 발급) ⑦ '승선정원증서' 또는 '500톤 미만 선박검사증서' 등 기타 청(사무소·출장소)장이 필요하다고 인정하는 서류 ⑧ 노사합의 선사별 T/O 운영승인서 (선사별 총 정원제 적용 업체의 경우)
어선원 (E-10-2)	⑤ 『수산업법』에 따른 정치망어업면허증 및 관리선사용지정(어선사용승인)증·근해어업허가증 사본(최초 신청 또는 등록사항 변경 시에만 제출) ⑥ 선박검사증서 ⑦ 외국인선원고용추천서(지방해양수산청장 발급) ⑧ 어획물운반업등록증 (어획물운반업만 해당)
순항여객선원 (E-10-3)	⑤ 외국인선원고용추천서(지방해양수산청장 발급) ⑥ 순항여객운송사업면허증 사본(최초 신청 또는 등록사항 변경 시에만 제출)

2. 비전문인력 취업 후 영주자격 취득

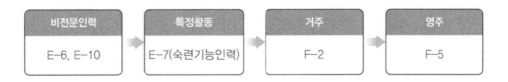

단순노무(E-9 등) 인력으로 입국한 외국인 근로자도 능력 등이 검증되면 E-7 숙련기능인력 비자를 취득할 수 있고, 그 후 5년 이상 체류·소득 등 요건을 갖추면 거주자격(F-2) 또는 영주권(F-5)까지 단계적으로 취득할 수 있다.

가. E-9 등 비자에서 E-7-4 비자로 체류 변경하기 위한 요건

E-9, E-10, H-2 비자 소지자는 5년 이상 취업활동을 하는 등 일정한 요건을 모두 충족할 경우 E-7-4 비자로 변경할 수 있다. 이는 국내 장기간 근무로 숙련도가 축적된 단순노무 분야 외국인에게 장기 취업이 가능한 E-7-4 비자를 부여하는 제도라고 보면된다. 물론 E-7-4비자 체류자격 변경이 희망을 한다고 하여 모두 가능한 것은 아니고 다음의 조건들을 모두 충족하여야 가능하다.

1. 최근 10년 동안 E-9, E-10, H-2 체류자격으로 4년 이상 체류하였고, 현재 외국인등록을 한 외국인으로 회사에서 정상적으로 근무 중일 것. 단 취업 기간이 4년 이상이라도 사회통합프로그램 3단계 이상을 이수한 경우 취업기간을 충족한 것으로 봄
1. 만약 E-7-4 비자로 변경한다면 연봉 2,600만 원 이상으로 2년 이상 취업하기로 회사와 고용계약을 했을 것
- 다만, 농업, 축산업, 어업, 내항상선은 연봉 2,500만 원 이상
1. 신청일 기준 1년 이상 기준 중, 회사의 추천을 받을 것
1. 일정한 점수를 획득할 것 (300점 만점 중 최소 200점 이상) : 정부와 광역지방자치단체의 추천, 소득, 국내 자격증, 국내 운전면허증, 국내 학력, 나이, 한국어능력, 근속기간 등을 검토
1. 최근 10년 내에 다음에 해당하지 않을 것
- 벌금 100만원 이상의 형사범
- 출입국관리법을 4회 이상 위반한 자
- 3개월 이상 불법체류를 한 지
1. 세금 체납자가 아닐 것 다만, 세금 완납시 가능

위의 요건을 모두 충족하고 신청일 기준으로 1년 이상 근무 중인 기업체로부터 추천받으면 숙련기능인력(E-7-4) 비자로 전환을 허용하는 것으로, 숙련기능인력(E-7-4) 비자를 받은 이후에도 최소 2년 이상은 해당 기업체에 계속 근무하도록 하였고, 그 후 5년 이상 체류, 소득 등 요건까지 갖추면 거주자격(F-2) 또는 영주권(F-5)까지 단계적으로 취득할 수 있게 된다는 장점이 있다.

붙임 1

K-point E74 신청 대상자 및 점수표

구 분	내 용
대상자 요건 (①+②+③+④)	① 최근 10년간 해당 자격(E-9, E-10, H-2)으로 4년 이상 체류한 현재 국내 체류 등록외국인으로 현재 근무처에서 정상 근로 중인 자 ② 현재 근무처에서 연봉 2,600만원 이상으로 향후 2년 이상 E-7-4 고용계약(농ㆍ축산업, 어업ㆍ내항상선 종사자는 연봉 2,500만원 이상) ③ 현재 1년 이상 근무 중인 기업의 추천을 받은 자 ④ 기본항목의 Ⓐ평균소득 및 Ⓑ한국어능력 각각 최소점(50점) 이상자로 300점 만점에 가점 포함 200점 이상 득점자 ■ 전환요건 점수 : 300점 만점(가점 제외) 중 200점 이상(가점 포함) 득점
제외대상	① 벌금 100만원 이상의 형을 받은 자 ② 조세 체납자(완납 시 신청 가능) ③ 출입국관리법 4회 이상 위반자 ④ 불법체류 경력자 ⑤ 대한민국의 이익이나 공공의 안전 등을 해치는 행동을 할 염려가 있다고 인정할 만한 자 ⑥ 경제질서 또는 사회질서를 해치거나 선량한 풍속 등을 해치는 행동을 할 염려가 있다고 인정할 만한 자
점수표	〈 기본항목 〉 Ⓐ 평균소득 (최근 2년 연간 평균소득) : 최대 120점 표1 * 농ㆍ축산업, 어업ㆍ내항상선 종사자는 연봉 2,400만원 이상 Ⓑ 한국어능력 : 최대 120점 표2 ☞ TOPIK(2급ㆍ3급ㆍ4급 이상), 사회통합프로그램 이수(2단계ㆍ3단계ㆍ4단계 이상), 사회통합프로그램 사전평가 성적(41~60점ㆍ61~80점ㆍ81점 이상) Ⓒ 나이 : 최대 60점 표3

Ⓐ 평균소득 (최근 2년 연간 평균소득) : 최대 120점

구 분	2,500만원 이상*	3,500만원 이상	5,000만원 이상
배 점	50	80	120

Ⓑ 한국어능력 : 최대 120점

구 분	2급/2단계/41~60점	3급/3단계/61~80점	4급/4단계/81점 이상
배 점	50	80	120

Ⓒ 나이 : 최대 60점

구 분	19세 ~ 26세	27세 ~ 33세	34세 ~ 40세	41세 ~
배 점	40	60	30	10

추천			③ 현근무처 3년 이상 근속	④ 인구감소지역 및 읍·면지역 3년 이상 근무	⑤ 자격증 또는 국내 학위	⑥ 국내 운전면허증
①		② 고용 기업체				
중앙 부처	광역 지자체					
30	30	50	20	20	20	10

〈 가점 〉

①~⑥ 간 중복 가능(단, ①의 중앙부처나 광역지자체 추천이 중복되면 하나만 인정)

〈 감점 〉

감점 항목	1회	2회	3회 (이상)
① 벌금 100만원 미만의 형을 받은 자(최대20점)	5	10	20
② 체납으로 체류허가 제한을 받은 사실이 있는 자(최대15점)	5	10	15
③ 출입국관리법 3회 이하 위반자로 행정처분을 받은 자(과 태료 포함) (최대15점)	5	10	15

위 대상자 요건 및 점수표 항목(점수)은 운영과정에서 변경될 수 있음

나. F-5 영주자격 취득과정

(1) 1단계 (E-9 등 비전문인력 → E-7-4 숙련기능인력)

비전문인력인 E-9, E-10 자격 소지자는 원칙적으로 전문인력인 E-7 자격으로의 변경이 제한되나, E-7-4(점수제 숙련기능인력) 자격으로의 전환은 예외적으로 허용된다.

비전문인력인 E-9, E-10 자격 소지자로 최근 10년간 5년 이상 국내에서 합법적으로 계속하여 취업 활동을 하고 점수제 등 위 가. E-9 등 비자에서 E-7-4 비자로 체류 변경하기 위한 요건 등을 충족할 경우 E-7-4(점수제 숙련기능인력) 자격으로의 전환이 가능하다. 한편, 체류변경 과정에서 사회통합프로그램 이수 단계에 따라서 점수가 차등 부여되고, 5단계 이상 이수자의 경우 점수제 가점이 부여된다.

(2) 2단계 (E-7-4 숙련기능인력 → F-2 거주)

F-2(거주)체류자격 취득에 관한 자세한 내용은 전설한 '3. 유학생 취업 후 영주자격 취득 요건 가. 유학생의 취업 후 영주자격 취득 중 (2) 2단계 : 전문인력 취업 후 F-2(거주)비자

로 체류자격 변경'란을 참조하기 바라며, E-계열 전문인력에서 F-2 거주비자로의 체류자격 변경을 위해서는, F-2, 장기체류자인 경우에는 E-1~E-7 체류자격으로 5년 이상 국내 체류한 자로 품행 요건, 생계유지 능력 요건 등 모든 요건을 충족하며, 기본소양 요건 충족을 위해서는 사회통합프로그램 4단계 이상 이수하거나 사전평가 81점 이상 취득할 것 등의 요건을 모두 충족하여야 한다.

(3) 3단계 (F-2 거주 → F-5 영주)

F-5(영주)비자 체류자격 취득에 관한 자세한 내용은 전설한 '3. 유학생 취업 후 영주자격 취득 요건 가. 유학생의 취업 후 영주자격 취득 중 (3) 3단계 : F-2(거주)비자에서 F-5(영주)비자로 체류자격 변경'란을 참조하기 하기 바라며, F-2(거주)비자 체류자격에서 F-5(영주)비비 체류자격으로 변경하기 위해서는, F-5, 일반영주의 경우에는 D-7~D-10, E-1~E-7 체류자격이나 F-2 체류자격으로 5년 이상 국내 체류를 요하고, F-5, 첨단분야 박사의 경우에는 국외에서 첨단기술 분야 박사 학위 취득 후 국내 기업에서 학위 관련 분야에서 1년 이상 전일제 상용근로 형태로 계속 근무할 것을 요하며, F-5, 학·석사 학위증 및 자격증 소지자의 경우에는 특정 분야의 학사 학위 이상 또는 기술 자격증 취득자로 3년 이상 국내 체류하며 국내 기업에 1년 이상 전일제 상용근로 형태로 근무할 것을 요하고, F-5, 일반분야 박사의 경우에는 국내 대학원에서 정규 박사과정 이수, 학위 취득 후 국내 기업에서 1년 이상 전일제 상용근로 형태로 계속 근무할 것을 요하며, F-5, 점수제 영주자의 경우에는 점수제 거주(F-2) 자격으로 3년 이상 국내 체류할 것을 요하고, 그 외 영주 공통요건(품행 단정, 생계유지능력, 기본소양 요건) 및 세부자격별 요건을 충족하여야 한다.

한편, 일반영주, 학·석사 학위증 및 자격증 소지자, 점수제 영주자의 경우 사회통합프로그램 5단계 이상 이수할 경우 기본소양 요건 충족하여야 하지만, 첨단분야 박사, 일반분야 박사의 경우 기본소양 요건(사회통합프로그램 등)이 면제된다.

다. 동반 가족초청

원칙적으로 배우자 및 미성년 자녀를 장기 비자로 초청 불가하다.

제6장 기타(D-1 문화예술, D-5 취재, D-6 종교)

1. 비자의 종류

체류자격	세부 사항
D-1 문화예술	• 수익을 목적으로 하지 않는 학술 또는 예술상의 활동을 하려고 하는 자
D-5 취재	• 신문, 방송, 잡지, 기타 보도기관으로부터 파견되거나 보도기관과의 계약에 의하여 국내에 주재하면서 취재, 보도 활동을 하는 자
D-6 종교	• 외국의 종교단체 또는 사회복지단체로부터 국내에 등록된 그 지부에 파견되어 근무하는 자 • 외국의 종교단체 또는 사회복지단체로부터 파견되어 국내 유관 종교 단체에서 종교 활동을 하는 자

가. D-1 문화예술

대한민국에서 외국인이 수익을 목적으로 하지 아니하는 학술 또는 예술상의 활동을 위해 입국하기 위해서는 문화예술 비자 D-1비자를 발급받아야 된다.

(1) 대상

D-1 문화예술 비자의 해당자는 수익을 목적으로 하지 아니하는 학술 또는 예술상의 활동을 목적으로, 논문작성, 창작 활동을 하는 자, 비영리 학술활동·예술단체의 초청으로 학술 또는 순수 예술 활동에 종사하는 자, 대한민국의 고유문화 또는 예술에 대하여 전문적으로 연구하거나 전문가의 지도를 받으려는 자(예: 태권도 등 전통무예, 한국무용, 서예, 궁중음악, 참선, 농악 등) 등이고, 여기서 전문가라 함은 무형문화재 또는 국가공인 기능보유자 등을 말하며, 순수예술 분야의 연구단체나 해당 분야의 저명한 인사로부터 지도를 받는 자를 포함하나 영리목적의 사설학원에서의 연수자는 해당되지 않는다.

다만, 체류기간이 90일 이하인 경우에는 단기방문(C-3-1) 자격에 해당한다.

(2) 첨부서류

비자종류	대상자	필요서류
D-1 문화예술	한국국제교류재단 및 한국문화예술위원회의 초청을 받아 문화예술 활동을 하고자 하는 자 수익을 목적으로 하지 아니하는 학술 또는 예술상의 활동 -논문작성, 창작 활동을 하는 자 -비영리 학술활동 · 예술단체의 초청으로 학술 또는 순수 예술 활동에 종사하는 자 -대한민국의 고유문화 또는 예술에 대하여 전문적으로 연구하거나 전문가의 지도를 받으려는 자 (예: 태권도 등 전통무예, 한국무용, 서예, 궁중음악, 참선, 농악 등) <u>체류기간이 90일 이하인 경우에는 단기방문(C-3-1) 자격에 해당</u> 상기 이외의 경우 사증발급인정서에 의해 사증발급	○ 사증발급신청서 ○ 여권(잔여 유효기간 : 신청일로부터 6개월 이상) ○ 사진 1장(컬러, 3.5x4.5cm, 배경 흰색, 6개월 이내 촬영) ○ 수수료) ○ 여권 사진면 사본 1장 초청장 • 문화예술단체임을 입증하는 서류 *전문가의 지도인 경우에는 그 전문가의 경력증명서 • 이력서 또는 경력증명서 • 체류 중 일체의 경비지불능력을 증명하는 서류

나. D-5 취재

외국의 신문사, 방송사, 잡지사 또는 그 밖의 보도기관으로부터 파견되거나 외국 보도기관과의 계약에 따라 국내에 주재하면서 취재 또는 보도활동을 하려는 사람이 받는 비자유형이다.

(1) 대상

D-5 취재비자는 취재·보도활동 등의 목적으로, 외국의 신문, 방송, 잡지, 기타 보도기관으로부터 파견되어 국내에 주재하면서 취재·보도 활동을 하는 자, 외국의 보도기관과의 계약에 의하여 국내에서 주재하면서 취재·보도 활동을 하는 자, 국내에 지사나 지국이 이미 개설된 외국의 신문, 방송, 잡지, 기타 보도기관으로부터 파견되어 국내에서 취재·보도활동을 하는 자 등이 그 대상이다.

그러나, 외국의 보도기관 국내 지사 등에서 취재 · 보도활동과 관련 없는 업무를 수행하는 자(예 : 통역, 행정업무, 운전기사 등의 행정요원과 코디네이터)는 제외된다.

다만, 체류기간이 90일 이하인 경우에는 일시취재(C-1)자격에 해당한다.

(2) 첨부서류

체류자격	첨부서류
D-5 취재비자	① 사증발급인정신청서 (별지 제21호 서식), 여권사본, 표준규격사진 1매 ② 파견명령서 또는 재직증명서 ③ 국내지국·지사 설치허가증이나 국내 지국·지사 운영자금 도입실적 증빙서류 ※ 국내에 지국·지사가 없거나 증명을 발급받을 수 없는 외신은 주무부처 (문화체육관광부 해외문화홍보원)의 협조공문으로 갈음할 수 있음 ➡ 대리인 신청시 : 위임장, 대리인 재직증명서, 대리인 신분증 사본 추가 제출

다. D-6 종교

D-6 종교비자는 국내 종교 단체나 외국의 종교 단체가 한국에서 전도 활동, 포교 활동, 사회 복지 활동을 하기 위해 외국인 사제, 선교사, 전도사, 목사, 승려 등을 초청할 때 발급되는 비자유형으로써, 초청자는 종단이나 교단의 대표자이며, 단위 교회 목사 등은 초청자가 될 수 없으며, 1회 부여 체류기간의 상한은 2년이다.

또한 종교비자는 외국의 종교단체로부터 파견된 종교인의 활동에 한정되기 때문에, 종교인이 대한민국의 종교단체에 취직하여 행하는 활동은 「종교(D-6)」의 체류자격에 해당되지 않으며, 종교인을 보조하는데 그치거나 스스로 포교 기타 종교상의 활동을 하지 않는 활동 내지 단지 신자로서의 활동에 불과한 경우에는」 종교(D-6)」의 체류자격에 해당되지 않는다. 그 외 국내 단위교회에 목사 등으로 취임하는 경우 및 국가 기본이념에 상충되거나 공서양속 등 국민정서에 반하는 활동을 하는 교단관련 종교인은 사증발급 불가하다.

(1) 대상
(가) 종교 활동

외국의 종교단체 또는 사회복지단체로부터 국내에 등록된 그 지부에 파견되어 근무하는 자, 외국의 종교단체 또는 사회복지단체로부터 파견되어 국내 유관 종교단체에서 종교 활동을 하는 자, 소속 종교단체가 운영하는 의료, 교육, 구호단체 등으로부터 초청되어 선교 또는 사회복지 활동에 종사하는 자, 국내 종교단체의 추천을 받아 그 종교단체에서 수도, 수련, 연구 활동을 하는 자 등이며, 종사하는 기관으로부터 보수를 받는 자는 제외한다.

참고로, 종교비자는 외국에 있는 종교단체에서 대한민국에 파견된 종교인이 행하는 포교활동 기타 종교상의 활동을 말하며, 종교단체라 함은 종교의 교리를 널리 전하고 종교의식을 행하며 신자를 교화 육성하는 것을 주된 목적으로 하는 단체를 말한다.

(나) 사회복지 활동

국내 종교단체 또는 사회복지단체로부터 초청되어 사회복지활동에만 종사하는 자이다.

다만, 체류기간이 90일 이하인 경우에는 단기방문(C-3)자격에 해당(다만, 시행령에서 정한 체류자격의 활동범위에 국한된 활동에 한함)한다.

(2) 첨부서류

체류자격	첨부서류
국내종교 · 사회복지단체로부터 초청되어 사회복지활동에만 종사 하고자 하는 자에 대한 체류기간 1년 이하의 단수사증	① 사증발급신청서 (별지 제17호 서식), 여권, 표준규격사진 1매, 수수료 ② 파견명령서 ③ 종교단체 설립허가서 또는 사회복지단체 설립허가서 사본 ④ 소속단체의 체류경비 지원 관련서류
1. 외국의 종교단체 또는 사회복지단체로부터 국내에 등록된 그 지부에 파견되어 근무하는 자 2. 외국의 종교단체 또는 사회복지단체로부터 파견되어 국내 유관 종교 단체에서 종교 활동을 하는 자 3. 소속 종교단체가 운영하는 의료, 교육, 구호단체 등으로부터 초청되어 선교 또는 사회복지 활동에 종사하는 자 ➡ 종사하는 기관으로부터 보수를 받는 자는 제외 4. 국내 종교단체의 추천을 받아 그 종교단체에서 수도, 수련, 연구 활동을 하는 자	① 사증발급인정신청서 (별지 제21호 서식), 여권사본, 표준규격사진 1매 ② 초청사유서 ③ 파견명령서 ④ 종교단체 설립허가서 또는 사회복지단체 설립허가서 사본 ⑤ 고유번호증 사본 － 종교단체 초청인 경우 종단(교단)과 단위교회(사찰) 모두 제출 ⑥ 소속단체의 체류경비 지원 관련서류 ➡ 대리인 신청시 : 위임장, 대리인 재직증명서, 대리인 신분증 사본 추가 제출

2. D-1 문화예술 비자에서 F-5 영주자격 취득과정

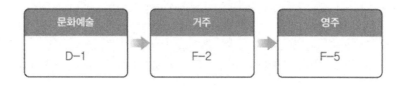

F-2-99 거주비자는 D-1 문화예술, D-5 취재, D-6 종교, D-7 취재, D-8 기업투자, D

-9 무역경영, E-1 교수, E-2 회화지도, E-3 연구, E-4 기술지도 E-5 전문직업, E-6 예술흥행, E-7 특정활동, F-1 방문동거, F-3 동반비자 등은 5년 이상 체류·소득 등 요건을 갖추면 영주권 취득 전단계로 국내 체류 및 취업활동이 가능한 거주자격(F-2)으로 체류자격을 변경한 후 최종 영주권(F-5)까지 단계적으로 취득할 수 있다.

가. 1단계 (D-1 문화예술 → F-2 거주)

F-2(거주)체류자격 취득에 관한 자세한 내용은 전설한 '3. 유학생 취업 후 영주자격 취득 요건 가. 유학생의 취업 후 영주자격 취득 중 (2) 2단계 : 전문인력 취업 후 F-2(거주)비자로 체류자격 변경 '란을 참조하기 바라며, D-1 문화예술 비자에서 F-2 거주비자로의 체류자격 변경을 위해서는, F-2, 장기체류자인 경우에는 D-1 문화예술 체류자격으로 5년 이상[58] 국내 체류한 자로 품행 요건, 생계유지 능력 요건 등 모든 요건을 충족하며, 기본소양 요건 충족을 위해서는 사회통합프로그램 4단계 이상 이수하거나 사전평가 81점 이상 취득할 것 등의 요건을 모두 충족하여야 한다.

나. 2단계 (F-2 거주 → F-5 영주)

F-5(영주)비자 체류자격 취득에 관한 자세한 내용은 전설한 '3. 유학생 취업 후 영주자격 취득 요건 가. 유학생의 취업 후 영주자격 취득 중 (3) 3단계 : F-2(거주)비자에서 F-5(영주)비자로 체류자격 변경'란을 참조하기 하기 바라며, F-2(거주)비자 체류자격에서 F-5(영주)비비 체류자격으로 변경하기 위해서는, F-5, 일반영주의 경우에는 D-7~D-10, E-1~E-7 체류자격이나 F-2 체류자격으로 5년 이상 국내 체류를 요하고 그 외 영주 공통요건(품행 단정, 생계유지능력, 기본소양 요건) 및 세부자격별 요건을 충족하여야 한다. 다만, 사회통합프로그램 5단계 이상 이수할 경우 기본소양 요건 충족된 것으로 본다.

3. D-5 취재, D-6 종교 비자에서 F-5 영주자격 취득과정

---

58) 여기서 5년의 체류기간은 하나의 체류자격으로 5년을 체류하여야 하는 것은 아니고 총 체류기간이 5년이면 족하다(가령, E-2 비자로 3년 + E-7 비자로 2년).

D-5 취재, D-6 종교비자 등은 5년 이상 국내체류·소득 등 요건을 갖추면 영주권 취득 전 단계로 국내 체류 및 취업활동이 가능한 거주자격(F-2)으로 체류자격을 변경한 후 최종 영주권(F-5)을 단계적으로 취득할 수 있다.

가. 1단계 (D-5 취재, D-6 종교 → F-2 거주)

F-2(거주)체류자격 취득에 관한 자세한 내용은 전설한 '3. 유학생 취업 후 영주자격 취득 요건 가. 유학생의 취업 후 영주자격 취득 중 (2) 2단계 : 전문인력 취업 후 F-2(거주)비자로 체류자격 변경 '란을 참조하기 바라며, D-5 취재, D-6 종교비자에서 F-2 거주비자로의 체류자격 변경을 위해서는, F-2, 점수제 우수인재의 경우에는 상장법인 종사자, 유망산업분야 종사자, 전문직 종사자, 유학인재, 잠재적 우수인재 중 하나에 해당하고 점수제 요건 충족(평가항목별 배점의 점수가 170점 중 80점 이상일 것)하여야 한다. 다만, 사회통합프로그램 이수 단계에 따라 점수 차등 부여되고, 5단계 이상 이수자의 경우 점수제 가점이 부여된다. 또한, F-2, 장기체류자인 경우에는 D-5, D-6 체류자격으로 5년 이상 국내 체류한 자로 품행 요건, 생계유지 능력 요건 등 모든 요건을 충족하며, 기본소양 요건 충족을 위해서는 사회통합프로그램 4단계 이상 이수하거나 사전평가 81점 이상 취득할 것 등의 요건을 모두 충족하여야 한다.

나. 2단계 (F-2 거주 → F-5 영주)

F-5(영주)비자 체류자격 취득에 관한 자세한 내용은 전설한 '3. 유학생 취업 후 영주자격 취득 요건 가. 유학생의 취업 후 영주자격 취득 중 (3) 3단계 : F-2(거주)비자에서 F-5(영주)비자로 체류자격 변경'란을 참조하기 하기 바라며, F-2(거주)비자 체류자격에서 F-5(영주)비비 체류자격으로 변경하기 위해서는, F-5, 일반영주의 경우에는 F-2 체류자격으로 5년 이상 국내 체류를 요하고, F-5, 점수제 영주자의 경우에는 점수제 거주(F-2) 자격으로 3년 이상 국내 체류할 것을 요하고, 그 외 영주 공통요건(품행 단정, 생계유지능력, 기본소양 요건) 및 세부자격별 요건을 충족하여야 한다.

4. 동반 가족 초청

D-1(문화예술), D-5(취재), D-6(종교) 자격 소지자는 배우자 및 미성년 자녀를 F-3(동반) 자격으로 초청이 가능하다.

제7장 F-1 방문동거, F-3동반

1. 비자의 종류

체류자격	세부사항
F-1 방문동거	• 친척방문, 가족동거, 피부양, 가사정리 등의 목적으로 체류하는 자 • 주한 외국공관 등에 근무하는 자의 비세대동거인 • 결혼이민자의 부모 등 가족 • 혼인단절 결혼이민자 • 국적신청자 · 거주(F-2) 자격의 배우자 또는 미성년 자녀 • 재외동포(F-4) 및 방문취업(H-2) 자격의 배우자 및 미성년자녀 • 고등학교 이하의 외국인 유학생 동반 부모 • 우수인재, 투자자 및 유학생 부모 • 난민인정자의 배우자 및 미성년 자녀 • 주한외국공관, 고액투자자, 첨단투자자, 전문인력 등의 가사보조인 • 귀화자의 외국국적 부모 · 기타
F-3동반	• 문화예술(D-1)부터 특정활동(E-7)까지의 체류자격에 해당하는 사람의 배우자 및 미성년 자녀로서 배우자가 없는 사람 (단, D-3 제외)

가. F-1 방문동거

체류자격	목적별
F-1-3	방문동거
F-1-9	재외동포(F-4), 방문취업(H-2) 자격을 취득한 자의 가족
F-1-13	외국인 유학생(고등학교 이하)동반 부모
F-1-21	주한 외국공관원의 가사보조인으로서 공관원과 동일국적을 가진 자
F-1-22, 23, 24	투자가 및 전문인력의 외국인 가사보조인
F-1	SOFA해당자의 21세 이상의 동반자녀 또는 기타 가족

국외에 체류 중인 외국인이 가족과 동거, 친척 방문, 가사보조 등의 목적으로 대한민국에 입국하기 위해서는 F-1 비자가 필요하며, 대표적으로 외국인 유학생의 부모나 동포(F-4, H-2) 자격을 소지한 가족이 이에 해당한다.

(1) 대상

친척방문, 가족동거, 피부양, 가사정리, 기타 이와 유사한 목적의 체류를 위한, 주한 외국공관원의 가사보조인, 외교(A-1) 내지 협정(A-3) 자격에 해당하는 자의 동거인으로서 그 세대에 속하지 아니한 사람, 재외동포(F-4) 자격을 취득한 자의 가족(배우자 및 미성년 자녀), 방문취업(H-2) 자격을 취득한 자의 가족(배우자 및 미성년 자녀), 고등학교 이하의 교육기관에 입학 예정이거나 재학 중인 미성년외국인 유학생과 동반 체류하려는 부모, SOFA해당자의 21세 이상의 동반자녀 또는 기타 가족, 그 밖에 부득이한 사유로 직업활동에 종사하지 아니하고 대한민국에 장기간 체류하여야 할 사정이 있다고 인정되는 사람(체류자격변경허가 대상)이 그 대상이다. 그 외 출생 당시 대한민국 국적을 보유했던 해외 입양인 및 대한민국 정부 수립 이전에 해외로 이주한 동포 1세도 포함된다.

한편, 여기서 그밖에 부득이한 사항이란 결혼 중단 후 가사 정리 목적인 경우, 합법체류자의 국내 출생 자녀가 있는 경우, 난민 인정자의 배우자, 자녀인 경우, 재입국 허가 기간 초과로 거주자격 상실자(F-2)가 이에 해당된다.

(2) 유형

(가) 외국인 유학생(고등학교 이하) 동반 부모(F-1-13)

1) 해당자

해당 교육기관[의무(무상) 교육기관은 제외]에서 입학허가를 받고 입학 예정이거나 재학 중인 자비 부담 외국인유학생의 2촌 이내의 친인척으로서 재정요건 등 아래 요건을 갖춘 자로서 외국인유학생 1명당 1명 허용된다. 다만, 정부기관 및 지방자치단체의 초청 장학생은 원칙적으로 동반 부모 사증 발급이 불가하다.

2) 재정요건

학비가 연간 500만원 이상이며, 교육감 설립 인가를 받은 학력 인정 기관만 해당하고, 국내 체류 비용 부담능력이 있었야 하는데, 1년 간 생활비는 외국인 유학생의 연간 생활비 기준액의 2배 상당 금액(1인 기준)이고, 일정 수준 이상의 재정능력을 보유하고 있어야 하며(21개 국가 국민[59]), 연간 소득이 전년도 GNI 이상이거나, 자산이 「국민기초생활보장법」에 따

---

59) 〈21개 국가〉: 중국, 필리핀, 인도네시아, 방글라데시, 베트남, 몽골, 태국, 파키스탄, 스리랑카, 인도, 미얀마, 네팔, 이란, 우즈베키스탄, 카자흐스탄, 키르기즈스탄, 우크라이나, 나이지리아, 가나, 이집트, 페루

른 중위 수준 이상이야 한다. 연간 재정요건은 연간 소득이나 소유 자산 요건 중 택일 가능하며, 부부의 소득이나 자산은 합산 가능하다.

3) 기타 요건

최근 5년 이내 출입국관리법 등 위반으로 200만원 이상의 벌금형 또는 통고처분을 받거나, 강제퇴거 또는 출국명령 처분을 받은 사실이 있는 자는 사증(사증발급인정서)발급 제한된다.

4) 첨부서류

공통서류	① 사증발급신청서 (별지 제17호 서식), 여권, 표준규격사진 1매, 수수료 ② 입학허가서 또는 재학증명서 ③ 가족관계 입증서류 (원본 및 번역본 첨부, 호구부, 출생증명서 등) ④ 국내 체류비용 부담능력 입증서류 (3개월 이상 계속 예치된 기준 이상 금액의 잔고증명서 등) ⑤ 재정능력 입증서류 (불법체류 다발국가 국민에 한함) 　－ 기준 이상 금액의 국내의 정부기관 또는 은행이 발행(인증 또는 공증)한 원천징수영수증, 부동산소유증명, 부동산거래계약서, 예금잔고증명 등

(나) 주한 외국공관원의 가사보조인으로서 공관원과 동일국적을 가진 자에 대한 체류기간 1년 이하의 단수사증 (F-1-21)

주재국 이외의 국가 국민에 대하여는 법무부장관의 승인을 받거나 출입국·외국인청(사무소·출장소)장이 발급한 사증발급인정서를 통해 사증발급(예 : 주한인도대사가 필리핀 가사보조인을 고용하는 경우)이 가능하다.

공통서류	① 사증발급신청서 (별지 제17호 서식), 여권, 표준규격사진 1매, 수수료 ② 외국공관의 협조공문 ③ 고용계약서 ④ 고용인의 신분증명서 사본

(다) 투자가 및 전문인력의 외국인 가사보조인(고액투자자 : F-1-22, 첨단투자자 : F-1-23, 전문인력 : F-1-24)

1) 신청대상

투자가 및 전문인력이 신청시점 기준 최소 1년 이상 국외에서 고용한 가사보조인 등이며,

공관장 재량으로 체류자격 방문동거(F-1), 체류기간 1년 이하의 단수사증 발급이 가능하다. 단 '우수 전문인력' 중 법무부장관의 승인 사항에 대해서는 승인을 받은 후 사증 발급이 가능하다.

2) 첨부서류

| 첨부서류 | ① 사증발급신청서 (별지 제17호 서식), 여권, 표준규격사진 1매, 수수료
② 외국인투자신고서(법인등기사항전부증명서 또는 사업자등록증사본) 또는 투자기업등록증 사본
※ 단, 영 별표 1의 17. 기업투자(D-8)란의 나목에 해당하는 자의 경우에는 아래의 서류로 갈음

▸ 벤처기업확인서 또는 예비벤처기업확인서
▸ 산업재산권, 그 밖에 이에 준하는 기술과 그 사용에 관한 권리 등을 보유하고 있음을 입증하는 서류

③ 고용주의 재직증명서 (신분증명서)
④ 고용주의 소득 요건 입증 자료
　- 근로소득원천징수영수증, 소득금액 증명원, 급여명세서, 통장사본 등
⑤ 고용중인 내국인 상시근로자 입증 서류 (투자금액 미화 50만불 미만자)
※ 예시 : 근로소득 원천징수 영수증, 소득금액 증명원, 급여명세서, 통장사본 등
⑥ 가사보조인 고용계약서
⑦ 신원보증서
⑧ 가사보조인의 졸업증명서 등 학력을 입증할 수 있는 서류
⑨ 1년 이상 고용주의 가사보조인으로 근무한 사실을 입증하는 서류
※ 예시 : 고용계약서, 급여명세서, 통장사본 등 |

(라) 자녀양육 지원 등 목적으로 입국하는 결혼이민자의 부모 등 가족에 대한 방문동거(F-1-5, 90일 이하) 단수 사증

1) 자녀양육 지원

가) 초청 자격

한국인 배우자 또는 국적·영주(F-5) 자격을 취득한 결혼이민자,[60] 한부모 가족 결혼이민자[61] 등이다.

---

60) "결혼이민자"란 대한민국 국민과 혼인한 적이 있거나 혼인관계에 있는 재한외국인을 말한다.
61) ○ (한부모 가족) 아래 사람과 그 자녀로 구성된 가족
　　- "혼인 중 사망한 결혼이민자와의 관계에서 출생한 자녀를 홀로 양육하고 있는 국민"
　　- "국민과의 혼인관계에서 출생한 자녀를 홀로 양육하고 있는 결혼이민자"
　○ (다자녀 가족) △ 자녀가 3명 이상이며, △ 자녀 모두 「민법」상 미성년자로 구성된 가족
　　- 초청 시기, 체류기간 연장기간 등은 마지막 자녀의 연령을 기준으로 판단

나) 초청(사증발급 신청) 대상

결혼이민자의 부 또는 모이다. 다만, 결혼이민자의 부모 모두 국내에 입국할 수 없고, 피초청인 본인에게 미성년 자녀가 없는 경우에는 형제자매도 가능하며, 전혼관계 출생 자녀도 그 대상이다.

다) 초청 시기

신청일 기준, 결혼이민자(또는 그 배우자)가 임신하였거나, 자녀가 만 9세가 되는 해의 9월 말까지 초청 가능하다. 다만, 한부모 가족과 다자녀 가족은 경우 특례가 적용되어 자녀가 만 12세가 되는 해의 9월말까지 초청 가능하다.

라) 초청 횟수 : 자녀 1명당 최대 2회

초청·피초청 요건을 충족하면, 자녀 1명당 최대 2회 범위 내에서 본국 가족을 '결혼이민자의 부모 등 가족(F-1-5)' 자격으로 초청 가능하며, 부와 모를 동시·순차 초청할 때 초청 횟수는 부와 모에 개별 적용(부모를 모두 초청한 경우의 초청 횟수는 2회)된다.

마) 초청 인원

초청인원은 1명이다. 다면 부모에 한해 동시·순차 초청 가능하지만, 입국한 부 또는 모가 국내에 체류하고 있다면, 부 또는 모가 아닌 다른 본국 가족을 '결혼이민자의 부모 등 가족(F-1-5)' 사증발급 목적으로 초청이 불가하다.

2) 인도적 사정
가) 초청 자격

한국인 배우자 또는 국적·영주(F-5) 자격을 취득한 결혼이민자 및 한부모 가족 결혼이민자이다. 여기서 인도적 사유란 결혼이민자, 한국인 배우자, 자녀 중 '중증질환자' 또는 '중증장애인'이 있는 경우를 말한다.

나) 초청(사증발급 신청) 대상

결혼이민자의 부 또는 모이다. 다만, 결혼이민자의 부모 모두 국내에 입국할 수 없고, 피초청인 본인에게 미성년 자녀가 없는 경우에는 형제자매도 가능하며, 전혼관계 출생 자녀도 그 대상이다.

다) 초청 인원

초청인원은 1명이다. 다만, 부모에 한해 동시·순차 초청 가능하다. 다만, 입국한 부 또는 모가 국내에 체류하고 있다면, 부 또는 모가 아닌 다른 본국 가족을 '결혼이민자의 부모 등 가족(F-1-5)' 사증발급 목적으로 초청이 불가하다.

3) 첨부서류

구분	첨부서류
자녀 양육지원	① (신청인) 사증발급신청서 (별지 제17호 서식), 여권, 표준규격사진 1매, 수수료 ② (초청인) 신분증 사본, 초청장, 신원보증서(보증기간 : 입국한 날로부터 3년), 불법체류·취업 방지 서약서 ③ (국내 가족관계 입증서류) 초청인의 기본증명서, 가족관계증명서, 혼인관계증명서, 주민등록표(등본), 자녀명의 가족관계증명서(임신한 경우 임신진단서 또는 산모수첩) ※ 자녀가 2명 이상일 경우에는 모든 자녀의 가족관계증명서 제출, 자녀가 친양자의 경우 초청인의 친양자입양관계증명서 추가 제출 ④ (본국 가족관계 입증서류) 결혼이민자의 직계가족 및 형제자매 모두를 확인할 수 있는 가족관계 증명서류(해당 국가 정부에서 발급한 공적 서류) – (피초청인이 부모 이외 본국가족인 경우) 결혼이민자의 부모 모두가 사망하거나 질병, 60세 이상 고령 등의 사유로 입국이 불가함을 확인할 수 있는 서류와, 피초청인의 직계가족을 확인할 수 있는 가족관계 증명서류 추가 제출 ⑤ (자녀가 취학연령인 경우) 재학증명서
인도적 사정	①~④ 위와 동일 ⑤ (중증질환·장애 증명서류) – '중증질환(중증난치질환)' 또는 '산정특례' 사실이 기재된 진료비 영수증 등 – 장애인증명서(장애인증명서의 '종합 장애 정도'란에 '중증장애' 또는 '장애 정도가 심한 장애'로 기재되어 있을 경우 중증장애로 인정) 등

(마) 우수인재, 투자자 및 유학생 부모(F-1-15)

1) 초청자 요건

가) 우수인재

취재(D-5), 주재(D-7), 기업투자(D-8), 무역경영(D-9), 교수(E-1) ~ 특정활동(E-7) 자격자로서, 연간 소득이 전년도 GNI 2배 이상인 자 및 해당 자격의 활동범위를 유지하며 다른 체류자격(F-2, F-5 등)으로 변경한 경우도 포함한다.

나) 투자자

외국인투자촉진법, 외국환거래법, 투자이민제 등에 따라 국내에 3억원 이상을 투자한 후 외국인등록을 하고 계속해서 6개월 이상 국내 체류 중인 자이다.

다) 유학생

국내 대학의 석·박사과정에서 6개월 이상 유학하며 체류 중인 자이다. 단, 피초청자 포함 초청자 동반가족이 3명 이상인 경우, 학비 외에 전년도 GNI 50% 이상에 해당하는 연간 체류경비를 국내에 보유하고 있음을 입증하여야 한다.

2) 피초청자 요건

초청자 또는 그 배우자의 부모이며, 최대 2명 이내 동시 체류가 허용된다.

3) 첨부서류

첨부서류	① 사증발급인정신청서 (별지 제21호 서식), 여권, 표준규격사진 1매 ② 초청사유서(취업활동을 하지 않겠다는 내용 기재) ③ 신원보증서 ④ 가족관계입증서류 ⑤ 소득/투자금/체류경비 입증서류

(바) 고액투자가(F-1-22) 및 해외우수인재(F-1-24)의 가사보조인

투자가 및 전문인력의 가사보조인 중 '공관장 재량으로 발급할 수 있는 사증'을 제외한 대상자를 대상으로 발급하는 비자이며, 체류자격은 방문동거(F-1)으로 체류기간 90일 이하 단수사증을 발급받을 수 있다.

첨부서류	① 사증발급인정신청서 (별지 제21호 서식), 여권, 표준규격사진 1매 ② 외국인투자신고서(법인등기사항전부증명서 또는 사업자등록증) 또는 투자기업등록증사본 　※ 단, 영 별표 1의 17. 기업투자(D-8)란의 나목에 해당하는 자의 경우에는 아래의 서류로 갈음 ▶ 벤처기업확인서 또는 예비벤처기업확인서 ▶ 산업재산권, 그 밖에 이에 준하는 기술과 그 사용에 관한 권리 등을 보유하고 있음을 입증하는 서류 ③ 고용계약서 사본 ④ 고용주의 재직증명서 (신분증명서) ⑤ 신원보증서 ⑥ 가사보조인의 졸업증명서 등 학력을 입증할 수 있는 서류 ⑦ 고용주의 연간 소득 수준을 입증할 수 있는 자료 　- 근로소득원천징수영수증, 소득금액 증명원, 급여명세서, 통장사본 등 ⑧ 투자금액 미화 50만불 미만자 추가 서류 　- 고용중인 내국인 상시근로자 입증 서류 : 근로소득 원천징수 영수증, 소득금액 증명원, 급여명세서, 통장 사본 등

(사) 주한 외국공관원의 가사보조인(F-1-21)

주한외국공관원과 동일국적이 아닌 가사보조인을 초청하는 경우 발급되는 비자이며, 주한 외국공관원과 동일국적을 가진 가사보조인에 대한 사증발급은 공관장 재량 발급이다. 이는 체류기간 90일 이하 단수사증이다.

첨부서류	① 사증발급인정신청서 (별지 제21호 서식), 여권, 표준규격사진 1매 ② 외국공관의 요청공문 ③ 고용계약서 사본 ④ 고용인의 외교관신분증 사본

(아) 점수제 우수인재의 배우자 및 미성년 자녀(F-1-12)

점수제 우수인재 체류자격(F-2-7,F-27S)을 받은 사람의 배우자 또는 미성년 자녀가 대상이며, 주체류자의 연간소득이 최근 1인당 국민소득 미만인 경우(다른 모든 허가요건은 충족), 주체류자가 F-2-7S인 경우, 자격변경 후 5년이 경과된 후 연간소득이 최근 1인당 국민소득 미만인 경우(다른 모든 허가요건은 충족)에 부여받을 수 있는 비자유형이다. 이는 체류자격 방문동거(F-1-12), 체류기간 90일 이하 단수사증이다.

첨부서류	① 사증발급인정신청서 (별지 제21호 서식), 여권, 외국인등록증(주체류자가 외국인등록을 마친 사람만 해당), 표준규격사진 1매 ② 결핵 진단서(「외국인 결핵환자 사증발급 및 체류관리 지침 등」에 따름) ③ 주체류자의 고용계약서, 재직증명서, 사업자등록증, 법인등기부등본, 소득금액증명*, 학위취득(예정)증명서, 졸업(예정)증명서 등(해당자) ☞ 유가증권시장(KOSPI) 또는 코스닥(KOSDAQ) 상장된 법인에 취업한(취업 예정 포함)사람으로서 소득금액증명 제출이 불가능한 경우에 한하여, 예외적으로 고용계약서상의 기재된 연봉 상당 금액으로 연간소득을 산정 ④ 가족관계 소명 서류(주체류자와의 법률상 가족관계 입증서류여야 함) ⑤ 점수제 평가를 위한 점수를 기재한 점수표 ⑥ 신청인 본인이 기재한 평가 항목별 점수를 소명하는 서류 ⑦ 체류지 입증서류 ⑧ 심사관이 추가 제출을 요구한 서류

나. F-3 동반

F-3 동반은 원자격자인 본인이 D계열이나 E계열의 비자를 가지고 있어야 하며, 위 비자 등의 취득 후 가족 중 배우자나 미성년 자녀를 가족비자로 초청할 수 있다. 이때 체류기간은 동반하는 본인에게 정해진 체류기간 내 체류가 가능하다.

(1) 대상

문화예술(D-1)부터 특정활동(E-7)까지의 체류자격에 해당하는 사람의 배우자 및 미성년 자녀로서 배우자가 없는 사람(단, 기술연수(D-3) 체류자격에 해당하는 사람은 제외)이 대상이며, 등록외국인과 동거할 목적으로 입국하는 자 및 취재(D-5), 기업투자(D-8) 자격에 해당하는 자와 동반 입국하고자 하는 자에 대한 체류기간 1년 이하의 단수사증은 공관장 재량 발급할 수 있다.

(2) 전자사증 발급대상 - 전문 인력의 동반자

교수(E-1), 연구(E-3), 기술지도(E-4), 전문직업(E-5) 및 첨단과학기술분야 고용추천서(GOLD CARD)를 발급받은 특정활동(E-7) 자격 외국인의 배우자 및 미성년 자녀로서 배우자가 없는 사람 등이 대상이다.

(3) 공관장 재량으로 발급할 수 있는 사증 - 전문 인력의 동반자

교수(E-1), 연구(E-3), 기술지도(E-4), 전문직업(E-5) 및 첨단과학기술분야 고용추천서(GOLD CARD)를 발급받은 특정활동(E-7) 자격 외국인의 배우자 및 미성년 자녀로서 배우자가 없는 사람 등이다.

첨부서류	사증발급신청서 (별지 제17호 서식), 여권, 표준규격사진 1매, 수수료 ② 가족관계입증서류 　- 결혼증명서·가족관계기록 사항에 관한 증명서 또는 출생증명서 등 　(중국인은 거민신분증, 결혼증 및 호구부 등) ③ 생계유지능력 입증서류 　- 초청자의 재직증명서 및 납세사실증명서 등 ※ 납세사실증명서 제출이 곤란한 경우 (예 : 일부 D계열, 주된 체류자격자와 동반 신청하는 경우) 기타 재정입증서류 제출로 갈음

(4) 사증발급인정서 발급대상

문화예술(D-1), 유학(D-2), 일반연수(D-4) 내지 특정활동(E-7) 자격에 해당하는 자의 배우자 및 미성년 자녀로서 배우자가 없는 자이며, 원칙적으로 동반하는 본인(원자격자)과 함께 사증발급인정신청을 하는 경우에 한하여 사증발급인정서가 발급된다.

첨부서류	① 사증발급인정신청서 (별지 제21호 서식), 여권사본, 표준규격사진 1매 ② 가족관계 입증서류 　－ 결혼증명서·가족관계기록 사항에 관한 증명서 또는 출생증명서 등 　(중국인은 거민신분증, 결혼증 및 호구부 등) ③ 생계유지능력 입증서류 　－ 초청자의 재직증명서 및 납세사실증명서 등 　※ 납세사실증명서 제출이 곤란한 경우 (예 : 일부 D계열, 주된 체류자격자와 동반 신청하는 　　경우) 기타 재정입증서류 제출로 갈음

2. 취업가능범위

F-1, F-3 비자는 원칙적으로 직업활동을 하지 않고 대한민국에 체류할 수 있는 자격이기 때문에, 취업 및 영리활동이 불가하다.

다만, 예외적으로 계절근로 및 외국어회화강사(E-2), 외국인학교교사(E-7), 국가기관, 공공단체 등에서 외국어 교열요원(E-7)의 요건을 갖춘 경우, 사전에 체류자격외 활동허가를 받아 해당 체류자격에 해당하는 활동 범위의 취업은 가능하다.

제8장 F-2(거주)

1. 거주비자의 종류

체류자격	세부 사항
F-2(거주)	• 국민의 미성년 자녀, 국민과 혼인관계에서 출생한 사람 • 영주자격 소지자의 배우자 및 미성년 자녀 • 난민 인정을 받은 자 • 고액투자 장기체류 외국인 • 점수제 우수인재 및 동반 가족 • 부동산 투자이민자 및 동반 가족 • 공무원으로 임용된 자 • 공익사업 투자이민자 및 동반 가족 • 은퇴이민 투자자 및 동반 가족 • 특별기여자 • 기타 장기체류자

F-2 거주 비자는 궁극적으로 F-5 영주자격을 부여받기 위하여 국내 장기체류를 하려는 자에게 발급하는 비자유형이다.

가. 대상

F-2 거주비의 발급대상은 영주자격을 부여받기 위하여 국내 장기체류하려는 아래의 자들이다.

(1) 국민의 미성년 외국인 자녀 또는 영주(F-5) 체류자격을 가지고 있는 사람의 배우자 및 그의 미성년 자녀

(2) 국민과 혼인관계(사실상의 혼인관계를 포함한다)에서 출생한 사람으로서 법무부장관이 인정하는 사람

(3) 난민의 인정을 받은 사람

(4) 라.「외국인투자 촉진법」에 따른 외국투자가 등으로 다음 어느 하나에 해당하는 사람

(가) 미화 50만 달러 이상을 투자한 외국인으로서 기업투자(D-8) 체류자격으로 3년 이상 계속 체류하고 있는 사람

(나) 미화 50만 달러 이상을 투자한 외국법인이 「외국인투자 촉진법」에 따른 국내 외국인투자기업에 파견한 임직원으로서 3년 이상 계속 체류하고 있는 사람

(다) 미화 30만 달러 이상을 투자한 외국인으로서 2명 이상의 국민을 고용하고 있는 사람

(5) 영주(F-5) 체류자격을 상실한 사람 중 국내 생활관계의 권익보호 등을 고려하여 법무부 장관이 국내에서 계속 체류하여야 할 필요가 있다고 인정하는 사람(강제퇴거된 사람은 제외한다)

(6) 외교(A-1)부터 협정(A-3)까지의 체류자격 외의 체류자격으로 대한민국에 7년 이상 계속 체류하여 생활 근거지가 국내에 있는 사람으로서 법무부장관이 인정하는 사람[다만, 교수(E-1)부터 전문직업(E-5)까지 또는 특정활동(E-7) 체류자격을 가진 사람에 대해서는 최소 체류기간을 5년으로 한다]

(7) 「국가공무원법」 또는 「지방공무원법」에 따라 공무원으로 임용된 사람으로서 법무부장관이 인정하는 사람

(8) 나이, 학력, 소득 등이 법무부장관이 정하여 고시하는 기준에 해당하는 사람

(9) 투자지역, 투자대상, 투자금액 등 법무부장관이 정하여 고시하는 기준에 따라 부동산 등 자산에 투자한 사람

(10) 법무부장관이 대한민국에 특별한 기여를 했거나 공익의 증진에 이바지했다고 인정하는 사람

(11) 자목부터 카목까지의 규정에 해당하는 사람의 배우자 및 자녀(법무부장관이 정하는 요건을 갖춘 자녀만 해당한다)

(12) 「국가균형발전 특별법」 제2조제9호에 따른 인구감소지역 등에서의 인력 수급과 지역 활력 회복을 지원하기 위하여 법무부장관이 대상 업종·지역, 해당 지역 거주·취업 여부 및 그 기간 등을 고려하여 고시하는 기준에 해당하는 사람

(2) 첨부서류

비자종류	대상자	첨부서류
F-2-2	국민의 미성년 외국인자녀	• 초청장 • 국민의 미성년 자녀임을 입증할 수 있는 공적 서류 • 대한민국 국민과 해당 미성년자의 관계 및 양육권 보유관계를 입증할 수 있는 서류 • 양육권을 가진 대한민국 국민인 부 또는 모의 신원보증서(그 부 또는 모가 배우자가 있을 경우 그 배우자의 신원보증서도 필요) • 양육권 보유관계를 입증할 수 없을 경우에는 해당 미성년자와 동일한 국적을 보유한 해당 미성년자의 친권자 또는 후견인의 동의서(친권자 또는 후견인이 없는 경우 친권자·후견인이 없다는 사실을 입증할 수 있는 관련국의 공적 서류 또는 공증증서

	국민과 혼인관계(사실상의 혼인관계 포함)에서 출생한 자녀 ※국민과 혼인관계에서 출생한 자녀에 대한 거주(F-2) 사증발급 제외대상자 – 병역 이행 또는 면제처분을 받지 않은 상태에서 대한민국 국적을 이탈 또는 상실하여 외국인이 된 남성에 대해 40세 되는 해의 12월 31일까지 거주(F-2-2) 자격 부여 제한 → 개정법 시행일('18. 5. 1.) 이후 최초로 국적을 이탈하였거나 국적을 상실한 사람부터 적용	• 초청장(대한민국 국민인 부 또는 모가 작성) • 국민과 해당 자녀와의 관계입증 서류
F-2-3	영주(F-5)자격 소지자의 배우자	• 국내 배우자의 신원보증서(Link참조) • 초청장(붙임1 양식), 혼인배경 진술서(붙임2 양식) • 초청인 및 피초청인 양국 간 혼인관계 입증서류 　– 결혼증명서, 가족관계 기록에 관한 증명서 등 • 재정(소득) 입증서류 　– 소득금액증명원(세무서 발행), 재직증명서, 계좌거래내역 등 • 초청인의 신용정보조회서(전국은행연합회 발행) • 국적국 또는 거주국의 관할 기관이 발급한 초청인 및 피초청인 쌍방의 '범죄경력에 관한 증명서' – 영주(F-5)자격 소지자 본인이 영주자격 변경 시 '범죄 경력에 관한 증명서'를 이미 제출한 경우에는 본인에 한해 제출 생략 가능. 단, 영주자격 변경 후 해외에서 6개월 이상 체류한 경우에는 해외 체류기간 동안의 체류국 정부가 발행한 범죄경력에 관한 증명서를 제출해야 함 • 초청인 및 피초청인 쌍방의 건강진단서 – 의료법 제3조제2항제3호에 따른 병원급 의료기관이나 지역보건법 제7조에 따른 보건소가 발행한 것. 다만, 피초청인의 경우에는 해당 보건국 또는 거주국에서 통용되는 유사한 입증자료로 갈음할 수 있음 • 과거 혼인기록이 있는 경우 혼인 해소 여부를 입증할 수 있는 서류(이혼증 등)
	영주(F-5)자격 소지자의 미성년 자녀	• 초청인(영주자격자)의 자녀임을 입증하는 서류 *호적등본
	공통서류	• 사증발급신청서 • 여권(잔여 유효기간 : 신청일로부터 6개월 이상) • 사진 1장(컬러, 3.5x4.5cm, 배경 흰색, 6개월 이내 촬영) • 수수료 • 여권 사진면 사본 1장

2. F-2 거주 자격에서 F-5 영주자격 취득

가. F-2 거주 자격에서 F-5 영주자격 취득과정

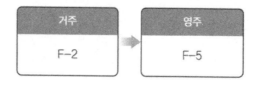

F-2 거주 자격에서 체류기간 및 영주 공통요건을 충족할 경우 F-5 영주자격으로의 체류자격 변경이 가능하다.

F-5(영주)비자 체류자격 취득에 관한 자세한 내용은 전설한 '3. 유학생 취업 후 영주자격 취득 요건 가. 유학생의 취업 후 영주자격 취득 중 (3) 3단계 : F-2(거주)비자에서 F-5(영주)비자로 체류자격 변경'란을 참조하기 하기 바라며, 거주비자에서 영주비자로의 체류자격을 변경하기 위해서는 아래의 대상에 해당하고, 영주 공통요건(품행 단정, 생계유지능력, 기본소양 요건) 및 세부자격별 요건을 충족하여야 한다.

F-5, 일반영주의 경우에는 D-7(주재), D-8(기업투자), D-9(무역경영), D-10(구직), E-1(교수), E-2(회화지도), E-3(연구), E-4(기술지도), E-5(전문직업), E-6(예술흥행), E-7(특정활동) 체류자격이나 F-2(거주) 체류자격으로 5년 이상 국내에 체류할 것을 요하며, F-5, 점수제 영주자의 경우에는 점수제 거주(F-2) 자격으로 3년 이상 국내에 체류할 것을 요하고, F-5, 기술창업 투자자의 경우에는 기술창업(D-8) 자격으로 3년 이상 국내에 체류하고 있는 자로 3억원 이상 투자금을 유치하고 2명 이상의 국민을 고용할 것을 요건으로 한다.

한편, 일반영주, 점수제 영주자의 경우에는 사회통합프로그램 5단계 이상 이수할 경우 기본소양 요건 충족될 것을 요하지만, 기술창업 투자자의 경우에는 기본소양 요건(사회통합프로그램 등) 면제될 뿐만 아니라 요건 충족 시 기술창업에서 영주자격으로 바로가기도 가능하다.

나. 고액 투자자의 영주자격 취득과정

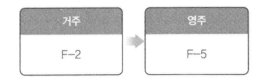

F-2 거주 자격에서 체류기간 및 고액투자의 요건 그리고 영주 공통요건을 충족할 경우 F-5 영주자격으로의 체류자격 변경이 가능하다.

F-5(영주)비자 체류자격 취득에 관한 자세한 내용은 전설한 '3. 유학생 취업 후 영주자격 취득 요건 가. 유학생의 취업 후 영주자격 취득 중 (3) 3단계 : F-2(거주)비자에서 F-5(영주)비자로 체류자격 변경'란을 참조하기 하기 바라며, 고액투자자가 영주권을 취득하기 위해서는 기본적으로 품행요건, 생계유지 능력, 기본소양 등의 공통요건 및 세부자격별 요건을 충족하여야 하고, 그 외 외국인투자촉진법에 따라 미화 50만 달러(한화 6억 상당)를 투자한 외국인 투자자로서 5명 이상의 국민을 정규직으로 6개월 이상 직접고용하고 있는 사람이라는 요건에 충족하여야 한다. 이러한 고액투자자의 경우 단독투자인가 공동투자인가에 따라 요건이 약간 달라지는데, 단독투자인 경우 위의 내용이 그대로 적용되며, 공동투자인 경우 각자의 투자금액과 국민의 고용이 단독투자인 경우에 부합하여야 한다. 다시 말해 투자금액이 미화 50만달러 이상이고 투자자별로 다른 국민5명을 6개월 이상 고용하여야 한다. 한편, 고액투자자의 경우 기본소양 요건(사회통합프로그램 등)면제 된다.

다. 투자이민자의 영주자격 취득

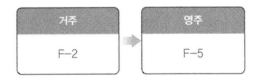

F-2 거주 자격에서 체류기간 및 투자이민의 요건 그리고 영주 공통요건을 충족할 경우 F-5 영주자격으로의 체류자격 변경이 가능하다.

투자이민자에 관한 자세한 내용은 전설한 '3. 유학생 취업 후 영주자격 취득 요건 가. 유학생의 취업 후 영주자격 취득 중 (3) 3단계 : F-2(거주)비자에서 F-5(영주)비자로 체류자격

변경'란을 참조하기 하기 바라며, 체류자격 변경을 위해서는 영주 공통요건(품행 단정, 생계유지능력, 기본소양 요건) 및 세부자격별 요건을 충족하여야 하며, F-5, 부동산 투자자의 경우 부동산 투자 거주(F-2) 자격으로 5년 이상 투자를 유지하여야 하고[62], F-5, 공익사업 일반투자자의 경우에는 공익사업 투자 거주(F-2) 자격으로 5년 이상 투자를 유지하여야 하고(부동산 투자이민 투자기간과 공익사업 투자이민 투자기간 합계가 5년 이상일 경우에도 인정), F-5, 공익사업 은퇴이민 투자자의 경우에는 은퇴이민 투자 거주(F-2) 자격으로 5년 이상 투자 유지할 것 등의 요건이 충족되어야 한다.

다만, 부동산 투자자, 공익사업 일반투자자, 공익사업 은퇴이민 투자자의 경우 기본소양 요건(사회통합프로그램 등) 면제된다.

[유형별 기준금액]

부동산투자이민	투자 대상 체류시설에 기준 금액 이상(등기 완료자, 콘도 등 회원, 7억 이상 부동산 투자자)을 투자한 외국인 또는 법인의 현직 임원, 주주
공익사업투자이민	5억원 이상
부동산투자이민제와 연계	부동산투자이민제 대상에 투자한 금액과 상기 공익사업 투자이민제 대상에 투자한 금액의 합계가 해당 '부동산투자이민제' 적용지역의 투자기준금액 이상일 경우에도 인정
55세 이상 은퇴투자이민	3억원 이상

3. 점수제 우수인재(F-2-7)

점수제 우수인재에 관한 자세한 내용은 전설한 '3. 유학생 취업 후 영주자격 취득 요건 가. 유학생의 취업 후 영주자격 취득 중 (3) 3단계 : F-2(거주)비자에서 F-5(영주)비자로 체류자격 변경'란을 참조하기 하기 바라며, 체류자격 변경을 위해서는 점수제 거주(F-2) 체류자격으로 대한민국에서 3년 이상 체류하고 있는 자로서 대한민국에 계속 거주할 필요가 있다고 법무부장관이 인정하는 사람을 그 대상으로 하고, 신청일 기준 3년 동안 전문직종이 아닌 비전문직종이나 유흥 서비스업(유사 업종 포함) 종사경력이 없을 것 및 점수제 요건을 충족하고 품행단정, 취업활동, 공중보건 관련 요건 등을 모두 충족하여야 한다.

---

62) 부동산 투자자 영주 자격의 경우 신청일 당시 부동산 투자이민 거주(F-2) 자격으로 총 5년 이상을 유지해야 합니다. 이 때, '5년 이상'은 투자기간을 뜻하며, 국내 체류기간이 아니다. 다만, 투자를 계속 유지한 상태에서 완전출국하여 외국인등록이 말소된 경우, 동일한 F-2 자격을 재취득한 상태여야 하며, 이때는 완전출국까지의 투자 유지 기간과 재취득 후 유지 기간을 합산한다.

가. 우수인재 점수제 비자 신청 가능 대상

구분	신청대상
상장법인 종사자	KOSPI 또는 KOSDAQ 상장법인 종사자
유망산업 종사자	IT, 기술경영, 나노, 디지털전자, 바이오, 수송 및 기계, 신소재, 환경 및 에너지분야 종사자 등으로 전년도 소득이 GNI 1.5배 이상
전문직 종사자	취재(D-5)~무역(D-9), 교수(E-1)~전문인력(E-7-1) 자격으로 3년 이상 연속하여 체류 *호텔·관광유흥업소 종사자(E-6-2) 제외
유학인재	국내 석사 이상 참전국 학사 우수인재
잠재적 우수인재	이공계 특성화 대학 및 연구원 석박사 취득(예정)자

(1) 전문직 · 준전문직 종사자 등

전문직 · 준전문직 종사자 등으로서 교수(E-1), 회화지도(E-2), 연구(E-3), 기술지도(E-4), 전문직 업(E-5), 예술흥행(E-6), 특정활동(E-7), 취재(D-5), 종교(D-6), 주재(D-7), 기업투자(D-8), 무역경영 (D-9) 체류자격(단, 호텔·관광유흥업소 종사자(E-6-2), 숙련기능인력(E-7-4) 제외)을 가진 등록외국인 으로 다음 요건을 모두 충족하는 사람이다.

(가) 신청일 현재 신청 당시 체류자격으로 3년 이상 연속하여 합법체류 중일 것. 다만, 아래 중 하 나에 해당하는 경우 체류기간 요건(3년) 면제

1) 연간 소득금액이 4천만 원 이상인 자(소득금액증명 제출자에 한함)

2) 법무부장관이 인정하는 이공계 해외인재 유치 지원 사업 초청 대상자로서 관계 중앙행정기관장의 추천을 받은 자

3) 유학(D-2) 또는 구직(D-10) 체류자격으로 합산하여 3년 이상 연속하여 합법 체류한 등록 외국인으로서 국내에서 정규 석사 이상의 과정을 마치고 석사 이상의 학위를 취득한 자(단, 한국전 참전국 우수인재로서 중앙행정기관 추천을 받은 외국인은 국내 학사 학위 이상 취득 시에도 신청 가 능)

(나) 신청 당시 소지한 체류자격의 체류 요건을 갖추었을 것, 다만, 신청 당시 소지한 체류자격의 체류기간 연장 요건을 충족하지 못한 사람은 우수인재 비자 신청 불가

(다) 결격사유에 해당하지 않을 것

(2) 유학(D-2) 또는 구직(D-10) 체류자격을 가진 사람

유학(D-2) 또는 구직(D-10) 체류자격을 가진 사람으로 다음의 요건을 모두 충족하는 사람이다.

(가) 신청일 현재 유학(D-2) 또는 구직(D-10) 체류자격으로 합산하여 3년 이상 연속하여 합법체류 중인 등록외국인일 것

(나) 국내에서 정규 석사 이상의 과정을 마치고 석사 이상의 학위를 취득하였을 것(단, 한국전 참 전국 우수인재로서 중앙행정기관 추천을 받은 외국인은 국내 학사 학위 이상 취득 시에도 신청 가능)

(다) 교수(E-1), 회화지도(E-2), 연구(E-3), 기술지도(E-4), 전문직업(E-5), 예술흥행(E-6), 특정활 동(E-7), 취재(D-5), 종교(D-6), 주재(D-7), 기업투자(D-8), 무역경영(D-9) 체류자격(호텔·관광유흥업 소 종사자(E-6-2), 숙련기능인력(E-7-4) 제외)에 해당하는 직종에 취업이 확정되었을 것(단, 한국전 참전국 우수인재로서 중앙행정기관 추천을 받은 외국인의 경우 미취업 상태에서도 신청 가능)

(라) 결격사유에 해당하지 않을 것

(3) 유가증권시장(KOSPI) 또는 코스닥(KOSDAQ)에 상장된 법인에 취업 중인 사람 등

유가증권시장(KOSPI) 또는 코스닥(KOSDAQ)에 상장된 법인에 취업 중이거나 해당 상장법인과 고용계약을 체결한 외국인으로서 다음 요건을 모두 충족하는 사람이다.

(가) 통계청 고시 '한국표준직업분류'에 따른 관리자 (1), 전문가 및 관련 종사자 (2)에 해당하는 직종 에 취업 중이거나 취업이 확정되어 있을 것

(나) 결격사유에 해당하지 않을 것

(4) 동반가족 등

우수인재 비자 신청 요건을 충족하는 사람 중 연간소득[63]이 한국은행에서 최근(신청일 기준) 고시한 1인당 국민총소득(GNI) 이상인 사람의 동반가족(배우자와 미성년 자녀)으로서 결격사유가 없는 사람이다.

---

63) 제출 가능한 가장 최신의 소득금액증명(세무서 발급)에 기재된 최근 1년간의 과세대상 소득 금액을 연간소득으로 평가(단, 유가증권시장(KOSPI) 또는 코스닥(KOSDAQ) 상장된 법인에 취업자 (취업 예정자 포함)로서 소득금액증명 제출이 불가능한 경우 예외적으로 고용계약서에 기재된 연봉 상당 금액으로 연간소득 산정)

나. 결격사유

다음의 어느 하나라도 해당하는 사람은 우수인재 점수제 비자 신청 가능 대상자에서 배제된다.

(1) 신청일로부터 5년 이내에 금고 이상의 형(집행유예를 포함)을 선고 받은 사실이 있는 경우(외 국 정부로부터 처벌받은 경우를 포함)

(2) 신청일로부터 3년 이내에 출입국관리법을 3회 이상 위반한 사람 중 통고처분 금액의 합계가 500만 원 이상에 해당하는 경우

(3) 신청일로부터 3년 이내에 대한민국 법률(출입국관리법 포함)을 위반하여 300만 원 이상의 벌금 형을 선고받은 경우

(4) 신청 시 또는 신청일로부터 최근 3년 이내에 허위서류를 제출한 경우

(5) 입국금지 사유에 해당하는 경우

(6) 범죄를 저지른 경우 등 대한민국의 안전보장과 질서유지 · 공공복리 · 기타 대한민국의 이익을 해 할 우려가 있는 경우에 해당한다고 지방출입국 · 외국인관서의 장이 인정하는 경우

4. 장기체류자(F-2-99)

장기체류자에 관한 자세한 내용은 전설한 '3. 유학생 취업 후 영주자격 취득 요건 가. 유학생의 취업 후 영주자격 취득 중 (3) 3단계 : F-2(거주)비자에서 F-5(영주)비자로 체류자격 변경'란을 참조하기 하기 바라며, 체류자격 변경을 위해서는 신청 대상 체류자격으로 5년 이상 계속하여 국내 체류한 자로 품행 요건, 생계유지 능력 요건, 기본소양 요건 등을 충족하고 사회통합프로그램 4단계 이상 이수하거나 사전평가 81점 이상 취득한 자여야 한다.

그 외 신청 대상 체류자격은 문화예술(D-1), 취재(D-5), 종교(D-6), 주재(D-7), 기업투자(D-8), 무역경영(D-9), 교수(E-1), 회화지도(E-2), 연구(E-3), 기술지도(E-4), 전문직업(E-5), 예술흥행(E-6-1, 3), 특정활동(E-7), 방문동거(F-1) 등이며, 기업투자(D-8) 자격자는 신청 당시 투자금액이 현행「외국인투자촉진법」상의 투자기준금액(1억 원) 이상인 자에 한하며, 본국 호적부에 등록되어 있지 않은 국내 출생 대만화교에 한한다.

5. 동반가족 초청

가. 점수제 우수인재

주 체류자(F-2)가 소득 기준(GNI 이상)을 충족하는 경우[64]에만 배우자 및 미성년 자녀를 거주(F-2) 자격으로 초청 가능하며, 미충족하는 경우 방문동거(F-1) 자격으로 초청이 가능하다. 단, 잠재적 우수인재의 배우자 및 미성년자녀의 경우 주체류자(F-2-7S)의 소득요건과 무관하게 주체류자의 체류기간과 동일하게 거주(F-2) 자격으로 변경이 가능하다.

나. 부동산 투자이민자

투자자 본인의 거주(F-2) 자격 취득에 따라 배우자 및 미성년 자녀를 거주(F-2)자격으로 주 자격자 체류기간 범위 내 허용된다.

다. 공익사업 투자이민자

투자자 본인의 거주(F-2) 자격 취득에 따라 배우자 및 미성년 자녀를 거주(F-2) 자격으로 주 자격자 체류기간 범위 내 허용된다.

라. 생활근거지가 국내에 있는 장기체류자

주 체류자(F-2)가 심사기준을 모두 충족하는 경우에만 배우자 및 미성년 자녀를 거주(F-2) 자격으로 초청 가능하며, 미충족하는 경우 방문동거(F-1) 자격으로 초청이 가능하다.

마. 특정 체류자격에서 F-2 자격으로 변경한 경우

취재(D-5), 주재(D-7), 기업투자(D-8), 무역경영(D-9), 교수(E-1)~특정활동(E-7) 자격자가 해당 자격의 활동범위를 유지하며 거주 체류자격(F-2)으로 변경한 경우에 한해 연간소득이 전년도 GNI 2배 이상인 경우 부모(배우자의 부모 포함)를 F-1 자격으로 초청 가능하다. 단, 국내 대학에서 학사학위 이상을 취득한 후, 상기 체류자격으로 변경한 자는 GNI 이

---

64) 자산은 본인 신청 시 1,500만 원 이상, 동반가족 초청 시는 합산 3,000만 원 이상이고, 연간 소득은 대상자 본인이 신청 시 전년도 월단위 최저임금의 12배 이상이어야 하며 2024년 기준일 월 2,060,740원×12배 = 24,728,880원이다. 동반가족 초청 시는 신청인의 연간 소득 기준을 충족하고 동반가족 소득 합산 시 전년도 1인당 이상 충족(2024년 기준 1인당 GNI 44,051,000원)하여야 한다. 다만, E-7 비자 신청자는 최저임금의 18배 이상인 36,190,440원 이상이어야 하며 가족 초청 시는 전년도 GNI의 1.5배인 66,076,500원이어야 한다.

상으로 완화된다. 해당 자격의 경우, 원칙적으로 국내 체류자격 변경 불가하며 사증발급인정서 신청 대상

바. 그 외 F-2 비자

그 외 F-2 비자의 경우에는 배우자 및 미성년 자녀를 방문동거(F-1) 자격으로 초청 가능하다.

6. 첨부서류

비자종류	대상자	첨부서류
F-2-2	국민의 미성년 외국인자녀	• 초청장 • 국민의 미성년 자녀임을 입증할 수 있는 공적 서류 • 대한민국 국민과 해당 미성년자의 관계 및 양육권 보유관계를 입증할 수 있는 서류 • 양육권을 가진 대한민국 국민인 부 또는 모의 신원보증서(그 부 또는 모가 배우자가 있을 경우 그 배우자의 신원보증서도 필요) • 양육권 보유관계를 입증할 수 없을 경우에는 해당 미성년자와 동일한 국적을 보유한 해당 미성년자의 친권자 또는 후견인의 동의서(친권자 또는 후견인이 없는 경우 친권자·후견인이 없다는 사실을 입증할 수 있는 관련국의 공적 서류 또는 공증증서
	국민과 혼인관계(사실상의 혼인관계 포함)에서 출생한 자녀 ※ 국민과 혼인관계에서 출생한 자녀에 대한 거주(F-2) 사증발급 제외 대상자 – 병역 이행 또는 면제처분을 받지 않은 상태에서 대한민국 국적을 이탈 또는 상실하여 외국인이 된 남성에 대해 40세 되는 해의 12월 31일까지 거주(F-2-2)자격 부여 제한 → 개정법 시행일('18. 5. 1.) 이후 최초로 국적을 이탈하였거나 국적을 상실한 사람부터 적용	• 초청장(대한민국 국민인 부 또는 모가 작성) • 국민과 해당 자녀와의 관계입증 서류

F-2-3	영주(F-5)자격 소지자의 배우자	• 국내 배우자의 신원보증서(Link참조)
		• 초청장(붙임1 양식), 혼인배경 진술서(붙임2 양식)
		• 초청인 및 피초청인 양국 간 혼인관계 입증서류
		  – 결혼증명서, 가족관계 기록에 관한 증명서 등
		• 재정(소득) 입증서류
		  – 소득금액증명원(세무서 발행), 재직증명서, 계좌거래

		내역 등
		• 초청인의 신용정보조회서(전국은행연합회 발행)
		• 국적국 또는 거주국의 관할 기관이 발급한 초청인 및 피초청인 쌍방의 '범죄경력에 관한 증명서'
		   − 영주(F-5)자격 소지자 본인이 영주자격 변경 시 '범죄경력에 관한 증명서'를 이미 제출한 경우에는 본인에 한해 제출 생략 가능. 단, 영주자격 변경 후 해외에서 6개월 이상 체류한 경우에는 해외 체류기간 동안의 체류국 정부가 발행한 범죄경력에 관한 증명서를 제출해야 함
		• 초청인 및 피초청인 쌍방의 건강진단서
		   − 의료법 제3조제2항제3호에 따른 병원급 의료기관이나 지역보건법 제7조에 따른 보건소가 발행한 것. 다만, 피초청인의 경우에는 해당 보건국 또는 거주국에서 통용되는 유사한 입증자료로 갈음할 수 있음
		• 과거 혼인기록이 있는 경우 혼인 해소 여부를 입증할 수 있는 서류(이혼증 등)

	영주(F-5)자격 소지자의 미성년 자녀	• 초청인(영주자격자)의 자녀임을 입증하는 서류 * 호적등본
	공통서류	• 사증발급신청서 • 여권(잔여 유효기간 : 신청일로부터 6개월 이상) • 사진 1장(컬러, 3.5x4.5cm, 배경 흰색, 6개월 이내 촬영) • 수수료 • 여권 사진면 사본 1장

제9장 F-6 결혼이민

1. F-6 결혼이민 비자의 종류

체류자격	세부 대상
F-6 결혼이민	• 국민의 배우자 • 자녀 양육자 • 혼인 단절자

한국인과 혼인하였거나 과거에 혼인했던 외국인은 F-6 결혼이민 비자를 받을 수 있다.

가. 대상

F-6 결혼이민 비자를 신청할 수 있는 자는, 국민의 배우자, 국민과 혼인관계(사실상의 혼인관계[65]를 포함한다)에서 출생한 자녀를 양육하고 있는 부 또는 모로서 법무부장관이 인정하는 사람, 국민인 배우자와 혼인한 상태로 국내에 체류하던 중 그 배우자의 사망이나 실종, 그 밖에 자신에게 책임이 없는 사유로 정상적인 혼인관계를 유지할 수 없는 사람으로서 법무부장관이 인정하는 사람 등이 그 대상이다.

구 분	체류자격 세부약호 부여에 대한 기준
F-6-1 (국민의 배우자)	한국에 혼인이 유효하게 성립되어 있고, 우리 국민과 결혼생활을 지속하기 위해 국내 체류를 하고자 하는 외국인
F-6-2 (자녀양육)	국민과 혼인관계(사실상의 혼인관계를 포함)에서 출생한 미성년 자녀를 혼인관계 단절 후 국내에서 양육하거나 양육하려는 부 또는 모
F-6-3 (혼인단절)	국민인 배우자와 혼인한 상태로 국내에 체류하던 중 그 배우자의 사망·실종, 그 밖에 자신에게 책임이 없는 사유로 정상적인 혼인관계를 유지할 수 없는 사람

나. 결혼이민비자와 영주권의 차이

F-6 결혼이민비자와 F-5 영주비자는 이혼 시 출국여부 등 아래 표에서 보는 바와 같은 차이가 존재한다.

---

65) * 사실혼은 주관적으로 혼인의 의사가 있고, 또 객관적으로는 사회통념상 가족질서의 면에서 부부공동생활을 인정할 만한 실체가 있는 경우에 성립(대법원98므961, 1998.12.08.)한다. 따라서 혼인의사 없이 단순 동거를 한 경우, 법률상 보호를 받을 수 없는 중혼적 사실혼 관계인 경우에는 사실혼 관계로 볼 수 없다.

구분	F-6 결혼이민비자	F-5 영주비자
이혼 시	본국으로 출국	국내거주 가능
재입국 허가	면제	사전에 재입국 허가 필요
기간연장 의무	1~3년 단, 여권 유효기간 내	제한 없음
재발급	뒷면 기재 사항 부족, 분실 시 재발급	10년 마다 재발급
출국명령, 강제퇴거	가능	없음

다. 결혼이민비자(F-6) 심사기준

(1) 외국인 배우자 초청은 5년 내 1회

초청인(한국인 배우자)이 비자 신청일 기준 과거 5년 이내에 다른 외국인 배우자를 결혼동거 목적으로 초청한 사실이 있으면 초청이 제한되나 5년 내 동일한 배우자를 재초청하는 경우 '다른 배우자'에 해당되지 않아 초청가능하다. 다만, 외국인과 혼인하였더라도 초청을 하지 않은 경우, 초청을 하였더라도 비자발급이 불허된 경우, 비자가 발급되었더라도 외국인이 입국하지 않은 경우에는 초청횟수에서 제외된다.

(2) 소득요건

초청인이 과거 1년간 얻은 소득(세전)이 법무부장관이 매년 정하여 고시하는 가구수별 소득요건을 충족하여야 비자가 발급되며, '2023년 가구수별 소득요건은 아래와 같다.

〈2023년 가구수별 소득요건 기준〉

구분	2인 가구	3인 가구	4인 가구	5인 가구	6인 가구	7인 가구
소득 기준 (원)	22,095,654	28,287,942	34,379,478	40,174,410	45,710,214	51,089,964

(가) 가구수의 계산법

초청인에게 동거가족이 없는 경우 2인 가구(초청인과 결혼이민자)에 해당되며, 초청인과 주민등록표상 세대를 같이 하는 직계 가족이 있는 경우 가구수에 포함된다. 여기서 직계가족은 초청인의 조부모, 부모, 자녀, 손자를 의미, 형제·자매는 해당되지 않는다.

(나) 인정되는 소득의 종류

초청인이 과거 1년간 취득한 근로소득 + 사업소득 + 부동산 임대소득 + 이자소득 + 배당소득 + 연금소득의 합계가 초청인의 소득으로 인정되며, 이 외에는 소득산정 시 제외되지만, 정기적인 근로계약을 체결하지 않는 프리랜서, 농림축수산업 종사자 등은 사업소득자에 해당된다.

(다) 재산의 소득환산

초청인의 연간 소득이 기준을 충족하지 못하였더라도 초청인 명의의 일정 재산이 있는 경우 그 재산의 5%를 환산하여 소득으로 인정합니다. 여기에 해당되는 재산은 예금, 보험, 증권, 채권, 부동산이며, 재산의 안정성 판단, 위장납입 방지 등을 위해 6개월 이상 지속된 100만원 이상의 재산만 인정된다. 다만, 부채가 있는 경우 재산에서 부채를 뺀 순자산의 5%만 인정된다.

(라) 가족의 소득 · 재산 활용

초청인의 소득 및 재산의 환산액이 요건을 충족하지 못하였더라도 초청인과 주민등록표상 대를 같이 하는 직계가족의 소득과 재산을 활용할 수 있다. 이 경우 붙임 「외국인 배우자 초청인의 가족소득현황 진술서」를 작성하여 제출해야 한다.

한편, 소득과 재산이 요건을 충족하였는지 여부에 대한 입증책임은 초청인이 부담하며, 원칙적으로 소득요건 심사는 비자 신청 시 제출된 서류에 근거하여 판단되니 초청인 또는 가족의 소득과 재산이 요건을 충족한다는 것을 입증하는 서류를 충분하게 제출하는 것이 좋다. 다만, 소득요건은 부부 사이에 출생한 자녀가 있는 경우나 부부가 외국에서 1년 이상 함께 동거한 경우에는 면제된다.

(3) 한국어 구사요건(부부간 의사소통 요건)

2024. 4. 1.부터 부부간 의사소통이 되지 않는 경우 비자 발급이 어려워진다. 결혼이민 비자 신청인(결혼이민자)은 원칙적으로 기초 수준 이상의 한국어가 가능해야 한다. 다만, 부부간에 한국어 외 언어로 의사소통이 가능하다고 판단되는 경우 결혼이민자가 한국어를 하지 못해도 비자가 발급된다.

결혼이민자는 비자 신청 시 한국어 구사요건 심사를 위해 다음 중 하나에 해당하는 입증자료를 제출해야 한다. 다만, 해당 국가에서 한국어능력시험이 시행되지 않거나 지정된 한국어

교육기관이 없는 경우 등 아래 입증자료를 제출하지 못하는 경우 초청장에 그에 대한 사유를 간략히 기재하여 제출하여야 한다.

- 한국어능력시험(TOPIK) 1급 이상 취득한 증명서
- 지정된 교육기관에서 한국어 초급과정을 이수하였음을 입증하는 이수증
- 대학 또는 대학원에서 한국어 관련 학위 취득 관련 서류
- 결혼이민자가 외국국적동포임을 입증하는 서류
- 결혼이민자가 한국에서 과거 1년 이상 연속하여 체류한 출입국기록 등

만약 초청인이 결혼이민자의 모국어를 사용할 수 있거나 부부가 공통으로 사용할 수 있는 제3국 언어가 있는 경우 어떻게 그 언어를 사용할 수 있게 되었는지 초청장에 기재하여 하여야 하는데, 초청인이 결혼이민자의 모국어가 공용어로 사용되는 국가에서 과거 1년 이상 연속하여 거주한 경우, 부부가 제3국 언어가 사용되는 국가에서 과거 1년 이상 연속하여 거주한 경우, 초청인이 귀화자로서 귀화 전 국적의 언어가 결혼이민자의 모국어와 동일한 경우에는 요건이 충족된 것으로 판단한다.

다만, 한국어구사요건은 부부 사이에 출생한 자녀가 있는 경우에는 면제된다.

(4) 주거요건

초청인은 결혼이민자가 입국 후 거주하게 될 최소한의 주거공간이 있어야 한다. 초청인 또는 초청인의 직계가족 명의로 소유 또는 임차한 곳이어야 하며, 해당 주거지의 면적, 방의 개수, 초청인 이외에 현재 살고 있는 사람의 수 등을 심사한다.
다만, 고시원, 모텔과 같이 일반적으로 부부가 함께 지속적으로 거주할 수 있는 장소가 아닌 경우 비자가 불허되며, 비자 심사 시 주거지를 촬영한 사진이 요구될 수 있고, 주거지를 방문하는 실태조사가 실시될 수 있다.

(5) 혼인귀화 후 3년 경과

초청인이 과거 한국인과의 혼인을 이유로 한국 국적을 취득한 사람이라면 국적을 취득한 날로부터 3년이 경과하지 않으면 외국인 배우자의 초청이 제한되지만, 국적을 취득한 사유가

혼인피해(국적법 제6조 제2항 제3호) 또는 자녀양육(국적법 제6조 제2항 제4호)인 경우에는 적용이 제외된다.

(6) 기타 서류 등

(가) 필수 기본 제출 서류

여권 / 사증발급 신청서 / 신원보증서 / 외국인배우자 초청장 / 외국인배우자의 결혼배경진술서
초청인의 기본증명서 / 초청인의 가족관계증명서 / 초청인의 주민등록등본
초청인의 혼인관계증명서 / 결혼이민자 본국 혼인증명서

(나) 소득요건 및 주거요건 관련 서류

구분	제출서류 종류	비 고
필수제출 서류	소득금액증명	국세청 (필수)
	신용정보조회서	전국은행연합회 (필수)
	부동산 등기부 등본 또는 임대차 계약서	주거요건 입증서류 (필수)
근로소득 활용 시	원천징수 영수증	각 근무처에서 발급 (근로소득 활용 시 필수)
	재직증명서	
	기타 근로소득 입증서류	예시 : 통장사본, 월급명세서 등 (선택)
사업소득 활용 시	사업자등록증명원	국세청 (사업소득 활용 시 필수)
	기타 사업소득 입증서류	예시 : 농지원부, 농어업 사실확인서 등 (선택)
기타소득, 재산 활용 시	관련 사실을 입증할 수 있는 서류	해당 사실을 입증할 수 있는 서류 (기타 소득, 재산 활용 시 필수)

* 소득요건 충족여부는 원칙적으로 국세청 소득금액증명상의 소득을 중심으로 판단합니다.

(다) 한국어 구사요건 관련 서류

구분	제출서류 종류	비 고
한국어로 의사소통	한국어능력시험(TOPIK) 성적 증명서 / 지정 교육기관 이수증 / 한국어 학위증 / 외국국적동포 입증서류 등	택 일
한국어 이외 언어로 의사소통	과거 외국에서 1년 이상 거주한 출입국기록 / 해당 언어를 구사할 수 있음을 입증하는 서류	

(라) 국제결혼 안내프로그램 대상자의 경우 (미국 국적자는 해당사항 없음) ※ 2023.4.13.부터 미국국적자도 범죄경력증명서와 건강진단서 제출 필요

제출서류 종류	비 고
국제결혼 안내프로그램 이수증	초청장에 이수번호 기재 시 제출 불요 (선택)
범죄경력증명서	혼인당사자 쌍방 (필수)
건강진단서	

라. 첨부서류

구분	첨부서류
공통구비서류	1. 사증발급 신청서 2. 여권용 증명사진(흰비탕 3.5cm * 4.5cm) 3. 유효기간이 6개월 이상 남은 여권 원본 4. 신청인의 여권사본(개인정보면) 5. 한국인 배우자 여권사본 6. 한국인 배우자의 기본증명서(상세) 7. 한국인 배우자의 가족관계증명서(상세) 8. 한국 구청에서 발급한 혼인관계증명서(상세) 9. 거주지 관할 구청 발급 주민등록등본 원본 10. 외국인 배우자 초청장 (첨부파일 참조) 11. 외국인 배우자의 결혼배경 진술서 (첨부파일 참조) 12. 신원보증서 13. 부동산 전세계약서 혹은 부동산 등기부 등본 14. 한국인 배우자의 소득요건 관련 서류 15. 한국어 구사 증명서류 16. 신청인의 무범죄 증명서 17. 한국인 배우자의 한국에서의 무범죄 증명서 18. 양 당사자의 건강진단서 19. 비행기표 20. 비자 수수료
소득요건 및 주거요건 관련 구비서류	1. 소득금액증명원(국세청발급) (www.hometax.go.kr) 2. 신용정보조회서 (www.credit4u.or.kr) 3. 원천징수 영수증 (근무처발급), 재직증명서, (경력증명서(선택), 사업자등록증 사본(선택), 통장사본(선택), 월급명세서(선택)) 4. 사업자등록증명원 (개인사업일경우 필수) 5. 부동산 등기부 등본 또는 임대차계약서
의사소통 관련 구비서류	• 한국어 활용시(1~5중 택 1) 1. 한국어능력시험 TOPIK 성적증명서 (www.topik.go.kr) 2. 지정 교육기관 이수증 3. 한국어 학위증 4. 외국국적동포 입증서류 5. 과거 한국에서 1년 이상 거주

| 한국어 이외의 언어 활용시 | 1. 해당 언어 구사 입증 서류 |
| | 2. 과거 해당 언어 사용 국가에서 1년 이상 거주 입증 |

2. F-6 결혼이민자의 F-5 영주자격 취득

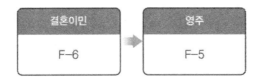

F-6 결혼이민자는 체류요건 및 품행단정, 생계유지능력, 기본소양 등 영주공통요건 등을 모두 충족한 경우 F-5 영주자격으로의 체류자격 변경이 가능하다.

가. F-6 결혼이민자의 F-5 영주자격 취득절차

F-5, 국민의 배우자의 경우 F-6(국민의 배우자, 자녀 양육자, 혼인 단절자) 자격으로 2년 이상 국내 체류하는 사람이어야 하고, 대한민국에서 생활기반이 마련되어 있는지 즉, 생계를 유지할 능력이 있어야 하며, 대한민국에 계속 체류하는데 필요한 기본 소양을 갖추고 있어야 하며, 품행단정 요건으로 범죄 경력이 없을 것 등을 요건으로 한다.

나. 영주권취득 요건

(1) 생계유지 능력

결혼이민(F-6) 체류자격 소지자가 영주(F-5) 자격 신청시 생계유지 능력을 갖추어야 한다. 소득기준은 한국에서 발생한 소득으로 세무신고 및 소득세 납부를 한 소득만 인정되고, 신청인의 전년도 1년간(1. 1. ~ 12. 31) 소득을 심사한다.

생계유지 능력의 판단기준은 한국인 배우자 본인이나 생계를 같이하는 가족의 소득을 합산한 금액이 한국은행 고시 전년도 일인당 국민총소득(GNI : 2024년 기준 44,051,000원) 1배 이상이거나 자산으로 평가시 가족의 자산 합계가 중위수준(2024년 기준 4억 1,425만원) 이상이어야 한다. 만일 전년도 일인당 국민총소득이 발표되지 않을 경우에는 전전년도 일인당 국민총소득이 적용되며, 동거가족을 합하는 경우에는 신청인 본인의 소득이 연간 소득 요건 기준액의 50% 이상 되어야 한다.

여기서 소득범위는 근로소득, 사업소득, 부동산 임대소득, 이자소득, 배당소득, 연금소득의 합계로 계산이 가능하며, 자산의 범위는 취득일로부터 영주자격 신청일까지 6개월 이상 계속하여 보유하고 있는 금융자산과 실물 자산을 말한다.

다만, 임신하였거나, 임신을 위하여 불임치료를 받는 경우, 한국인의 직계가족(국민)을 1년 이상 부양하고 있는 경우, 그 밖에 생계유지 요건을 완화할 필요가 있다고 청장 등이 인정하는 사람인 경우에는 금액의 20% 범위 내에서 기준금액 완화(전년도 GNI 80% 적용 : 3,400만원)가 가능하다.

[영주자격별 생계유지 요건]

소득 및 자산요건(둘 중 하나 충족)	영주자격
· 전년도 1인당 GNI 이상 · 전년도 평균 순자산 이상	F-5-4, F-5-9, F-5-10, F-5-15, F-5-18
· 전년도 1인단 GNI 2배 이상 · 전년도 평균 순자산의 1.5배 이상	F-5-1, F-5-13, F-5-16, F-5-26
· 면제	F-5-5, F-5-11, F-5-12, F-5-17, F-5-19, F-5-20, F-5-21 F-5-22, F-5-23, F-5-24, F-5-25

(2) 기본 소양요건

한국어 능력 등 기본소양은 법무부에서 시행하는 사회통합프로그램 5단계까지 이수하거나 사회통합프로그램 종합평가에서 100점 만점 기준에 60점 이상을 득점해야 한다. 사회통합프로그램 5단계을 모두 이수한 사람은 그 이수증을 제출하면 되고, 영주용 혹은 귀화용 종합평가에서 60점 이상을 득점한 사람은 그 성적표를 제출하도록 되어 있다.

구분	제출서류	비고
운칙적 기준대상	한국이민영주적격시험 합격증(KIPRAT)	종합평가 합격
	한국이민귀화적격시험 합격증(KINAT)	
	사회통합프로그램 이수증(한국이민영주적격과정)	5단계 이수
	사회통합프로그램 이수증(한국이민귀화적격과정)	
완화 대상	사회통합프로그램 한국어와 한국문화시험 합격증(KLCT)	4단계 합격

다만, 소득기준 완화 적용되는 외국인을 비롯하여 만 60세 이상인 사람, 10년 이상 국내체류자는 기본 소양요건이 완화되어 KIIP 4단계 중간평가를 합격하면 된다.

완화 대상	내용
면제 대상	– 결혼 이민자로 만 60세 이상인 경우 – 결혼 이민자 또는 국민인 배우자, 자녀가 중증질환이 있는 경우 [지적 · 정신장애인(1~3급), 자폐성 장애인(1~3급), 뇌병변 장애인(1~3급), 암 심장 뇌혈관 회귀난치질환 등 4대 중증질환자]
완화 대상 (4단계 합격으로 가능)	– 배우자의 사망 실종 등으로 인해 결혼이민자 자녀를 양육하고 있는 경우 – 국민과 혼인동거 중 국민인 배우자의 자녀를 3명(전혼자녀 포함) 이상 양육하고 있는 경우 – 면제 대상 외 장애가 있는 자녀를 양육하고 있는 경우 – 국내 10년 이상 계속 거주하여 생활 기반이 국내에 있는 경우

(3) 품행단정 요건

품행 단정 요건은 범죄 경력 사실 유무를 말하는 것으로써, 대한민국의 법질서를 준수해 왔는지 여부 및 해외에서의 범죄경력 여부를 심사하는 것을 말한다.

(가) 품행단정 요건

다음 어느 하나에 해당되는 경우에는 품행 단정 요건을 갖추지 못한 것으로 인정되어 영주자격이 불허될 수 있다.

1) 금고 이상의 형의 선고를 받고 그 형의 집행이 종료되거나 집행을 받지 아니하기로 한 날부터 5년이 경과되지 아니한 사람
2) 벌금형의 선고를 받고 그 벌금을 납부한 날로부터 3년이 경과되지 아니한 사람
3) 출입국관리법 제7조제1항을 위반(위변조 여권이나 사증 소지 및 행사자) 한 날부터 5년이 경과되지 아니한 사람
4) 영주자격 신청일 이전 5년간 출입국관리법을 3회 이상 위반한 사람(과태료 처분을 받은 사람은 제외)
5) 강제퇴거명령을 받고 출국한 날부터 7년이 경과하지 않았거나 출국명령을 받고 출국한 날부터 5년이 경과하지 않은 사람
6) 최근 3년간 출입국관리법 위반으로 500만 원 이상의 범칙금 처분을 받았거나, 합산한 범

칙금 금액이 700만 원 이상인 사람

7) 출입국관리법 제46조 제1항 각 호의 강제퇴거 대상에 해당되는 사람

8) 외국에서 특정강력범죄 및 협박, 공갈, 사기, 보이스피싱, 마약 범죄에 준하는 범죄로 형을 선고받았거나, 그 이외의 범죄로 외국에서 금고 이상의 형에 준하는 형을 선고받은 사실이 범죄경력증명서 등을 통하여 확인된 사람 등은 영주자격이 불허될 수 있다.

그 외 그 외 형법상 폭력, 성폭력, 아동 청소년 성보호, 특정범죄 가중처벌, 특정경제범죄 가중 처벌, 마약류, 보건범죄단속에 관련한 특별조치법 중 어느 하나의 죄를 범하여 2년 이상 의 징역 또는 금고의 형이 확정된 경우도 영주권이 제한되며, 위 범죄 등의 최근 5년 내에 합산 기간이 3년 이상인 경우에도 신청이 제한된다.

해외범죄경력 심사는 해외범죄경력증명서를 아포스티유 또는 한국영사관 공증의 방법으로 제출해야 하며, 그 유효기간은 6개월이다.

(나) 품행단정요건 완화

다만, 국내에서 5년 이상 체류, 최근 3년간 매년 30만 원 이상을 공익사업에 기부하거나, 매년 200시간 이상 자원봉사활동 참여, 법익 및 공익침해 정도가 초범이고 중한 범죄가 아닐 것 등의 요건을 모두 충족한 경우 청장 등은 1/2 범위 내에서 제한기간 완화적용을 받을 수 있다. 단, 이 경우 품행단정 요건을 제외한 생계유지 및 기본소양 요건은 충족하여야 하며, 법무부장관의 사전승인을 받아야 한다.

3. 동반가족 초청

국민의 배우자 또는 국적, 영주 자격을 취득한 결혼이민자는 자녀 양육 등의 목적으로 초청 요건에 해당하는 경우 부모 등 가족을 F-1(방문동거) 자격으로 초청이 가능하다.

제10장 영주(F-5)

1. F-5 영주비자의 종류

체류자격	세부 대상
F-5(영주)	• 일반 영주자 (5년 이상 대한민국 체류) • 국민의 배우자 • 국민의 미성년 자녀 • 영주자격 소지자의 배우자 및 미성년 자녀 • 고액 투자자 • 재외동포 자격으로 2년 이상 체류한 사람 • 외국국적동포로서 국적취득 요건을 갖춘 사람 • 대한민국 출생 재한화교 • 첨단분야 해외 박사 학위 소지자 • 첨단산업분야 학사학위 또는 자격증 소지자 • 특정분야 능력 소유자 • 특별 공로자 • 연금 수혜자 • 방문취업자격 4년 이상 제조업종 등 근무자

	• 일반분야 박사
	• 점수제 영주자
	• 부동산 투자자
	• 점수제 영주자(F-5)의 배우자 또는 미성년 자녀
	• 부동산 투자자(F-5)의 배우자 또는 미혼 자녀
	• 영주권자의 국내 출생 자녀
	• 공익사업 일반투자자
	• 공익사업 일반투자자(F-5) 또는 공익사업 은퇴이민투자자(F-5)의 배우자 또는 미혼 자녀
	• 공익사업 은퇴이민 투자자
	• 기술창업 투자자
	• 조건부 고액투자자
	• 외국인투자기업의 연구개발 인력
	• 난민 인정자

F-5 (영주) 비자는 대한민국 민법에 따른 성년으로서, 주재(D-7)비자부터 특정활동(E-7)비자까지의 체류자격이나 거주(F-2) 체류자격으로 5년 이상 대한민국에 체류하고 있는 사람이 발급받을 수 있는 비자이며, '2018. 9. 21. 출입국관리법 제33조(외국인등록증의 발급 등) 시행에 따라 유효기간 10년의 영주증 발급 개시 및 영주자격(F-5) 보유자의 영주증 재발급이 의무화되어 기간 내 영주증을 재발급하지 않으면 과태료 부과될 수 있다. 그러나 출국한 날로부터 2년 이내 재입국하고자 하는 자에 대해서는 재입국허가는 면제된다.

한편, 외국인들 중 한국국적의 취득을 원하는 경우에는 국적취득 전에 영주권을 먼저 취득해야하는 영주권전치주의가 적용(2018. 12.부터)되니 이점 유의할 필요가 있다.

기타 영주자격 취득에 관한 자세한 내용은 전설한 '3. 유학생 취업 후 영주자격 취득 요건 가. 유학생의 취업 후 영주자격 취득 중 (3) 3단계 : F-2(거주)비자에서 F-5(영주)비자로 체류자격 변경'란을 참조하기 하기 바랍니다.

2. 대상

가. 대상

F-5 (영주) 비자는 대한민국 민법에 의하여 성년(만19세 이상)이고, 기본적으로 5년 이상 대한민국에 체류하고 있는 자(F-5-1)이며, 생계유지 능력을 갖추고, 품행요건 및 기본소양

능력 등의 요건을 충족하여야 하며, 출입국관리법 제46조 제1항의 강제퇴거의 대상자[66]가 아닌 자로서 출입국관리법 시행령 [별표 1의3]의 어느 하나에 해당하는 사람이 그 대상이다.

---

[66] 제46조(강제퇴거의 대상자) ① 지방출입국·외국인관서의 장은 이 장에 규정된 절차에 따라 다음 각 호의 어느 하나에 해당하는 외국인을 대한민국 밖으로 강제퇴거시킬 수 있다.

1. 제7조를 위반한 사람
2. 제7조의2를 위반한 외국인 또는 같은 조에 규정된 허위초청 등의 행위로 입국한 외국인
3. 제11조 제1항 각 호의 어느 하나에 해당하는 입국금지 사유가 입국 후에 발견되거나 발생한 사람
4. 제12조 제1항·제2항 또는 제12조의3을 위반한 사람
5. 제13조 제2항에 따라 지방출입국·외국인관서의 장이 붙인 허가조건을 위반한 사람
6. 제14조 제1항, 제14조의2 제1항, 제15조 제1항, 제16조 제1항 또는 제16조의2 제1항에 따른 허가를 받지 아니하고 상륙한 사람
7. 제14조 제3항(제14조의2 제3항에 따라 준용되는 경우를 포함한다), 제15조 제2항, 제16조 제2항 또는 제16조의2 제2항에 따라 지방출입국·외국인관서의 장 또는 출입국관리공무원이 붙인 허가조건을 위반한 사람
8. 제17조 제1항·제2항, 제18조, 제20조, 제23조, 제24조 또는 제25조를 위반한 사람
9. 제21조 제1항 본문을 위반하여 허가를 받지 아니하고 근무처를 변경·추가하거나 같은 조 제2항을 위반하여 외국인을 고용·알선한 사람
10. 제22조에 따라 법무부장관이 정한 거소 또는 활동범위의 제한이나 그 밖의 준수사항을 위반한 사람
10의2. 제26조를 위반한 외국인
11. 제28조 제1항 및 제2항을 위반하여 출국하려고 한 사람
12. 제31조에 따른 외국인등록 의무를 위반한 사람
12의2. 제33조의3을 위반한 외국인
13. 금고 이상의 형을 선고받고 석방된 사람
14. 제76조의4 제1항 각 호의 어느 하나에 해당하는 사람
15. 그 밖에 제1호부터 제10호까지, 제10호의2, 제11호, 제12호, 제12호의2, 제13호 또는 제14호에 준하는 사람으로서 법무부령으로 정하는 사람

② 영주자격을 가진 사람은 제1항에도 불구하고 대한민국 밖으로 강제퇴거되지 아니한다. 다만, 다음 각 호의 어느 하나에 해당하는 사람은 그러하지 아니하다. 〈개정 2018. 3. 20.〉

1. 「형법」 제2편제1장 내란의 죄 또는 제2장 외환의 죄를 범한 사람
2. 5년 이상의 징역 또는 금고의 형을 선고받고 석방된 사람 중 법무부령으로 정하는 사람
3. 제12조의3 제1항 또는 제2항을 위반하거나 이를 교사(敎唆) 또는 방조(幇助)한 사람

■ 출입국관리법 시행령 [별표 1의3] 〈개정 2023. 12. 12.〉

영주자격에 부합하는 사람(제12조의2제1항 관련)

체류자격 (기호)	영주자격에 부합하는 사람의 범위
영주 (F-5)	법 제46조제1항 각 호의 어느 하나에 해당하지 않는 사람으로서 다음 각 호의 어느 하나에 해당하는 사람 1. 대한민국 「민법」에 따른 성년으로서 별표 1의2 중 10. 주재(D-7)부터 20. 특정활동(E-7)까지의 체류자격이나 별표 1의2 중 24. 거주(F-2) 체류자격으로 5년 이상 대한민국에 체류하고 있는 사람 2. 국민 또는 영주자격(F-5)을 가진 사람의 배우자 또는 미성년 자녀로서 대한민국에 2년 이상 체류하고 있는 사람 및 대한민국에서 출생한 것을 이유로 법 제23조에 따라 체류자격 부여 신청을 한 사람으로서 출생 당시 그의 부 또는 모가 영주자격(F-5)으로 대한민국에 체류하고 있는 사람 중 법무부장관이 인정하는 사람 3. 「외국인투자 촉진법」에 따라 미화 50만 달러를 투자한 외국인투자가로서 5명 이상의 국민을 고용하고 있는 사람 4. 별표 1의2 중 26. 재외동포(F-4) 체류자격으로 대한민국에 2년 이상 계속 체류하고 있는 사람으로서 대한민국에 계속 거주할 필요가 있다고 법무부장관이 인정하는 사람 5. 「재외동포의 출입국과 법적 지위에 관한 법률」 제2조제2호의 외국국적동포로서 「국적법」에 따른 국적 취득 요건(같은 법 제5조제1호의2에 따른 요건은 제외한다)을 갖춘 사람 6. 종전 「출입국관리법 시행령」(대통령령 제17579호로 일부개정되어 2002. 4. 18. 공포·시행되기 이전의 것을 말한다) 별표 1 제27호란의 거주(F-2) 체류자격(이에 해당되는 종전의 체류자격을 가진 적이 있는 사람을 포함한다)이 있었던 사람으로서 대한민국에 계속 거주할 필요가 있다고 법무부장관이 인정하는 사람 7. 다음 각 목의 어느 하나에 해당하는 사람으로서 법무부장관이 인정하는 사람 　가. 국외에서 일정 분야의 박사 학위를 취득한 사람으로서 영주자격(F-5) 신청 시 국내 기업 등에 고용된 사람 　나. 국내 대학원에서 정규과정을 마치고 박사학위를 취득한 사람 8. 법무부장관이 정하는 분야의 학사 학위 이상의 학위증 또는 법무부장관이 정하는 기술자격증이 있는 사람으로서 국내 체류기간이 3년 이상이고, 영주자격(F-5) 신청 시 국내기업에 고용되어 법무부장관이 정하는 금액 이상의 임금을 받는 사람 9. 과학·경영·교육·문화예술·체육 등 특정 분야에서 탁월한 능력이 있는 사람 중 법무부장관이 인정하는 사람 10. 대한민국에 특별한 공로가 있다고 법무부장관이 인정하는 사람 11. 60세 이상으로서 법무부장관이 정하는 금액 이상의 연금을 국외로부터 받고 있는 사람 12. 별표 1의2 중 29. 방문취업(H-2) 체류자격으로 취업활동을 하고 있는 사람으로서 근속기간이나 취업지역, 산업 분야의 특성, 인력 부족 상황 및 국민의 취업 선호도 등을 고려하여 법무부장관이 인정하는 사람 13. 별표 1의2 중 24. 거주(F-2) 자목에 해당하는 체류자격으로 대한민국에서 3년 이상 체류하고 있는 사람으로서 대한민국에 계속 거주할 필요가 있다고 법무부장관이 인정하는 사람 14. 별표 1의2 중 24. 거주(F-2) 차목에 해당하는 체류자격을 받은 후 5년 이상 계속 투자 상태를 유지하고 있는 사람으로서 대한민국에 계속 거주할 필요가 있다고 법무부장관이 인정하는 사람과 그 배우자 및 자녀(법무부장관이 정하는 요건을 갖춘 자녀만 해당한다)

15. 별표 1의2 중 11. 기업투자(D-8) 다목에 해당하는 체류자격으로 대한민국에 3년 이상 계속 체류하고 있는 사람으로서 투자자로부터 3억원 이상의 투자금을 유치하고 2명 이상의 국민을 고용하는 등 법무부장관이 정하는 요건을 갖춘 사람

16. 5년 이상 투자 상태를 유지할 것을 조건으로 법무부장관이 정하여 고시하는 금액 이상을 투자한 사람과 그 배우자 및 자녀로서 법무부장관이 정하는 요건을 갖춘 사람

17. 별표 1의2 중 11. 기업투자(D-8) 가목에 해당하는 체류자격을 가지고 「외국인투자촉진법 시행령」 제25조제1항제4호에 따른 연구개발시설의 필수전문인력으로 대한민국에 3년 이상 계속 체류하고 있는 사람으로서 법무부장관이 인정하는 사람

18. 별표 1의2 중 24. 거주(F-2) 다목에 해당하는 체류자격으로 2년 이상 대한민국에 체류하고 있는 사람

19. 별표 1의2 중 24. 거주(F-2) 카목에 해당하는 체류자격으로 2년 이상 대한민국에 체류하고 있는 사람

나. 특정분야 능력소유자

(1) 대상(출입국관리법 시행령 별표1의3 9호)

과학 · 경영 · 교육 · 문화예술 · 체육 등 특정 분야에서 탁월한 능력이 있는 사람 중 법무부장관이 인정하는 사람이다.

(2) 요건(생계유지능력요건 면제)

(가) 필수항목 중 1개 이상의 요건을 갖추고, 필수항목과 선택항목의 합산 점수가 다음 어느 하나에 해당할 것

필수항목 합	필수항목과 선택항목 합	국내 체류 기간
30점 이상	50점 이상	국내 체류기간과 관계없이 취득
20~29점	100점 이상	〃
10~19점	100점 이상	외국인등록 후 1년 이상 국내 체류

(나) 필수항목 및 선택항목 별 내용과 점수는 다음과 같이 구분함

특정분야 능력소유자에 대한 점수제 항목 및 점수

□ 필수항목 : 총 245점

단일 항목	구 분		점수
	기본사항	세부 추가사항	
세계적 저명 인사 (50)	정치, 경제, 사회, 문화, 과학 등의 분야에서 세계적인 명성과 권위를 가진 저명인사	전직 국가원수나 국제기구 전직대표 등	50
		노벨상, 퓰리처상, 서울평화상, 괴테상 등 수상자	40
세계적 연구 실적 (30)	최근 5년 이내에 SCI(과학기술논문인용색인), SCIE(과학기술논문인용색인확장판), SSCI(사회과학논문인용색인), A&HCI(예술인문과학인용색인)에 논문 게재	국내·외 4년제 대학의 해당분야 정교수 이상으로 5년 이상 근무 경력	30
		국내·외 4년제 대학의 해당분야 정교수 이상으로 3년 이상 5년 미만 근무 경력	20
		대한민국 국가 연구기관 또는 이에 준하는 수준의 국내·외 연구기관에 고용되어 해당분야에서 5년 이상 연구경력	20
		대한민국 국가 연구기관 또는 이에 준하는 수준의 국내·외 연구기관에 고용되어 해당 분야에서 3년 이상 5년 미만 연구경력	15
세계적 스포츠 스타 (30)	대규모 국제대회 입상 운동선수 또는 지도자	올림픽 동메달 이상	30
		세계선수권대회, 아시안 게임 또는 이와 동등한 수준의 대회에서 동메달 이상	20
세계적 대학 강의 경력 (30)	QS(Quacquarelli Symonds), THE(Times Higher Education), ARWU(Academic Ranking of World University), CWUR(Center for World University Rankings) 등 세계적 권위의 대학평가 기관에서 최근 3년 이내 선정된 200대 대학 근무 경력	해당 대학에서 정교수로 5년 이상 근무	30
		해당 대학에서 정교수로 3년 이상 5년 미만 근무	20
		해당 대학에서 정교수를 제외한 강사 이상으로 3년 이상 근무	15
세계적 기업 근무경력 (30)	UNCTAD, FORTUNE, FORBES, BUSINESS WEEK(미국), ECONOMIST(영국) 등 세계 유수 경제 전문지가 선정한 최근 3년 이내 세계500대 기업에서 근무 경력	해당 기업에서 상근이사 이상의 직으로 1년 이상 근무	30
		해당 기업에서 지배인 또는 경영간부 이상의 직으로 3년 이상 근무	25
		해당 기업에서 정규직으로 7년 이상 근무	20
		해당 기업에서 정규직으로 5년 이상 7년 미만 근무	15

대기업 근무 경력 (25)	국내 상시 근로자수 300인 이상으로 국내 자본금 80억을 초과하는 국내·외 기업 근무 경력	해당 기업에서 상근이사 이상의 직으로 2년 이상 근무	25
		해당 기업에서 정규직으로 10년 이상 근무	20
		해당 기업에서 정규직으로 7년 이상 10년 미만 근무	15
지식 재산권 보유 (25)	국내·외 지식재산권 보유 (특허권·실용신안권·디자인권만 해당) ☞ 발명권자는 대상 아님	특허권 2개 이상 보유	25
		특허권 1개 보유	20
		실용신안권 또는 디자인권 1개 이상 보유 및 관련 사업체 운영경력 1년 이상	15
우수 재능 보유 (25)	과학·경영·교육·문화예술·체육 등의 분야에 우수한 재능 보유	국제적으로 인지도가 높은 각종 대회에서 입상하거나 시상식에서 수상한 경력 또는 이에 준하는 국제적 인지도 보유	25
		해당 분야에 국제적으로 공인된 단체로부터 인증 받은 세계기록 보유	15
		국제적 권위 있는 전시회, 박람회, 공연회 등에 작품 전시 또는 공연 경력이 있거나 심사위원단 참여 경력	10

※ 적용되는 단일항목이 여러개일 경우 모두 합산하되, 단일항목 내에서 점수가 중복될 경우 높은 점수 하나만 점수로 인정

□ 선택항목 : 총 205점

선택 항목	구분별 점수			
국 내 연간 소득 (30)	전년도 일인당 GNI 4배 이상	전년도 일인당 GNI 3배 이상 4배 미만	전년도 일인당 GNI 2배 이상 3배 미만	전년도 일인당 GNI 이상 2배 미만
	30	20	10	5
국내자산 (30)	10억원 이상	7억원이상 10억원미만	5억원이상 7억원미만	3억원이상 5억원미만
	30	20	10	5
학 력 (20)	박사	석사	학사	✕
	20	15	10	
기본소양 (15)	사회통합프로그램 5단계 이수	사회통합프로그램 교육에 참여하지 않고 종합평가만 합격	사회통합프로그램 4단계 이수	사회통합프로그램 3단계 이수
	15	10	8	5

가 점 (110)	국민 고용	경영 경력	추천서	납세 실적
	5~30	5~30	20	10
	사회 봉사	국내 유학	일·학습연계유학	
	5, 10	5	5	

※ 적용되는 선택항목이 여러개일 경우 모두 합산하되, 선택항목 내에서 점수가 중복될 경우 높은 점수 하나만 점수로 인정(단, 가점 항목은 모두 합산 인정)

〈선택항목 상세〉

– 연간소득 : 한국은행고시 전년도 일인당 국민총소득(GNI) 기준, 신청인(동반가족 등 제외)의 국내 소득(세무서장 발급 '소득금액증명' 기준) 만 해당
– 국내자산 : 신청인 명의의 동산, 부동산 모두 포함하되 부채 등을 제외한 순자산만 해당(신용정보조회서 등으로 채무불이행 여부 및 부채 확인)
– 학　　력 : 국내·외 학위 모두 포함하며, 이미 취득한 경우만 해당(취득 예정 제외)
　☞ (국내 학위)「고등교육법」제 2조에 따라 인정되는 학교의 과정 수료 후 취득한 것만 인정
　　(국외 학위) 국내 고등교육법상에 학교에 준하는 정식 교육기관에서 과정 수료 후 취득한 것만 인정
– 기본소양 : 법무부 주관 사회통합프로그램 이수 또는 이수하지 않은 상태에서 종합평가 합격
– 국민고용 : 신청일 현재 6개월 이상 정규직(전일제 상용고용 형태)으로 계속 고용 중인 국민 수에 따라 다음과 같이 가점 부여

고용된 국민수	1~5명	6~10명	11~15명	16~20명	21~25명	26명 이상
국민고용 가점	5점	10점	15점	20점	25점	30점

– 경영경력 : 신청일 현재 3년 이상 국내 사업체에 본인의 자본금을 투자한 대표자

본인 자본금	1~5억	6~10억	11~15억	16~20억	21~25억	26억 이상
경영경력 가점	5점	10점	15점	20점	25점	30점

– 추 천 서 : 헌법기관장, 중앙부처 장관(급), 국회의원, 광역자치단체장
　　　　　☞ 단, 가점 부여에 대한 최종적인 판단은 법무부 장관이 결정
– 납세실적 : 신청일이 속하는 연도(年度)의 이전 2년간 연평균 납부한 소득세 400만원 이상
　　　　　예시) 영주자격 신청일이 2022.1.1.인 사람과 2022.12.31.인 사람 모두 2020.1.1.
　　　　　~ 2021.12.31.까지의 총 납부세액을 2로 나눔
– 사회봉사 : 신청일 이전 최근 1~3년 이내 봉사 활동으로, 해당 연도 당 최소 6회 이상 참여하고 총 50시간 이상 활동 시 5점을 인정하되, 연도별 총 합산 점수는 최대 10점까지만 인정

3. 취업활동 범위

영주(F-5)비자는 대한민국내에서 취업활동 및 체류 이 두가지 모두 자유로운 비자라고 보면 된다. 따라서 체류자격 구분에 따른 취업·영리 활동 등의 제한을 받지 아니한 채 대한민국에서의 활동이 가능하다.

4. 외국인 등록증 유효기간

영주권자는 대한민국에서 영주할 수 있는 자격을 가진 사람이므로 별도의 신청이 필요하지 않는다. 다만, 영주자격을 가진 외국인에게 발급하는 외국인등록증(영주증)의 유효기간은 10년이며, 유효기간이 끝나기 전까지 영주증을 재발급 받아야 하는데, 만일 유효기간 내에 재발급 받지 않는 경우 위반기간에 따라 10만원~200만원의 과태료가 부과될 수 있다.

5. 동반가족 초청

F-5 영주 체류자격을 가지고 있는 사람의 배우자 및 미성년 자녀에 대해 초청 요건을 충족하는 경우 거주(F-2) 자격으로 초청 가능하다.

다만, 특정 체류자격에서 F-5(영주) 자격으로 변경한 경우에는 예를 들어, 취재(D-5), 주재(D-7), 기업투자(D-8), 무역경영(D-9), 교수(E-1)~특정활동(E-7) 자격자가 해당 자격의 활동범위를 유지하며 영주 체류자격(F-5)으로 변경한 경우에는 한해 연간소득이 전년도 GNI 2배 이상인 경우 부모(배우자의 부모 포함)를 F-1 자격으로 초청 가능하다. 그러나 국내 대학에서 학사학위 이상을 취득한 후, 상기 체류자격으로 변경한 자는 GNI 이상으로 완화된다.

6. 첨부서류

구분	첨부서류
고액투자 외국인	① 사증발급신청서 (별지 제17호 서식), 여권, 표준규격사진 1매, 수수료 ② 외국인투자기업 등록증명서 사본 ③ 신원보증서 ④ 사업자 등록증 사본 및 법인 등기사항전부증명서 ⑤ 신청자 본인의 소득금액 증명원(세무서 발급) 및 고용 내국인 5인 이상의 소득금액 증명원 (세무서 발급) ⑥ 고용 내국인의 정규직(전일제 상용고용 형태) 고용 입증서류(고용계약서, 정규직 고용확인 서 등)
특정분야 능력자	① 신청서, 여권, 표준규격사진 1매, 수수료 ② 신원보증서 ③ 점수제 해당항목 입증서류

제5편
근무처의 변경 등

1. 근무처의 변경 · 추가

가. 근무처의 변경 · 추가 허가

(1) 원칙 – 허가

대한민국에 체류하는 외국인이 그 체류자격의 범위에서 그의 근무처를 변경하거나 추가하려면 미리 법무부장관의 허가를 받아야 한다(법 제21조 제1항 본문). 여기서 근무처 변경 · 추가란 기존에 근무처를 가진 외국인이 동일한 체류자격의 범위 내에서 근무처를 변경하거나, 근무하고 있는 근무처를 추가하여 복수의 근무처에서 활동하는 것이므로, 신청할 당시에 근무처를 가지고 있지 아니한 외국인은 제외된다.

(가) 근무처의 변경 · 추가 허가절차

1) 근무처 변경 · 추가 허가 신청서제출

외국인이 근무처의 변경 또는 추가에 관한 허가를 받으려면 근무처 변경 · 추가 허가 신청서에 법무부령으로 정하는 서류를 첨부하여 청장 · 사무소장 또는 출장소장에게 제출하여야 한다(법 시행령 제26조 제1항).

2) 법무부장관에 송부

청장 · 사무소장 또는 출장소장은 근무처 변경 · 추가 허가 신청서를 제출받은 때에는 의견을 붙여 지체 없이 법무부장관에게 보내야 한다(법 시행령 제26조 제2항).

(나) 청장 등의 추가 · 변경허가시 조치

1) 근무처 변경시 조치

청장 · 사무소장 또는 출장소장은 법무부장관이 근무처 변경허가 신청에 대하여 허가한 때에는 여권에 근무처 변경허가인을 찍고 변경된 근무처와 체류기간을 적거나 근무처 변경허가 스티커를 붙여야 한다(법 시행령 제26조 제3항).

1. 근무처변경허가인(날인방식)

```
┌─────────────────────────────────┐
│        근 무 처 변 경 허 가        │
│   PERMIT FOR CHANGE OF EMPLOYMENT │
│                                   │
│   Name(D.O.B):                    │
│   No.:                            │
│   Date of permit:                 │
│   Workplace:                      │
│   Period of Sojourn:              │
│                                   │
│                                   │
│      Chief, ○○ Immigration Office │
└─────────────────────────────────┘
```

50mm×50mm

2. 근무처변경허가 스티커(부착방식)

근 무 처 변 경 허 가
PERMIT FOR CHANGE OF EMPLOYMENT
Name(D.O.B):
No.:
Date of permit:
Workplace:
Period of Sojour
Chief, ○○ Immigration Office

70mm×50mm(편면 인쇄용아트지)

1. 근무처추가허가인(날인방식)

```
근 무 처 추 가 허 가
PERMIT FOR ADDITIONAL EMPLOYMENT

Name(D.O.B):

No.:

Date of permit:

Workplace:

Valid until:



        Chief, ○○ Immigration Office
```

50mm×50mm

2. 근무처추가허가 스티커(부착방식)

70mm×50mm(편면 인쇄용아트지)

2) 근무처 추가허가시 조치

청장·사무소장 또는 출장소장은 법무부장관이 근무처 추가허가 신청에 대하여 허가한 때에는 여권에 근무처 추가허가인을 찍고 추가된 근무처와 유효기간을 적거나 근무처 추가허가 스티커를 붙여야 한다(법 시행령 제26조 제4항).

(2) 예외 – 신고

다만, 전문적인 지식·기술 또는 기능을 가진 사람으로서 대통령령으로 정하는 사람은 근무처를 변경하거나 추가한 날부터 15일 이내에 법무부장관에게 신고하여야 한다(법 제21조 제1항 단서). 또한, 이에 해당하는 외국인은 지정된 근무처가 아닌 곳에서 근무하여서는 아니 된다는 법 제18조 제2항을 적용하지 아니한다(법 제21조 제3항).

[별지 제38호의4서식] 〈개정 2018. 5. 15.〉

1. 신고인 (날인 방식)	2. 신고 스티커 (부착 방식)
근 무 처 변 경 · 추 가 신 고 REPORT ON ALTERATION OR ADDITION OF EMPLOYMENT PLACE 성명(Name) 외국인등록번호 : 신고내용 : 신고일 : ○○출입국 · 외국인청(사무소 · 출장소)장	근 무 처 변 경 · 추 가 신 고 REPORT ON ALTERATION OR ADDITION OF EMPLOYMENT PLACE 성명(Name) 외국인등록번호 : 신고내용 : 신고일 : ○○출입국 · 외국인청(사무소 · 출장소)장 ① 스티커 크기 : 70*50mm ② 대지 크기 : 74*54mm ③ 기본 색상 : 연녹색

74*54mm

여기서 대통령령으로 정하는 사람이란, 별표 1의2 중 14. 교수(E-1)부터 20. 특정활동(E-7)까지의 체류자격 중 어느 하나의 체류자격을 가진 외국인으로서 법무부장관이 고시하는 요건을 갖춘 사람을 말한다(법 시행령 제26조의2 제1항).

통합신청서(신고서) 通合申請書(申告書)

ㅁ 업무선택 申請の種類

[　]외국인등록 外國人登錄	[　]체류자격 외 활동허가 在留資格外活動許可
[　]등록증재발급 登錄証再發行	[　]근무처변경 · 추가허가 勤務先変更 · 追加許可
[　]체류기간 연장허가 在留期間更新許可	[　]재입국허가(단수, 복수) 再入國許可(單數,複數)
[　]체류자격 변경허가 在留資格変更許可	[　]체류지 변경신고 在留地変更届
[　]체류자격 부여 在留資格取得	[　]등록사항 변경신고 登錄事項変更届

写　真
3.5cm × 4.5cm
촬영일부터 6개월이 경과하지 않아야 함
6ケ月以內に撮影されたもの
외국인 등록 및 등록증 재발급 시에만 사진 부착
外國人登錄／再發行のみ 写真貼付

성 명 姓名	성 姓		명 名				성 별 性別	[　]남 男 [　]여 女
생년월일 또는 외국인등록번호 生年月日, 外國人登錄番号の後段 7桁	년年		월月	일日		외국인등록번호 후단 外國人登錄番号の後段7桁	국 적 國籍	
여권번호 旅券番号			여권발급일자 旅券發行日				여권유효기간 旅券有效期限	
대한민국 내 주소 韓國における 住居地								
전화번호 電話番号					휴대전화번호 携帶電話番号			
본국 주소 本國における 居住地							전화번호 電話番号	
근무처 勤務先	원 근무처 以前の勤務先		사업자등록번호 事業者登錄番号				전화번호 電話番号	
	예정 근무처 予定の勤務先		사업자등록번호 事業者登錄番号				전화번호 電話番号	
재입국신청기간 再入國申請期間				전자우편 電子メール				
반환용계좌번호(외국인등록 및 외국인등록증 재발급 신청 시에만 기재) 返還口座番号 (外國人登錄及び外國人登錄証再發行の時だけ記載が必要)								
신청일 申請日				신청인 서명 또는 인 申請人の署名				

신청인 제출서류 申請人ズ提出書類	「출입국관리법 시행규칙」 별표 5의2(체류자격 외 활동허가신청 등 첨부서류)의 체류자격별 · 신청구분별 첨부서류 「出入國管理法の施行規則」 [別表5の2](在留資格外活動許可申請等の添付書類)の在留資格別 · 申請区分別の添付書類参考
담당 공무원 확인사항 担当公務員の確認事項	「출입국관리법 시행규칙」 별표 5의2(체류자격외활동허가신청 등 첨부서류)에 따라 사업자등록증 사본, 법인등기사항전부증명서, 건설업등록증 사본, 주민등록표 등 · 초본, 공장등록증명서가 첨부서류로 되어 있는 경우 「出入國管理法の施行規則」 [別表5の2](在留資格外活動許可申請等の添付書類により, 事業者登錄証の写本 · 法人登記事項全部証明 · 建業登錄写本 · 住民登錄票ズ本 · 住民登錄謄本又は初本 · 工場登錄証明が添付書類とされている場合

행정정보 공동이용 동의서 行政情報の共同利用への同意

본인은 이 건 업무처리와 관련하여 담당 공무원이 「전자정부법」 제36조에 따른 행정정보의 공동이용을 통하여 위의 담당 공무원 확인 사항을 확인하는 것에 동의합니다. * 동의하지 아니하는 경우에는 신청인이 직접 관련 서류를 제출하여야 합니다.
本人は,この件の業務処理に関連して担当公務員が「電子政府法」第36条による行政情報の共同利用を通して担当公務員が確認事項を確認することを同意します。* 同意しない場合には,関連書類を申請人自分で用意しなければなりません。

신청인 申請人		서명 또는 인署 名又は印	신청인의 배우자 申請人の配偶者		서명 또는 인 署名又は 印	신청인의부또는모 申請人の父又は 母		서명 또는 인 署名又は印

공 용 란 官用欄

기본 사항	최초입국일		체류자격		체류기간	
접수 사항	접수일자		접수번호			
허가(신고) 사항	허가(신고) 일자		허가번호		체류자격	
					체류기간	
결 재	담 당				청(소)장	
					가 / 부	

수입인지첨부란 收入印紙貼付欄/수수료면제 手數料免除] (면제사유 免除理由:　　　　)	심사 특이사항 審査特異事項

210mm×297mm[백상지(80g/㎡) 또는 중질지(80g/㎡)]

통합신청서 (신고서)　綜合申请表（申报表）

ㅁ 업무선택　申请原因

[ ] 외국인 등록 外国人登录	[ ] 체류자격외 활동허가 滞留资格外活动许可	护照照片 여권용사진(35㎜×45㎜) 촬영일부터 6개월이 경과하지 않아야 함 照片必须自最近6个月内拍摄 **외국인 등록 및 등록증 재발급 시에만 사진 부착** 仅限办理外国人登录或者 补办外国人登录证的人员粘贴
[ ] 등록증 재발급 登录证补办	[ ] 근무처변경·추가허가 / 신고 工作单位变更·添加许可 / 申报	
[ ] 체류기간 연장허가 滞留期限延长许可	[ ] 재입국허가 (단수, 복수) 再入境许可（一次, 多次）	
[ ] 체류자격 변경허가 滞留资格变更许可	[ ] 체류지 변경신고 滞留地变更申报	
[ ] 체류자격 부여 滞留资格申领	[ ] 등록사항 변경신고 登录事项变更申报	

성 명 姓名	성 姓			명 名			성 별 性别	[ ]남 男 [ ]여 女
생년월일 또는 외국인등록번호 出生日期或外国人登录证码后七位	년 年	월 月	일 日	외국인등록번호 후단 外国人登录证号码后七位			국 적 国籍	
여권 번호 护照号码			여권 발급일자 护照签发日期			여권 유효기간 护照有效期至		
대한민국 내 주소 在韩住址								
전화 번호 联系电话				휴대 전화 手机号码				
본국 주소 本国地址					전화 번호 联系电话			
근무처 工作单位	원 근무처 现工作单位		사업자등록번호 事业者登记证号		전화 번호 联系电话			
	예정 근무처 拟工作单位		사업자등록번호 事业者登记证号		전화 번호 联系电话			
재입국 신청 기간 再入境申请期限				전자우편 电子邮件				
반환용 계좌번호(외국인등록 및 외국인등록증 재발급 신청 시에만 기재) 退还账号信息 (仅限办理外国人登录或者补办外国人登录证的人员填写)								
신청일 申请日期				신청인 서명 또는 인 签字或盖章				
신청인 제출서류 申请人所需材料	「출입국관리법 시행규칙」 별표 5의2(체류자격외활동허가신청 등 첨부서류)의 체류자격별·신청구분별 첨부서류 참고 请见「出入国管理法施行规则」附加表5之2（滞留资格外活动许可申请等附件）的各类滞留资格及业务文件的附件							
담당공무원 확인사항 受理公务员确认事项	「출입국관리법 시행규칙」 별표 5의2(체류자격외활동허가신청 등 첨부서류)의 체류자격별·신청구분별 첨부서류 참고 请见「出入国管理法施行规则」附加表5之2（滞留资格外活动许可申请等附件）的各类滞留资格及业务文件的附件							

행정정보 공동이용 동의서(行政信息共同使用同意)

본인은 이 건 업무처리와 관련하여 담당 공무원이 「전자정부법」 제36조에 따른 행정정보의 공동이용을 통하여 위의 담당 공무원 확인 사항을 확인하는 것에 동의합니다.
*동의하지 아니하는 경우에는 신청인이 직접 관련 서류를 제출하여야 합니다.
本人同意办理本业务时相关公务员按照《电子政府法》第36条规定共同使用相关行政信息并查阅相关内容。
*若不同意，申请人需要亲自提交相关材料。

신청인 申请人	서명 또는 인 签字 或盖章	신청인의 배우자 申请人配偶	서명 또는 인 签字或盖 章	신청인의 부 또는 모 申请人父或母	서명 또는 인 签字或盖章

공 용 란 (受理·审批机关专用栏)

기본 사항	최초입국일		체류자격		체류기간	
접수 사항	접수일자		접수번호			
허가(신고) 사항	허가(신고) 일자		허가번호		체류자격	
					체류기간	
결 재	담 당				청(소)장	
					가 / 부	

수입인지 첨부란(印花税票粘贴处) / 수수료 면제(免手续费 [ ] (면제사유　　　　　　　　)	심사 특이사항

210㎜×297㎜[백상지(80g/㎡) 또는 중질지(80g/㎡)]

장기체류자격(제12조 관련)

체류자격 (기호)	체류자격에 해당하는 사람 또는 활동범위
14. 교수 (E-1)	「고등교육법」 제14조제1항 · 제2항 또는 제17조에 따른 자격요건을 갖춘 외국인으로서 전문대학 이상의 교육기관이나 이에 준하는 기관에서 전문 분야의 교육 또는 연구 · 지도 활동에 종사하려는 사람
15. 회화지도 (E-2)	법무부장관이 정하는 자격요건을 갖춘 외국인으로서 외국어전문학원, 초등학교 이상의 교육기관 및 부설어학연구소, 방송사 및 기업체 부설 어학연수원, 그 밖에 이에 준하는 기관 또는 단체에서 외국어 회화지도에 종사하려는 사람
16. 연구 (E-3)	대한민국 내 공공기관 · 민간단체으로부터 초청을 받아 각종 연구소에서 자연과학 분야의 연구 또는 산업상 고도기술의 연구 · 개발에 종사하려는 사람[교수(E-1) 체류자격에 해당하는 사람은 제외한다]
17. 기술지도 (E-4)	자연과학 분야의 전문지식 또는 산업상 특수한 분야에 속하는 기술을 제공하기 위하여 대한민국 내 공공기관 · 민간단체로부터 초청을 받아 종사하려는 사람
18. 전문직업 (E-5)	대한민국 법률에 따라 자격이 인정된 외국의 변호사, 공인회계사, 의사, 그 밖에 국가공인 자격이 있는 사람으로서 대한민국 법률에 따라 할 수 있도록 되어 있는 법률, 회계, 의료 등의 전문업무에 종사하려는 사람[교수(E-1) 체류자격에 해당하는 사람은 제외한다]
19. 예술흥행 (E-6)	수익이 따르는 음악, 미술, 문학 등의 예술활동과 수익을 목적으로 하는 연예, 연주, 연극, 운동경기, 광고 · 패션 모델, 그 밖에 이에 준하는 활동을 하려는 사람
20. 특정활동 (E-7)	대한민국 내의 공공기관 · 민간단체 등과의 계약에 따라 법무부장관이 특별히 지정하는 활동에 종사하려는 사람

(가) 신고절차

1) 근무처변경 · 추가신고서 제출

근무처의 변경 · 추가 신고를 하려는 사람은 근무처 변경 · 추가 신고서에 법무부령으로 정하는 서류를 첨부하여 청장 · 사무소장 또는 출장소장에게 제출하여야 한다(법 시행령 제26조의2 제2항).

2) 법무부장관에 송부

청장 · 사무소장 또는 출장소장은 제출받은 신고서와 첨부서류를 지체 없이 법무부장관에게 보내야 한다(법 시행령 제26조의2 제3항).

(나) 청장 등의 신고 · 수리시 조치

청장 · 사무소장 또는 출장소장은 법무부장관이 근무처 변경 · 추가 신고를 수리한 때에는 신고인의 여권에 근무처 변경 · 추가 신고인을 찍고, 변경되거나 추가된 근무처와 체류기간 또는 유효기간을 적거나 근무처 변경 · 추가 신고 스티커를 붙여야 한다(법 시행령 제26조의2 제4항).

나. 고용제한

누구든지 근무처의 변경허가 · 추가허가를 받지 아니한 외국인을 고용하거나 고용을 알선하여서는 아니 된다. 다만, 다른 법률에 따라 고용을 알선하는 경우에는 그러하지 아니하다(법 제21조 제2항).

다. 벌칙 및 과태료

(1) 벌칙

근무처의 변경허가 또는 추가허가를 받지 아니한 외국인의 고용을 업으로 알선한 사람은 3년 이하의 징역 또는 2천만원 이하의 벌금에 처하고(법 제94조 제13호), 단순히 외국인의 고용을 알선한 사람은 500만원 이하의 벌금에 처한다(법 제94조 제2호).

또한 본 조 제21조 제1항 본문을 위반하여 허가를 받지 아니하고 근무처를 변경하거나 추가한 사람 또는 제21조 제2항을 위반하여 근무처의 변경허가 또는 추가허가를 받지 아니한 외국인을 고용한 사람은 1년 이하의 징역이나 1천만원 이하의 벌금에 처한다(법 제95조 제6호).

(2) 과태료

제21조제1항 단서의 신고의무를 위반한 사람에게는 200만원 이하의 과태료를 부과한다(법 제100조 제3호).

제6편 제류자격 외 활동

외국인은 자신에게 부여된 체류자격과 체류기간의 범위 내에서 대한민국에 체류할 수 있기 때문에 말일 대한민국에 체류하는 외국인이 그 체류자격에 해당하는 활동과 함께 다른 체류자격에 해당하는 활동을 하려면 미리 법무부장관의 체류자격 외 활동허가를 받아야 한다(법 제20조). 이는 자신의 체류자격에 해당하는 주된 활동과 병행하기 위한 부수적인 활동을 목적으로 하는 것이기 때문에 만일 그 범위를 넘어서는 경우 체류자격 변경허가를 받아야 한다.

■ 출입국관리법 시행규칙 [별지 제36호서식] 〈개정 2018. 5. 15.〉

체류자격 외 활동허가서 PERMIT TO ENGAGE IN ACTIVITIES NOT COVERED BY THE STATUS OF SOJOURN		허가번호 Permit No.	
		허가일자 Date of Permit	
성명	Surname	성별 Sex	남 Male[ ] 여 Female[ ]
	Given names	생년월일 Date of Birth	
국적 Nationality			
직장명 Name of workplace			
허가내용 This permit allows you to		허가기간 Permitted period	

발급일자
Date of Issue

○○출입국 · 외국인청(사무소 · 출장소)장   직인

CHIEF, ○○IMMIGRATION OFFICE

84mm×120mm[백상지(80g/㎡) 또는 중질지(80g/㎡)]

가. 체류자격 외 활동허가절차

(1) 체류자격 외 활동허가 신청서 등 제출

대한민국에 체류하는 외국인이 그 체류자격에 해당하는 활동과 함께 다른 체류자격에 해당하는 활동을 허가받으려는 외국인은 체류자격 외 활동허가 신청서에 법무부령으로 정하는 서류를 첨부하여 청장·사무소장 또는 출장소장에게 제출하여야 한다(법 시행령 제25조 제1항).

(2) 법무부장관에 송부

청장·사무소장 또는 출장소장은 체류자격 외 활동허가 신청서를 제출받은 때에는 의견을 붙여 지체 없이 법무부장관에게 보내야 한다(법 시행령 제25조 제2항).

(3) 청장 등의 활동허가시 조치

청장·사무소장또는 출장소장은 법무부장관이 체류자격 외 활동허가신청에 대하여 이를 허가한 때에는 여권에 체류자격 외 활동허가인을 찍거나 체류자격 외 활동허가 스티커를 붙여야 한다. 다만, 여권이 없거나 그 밖에 필요하다고 인정할 때에는 체류자격 외 활동허가인을 찍는 것과 체류자격 외 활동허가 스티커를 붙이는 것을 갈음하여 체류자격 외 활동허가서를 발급할 수 있다(법 시행령 제25조 제3항).

1. 체류자격외활동허가인(날인 방식)

체류자격외활동허가
PERMISSION FOR ENGAGING IN ACTIVITIES

NOT COVERED BY THE STATUS OF SOJOURN

허가번호

NO. :

허가내용

The facts of permit:

허가기간

Valid until :

허가일:

Date of permit :

○○출입국 · 외국인청(사무소 · 출장소)장

Chief, ○○ Immigration Office

50mm×50mm

2. 체류자격외활동허가 스티커(부착 방식)

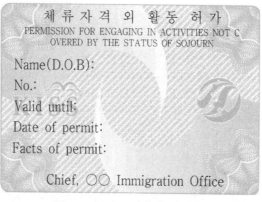

70mm×50mm(편면 인쇄용아트지)

나. 체류자격외 활동허가의 한계 등

청장·사무소장 또는 출장소장은 체류자격외활동허가신청을 받은 때에는 이를 심사하고, 심사결과 새로이 종사하고자 하는 활동이 주된 활동인 것으로 인정되는 때에는 체류자격변경허가를 받도록 하여야 한다(법 시행규칙 제29조). 이는 자칫 경계가 불분명할 수 있는 체류자격변경 제도와 체류자격외 활동허가제도를 구별하기 위한 조치이다.

다. 벌칙

체류자격 외 활동허가를 받지 아니하고 다른 체류자격에 해당하는 활동을 한 사람은 강제퇴거의 대상이 되고(법 제46조 제1항 제8호), 3년 이하의 징역 또는 2천만원 이하의 벌금에 처해질 수 있다(법 제94조 제12호).

제7편 국내체류 외국인의
각종 신고의무 기간 및 위반시 처벌

신고 등 의무사항	신고 기간
외국인 등록	• 입국한 날로부터 90일 이내
체류지변경 신고	• 15일 이내 • F-4 자격의 경우 14일 이내
등록사항변경 신고	• 15일 이내 – 성명, 성별, 생년월일 및 국적 – 여권의 번호, 발급일자 및 유효기간 – 소속기관 또는 단체의 변경 (명칭 변경 포함) – 재학 여부, 직업 및 연간 소득금액 – 방문취업(H-2)의 취업개시 및 변경 – 구직(D-10)의 연수개시 및 연수기관의 변경 (인턴신고)
자녀의 출생신고	• 90일 이내(체류자격 부여)
고용변동 신고	• 15일 이내

1. 외국인 등록

제31조(외국인등록) ① 외국인이 입국한 날부터 90일을 초과하여 대한민국에 체류하려면 대통령령으로 정하는 바에 따라 입국한 날부터 90일 이내에 그의 체류지를 관할하는 지방출입국 · 외국인관서의 장에게 외국인등록을 하여야 한다. 다만, 다음 각 호의 어느 하나에 해당하는 외국인의 경우에는 그러하지 아니하다.

　　1. 주한외국공관(대사관과 영사관을 포함한다)과 국제기구의 직원 및 그의 가족

　　2. 대한민국정부와의 협정에 따라 외교관 또는 영사와 유사한 특권 및 면제를 누리는 사람과 그의 가족

　　3. 대한민국정부가 초청한 사람 등으로서 법무부령으로 정하는 사람

② 제1항에도 불구하고 같은 항 각 호의 어느 하나에 해당하는 외국인은 본인이 원하는 경우 체류기간 내에 외국인등록을 할 수 있다.

③ 제23조에 따라 체류자격을 받는 사람으로서 그 날부터 90일을 초과하여 체류하게 되는 사람은 제1항 각 호 외의 부분 본문에도 불구하고 체류자격을 받는 때에 외국인등록을 하여야 한다.

④ 제24조에 따라 체류자격 변경허가를 받는 사람으로서 입국한 날부터 90일을 초과하여 체류하게 되는 사람은 제1항 각 호 외의 부분 본문에도 불구하고 체류자격 변경허가를 받는 때에 외국인등록을 하여야 한다.

⑤ 지방출입국 · 외국인관서의 장은 제1항부터 제4항까지의 규정에 따라 외국인등록을 한 사람에게는 대통령령으로 정하는 방법에 따라 개인별로 고유한 등록번호(이하 "외국인등록번호"라 한다)를 부여하여야 한다.

가. 원칙적 등록기간

외국인이 입국한 날부터 90일을 초과하여 대한민국에 체류하려면 입국한 날부터 90일 이내에 그의 체류지를 관할하는 지방출입국·외국인관서의 장에게 외국인등록을 하여야 한다.

나. 예외적 등록기간

다만, ⅰ) 주한외국공관(대사관과 영사관을 포함한다)과 국제기구의 직원 및 그의 가족, ⅱ) 대한민국정부와의 협정에 따라 외교관 또는 영사와 유사한 특권 및 면제를 누리는 사람과 그의 가족, ⅲ) 대한민국정부가 초청한 사람 등으로서 법무부령으로 정하는 사람[67] 중 어느 하나에 해당하는 외국인의 경우에는 본인이 원하는 경우 체류기간 내에 외국인등록을 할 수 있다(법 제31조 제2항).

다. 등록의무 위반시 처벌

외국인이 90일 초과하여 체류할 목적으로 입국한 후 90일 이내에 외국인등록의무를 이행하지 아니할 경우, 가령, 어학연수(D-4) 비자(6개월)를 받고 입국하였으나 외국인등록을 하지 않고 체류한 경우에는 법 제31조 위반으로 최대 1,000만원의 범칙금이 부과될 수 있다.

2. 체류지 변경

제36조(체류지 변경의 신고) ① 제31조에 따라 등록을 한 외국인이 체류지를 변경하였을 때에는 대통령령으로 정하는 바에 따라 전입한 날부터 15일 이내에 새로운 체류지의 시·군·구 또는 읍·면·동의 장이나 그 체류지를 관할하는 지방출입국·외국인관서의 장에게 전입신고를 하여야 한다.
② 외국인이 제1항에 따른 신고를 할 때에는 외국인등록증을 제출하여야 한다. 이 경우 시·군·구 또는 읍·면·동의 장이나 지방출입국·외국인관서의 장은 그 외국인등록증에 체류지 변경사항을 적은 후 돌려주어야 한다.
③ 제1항에 따라 전입신고를 받은 지방출입국·외국인관서의 장은 지체 없이 새로운 체류지의 시·군·구 또는 읍·면·동의 장에게 체류지 변경 사실을 통보하여야 한다.

---

67) 출입국관리법 시행규칙 제45조(외국인등록의 예외) ① 법 제31조 제1항 제3호에 해당하는 자는 외교·산업·국방상 중요한 업무에 종사하는 자 및 그의 가족 기타 법무부장관이 특별히 외국인등록을 면제할 필요가 있다고 인정하는 자로 한다.
② 법무부장관이 제1항에 따라 외국인등록을 면제하기로 결정한 때에는 이를 체류지를 관할하는 청장·사무소장 또는 출장소장(이하 "체류지 관할 청장·사무소장 또는 출장소장"이라 한다)에게 통보한다.

가. 체류지변경 신고 기간

등록 외국인등록(거소외국인 포함)이 이상 등으로 체류지가 변경되었을 때에는 전입한 날(변경된 날)부터 15일 이내에 새로운 체류지의 시·군·구 또는 읍·면·동의 장이나 그 체류지를 관할하는 지방출입국·외국인관서의 장에게 전입신고를 하여야 한다. 다만, F-4(재외동포) 자격의 경우 14일 이내에 체류지의 지자체(시·군·구 또는 읍·면·동) 행정복지센터 또는 그 체류지를 관할하는 출입국·외국인관서에 체류지 변경(거소이전)신고를 하면 족하다.

나. 체류지 변경신고 기간 위반시 처벌

가령, 외국인과 결혼한 한국인이 이사하여 관할 주민센터에 방문하여 전입신고를 하였으나, 외국인 배우자의 체류지는 따로 변경신고를 하지 않은 경우와 같이 체류지 변경신고 의무를 위반할 경우 법 제36조 제1항 위반으로 최대 100만원의 범칙금이 부과될 수 있다.

다. 첨부서류

체류지 변경시에는 여권, 외국인등록증, 통합신청서, 체류지 입증서류 등의 서류를 첨부하여 신고하여야 한다.

3. 등록사항변경 신고

제35조(외국인등록사항의 변경신고) 제31조에 따라 등록을 한 외국인은 다음 각 호의 어느 하나에 해당하는 사항이 변경되었을 때에는 대통령령으로 정하는 바에 따라 15일 이내에 체류지 관할 지방출입국·외국인관서의 장에게 외국인등록사항 변경신고를 하여야 한다.

1. 성명, 성별, 생년월일 및 국적
2. 여권의 번호, 발급일자 및 유효기간
3. 제1호 및 제2호에서 규정한 사항 외에 법무부령[68]으로 정하는 사항

---

68) 출입국관리법 시행규칙 제49조의2(외국인등록사항변경의 신고) 법 제35조 제3호에서 "법무부령으로 정하는 사항"이라 함은 다음 각 호의 어느 하나에 해당하는 사항을 말한다.
　　1. 영 별표 1의2 중 4. 문화예술(D-1), 5. 유학(D-2) 및 7. 일반연수(D-4)부터 12. 무역경영(D-9)까지 중 어느 하나에 해당하는 자격을 가지고 있는 사람의 경우에는 소속기관 또는 단체의 변경(명칭변경을 포함한다)이나 추가
　　2. 제47조 제4호에 따른 재학 여부의 변경
　　3. 영 별표 1의2 중 체류자격 13. 구직(D-10)의 자격에 해당하는 사람의 경우에는 연수개시 사실

가. 외국인등록사항의 변경 신고의무 기간

외국인등록을 마친 외국인은 ⅰ) 성명, 성별, 생년월일 및 국적, ⅱ) 여권의 번호, 발급일자 및 유효기간, ⅲ) 소속기관 또는 단체의 변경 (명칭 변경 포함), ⅳ) 재학 여부, 직업 및 연간 소득금액, ⅴ) 방문취업(H-2)의 취업개시 및 변경, ⅵ) 구직(D-10)의 연수개시 및 연수기관의 변경 (인턴신고) 등의 어느 하나에 해당하는 사항이 변경되었을 때에는 15일 이내에 체류지 관할 지방출입국·외국인관서의 장에게 외국인등록사항 변경신고를 하여야 한다. 다만, 여권변경의 경우에는 45일 내 신고를 마치며 족하다.

나. 등록사항 변경신고 위반시 처벌

가령, 등록외국인이 국내의 본국 대사관에서 여권을 발급받았으나 신고하지 않은 경우와 같이 등록사항 변경 신고의무를 위반할 경우 법 제35조 위반을 이유로 최대 100만원의 과태료가 부과될 수 있다.

4. 자녀 출생 시

제23조(체류자격 부여) ① 다음 각 호의 어느 하나에 해당하는 외국인이 제10조에 따른 체류자격을 가지지 못하고 대한민국에 체류하게 되는 경우에는 다음 각 호의 구분에 따른 기간 이내에 대통령령[69]으로 정하는 바에 따라 체류자격을 받아야 한다.
1. 대한민국에서 출생한 외국인: 출생한 날부터 90일
2. 대한민국에서 체류 중 대한민국의 국적을 상실하거나 이탈하는 등 그 밖의 사유가 발생한 외국인: 그 사유가 발생한 날부터 60일
② 제1항에 따른 체류자격 부여의 심사기준은 법무부령으로 정한다.

또는 연수기관의 변경(명칭변경을 포함한다)
4. 영 별표 1의2 중 29. 방문취업(H-2)의 자격에 해당하는 사람으로서 개인·기관·단체 또는 업체에 최초로 고용된 경우에는 그 취업개시 사실
5. 영 별표 1의2 중 29. 방문취업(H-2)의 자격에 해당하는 사람으로서 개인·기관·단체 또는 업체에 이미 고용되어 있는 경우에는 그 개인·기관·단체 또는 업체의 변경(명칭변경을 포함한다)
6. 직업 또는 연간소득금액의 변경[영 제23조제1항부터 제3항까지에 따른 체류자격을 가진 사람 또는 영 별표 1의2 중 10. 주재(D-7)부터 12. 무역경영(D-9)까지의 체류자격을 가진 사람에 한정한다]
69) 출입국관리법 시행령 제29조(체류자격 부여) ① 법 제23조에 따라 체류자격을 받으려는 사람은 체류자격 부여 신청서에 법무부령으로 정하는 서류를 첨부하여 청장·사무소장 또는 출장소장에게 제출하여야 하고, 청장·사무소장 또는 출장소장은 지체 없이 법무부장관에게 보내야 한다.
② 법무부장관은 제1항의 신청에 따라 체류자격을 부여할 때에는 체류기간을 정하여 청장·사무소장 또는 출장소장에게 통보하여야 한다.

가. 출생신고 기간

국내에서 출생한 외국인은 출생한 날부터 90일 이내에 체류자격을 부여받아야 한다.

나. 출생신고 기간 도과시 처벌

국내에서 자녀를 출생하였으나 90일 이내 자녀의 외국인등록 및 자격부여 신청을 하지 않은 경우와 같이 출생신고 기간을 도과하였을 경우에는 법 제23조 규정 위반을 이유로 최대 100만원의 과태료가 부과될 수 있다. 이때 과태료는 신청의무자에게 부과된다.

5. 외국인 근로자의 고용 및 고용주의 신고의무

> 19조(외국인을 고용한 자 등의 신고의무) ① 제18조 제1항에 따라 취업활동을 할 수 있는 체류자격을 가지고 있는 외국인을 고용한 자는 다음 각 호의 어느 하나에 해당하는 사유가 발생하면 대통령령으로 정하는 바에 따라 15일 이내에 지방출입국·외국인관서의 장에게 신고하여야 한다.
> 1. 외국인을 해고하거나 외국인이 퇴직 또는 사망한 경우
> 2. 고용된 외국인의 소재를 알 수 없게 된 경우
> 3. 고용계약의 중요한 내용을 변경한 경우
> ② 제19조의2에 따라 외국인에게 산업기술을 연수시키는 업체의 장에 대하여는 제1항을 준용한다.
> ③ 「외국인근로자의 고용 등에 관한 법률」의 적용을 받는 외국인을 고용한 자가 제1항에 따른 신고를 한 경우 그 신고사실이 같은 법 제17조 제1항에 따른 신고사유에 해당하는 때에는 같은 항에 따른 신고를 한 것으로 본다.
> ④ 제1항에 따라 신고를 받은 지방출입국·외국인관서의 장은 그 신고사실이 제3항에 해당하는 경우 지체 없이 외국인을 고용한 자의 소재지를 관할하는 「직업안정법」 제2조의2 제1호에 따른 직업안정기관의 장에게 통보하여야 한다.

가. 외국인근로자의 정의

외국인근로자란 대한민국의 국적을 가지지 아니한 사람으로서 국내에 소재하고 있는 사업 또는 사업장에서 임금을 목적으로 근로를 제공하고 있거나 제공하려는 사람을 말한다. 다만, 법 제18조제1항[70]에 따라 취업활동을 할 수 있는 체류자격을 받은 외국인 중 취업분야 또

---

③ 청장·사무소장 또는 출장소장은 제2항에 따른 통보를 받은 때에는 신청인의 여권에 체류자격 부여인을 찍고 체류자격과 체류기간 등을 적거나 체류자격 부여 스티커를 붙여야 한다.
70) 제18조(외국인 고용의 제한) ① 외국인이 대한민국에서 취업하려면 대통령령으로 정하는 바에 따라 취업활동을 할 수 있는 체류자격을 받아야 한다

는 체류기간 등을 고려하여 대통령령으로 정하는 사람은 제외한다(외국인근로자의 고용등에 관한 법률 제2조 : 이하 외국인고용법이라 약칭함).

나. 외국인고용의 보충성

고용정책기본법 제31조의 규정에 따르면 국가는 노동시장에서의 원활한 인력수급을 위하여 외국인 근로자를 도입할 수 있으며, 이 경우 국가는 국민의 고용이 침해되지 아니하도록 노력하여야 한다고 규정하였고, 이에 맞추어 외국인고용법 제6조는 내국인의 구인노력을 규정하여 외국인근로자를 고용하려는 자는 직업안정기관에 우선 내국인 구인 신청을 하여야 하며, 이 경우 직업안정기관의 장은 내국인 구인 신청을 받은 경우에는 사용자가 적절한 구인 조건을 제시할 수 있도록 상담·지원하여야 하고, 구인 조건을 갖춘 내국인이 우선적으로 채용될 수 있도록 직업소개를 적극적으로 하여야 한다는 내용을 규정함으로써, 외국인고용에 관한 보충성의 원칙을 명시하고 있다.

다. 외국인근로자의 고용제한

직업안정기관의 장은 외국인고용법 제8조 제4항에 따른 고용허가 또는 제12조 제3항에 따른 특례고용가능확인을 받지 아니하고 외국인근로자를 고용한 자, 제19조 제1항에 따라 외국인근로자의 고용허가나 특례고용가능확인이 취소된 자, 이 법 또는 「출입국관리법」을 위반하여 처벌을 받은 자, 외국인근로자의 사망으로 「산업안전보건법」 제167조 제1항에 따른 처벌을 받은 자, 그 밖에 대통령령으로 정하는 사유에 해당하는 자[71] 등의 어느 하나에 해당하는 사용자에 대하여 그 사실이 발생한 날부터 3년간 외국인근로자의 고용을 제한할 수 있다(외국인고용법 제20조 제1항).

---

71) 외국인고용법 시행령 제25조 (외국인근로자 고용의 제한) 법 제20조 제1항 제4호에서 "대통령령으로 정하는 사유에 해당하는 자"란 다음 각 호의 어느 하나에 해당하는 자를 말한다.
   1. 법 제8조에 따라 고용허가서를 발급받은 날 또는 법 제12조에 따라 외국인근로자의 근로가 시작된 날부터 6개월 이내에 내국인근로자를 고용조정으로 이직시킨 자
   2. 외국인근로지로 하여금 근로계약에 명시된 사업 또는 사업장 외에서 근로를 제공하게 한 자
   3. 법 제9조 제1항에 따른 근로계약이 체결된 이후부터 법 제11조에 따른 외국인 취업교육을 마칠 때까지의 기간 동안 경기의 변동, 산업구조의 변화 등에 따른 사업 규모의 축소, 사업의 폐업 또는 전환, 감염병 확산으로 인한 항공기 운항 중단 등과 같은 불가피한 사유가 없음에도 불구하고 근로계약을 해지한 자

라. 고용변동 신고의무 기간

취업활동을 할 수 있는 체류자격을 가지고 있는 외국인을 고용한 자는 ⅰ) 외국인을 해고하거나 외국인이 퇴직 또는 사망한 경우, ⅱ) 고용된 외국인의 소재를 알 수 없게 된 경우, ⅲ) 고용계약의 중요한 내용을 변경한 경우의 어느 하나에 해당하는 사유가 발생하면 15일 이내에 지방출입국·외국인관서의 장에게 신고하여야 한다(법 제19조).

마. 고용변동 신고의무 위반시 처벌

가령, 외국인을 고용한 甲회사의 명칭이 乙로 변경되었음에도 이를 15일 이내 신고하지 않은 경우와 같이 고요변동신고 의무를 위반한 경우에는 법 제19조 제1항 위반을 이유로 최대 200만원의 과태료과 부과될 수 있다.

■ 출입국관리법 시행령 [별표 2] 〈개정 2020. 12. 8.〉

과태료의 부과기준(제102조 관련)

1. 일반기준
    가. 위반행위가 둘 이상일 때에는 위반행위마다 부과한다.
    나. 하나의 위반행위가 둘 이상의 과태료 부과기준에 해당하면 과태료 금액이 가장 높은 위반행위를 기준으로 과태료를 부과한다.
    다. 청장·사무소장 또는 출장소장은 다음의 어느 하나에 해당하는 경우에는 제2호에 따른 과태료 금액의 2분의 1의 범위에서 그 금액을 줄일 수 있다. 다만, 과태료를 체납하고 있는 위반행위자의 경우에는 그렇지 않다.
        1) 위반행위자가 「질서위반행위규제법 시행령」 제2조의2제1항 각 호의 어느 하나에 해당하는 경우
        2) 자연재해나 화재 등으로 위반행위자의 재산에 현저한 손실이 발생하거나 사업 여건의 악화로 위반행위자의 사업이 중대한 위기에 처하는 등의 사정이 있는 경우
        3) 그 밖에 위반행위의 정도, 위반행위의 동기 및 그 결과, 위반행위자의 연령·환경 및 과태료 부담능력 등을 고려하여 과태료를 줄일 필요가 있다고 인정되는 경우
    라. 청장·사무소장 또는 출장소장은 다음의 어느 하나에 해당하는 경우에는 제2호에 따른 과태료 부과금액의 2분의 1의 범위에서 그 금액을 늘릴 수 있다. 다만, 법 제100조제1항부터 제3항까지의 규정에 따른 과태료 금액의 상한을 넘을 수 없다.
        1) 위반의 내용 및 정도가 중대하여 그 피해가 출입국관리나 외국인 체류관리 등에 미치는

영향이 크다고 인정되는 경우

2) 최근 3년 이내 법 위반 사실이 있는 경우

3) 그 밖에 위반행위의 정도, 위반행위의 동기 및 그 결과 등을 고려하여 과태료를 가중할 필요가 있다고 인정되는 경우

마. 위반행위의 횟수에 따른 과태료의 가중된 부과기준은 최근 3년간(제2호차목의 경우에는 최근 1년간) 같은 위반행위로 과태료 부과처분을 받은 경우에 적용한다. 이 경우 기간의 계산은 위반행위에 대하여 과태료 부과처분을 받은 날과 그 처분 후 다시 같은 위반행위를 하여 적발된 날을 기준으로 한다.

바. 마목에 따라 가중된 부과처분을 하는 경우 가중처분의 적용 차수는 그 위반행위 전 부과처분 차수(마목에 따른 기간 내에 과태료 부과처분이 둘 이상 있었던 경우에는 높은 차수를 말한다)의 다음 차수로 한다.

2. 개별기준

위반행위	근거 법조문	위반기간 또는 위반횟수	과태료 금액
가. 법 제19조에 따른 신고의무를 위반한 경우	법 제100조 제1항제1호	3개월 미만	10만원
		3개월 이상 6개월 미만	30만원
		6개월 이상 12개월 미만	50만원
		1년 이상 2년 미만	100만원
		2년 이상	200만원
나. 법 제19조의4제1항에 따른 통지의무를 위반한 경우	법 제100조 제1항제2호	1회	20만원
		2회	50만원
		3회	100만원
		4회 이상	200만원
다. 법 제19조의4제2항에 따른 신고의무를 위반한 경우	법 제100조 제1항제2호	3개월 미만	10만원
		3개월 이상 6개월 미만	30만원
		6개월 이상 12개월 미만	50만원
		1년 이상 2년 미만	100만원
		2년 이상	200만원

라. 법 제21조제1항 단서에 따른 신고의무를 위반한 경우	법 제100조 제1항제3호	3개월 미만	10만원
		3개월 이상 6개월 미만	30만원
		6개월 이상 12개월 미만	50만원
		1년 이상 2년 미만	100만원
		2년 이상	200만원
마. 법 제33조제2항을 위반하여 외국인등록증 발급신청을 하지 않은 경우	법 제100조 제3항제1호	3개월 미만	10만원
		3개월 이상 6개월 미만	20만원
		6개월 이상 12개월 미만	30만원
		1년 이상	50만원
바. 법 제33조제4항 또는 제33조의2제1항을 위반하여 영주증을 재발급받지 않은 경우	법 제100조 제1항제4호	3개월 미만	10만원
		3개월 이상 6개월 미만	30만원
		6개월 이상 12개월 미만	50만원
		1년 이상 2년 미만	100만원
		2년 이상	200만원
사. 법 제35조에 따른 외국인등록사항의 변경신고의무를 위반한 경우	법 제100조 제2항제1호	3개월 미만	10만원
		3개월 이상 6개월 미만	30만원
		6개월 이상 1년 미만	50만원
		1년 이상	100만원
아. 법 제37조제1항 또는 제2항에 따른 외국인등록증 반납의무를 위반한 경우	법 제100조 제2항제1호	1회	10만원
		2회	30만원
		3회	50만원
		4회 이상	100만원
자. 과실로 인하여 법 제75조제1항(법 제70조제1항 및 제2항에서 준용하는 경우를 포함한다) 또는 제2항(법 제70조제1항 및 제2항에서 준용하는 경우를 포함한다)에 따른 출·입항보고를 하지 않은 경우	법 제100조 제1항제5호	1회	20만원
		2회	50만원
		3회	100만원
		4회 이상	200만원

차. 과실로 인하여 법 제75조제1항(법 제70조제1항 및 제2항에서 준용하는 경우를 포함한다) 또는 제2항(법 제70조제1항 및 제2항에서 준용하는 경우를 포함한다)에 따른 출·입항보고서의 국적, 성명, 성별, 생년월일, 여권번호에 관한 항목을 최근 1년 이내에 3회 이상 사실과 다르게 보고한 경우	법 제100조 제1항제5호	3회	30만원
		4회	50만원
		5회	70만원
		6회	90만원
		7회	120만원
		8회	150만원
		9회 이상	200만원
카. 법 제79조에 따른 신청의무를 위반한 경우	법 제100조 제2항제2호	1년 미만	10만원
		1년 이상 2년 미만	30만원
		2년 이상 3년 미만	50만원
		3년 이상	100만원
타. 법 제81조제4항에 따른 출입국관리공무원의 장부 또는 자료 제출 요구를 거부하거나 기피한 경우	법 제100조 제2항제3호	1회	20만원
		2회	50만원
		3회 이상	100만원
파. 법 제81조의3제1항을 위반하여 여권 등 자료를 제공하지 않은 경우	법 제100조제3항제1호의2	1회	10만원
		2회	20만원
		3회	30만원
		4회	40만원
		5회 이상	50만원
하. 법 제81조의3제2항을 위반하여 숙박외국인의 자료를 제출하지 않거나 허위로 제출한 경우	법 제100조제3항제1호의3	1회	10만원
		2회	20만원
		3회	30만원
		4회	40만원
		5회 이상	50만원
거. 법에 따른 각종 신청이나 신고에서 거짓 사실을 적거나 보고한 경우(법 제94조제17호의2에 해당하는 경우는 제외한다)	법 제100조 제3항제2호	1회	30만원
		2회	40만원
		3회 이상	50만원

6. 외국인 유학생 시간제취업 허가

제18조(외국인 고용의 제한) ① 외국인이 대한민국에서 취업하려면 대통령령으로 정하는 바에 따라 취업활동을 할 수 있는 체류자격을 받아야 한다.

② 제1항에 따른 체류자격을 가진 외국인은 지정된 근무처가 아닌 곳에서 근무하여서는 아니 된다.

③ 누구든지 제1항에 따른 체류자격을 가지지 아니한 사람을 고용하여서는 아니 된다.

④ 누구든지 제1항에 따른 체류자격을 가지지 아니한 사람의 고용을 알선하거나 권유하여서는 아니 된다.

⑤ 누구든지 제1항에 따른 체류자격을 가지지 아니한 사람의 고용을 알선할 목적으로 그를 자기 지배하에 두는 행위를 하여서는 아니 된다.

가. 외국인 유학생 시간제취업 허가

외국인 유학생이 단순노무 등 통상적으로 학생들에게 허용되는 직종에서 아르바이트를 하기 위해서는 사전에 관할 출입국·외국인관서에서 취업활동을 할 수 있는 체류자격인 '시간제취업허가'를 받아야 한다.

나. 외국인 유학생 시간제취업 허가의무 위반시 처벌

가령, 외국인 유학생이 아무런 허가를 받지 않고 음식점에서 일한 경우와 같이 출입국관서로부터 시간제취업 허가를 받지 아니하고 근로를 한 경우에는 법 제18조 제1항의 위반을 이유로 최대 3,000만원의 범칙금이 부과될 수 있다.

범칙금의 양정기준 (제86조제1항 관련)

범칙금 부과대상자	해당 법조문	고용 인원	위반기간별 범칙금액				
			3개월 미만	3개월 이상 6개월 미만	6개월 이상 1년 미만	1년 이상 2년 미만	2년 이상
1. 법 제18조 제3항을 위반하여 취업활동을 할 수 있는 체류자격을 가지지 않은 사람을 고용한 사람	법 제94조 제9호	1명	300만원	500만원	700만원	900만원	1,100만원
		2명	500만원	700만원	900만원	1,100만원	1,300만원
		3명	700만원	900만원	1,100만원	1,300만원	1,500만원
		4명	900만원	1,100만원	1,300만원	1,500만원	1,700만원
		5명	1,100만원	1,300만원	1,500만원	1,700만원	1,900만원
		6명	1,300만원	1,500만원	1,700만원	1,900만원	2,100만원
		7명	1,500만원	1,700만원	1,900만원	2,100만원	2,300만원
		8명	1,700만원	1,900만원	2,100만원	2,300만원	2,500만원
		9명	1,900만원	2,100만원	2,300만원	2,500만원	2,700만원
		10명	2,100만원	2,300만원	2,500만원	2,700만원	2,900만원
		11명 이상 14명 이하	2,300만원	2,500만원	2,700만원	2,900만원	3,000만원
		15명 이상 19명 이하	2,500만원	2,700만원	2,900만원	3,000만원	3,000만원
		20명 이상 24명 이하	2,600만원	2,900만원	3,000만원	3,000만원	3,000만원
		25명 이상 29명 이하	2,700만원	3,000만원	3,000만원	3,000만원	3,000만원
		30명 이상 39명 이하	2,800만원	3,000만원	3,000만원	3,000만원	3,000만원
		40명 이상 49명 이하	2,900만원	3,000만원	3,000만원	3,000만원	3,000만원
		50명 이상	3,000만원	3,000만원	3,000만원	3,000만원	3,000만원
2. 법 제21조 제2항을 위반하여 근무처의 변경허가 또는 추가허가를 받지 않은 외국인을 고용한 사람	법 제95조 제6호	1명	200만원	250만원	300만원	400만원	500만원
		2명	250만원	300만원	350만원	450만원	550만원
		3명	300만원	350만원	400만원	500만원	600만원
		4명	350만원	400만원	450만원	550만원	650만원
		5명	400만원	450만원	500만원	600만원	700만원
		6명	450만원	500만원	550만원	650만원	750만원
		7명	500만원	550만원	600만원	700만원	800만원
		8명	550만원	600만원	650만원	750민원	850만원
		9명	600만원	650만원	700만원	800만원	900만원
		10명 이상	650만원	700만원	800만원	850만원	1,000만원

3. 법인의 대표자나 법인 또는 개인의 대리인, 사용인, 그 밖의 종업원이 그 법인 또는 개인의 업무에 관하여 법 제94조제9호에 따른 위반행위를 한 때에 그 법인 또는 개인(다만, 법인 또는 개인이 그 위반행위를 방지하기 위하여 해당 업무에 관하여 상당한 주의와 감독을 게을리 하지 않은 경우에는 제외한다. 이하 이 표에서 같다)	법 제99조의3 (양벌규정) 제2호	1명	300만원	500만원	700만원	900만원	1,100만원
		2명	500만원	700만원	900만원	1,100만원	1,300만원
		3명	700만원	900만원	1,100만원	1,300만원	1,500만원
		4명	900만원	1,100만원	1,300만원	1,500만원	1,700만원
		5명	1,100만원	1,300만원	1,500만원	1,700만원	1,900만원
		6명	1,300만원	1,500만원	1,700만원	1,900만원	2,100만원
		7명	1,500만원	1,700만원	1,900만원	2,100만원	2,300만원
		8명	1,700만원	1,900만원	2,100만원	2,300만원	2,500만원
		9명	1,900만원	2,100만원	2,300만원	2,500만원	2,700만원
		10명	2,100만원	2,300만원	2,500만원	2,700만원	2,900만원
		11명 이상 14명 이하	2,300만원	2,500만원	2,700만원	2,900만원	3,000만원
		15명 이상 19명 이하	2,500만원	2,700만원	2,900만원	3,000만원	3,000만원
		20명 이상 24명 이하	2,600만원	2,900만원	3,000만원	3,000만원	3,000만원
		25명 이상 29명 이하	2,700만원	3,000만원	3,000만원	3,000만원	3,000만원
		30명 이상 39명 이하	2,800만원	3,000만원	3,000만원	3,000만원	3,000만원
		40명 이상 49명 이하	2,900만원	3,000만원	3,000만원	3,000만원	3,000만원
		50명 이상	3,000만원	3,000만원	3,000만원	3,000만원	3,000만원
	법 제99조의3 (양벌규정) 제5호	1명	200만원	250만원	300만원	400만원	500만원
		2명	250만원	300만원	350만원	450만원	550만원
		3명	300만원	350만원	400만원	500만원	600만원
		4명	350만원	400만원	450만원	550만원	650만원
		5명	400만원	450만원	500만원	600만원	700만원
		6명	450만원	500만원	550만원	650만원	750만원
		7명	500만원	550만원	600만원	700만원	800만원
		8명	550만원	600만원	650만원	750만원	850만원
		9명	600만원	650만원	700만원	800만원	900만원
		10명 이상	650만원	700만원	800만원	850만원	1,000만원

7. 외국인근로자의 근무처변경·추가허가, 신고

> 법 제21조(근무처의 변경·추가) ① 대한민국에 체류하는 외국인이 그 체류자격의 범위에서 그의 근무처를 변경하거나 추가하려면 대통령령으로 정하는 바에 따라 미리 법무부장관의 허가를 받아야 한다. 다만, 전문적인 지식·기술 또는 기능을 가진 사람으로서 대통령령으로 정하는 사람은 근무처를 변경하거나 추가한 날부터 15일 이내에 대통령령으로 정하는 바에 따라 법무부장관에게 신고하여야 한다.
> ② 누구든지 제1항 본문에 따른 근무처의 변경허가·추가허가를 받지 아니한 외국인을 고용하거나 고용을 알선하여서는 아니 된다. 다만, 다른 법률에 따라 고용을 알선하는 경우에는 그러하지 아니하다.
> ③ 제1항 단서에 해당하는 사람에 대하여는 제18조 제2항을 적용하지 아니한다.

가. 근무처의 변경·추가 신고기간

대한민국에 체류하는 외국인이 그 체류자격의 범위에서 그의 근무처를 변경하거나 추가하려면 미리 법무부장관의 허가를 받아야 한다. 다만, 전문적인 지식·기술 또는 기능을 가진 사람으로서 신고 대상인 경우 근무처를 변경하거나 추가한 날부터 15일 이내에 법무부장관에게 신고를 하면 족하다.

나. 근무처의 변경·추가 신고 위반시 처벌

가령, 회화지도 강사가 계약기간 끝나지 않은 채로 근무하는 학원을 변경하였으나 신고하지 아니한 경우와 같이, 근무처의 변경 등의 신고의무를 위반할 경우에는 법 제21조 제1항 위반으로 허가 대상의 경우 범칙금 최대 1000만원, 신고 대상의 경우 과태료 최대 200만원의 처벌을 받을 수 있다.

다. 사업 또는 사업장 변경

(1) 요건

외국인근로자는 사용자가 정당한 사유로 근로계약기간 중 근로계약을 해지하려고 하거나 근로계약이 만료된 후 갱신을 거절하려는 경우, 휴업, 폐업, 제19조 제1항에 따른 고용허가의 취소, 제20조 제1항에 따른 고용의 제한, 제22조의2를 위반한 기숙사의 제공, 사용자의 근로조건 위반 또는 부당한 처우 등 외국인근로자의 책임이 아닌 사유로 인하여 사회통념상

그 사업 또는 사업장에서 근로를 계속할 수 없게 되었다고 인정하여 고용노동부장관이 고시

한 경우[72], 그 밖에 대통령령으로 정하는 사유가 발생한 경우의 어느 하나에 해당하는 사

---

[72] 외국인근로자의 책임이 아닌 사업장변경 사유[시행 2021. 4. 1.] [고용노동부고시 제2021-30호, 2021. 4. 1. 일부개정]

제1조(목적) 이 고시는 「외국인근로자의 고용 등에 관한 법률」 제25조제1항제2호에서 정한 "외국인 근로자의 책임이 아닌 사유로 사회통념상 그 사업 또는 사업장에서 근로를 계속 할 수 없게 되었다고 인정하는 경우"에 대해 구체적으로 정함을 목적으로 한다.

제2조(휴업·폐업 등) 「외국인근로자의 고용 등에 관한 법률」(이하 "법" 이라 한다) 제25조제1항제2 호에 따라 사업 또는 사업장(이하 "사업장"이라 한다) 변경이 허용되는 휴업·폐업 등에 해당하는 사유는 다음 각 호와 같다.

1. 사업장 사정으로 휴업·휴직 등이 발생하여 외국인근로자의 임금 감소가 다음 각 목의 어느 하나에 해당하는 경우(이 경우, 외국인근로자는 휴업 또는 휴직 중이거나, 휴업 또는 휴직이 종료된 날부터 4개월이 경과하기 전에 사업장 변경을 신청 하여야 한다)

가. 근로기준법 제2조제1항제6호에 따른 평균임금(이하 "평균임금"이라 한다)의 70 퍼센트에 해당 하는 금액보다 적은 기간이 사업장 변경 신청일 이전 1년 동안 2개월 이상인 경우

나. 평균임금의 90 퍼센트에 해당하는 금액보다 적은 기간이 사업장 변경 신청일 이전 1년 동안 4개월 이상인 경우

2. 사업장의 폐업, 도산 등 다음 각 목과 같이 사실상 사업이 종료한 경우

가. 폐업 신고한 경우

나. 파산 신청을 하거나 청산절차가 개시된 경우

다. 부도어음 발생으로 금융기관과 거래가 정지되는 등 도산이 확실한 경우

라. 공사 종료 또는 사업이 완료된 경우

마. 사업이 중단되어 재개될 전망이 없는 경우

3. 경영상 이유 등 다음 각 목과 같은 사유로 사용자(근로기준법 제2조제2항제2호의 "사용자"를 의미한다. 이하 같다)로부터 권고 등을 받아 퇴사하게 되는 경우

가. 사업의 양도·양수·합병

나. 일부 사업 폐지 또는 업종전환, 직제개편에 따른 조직의 폐지·축소

다. 신기술(기계) 도입이나 기술혁신에 따른 작업형태 변경

라. 그 밖에 가목부터 다목까지에 준하는 경영상 이유

4. 사용자가 법에 따라 자신과 근로계약을 체결하고 입국한 외국인근로자의 귀책사유가 없음에도 불구하고 인수하지 않거나 사업장에 배치하지 않은 경우

5. 농한기 및 금어기 등으로 임금 지급이 어렵거나 기타 근로자의 귀책사유로 볼 수 없는 사유로 사용자로부터 권고 등을 받아 퇴사하게 되는 경우

제3조(고용허가의 취소·제한) 법 제25조제1항제2호에 따라 사업장 변경이 허용되는 고용허가의 취소 또는 제한 등에 해당하는 사유는 다음 각 호와 같다.

1. 사용자가 거짓이나 그 밖의 부정한 방법으로 고용허가를 받은 경우, 사용자가 입국 전에 계약한 임금 또는 그 밖의 근로조건을 위반하는 경우, 사용자의 임금체불 또는 그 밖의 노동관계법 위반 등으로 근로계약을 유지하기 어렵다고 인정되는 경우에 해당되어 법 제19조 제1항에 따라 고용허가가 취소됨으로써 사용자가 해당 외국인근로자와의 근로계약을 종료하 여야 하는 경우

2. 사용자가 외국인근로자로 하여금 근로계약에 명시된 사업장 외에서 근로를 제공하게 하여 「외 국인근로자의 고용 등에 관한 법률 시행령」(이하 "시행령"이라 한다) 제25조제2호에 따라 외국인근로자의 고용이 제한된 경우로써 해당 외국인근로자가 사업장 변경을 희망하는 경우(이 경우 직업안정기관의 장은 해당 외국인근로자에게 사업장 변경을 할 수 있다고 알려야 한다)

3. 법 제9조제1항에 따른 근로계약이 체결된 이후부터 제11조에 따른 외국인 취업교육을 마칠 때까지의 기간 동안 경기의 변동, 산업구조의 변화 등에 따른 사업규모의 축소, 사업의 폐업 또는 전환과 같은 불가피한 사유가 없음에도 불구하고 사용자가 근로계약을 해지함으로써 시행령 제25조제3호에 따라 고용이 제한된 경우(이 경우 직업안정기관의 장은 해당 외국인근

로자에게 사업장 변경을 할 수 있다고 알려야 한다)

제4조(근로조건 위반) 법 제25조제1항제2호에 따라 사업장 변경이 허용되는 근로조건 위반 등에 해당하는 사유는 다음 각 호와 같다.

1. 사용자가 다음 각 목과 같이 임금체불 등을 한 경우(이 경우 임금체불 또는 지급 지연 중이거나, 임금체불 또는 지급 지연이 종료된 날부터 4개월이 경과하기 전에 사업장 변경을 신청하여야 하며, 사용자의 단순 계산착오로 인한 경우는 제외한다)

가. 월 임금의 30 퍼센트 이상의 금액을 2개월이 지나도록 지급하지 않거나 지연하여 지급한 경우

나. 월 임금의 30 퍼센트 이상의 금액을 2회 이상 지급하지 않거나 지연하여 지급한 경우

다. 월 임금의 10 퍼센트 이상의 금액을 4개월이 지나도록 지급하지 않거나 지연하여 지급한 경우

라. 월 임금의 10 퍼센트 이상의 금액을 4회 이상 지급하지 않거나 지연하여 지급한 경우

마. 「최저임금법」에 따른 최저임금액에 미달하여 지급한 경우

2. 사용자가 채용할 때 제시하였거나, 채용한 후에 일반적으로 적용하던 임금 또는 근로시간을 20 퍼센트 이상 감축한 기간이 사업장 변경 신청일 이전 1년 동안 2개월 이상인 경우(이 경우 해당 임금 또는 근로시간이 감축되고 있는 중이거나, 해당 임금 또는 근로시간 감축이 종료된 날부터 4개월이 경과하기 전에 사업장 변경을 신청하여야 한다)

3. 사용자가 채용할 때 제시하였거나, 채용한 후에 일반적으로 적용하던 근로시간대를 외국인근로자의 동의 없이 2시간 이상 앞당기거나 늦춘 사실이 사업장 변경 신청일 이전 1년 동안 1개월 이상 지속된 경우

4. 사용자의 「산업안전보건법」 위반으로 인해 다음 각 목의 사유가 발생한 경우

가. 「산업안전보건법」 제2조의 중대재해가 발생한 경우(이 경우 중대재해가 발생한 날로부터 4개월이 경과하기 전에 사업장 변경을 신청하여야 한다.)

나. 외국인 근로자가 3개월 이상의 요양이 필요한 신체적·정신적 부상이나 질병이 발생한 경우(이 경우 외국인 근로자가 사업장에 복귀한 날로부터 4개월이 경과하기 전에 사업장 변경을 신청하여야 한다.)

다. 외국인근로자가 3개월 미만의 휴업이 필요한 부상 또는 질병이 발생한 경우에 사용자가 해당 부상 또는 질병 발생일로부터 1개월이 경과하는 시점까지 「산업안전보건법」에 따른 안전·보건상의 조치를 하지 아니한 경우

제5조(부당한 처우 등) 법 제25조제1항제2호에 따라 사업장 변경이 허용되는 부당한 처우 등에 해당하는 사유는 다음 각 호와 같다.

1. 외국인근로자가 사용자, 직장동료, 사업주의 배우자(사실혼 관계에 있는 사람을 포함한다) 또는 직계존비속으로부터의 성폭행 피해를 이유로 사업장 변경을 신청한 경우로써 긴급하게 사업장 변경이 필요하다고 인정되는 경우

2. 외국인근로자가 사용자로부터 성희롱, 성폭력, 폭행, 상습적 폭언 등을 당하여 그 사업장에서 근로를 계속할 수 없게 되었다고 인정되는 경우

3. 외국인근로자가 사업장 등 사용자의 관리가 미치는 범위 내에서 직장 동료, 사업주의 배우자 또는 직계존비속으로부터 성희롱, 성폭력, 폭행, 상습적 폭언 등을 당함으로써 그 사업장에서 근로를 계속할 수 없게 되었다고 인정되는 경우

4. 외국인근로자가 사용자로부터 국적, 종교, 성별, 신체장애 등을 이유로 불합리한 차별대우를 받음으로써 그 사업장에서 근로를 계속할 수 없게 되었다고 인정되는 경우

5. 사용자가 외국인근로자에게 비닐하우스 또는 건축법 제20조, 농지법 제34조 등을 위반한 가설 건축물을 숙소로 제공한 경우

6. 사용자가 임금 또는 휴업수당을 지급하지 않으면서 외국인근로자의 근로제공을 5일 이상 거부하는 경우

7. 사용자가 「외국인근로자 고용 등에 관한 법률」에 따라 가입해야 할 보험과 가입의무가 있는 사회보험에 미가입하거나 체납한 기간이 3개월 이상으로 직업안정기관의 장으로부터 시정할 것을 요구받았음에도 불구하고 정당한 사유 없이 시정기간 내에 이행하지 아니한 경우

제5조의2(기숙사의 제공 등) 법 제25조제1항제2호에서 "법 제22조의2를 위반한 기숙사의 제공"에

유가 발생한 경우에는 고용노동부령으로 정하는 바에 따라 직업안정기관의 장에게 다른 사업 또는 사업장으로의 변경을 신청할 수 있다(다만 제12조 제1항에 따른 외국인근로자[73]는 제외한다)(외국인고용법 제25조 제1항).

해당하는 사유는 다음 각 호와 같다.

1. 사용자가 「근로기준법 시행령」 제55조부터 제58조의2까지의 사항에 위반하는 기숙사를 제공한 것을 이유로 직업안정기관의 장으로부터 시정할 것을 요구받았음에도 불구하고 정당한 사유 없이 시정 기간 내에 이행하지 아니한 경우
2. 사용자가 영 제26조의2에 따라 기숙사 정보를 제공하는 경우 「외국인근로자 기숙사 정보 제공에 관한 규정(고용노동부 고시)」에 따른 정보를 제공하지 않거나, 실제 제공된 기숙사와 다른 내용의 정보를 제공(이 경우 근로계약 체결할 때 제공된 기숙사 정보 중 변경된 사항을 포함한다)한 것을 이유로 직업안정기관의 장으로부터 시정할 것을 요구받았음에도 불구하고 정당한 사유 없이 시정 기간 내에 이행하지 아니한 경우

제6조(권익보호협의회의 인정) ① 사용자와 외국인근로자의 주장이 일치하지 않거나, 입증자료의 부족 등으로 제2조부터 제5조의2까지 열거된 사유에 해당하는지 판단하기 곤란한 경우에는 외국인근로자 권익보호협의회(소위원회)에서 사업장 변경 허용을 인정할 수 있다.

② 외국인근로자 권익보호협의회(소위원회)는 제2조부터 제5조까지에 준하는 사유에 해당되어 외국인근로자가 더 이상 그 사업장에서 근로를 계속할 수 없게 되었다고 인정되는 경우에는 사업장 변경 허용을 인정할 수 있다.

제7조(재검토기한) 고용노동부장관은 「훈령·예규 등의 발령 및 관리에 관한 규정」에 따라 이 고시에 대하여 2019년 7월 1일 기준으로 매 3년이 되는 시점(매 3년째의 6월 30일까지를 말한다)마다 그 타당성을 검토하여 개선 등의 조치를 하여야 한다.

73) 제12조(외국인근로자 고용의 특례) ① 다음 각 호의 어느 하나에 해당하는 사업 또는 사업장의 사용자는 제3항에 따른 특례고용가능확인을 받은 후 대통령령으로 정하는 사증을 발급받고 입국한 외국인으로서 국내에서 취업하려는 사람을 고용할 수 있다. 이 경우 근로계약의 체결에 관하여는 제9조를 준용한다.
　　1. 건설업으로서 정책위원회가 일용근로자 노동시장의 현황, 내국인근로자 고용기회의 침해 여부 및 사업장 규모 등을 고려하여 정하는 사업 또는 사업장
　　2. 서비스업, 제조업, 농업, 어업 또는 광업으로서 정책위원회가 산업별 특성을 고려하여 정하는 사업 또는 사업장
　② 제1항에 따른 외국인으로서 제1항 각 호의 어느 하나에 해당하는 사업 또는 사업장에 취업하려는 사람은 외국인 취업교육을 받은 후에 직업안정기관의 장에게 구직 신청을 하여야 하고, 고용노동부장관은 이에 대하여 외국인구직자 명부를 작성·관리하여야 한다.
　③ 제6조 제1항에 따라 내국인 구인 신청을 한 사용자는 같은 조 제2항에 따라 직업안정기관의 장의 직업소개를 받고도 인력을 채용하지 못한 경우에는 고용노동부령으로 정하는 바에 따라 직업안정기관의 장에게 특례고용가능확인을 신청할 수 있다. 이 경우 직업안정기관의 장은 외국인근로자의 도입 업종 및 규모 등 대통령령으로 정하는 요건을 갖춘 사용자에게 특례고용가능확인을 하여야 한다.
　④ 제3항에 따라 특례고용가능확인을 받은 사용자는 제2항에 따른 외국인구직자 명부에 등록된 사람 중에서 채용하여야 하고, 외국인근로자가 근로를 시작하면 고용노동부령으로 정하는 바에 따라 직업안정기관의 장에게 신고하여야 한다.
　⑤ 특례고용가능확인의 유효기간은 3년으로 한다. 다만, 제1항제1호에 해당하는 사업 또는 사업장으로서 공사기간이 3년보다 짧은 경우에는 그 기간으로 한다.
　⑥ 직업안정기관의 장이 제3항에 따라 특례고용가능확인을 한 경우에는 대통령령으로 정하는 바에 따라 해당 사용자에게 특례고용가능확인서를 발급하여야 한다.
　⑦ 제1항에 따른 외국인근로자에 대하여는 「출입국관리법」 제21조를 적용하지 아니한다.
　⑧ 고용노동부장관은 제1항에 따른 외국인이 취업을 희망하는 경우에는 입국 전에 고용정보를 제공할 수 있다.

(2) 신고기한

대한민국에 체류하는 외국인의 경우 그 체류자격의 범위에서 근무처 등을 변경하려면 사전에 법무부장관의 허가를 받아야 한다. 따라서 외국인이 사업 또는 사업장을 변경한 경우에도 그와 같은 허가를 받아야 하는데(법 제21조), 만일 다른 사업 또는 사업장으로의 변경을 신청한 날부터 3개월 근무처 변경허가를 받지 못하거나 사용자와 근로계약이 종료된 날부터 1개월 이내에 다른 사업 또는 사업장으로의 변경을 신청하지 아니한 외국인근로자는 출국하여야 한다. 다만, 업무상 재해, 질병, 임신, 출산 등의 사유로 근무처 변경허가를 받을 수 없거나 근무처 변경신청을 할 수 없는 경우에는 그 사유가 없어진 날부터 각각 그 기간을 계산한다.

(3) 처벌

근무처 추가 변경 등에 관한 법무부장관의 사전허가 의무를 위반하여 허가없이 근무처를 변경하거나 추가한 외국인은 적발시 1년 이항의 징역 또는 1천만원 이하의 벌금에 처해지며(법 제96조 제6호), 이를 위반한 외국인을 고용한 사용주 역시 동일한 처벌을 받게된다(법 제95조 제6호). 다만, 허가를 받지 아니한 외국인의 고용을 업으로 알선한 사람은 그 책임이 가중되어 3년 이항의 징역 또는 2천만원 이하의 벌금에 처해진다(법 제94조 제13호).

8. 여권변경신고

가. 여권변경신고 기간

여권변경신고는 신여권 발급일로부터 45일 이내가 원칙이다. 단, 신고기한인 45일을 도과하였으나 공적인 증빙자료를 통해 여권 수령일이 확인되는 경우 그 수령일로부터 신고의무기간 15일을 계산한다.

나. 여권변경신고 기간도과시

여권 변경 시 방문, 민원대행, 전자민원, 팩스 중 신고방식을 선택하여 신고가 가능하지만, 신고기한이 도과된 경우 방문 신고를 원칙으로 하고, 사범심사가 필요하다.

[전자민원 대상 업무]

전자민원 대상 업무는 출입국외국인관서에 직접 방문하지 않고 하이코리아에서 민원신청이 가능하다. 이를 이용할 경우 법정수수료의 20%의 할인 혜택이 제공된다.

- 체류기간연장허가
- 단기체류자 : 모든 체류자격
- 등록외국인 : 일부(D-3, D-8, E-7, F-2, F-6, G-1, F-1)를 제외하고 모든 체류자격- 출국을 위한 체류기간연장허가는 모든 체류자격 가능
- 재입국허가
- 여권변경신고
- 체류지변경 및 거소이전 신고
- 체류자격변경허가 [D-2, F-4(일부 제한) 자격으로 변경]
- 근무처변경허가 (E-9)
- 시간제취업허가 (D-2, D-4)
- 고용·연수외국인 변동사유 발생신고 (D-3, E-1~E-10, H-2)
- 취업개시신고 (H-2)

[전자팩스 이용 가능 사무]

- 고용변동신고
- 등록사항 변경 신고 중 아래 항목
- 방문취업 동포의 취업개시 및 근무처변경 신고
- 여권의 번호, 발급일자 및 유효기간의 변경
- 소속기관 또는 단체의 변경 (명칭변경 포함)
- 구직(D-10)의 연수개시 및 연수기관의 변경 / 인턴신고

별첨

사증발급 안내매뉴얼

(체류자격별 대상 첨부서류 등)

2024. 10.

법무부 출입국·외국인정책본부

별첨 : 사증발급 안내매뉴얼(체류자격별 대상 첨부서류 등) : 2024. 10. 법무부 출입국·외국인정책
본부

사증발급 안내 매뉴얼

(체류자격별 대상 첨부서류 등)

2024. 10.

법무부

출입국·외국인정책본부

목 차

※ 유 의 사 항

> ※ 출입국·외국인청(사무소·출장소)장은 심사를 위해 특히 필요하다고 인정되는 때에는 **본 매뉴얼상의 제출서류를 가감할 수 있으며,** 본 안내매뉴얼은 체류자격별 신청 대상 및 필요서류에 대한 이해를 돕기위한 보조자료로서 **각종 신청 등의 허가 여부는 심사에 의해 결정될 수 있습니다.**

1. 본 지침에서 주민등록등본 등 국내에서 발급·제출하는 서류의 유효기간은 별도의 유효기간이 설정되지 않은 경우 **발급일로부터 3개월 이내임.**

2. 신청인에 대한 직접 면담 필요 등 심사가 필요한 경우 대리 신청이 제한될 수 있음

3. 제출 서류 중 분량이 많은 서류는 이를 발췌하여 사용하는 등 필요 없는 서류를 제출하는 일이 없도록 하여야 함

4. 신원보증서의 보증기간이 4년 이상인 때에도 4년을 한도로 하여 이를 인정하며, 각종 허가를 할 때의 허가기간은 신원보증서의 보증기간을 초과할 수 없음.

5. 주민등록등본·가족관계기록사항에 관한 증명서·사업자등록증·납세사실증명· 어업면허증 등 전자정부법 제36조 제1항에 따른 행정정보의 공동이용을 통하여 정보의 내용을 확인할 수 있는 경우에는 제출하지 아니함. 다만 정보주체가 이에 동의하지 아니하는 때에는 해당 서류를 첨부하여야 함.

※ 공 통 사 항

1. 외국인 결핵진단서 제출 의무 관련 안내

※ 기타 자세한 사항은 하이코리아 홈페이지(www.hikorea.go.kr) 공지사항 확인 바람.

외국인 결핵진단서 제출 의무 관련 안내

▣ 결핵진단서 제출 대상자

○ 사증 신청 시

– 국내에 90일 초과하여 체류할 목적*으로 사증을 신청하는 경우(전자사증 대상자의 경우에는 국내 입국 후 외국인등록 시 제출)

 * 출입국관리법 제10조의2 제1항 제2호(장기체류자격)를 의미(체류기간이 90일 이하라도 장기체류자격 사증을 신청하는 경우 결핵진단서 제출 대상)

– 단기체류자격 중 계절근로자(C-4-1~4) 및 국내 체류 중인 외국인 결핵환자가 가족 등을 간병인으로 초청하는 경우

– 과거 결핵진단서를 제출하고 국내에 장기체류하다가 완전출국 후 새로운 장기체류사증을 발급받으려는 경우

○ 외국인등록 시

– 사증 신청 시 결핵진단서를 제출해야하는 외국인이 전자사증으로 입국한 경우

– 결핵고위험국가 국민이 장기체류 가능한 복수사증을 소지하고 사증 발급일로부터 6개월이 지나서 입국한 경우

○ 체류허가 신청 시

– 단기체류자격으로 입국한 결핵고위험국가 국민이 장기체류자격으로 변경 신청하는 경우

– 장기체류자격으로 체류 중인 결핵고위험국가 국민 중 `16.3.2. 이후 사증 및 체류허가 신청 시 결핵진단서를 제출한 적이 없는 경우

– 결핵고위험국가 국적의 등록외국인이 체류기간 연장 또는 체류자격변경 신청 시, 신청일 기준 1년 이내 연속으로 6개월 이상 결핵고위험국가에서 장기체류한 경우

 ※ 출국 행선지가 결핵 고위험국가가 아닌 경우 결핵진단서 제출 대상 아님

　 (출국행선지 확인이 불가한 경우 결핵진단서 제출을 원칙으로 하되 본인이 결핵 고위험국가를 방문하지 않았음을 소명하는 경우 제출 면제 가능)

○ 적용 제외

– 외교(A-1), 공무(A-2), 협정(A-3) 자격 소지자

- 만 6세 미만 소아(만 6세 이후 최초 체류허가 신청 시 제출) 및 임신부
- 고령 또는 질병으로 거동이 불가능한 사람

▣ 결핵 고위험국가(35개국)

네팔, 동티모르, 러시아, 말레이시아, 몽골, 미얀마, 방글라데시, 베트남, 태국, 스리랑카, 우즈베키스탄, 인도, 인도네시아, 중국, 캄보디아, 키르기스스탄, 파키스탄, 필리핀, 라오스, 카자흐스탄, 타지키스탄, 우크라이나, 아제르바이잔, 벨라루스, 몰도바공화국, 나이지리아, 남아프리카공화국, 에티오피아, 케냐, 콩고민주공화국, 모잠비크, 짐바브웨, 앙골라, 페루, 파푸아뉴기니

체류자격별 사증발급기준 및 첨부서류

외 교(A-1)

활동범위	🌑 외교

해당자	🌑 외국정부의 외교사절단이나 영사기관의 구성원
	  – 대한민국에 접수된 대사, 공사, 참사관, 서기관 등의 외교직원이 해당됨
	  – 대한민국 정부에 접수된 총영사, 영사 등의 영사관(영사관이라 함은 그 자격에 있어 영사업무를 수행하는 자를 말함)이 해당됨
	🌑 조약 또는 국제관행에 따라 외교사절과 동등한 특권과 면제를 받은 자
	  – 국제연합의 사무총장 및 사무차장, 국제연합전문기구의 사무국장 등이 해당됨
	  – 국가원수, 각료, 양원의장, 정부주최 회의에 출석하는 외국정부의 대표단 구성원 등이 해당됨
	🌑 상기자의 가족
	  – 가족은 우리나라에 주재하는 외교관과 세대를 같이 하는 배우자, 자녀, 부모 등이 해당됨

1회 부여 체류기간의 상한	🌑 재임 기간

공관장 재량으로 발급할 수 있는 사증
 	
🔽 목차
 	
공관장 재량으로 발급할 수 있는 사증
	1. 외교(A-1) 체류자격 사증발급
	  🌑 외교(A-1) 자격 해당자에 대한 단수 또는 복수사증
	  🌑 복수사증협정국가(미국, 일본, 중국, 러시아, 우즈베키스탄 등) 국민에 대해 그 협정에 따라 발급하는 복수사증
	  🌑 일시적인 외교업무 수행자에게 발급하는 유효기간 3월의 단수사증(단, 우리 외교관에게 복수사증을 발급하는 국가의 외교관에 대해서는 복수사증 발급)
	  🌑 특정국가(쿠바) 국민(가족 및 수행원 포함)으로서 외국정부 또는 국제기구의 공무를 수행하는 경우에 발급하는 체류기간 30일 이하 단수사증 및 우리나라에서 주재 근무하고자 하는 국제연합 및 산하기관의 직원과 그 가족에 대한 체류기간 91일 이상의 단수사증

첨부서류
① 사증발급신청서 (별지 제17호 서식), 여권, 표준규격사진 1매, 수수료
② 파견, 재직을 증명하는 서류 또는 해당국 외교부장관의 협조공한(신분증명서의 제시 등에 대하여 해당 신분임이 확인되는 때에는 구술서로 갈음할 수 있음)
③ 외국정부의 외교사절단이나 영사기관의 구성원의 동반가족에 경우에는 본국에서 발급한 가족관계증명서, 출생증명서 등 가족관계 입증서류

> ※ 재외공관의 장은 입국목적, 초청의 진정성, 초청자 및 피초청자의 자격 확인 등을 심사하기 위해 특히 필요한 경우 첨부서류를 일부 가감할 수 있음

2. 대한민국이 당사국인 국제기구의 직원·회의참가자에 대한 외교(A-1) 사증발급 기준

가. 대상

- 조약에 따라 외교사절과 동등한 특권과 면제를 받는 사람과 그 가족

나. 사증발급 내용

- 외교(A-1)사증은 우리나라가 체결 또는 수락한 협정에서 명시적으로 외교특권을 규정하고 있는 국제기구 관계자에게만 발급
- 우리나라에 <u>주재할 예정인</u> 국제기구 <u>직원</u>이 파견·재직증명서를 첨부하여 복수사증을 신청하는 경우에는 유효기간 3년의 복수사증 발급
  - 우리나라에 <u>주재할 예정인</u> 국제기구 직원의 <u>동반가족</u>에게는 직원과 동일한 체류자격*의 유효기간 3년의 복수사증 발급**
    * 단, 가족에 대한 외교(A-1)사증 발급은 협정에 규정한 대상에게만 발급함이 원칙
    ** 동반가족이 타국적자이거나 일반여권 소지자인 경우에도 해당 국제기구 등의 정식 공한을 제출할 경우 사증 발급
  - 국제기구 직원의 <u>동거인</u>으로서 그 세대에 속하지 않는 자에 대해서는 체류기간 1년 이하의 방문동거(F-1-3) 단수사증 발급
  - <u>비동반가족</u>에게는 유효기간 1년, 체류기간 90일 이하의 단기방문(C-3) 복수사증 발급
- 주재 목적이 아닌 <u>일시적인 회의참석, 공무수행</u> 등의 목적으로 사증을 신청하는 경우에는 유효기간 3개월의 단수사증* 발급
  * 다만, 우리 외교관 및 공무수행자에게 복수사증을 발급하는 국가에 대해서는 상호주의를 적용하여 복수사증 발급 가능

사증발급인 정서 발급 대상	1. 국내 소재 국제기구의 직원, 회의참석자 등에 대한 사증발급인정서 발급 ⬤ (사증발급인정서 발급) 국내에 소재한 국제기구 사무국 등의 직원과 관계인의 입국 편의를 위해 관할 출입국 · 외국인청(사무소 · 출장소)에서 사증발급인정서 발급도 가능 ⬤ (대상) 국제기구에서 초청하려는 자, 일시방문 국제기구 직원, 가사보조인, 성년자녀 등 체류자격에 관계없이 국제기구에서 초청하려는 자
참고사항 ➡ 목차	⬤ 외교관 여권을 소지하고 체류목적이 외교활동이어야 함 ※ 입국목적이 외교활동이 아닌 경우에는 그 목적에 합당한 체류자격의 사증을 발급 받아야 함

공 무(A-2)

활동범위	💊 대한민국정부가 승인한 외국정부 또는 국제기구의 공무를 수행하는 자와 그 가족
해당자	💊 외국정부 또는 국제기구의 공무를 수행하는 자 ① 대한민국 정부가 승인한 외국정부 외교사절단의 사무직원 및 기술직원과 노무직원 ② 대한민국정부가 승인한 영사기관의 사무직원 및 기술직원과 노무직원 ③ 대한민국에 본부를 둔 국제기구의 직원 ④ 외국정부 또는 국제기구가 대한민국에 있는 지사에서 대한민국정부와의 공적 업무를 위해 주재하는 당해 외국정부 또는 국제기구의 직원(①부터 ③까지에 해당하는 자는 제외) ⑤ 대한민국 정부와의 공적인 업무를 위해 외국정부 또는 국제기구에서 파견한 자(①부터 ④까지에 해당하는 자는 제외) ⑥ 대한민국 정부 또는 국제기구가 주최하는 회의 등에 참가하는 자 💊 상기자의 가족 – 상기 ①부터 ⑥까지에 해당하는 자와 동일한 세대에 속하는 가족 구성원
1회 부여 체류기간의 상한	💊 공무수행기간
공관장 재량으로 발급할 수 있는 사증 ☑ 목차 공관장 재량으로 발급할 수 있는 사증	1. 공무(A-2) 체류자격 사증발급 💊 외교(A-2) 자격 해당자에 대한 단수 또는 복수사증 💊 공무(A-2)의 체류자격에 해당하는 자에 대한 단수사증 💊 외국정부 또는 국제기구의 공무수행자(가족 및 수행원 포함)에 대한 30일 이하 외교(A-1) 또는 공무(A-2) 체류자격에 해당하는 단수사증 💊 우리나라에서 주재 근무하고자 하는 국제연합 및 산하기관의 직원과 그 가족에 대하여는 체류기간 91일 이상의 장기사증을 발급할 수 있음 **첨부서류** ① 사증발급신청서 (별지 제17호 서식), 여권, 표준규격사진 1매, 수수료 ② 파견, 재직을 증명하는 서류 또는 해당국 외교부장관이나 소속부처 장관의 공한(공무수행임을 입증하는 내용 명시)

2. 대한민국이 당사국인 국제기구의 직원·회의참가자에 대한 공무(A-2) 사증발급 기준

가. 대상

- 외교(A-1) 자격에 해당하지 않는 자로 국제기구의 공무를 수행하는 사람과
  그 가족*

  * 국제기구 직원과 함께 거주하는 가족으로 아래의 사람을 말함 (외교부 외국공관
    원 신분증 발급과 관리규칙, 2022.7.04)

················· 【 공무(A-2)자격 부여 대상인 동반가족 범위 】 ·················

1. 법적 혼인관계의 배우자 (다만, 대한민국 법률에 위배되거나 선량한 풍속이나
   그밖의 사회질서에 반하는 경우에는 배우자의 지위를 인정하지 않을 수 있음)
2. 『민법』 제4조에 따른 미성년인 미혼 동거 자녀
3. 주한공관원과 함께 거주하는 「초·중등교육법」제2조 각 호의 학교에서 정규 학생으
   로 등록된 20세 이하의 미혼 동거자녀(´22.11.01)
4. 대학 이상의 학술 연구기관에서 정규 과정의 교육을 받거나 연구를 하려는
   26세 이하의 미혼동거 자녀
5. 본인 또는 배우자의 60세 이상의 부모로서 소득이 있는 활동에 종사하지 않는
   조건으로 입국한 자
6. 민법상 성년의 미혼동거 자녀로 별도 생계유지가 불가능한 장애인

나. 사증발급 내용

- 우리나라에 주재할 예정인 국제기구 직원이 파견·재직증명서를 첨부하여 복수사증
  을 신청하는 경우에는 유효기간 3년의 복수사증 발급

 - 우리나라에 주재할 예정인 국제기구 직원의 동반가족에게는 직원과 동일한
   체류자격*의 유효기간 3년의 복수사증 발급**

   * 단, 가족에 대한 외교(A-1)사증 발급은 협정에 규정한 대상에게만 발급함이
     원칙

   ** 동반가족이 타국적자이거나 일반여권 소지자인 경우에도 해당 국제기구 등의
      정식 공한을 제출할 경우 사증 발급

	- 국제기구 직원의 동거인으로서 그 세대에 속하지 않는 자*에 대해서는 체류기간 1년 이하의 방문동거(F-1-3) 단수사증 발급 * 『외국공관원 신분증 발급관리 규칙』 제2조제2항의 동반가족에 포함되지 않는 자 - 비동반가족에게는 유효기간 1년, 체류기간 90일 이하의 단기방문(C-3) 복수사증 발급 ▒ 주재 목적이 아닌 일시적인 회의참석, 공무수행 등의 목적으로 사증을 신청하는 경우에는 유효기간 3개월의 단수사증* 발급 * 다만, 우리 외교관 및 공무수행자에게 복수사증을 발급하는 국가에 대해서는 상호주의를 적용하여 복수사증 발급 가능
사증발급인정서 발급대상	1. 국내 소재 국제기구의 직원, 회의참석자 등에 대한 사증발급인정서 발급 ▒ (사증발급인정서 발급) 국내에 소재한 국제기구 사무국 등의 직원과 관계인의 입국 편의를 위해 관할 출입국 · 외국인청(사무소 · 출장소)에서 사증발급인정서 발급도 가능 ▒ (대상) 국제기구에서 초청하려는 자, 일시방문 국제기구 직원, 가사보조인, 성년자녀 등 체류자격에 관계없이 국제기구에서 초청하려는 자
참고사항 ▶ 목차	▒ 관용여권을 소지하고 아국 입국목적이 공무수행이어야 함 ▒ 발급기준 및 적용에 대하여는 외교사증 발급기준에 준함 〈국제기구 직원 가족의 체류자격외 활동〉 ○ 외교(A-1), 공무(A-2) 자격으로 근무중인 국제기구 직원의 동반가족 중 배우자 및 미성년자녀에 대해 체류자격외 활동 허가 - 다만, 「녹색기후기금(GFC)」사무국 직원의 경우 배우자, 미성년자녀 외에 직원이 경제적으로 부양하고 있는 가계 구성원인 자녀에게도 체류자격외 활동허가를 할 수 있음[1)] ○ 청(사무소 · 출장소)장은 활동하고자 하는 체류자격*에 해당하는 자격 등 입증서류를 갖추어 신청하는 경우 체류자격외 활동 허가 * 단순노무분야(D3, E-9, E10, H2 등)를 제외한 모든 체류자격에 해당하는 활동

1) 『대한민국과 녹색기후기금 간의 녹색기후기금의 본부에 관한 협정』 제 13조 제7항

협 정(A-3)

활동범위	▧ 협정에 의한 활동
해당자	▧ 협정에 의하여 외국인등록이 면제 또는 면제할 필요가 있다고 인정되는 자 ▧ 상기자의 가족
1회 부여 체류기간의 상한	▧ 신분존속기간 또는 협정상의 체류기간
공관장 재량으로 발급할 수 있는 사증	**1. 협정(A-3) 체류자격 사증발급** 　▧ 협정(A-3)의 체류자격에 해당하는 자에 대한 단수사증 　**첨부서류** 　① 사증발급신청서 (별지 제17호 서식), 여권, 표준규격사진 1매, 수수료 　② 파견, 재직을 증명하는 서류 또는 해당국 외교부장관이나 소속부처 장관의 　　공한(공무수행임을 입증하는 내용 명시) **2. Fulbright 협정대상자에 대한 협정(A-3-99) 체류자격 사증발급** 　○협정(A-3)의 체류자격에 해당하는 자에 대한 복수사증 　　– 체류기간 및 유효기간은 한미교류재단 협조공한 상의 '장학금 수혜기간'
사증발급인정 서 발급대상	▧ 사증발급인정서 발급 제외 대상임
참고사항 (1) ▷ 목차	▧ 대한민국 정부가 체결한 협정이나 합의각서 등에 사증발급에 관한 규정이 있는 　때 또는 법무부장관이 호혜원칙 등을 고려하여 따로 정하는 때에는 그에 따라 　사증발급(시행규칙 제13조 제1항) ▧ 사증발급대상자가 복수사증발급협정 등이 체결된 국가의 국민이라 하더라도 특별한 　사유가 있는 때에는 단수사증발급 가능(시행규칙 제13조 제2항)

사증면제(B-1)

활동범위	
	C-3(단기방문) 활동범위를 기본으로 하되 협정에 따라 제외되는 활동은 할 수 없으며, 협정에서 제외되는 활동을 하고자 입국하고자 할 때는 사증을 받아야 함 ※ 예컨대, 말레이시아 국민이 친선경기 등을 위하여 입국하고자 할 경우에는 비자를 발급받아야 함

【국가별 협정상의 활동 범위】

활동 범위	대상국가
학업, 취업 활동 제외	러시아, 리투아니아
학업, 영리 활동 제외	도미니카공화국
취업, 스포츠를 포함한 연예활동 제외	말레이시아
취업 활동 제외	라이베리아, 방글라데시, 싱가포르, 태국, 터키, 파키스탄, 바베이도스, 칠레, 콜롬비아, 페루, 노르웨이, 덴마크, 스웨덴, 아이슬란드, 영국, 포르투갈, 레소토
영리활동 활동 제외	그리스, 독일, 리히텐슈타인, 스위스, 스페인, 프랑스, 헝가리, 튀니지
영리, 취업, 의료 활동 제외	뉴질랜드
영리, 취업 활동 제외	이스라엘, 그레나다, 니카라과, 도미니카연방, 바하마, 베네수엘라, 세인트빈센트그레나딘스, 쎄인트키츠네비스, 쎄인트루치아, 아이티, 앤티가 바부다, 엘살바도르, 우루과이, 자메이카, 코스타리카, 트리니다드토바고, 파나마, 라트비아, 루마니아, 몰타, 불가리아, 슬로바키아, 아일랜드, 체코, 폴란드, 모로코
사업목적 가능	브라질
제한없음*	멕시코, 수리남, 네덜란드, 룩셈부르크, 벨기에, 에스토니아, 오스트리아, 이탈리아, 핀란드

* 제한이 없는 국가는 취업활동, 영리활동을 제외한 상용활동, 단기간 어학연수, 의료활동 등은 가능한 것으로 해석

해당자	● 대한민국과 사증면제협정을 체결한 국가의 국민으로서 그 협정에 의한 활동을 하려는 자
	
	● 출입국관리법 제7조(외국인의 입국)
	① 외국인이 입국할 때에는 유효한 여권과 법무부장관이 발급한 사증(査證)을 가지고 있어야 한다.
	② 다음 각 호의 어느 하나에 해당하는 외국인은 제1항에도 불구하고 사증 없이 입국할 수 있다.
	  1. 재입국허가를 받은 사람 또는 재입국허가가 면제된 사람으로서 그 허가 또는 면제받은 기간이 끝나기 전에 입국하는 사람
	  2. <u>대한민국과 사증면제협정을 체결한 국가의 국민으로서 그 협정에 따라 면제대상이 되는 사람</u>
	  3. 국제친선, 관광 또는 대한민국의 이익 등을 위하여 입국하는 사람으로서 대통령령으로 정하는 바에 따라 따로 입국허가를 받은 사람
	  4. 난민여행증명서를 발급받고 출국한 후 그 유효기간이 끝나기 전에 입국하는 사람

1회 부여 체류기간의 상한	● 협정상의 체류기간
공관장 재량으로 발급할 수 있는 사증	● 해당사항 없음
사증발급인정서 발급대상	● 사증면제(B-1), 관광통과(B-2) 자격은 사증발급인정서 발급 제외대상임

참고사항
 	
(1) ➡ 목차
	입국심사시 체류자격 및 체류기간
	
	1. 체류자격
	  가. 외교·관용여권소지자 : 외교(A-1), 공무(A-2)
	    ● 외교관 여권을 소지하고 외교활동, 공무수행 차 입국하는 경우 : 외교(A-1)
	    ● 관용여권을 소지하고 공무수행 차 입국하는 경우 : 공무(A-2)
	    ● 외교관, 관용여권 소지자 중 주재 공관원의 경우 : 외교(A-1), 공무(A-2)
	    ● 외교관, 관용여권 소지자가 관광, 방문 등의 목적으로 입국하는 경우 : 사증면제(B-1)
	  나. 일반여권소지자 : 사증면제(B-1)
	2. 사증면제협정체결 국가 국민인 경우에도 체류기간이 협정기간(통상 3월)을 초과하거나 단기취업 등 영리 혹은 유급행위에 종사하고자 하는 자는 반드시 해당

사증을 발급받아 입국하여야 함

사증면제협정 체결국가 일람표(2022.9.22. 기준)

☞ 아래 일람표 참조

□ 사증(비자)면제협정 체결국가 일람표(2022.9.22. 현재)

외교여권	관용여권	일반여권	선원수첩
111	109	67	19

※ 사증면제협정 발효대기·일시정지 국가 제외

주별	국 가 명	적용 대상여권	협정상의 체류기간	발효일자	참 고 사 항
아시아주	라오스	외교, 관용	90일	'09.06.26.	○ 주재공관원 : 재임기간
	말레이시아	외교, 관용, 일반	3개월	'83.09.09.	
	몽골	외교, 관용	90일	'12.12.26.	○ 주재공관원 : 재임기간 ○ 단기사증 발급수수료 면제
	미얀마	외교 · 관용	90일	'11.04.01.	○여권 잔여 유효기간 6개월 이상
	베트남	외교, 관용	90일	'99.01.13.	○ 주재공관원 : 재임기간
	싱가포르	외교, 관용, 일반	90일	'82.11.01.	
	아르메니아	외교, 관용	90일	'12.05.22.	
	아랍에미리트	외교, 관용, 특별, 일반	90일	'16.09.21.	○ 여권 잔여 유효기간 6개월 이상 ○ 주재공관원 : 재임기간
	오만	외교, 관용, 특별 및 공무	90일	'15.04.11.	

주별	국 가 명	적용 대상여권	협정상의 체류기간	발효일자	참 고 사 항
	우즈베키스탄	외교	60일	'09.06.10.	ㅇ 주재공관원 : 재임기간
	이란	외교, 관용	3개월	'76.12.21.	ㅇ 주재공관원 : 재임기간
	이스라엘	외교, 관용, 일반	90일	'95.05.24.	ㅇ 주재공관원 : 재임기간 ※ 91일 이상 사증발급수수료 면제
	인도	외교, 관용	90일	'05.10.03.	
	인도네시아	외교, 관용, 공무	30일	'20.02.12.	ㅇ 여권 잔여 유효기간 6개월 이상 ㅇ 주재공관원 : 부임 전 사증 취득
	일본	외교, 관용	90일	'98.12.07.	ㅇ 주재공관원 : 재임기간
	조지아	외교, 관용	90일	'13.04.01.	
	중국	외교	30일	'13.08.18.	
		관용	30일	'14.12.25.	
	카자흐스탄	외교, 관용	90일	'07.12.05.	
		일반	30일	'14.11.29.	ㅇ 30일을 초과할 수 없음(180일 내 최장 60일 체류)
	키르키즈스탄	외교, 관용	30일	'11.05.19.	
	캄보디아	외교, 관용	60일	'06.12.20.	ㅇ 주재공관원 : 재임기간
	쿠웨이트	외교, 관용, 특별	90일	'15.06.24.	※ 총체류기간은 각 180일 기간 중 90일을 초과할 수 없음
	타지크스탄	외교, 관용	90일	'13.01.08.	
	태국	외교, 관용	제한없음	'67.10.10.	ㅇ 사증발급수수료 면제
		일반	90일	'81.12.09.	
		선원수첩	15일		
	터키	외교, 관용, 일반	90일	'72.05.03.	ㅇ 1987. 3. 1. 양해각서 개정
	투르크메니스탄	외교, 관용	30일 30일	'08.12.06. '19.05.17.	ㅇ 주재공관원 : 재임기간
	필리핀	외교, 관용	제한없음	'70.09.01.	ㅇ 체류기간 59일이하의 일반상용(C-3-4), 단기방문(C-3) : 사증발급 수수료 면제

주별	국 가 명	적용 대상여권	협정상의 체류기간	발효일자	참 고 사 항
	요르단	외교	90일	'17.5.22.	○ 여권 잔여 유효기간 3개월
	카타르	외교	제한없음	'22.09.16.	○ 주재공관원 : 재임기간
		특별, 관용, 일반	90일		
미 주 미 주	과테말라	외교, 관용, 일반	90일	'07.10.04.	○ 주재공관원 : 재임기간 ※ 91일 이상 사증발급수수료 면제
	그레나다	외교, 관용, 일반	90일	'91.01.27.	
		선원수첩			
	니카라과	외교, 관용, 일반	90일	'95.04.08.	○ 주재공관원 : 재임기간
		선원수첩	15일		
	도미니카 공화국	외교, 관용, 일반	90일	'82.03.04.	○ 사증발급수수료 면제
	도미니카연방	외교, 관용, 일반	90일	'90.03.30	
		선원수첩	15일		
	멕시코	일반	3개월	'79.04.06.	
		외교, 관용	90일	'97.08.01.	○ 사증수수료, 연장허가수수료 면제
	바베이도스	외교, 관용, 일반	90일	'84.03.11.	○ 사증발급수수료 면제
		선원수첩	15일		
	바하마	외교, 관용, 일반	90일	'88.09.04.	
		선원수첩	15일	'94.11.03.	
	베네수엘라	외교, 관용	30일	'94.11.03.	○ 주재공관원 : 재임기간 ○ 사증발급수수료 면제 (외교관용여권에 한함)
		일반	90일	'07.12.22.	
	벨리즈	외교, 관용	90일	'07.02.08.	※ 파견국 영사관의 외교공한에 따라 체류기간 연장 가능
	볼리비아	외교, 관용	90일	'11.04.18.	

주별	국 가 명	적용 대상여권	협정상의 체류기간	발효일자	참 고 사 항
	브라질	외교, 관용	90일	'92.02.10.	○ 주재공관원 : 재임기간 ○ 사증발급수수료 면제 (외교관용여권에 한함)
		일반	90일		
	세인트루시아	외교, 관용, 일반	90일	'90.03.30.	
		선원수첩	15일		
	세인트빈센트 그레나딘	외교, 관용, 일반	90일	'90.07.06.	
		선원수첩	15일		
	세인트키츠 네비스	외교, 관용, 일반	90일	'90.03.30.	
		선원수첩	15일		
	수리남	외교, 관용, 일반	3개월	'76.08.03.	○ 재입국허가 면제
	아이티	외교, 관용, 일반	90일	'90.03.21.	
		선원수첩	15일		
	아르헨티나	외교, 관용	90일	'04.07.31.	
	앤티가 바부다	외교, 관용, 일반	90일	'94.12.29.	
		선원수첩	15일		
	에콰도르	외교	제한없음	'86.05.29.	
		관용	3개월		
	엘살바도르	외교, 관용, 일반	90일	'97.02.14.	○ 주재공관원 : 재임기간
		선원수첩	15일		
	우루과이	외교, 관용 일반	90일	'94.01.19. '13.01.10.	○ 주재공관원 : 재임기간 ○ 사증발급수수료 면제(외교관용여권에 한함)
	자메이카	외교, 관용, 일반	90일	'93.11.27.	
		선원수첩	15일		
	칠레	외교, 관용	90일	'00.07.18.	○ 재입국허가 면제 (단, C-2, D-7, D-8, D-9에 한함)

주별	국 가 명	적용 대상여권	협정상의 체류기간	발효일자	참 고 사 항
		일반	90일	'04.10.20.	
	코스타리카	외교, 관용, 일반	90일	'81.10.22.	
		선원수첩	15일		
	콜롬비아	외교, 관용, 일반	90일	'81.12.25.	○ 사증발급수수료 면제
	트리니다드 토바고	외교, 관용, 일반	90일	'94.10.15.	
		선원수첩	15일		
	파나마	외교, 관용, 일반	90일	'01.08.09.	
	파라과이	외교, 관용	90일	'83.01.01.	○ 사증발급수수료 면제(외교관용여권에 한함)
	페루	외교, 관용, 일반	90일	'82.06.12.	○ 사증발급수수료 면제
		선원수첩	15일		
유럽주	그리스	외교, 관용	제한없음	'74.05.15.	
		일반	3개월	'79.02.25.	
	네덜란드	외교, 관용, 일반	3개월	'70.06.01.	○ 재입국허가 면제
	노르웨이	외교, 관용, 일반	90일	'69.10.01.	○ 재입국허가 면제
	덴마크	외교, 관용, 일반	90일	'69.10.01.	○ 재입국허가 면제
	독일	외교, 관용	제한없음	'62.01.01.	○ 주재공관원 : 재임기간 ○ 재입국허가 면제 : '97. 4. 14
		일반	90일	'74.01.24.	
	라트비아	외교, 관용, 일반	90일	'03.06.27.	○ 주재공관원 : 재임기간
	러시아	외교, 관용	90일	'04.11.20.	※ 2006.12.31 관용 추가 협정
		일반	60일	'14.01.01.	※ 총체류기간은 각 180일 기간 중 90일을

주별	국 가 명	적용 대상여권	협정상의 체류기간	발효일자	참 고 사 항
					초과할 수 없음
	루마니아	외교, 관용	90일	'96.06.06.	○ 주재공관원 : 재임기간
		일반	90일	'16.03.13.	※ 총체류기간은 각 180일 기간 중 90일을 초과할 수 없음
	룩셈부르크	외교, 관용, 일반	3개월	'70.06.01.	○ 재입국허가 면제
	리투아니아	외교, 관용, 일반	90일	'02.05.09.	○ 주재공관원 : 재임기간
	리히텐슈타인	외교, 관용, 일반	3개월	'79.06.28.	○ 재입국허가 면제
	몰도바	외교, 관용	90일	'12.07.03.	
	몰타	외교, 관용, 일반	90일	'93.10.23.	
	벨기에	외교, 관용, 일반	3개월	'70.06.01.	○ 재입국허가 면제
	벨라루스	외교, 관용	90일	'08.07.24.	※ 조약 제1902호
	불가리아	외교, 관용, 일반	90일	'94.08.13.	○ 주재공관원 : 재임기간
	사이프러스	외교, 관용	90일	'00.12.16.	○ 사증발급수수료 면제
	스웨덴	외교, 관용, 일반	90일	'69.10.01.	○ 재입국허가 면제
	스위스	외교, 관용, 일반	3개월	'79.06.28.	○ 재입국허가 면제
	스페인	외교, 관용, 일반	90일	'72.04.08.	○ 사증발급수수료 면제
		선원수첩	15일	'75.04.18.	
	슬로바키아	외교, 관용, 일반	90일	'95.07.15.	○ 주재공관원 : 재임기간
	아이슬란드	외교, 관용, 일반	90일	'70.04.01.	
	아일랜드	외교, 관용, 일반	90일	'89.07.12.	

주별	국 가 명	적용 대상여권	협정상의 체류기간	발효일자	참 고 사 항
	아제르바이잔	외교, 관용	30일	'08.11.21.	
	에스토니아	외교, 관용, 일반	90일	'01.08.18.	
	영국	외교, 관용, 일반	90일	'69.12.19.	
	오스트리아	외교, 관용	180일	'79.06.25.	○ 주재공관원 : 재임기간
		일반	90일		
	우크라이나	외교, 공무	90일	'14.09.17.	○ 주재공관원 : 재임기간
	이탈리아	외교, 관용, 일반	90일	'75.05.05.	○ 사증발급수수료 면제 ※ 상호주의로 90일간 체류기간 부여 (2003. 6. 15.)
	체코	외교, 관용, 일반	90일	'94.11.05.	○ 주재공관원 : 재임기간
	크로아티아	외교, 관용	90일	'01.06.16.	
	포르투갈	외교, 관용, 일반	90일	'79.09.19.	○ '18. 4. 60일 → 90일로 변경 ※ 쉥겐조약에 따라 대한민국 국민은 포르투갈에서 90일 체류 가능, 포르투갈 정부에서 상호주의 요청하여 변경
		선원수첩	15일		
	폴란드	외교, 관용, 일반	90일	'93.12.24.	○ 주재공관원 : 재임기간
	프랑스	외교, 관용, 일반	90일	'67.04.12. ('89.10.01.)	○ 재입국허가 면제
	핀란드	외교, 관용, 일반	90일	'74.03.01.	○ 재입국허가 면제
	헝가리	외교, 관용, 일반	90일	'91.04.25.	
아프리카주	가봉	외교, 관용	90일	'13.08.14.	
	레소토	외교, 관용, 일반	60일	'71.09.05.	
	모로코	외교, 관용, 일반	90일	'93.09.01.	○ 주재공관원 : 재임기간 (2000. 8. 3 추가 협정)
		선원수첩	15일		
	베냉	외교, 관용	90일	'92.07.01.	○ 주재공관원 : 재임기간 ○ 사증발급수수료 면제(외교관용여권에 한함)

주별	국 가 명	적용 대상여권	협정상의 체류기간	발효일자	참 고 사 항
	알제리	외교, 관용	90일	'06.08.30.	○ 주재공관원 : 재임기간 ○ 사증발급수수료 면제
	앙골라	외교, 관용	30일	'12.05.25.	
	이집트	외교, 관용	90일	'98.06.24.	○ 주재공관원 : 재임기간
	튀니지	외교, 관용, 일반	30일	'69.08.17.	○ 주재공관원 : 재임기간 ○ 재입국허가수수료 면제 ○ 30일 이상 체류시 연장수수료 면제 (단, 6개월 초과 불가)
	카보베르데	외교, 관용	90일	'15.10.14.	
	모잠비크	외교, 관용	90일	'17.02.16.	
	탄자니아	외교, 관용	90일	'18.10.05.	
	적도기니	외교관, 관용, 공무	90일	'22. 9. 22.	
대양주	뉴질랜드	외교, 관용, 일반	3개월	'94.09.30.	○ 주재공관원 : 재임기간 ○ 뉴질랜드의 ISLANDS, NIUE, TOKELAU 제외
	바 누 아 트	외교, 관용	90일	'18.02.21.	

관광통과(B-2)

활동범위	◦ 관광·통과 – C-3(단기방문) 활동범위를 기본으로 하되, 상호주의에 따라 활동범위를 별도로 정한 경우 그에 따름
해당자	◦ 관광·통과 등의 목적으로 대한민국에 사증 없이 입국하려는 자 ◦ 출입국관리법 제7조(외국인의 입국) 　① 외국인이 입국할 때에는 유효한 여권과 법무부장관이 발급한 사증(査證)을 가지고 있어야 한다. 　② 다음 각 호의 어느 하나에 해당하는 외국인은 제1항에도 불구하고 사증 없이 입국할 수 있다. 　　1. 재입국허가를 받은 사람 또는 재입국허가가 면제된 사람으로서 그 허가 또는 면제받은 기간이 끝나기 전에 입국하는 사람 　　2. 대한민국과 사증면제협정을 체결한 국가의 국민으로서 그 협정에 따라 면제대상이 되는 사람 　　3. 국제친선, 관광 또는 대한민국의 이익 등을 위하여 입국하는 사람으로서 대통령령으로 정하는 바에 따라 따로 입국허가를 받은 사람 　　4. 난민여행증명서를 발급받고 출국한 후 그 유효기간이 끝나기 전에 입국하는 사람
1회 부여 체류기간의 상한	◦ 법무부장관이 따로 정하는 기간
공관장 재량으로 발급할 수 있는 사증	◦ 해당사항 없음
사증발급인정서 발급대상	◦ 사증면제(B-1), 관광통과(B-2) 자격은 사증발급인정서 발급 제외대상임
참고사항	◦ 국제친선·관광 또는 대한민국의 이익 등을 위하여 법무부장관이 따로 정하는 국가 국민에 대하여 무사증입국 허용

(1)	▧ 사증면제협정 또는 관광통과 목적으로 입국한 자에 대하여는 원칙적으로 체류기간 연장이나 체류자격 변경허가를 하지 아니하므로 체류기간이 협정기간 또는 법무부장관이 따로 정하는 기간을 초과하는 경우에는 반드시 사증을 발급받아 입국하여야 함

◆ 무사증입국 허가대상 국가 일람표 ◆

(2022. 9. 22. 기준)

주 별	국 가 명	체류기간	비 고
아시아주 (10)	사우디아라비아	30일	※ 시행일 : 2002. 11. 1.
	마카오	90일	※ 시행일 : 2003. 1. 1.
	바레인	30일	※ 시행일 : 2009. 10. 1.
	브루나이	30일	※ 시행일 : 2002. 11. 1.
	오만	30일	※ 시행일 : 2002. 11. 1.
	일본	90일	※ 시행일 : 1993. 11. 2.
	~~카타르~~	~~30일~~	~~※ 시행일 : 2002. 11. 1.~~(외교,관용,일반사증면제 '22.9.16.)
	쿠웨이트	90일	※ 시행일 : 2015. 7. 1.(기존 30일에서 90일로 확대)
	타이완	90일	※ 시행일 : 2012. 7. 1.(기존 30일에서 90일로 확대)
	홍콩	90일	※ 시행일 : 2002. 2. 1.
	~~예맨~~	~~30일~~	※ 시행일 : 2002. 11. 1. 지정취소 : 2014. 7. 1.)
북미주 (2)	미국	90일	※ 시행일 : 1981. 8. 1.
	캐나다	6개월	※ 시행일 : 1994. 5. 17.
남미주 (5)	가이아나	30일	※ 시행일 : 2004. 5. 1.
	아르헨티나	30일	※ 시행일 : 2002. 11. 1.
	에콰도르	90일	※ 시행일 : 2014. 1. 1.
	온두라스	30일	※ 시행일 : 2002. 11. 1.
	파라과이	30일	※ 시행일 : 2002. 11. 1.
유럽주 (11)	모나코	30일	※ 시행일 : 2002. 11. 1.
	몬테네그로	30일	※ 시행일 : 2004. 5. 1.
	바티칸	30일	※ 시행일 : 2002. 11. 1.
	보스니아 헤르체고비나	30일	※ 시행일 : 2004. 5. 1.
	사이프러스	30일	※ 시행일 : 2002. 11. 1.
	산마리노	30일	※ 시행일 : 2002. 11. 1.
	세르비아	90일	'13. 7. 1.부로 30일에서 90일로 조정
	슬로베니아	90일	※ 시행일 : 2002. 3. 15
	안도라	30일	※ 시행일 : 2002. 11. 1.
	알바니아	30일	※ 시행일 : 2002. 11. 1.

주 별	국 가 명	체류기간	비 고
	크로아티아	90일	※ 시행일 : '99.3.1('13. 7. 1.부로 30일에서 90일로 조정)
대양주 (13)	괌	30일	※ 시행일 : 2002. 11. 1.
	나우루	30일	※ 시행일 : 2002. 11. 1.
	뉴칼레도니아	30일	※ 시행일 : 1999. 3. 1.
	마셜제도	30일	※ 시행일 : 2002. 11. 1.
	미크로네시아	30일	※ 시행일 : 2002. 11. 1.
	사모아	30일	※ 시행일 : 2004. 5. 1.
	솔로몬군도	30일	※ 시행일 : 2002. 11. 1.
	키리바시	30일	※ 시행일 : 2002. 11. 1.
	통가	30일	※ 시행일 : 2009. 1. 1.
	투발루	30일	※ 시행일 : 2009. 1. 1.
	팔라우	30일	※ 시행일 : 2002. 11. 1.
	피지	30일	※ 시행일 : 2002. 11. 1.
	호주	90일	※ 시행일 : 1999. 3. 1
아프리카주 (5)	남아프리카공화국	30일	※ 시행일 : 2002. 11. 1.
	모리셔스	30일	※ 시행일 : 2004. 5. 1.
	세이셸	30일	※ 시행일 : 2004. 5. 1.
	에스와티니 (舊스와질란드)	30일	※ 시행일 : 2002. 11. 1.
	보츠와나	90일	※ 시행일 : 2018. 7. 1.
	~~이집트~~	~~30일~~	※ 시행일 : 2002. 11. 1. 지정취소 : 2018. 9. 1.2)
아시아 (1)	레바논	30일	※ 시행일 : 2004. 5. 1(외교·관용여권)
	인도네시아	~~30일~~	~~※ 시행일 : 2004. 5. 1(외교·관용여권)~~ ※ 외교·관용 사증면제협정('20.2.12.)

일시취재(C-1)

활동범위	● 일시취재·보도 ● 외국언론사 지사 설치 준비
해당자	● 외국의 신문, 방송, 잡지, 기타 보도기관으로부터 파견되어 단기간 취재·보도활동을 하려는 자 ● 외국의 보도기관과의 계약에 의하여 단기간 취재·보도활동을 하려는 자 ● 외국 언론사의 지사 설치 준비를 위해 단기간 활동을 하는 자 ※ 지사 설치 후 계속 체류하게 되는 자에 대하여 취재(D-5) 자격으로 변경허가 가능
1회 부여 체류기간의 상한	● 90일
공관장 재량으로 발급할 수 있는 사증	1. 일시취재(C-1) 사증발급 ● 체류자격 일시취재(C-1) 자격 해당자에 대한 체류기간 90일 이하의 단수사증 발급 ● 체류자격 일시취재(C-1) 자격 해당자에 대한 체류기간 90일 **첨부서류** ① 사증발급신청서 (별지 제17호 서식), 여권, 표준규격사진 1매, 수수료 ② 소속회사의 파견증명서, 재직증명서 또는 외신보도증 ※ 재외공관의 장은 입국목적, 초청의 진정성, 초청자 및 피초청자의 자격 확인 등을 심사하기 위해 필요한 경우 첨부서류를 일부 가감할 수 있음
사증발급인정서 발급대상 사증발급인정서 발급대상	1. 특정국가(쿠바) 국민에 대한 일시취재(C-1) 사증발급인정서 발급 ● 특정국가(쿠바) 국민은 원칙적으로 법무부장관, 출입국·외국인청(사무소·출장소)장이 발급한 사증발급인정서에 따라 사증 발급 – 사증발급인정서를 제출하지 아니한 자에 대하여는 공관장이 사증발급승인을 요청하여 법무부장관의 승인을 받아 사증을 발급할 수 있음 ※ 특정국가 거주 무국적자는 특정국가 국민의 사증발급기준에 준하여 처리 **첨부서류** ① 사증발급인정신청서 (별지 제21호 서식), 여권사본, 표준규격사진 1매

	② 소속회사의 파견증명서, 재직증명서 또는 외신보도증
	➡ 대리인 신청시 : <u>위임장</u>, 대리인 재직증명서, 대리인 신분증 사본 추가 제출
	※ 출입국 · 외국인청(사무소 · 출장소)장은 초청의 진정성, 초청자 및 피초청자의 자격 확인 등을 심사하기 위해 첨부서류의 일부를 가감할 수 있음
참고사항	▨ 해당사항 없음

단기방문(C-3)

해당자 및 활동범위	● 시장조사, 업무연락, 상담, 계약 등의 상용활동 ● 관광, 통과, 요양, 친지 방문, 친선경기, 각종 행사나 회의 참가 또는 참관, 문화예술, 일반연수, 강습, 종교의식 참석, 학술자료 수집, 그 밖에 이와 유사한 목적으로 90일을 넘지 않는 기간 동안 체류하려는 사람 ※ 단기방문(C-3) 자격은 영리를 목적으로 하는 사람에게 발급할 수 없음 (일정한 노무, 기술 등을 제공하고 이에 상당한 보수를 받는 취업활동은 발급대상이 아님) ※(실질적인 영리활동) 보수성경비를 국내가 아닌 해외에서 지급받더라도 각종 계약에 의하여 국내 공사 기관에 파견되어 실질적인 서비스를 제공하거나 사업 수주 등으로 국내 공사 기관에 파견되어 실질적인 업무를 하는 경우는 단기체류자격(B1, B2, C3)의 활동범위를 벗어난 것으로 영리행위에 해당
1회 부여 체류기간의 상한	● 90일

체류자격 약호 (1) ▣ 목차	세부 약호	구분	대 상
	C-3-1	단기 일반	단기방문(C-3) 활동범위 내에 있는 모든 자 중, 아래 순수관광(C-3-2) ~ 동포방문(C-3-9)을 제외
	C-3-2	단체 관광 등	체류기간 경과시 대행사(여행사)가 책임을 지는 보증개별, 단체관광 등 관광, 공항만 소무역활동 등을 목적으로 입국하려는 자
	C-3-3	의료 관광	의료관광 사증 및 사증발급인정서 발급지침 대상자 중 단기방문자
	C-3-4	일반 상용	시장조사, 업무연락, 상담, 계약, 소규모 무역활동 등 상용활동자 및 사증없이 입국하는 APEC카드 소지자
	C-3-5	협정	협정에 따라 단기상용 목적으로 입국하려는 자

	상단기상용		※ CEFA, FTA 등에 한함 (인도·칠레)
C-3-6	우대기업초청단기상용		우대기업으로 선정된 기업·단체로부터 초청을 받은 자
C-3-7	도착관광		공항에 입국하여 도착비자를 받아 입국하는 자
C-3-8	동포방문		동포방문 사증 발급 대상자
C-3-9	일반관광		C-3-2(단체관광 등)에 포함되지 않는 일반 관광객
C-3-10	순수환승		대한민국을 경유하여 제 3국으로 여행하려는 자 입국심사 목적 사용 불가

전자사증	【전자사증 제도는】해외 우수인력 및 관광객 유치지원 등을 위한 사증발급 절차 간소화의 일환으로 교수 등, 연구원 등에 대해 재외공관 방문 없이 온라인으로 사증을 발급 받을 수 있는 제도 1. 전문인력 및 전문인력의 동반가족 - 교수(E-1), 연구(E-3), 기술지도(E-4), 전문직업(E-5), 첨단과학기술분야 고용 추천서(GOLD CARD[2])를 발급받은 특정활동(E-7) 자격 외국인 - 상기 전문인력의 배우자 및 미성년 자녀 2. 외국인 환자와 동반가족 및 간병인 ○ (발급대상) 보건복지부에 등록한 외국인환자 유치기관* 중 법무부장관이 "의료관광 우수 유치기관 기관" 으로 지정한 우수 유치기관에서 초청한 외국인 환자 및 그 동반자 * 의료법에 따라 보건복지부장관에게 외국인환자 유치 의료기관 또는 외국인환자 유치업자로 등록을 마친자 - 의료관광 우수유치기관은 매년 9-10월 심사위원회를 통해 법무부 장관이 지정 3. 상용목적 빈번 출입국자 ○ (발급대상) 외국인 지문확인시스템을 도입한 '12. 1. 1. 이후 3회이상 단기방문(C-3)

(2) ▣ 목차

자격으로 입국한 사실이 있고 국내 체류기간 중 불법체류나 기타 범법사실이 없었던 자로 상용목적으로 국내 기업(초청자)의 초청을 받은 자

ㅇ (발급내용) 일반상용(C-3-4), 체류기간 90일 이내, 유효기간 3월 단수사증

ㅇ (제출서류) ① 사증발급신청서, 여권, 사진, 수수료 ② 초청장(초청사유와 귀국보장 각서내용 포함) ③ 초청자 신분증 사본

4. 단체관광객

ㅇ (발급대상) 재외공관장이 지정(법무부장관 승인)한 국외 전담여행사가 사증신청을 대행하는 단체관광객

ㅇ (제출서류 및 발급내용) 사증발급편람의 단체관광(C-3-2) 자격 사증발급 심사 기준 및 절차에 따름

공관장 재량으로 발급할 수 있는 사증	▶ 단수사증 발급 대상	☞ 더블사증 발급대상 ☞ 복수사증 발급대상

(3) ▣ 목차 공관장 재량으로 발급할 수 있는 사증

1. 단기일반(C-3-1)

가. 발급 대상

● 국내에서 개최되는 친선경기, 행사, 회의에 참가하고자 하는 자

- 입상하여야만 상금을 받을 수 있는* 골프, 축구 등 경기 참가자 및 방송, 음악 콩쿠르 등 출연자 포함

  * 주최 측이 항공료와 체재비를 지원하는 경우는 포함하나, 상금과는 별개로 체재비를 상회하는 보수를 받거나 받기로 하고 초청을 받아 참가하는 자는 제외

  ※ 친선경기 등은 계약서를 참고하여 통상적인 체재베 초과여부를 확인

● 정부, 기업 등에서 기술기능을 연마하기 위해 단기간 체류하고자 하는 자

  ※ 체재비를 초과하지 않는 보수를 받는 경우는 포함하나, 사실상 근로대가로서 보수를 받고 기술기능을 습득하는 활동은 기술연수(D-3-1) 대상임

● 국외에 생활근거지가 있는 대한민국 국민이 인도적 사유*로 현지에서 채용된 가사보조인과 함께 단기간(90일 미만) 국내에 동반입국할 필요가 있는 할 경우

  ※ 대한민국 국민의 출산으로 인한 육아 양육, 수술로 인한 간병, 장례절차 진행을 위한 육아양육 및 이에 준하는 인도적 사유

● 난민법 제37조에 따라 대한민국이 난민임을 인정한 자의 법적 배우자 및 미성년자녀에 한하여 가족결합을 위해 사증발급을 신청한 경우에는 90일의 사증 발급(난민 인정을 받은 사실, 가족관계 입증 서류, 가족결합 희망여부 등을 확인)

● 순수관광(C-3-2) ~ 일반관광(C-3-9)을 제외한 단기방문(C-3) 활동 범위

<table>
<tr>
<td>(4) ➡ 목차
공관장
재량으로
발급할 수 있는
사증</td>
<td>

내 목적으로 입국하는 자

나. 사증발급 내용
- 체류기간 90일 이내, 유효기간 3월

다. 제출 서류
① 사증발급신청서, 여권, 사진, 수수료
② 초청장 등 입국목적(행사, 일반연수 등)을 소명하는 서류
   – 공관별로 주재국 실정에 맞게 지정하여 운영

2. 단체관광 등(C-3-2)

가. 발급 대상
- 관광, 항만소규모 무역활동 등을 목적으로 입국하려는 자로 체류기간 경과 시 대행사(여행사)가 책임을 지는 단체사증, 보증개별 사증 등

               〈체류기간 연장 및 체류자격변경 제한〉

- 출입국 · 외국인청(사무소 · 출장소)장은 단체관광객(C-3-2)과 보증개별사증 (C-3-2) 소지자에 대해서는 출국할 선박 등이 없거나 귀화신청 등 부득이한 사유*가 있는 경우에 한하여 기존 지침에 따라 체류기간 연장 또는 자격변경 허용
    * '부득이한 사유'라 함은 인도적 사유, 항공편 결항 등을 고려하여 체류가 필요한 경우를 말함. (입국당시 예측하지 못한 사고·질병 기타 이에 준하는 사유 등)

나. 사증발급 내용
- 체류기간 90일(단체사증은 15일) 이내, 유효기간 3월

다. 제출 서류
- 사증발급신청서, 여권, 사진, 수수료, 보증관련 서류
  ※ 공관 사정을 고려하여 공관장의 판단하에 추가서류 징구 가능

3. 일반상용(C-3-4)

가. 발급 대상
- 시장조사, 업무연락, 상담, 계약, 소규모 무역 기타 이와 유사한 목적으로 단기간 체류하려는 자

</td>
</tr>
<tr>
<td>(5) ➡ 목차
공관장
재량으로
발급할 수 있는</td>
<td></td>
</tr>
</table>

사증	▸ 체재비를 초과하지 않는 보수를 받는 경우는 포함하나, 영리를 목적으로 하는 자는 제외

> ※ (참고) 수입기계 등의 설치·유지보수, 조선 및 산업설비의 제작·감독 등을 위하여 대한민국 내의 공·사 기관에 파견되어 근무하는 외국인의 활동은 영리행위로 단기 체류자격(B1, B2, C3)의 체류범위를 벗어난 행위이므로 단기취업(C-4) 또는 무역경영(D-9) 사증을 발급
>
> – 수입기계 등의 설치 등의 목적으로 사증(C4 또는 D9)을 신청하는 경우 계약서(구매계약, 용역 위탁계약)에 설치 등에 관한 의무가 포함되어 있어야 하며, 신청자는 동 의무를 위한 필수기술을 보유하고 있어야 함 (국내 조달이 가능한 기술인 경우에는 국내 노동시장 우선 고려)

나. 사증발급 내용

- 체류기간 90일 이내, 유효기간 3월

  ※ 상용 등의 목적으로 활동하는 경제인 카드소지자*는 복수사증 소지자와 동일하게 출입국 가능

경제인 카드 (APEC Business Travel Card, ABTC) 제도
▸ 개요 : APEC 회원국 중 ABTC 제도에 가입한 국가의 기업인에 대하여 입국비자 대신 카드사용을 허용, 역내 경제활동 촉진
▸ 가입국 현황 (18개국) : 한국, 일본, 호주, 뉴질랜드, 홍콩, 필리핀, 대만, 태국, 말레이시아, 브루나이, 페루, 칠레, 중국, 인도네시아, 파푸아뉴기니, 싱가포르, 베트남, 멕시코, 러시아
▸ 입국 시 비자면제 및 전용통로에서 심사하며 체류기간은 회원국에 따라 상이함 (우리나라는 C-3, 90일, 복수사증과 동일 효력)

다. 제출 서류

① 사증발급신청서, 여권, 사진, 수수료

② 초청장(초청회사의 사업자등록증 또는 등기부등본 사본 포함) 등 상용목적 입증서류

   ※ 공관별로 주재국 실정에 맞게 지정하여 운영

4. 협정상 일반상용(C-3-5)

(7) ➡ 목차
공관장
재량으로
발급할 수 있는
사증
	가. 발급 대상
	
	① (한인도 CEPA 대상자) 인도법인 소속으로서 상품이나 서비스 판매를 위한
	협상 또는 투자회사 설립 준비 등을 위해 방문하는 자
	② (한칠레 자유무역협정 대상자) 연구 및 설계, 제조 및 생산, 마케팅, 영업,
	유통, 사후서비스, 일반서비스에 종사하려는 자
	
	나. 사증발급 내용
	
	▨ (발급 대상 ①의 경우) 체류기간 90일 이내, 유효기간 3개월
	▨ (발급 대상 ②의 경우) 체류기간 6개월, 유효기간 3개월
	
	다. 제출 서류
	
	① (공통) 사증발급신청서, 여권, 사진, 수수료
	② (발급 대상 ①의 경우)
	  – 인도 현지 소속 법인의 설립 관련 서류
	  – 재직기간이 명시된 재직증명서 또는 출장명령서
	  – 초청장 등 상품이나 서비스판매를 위한 협상 목적 또는 투자회사 설립 준비
	    목적 입증서류
	③ (발급 대상 ②의 경우)
	  – 초청장(초청회사의 사업자등록증 또는 등기부등본 사본 포함) 등 <u>상용목적</u>
	    <u>입증서류</u>
	
	5. 일반관광(C-3-9)
	  가. 발급 대상
	
	▨ 단체관광 등(C-3-2)에 포함되지 않는 일반 관광객
	    ※ 관광객 유치를 위하여 불법체류 가능성이 낮은 경우 동남아 출신 국민에게도
	      적극적으로 사증발급
	
	  나. 사증발급 내용
	
	▨ 체류기간 90일 이내, 유효기간 3월
	
	  다. 제출 서류
	
	▨ 사증발급신청서, 여권, 사진, 수수료, 국내 체류 경비 지불을 위한 재정능력*
	    또는 신분입증서류**
	    * 재정능력 입증서류는 최대 2종 범위 내에서 공관장이 지정하고 공관사정에

(8) ➡ 목차 공관장	

재량으로
발급할 수 있는
사증
	따라 추가서류 징구 가능
	  ** 복수사증발급대상자에 해당하는 경우에는 증명할 수 있는 서류 1종만 징구
	   – 동남아 출신 학생인 경우 재학사실을 증명할 수 있는 서류(재학증명서 또는
	    학생증)와 부모의 재정능력 입증서류로 사증 발급
	   – 인센티브 관광의 경우 기본적으로 주관회사의 보증서 제출 시 재정능력 입증서류
	    생략
	  ※ 주관회사의 규모, 신용도, 과거 실적 등을 참조하여 공관장의 판단하에 추가서류
	   징구 가능
	
	6. 순수환승 (C-3-10)
	 가. 발급 대상
	 ○ 시리아, 수단, 예멘, 이집트 일반여권 소지자*
	  ※ 대한민국을 경유하여 제3국으로 여행하려는 경우
	  * 외교·관용여권 소지자는 순수환승(C-3-10) 사증 없이 환승 가능
	
	 나. 제출 서류
	 ○ 사증발급신청서, 여권, 사진, 수수료, 여행계획서*【서식3】
	  * 대한민국 공항만을 환승공항으로 정한 이유 등
	
	 다. 심사기준
	 ○ 입국규제 여부 등 사증발급 공통심사 기준 외에, 여행계획서(붙임) 등을 토대로
	  대한민국을 통하여 환승하려는 이유 등 심사
	
	 라. 사증발급 내용
	 ○ C-3-10* 단수사증(유효기간 3개월, 체류기간 0일)
	  * 순수 환승(transferring) 목적으로만 가능하며, 입국심사 목적으로 사용 불가
	  ※ 환승구역 내 72시간 동안 임시 체재만 가능
	
	7. 교대선원 (C-3-11)
	
	  ※ 코로나19 관련 한시적 지침으로 '22.6. 사증 발급 정상화에 따라 폐지

(10) ◘ 목차
공관장
재량으로
발급할 수 있는
사증
	▶ 2회 유효 복수사증(더블사증) 발급지침
	
	가. 발급 대상
	◼ 단수사증 발급 대상자로 6개월 이내 우리나라를 2회 출입국 하고자 하는 자
	
	나. 사증발급 내용
	◼ 체류자격 단기일반(C-3-1~C-3-6), 체류기간 30일, 유효기간 6개월
	
	다. 제출 서류 등
	① 입국목적 입증자료 (단수사증과 동일)
	② 수수료는 미화 70불 상당 금액
	   ※ 단, 가나 90불, 러시아 90불, 세네갈 120불, 아제르바이잔 120불, 영국 220불,
	      오스트리아 70불, 이란 90불, 타지키스탄 70불, 키르키즈스탄 80불, 호주
	      130불, 우즈베키스탄 80불 상당 금액 징수
	
	▶ 복수사증 발급지침
	
	1. 중국 국민(C-3-1 ~ C-3-9, 단, C-3-2 제외)
	  가. 유효기간 5년(체류기간 90일) 사증발급 대상
	  ① 대학(전문대학 포함) 강사* 등 교원 및 초·중고교 교사
	    * 조교수 이상의 경우에는 유효기간 10년 복수사증 발급 가능
	  ② 공관장이 인정한 유명 예술가, 연예인 및 운동선수
	  ③ 중국인 단체 관광객 인솔 여행사의 가이드로 3회 이상 입국한 적이 있는 자
	  ④ 우리나라 방문경력이 있는 자
	   - 무사증 입국자(상륙허가 포함)는 우리나라 방문경력으로 인정하지 않음
	   - 의료관광에 의한 국내 방문은 최근 1년간 국내 병·의원에서 지출한 진료비
	     총액이 200만원*을 초과하는 경우에만 우리나라 방문경력으로 인정(체류관리
	     과-1775, 2016.3.28.)
	  * 문화체육관광부 2014년 외래관광객 실태조사 (1인당 평균지출 비용 : $ 1,605)
	   - 단체, 개별보증 사증만으로 입국한 경력은 이 지침 시행일('16.1.28.) 이전
	     국내 입국경력이 있는 경우에 한하여 복수비자 발급

(11) ➡️ 목차
공관장
재량으로
발급할 수 있는
사증
	⑤ 우리나라와의 연간 교역액이 미화 3만 불 이상인 사기업의 관리자 이상의
	직위에 있거나 2년 이상 정규 직원으로 고용되어 근무한 자
	⑥ 부동산, 금융재산, 사업체 등 개인재산 200만 위안 이상 보유한 것을 입증한
	자
	⑦ 중국 공무원 또는 공무보통여권 소지자
	⑧ 100만불(10억원) 이상 우리나라에 투자한 기업의 임직원
	⑨ 우리나라에 취항하는 항공사선사의 임직원 (정기·전세기·부정기 등 불문)
	⑩ 아래 요건 중 하나를 충족하는 사람
	 1) 국제적으로 통용되는 신용카드 소지자 중 사용실적, 신용도 등을 평가하여
	   공관장이 우수고객으로 인정하는 사람
	 2) 즈마신용점수 780점 이상 우수 회원*
	   * 알리페이 이용자를 대상으로 신용소비융자보유자산 등 100개 이상의 데이터
	    를 기반으로 이루어지는 신용평가 방식
	 3) 유니온페이 발급 프리미엄(플래티넘·다이아몬드) 신용카드 소지자
	⑪ 월 5,000위안(연 60,000위안) 이상 소득이 있는 사람
	⑫ 17세 미만 55세 이상인 자
	⑬ 4년제 대학 재학생 또는 졸업생*
	   * 반드시 중국고등교육학력증서 검증시스템의 전자인증 학력인증서 제출
	⑭ 중국기업연합회에서 선정한 500대 기업*의 과장급 이상 또는 6개월 이상
	재직 중인 사람
	⑮ 국내 소재의 콘도미니엄 회원권(3,000만원 이상) 구매자
	⑯ 유효한 단기방문(C-3) 복수사증 소지자*의 배우자미성년 자녀·부모 및 배우자
	의 부모
	   * 아래의 사유로 복수사증을 발급받아 소지하는 자는 제외
	    – C-3-8 복수사증 소지자, 17세미만 55세 이상인 자, 4년제 대학 졸업생
	     또는 재학생
	   ** 복수국적자는 복수국적자 처리 지침에 따름

(12) ➡️ 목차	※ 복수사증 발급대상 ①~⑱ 가운데 ①, ②, ⑤, ⑦, ⑧, ⑨, ⑭에 해당되어
	복수사증을 신청하는 경우 본인과 함께 ⑯에 해당하는 가족이 동시에 복수사증
	신청 가능
	⑰ 베이징, 상하이, 광저우, 선전, 쑤저우, 샤먼, 톈진, 난징, 항저우, 닝보, 우한,
	창사, 칭다오, 충칭 지역 호구자*(C-3-91)
	   * 신거민증 원본(위조방지 칩 내장)을 제출받아 신분증 판독기로 진위여부를
	    확인하고, 新거민증이 없는 경우에 한하여 여권, 舊구민증, 호구부 등으로

확인

※ 재외공관장은 상기 지역 중 관할지역의 소득수준 및 불법체류 발생건수에 따라 자체적인 세부지역 지정 및 배제 가능

⑱ 경제협력개발기구(OECD) 회원국* 방문사증을 소지하고 동 OECD 회원국을 방문한 경력이 있는 자

---

*【방문사증 인정 OECD 22개국】

오스트리아, 벨기에, 덴마크, 프랑스, 독일, 그리스, 아이슬란드, 아일랜드, 이탈리아, 룩셈부르크, 네덜란드, 뉴질랜드, 노르웨이, 포르투갈, 스페인, 스웨덴, 스위스, 영국, 미국, 캐나다. 호주, 핀란드

※ 여행경력만으로 의심이 되는 경우 재정능력 또는 신분 입증서류 확인을 통해 추가 검증 가능

2. 유효기간 10년(체류기간 90일) 사증발급 대상

① 의사·변호사, 교수*, 공·사기업**대표 등 전문 직업인

* 대학 정교수, 부교수, 조교수가 해당되며 기타 전임강사 등 교수직의 경우에는 유효기간 5년 복수사증 대상

** 사기업의 경우 자본금 50억 이상

② 국내 4년제 대학 학사(졸업자 포함) 이상 또는 해외 석사학위 이상 소지자

나. 제출 서류

○ 기본서류 : 사증발급신청서, 여권, 사진, 수수료

○ 추가서류

- 연령, 출입국기록 등 여권 또는 자체 전산조회로 심사가 가능한 경우 추가 서류 징구 자제

- 신분, 학력, 도시지역 호구 등의 사증을 신청하는 경우 아래 관련 확인서류 외 재정능력 입증서류 징구 자제

- 재력가, 사업가 등 재정능력 증명이 필요한 경우 아래 예시 서류 중 2종 이내로 제한

재직증명서, 최근 6개월 신용카드 사용내역서, 사회보험 가입증명서, 납세증명서, 대학졸업증명서, 해당국가 영주권 등 영주장기체류자임을 입증할 수 있는 서류, 특정단체 초청장, 연금수령 사실을 입증할 수 있는 서류, 관리자 또는 정규 직원으로 근무한 사실을 증명할 수 있는 재직증명서, 아국과의 교역 내역 자료 등

　　※ 필요시에는 추가 서류 징구

다. 사증발급 내용
　　○ 단기방문(C-3-2, C-3-10 제외), 체류기간 90일, 유효기간 5년 또는 10년
　　　－ 단, 일반관광(C-3-9)의 체류기간은 신분이 확실하거나 불법취업 가능성이 없는 신청인에 대해서는 90일, 그 밖의 신청인에 대해서는 30일 이내 부여
　　　※ 의료관광(C-3-3), 동포방문(C-3-8)은 해당 지침 적용

2. 한·몽골 사증발급 간소화 협정대상자(C-3-1 ~ C-3-9)
가. 발급 대상
　　○ 우리나라를 방문한 경력이 있는 자
　　　－ 무사증 입국자(상륙허가 포함)는 우리나라 방문경력으로 인정하지 않음
　　　－ 의료관광에 의한 국내 방문은 최근 1년간 국내 병·의원에서 지출한 진료비 총액이 200만원*을 초과하는 경우에만 우리나라 방문경력으로 인정(체류관리과-1775, 2016.3.28.)
　　　* 문화체육관광부 2014년 외래관광객 실태조사 (1인당 평균지출 비용 : $ 1,605)
　　　－ 단체, 개별보증 사증만으로 입국한 경력은 이 지침 시행일('16.1.28.) 이전 국내 입국경력이 있는 경우에 한하여 복수비자 발급
　　○ 공무원 또는 국영기업체에서 근무하는 임직원(과장급 이상)
　　○ 대한민국에 취항하는 정기 항공사·선사 임직원(과장급 이상)
　　○ 국제적으로 통용되는 신용카드 소지자 중 사용실적, 신용도 등을 평가하여 공관장이 우수고객으로 인정하는 사람
　　○ 우리나라와 자원·에너지 개발·판매 등을 위한 기업의 설치, 국내 공사기관의 초청으로 입국하여 상담·계약 등의 활동을 하려는 자
　　○ 국적취득자의 부모 및 자녀, 몽골 거주 국민의 배우자 또는 양국에 혼인신고를 마치고 1년 이상 정상적 혼인관계를 유지하고 있는 국민의 배우자의 부모 및

미성년 자녀

○ 단기방문(C-3) 복수비자 소지자의 배우자 및 미성년 자녀

○ 의사, 변호사, 교수 등 전문직 종사자

○ 기자, PD, 편집인 등 공관장이 인정하는 언론기관에서 1년 이상 재직 중인 사람

○ 연간 납세실적이 5억 투그릭 이상 기업 또는 납세실적 100대 우수기업에서 과장급 이상으로 1년 이상 재직 중인 사람

○ 대한민국 전문학사이상 또는 해외 석사학위 이상 소지자

○ 최근 6개월 간 사회보험증상 월평균 급여가 도시근로자 월평균임금의 2배 이상인 사람 중 공관장이 인정한 사람

○ 유명 예술가·연예인 및 운동 선수 등 공관장이 인정한 사람

○ 부동산, 금융재산 등 개인 자산 5억 투그릭 이상 보유한 사람

○ 대한민국 내에 배우자나 직계혈족 등이 1년 이상 현재 장기체류하고 있는 자

○ 경제협력개발기구(OECD) 회원국* 방문사증을 소지하고 동 OECD 회원국을 방문한 경력이 있는 자

---

*【방문사증 인정 OECD 22개국】

오스트리아, 벨기에, 덴마크, 프랑스, 독일, 그리스, 아이슬란드, 아일랜드, 이탈리아, 룩셈부르크, 네덜란드, 뉴질랜드, 노르웨이, 포르투갈, 스페인, 스웨덴, 스위스, 영국, 미국, 캐나다, 호주, 핀란드

※ 여행경력만으로 의심이 되는 경우 재정능력 또는 신분 입증서류 확인을 통해 추가 검증

나. 제출서류

▦ 사증발급신청서, 여권, 사진, 수수료

▦ 〈별첨〉의 제출서류를 참고하여 공관의 실정에 맞게 제출서류를 지정하여 운영

다. 사증발급 내용

○ 단기방문(C-3-1 ～ C-3-9), 체류기간 90일, 유효기간 3년, 복수비자

- 유효기간 3년 복수사증을 받고 과거 체류실태가 건전한 자는 체류기간 90일, 유효기간 5년 부여

3. 동남아국가 국민에 대한 복수사증 발급(C-3-1 ～ C-3-9. 단, C-3-2 제외)

가. 발급 대상국가

■ 미얀마, 캄보디아, 스리랑카, 인도네시아, 라오스, 네팔, 파키스탄, 필리핀, 베트남, 인도, 방글라데시

나. 발급 대상

1 유효기간 5년(체류기간 30일) 사증발급 대상

1) 우리나라를 방문한 경력이 있는 자
 – 무사증 입국자(상륙허가 포함)는 우리나라 방문경력으로 인정하지 않음
 – 의료관광에 의한 국내 방문은 최근 1년간 국내 병·의원에서 지출한 진료비 총액이 200만원*을 초과하는 경우에만 우리나라 방문경력으로 인정(체류관리 과–1775, 2016.3.28.)

2) 공무원, 국영기업체, 대한민국에 취항하는 정기 항공사선사에서 근무하는 임직원

3) 연간 미화 8천 달러 이상의 소득이 있거나, 국제적으로 통용되는 신용카드 소지자 중 사용실적, 신용도 등을 평가하여 공관장이 우수고객으로 인정하는 사람

4) 우리나라와 자원, 에너지 개발 및 판매를 위하여 기업의 설치, 국내 공사기관의 초청으로 입국하여 상담, 계약 등의 활동을 하려는 사람

5) 정부 및 공공기관 초청으로 국제행사국제회의에 참가하는 관계자 및 주요인사

6) 기업체 대표, 상장회사 관리직 직원 (1년 이상 근무자)

7) 기자, PD, 편집인 등 언론기관 종사자 (1년 이상 근무자)

8) 대학(전문대학 포함) 강사* 등 교원 및 초·중·고교 교사, 공관장이 인정**한 유력인사, 유명 예술가, 운동가, 작가, 연예인 등 종사자
  * 조교수 이상의 경우에는 유효기간 10년 복수 사증 발급
 ** 공관장 인정범위는 신청인이 대상여부 확인이 가능하도록 공관별로 홈페이지 등을 통해 사전 공지

9) 퇴직 후 연금을 수령하는 55세 이상인 사람

10) 우리나라에서 유학하여 전문대학을 졸업한 사람

11) 유효한 단기방문(C-3)* 복수사증 소지자의 배우자 및 미성년 자녀·부모 및 배우자의 부모
  * 종전의 단기상용(C-2)과 단기방문(C-3)자격을 모두 포함

12) 경제협력개발기구(OECD) 회원국* 방문사증을 소지하고 동 OECD 회원국을 방문한 경력이 있는 자

※ 여행경력만으로 의심이 되는 경우 재정능력 또는 신분 입증서류 확인을 통해 추가 검증 가능

13) 베트남 하노이, 호치민, 다낭 거주자

　　※ 대도시 거주사실은 거주증으로 확인하고, 주 베트남 공관에서 거주인정 요건을 세부적으로 운영

14) 부동산 · 금융재산 · 사업체 등 개인재산 20만불 이상 보유자

15) 우리나라에 100만불 이상 투자기업의 3년 이상 근무 정규 직원

16) 베트남 · 필리핀 · 인도네시아의 100대 기업 및 캄보디아 · 미얀마 · 라오스의 30대 기업 과장급 이상 직원

　　※ 주재국 정부 · 공신력 있는 국제단체 등 공식발표를 근거로 공관별로 지정하되, 공식적인 기업 순위를 발표하지 않는 국가의 경우 기업 규모, 직원 급여수준 등을 고려하여 공관 자체로 지정 가능

　　※ 직위에 대한 신뢰성의 문제가 있는 국가의 경우 재직기간(예시 : 3년 이상)과 급여수준(예시 : 연소득 6천불 이상) 등을 고려하여 자체기준 마련(이 경우, 주재국 납세증명서 등을 제출받아 확인)

17) 65세 이상인 자(⑪과 관련하여 대상자의 배우자만 인정)

② 유효기간 10년(체류기간 90일 이내) 사증발급

　1) 의사, 변호사, 회계사, 교수*, 공 · 사기업** 대표 등 전문직업인(주재국 상황에 따라 신분, 재정능력 등을 평가하여 공관장이 인정하는 사람에 한함)

　＊ 대학 정교수, 부교수, 조교수가 해당되며 기타 전임강사 등 교수직의 경우에는 유효기간 5년 복수사증 대상

** 사기업의 경우 자본금 50억 이상

　2) 대한민국 4년제 대학 학사(졸업자 포함) 이상 또는 해외 석사학위 이상 소지자

　3) 중앙부처 과장급 이상 공무원 및 그 가족

　4) 현직 국회의원

다. 사증발급 내용

　■ (5년 복수사증) 단기방문(C-3-2, C-3-10 제외), 체류기간 30일

　■ (10년 복수사증) 단기방문(C-3-2, C-3-10 제외), 체류기간 90일 이내*

* 단, 복수비자 대상에 해당되더라도 일반상용, 관광 목적으로 신청하는 경우에는 체류기간을 30일 이내로 발급하는 등 체류기간을 탄력적으로 부여

라. 제출 서류
🔘 〈첨부서류〉를 참고하여 공관별로 실정에 맞게 제출서류를 지정하여 운영

4. 자원외교국가 국민에 대한 복수사증 발급(C-3-1 또는 C-3-4)
가. 대상국가
🔘 러시아, 요르단, 투르크메니스탄, 우즈베키스탄, 카자흐스탄, 알제리, 아제르바이잔, 볼리비아, 에콰도르, 베네수엘라, 앙골라, 나이지리아, 콩고, 리비아, 우크라이나, 벨라루스, 조지아

나. 발급 대상
🔘 공무원 또는 국영기업체에서 근무하는 임직원
🔘 대한민국에 취항하는 정기 항공사, 정기 선사의 임직원
🔘 국제적으로 통용되는 신용카드 소지자 중 사용실적, 신용도 등을 평가하여 공관장이 우수고객으로 인정하는 사람
🔘 최근 2년 이내 한국을 4회 이상 또는 통산 5회 이상 방문한 자
 – 무사증 입국자(상륙허가 포함)는 우리나라 방문경력으로 인정하지 않음
 – 의료관광에 의한 국내 방문은 최근 1년간 국내 병·의원에서 지출한 진료비 총액이 200만원*을 초과하는 경우에만 우리나라 방문경력으로 인정(체류관리과-1775, 2016.3.28.)
 ※ 러시아는 "한–러 단기 방문사증 발급 간소화 협정"에 따라 최근 1년 이내 1회 이상 입국자 등도 복수사증 발급 대상 (별첨1 24쪽 자료 참조)
🔘 우리나라와 자원·에너지개발·판매 등을 위하여 기업의 설치, 국내 공사기관의 초청으로 입국하여 상담·계약 등의 활동을 하려는 자
🔘 단기방문(C-3-1, C-3-4, C-3-9) 복수사증 소지자의 배우자 및 미성년 자녀
 ※ 종전에 단기상용(C-2)자격과 단기방문(C-3)자격 복수 소지한 자 포함
🔘 의사, 변호사, 교수 등 전문직 종사자
🔘 기자, PD, 편집인 등 공관장이 인정하는 언론기관에서 1년 이상 재직 중인 사람
🔘 납세실적 100대 우수기업에서 과장급 이상으로 1년 이상 재직 중인 사람
🔘 대한민국 4년제 대학 학사이상 또는 해외 석사학위 이상 소지자

다. 사증발급 내용

■ 체류자격 단기방문(C-3-1 ~ C-3-9, 단 C-3-2 제외), 유효기간 1년, 체류기간 30일

라. 제출 서류

① 사증발급신청서, 여권, 사진, 수수료

② 〈별첨2〉의 제출서류를 참고하여 공관별로 실정에 맞게 제출서류를 지정하여 운영

5. 결혼이민자 및 대한민국 국적취득자의 가족에 대한 특례 (C-3-1)

가. 발급 대상

■ 외국국적을 소지한 국민의 배우자

※ 국민의 배우자가 결혼동거 목적으로 신청할 경우 발급대상에서 제외

■ 대한민국 국민과 결혼하여 양국에 혼인신고를 마치고 1년 이상 정상적인 혼인관계를 유지하고 있는 자의 부모 및 미성년 자녀

■ 대한민국 국적을 취득한 자의 부모 및 자녀 (결혼이민자 불문)

나. 사증발급 발급 내용

■ 체류자격 단기일반(C-3-1), 체류기간 90일 유효기간 5년 복수사증

다. 제출 서류

① 사증발급신청서, 여권 사본

② 가족관계를 입증할 수 있는 서류

6. 중국동포에 대한 복수사증발급(C-3-8)

가. 발급 대상

■ 「재외동포의 출입국과 법적지위에 관한 법률」제2조제2호에 해당되는 외국국적 동포로서 60세 이하인 자

나. 제출 서류

■ 외국국적동포임을 입증하는 국적국의 공적서류(거민증, 호구부 등)

다. 사증발급 내용

◉ 5년 유효한 동포방문(C-3-8, 090) 복수사증

　※ 호구지 관할에 관계없이 사증발급 가능

다. 제출 서류

◉ 사증발급신청서, 여권 사본

◉ 외국국적 동포임을 입증하는 국적국의 공적서류(거민증, 호구부 등)

◉ 해외범죄경력증명

－ (제출대상) 14세 이상 외국국적동포로서 동포방문(C-3-8) 사증을 신청하는
사람

－ (범죄경력증명 서류요건) 해당 국가의 권한 있는 기관이 발급한 3개월 이내
공적문서로 자국 내의 모든 범죄 경력이 포함되어 있을 것

　다만, 국적국 내 범죄경력을 확인하는 시스템이 미흡할 경우 거주지를 관할하는
내무기관 등의 증명서로 대체 가능

　※ 6개월 이상 해외에서 거주한 경우에는 거주기간 거주국 범죄경력 포함

－ (제출면제대상) 아래 어느 하나에 해당 하는 사람

　▶ 60세 이상인 사람

　▶ 13세 이하인 사람(형사 미성년자)

　▶ 국가유공자(독립유공자)와 그 유족

　▶ 특별공로(국익증진) 동포

7. 한·인도 사증절차간소화협정 관련 사증발급(C-3-4)

가. 상용관련 사증

◉ 발급 대상 : 상용방문자(Business visitor)

－ 무역종사, 벤처산업(사업) 관련 회사설립 준비 및 사업타당성 조사를 위한
방문, 공산품 구입판매, 그 밖의 사업투자 관련 활동의 수행을 위하여 우리나라
를 여행하는 기업인

◉ 사증발급 내용

－ 체류자격 단기방문(C-3-4), 체류기간 90일

－ 사증유효기간 : 1년, 3년 또는 5년 유효 복수사증 발급

① 5년 복수사증 발급

　·대상 : 각 당사자가 지정한 회사, 상공회의소, 사업무역증진협회 또는 경제단체*
가 발급한 요청서(a letter of request)를 제출한 상용방문자

　　* 공관장이 한-인도 경제관계 등을 고려하여 법무부장관에게 지정을 요청한
회사, 상공회의소, 사업·무역협회 및 경제단체 등을 말함

·제출서류 : 상기 인도정부 지정회사(단체)의 요청서

② 3년 복수사증 발급
·대상 : 자원·에너지를 개발·판매하는 회사 설립준비 또는 협의를 하거나
　　　계약을 체결하기 위하여 입국하려는 상용방문자
·제출서류 : 초청장*, 사업자등록증 사본, 재직증명서, 사증신청인 또는 재직회사
　　　　　의 납세증명서
　* 사증발급 신청 이유, 입국목적 등을 적시한 초청장을 뜻함

③ 1년 복수사증
·대상 : 자원·에너지 관련 회사가 아닌 회사의 국내 지사 설립 준비 또는 수출입
　　　활동을 수행하기 위하여 입국하려는 상용방문자
·제출서류 : 초청장, 사업자등록증 사본, 재직증명서, 사증신청인 또는 재직회사
　　　　　의 납세증명서

나. 기타 단기사증
　🌑 발급대상
　　- 관광객 및 그 가족
　　　• 관광 목적으로 우리나라를 여행하는 인도 국민 및 그 가족 (배우자, 자녀
　　　　및 부모)
　　- 기타 단기방문자 및 그 가족
　　　• 회의, 협의, 교섭, 교환 프로그램 또는 국제기구 주최 행사 참석, 국제체육경기
　　　　참가자 및 경기목적에 부합하는 수행자 등과 그 가족 및 친척*
　　　　* 가족 및 친척 : 배우자, 자녀, 부모, 형제자매, 조부모 또는 손자로서 원칙적으
　　　　　로 사증 신청인과 동일한 국적이어야 함
　　　• 국내 장기체류하는 인도인의 가족구성원 및 친척
　🌑 발급내용
　　- 체류자격
　　　• 관광객 및 그 가족구성원 : 단기방문 (C-3-2)
　　　• 기타 방문자 : 단기방문 (C-3-1)
　　- 체류기간 : 90일
　　- 사증유효기간 : 5년 유효복수비자 발급

다. 대상별 제출서류

● 관광객 및 그 가족구성원
  – 공통 : 여행 비용을 충당할 수 있는 재정능력 입증서류 (2년간 소득세신고서
    또는 6개월간 은행예금 잔고증명서 등)
  – 30세미만의 학생인 경우 : 부모 재정서류로 대체 가능
● 회의·협의·교섭·교환 프로그램 참석자 또는 국제기구 주최 행사 참석자
  – 관련 당국이 발행하는 공식 초청장
● 국제체육경기에 참가하는 자와 경기목적에 부합하는 수행자
  – 경기 주관 기관의 공식 단체 초청장
● 국내 장기체류자격소지자의 가족구성원 및 친척
  – 사증신청자의 가족구성원 또는 친척임을 입증할 수 있는 정부발행 서류*
  * 정부발행 서류 : 여권에 가족사항이 기재된 경우를 포함하여 사증신청자의
    가족 구성원 또는 친척임을 입증하는 인도 당국이 발행한 서류를 말함
  – 장기체류자의 외국인등록증 또는 사증의 사본

8. 빈번출입국자에 대한 복수사증 발급
  ● (신청대상)
    · 최근 2년 이내 4회 이상 또는,
    · 통산 10회 이상 대한민국에 출입국한 사실이 있는 자
      ※ 다만, 최근 2년 이내 출입국기록 1회 이상 반드시 포함
  ● (신청 제외)
    · 무사증 입국불허국가 중 중국, 쿠바, 마케도니아, 코소보, 시리아 국가 국민
    · 사증신청일 기준 3년 이내 불법체류 등 국내법 위반으로 500만 원 이상 통고처분
      이나 출국명령·강제퇴거 명령 처분을 받은 자
      ※ 위 조건으로 복수사증을 발급 받은 자가 사증 유효기간 내 불법체류 등
        국내법 위반으로 '신청제외' 사유에 해당하는 처분을 받은 경우 사증무효
        조치하고 본인에게 고지 (출국권고 제외)
  ● 출입국기록 횟수 산입기준
    – 입국 및 출국기록 각 1회를 출입국기록 1회로 함
    – 무사증 출입국기록(제주무사증, 무사증환승 포함) 및 등록외국인의 재입국기록
      포함
    ※ 다만, 비전문취업(E-9), 선원취업(E-10), 계절근로자(C-4) 등 단순노무
      자격, 선원자격 및 상륙허가 등으로 출입국한 기록은 산입에서 제외
  ● 신청 절차
    – (신청 방법) 관할 대한민국 재외공관에 신청

	– (제출 서류) 사증발급신청서, 여권, 사진, ※ 수수료는 면제 ◼ 심사기준 및 발급 내용 – (심사기준) • 자격요건 해당 여부 검토 • 출입국기록 횟수 요건 충족 여부 ※ 매번 체류기간 소진 및 연장 등 체류행태가 의심되면 추가 소명자료를 징구하여 정밀심사하고 소명하지 못하는 경우에는 발급 불허 – (발급내용) 단기일반(C-3-1) : 유효기간 5년 이내, 체류기간 30일 ◼ 시행일 : 2017. 3. 1. 부터
사증발급인정서 발급대상	**1. 관광·휴양시설 투자이민자에 대한 복수사증 발급(C-3-1)** 　가. 신청 대상자 ◼ 투자시설에 기준금액 이상을 투자*한 외국인 및 법인의 임원, 주주와 그 동반가족 (부모, 배우자, 자녀, 배우자의 부모)**으로서 외국인 등록을 하지 않고 수시 방문하고자 하는 사람 　* 투자를 완료한 경우에 한하며, 투자 예정 또는 투자 진행 중인 자는 대상 아님 　** 단기방문(C-3) 자격은 국내 장기 체류하지 않고 수시 방문하고자 하는 자에 대한 것으로 동반가족의 범위를 거주(F-2) 및 영주(F-5)와 달리 정함 　나. 허가요건 ◼ 기준금액 이상이 본인의 해외자본으로 투자되었음을 입증하여야 함 ◼ 다음 결격사유 중 어느 하나에 해당되지 아니하여야 함 – 국내법을 위반하여 금고 이상의 실형을 선고받고, 그 형의 집행이 종료되거나 집행이 면제된 날로부터 5년이 지나지 않은 경우 – 국내법을 위반하여 금고 이상의 형의 집행유예를 선고받고 그 판결이 확정된 날로부터 5년이 지나지 않은 사람 – 국내법을 위반하여 300만 원 이상의 벌금형을 선고받고 벌금을 납부한 날(노역장 유치 시 유치 종료일)로부터 3년이 지나지 않은 경우 – 「출입국관리법」 제59조 제2항에 따른 강제퇴거명령을 받고 출국한 날로부터 7년 또는 「출입국관리법」 제68조에 따른 출국명령을 받고 출국한 날로부터 5년이 지나지 않은 경우 – 신청일 기준 3년 이내에 출입국관리법을 위반하여 범칙금을 받은 사람으로서 체류허가를 제한하여야 할 사유가 있는 경우

발급대상	- 입국금지 사유에 해당하거나, 대한민국의 안전보장과 질서유지, 공공복리, 기타 대한민국의 이익을 해할 우려가 있는 경우
	- 허위 서류를 제출한 경우
	- 투자시설에 매도 · 임대 · 담보 · 압류 등이 이루어지거나, 수익 목적으로 활용한 경우

다. 신청기관
- 투자시설 소재지(투자시설이 2곳 이상인 경우에는 투자금액이 많은 지역) 관할 출입국 · 외국인청(사무소 · 출장소)

라. 사증발급인정서 발급 내용
- 체류자격 단기일반(C-3-1), 체류기간 90일, 유효기간 3년 복수사증
  ※ 영주(F-5) 자격 취득을 위해서는 우선 거주(F-2)자격 변경과 외국인 등록이 필요

마. 제출 서류
① 사증발급인정신청서, 여권 사본
② 부동산 매매계약서, 부동산 등기부등본
③ 국내 외국환은행에서 발행한 국제송금 전신문, 외국환매입증명서 등 (신용카드 결제 시 은행이 발행한 결제정보 확인서, 신용카드 매출전표 사본, 분양회사 입금영수증, 카드 사본 등)
④ 가족관계 증명서 (배우자, 미혼 자녀의 송금 또는 동반 신청 시에 한함)

2. 공익사업 투자외국인 및 그 동반가족(C-3-1)

  가. 발급대상
- 공익사업 투자이민 펀드에 투자*한 외국인(은퇴투자이민자) 및 법인의 임원, 주주와 그 동반가족(부모, 배우자, 자녀, 배우자의 부모**)으로서 외국인등록을 하지 않고 수시 방문하고자 하는 사람
  * 투자를 완료한 경우에 한하며, 투자 예정 또는 투자 진행 중인 자는 대상 아님
  ** 단기방문(C-3) 자격은 국내 장기 체류하지 않고 수시 방문하고자 하는 자에 대한 것으로 동반가족의 범위를 거주(F-2) 및 영주(F-5)와 달리 정함

	나. 허가요건
	■ 기준금액 이상이 <u>본인의 해외자본으로 투자</u>되었음을 입증되어야 하고, 다음 결격사유 중 어느 하나에 해당되지 아니하여야 함
	– 국내법을 위반하여 금고 이상의 실형을 선고받고, 그 형의 집행이 종료되거나 집행이 면제된 날로부터 5년이 지나지 않은 경우
	– 국내법을 위반하여 금고 이상의 형의 집행유예를 선고받고 그 판결이 확정된 날로부터 5년이 지나지 않은 사람
	– 국내법을 위반하여 300만 원 이상의 벌금형을 선고받고 벌금을 납부한 날(노역장 유치 시 유치 종료일)로부터 3년이 지나지 않은 경우
(15) (16) (17) (18) (19) (20) (21) (22) ➡ 목차 사증발급인정서 발급대상	– 「출입국관리법」 제59조 제2항에 따른 강제퇴거명령을 받고 출국한 날로부터 7년 또는 「출입국관리법」 제68조에 따른 출국명령을 받고 출국한 날로부터 5년이 지나지 않은 경우
	– 신청일 기준 3년 이내에 출입국관리법을 위반하여 범칙금을 받은 사람으로서 체류허가를 제한하여야 할 사유가 있는 경우
	– 입국금지 사유에 해당하거나, 대한민국의 안전보장과 질서유지, 공공복리, 기타 대한민국의 이익을 해할 우려가 있는 경우
	– 허위 서류를 제출한 경우
	다. 신청기관
	■ 원금보장·무이자형에 투자한 외국인은 서울출입국·외국인청 세종로 출장소 또는 제주출입국·외국인청(제주도 체류자에 한함)
	■ 손익발생형에 투자한 외국인은 해당 개발사업자가 등록된 청(사무소·출장소)
	라. 사증발급 내용
	■ 체류자격 단기일반(C-3-1), <u>체류기간 90일·유효기간 3년 복수사증의 사증발급인정서 발급</u>
	■ 영주(F-5) 체류자격 변경을 위해서는 거주(F-2) 체류자격변경과 외국인 등록이 필요함
	마. 제출서류
	① 신청서, 여권사본, 수수료
	② 투자금 납입 증명 서류 (투자 유치기관 장의 직인이 날인된 투자 확인서, 계좌이체 내역서 등)
(23) ➡ 목차	③ 공익투자 전담은행에서 발행한 국제송금 전신문, 외국환매입증명서 등 (관

광ㆍ휴양시설 투자이민제와 연계투자하며 신용카드로 분양대금 결제 시 은행이 발행한 결제정보 확인 서, 신용카드 매출전표 사본, 분양회사 입금영수 증, 카드 사본 등)

④ 가족관계 증명서(투자자의 배우자 또는 미성년 자녀의 송금 또는 부모 등 가족 신청 시에 한함)

⑤ 투자한 법인의 현직 임원 또는 과점주주로 신청 대상자(F-2 자격변경허가 기준)임을 입증하는 서류 및 당사자 명단이 명시된 해당 법인의 공문(법인의 임원 또는 주주 해당자에 한함)

⑤ 국외에서 해당 투자자 명의로 법인에 투자금을 송금 또는 지불 하였음을 입증하는 서류(법인의 임원 또는 주주 해당자에 한함)

3. 의료관광 유치기관의 초청을 받은 자(C-3-3)

가. 발급 대상

● 의료관광 유치기관*의 초청으로 국내 의료기관에서 진료 또는 요양할 목적으로 입국하고자 하는 외국인 환자

● 외국인 환자의 간병 등을 위해 동반입국이 필요한 배우자 등 동반가족

　* 의료법에 따라 보건복지부 장관에게 외국인환자 유치 의료기관 또는 외국인환자 유치업자로 등록을 마친 자

나. 초청자격

● 「의료법」상 외국인 환자 유치 의료기관 또는 유치업자로 등록한 자

● 유치기관으로 등록한 초청자가 온라인(visa.go.kr)으로 사증발급인정서를 신청 하는 경우에만 허용 ('12. 1. 1. 시행)

다. 사증발급인정서 발급 내용

● 치료 및 여행기간이 90일 이하 단기인 경우 : 체류자격 C-3-3, 체류기간 90일 이내로 하되, 사증유효기간은 단수사증 3월, 더블사증 6월 및 복수사증은 5년 이내

　- 아래 21개 국가 국민에게 C-3-3을 발급할 경우에는 체류기간 90일의 단수사증 또는 더블사증으로 발급

21개 국가	중국, 필리핀, 인도네시아, 방글라데시, 베트남, 몽골, 태국, 파키스탄, 스리랑카, 인도, 미얀마, 네팔, 이란, 우즈베키스탄, 카자흐스탄, 키르기즈스탄, 우크라이나, 나이지리아, 가나, 이집트, 페루

■ 치료 및 여행기간이 91일 이상 장기인 경우 : 체류자격 G-1-10, 체류기간 1년 이내의 복수사증

※ 베트남의 경우에는 '16.4.1.부터 사증발급인정서 및 전자사증 발급 제한

라. 기타사항

■ 배우자 또는 동반가족 등에 대해서는 외국인 환자와 동일한 내용의 사증 또는 사증발급인정서 발급

마. 제출 서류

① 사증발급인정신청서(별지 제21호 서식), 여권사본, 표준규격사진 1매

② 의료기관에서 발급한 의료목적 입증서류

③ 치료 및 체류비용 조달 능력을 입증할 수 있는 서류

※ 우수 유치기관이 초청하는 경우에는 피초청인에 대한 재정능력 입증서류 생략 가능

④ 사업자등록증 사본 및 유치기관 등록증 사본

※ 회원가입자는 기존 서류 제출로 대체

⑤ 가족관계 입증서류* (결혼증명서·가족관계기록사항에 관한 증명서 또는 출생증명서 등)

* 동반입국이 필요한 배우자 및 동반가족에 한함

4. 외국인 초청절차 우대기업의 초청을 받은 자(C-3-6)

가. 발급 대상

■ 휴넷코리아(www.visa.go.kr)를 통해 우대기업으로 선정된 기업·단체로부터 초청을 받은 자

※ 우대기업으로 선정되려면 중소벤처기업부장관, 중소기업중앙회장, 한국무역협회장의 추천을 받은 기업·단체이어야 함 (우대기업 명단 별첨 참조)

나. 사증발급인정서 발급 내용

■ 체류자격 우대기업초청 단기상용(C-3-6), 체류기간 90일, 유효기간 1년 복수사증

라. 제출 서류

① 사증발급인정신청서(별지 제21호서식), 여권, 표준규격사진

② 재직증명서   ③ 우대기업 발행 초청장

단기취업(C-4)

활동범위 및 해당자 (수익을 목적으로 단기간 취업활동을 하려는 자)	□ 계절근로 단기취업(C-4-1~4) 　－ 해당자는 계절근로(E-8) 자격 참조 □ 계절근로외 단기취업(C-4-5) ◉ 일시흥행 활동 　－ 해당자는 예술흥행(E-6) 자격 참조 ◉ 광고·패션활동 　－ 해당자는 예술흥행(E-6) 자격 참조 ◉ 강의·강연 　－ 수익이 따르는 계약에 의하여 국내 공사기관 등으로부터 초청되어 단기간 강연·강의활동을 하는 자 　※ 수익이 따르지 않는 경우는 당기방문(C-3)에 해당됨 ◉ 연구·기술지도 　－ 연구(E-3), 기술지도(E-4) 자격참조 ◉ 공사기관과의 계약에 의한 직업 활동 　－ 특정활동(E-7) 자격 참조 ◉ 수입기계 등의 설차·보수, 조선 및 산업설비 제작감독 등 각종 용역제공계약, 구매계약, 사업수주 계약 등에 의해 국내에 의하여 파견되어 국내 공사기관으로부터 체재비 등 보수성 경비를 지급받고 근무하고자 하는 자* ＊ 보수성경비를 국내가 아닌 해외에서 지급받더라도 실질적인 서비스를 제공하거나 실질적인 업무를 하는 자도 포함 ◉ 정보기술 등 첨단기술 분야 　－ 국내기업의 정보기술(IT), 전자상거래 등 기업정보화(e-business), 생물산업(BT), 나노기술(NT), 신소재분야(금속, 세라믹, 화학), 수송기계, 디지털전자 및 환경·에너지, 기술경영 분야에 종사하고자 하는 자 ➠ 단순노무 직종은 단기취업(C-4-5) 자격에 해당되지 않음
1회 부여	◉ 90일

2) 산업통상자원부장관의 위임을 받은 대한무역투자진흥공사(KOTRA) 또는 중소기업청장의 위임을 받은 중소기업진흥공단이 외국인의 사증발급 및 체류에 관한 편의제공을 위해 대한민국 내의 공사기관에서 근무하고자 하는 해외 우수기술인재에게 발급하는 고용추천서

체류기간의 상한	
공관장 재량으로 발급할 수 있는 사증 ▶ 목차 공관장 재량으로 발급할 수 있는 사증 ▶ 목차 공관장 재량으로 발급할 수 있는 사증	1. 아래 대상자에 대한 체류기간 90일 이하의 복수사증

1. 아래 대상자에 대한 체류기간 90일 이하의 복수사증

🔹 대상자

국내기업의 정보기술(IT), 전자상거래 등 기업정보화(e-business), 생물산업(BT), 나노기술(NT), 신소재분야(금속, 세라믹, 화학), 수송기계, 디지털전자 및 환경·에너지, 기술경영 분야에 종사하고자 하는 자로서 소관부처 장관의 고용추천이 있는 자

첨부서류
① 사증발급신청서 (별지 제17호 서식), 여권, 표준규격사진 1매, 수수료
② 고용계약서 ③ 소관부처(산하단체)의 고용추천서
④ 공사기관 설립관련 서류 (사업자등록증, 법인등기부등본)
※ 재외공관의 장은 입국목적, 초청의 진정성, 초청자 및 피초청자의 자격 확인   등을 심사하기 위해 필요한 경우 첨부서류를 일부 가감할 수 있음

2. 수입기계 등의 설치·보수, 조선 및 산업설비 제작·감독 등 각종 용역제공계약, 구매계약, 사업수주 계약 등에 의해 국내에 의하여 파견되어 국내 공·사기관으로부터 체재비 등 보수성 경비를 지급받고 근무하고자 하는 자*

* 보수성경비를 국내가 아닌 해외에서 지급받더라도 실질적인 서비스를 제공하거나 실질적인 업무를 하는 자도 포함

첨부서류
① 사증발급신청서 (별지 제17호 서식), 여권, 표준규격사진 1매, 수수료
② 용역계약서(또는 구매계약서, 사업수주계약서 등) 사본
③ 파견명령서 또는 출장명령서
※ 재외공관의 장은 입국목적, 초청의 진정성, 초청자 및 피초청자의 자격 확인   등을 심사하기 위해 필요한 경우 첨부서류를 일부 가감할 수 있음

3. 영어캠프 등에서 90일 이하 회화지도 활동을 하는 자

첨부서류
① 사증발급신청서 (별지 제17호 서식), 여권, 표준규격사진 1매, 수수료
② 학위관련 검증서류(아래 사항 중 택1)

- 학위증 사본(아포스티유 확인 또는 해외주재 대한민국 공관의 영사확인)
- 해당 대학에서 발행한 학위취득 증명서(아포스티유 확인 또는 해외주재 대한민국 공관의 영사확인)
- 학위취득 사실이 기재된 졸업증명서(아포스티유 확인 또는 해외주재 대한민국 공관의 영사확인)

※ 아포스티유 협약 미가입 국가인 경우 자국 소재 대한민국공관의 영사 확인

③ 범죄경력증명서(아포스티유 또는 해외주재 대한민국 공관의 영사확인)

④ 고용계약서

⑤ 사업자등록증, 법인등기부등본 또는 교육기관 설립관계 서류

⑥ 평생교육시설등록증 등 평생교육시설 신고수리·지정관련 서류

⑦ 영어캠프 운영일정표 및 강의시간표(해당 외국인 참여시간 표기)

> 평생교육시설이 등록(신고)된 위치를 벗어난 시설에서 캠프를 운영하기 위해 외국인강사를 초청(채용)하는 경우 사증발급 불허*
>
> * 평생교육시설이 신고되지 않은 장소에서 교습을 하면 학원법 제14조(교습소 설립·운영의 신고 등) 위반이며, '11.07.25. 개정된 학원법 제2조의 2에 따라 초중등학생을 대상으로 교습을 하는 학교교과교습학원으로 등록을 하지 않고 교습을 하는 경우에는 학원법 제6조 위반('12. 2. 법제처 유권해석)

※ 재외공관의 장은 입국목적, 초청의 진정성, 초청자 및 피초청자의 자격 확인 등을 심사하기 위해 필요한 경우 첨부서류를 일부 가감할 수 있음

4. 체류기간 90일 이하의 단기간 동안 국내에서 수익을 목적으로 하는 일시흥행, 광고·패션모델 등의 취업활동을 하는 자 또는 상금과는 별개로 체재비를 상회하는 보수 또는 수당 등을 받거나 받기로 하고 운동경기, 바둑시합, 가요 경연 등에 참가하는 사람*
   * 예시된 취업활동 및 운동경기 등은 물론이고, 작품 판매 등을 통해 수익이 발생하는 전시회 참가 미술가 등도 포함

첨부서류	
① 사증발급신청서(별지 제17호 서식), 여권, 표준규격 사진 1매, 수수료	
공연법 규정에 의한 공연을 하려는 경우	② 영상물등급위원회(제주특별자치도의 경우 제주특별자치도지사)의 공연추천서(추천제외대상공연은 면제)
	③ 공연계획서, 공연계약서 (공연계획서 포함 생략)
	④ 피초청인이 미성년자인 경우, 법정대리인의 동의서

▶ 목차	관광진흥법에 의한 호텔업시설, 유흥업소 등에서 공연 또는 연예활동에 종사하려는 경우	② 영상물등급위원회의 공연추천서* * 관광업소에서의 <u>연주, 가요, 곡예, 마술</u>에 대한 공연추천은 '<u>주한 미8군 영내클럽, 관광진흥법상 3급 이상 관광호텔, 관광유람선, 휴양콘도미니엄, 관광극장유흥업, 외국인전용음식점, 국제회의시설의 부대시설</u>'을 제외하고 추천하지 않음 (첨부 1 참조) – 단, 관광업소중 <u>공연법령의 규정</u>에 의하여 <u>등록된 공연장</u>(예: 워커힐 호텔, 부산롯데호텔 등)에서의 퍼레이드·쇼·뮤지컬 등 가무적 요소를 갖춘 공연과 <u>유원시설</u>(예: 에버랜드, 롯데월드, 서울랜드 등) 및 <u>국제회의시설의 부대시설</u>(코엑스·벡스코 등 무역전시장 및 롯데하얏트 등 특급호텔)에서의 '가무'도 공연추천 ③ 연예활동계획서 ④ 자격증명서 또는 경력증명서, ⑤ 신원보증서 ⑥ 피초청인이 미성년자인 경우, 법정대리인의 동의
	체재비를 상회하는 보수 또는 수당을 받거나 받기로 하고 운동경기, 바둑시합, 가요 경연 등에 참가하는 사람	② 주최 측이 발급한 초청장 또는 참가확인서 ③ 행사 참가 시 지급되는 보수 또는 수당 등이 기재되어 있는 계약서 등 (초청장 등에 그 내용이 기재되어 있는 경우 제출 생략)
	광고 모델의 경우 광고 모델의 경우	○ 일반심사 기준 ② 사업자등록증 ③ 대중문화예술기획업 등록증* * 대중문화예술산업발전법 시행규칙 별지 제2호 서식 ④ 부가가치세 과세표준증명(매출과세표준) ⑤ 납세증명서 ⑥ 기타 기업의 건전성을 증빙하는 서류 ⑦ 고용계약서, 신원보증서, 이력서, 보호자 동의서 (미성년인 경우) ⑧ 광고촬영·패션쇼 관련 계약서(광고건별 제출)*, 광고촬영·패션쇼 관련 모델 사용 개요(광고주 작성), 국내 활동 계획서

*1) 광고주 초청업체 계약 시 : 광고주 ↔ 초청업체, 초청업체 외국인 각 1부(총 2부)

*2) 광고대행사 초청업체 계약 시 : 광고주 광고대행사, 광고대행사, 초청업체, 초청업체 외국인 각 1부(총3부)

※ 계약서 필수 포함사항 : 대금 지불방법, 권리의무 관계(저작권), 계약당사자의 서명 또는 날인

⑨ 기타 모델의 전문성을 입증할 수 있는 서류

⑩ 해당사항 있는 경우) 직전 초청 외국인의 국내 활동 내역, 귀국 여부 등 증빙서류 ※ 해당 공관 사증발급 신청건만 해당

※ **영사 인터뷰 필수**

○우대심사 기준 : 우수업체

우대심사 기준 적용대상

	모델 전문 매니지먼트 업체로서 아래의 요건을 모두 갖춘 업체
초청 업체	▶ 법인사업자 ▶ 대중문화예술기획업 등록 ▶ 최근 3년 이내 최소 5억원 이상 매출실적 ▶ 최근 3개월 간 국민 상시근로자 5인 이상 고용 ▶ 업력 5년 이상(또는 대표이사의 동종업계 종사경력 5년 이상) ▶ 사업자등록증 상 도·소매업 등 무관한 업종이 존재하지 않고 매니지먼트, 엔터테인먼트, 모델에이전시 등 관련 업종만 등재되어 있을 것 ▶ 체납 사실이 없을 것
외국인	▶ 불법체류 다발 고시국가*, 기타 법위반 고위험 국가가 아닐 것

* 중국, 필리핀, 인도네시아, 방글라데시, 베트남, 몽골, 태국, 파키스탄, 스리랑카, 인도, 미얀마, 네팔, 이란, 우즈베키스탄, 카자흐스탄, 키르키즈스탄, 우크라이나, 나이지리아, 가나, 이집트, 페루

② 사업자등록증, 법인 등기부등본, (필요시) 대표이사 경력 관련 증빙 서류, 대중문화예술기획업 등록증

③ 부가가치세 과세표준증명(매출과세표준)* 전년도 재무재표

* 최근 3년간 연평균 매출액이 5억원 이상인지 학인

④ 최근 1개월 사이에 발급한 고용보험 가입자 명부

※ 최근 3개월 이상 계속하여 고용된 국민의 수가 5인 이상일 것

	⑤ 납세증명서
	⑥ 기타 기업의 건전성을 증빙하는 서류
	⑦ 신원보증서, 이력서, 보호자 동의서 (미성년인 경우)
	⑧ 국내활동계획서
	⑨ 기타 모델의 전문성을 입증할 수 있는 서류(포트폴리오 등)
	⑩ 해당사항 있는 경우) 직전 초청 외국인의 국내 활동 내역, 귀국 여부 등 증빙서류 ※ 해당 공관 사증발급 신청건만 해당
그 밖의 경우	② 소관 중앙행정기관의 장의 고용추천서 *또는 고용의 필요성을 입증하는 서류** ③ 피초청인이 미성년자인 경우, 법정대리인의 동의서 * 방송출연자 등에 대한 방송통신위원회의 고용추천서 등 ** 프로축구 선수 등 운동선수·지도자·심판 등에 대한 소속협회(연맹)의 고용추천서, 주무처장관의 협조공문, 초청단체(자)의 초청사유 및 활동계획서 또는 사업계획서 등
※ 재외공관의 장은 입국목적, 초청의 진정성, 초청자 및 피초청자의 자격 확인 등을 심사하기 위해 필요한 경우 첨부 서류를 일부 가감할 수 있음	

5. 교수(E-1) 또는 특정활동(E-7) 자격 대상자로서 수익이 따르는 계약 등에 따라 90일 이하 강의·강연·연구활동을 하는 자 (대학교원 또는 관련분야 전문가 등)

 가. 적용대상 및 자격기준

　🔳 전문대학 이상의 교육기관 등에서 통상의 체재비를 초과하는 수익이 발생하는 계약*에 따라 90일 이하 단기간 강의, 연구 등의 활동을 하는 초빙교수 등

첨부서류
① 사증발급신청서 (별지 제17호 서식), 여권, 표준규격사진 1매, 수수료
② 고용(강의·강연)계약서 또는 강의료 액수 등 수익금액이 기재되어 있는 초청장(사증발급 협조요청 문서)
③ 신청인의 학위증 사본 및 재직증명서
④ 초청 교육기관 등의 설립관련 서류 (사업자등록증 사본 또는 법인등기사항전부증명서 등)
※ 재외공관의 장은 입국목적, 초청의 진정성, 초청자 및 피초청자의 자격 확인 등을

심사하기 위해 필요한 경우 첨부서류를 일부 가감할 수 있음

【공익목적 초청에 의한 강의·강연】

고용계약에 따른 취업활동이 아닌 초청에 의한 1회성 강의·강연·자문활동 등의 경우 아래와 같은 조건 하에서 단기취업(C-4-5) 비자가 아닌 단기 체류자격(C-3, B-1, B-2) 소지자도 활동 가능

〈단기취업(C-4-5) 비자 면제 조건〉

☞ 아래의 조건을 모두 충족해야 함

- (초청자 및 초청목적) 정부(지자체 포함), 대학, 정부출연기관 등 비영리기관이 학술 또는 공익 목적으로 초청하는 경우

  ※ 사기업 등이 영리목적으로 초청하는 경우에는 단기취업(C-4-5) 발급 대상

- (대상기관 제한) 피초청인이 강연·강의·자문 활동을 할 수 있는 국내 기관은 체류기간 중 5개를 초과할 수 없음

  ※ 예시) 피초청인의 체류기간이 30일인 경우 30일 내 5개 비영리기관 범위 내에서 강연·강의·자문활동 가능

- (활동기간 제한) 체류기간 중 강의·강연·자문 등의 활동기간은 7일을 초과할 수 없음

  ※ 예시) 체류기간이 30일인 경우에도 강의·강연·자문 등의 활동은 7일을 초과할 수 없음

6. 상기 이외의 단기취업(C-4-5) 자격 해당자에 대한 체류기간 90일 이하의 단수사증

첨부서류
① 사증발급신청서 (별지 제17호 서식), 여권, 표준규격사진 1매, 수수료
② 고용계약서
③ 소관행정기관의 장의 고용추천서, 협조공한 또는 고용의 필요성을 입증할 수 있는 서류
※ 재외공관의 장은 입국목적, 초청의 진정성, 초청자 및 피초청자의 자격 확인 등을 심사하기 위해 필요한 경우 첨부서류를 일부 가감할 수 있음

□ 계절근로 단기취업(C-4-1~4)자에 대한 사증발급인정서 발급

○ 신청자

- (시·군·구)기초자치단체장

○ 신청시기

- 농·어업 작업시기, 사증발급인정서 발급 소요 기간(신청일로부터 약 10일 소요),

구분	내용
사증발급인정서 발급대상	외국인 계절근로자 사증 준비 및 자국 출국을 위한 행정 절차 소요 기간 등을 고려하여 신청시기 결정 ○ 신청 방법 : 비자포털(www.visa.go.kr)을 통하여 신청 ○ 사증발급인정서 대상자 　- 지자체가 고용주에게 배정한 해외 체류 외국인 　　※ 결혼이민자 또는 외국국적동포의 국내 체류 가족은 사증발급인정서 신청 대상이 아니고 체류자격외활동허가 신청 대상임 ○ 사증발급인정서로 신청하는 계절근로 사증 종류

사증(VISA)	추천자	허용 분야	최대 체류기간
C-4-1(단수)	MOU 체결 외국지자체	농 업	90일
C-4-2(단수)	결혼이민자	농 업	90일
C-4-3(단수)	MOU 체결 외국지자체	어 업	90일
C-4-4(단수)	결혼이민자	어 업	90일

- '표준근로계약서' 상의 근로일수와 사증(VISA)별 체류기간이 부합되어야 함
- 비자포털에 부정확한 정보 입력으로 반려되는 경우 적정한 시기에 계절근로자를 초청하지 못하는 문제가 발생하기 때문에 추천자 및 허용분야를 확인하여 정확한 사증 종류를 신청하고 필요 정보를 정확히 입력하여야 함

○ 제출서류(비자포털에 첨부)
　① 표준근로계약서
　② 내국인 구인노력 증빙자료(구인 광고내용 사본 및 최종 구인실적 등)
　③ 외국인 계절근로자 관련 서류
　　㉠ 외국인 계절근로자 여권 사본
　　㉡ MOU 외국인 : 본국에서의 농·어업 종사 이력
　　㉢ 결혼이민자의 4촌 이내 친척(배우자 포함) : 결혼이민자 신분증, 국내용 혼인가족관계 증명서, 기본증명서, 결혼이민자의 친척 관계도, 거주국(체류국)에서 발급한 가족관계증명서 등
　　　※ 국내 결혼이민자와의 가족(친척)관계가 입증되어야 하며 영어 이외의 외국어로 되어있을 때는 번역자 확인서 및 번역문을 첨부(공증불요)
　④ 숙소 관련 서류
　　- 외국인 계절근로자에게 제공 예정인 '숙소시설표'('24년 한시적 시행)
　　　※ 숙소점검 확인서는 계절근로자 입국 직후 지자체에서 일괄 공문 제출
　⑤ 업무협약(MOU) 체결 결과서 등
□ 특정국가(쿠바) 국민에 대한 단기취업(C-4-5) 사증발급인정서 발급

● 특정국가(쿠바) 국민은 원칙적으로 법무부장관, 출입국 · 외국인청(사무소 · 출장소) 장이 발급한 사증발급인정서에 따라 사증 발급

　－ 사증발급인정서를 제출하지 아니한 자에 대하여는 공관장이 사증발급승인을 요청하여 법무부장관의 승인을 받아 사증을 발급할 수 있음

　※ 특정국가 거주 무국적자는 특정국가 국민의 사증발급기준에 준하여 처리

문화예술(D-1)

활동범위 및 해당자	수익을 목적으로 하지 아니하는 학술 또는 예술상의 활동 - 논문작성, 창작 활동을 하는 자 - 비영리 학술활동·예술단체의 초청으로 학술 또는 순수 예술 활동에 종사하는 자 - 대한민국의 고유문화 또는 예술에 대하여 전문적으로 연구하거나 전문가의 지도를 받으려는 자 　(예: 태권도 등 전통무예, 한국무용, 서예, 궁중음악, 참선, 농악 등) ➡ 체류기간이 90일 이하인 경우에는 단기방문(C-3-1) 자격에 해당
체류기간의 상한	2년
공관장 재량으로 발급할 수 있는 사증 ▶ 목차	1. 한국국제교류재단 및 한국문화예술위원회의 초청을 받아 문화예술 활동을 하고자 하는 자에 대한 체류기간 1년 이하의 단수사증 **첨부서류** ① 사증발급신청서 (별지 제17호 서식), 여권, 표준규격사진 1매, 수수료 ② 초청장 ③ 문화예술단체임을 입증하는 서류 　- 전문가의 지도인 경우에는 그 자의 경력증명서 ④ 이력서 또는 경력증명서 ⑤ 체류 중 일체의 경비지불능력을 증명하는 서류 ※ 재외공관의 장은 입국목적, 초청의 진정성, 초청자 및 피초청자의 자격 확인 등을 심사하기 위해 필요한 경우 첨부서류를 일부 가감할 수 있음 ➡ 상기 이외의 경우에는 모두 사증발급인정서에 의해 사증발급
사증발급인정서 발급대상	1. 상기 『공관장 재량으로 발급할 수 있는 사증』 이외의 경우에는 모두 사증발급인정서에 의해 사증발급

첨부서류
① 사증발급인정신청서 (별지 제21호 서식), 여권, 표준규격사진 1매 ② 초청장 ③ 문화예술단체임을 입증하는 서류   – 전문가의 지도인 경우에는 그 자의 경력증명서 ④ 이력서 또는 경력증명서 ⑤ 체류 중 일체의 경비지불능력을 증명하는 서류
※ 출입국·외국인청(사무소·출장소)장은 초청의 진정성, 초청자 및 피초청자의 자격 확인 등을 심사하기 위해 첨부서류의 일부를 가감할 수 있음

참고사항	◉「전문가」라 함은 무형문화재 또는 국가공인 기능보유자 등을 말하며, 순수예술 분야의 연구단체나 해당 분야의 저명한 인사로부터 지도를 받는 자를 포함하나 영리목적의 사설학원에서의 연수자는 해당되지 않음 ◉ 체류기간이 90일이하의 단기인 경우에는 단기방문(C-3) 자격임
➡ 목차	

유 학(D-2)

활동범위 및 해당자	○ (교육기관) 「고등교육법」 및 특별법에 따라 설립된 전문대학 이상의 교육기관이나 학술 연구기관으로서 법무부장관이 정하는 요건을 갖춘 대학 또는 부설 어학원 – (제외) 다음 대상은 유학 체류자격 대상 교육기관에서 제외 ⅰ) 「고등교육법」제2조제5호에 따른 방송대학·통신대학·방송통신대학 및 사이버대학 (원격대학) ⅱ) 「평생교육법」제2조제2호에 따른 평생교육기관 ⅲ) 「국민 평생 직업능력 개발법」제2조제5호에 따른 기능대학 중 '직업훈련과정' ⅳ) 유학 체류자격을 허용*하는 일부 야간 학위과정을 제외한 야간대학 및 대학원 * 주간 교육과정이 없는 야간대학원, 전문대학 전공심화 야간과정으로서 관할 출입국관서의 야간 학위과정 사전심사를 거친 교육과정 ○ (외국인 유학생) 위 교육기관에서 정규과정의 교육을 받거나 특정 연구를 하고자 하는 외국인으로서 유학(D-2) 및 어학연수(D-4-1, D-4-7) ○ 적용대상별 세부약호 표

약 호	약 호	대 상 자
학위과정 (D-2)	D-2-1	전문학사과정
	D-2-2	학사과정
	D-2-3	석사과정
	D-2-4	박사과정
	D-2-5	연구과정
	D-2-6	교환학생
	D-2-7	일-학습연계 유학
	D-2-8	방문학생
어학연수 (D-4)	D-4-1	한국어 연수
	D-4-7	외국어 연수

1회 부여 체류기간의 상한	2년
사증발급 일반	1. 대상 기관 ○ 고등교육법 제2조 제1호에서 제4호 및 특별법의 규정에 의하여 설립된 전문대학 이상 (야간대학원 포함*)으로 우리부에서 운영하는 유학생정보시스템 (FIMS)에 등록된 교육기관 및 학술연구기관 * 야간대학원은 주간과정이 없는 경우에만 예외적으로 인정 ※ 단, 야간대학, 원격대학 (방송대학, 통신대학, 방송·통신대학, 사이버대학)

및 한국폴리텍대학 직업훈련과정 (단, 학위과정인 다기능기술자과정은 인정)
은 고등교육법 규정 및 FIMS 등록여부와 관계없이 유학 (D-2), 어학연수
(D-4-1) 사증발급 제외 대상임

2. 제출서류

공통서류

① 사증발급(인정)신청서, 여권사본, 사진 1매(6개월 이내 촬영 반명함)

② 교육기관 사업자등록증 (또는 고유번호증) 사본

③ 표준입학허가서 (대학 총학장 발행)

☞ 단, 국립국제교육원 및 국방부초청 정부 장학생은 교육원장 및 국방부장관이
발급한 초청장으로 대체

④ 결핵진단서 (해당자에 한함)

⑤ 가족관계 입증서류 (부모의 잔고증명 등을 제출한 경우에 한함)

⑥ 최종학력 입증서류

- 최종학력 입증서류는 원본심사를 원칙. 다만, 학위 등 인증보고서 등은 대학담당자의
원본 대조필인이 있을 경우 사본도 인정 가능하고 개인이 직접 신청하여 발급한
학력입증서류는 유효기간 내에서만 인정

- 일반국가
○ 아래 표에서 정한 방식의 학력증명서를 ① 아포스티유 (Apostille) 확인 또는
② 영사(출신학교가 속한 국가 주재 한국영사 또는 주한 공관 영사) 확인을
받아 제출

구 분			제 출 서 류
어학연수(D-4-1) 과정			고교 졸업 이상 학력 증명서
학위 과정	신입학 (D-2-1~ D-2-4)	전문 학사	고교 졸업증명서
		학사	
		석사	학사 졸업증명서
		박사	석사 졸업증명서
	편입학 (D-2-1~ D-2-4)	전문 학사	고교 졸업증명서 + (전문)학사 재학(졸업)증명서

구분	과정	제출 서류
	학사	①고교 졸업증명서 + 학사 재학증명서 또는 ②(전문)학사 졸업증명서
	석사	학사 졸업증명서 + 석사 재학(졸업)증명서
	박사	석사 졸업증명서 + 박사 재학(졸업)증명서
교환학생 (D-2-6)	전문 학사	해외 전문학사 재학증명서
	학사	해외 (전문)학사 재학증명서
	석사	해외 석사 재학증명서
	박사	해외 박사 재학증명서
방문학생 (D-2-8)	전문 학사	고교 졸업증명서 + 해외 전문학사 재학증명서
	학사	고교 졸업증명서 + 해외 (전문)학사 재학증명서
	석사	해외 석사 재학증명서
	박사	해외 박사 재학증명서
연구유학 (D-2-5)	-	석사 학위 이상 졸업증명서

- 중국 (중국 내 학력·학위 취득자에 한함)
  - 학위 과정별로 중국 교육부 운영 학력·학위인증센터 발행 학위 등 인증 보고서를 아래 표에서 정한대로 제출

구 분		입 증 내 용	제 출 서 류 (아래 서류 외 불인정)
어학연수(D-4-1) 과정		고교 졸업 이상 학력	◇ 일반고 학력 - (졸업) CHSI(学信网) ◇ 전문학사 학력 - (재학) CHSI(学信网) - (졸업) CHSI(学信网) ◇ 학사 이상 학력 - (재학) CHSI(学信网) - (졸업) CHSI(学信网)
신입학 (D-2-1 ~D-2-4)	전문학사	고교 졸업 사실	
	학사		
	석사	학사 졸업 사실	
	박	석사 졸업 사실	

구 분		심 사 기 준	비고
편입학 (D-2-1 ~D-2 -4)	사 전 문 학 사	고교 졸업 사실 + 전문학사 재학(졸업) 사실	또는 CDGDC(学位网)
	학 사	고교 졸업 사실 + 학사 재학(졸업) 사실 또는 전문학사 졸업 사실	
	석 사	학사 졸업 사실 + 석사 재학(졸업) 사실	
	박 사	석사 졸업 사실 + 박사 재학(졸업) 사실	
교환학 생 (D-2- 6)	전 문 학 사	중국 전문학사 재학 사실	
	학 사	중국 학사 재학 사실	
	석 사	중국 석사 재학 사실	
	박 사	중국 박사 재학 사실	
방문학 생 (D-2- 8)	전 문 학 사	고교 졸업 사실 + 중국 전문학사 재학 사실	
	학 사	고교 졸업 사실 + 중국 학사 재학 사실	
	석 사	중국 석사 재학 사실	
	박 사	중국 박사 재학 사실	
연구유 학 (D-2- 5)	-	석사 학위 이상 취득 사실	

○ 단, 중국 교육부 운영 학력·학위인증센터 발행 학위 등 인증보고서가 발급되지 않는 중등직업학교 등 졸업자(학력인정기관 졸업자에 한함)에 대해서는 아래 기준에 따라 심사 자료 제출

구 분		심 사 기 준	비고
중등 직업 학교	보통중등전문학 교(普通中专) Regular	① 온라인 발행 ⅰ) 지방 교육 당국 발행 졸업증명서* : 　주중한국영사확인 필요	택1

Specialized Secondary Schools		
직업고등학교 (職業高中) Vocational High Schools	* 온라인에서 진위 여부 확인 가능한 경우만 인정 ② 오프라인 발행 ('학교정보확인서' 제출 필수) ⅰ) 지방 교육 당국 발행 졸업증명서 : 주중한국영사확인 　 필요 ⅱ) 학교 자체 발행 졸업증명서 : 성교육청(시교육국) 　 확인 + 주중한국영사확인 필요	
성인중등전문학교(成人中专) Adult Specialized Secondary Schools		
기술공업학교 (技工学校) Skilled Workers Schools	인적자원사회보장부 공식 홈페이지 (http://www.mohrss.gov.cn)온라인 조회본 + 주중한국영사확인 * 온라인에서 진위 여부 확인 가능한 경우만 인정	
기타 고졸학력 인정 학교	학교 자체 발행 졸업증명서 + 주중한국영사확인 ※설립허가증(사업단위법인증서(事业单位法人证书) 또는 　민판학교판학허가증(民办学校办学许可证)) 사본 제출 　필요 (단, 학력교육 과정만 인정, 공증 불필요)	

⑦ 재정능력 입증서류
　- 1년간 등록금 및 체재비 상당하는 금액
　- 베트남의 경우 은행에서 발행한 지급유보방식의 별도 유학경비 잔고증명서

과정별 추가 제출서류

특정 연구과정 (D-2-5)	- 최종학력 입증서류(석사학위이상 소지자를 원칙으로 함) ※ 석사 학위 이상 취득자를 원칙으로 하나 다음의 경우는 본국 학사과정 재학 중인 사람도 허용 ① 「특정연구기관 육성법 시행령」제3조에 따른 특정연구기관으로 지정된 대학이 연구과정 유학생(D-2-5)을 초청하는 경우 ② THE(Times Higer Education) 선정 200대 또는 QS(Quacquarelli Symonds) 선정 상위 500위 이내 국내 대학에서 이공계 분야 연구과정 유학생(D-2-5)을 초청하는 경우

		– 신원보증서 또는 재정능력 입증서류(잔고증명, 연구수당 지급 확인서 등)
		– 특정연구과정임을 입증하는 서류(총장의 연구생확인서 등)
교환학생 (D-2-6)		– 소속 (본국) 대학의 장이 발급한 추천서
		– 교환학생임을 입증하는 서류 (초청 대학의 공문, 대학 간 체결한 학생교류 협정서 등)
		– 1학기 이상을 외국 정규대학에서 수학하였음을 입증하는 서류 (본국 대학의 재학증명서 등)
※ 재외공관의 장은 입국목적, 초청의 진정성, 초청자 및 피초청자의 자격 확인 등을 심사하기 위해 필요한 경우 첨부서류를 일부 가감할 수 있음		

3. 사증 발급 대상

대상별 사증 발급 유형표 -2019.10.1부 적용

대학별		국가별	학생유형	사증 발급	사증발급 인정서	전자 비자
인증대	우수 인증대	국적무관	어학연수(D41)	○	○	×
			유학(D21~8)	○	○	○
	인증대	국적무관	어학연수(D41),유학(D2)	○	×	×
			석사(D23),박사(D24)	○	×	○
일반대		일반국가	어학연수(D41),유학(D2)	○	×	×
		중국,베트남, 몽골,우즈벡	어학연수(D41)	×	○	×
			유학(D2)	○	×	×
하위대	컨설팅대	일반국가	어학연수(D41),유학(D2)	○	×	×
		중국,베트남, 몽골,우즈벡	D21~5, D27	○	×	×
			D41, D26, D28	×	○	×
	비자 제한	국적무관	D24, D25, D26	×	○	×

※ 단 쿠바, 시리아, 마케도니아, 코소보 국민은 사증발급인정서만 발급

공관장 재량으로 발급할 수 있는 사증	**1. 발급 대상** ○ 사증발급인정서 발급 대상 이외 유학생 – 단, 우수인증대 유학생은 사증발급도 가능

2. 신청 장소

- ○ 사증 발급(재외공관) : 신청인의 거주국 또는 최종학교 소재지 관할 공관에서 신청 원칙

3. 발급 절차

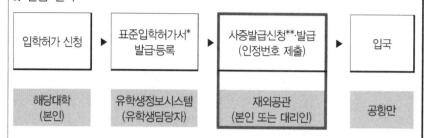

* 입학이 결정되면 표준입학허가서를 발급하여 우리부 유학생정보시스템 (FIMS) 에 등록 (허가서 왼쪽 상단에 표준입학허가서 번호 생성)하고 총학장 직인을 날인한 후 유학생에게 송부

4. 발급 내용

대상자	약 호	발급내용
전문학사~박사 과정	D-2-1 ~ D-2-4	체류기간 2년 이내, 단수
연구과정	D-2-5	체류기간 1년 이내, 단수
교환학생	D-2-6	체류기간 1년 이내, 단수
국방부 초청 수탁교육생	D-2-2 ~ D-2-4	체류기간 2년 이내, 단수
방문학생	D-2-8	체류기간 1년 이내, 단수
인도국민	D-2-1, D-2-5	체류기간 2년, 유효기간 5년 복수 ※ 단, 교육기간이 5년 미만인 경우 교육기간 동안 유효한 복수 사증
어학연수생	D-4-1, D-4-7	체류기간 6개월 이내, 단수

사증발급인정서 발급대상

1. 발급 대상

- ○ (우대) 우수인증대학(유학 및 어학연수)

- ○ (관리) 쿠바, 시리아, 마케도니아, 코소보 국민 유학 및 어학연수

- ○ (관리) 중국, 베트남, 몽골, 우즈베키스탄 국민 중 아래 대상자 (단, 정부초청장학생의 경우는 사증발급 가능)
  - 하위대학 어학연수, 교환학생, 방문학생

▶ 목차	– 일반대학 어학연수 **2. 신청 장소** ○ 사증발급인정서(국내) : 입학예정대학* 소재지 관할 출입국·외국인청(사무소·출장소) 　– 온라인신청 : 사증포털시스템(www.visa.go.kr)를 통한 온라인 신청 (유학생 담당자에 한함) 　* 분교 입학생은 분교소재지(사업자등록증 기준이 아닌 실질적인 소재지) 관할 출입국·외국인청(사무소·출장소)에서 처리 **3. 발급절차** 입학허가 신청 ▶ 표준입학허가서 발급등록 ▶ 사증발급인정서* 신청·발급 ▶ 사증발급신청 ·발급 (인정번호 제출) ▶ 입국 해당대학 (본인) / 유학생정보시스템 (유학생담당자) / 관할 출입국·외국인청 (사무소·출장소) (본인 또는 초청자) / 재외공관 (본인 또는 대리인) / 공항만
전자비자	**1. 발급 대상** ○ 우수 인증대학 : 모든 유학과정(D-2-1~D-2-8) ○ 인증대 : 석사(D-2-3) 또는 박사(D-2-4) 과정 입학생 ○ 다만, 쿠바, 시리아, 마케도니아, 코소보 국적 유학생 제외 **2. 신청 장소** ○ 사증포털시스템(www.visa.go.kr) **3. 사증발급 일반 사항 준용**
참고사항	☞ 전문학사, 어학연수, 단기유학생의 경우 배우자 및 자녀에 대한 동반사증(F-3) 발급 제한 　– 단, 인도적 사유에 해당하는 경우 허용 Q. 직업전문학교 학생은 유학사증을 발급받을 수 있나? A.「근로자직업능력 개발법」에 의하면 직업전문학교 등의 명칭을 사용하는 '직업능력개

발 훈련 시설'은 고령자·장애인, 「국민기초생활 보장법」에 따른 수급권자 등 취약계층에 대한 직무수행 능력 습득·향상 등의 공익적 기능을 수행하기 위해 고용노동부장관으로부터 시설지정을 받은 기술전문학원임. 따라서 외국인이 국내 직업능력개발 훈련시설의 교육과정에 참가할 목적으로 유학(D-2)사증을 발급을 신청하는 것은 직업능력개발 훈련시설의 운영취지에 부합하지 아니함.

기술연수(D-3)

활동범위 및 해당자	● 법무부장관이 정하는 연수조건을 갖춘 자로서 국내 산업체에서의 연수활동 – 외국환거래법에 의거 외국에 직접 투자한 산업체에서 연수를 받고자 하는 자 – 외국에 기술을 수출하는 산업체로서 법무부장관이 기술연수가 필요하다고 인정하는 산업체에서 연수를 받고자 하는 자 – 대외무역법에 의거 외국에 산업설비를 수출하는 산업체에서 연수를 받고자 하는 자
1회 부여 체류기간의 상한	● 2년
공관장 재량으로 발급할 수 있는 사증	● 기술연수에 대한 사증발급은 반드시 출입국·외국인청(사무소·출장소)장이 발급한 <u>사증발급인정서를 제출 받아 그 인정서의 내용에 따라 기술연수 사증을 발급</u>
사증발급인정서 발급대상 ☑ 목차 사증발급인정서 발급대상	1. 기술연수에 대한 사증발급은 출입국·외국인청(사무소·출장소)장이 발급한 사증발급인정서에 따라 사증발급 　가. 연수허용 대상 ① 기술연수업체에서 연수할 수 있는 외국인은 다음 각 호의 어느 하나에 해당하는 자로서 제3조(연수생 요건)의 규정에 의한 요건을 구비하고 시행령 제24조의4(기술연수생의 모집체 및 관리)제3항 각 호에 해당하지 아니하는 자 　1. 해당국 정부의 법령에 의해 합법적으로 설립되고 가동되어 3개월이 경과된 해외합작투자법인 또는 우리기업의 해외현지법인*의 생산직 직원으로 그 나라에서 기술습득이 불가능하거나 어려워** 연수가 필요하다고 인정되는 외국인*** ＊ 해외합작투자법인 또는 우리기업의 해외현지법인은 「외국환거래법」제3조제1항제18호 및 동법시행령 제8조 규정에 따라 해외직접투자를 한 국내 산업체를 의미함 ＊＊ "해외에서 기술습득이 불가능하거나 어려운 경우"란 해외기업에 해당기술을 교육시킬 숙련공 또는 전문가가 없거나 부족한 경우 또는 해외기업에 해당기술을 연수시킬 기계 또는 플랜트가 없거나 부족한 경우를 의미함

*** 한 기술연수업체가 여러 해외기업에 직접 투자를 한 경우 각 해외기업별로 필요한 연수허용인원을 고려하여 연수허용인원을 결정하되, 총 연수허용인원은 직접투자한 해외기업의 수와 관계없이 제4조에서 정한 연수업체별 연수허용인원을 초과할 수 없음

2. 우리나라 기업과 미화 10만불* 이상의 기술 도입 또는 기술제휴** 계약을 체결하여 기술을 수입하였거나 우리나라 기업으로부터 본선 인도가격 미화 50만불*** 상당액 이상의 플랜트를 수입한 외국기업의 생산직 직원으로 그 기술 또는 플랜트의 운영을 위하여 연수가 필요하다고 인정되는 외국인

* 기술수출은 연수를 받을 1개의 기술을 기준으로 계약이행 기간 동안 기술수출금액 10만불 이상에 해당되어야 하며, 한 기술연수업체가 여러 개의 기술을 각 10만불 이상 수출한 경우에도 총 연수허용인원은 수출한 기술 수와 관계없이 제4조에서 정한 연수허용인원을 초과할 수 없음

** 기술제휴란 일정한 특허료를 대가로 하여 특정의 특허기술을 상대 기업에게 제공하는 것을 골자로 하는 기술특허계약(license agreement)을 체결함으로써 협력관계에 들어가는 것을 의미함

*** 「대외무역법」제32조제1항 및 대외무역관리규정 제70조 규정에 따라 플랜트수출액수가 미화 50만불 이상이어야 하고, 플랜트의 개념은 「대외무역법」 제32조제1항 및 동법 시행령 제51조에 규정된 것에 한함. 또한 플랜트는 연수를 받을 1개의 설비를 기준으로 50만불에 해당되어야 하고, 동일한 설비라면 여러 개를 수출하여 50만불이 되는 경우일지라도 관계없음(다만, 한 기술연수업체가 여러 종류의 플랜트를 각 50만불 이상 수출하였더라도 총 연수허용인원은 수출한 플랜트의 수와 관계없이 제4조에서 정한 연수허용인원을 초과할 수 없음)

첨부서류

1. 사증발급인정신청서 (별지 제21호 서식), 여권사본, 표준규격사진 1매
2. 피초청자가 기술연수생 요건을 구비하였음을 입증하는 서류
   ① 현지법인등록증(또는 설립인가서) 사본
   ② 현지법인의 장이 발급한 피초청자 재직증명서 및 여권사본
   ③ 한국어능력입증자료
   ※ 주재국 우리공관이 있는 경우 ①과 ②에 대한 영사 확인 필요
3. 연수내용을 확인할 수 있는 연수계획서(별첨 3)

	4. 초청자의 신원보증서 ※ 피보증인이 2인 이상인 경우의 신원보증서는 사증발급인정신청서의 "피초청자 명단"을 첨부하여 한 장만 작성하면 됨 5. 초청업체가 연수허용대상 업체임을 입증할 수 있는 서류 　① 해외직접투자산업체 　　– 해외직접투자신고(수리)서 (원행원본 대조필) 　　– (현금투자 시) 송금영수증 또는 송금사실확인서(원본 또는 은행 원본 대조필) 　　– (현물투자 시) 세관 발행 "수출면장" 확인(승인번호란의 투자인증 번호 확인 　　　※ 해외투자신고수리액 중 미투자분이 있는 경우 미투자분에 대한 향후 투자계획서 추가 제출 　② 기술수출산업체 　　– 기술수출계약서(국문) 사본 　　– 「대외무역법」또는 「산업기술의 유출방지 및 보호에 관한 법률」등에 의하여 지식경제부 장관의 승인을 받아야 하는 경우에는 승인서를 제출 　③ 플랜트수출 산업체 　　– 플랜트수출승인서(변경승인서 포함) 6. 연수허용인원 산정에 필요한 초청업체의 내국인 상시 근로자 수 입증서류 　– 노동부 홈페이지(고용보험 싸이트)에서 출력한 '사업장별 피보험자격내역서'를 제출 받아 확인 7. 기타 자체 연수시설(공정)과 적정한 숙박시설 구비 등 연수환경을 확인할 수 있는 자료(기숙사 시설 내부 사진 등)
훈령연계	해외투자기업 기술연수(D-3-1)생에 대한 사증발급인정서 및 관리에 관한 훈령

일반연수(D-4)

활동범위 및 해당자	○ 유학(D-2) 자격에 해당하는 교육기관 또는 학술연구기관외에 교육기관이나 기업체·단체 등에서 교육 또는 연수를 받거나 연구하는 활동 – 대학부설 어학원에서 한국어를 연수하는 자 – 유학(D-2) 자격에 해당하는 기관 또는 학술연구기관 이외의 교육기관에서 교육을 받는 자 – 국·공립 연구기관이나 연수원 등에서 기술, 기능 등을 연수하는 자 – 외국인투자기업 또는 외국에 투자한 기업체 등에서 인턴(실습사원)으로 교육 또는 연수를 받거나 연구 활동에 종사하는 자
1회 부여 체류기간의 상한	2년

공관장 재량으로 발급할 수 있는 사증
 	
⬛ 목차
공관장 재량으로 발급할 수 있는 사증
	1. 어학연수(한국어연수: D-4-1, 외국어연수: D-4-7) 자격
	– 단, 아래의 경우 사증발급인정서에 의해서만 사증발급
	❶ 쿠바, 시리아, 마케도니아, 코소보 국민
	❷ 일반대학에 입학하는 몽골, 베트남, 우즈벡, 중국의 어학연수생
	❸ 하위대학에 입학하는 몽골, 베트남, 우즈벡, 중국의 어학연수생
	
	가. 대상기관
	○ 유학(D-2) 사증발급 대상에 해당하는 교육기관(대학) 부설 어학원*
	– 고등교육기관 및 외국교육기관**(전문대학 이상의 대학) 부설 어학원
	   * 대학 총·학장의 권한 및 책임이 미치고 원칙적으로 대학 내에 위치하여야 함(필요 시 정관 등 증빙서류 징구 가능)
	   **「경제자유구역 및 제주국제도시의 외국교육기관 설립 운영에 관한 특별법」 제2조에 따라 경제자유구역 및 제주특별자치도 내에 교육부 장관의 승인을 받아 설립된 기관
	   ※ 평생교육시설(대학부설 평생교육시설 포함)·사설학원 등은 일반연수(D-4) 사증발급대상에 포함되지 않음
	
	나. 해당자
	○ 고등학교 졸업 이상의 학력 소지자로 상기 교육기관에서 어학연수를 하고자 하는 사람(학력입증 절차는 유학(D-2) 사증 신청 시와 동일)

– 단, 외국어 연수(D-4-7)는 고등학교 이하의 학교 재학생도 포함

– 일반연수(D-4) 사증발급*(한국어 연수생: D-4-1, 외국어 연수생: D-4-7)

* 90일 이하 체류 어학연수생은 단기일반(C-3-1) 사증 발급 대상

다. 연수과정

○ 어학연수 사증 신청을 위해 신청 당시 기준으로 다음의 요건을 모두 충족하였을 것

– (한국어 강사) 국립국어원이 발급한 한국어 교원(3급 이상, 외국인도 요건을 갖춘 경우 가능) 자격증을 소지한 사람으로 일정 인원 고용하고 있을 것

– (강사 비율) 학생인원수 대비 강사 비율이 학생 30명당 강사 1명 이상일 것

– (수업운영) 주중(월-금) 최소 4일 이상, 주당 주간 최소 15시간 이상의 어학연수 과정을 주간에 운영(반기 당 최소 300시간 이상 교육)

– (주간 및 정규과정) 주간(일과시간으로 9시~18시)에 월요일~금요일 사이에 출석수업 방식으로 과정이 운영될 것

라. 사증발급 내용

○ 체류기간 6개월 이하 단수 일반연수(D-4) 사증

마. 신청 장소

○ 신청인의 거주국 또는 최종학교 소재지 관할 대한민국 공관에서 신청 원칙

첨부서류
① 사증발급신청서 (별지 제17호 서식), 여권, 표준규격사진 1매, 수수료
② 교육기관 사업자등록증 사본 또는 고유번호증 사본
③ 표준입학허가서* (대학 총학장 발행)
⑤ 재학증명서 또는 최종학력 입증서류
– 원본 심사를 원칙으로 하고 필요 시 사본에 담당자의 원본 대조필 확인 후 첨부
⑥ 재정 입증서류*
* 재정능력 입증서류(예시, 잔고증명서, 통장, 장학금증명서, 입출금내역서 등)는 원본심사를 원칙으로 하고 필요 시 사본에 담당자의 원본 대조필 확인 후 첨부 (잔고증명서는 30일 이내 발급한 것만 유효한 것으로 인정)
※ 부모 잔고증명서 제출 시 가족관계증명서 추가 제출 필요

▶ 목차

▶1년간 (어학연수 6개월)의 재정능력 (등록금 + 체재비) 입증을 원칙

⑦ 연수계획서(강의시간표, 강사구성표, 연수시설 등의 내용을 포함)

※ 재외공관의 장은 입국목적, 초청의 진정성, 초청자 및 피초청자의 자격 확인 등을 심사하기 위해 필요한 경우 첨부서류를 일부 가감할 수 있음

대상별 사증 발급 유형표 -2019.10.1.부 적용

대학별		국가별	학생유형	사증 발급	사증발급 인정서	전자 비자
인증대	우수 인증 대	국적무관	어학연수(D41)	○	○	×
			유학(D21~8)	○	○	○
	인증 대	국적무관	어학연수(D41),유학(D2)	○	×	×
			석사(D23),박사(D24)	○	×	○
일반대		일반국가	어학연수(D41),유학(D2)	○	×	×
		중국,베트남, 몽골,우즈벡	어학연수(D41)	×	○	×
			유학(D2)	○	×	×
하위대	컨설 팅대	일반국가	어학연수(D41),유학(D2)	○	×	×
		중국,베트남, 몽골,우즈벡	D21~5, D27	○	×	×
			D41, D26, D28	×	○	×
	비자 제한	국적무관	D24, D25, D26	×	○	×

※ 단 쿠바, 시리아, 마케도니아, 코소보 국민은 사증발급인정서만 발급

2. 고등학교 이하 교육기관 유학생에 대한 일반연수(D-4-3) 사증발급

○ (해당자) ①기타국가 외국인 유학생, ② 21개* 국가 국민 중 정부 등 초청 장학생인 외국인 유학생

* 21개 국가: 중국, 필리핀, 인도네시아, 방글라데시, 베트남, 몽골, 태국, 파키스탄, 스리랑카, 인도, 미얀마, 네팔, 이란, 우즈베키스탄, 카자흐스탄, 키르기스스탄, 우크라이나, 나이지리아, 가나, 이집트, 페루

	※ 상기 21개 국가 국민 중 자비 부담 외국인유학생은 사증발급인정서에 의한 사증발급 대상임 ○ (사증신청) 신청인의 거주국 또는 최종학교 소재지 관할 공관에서 신청 원칙 ○ (사증발급 내용) 체류기간 1년 이내, 단수 ☞ 기본원칙, 심사기준 등은 '사증발급인정서' 발급대상 참조
사증발급인정 서 발급대상 ▣ 목차 사증발급인정 서 발급대상	**1. 어학연수(D-4-1) 자격** 　– 아래의 경우 사증발급인정서에 의해서만 사증발급 　❶ 쿠바, 시리아, 마케도니아, 코소보 국민 　❷ 일반대학에 입학하는 몽골, 베트남, 우즈벡, 중국의 어학연수생 　❸ 하위대학에 입학하는 몽골, 베트남, 우즈벡, 중국의 어학연수생 　○ 대상기관, 연수과정, 해당자(학력요건 포함) 등은 상단의 사증발급 기준 준용 　○ 신청장소 　– 입학예정대학 소재지 관할 출입국 · 외국인청(사무소 · 출장소) 　– 사증포털시스템(www.visa.go.kr)를 통한 온라인 신청(유학생담당자에 한함) 　○ 사증발급인정서 발급 내용 　– 체류기간 6개월 이하 단수 일반연수(D-4) 사증발급인정서

첨부서류
① 사증발급인정신청서 (별지 제21호 서식), 여권, 표준규격사진 1매, 수수료
② 교육기관 사업자등록증 사본 또는 고유번호증 사본
③ 표준입학허가서* (대학 총학장 발행) 　* 유학생정보시스템(FIMS) 정보확인으로 제출에 갈음하고 국립국제교육원 초청 장학생은 교육원장이 발급한 "초청장"으로 대체
④ 재학증명서 또는 최종학력 입증서류* 　※ 원본심사를 원칙으로 하고 필요 시 사본에 담당자의 원본 대조필 확인 후 첨부
⑤ 재정 입증서류* 　* 부모 잔고증명서 제출 시 가족관계증명서 추가 제출 필요 　※ 재정능력 입증서류(예시, 잔고증명서, 통장, 장학금증명서, 입출금내역서 등)는 원본심사를 원칙으로 하고 필요 시 사본에 담당자의 원본 대조필 확인 후 첨부(잔고증명서는 30일 이내 발급한 것만 유효한 것으로 인정) 　– 단, 베트남의 경우 지급유보방식의 별도 유학경비 잔고증명시
⑥ 연수계획서(강의시간표, 강사구성표, 연수시설 등의 내용을 포함)

	※ 재외공관의 장은 입국목적, 초청의 진정성, 초청자 및 피초청자의 자격 확인 등을 심사하기 위해 필요한 경우 첨부서류를 일부 가감할 수 있음

2. 고등학교 이하 교육기관 유학생에 대한 일반연수(D-4-3) 자격 사증발급인정서 발급

가. 교육기관

○ (교육기관) 다음 어느 하나에 해당하여야 함

- 「초·중등교육법」 제2조 제1호 내지 제3호에 따른 초·중·고등학교(공민학교, 고등공민학교, 방송통신중·고등학교, 고등기술학교는 제외)

- 「초·중등교육법」 제2조 제5호 각종학교 중 외국인학교 및 대안학교*
  * 학비가 연간 500만 원 이상이며, 교육감 설립 인가를 받은 학력 인정 기관으로 제한

- 「경제자유구역 및 제주국제자유도시 외국교육기관 설립·운영에 관한 특별법」 제2조 제2호에 따른 외국교육기관

- 「한국과학기술원법」 제14조의3 제1항에 따른 과학영재학교

※ (주의) 단, 「초·중등교육법」 제10조의2, 제12조에 따른 의무(무상) 교육기관인 경우에는 제외

나. 해당자

1) 정부기관 또는 지방자치단체 초청 외국인 유학생

■ 상기 교육기관에서 입학허가를 받고 입학 예정 이거나 재학 중인 외국인유학생으로서 정부기관 또는 지자체(각급 시도 교육청 포함) 초청 전액 장학생인 자
- 정부기관 등의 초청이 있는 경우 의무(무상)교육기관으로부터 입학허가를 받은 경우라도 예외적으로 사증발급 허용
- 학비 및 체류비 입증 서류는 초청 기관 발행 공문으로 갈음

2) 자비부담 외국인 유학생

(단기 자격자는 국내 입국 후 해당자격으로 변경 금지)

■ 상기 교육기관에서 입학허가를 받고 입학 예정이거나 재학 중인 외국인 유학생으로서, 아래 요건을 갖추고 지정된 후견인이 있는 자
- 학비(수업료, 기숙사비, 입학금 등 유학관련 비용 일체)를 전액 자비로 납부했을 것
- 국내 체류 비용을 부담할 능력을 갖추고 있을 것

■ 후견인
- 국내 체류 중인 국민 또는 등록외국인으로 해당 유학생과 친족관계에 있거나, 유학생 부모와 친분 관계를 입증할 수 있는 자(유학원 및 홈스테이 관계자 등 불가)
- 불법체류 다발국가(21개국)* 외국인유학생의 후견인은 연간 소득이 전년도 한국은행 고시 GNI 이상이거나, 자산이「국민기초생활보장법」에 따른 중위 수준 이상일 것

  * 불법체류 다발국가(21개국) : 중국, 필리핀, 인도네시아, 방글라데시, 베트남, 몽골, 태국, 파키스탄, 스리랑카, 인도, 미얀마, 네팔, 이란, 우즈베키스탄, 카자흐스탄, 키르기즈스탄, 우크라이나, 나이지리아, 가나, 이집트, 페루
  ** 연간소득이나 자산은 본인 및 배우자 소득 또는 자산의 합산이 가능
- 외국인인 경우 외국인등록을 한 국내 장기 체류가 가능한 자격 소지자
- 후견인 1인 당 후견 가능한 외국인유학생은 2명 이내로 제한
☞ 단, 고등학교(중학교 이하 제외) 전·입학자로 해당학교 기숙사 입소자는 후견인 면제(학교장 명의 입소확인서 필요)

다. 권한 위임 및 관할
  ○ 입학예정 학교 소재지 관할 출입국 · 외국인청(사무소 · 출장소)

라. 사증발급인정서 대상
  ○ 아래 21개* 국가국민 중 자비 부담 외국인유학생
  * 21개 국가 : 중국, 필리핀, 인도네시아, 방글라데시, 베트남, 몽골, 태국, 파키스탄, 스리랑카, 인도, 미얀마, 네팔, 이란, 우즈베키스탄, 카자흐스탄, 키르기즈스탄, 우크라이나, 나이지리아, 가나, 이집트, 페루
  ※ 기타국가 국민 또는 21개 국가 국민 중 지방자치단체 초청 전액 장학금 조건부 외국인유학생은 사증(재외공관장) 발급 대상

마. 사증발급내용
  ○ 체류기간 1년 이내, 단수

바. 첨부서류	
공통서류	① 사증발급인정신청서 (별지 제21호 서식), 여권사본, 표준규격사진 1매

☑ 목차 사증발급인정 서 발급대상		② 교육기관 사업자등록증(또는 고유번호증) 사본 ③ 입학허가서(학교장 발행, 붙임 1 서식) ④ 최종 학력 입증서류(졸업증명서 또는 재학증명서 등)
	자비부담 외국인유 학생 추가서류	⑤ 학비 납부 내역서(수업료·기숙사비·입학금 등 유학관련 비용 일체) ⑥ 국내 체류비용 부담 능력 입증서류 - 3개월 이상 계속 예치된 기준 이상 금액의 잔고증명서 또는 입출금내역서 등 ⑦ 후견 보증서* (붙임 2 서식) * 부모(2촌 이내 친인척)가 후견인이 되는 경우에도 후견 보증서 작성 - 후견인 면제 대상자는 학교장 명의 '기숙사 입소확인서' 제출 ⑧ 후견인 재정능력 입증서류 (불법체류 다발국가 국민에 한함) - 기준 이상 금액의 국내외 정부기관 또는 은행이 발행(인증 또는 공증)한 원천징수영수증, 부동산소유증명, 부동산거래계약서, 예금 잔고증명 등 ⑨ 후견인과의 관계 증명서류 (친족관계가 아닌 경우 관계 소명 자료 등) ⑨ 가족관계 입증서류 (불법체류 다발국가 국민에 한함) - 원본을 제출하도록 하고(번역본 첨부 원칙*), 부모의 영문성명을 알 수 있는 여권 사본 등 자료 첨부** * 외국어로 작성된 원본은 번역본을 첨부하고, 번역본 첨부 시에는 번역자 확인서(붙임 3 양식)를 추가로 제출하여야 함 ** 〈가족관계 입증서류 예시〉 중국 : 호구부 또는 친족관계공증, 필리핀 : Family Census, 인도네시아 : 가족관계증명서 (KARTU KELUARGA), 방글라데시 : 점머 까꺼즈 또는 점마 싸이드티켓, 베트남 : 호적부 (So Ho Khau) 또는 출생증명서 (Giay khai sinh), 몽골 : 친족관계증명서, 파키스탄 : Family Certificate, 스리랑카 : 빠울러 서티피케이트, 미얀마 : 가족관계증명서 (잉타웅수사엔), 네팔 : 전마달다, 키르기즈스탄, 카자흐스탄·우즈벡·우크라이나·태국 : 출생증명서
☑ 목차 사증발급인정	정부기관	⑤ 전액 장학생 입증서류(정부기관 및 지방자치단체의 공문)

| 서 발급대상 | 또는
지방자치
단체 초청
외국인
유학생
추가서류 | |

3. 한식조리연수생(D-4-5)에 대한 사증발급인정서 발급

가. 업무처리절차

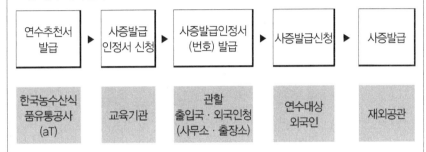

연수추천서 발급	▶	사증발급 인정서 신청	▶	사증발급인정서 (번호) 발급	▶	사증발급신청	▶	사증발급
한국농수산식 품유통공사 (aT)		교육기관		관할 출입국·외국인청 (사무소·출장소)		연수대상 외국인		재외공관

나. 연수대상 : 아래 ①, ②, ③ 3가지 요건을 모두 충족하는 자

① 아래 자격요건 중 1가지 이상 해당자

- 고졸 이상의 학력 소지자로서 조리사 근무경력 3년 이상인 자

- 외국조리사 자격증 소지자로서 조리사 근무경력 1년 이상인 자

- 조리 관련학과 학위증 (전문학사 포함) 소지자

- 조리 관련학과 (전문대학 이상 교육기관) 전공자로 1년 이상 수학자

② 한국어기초능력 소유자 (아래 요건 중 1개를 충족할 것)

- TOPIK* 1급 또는 B-KLAT** 120점 이상

   * 국립국제교육원 (www.topik.go.kr) 시행 한국어능력시험으로 53개국 178개 지역에서 시험 시행 중 (연 2회). 접수처 및 시험 장소는 국립국제교육원 홈페이지에서 확인 가능

   ** 한국어능력평가원(www.kets.or.kr) 시행 한국어능력시험으로 15개국 25개 지역에서 시험 시행 중 (연 4-6회). 접수처 및 시험 장소는 한국어능력평가원 홈페이지에서 확인 가능

- 국내 대학에서 전문학사 학위 이상의 학위를 취득한 자

- 사회통합프로그램 사전평가에서 21점 이상 득점자 또는 사회통합 프로그램을 1단계 이상 (100시간) 수료한 자

- 대학교부설 어학원에서 1분기 (150시간) 이상 한국어 연수를 받은 자

- 한국어기초능력 증명 면제신청서* 제출자 (동일언어권의 연수생을 대상으

로 해당 외국어로 실시하는 연수프로그램 참가자에 한함)

　　　* 한국어기초능력 증명 면제 신청서를 제출하고 연수생을 초청한 연수(교육) 기관은 한식조리연수생이 연수를 원활하게 받을 수 있도록 통역요원을 상시배치하고 한식조리연수생 입국 후 월 12시간 이상의 한국어교육을 실시하여야 함 (붙임 5 참조)

　　　　　－ 통역요원은 연수생의 국적국 언어 및 한국어를 동시에 구사할 수 있어야 하며 한국어강사는(붙임 6)에서 명시한 자격요건을 갖춘 자에 한함

　　　③ 심신이 건강한 자

　　　　　－ 음식 조리 연수임을 고려하여 폐결핵, 전염성 질환 등의 감염이 없을 것

　　다. 연수추천 기관 등

　　　○ 추천기관 : 한국농수산식품유통공사 (aT)

　　　○ 추천요건 : 연수대상자의 학력, 자격증, 경력요건, 한국어능력 등 입증서류* 징구심사 후 추천

　　　　　* ① 졸업증명서 (조리사자격증, 조리관련학과 학위증 또는 재학증명서) ② 경력증명서 (해당자) ③ 한국어 능력 입증서류 [TOPIK, B-KLAT, 국내전문학사 이상 학위증, 사회통합프로그램 이수증, 사회통합프로그램 사전평가에서 21점 이상을 득점했음을 입증하는 서류, 대학부설 어학원 수료증 (정규과정 1분기 또는 150시간 이상), 또는 '한국어기초능력 증명 면제신청서' 중 택일]

　　　○ 추천절차 : 추천서는 초청자에게 발급하고, 추천 시 징구서류는 스캔 후 관할 출입국·외국인청(사무소·출장소)에 공문으로 송부

　　라. 초청자 : 연수예정 교육기관의 대표

첨부서류
① 사증발급인정신청서 (별지 제21호 서식), 여권사본, 표준규격사진 1매
② 연수기관 설립관련 서류 (사업자등록증 또는 고유번호증 사본, 법인등기부등본 등)
③ 재정입증 관련 서류 (연수비 전액 납입증명서)   ※ 연수기관이 체류경비 등을 부담하는 경우에는 경비부담 확인서 제출
④ 신원보증서 (법무부장관이 특히 필요하다고 인정하는 경우에 한함)
⑤ 연수계획서 (연수일정*포함)

* 주말 위주 편법운영을 방지하기 위하여 교육시간은 주중에 실시함을 원칙으로 하되 최소 1일 4시간 또는 주 20시간, 최대 1일 8시간 또는 주 40시간까지 가능

⑥ 한국농수산식품유통공사(aT)의 추천서

* aT 송부자료 (학위증 등 제출서류는 스캔하여 aT에서 송부예정) 심사를 원칙으로 하되 허위서류 제출 등의 가능성을 배제할 수 없을 경우에는 원본서류를 제출하게 하는 등 정밀심사

☞ 초청기관 대표가 아닌 직원이 대리 신청 시 위임장, 재직증명서, 신분증 사본 등 추가 제출

※ 출입국 · 외국인청(사무소 · 출장소)장은 초청의 진정성, 초청자 및 피초청자의 자격 확인 등을 심사하기 위해 첨부서류의 일부를 가감할 수 있음

5. 우수사설 교육기관 외국인 연수(D-4-6)

가. 허가권한 및 발급내용

○ 연수기관 소재지 관할 출입국 · 외국인청(사무소 · 출장소)장이 체류기간 6개월 이하 단수 일반연수(D-4) 사증발급인정서 발급

나. 연수 허용기관 기준 (다음 ① ~ ⑥ 요건 모두 충족)

① 다음 요건 중 어느 하나에 해당하는 기관

• 국내 상장기업 설립(또는 연계) 전문기술 교육기관

※ 국내 상장기업 연계 전문기술 교육기관은 국내 상장기업이 설립에 준하는 투자를 하거나 주도적으로 경영에 참여하는 등 실질적으로 관리하는 교육기관을 말함

※ 전문기술 교육이란 국가기술자격법 시행규칙 제3조 별표2에서 정하고 있는 기술 · 기능분야를 말함

• 대학부설 전문기술 교육기관

※ 대학 내에 정식으로 운영 중인 특화된 전문기술 교육 기관(어학당처럼 독립적인 부속 교육기관)을 의미하며 여러 과정을 함께 진행하는 일반 평생 교육원은 제외됨

• 해외에 본사가 있는 유명 전문기술 교육기관의 국내 지사 또는 독점 운영 계약 체결 법인형태의 교육기관

※ 유명 전문기술 교육기관은 미국, 유럽, 일본 등 해당 기능분야 선진국 소재 교육기관을 말하며, 사증 등을 신청하는 교육기관이 해외 언론 기사, 배출 전문인력의 현황 등 관련 자료를 제출하여 그 타당성을 입증하여야 함

- 「근로자직업능력 개발법」제32조1항에 따라 고용노동부장관으로부터 허가받은 법인형태의 직업능력개발훈련법인
- 「학점인정 등에 관한 법률」제3조 및 동법 시행령 제3조」에 따라 교육부장관으로부터 학습과정에 대해 평가인정을 받은 법인형태의 직업기술 분야 평생직업교육학원*
  * '직업기술 분야 평생직업교육학원' 이라 함은「학원의 설립운영 및 과외교습에 관한 법률」제6조에 따라 설립된 학원으로 동법 시행령 제3조의3 제1항 별표2에 따른 '직업기술 분야의 교습과정'을 운영하는 학원을 말함
- 「평생교육법」제31조(학교형태의 평생교육시설)에 따른 전공대학교
  - 전공대학 : 국제예술대, 백석예술대, 정화예술대
② 설립된 후 1년 이상 경과된 교육기관
③ 교육과정 학비가 반기 기준 400만원(연 기준 800만원) 이상인 교육기관
④ 국가기술자격법 시행규칙 제3조 별표2 또는 학원의 설립운영 및 과외교습에 관한 법률 시행령 제3조의3 제1항 별표2의 직업기술 교육으로 한정
  - 단, 경영·사무관리 및 문화관광 계열, 도배, 미장, 세탁, 장의, 호스피스, 청소 직종 등은 연수과정에서 제외
  - 연수 부실방지를 위해 본 지침에서 허용하고 있는 D-4-6 연수과정의 과정별 합산 국민 교육생 유치실적이 신청일로부터 최근 1년간 100명 이하인 교육기관은 연수생 초청 제한
  ※ D-4-6 연수과정에 해당하는 경우라도 1회성으로 단기간 운영한 과정에 참여한 국민 교육생 수는 유치실적 산정 시 제외(예. 항공사로부터 위탁받아 3일간 실시한 항공서비스 연수과정 등)
⑤ 주중(월-금) 최소 4일 이상, 주당 최소 15시간 이상의 연수과정을 주간에 운영
⑥ 연수생을 위한 기숙사 및 자체 교육장을 갖춘 교육기관
  ※ 기관에 부속되어 있지 않은 임차 시설인 경우 불인정. 단, 교육기관 대표자 명의로 교육생을 위해 장기 임대계약을 체결한 주거시설은 예외적으로 허용하나, 고시원, 여관, 모텔 등 지속적으로 거주하기 어려운 시설은 불인정

다. 외국인 연수생 기준 (다음 ① ~ ③ 요건 모두 충족)
① 만 18세 이상 30세 이하로, 고등학교 이상의 학력소지자
② 연수기간동안의 국내 체재비를 입증하는 자
  - 국내 체재비는 어학연수생(D-4-1) 자격 체류경비 기준을 준용
  ※ 본인의 국내외 은행 잔고 증명을 원칙으로 함. 다만, 국가나 기업 등에서

체제비를 지원받은 경우는 관련 서류로 증명 가능함. 은행 잔고 증명 등 해외에서 발급된 문서는 본국의 아포스티유나 주재 한국대사관 영사확인이 필요함

③ 연수에 필요한 한국어능력을 보유한 자
- 한국어 능력 기준 : TOPIK 1급 이상 또는 세종학당 초급1 이상 과정 수료자

라. 연수기관별 허용 쿼터 및 불체자 발생 제재
○ 연수허용 인원은 과정에 상관없이 연수기관 당 총 300명 이내로 하되, 불법체류자 발생 수만큼 연수허용 쿼터 감축
○ 초청자의 법위반 및 불법체류자 과다발생 등에 대한 신규 초청 제한조치
- 연수기관은 아래 사항 발생시 그 사실을 안날부터 15일 이내에 관할 출입국 · 외국인청(사무소 · 출장소)장에게 신고하여야 하며, 연간 2회 이상 해당신고를 어길 경우 6개월간 신규초청 불허
※ 초청한 연수생의 미입국, 입국 후 미등록, 연수도중 완전출국 또는 소재불명, 연수 종료 후 미출국 등(신고절차 등은 법 제19조를 준용함)
- 초청인원 대비 아래 불법체류율에 해당될 경우 1년간 신규초청 불허하고, 불허 기간 중 추가 불법체류자(이탈자 포함) 발생율이 초청인원의 2%를 넘어설 경우 연수중단
※ 초청인원 15명 이하(불체율 30%), 초청인원 16명~50명(불체율 20%), 초청인원 51명 이상(불체율 15%), 단, 불법체류자가 자진하여 출국하는 경우(강제퇴거, 출국명령자 등은 제외)는 불체율 산정에서 제외

첨부서류	
연수생 준비서류	• 사증발급인정신청서 (별지 제21호 서식), 여권사본, 표준규격사진 1매 • 최종학력 입증서류(공증) 및 입학허가서(교육기관장 발행) • 재정능력 입증서류 (잔고증명, 부모 재정능력 등) • 등록금 또는 교육비 납입증명서 • 한국어 능력 입증서류
연수기관 준비서류	• 교육기관설립관련 서류 • 교육기관 법인등기부등본(등기사항전부증명서, 법원발행) • 사업자등록증 또는 고유번호증 사본 • 연수계획서(강의시간표, 강사구성표, 연수시설, 학비 등의 내용 포함)

- 기숙사 보유 입증서류
- 학원설립·운영 등록증(교육청 발행, 직업기술과정)
- 직업능력개발훈련법인 설립허가서(직업능력개발 훈련법인 입증 등 관련입증서류, 직업능력개발훈련법인에 한함)
- 상장기업입증서류 및 교육기관이 해당 기업과 연계 또는 기업에 의해 설립되었음을 입증하는 서류(국내상장기업 연계 또는 설립기관 에 한함)
  - ※ 공적증명서로 증명이 어려운 경우에도 그에 준하는 서류로 관련성 입증 가능
- 대학부설 시설 전문교육기관임을 입증하는 서류(대학부설 교육기관 에 한함)
- 해외 교육기관의 국내지사 또는 독점 운영계약자임을 입증하는 서류 (해외교육기관 국내지사에 한함)
- 학습과정 평가 인정서(교육부장관 발행, 학점인정 입증)(해당자에 한함)
- 교육기관의 국민 교육생 유치 실적* 증빙 서류
  * 본 지침에서 허용하고 있는 D-4-6 연수과정의 국민 교육생 유치실 적
- 기타 교육기관 정상운영 및 교육과정 정상 운영 능력 입증 서류

※ 출입국·외국인청(사무소·출장소)장은 초청의 진정성, 초청자 및 피초청자의 자격 확인 등을 심사하기 위해 첨부서류의 일부를 가감할 수 있음

6. 그 밖의 연수를 받고자 하는 자에 대한 일반연수(D-4) 사증발급인정서 발급

첨부서류

① 사증발급인정신청서 (별지 제21호 서식), 여권사본, 표준규격사진 1매
② 연수(연구 활동)를 증명하는 서류(연수일정이 포함된 연수계획서 등)
③ 연수기관의 설립관련서류
④ 재정입증 관련서류
  - 연수기관이 체류경비 등을 부담하는 경우에는 경비부담 확인서
  - 그 밖의 경우에는 국내송금이나 환전증명서(미화 3천불 이상)
⑤ 신원보증서 (학비 등 체류중 필요한 경비지불능력을 입증하지 못하거나 법무부장 관이 특히 필요하다고 인정하는 경우에 한함)

	⑥ 전 가족 기재된 호구부 및 거민증 사본 (중국인의 경우만 해당)
	※ 출입국·외국인청(사무소·출장소)장은 초청의 진정성, 초청자 및 피초청자의 자격 확인 등을 심사하기 위해 첨부서류의 일부를 가감할 수 있음
참고사항	○ 평생교육시설·사설학원 등의 외국인학생 한국어연수는 불가 – 평생교육시설의 설립목적 및 운영취지에 부합하지 아니하고, 한국어 연수는 어학연수뿐만 아니라 우리 고유의 문화·제도 등에 관한 종합적인 습득과정이므로 정규 교육기관에서 전문적이고 체계적으로 실시 필요
▶ 목차	**평생교육시설 기관의 형태 및 설립 목적** ▶ 학교형태의 평생교육시설이란 교육과정 및 시설·설비 등이 중학교 또는 고등학교와 유사한 시설로서 경제적인 이유 등 개인사정으로 중고등학교에 진학하지 못한 근로 청소년·성년을 대상으로 교육하는 시설을 말함 ▶ 사내대학 형태의 평생교육시설이란 시간적·경제적 여유가 없어 대학에 가지 못한 근로자를 위해 학교법인 설립 없이 일정기간 사내교육을 이수하면 학력학위가 인정되는 평생교육 차원의 고등교육기관으로 고용주가 교육경비를 부담함 ▶ 원격형태의 평생교육시설이란 정보통신 매체를 이용하여 특정 또는 불특정 다수에게 원격교육을 실시하거나 다양한 정보를 제공하는 시설을 말함

취 재 (D-5)

활동범위 및 해당자	◉ 취재·보도활동
	  – 외국의 신문, 방송, 잡지, 기타 보도기관으로부터 파견되어 국내에 주재하면서 취재 · 보도 활동을 하는 자
	  – 외국의 보도기관과의 계약에 의하여 국내에서 주재하면서 취재 · 보도 활동을 하는 자
	  – 국내에 지사나 지국이 이미 개설된 외국의 신문, 방송, 잡지, 기타 보도기관으로부터 파견되어 국내에서 취재·보도활동을 하는 자
	  ※ 체류기간이 90일 이하인 경우에는 일시취재(C-1)자격에 해당

1회 부여 체류기간의 상한	◉ 2년
공관장 재량으로 발급할 수 있는 사증	1. 국내에 지사나 지국이 이미 개설된 보도기관에 파견되어 활동 하고자 하는 자와 그 동반가족(체류자격 : F-3)에 대한 체류기간 1년 이하의 단수사증 발급 **첨부서류** ① 사증발급신청서 (별지 제17호 서식), 여권, 표준규격사진 1매, 수수료 ② 파견명령서 또는 재직증명서 ③ 국내 지국지사 설치허가증이나 국내 지국지사 운영자금 도입실적 증빙서류 ※ 재외공관의 장은 입국목적, 초청의 진정성, 초청자 및 피초청자의 자격 확인 등을 심사하기 위해 필요한 경우 첨부서류를 일부 가감할 수 있음
사증발급인정서 발급대상 ➡ 목차	1. 외국의 신문, 방송, 잡지, 기타 보도기관으로부터 파견되어 국내에 주재 하면서 취재·보도 활동을 하는 자 2. 외국의 보도기관과의 계약에 의하여 국내에서 주재하면서 취재· 보도 활동을 하는 자 **첨부서류** ① 사증발급인정신청서 (별지 제21호 서식), 여권사본, 표준규격사진 1매 ② 파견명령서 또는 재직증명서

	③ 국내지국·지사 설치허가증이나 국내 지국·지사 운영자금 도입실적 증빙서류 　※ 국내에 지국·지사가 없거나 증명을 발급받을 수 없는 외신은 주무부처 (문화체육관광부 해외문화홍보원)의 협조공문으로 갈음할 수 있음 　➡ 대리인 신청시 : 위임장, 대리인 재직증명서, 대리인 신분증 사본 추가 제출
	※ 출입국·외국인청(사무소·출장소)장은 초청의 진정성, 초청자 및 피초청자의 자격 확인 등을 심사하기 위해 첨부서류의 일부를 가감할 수 있음
참고사항 ➡ 목차	◉ 외국의 보도기관 국내 지사 등에서 취재·보도활동과 관련 없는 업무를 수행하는 자(예 : 통역, 행정업무, 운전기사 등의 행정요원과 코디네이터)는 제외 ▶ <u>외국의 보도기관</u>이란 외국에 본사를 둔 신문사, 통신사, 방송국 등 보도를 목적으로 하는 기관을 말한다. 국내에 지사나 지국이 이미 설치된 외국의 신문, 방송, 잡지, 기타 보도기관으로부터 파견되어 국내에서 취재·보도활동을 하는 경우도 포함한다. 　－「신문 등의 진흥에 관한 법률(제28조)」외국신문의 지사 또는 지국을 국내에 설치하려는 자는 대통령령으로 정하는 바에 따라 문화체육관광부장관에게 등록하여야 한다. 　－「잡지 등 정기간행물의 진흥에 관한 법률(제29조)」은 외국 정기간행물의 지사 또는 지국을 국내에서 설치하고자 하는 자는 대통령령으로 정하는 바에 따라 문화체육부장관에게 등록하여야 한다. 　－「뉴스통신사업에 관한 규정(제8조)」 뉴스통신사업을 하려는 자는 「전파법」에 따라 무선국의 허가를 받거나 그 밖의 정보통신기술을 이용하여 대통령령으로 정하는 정보통신체제를 갖춘 후 외국의 뉴스통신사와 뉴스통신계약을 체결하고 대통령령으로 정하는 바에 따라 문화체육관광부장관에게 등록하여야 한다. ▶ 취재·보도활동일지라도 외국인이 대한민국의 보도기관과 계약을 맺고 행하는 활동은 취재 (D-5)의 체류자격에는 해당되지 않는다. 그 경우 외국인이 종사하는 활동에 따라 적합한 체류자격을 받아야 한다.

종 교(D-6)

활동범위 및 해당자	▨ 종교 활동 – 외국의 종교단체 또는 사회복지단체로부터 국내에 등록된 그 지부에 파견되어 근무하는 자 – 외국의 종교단체 또는 사회복지단체로부터 파견되어 국내 유관 종교단체에서 종교 활동을 하는 자 – 소속 종교단체가 운영하는 의료, 교육, 구호단체 등으로부터 초청되어 선교 또는 사회복지 활동에 종사하는 자 – 종사하는 기관으로부터 보수를 받는 자는 제외 – 국내 종교단체의 추천을 받아 그 종교단체에서 수도, 수련, 연구 활동을 하는 자 ▨ 사회복지 활동 – 국내 종교단체 또는 사회복지단체로부터 초청되어 사회복지활동에만 종사하는 자 ※ 체류기간이 90일 이하인 경우에는 단기방문(C-3)자격에 해당(다만, 시행령에서 정한 체류자격의 활동범위에 국한된 활동에 한함)
1회 부여 체류기간의 상한	▨ 2년
공관장 재량으로 발급할 수 있는 사증 ▶ 목차	1. 국내 종교·사회복지단체로부터 초청되어 사회복지활동에만 종사 하고자 하는 자에 대한 체류기간 1년 이하의 단수사증 <table><tr><td>첨부서류</td></tr></table> ① 사증발급신청서 (별지 제17호 서식), 여권, 표준규격사진 1매, 수수료 ② 파견명령서 ③ 종교단체 설립허가서 또는 사회복지단체 설립허가서 사본 ④ 소속단체의 체류경비 지원 관련서류 ※ 재외공관의 장은 입국목적, 초청의 진정성, 초청자 및 피초청자의 자격 확인 등을 심사하기 위해 필요한 경우 첨부서류를 일부 가감할 수 있음
사증발급인정서 발급대상	1. 외국의 종교단체 또는 사회복지단체로부터 국내에 등록된 그 지부에 파견되어

근무하는 자

2. 외국의 종교단체 또는 사회복지단체로부터 파견되어 국내 유관 종교 단체에서 종교 활동을 하는 자

3. 소속 종교단체가 운영하는 의료, 교육, 구호단체 등으로부터 초청되어 선교 또는 사회복지 활동에 종사하는 자
   ➡ 종사하는 기관으로부터 보수를 받는 자는 제외

4. 국내 종교단체의 추천을 받아 그 종교단체에서 수도, 수련, 연구 활동을 하는 자

첨부서류
① 사증발급인정신청서 (별지 제21호 서식), 여권사본, 표준규격사진 1매 ② 초청사유서 ③ 파견명령서 ④ 종교단체 설립허가서 또는 사회복지단체 설립허가서 사본 ⑤ 고유번호증 사본 　－ 종교단체 초청인 경우 종단(교단)과 단위교회(사찰) 모두 제출 ⑥ 소속단체의 체류경비 지원 관련서류 　➡ 대리인 신청시 : 위임장, 대리인 재직증명서, 대리인 신분증 사본 추가 　　제출
※ 출입국·외국인청(사무소·출장소)장은 초청의 진정성, 초청자 및 피초청자의 자격 확인 등을 심사하기 위해 첨부서류의 일부를 가감할 수 있음

참고사항	● 외국에 있는 종교단체에서 대한민국에 파견된 종교인이 행하는 포교활동 기타 종교상의 활동을 말하며, 「종교단체」라 함은 종교의 교리를 널리 전하고 종교의식을 행하며 신자를 교화 육성하는 것을 주된 목적으로 하는 단체를 말함 　－ 예시 : 사제, 선교사, 전도사, 목사, 승려 등의 활동 ● 초청자는 종단이나 교단의 대표자이며, 단위 교회 목사 등은 초청자가 될 수 없음 ● 「외국의 종교단체로부터 파견된」 종교인의 활동에 한정되기 때문에, 종교인이 대한민국의 종교단체에 취직하여 행하는 활동은 「종교(D-6)」의 체류자격에 해당되지 않음

➡ 목차	● 종교인을 <u>보조하는 데 그치거나 스스로 포교</u> 기타 종교상의 활동을 하지 않는 활동 내지 단지 신자로서의 활동에 불과한 경우에는」 종교(D-6)」의 체류자격에 해당되지 않음
	● 국내 단위교회에 목사 등으로 취임하는 경우 및 국가 기본이념에 상충되거나 공서양속 등 국민정서에 반하는 활동을 하는 교단관련 종교인은 사증발급 불가

주　재(D-7)

활동범위 및 해당자	**1. 외국기업 국내지사 등에서 주재활동** 　– 외국의 공공기관, 단체 또는 회사의 본사, 지사, 기타 사업소 등에서 <u>1년 이상</u> 　　<u>근무한 자로서</u> 　◆ 대한민국에 있는 그 계열회사, 자회사, 지점 또는 사무소 등에 필수전문인력으로 　　파견되어 근무하는 자 　　다만, 기업투자(D-8)자격에 해당하는 자는 제외하며, 　　1) 국가기간산업 또는 국책사업에 종사하려는 경우 　　2) '영업자금도입실적'이 미화 50만 불 이상인 외국기업의 국내지사 등에 파견되는 　　　<u>필수전문인력'의 경우에는 1년 이상의 근무요건을 적용하지 아니함.</u> **2. 해외진출 기업 근무 외국인력 국내 본사 주재활동** 　– 상장법인(코스닥상장법인 포함, 이하같음) 또는 공공기관이 설립한 해외 현지법인 　　이나 해외지점에서 1년 이상 근무한 자로서 대한민국에 있는 그 본사나 본점에 　　파견되어 전문 적인 지식·기술 또는 기능을 제공하거나 전수받으려는 자 　　(다만, 상장법인의 해외 현지법인이나 해외지점 중 본사의 투자금액 또는 영업기금이 　　미화 50만 달러 미만인 경우는 제외)
1회 부여 체류기간의 상한	● 3년
공관장 재량으로 발급할 수 있는 사증 ▶ 목차 공관장 재량으로 발급할 수 있는 사증	**1. 중국인 국내주재지사 등의 주재원(공기업 또는 사기업에 1년 이상 고용된 직원)** 　**및 그 동반가족(F-3)에 대한 유효기간 2년 이내의 복수사증 발급** 　　　　　　　**첨부서류 : 외국기업 국내지사 주재** 　① 사증발급신청서 (별지 제17호 서식), 여권, 표준규격사진 1매, 수수료 　② 외국 소재 회사 등 재직증명서 　③ 파견명령서 　④ 국내지점 등 설치 입증서류 　　– 지사 또는 연락사무소 설치허가서 사본 　⑤ 지사 또는 연락사무소가 정상적으로 운영되고 있음을 입증하는 서류 (영업자금

도입실적, 신규일 경우 지사 또는 연락사무소 운영계획서, 납세실적* 등)

* 국내 납세의무가 없는 비영리 연락사무소의 경우 연락사무소 운영자금 도입실적 등으로 납세실적 대체

⑥ 필수전문인력임을 입증하는 서류(이력서, 경력증명서 등)

※ 재외공관의 장은 입국목적, 초청의 진정성, 초청자 및 피초청자의 자격 확인 등을 심사하기 위해 필요한 경우 첨부서류를 일부 가감할 수 있음

2. 해외진출 기업 근무 외국인력 국내 본사 주재활동 해당자에 대한 1년 이하의 단·복수 사증발급

첨부서류
① 사증발급신청서 (별지 제17호 서식), 여권사본, 표준규격사진 1매, 수수료
② 필수전문인력임을 입증하는 서류(이력서, 경력증명서 등)
③ 본사의 등기사항전부증명서(본사가 공공기업인 경우 생략 가능)
④ 해외직접투자신고수리서 또는 해외지점설치신고수리서
⑤ 해외 송금확인 입증서류
⑥ 해외지사의 법인등기사항전부증명서 또는 사업자등록증
⑦ 해외지사에서의 재직증명서 및 납세사실증명
⑧ 인사명령서(파견명령서) : 파견기간이 명시된 명령서일 것
※ 재외공관의 장은 입국목적, 초청의 진정성, 초청자 및 피초청자의 자격 확인 등을 심사하기 위해 필요한 경우 첨부서류를 일부 가감할 수 있음

3. 칠레인에 대하여는 한·칠레 자유무역협정에 따라 체류기간 1년의 단수사증 발급

　　🔖 자격요건

　　　－ 관리자나 임원의 자격으로 또는 전문지식과 관련된 자격으로서 일방 당사국의 기업에 고용되어 그 기업, 자회사 또는 계열사에 서비스를 제공하고자 하는 기업인

사증발급인정서 발급대상

1. 외국기업 국내지사 등에서 주재활동

첨부서류
① 사증발급인정신청서 (별지 제21호 서식), 여권, 표준규격사진 1매
② 초청사유서

③ 필수전문인력임을 입증하는 서류(이력서, 경력증명서 등)

④ 외국 소재 회사 등 재직증명서

⑤ 파견명령서

⑥ 국내지점 등 설치 입증서류

　－ 지사나 연락사무소 설치허가서 사본 또는 신고수리서 사본

⑦ 지사 또는 연락사무소가 정상적으로 운영되고 있음을 입증하는 서류

　－ 영업자금 또는 연락사무소 운영자금 도입실적

　－ 신규일 경우 지사 또는 연락사무소 운영계획서, 납세실적* 등

　　* 국내 납세의무가 없는 비영리 연락사무소의 경우 연락사무소 운영자금 도입실적 등으로 납세실적 대체

　➡ 대리인 신청시 : 위임장, 대리인 재직증명서, 대리인 신분증 추가 제출

※ 출입국·외국인청(사무소·출장소)장은 초청의 진정성, 초청자 및 피초청자의 자격 확인 등을 심사하기 위해 첨부서류의 일부를 가감할 수 있음

2. 해외진출 기업 근무 외국인력 국내 본사 주재활동

첨부서류

① 사증발급인정신청서 (별지 제21호 서식), 여권사본, 표준규격사진 1매

② 초청사유서

③ 필수전문인력임을 입증하는 서류(이력서, 경력증명서 등)

④ 본사의 등기사항전부증명서

⑤ 해외직접투자신고수리서 또는 해외지점설치신고수리서

⑥ 해외 송금확인 입증서류

⑦ 해외지사의 법인등기사항전부증명서 또는 사업자등록증

⑧ 본사의 납세사실증명

⑨ 인사명령서(파견명령서) : 파견기간이 명시된 명령서일 것

　➡ 대리인 신청시 : 위임장, 대리인 재직증명서, 대리인 신분증 추가 제출

※ 출입국·외국인청(사무소·출장소)장은 초청의 진정성, 초청자 및 피초청자의 자격 확인 등을 심사하기 위해 첨부서류의 일부를 가감할 수 있음

3. 한러 한시적 근로활동에 관한 협정 대상자

가. 대상자

　🔎 대표사무소 직원, 회사집단 직원(협정 제2조 가호, 나호 1목)

▶ **대표사무소 직원** : 대한민국의 영역에 위치한 법인 또는 개인기업 (법인등기를 하지 않고 사업자등록만 한 기업)의 대표사무소에서 한시적으로 근무하는 러시아 국민

▶ **회사집단 직원** : 모회사와 회사 설립 문서(정관)에 따라 모회사가 직접 또는 간접적으로 통제하는 회사로 이루어진 집단 (지사지점, 연락사무소, 자회사, 계열회사)의 직원으로 해외에서 채용된 자

※ 국내채용 직원은 특정활동(E-7) 자격에 해당

첨부서류
① 사증발급인정신청서 (별지 제21호 서식), 여권, 표준규격사진 1매
② 본사발생 파견명령서
③ 외국환매입증명서 등 영업자금 도입실적 입증서류
④ 납세사실증명
⑤ 국내지점 등 설치 입증서류
– 지사나 연락사무소 설치허가서 사본 또는 신고수리서 사본
⑥ '부가가치세법'에 따른 사업자등록증
➡ 대리인 신청시 : 위임장, 대리인 재직증명서, 대리인 신분증 추가 제출
※ 출입국·외국인청(사무소·출장소)장은 초청의 진정성, 초청자 및 피초청자의 자격 확인 등을 심사하기 위해 첨부서류의 일부를 가감할 수 있음

4. 한우즈벡 한시적 근로활동에 관한 협정 대상자

가. 대상자

▧ 우즈베키스탄에 소재한 회사 집단과 근로계약을 체결한 자로서, 국내에 위치한 동일 회사 집단의 회사에서 근무하는 자 (협정 제3조 다호)

첨부서류
① 사증발급인정신청서 (별지 제21호 서식), 여권, 표준규격사진 1매
② 본사발생 파견명령서
③ 외국환매입증명서 등 영업자금 도입실적 입증서류
④ 납세사실증명
⑤ 국내지점 등 설치 입증서류
– 지사나 연락사무소 설치허가서 사본 또는 신고수리서 사본

⑥ '부가가치세법'에 따른 사업자등록증

➡ 대리인 신청시 : 위임장, 대리인 재직증명서, 대리인 신분증 추가 제출

※ 출입국 · 외국인청(사무소 · 출장소)장은 초청의 진정성, 초청자 및 피초청자의 자격 확인 등을 심사하기 위해 첨부서류의 일부를 가감할 수 있음

5. 한·인도 사증절차간소화협정 관련 사증발급 대상자

가. 발급대상 : 고용방문자(Employment visitor)

🔘 정당하게 등록된 회사 또는 기관에 고용되거나 계약에 의하여 기술전문가, 임원, 관리자 등과 같이 숙련된 기술을 요하는 지위에 종사하거나 임용된 자

(예시) 기업 내 전근자, 계약서비스 공급자* 또는 계약서비스 공급자를 위해 일하는 자, 독립전문가* 등

    * 계약서비스공급자 : 인도회사(법인)와 우리나라 회사(법인)간 계약에 따라 그 인도회사에 소속된 직원이 우리나라에 파견되어 근무하는 자를 의미

    * 독립전문가 : 특정회사(법인)에 소속되지 않고 독립적으로 한국의 기업 또는 개인 등에 고용되거나 기술지도 등 서비스를 제공하는 자

나. 체류자격 및 사증발급

🔘 체류자격 : 계약내용 및 파견(고용)형태에 따라 주재(D-7), 기업투자(D-8), 무역경영(D-9), 연구(E-3), 기술지도 (E-4), 특정활동 (E-7) 등의 자격 부여

🔘 사증발급 : 출입국 · 외국인청(사무소 · 출장소)의 사증발급인정서에 의해 발급

※ 고용관련 사증은 복수사증이므로 전부 사증발급인정서로 발급

첨부서류	
공통	① 사증발급인정신청서 (별지 제21호 서식), 여권, 표준규격사진 1매
기업내 전근자	② 파견명령서 및 1년 이상의 재직증명서 ③ 지사 또는 연락사무소 설치허가서 사본
계약서비스 공급자 (contractual services suppliers) 또는 이를	② 고용주가 발행한 재직증명서, 인도정부발행 사업자등록증 등 회사(기관)설립 관련 서류 ③ 우리나라 회사 또는 기관과의 서비스 공급계약 체결 입증 서류

지원하는 자	
독립전문가 (an independent professionals)	② 고용 계약서 또는 용역계약서 등 계약을 입증하는 서류 ③ 학위증, 관련 분야 자격증, 1년 이상 해당 분야 취업경력 입증서류

➡ 대리인 신청시 : 위임장, 대리인 재직증명서, 대리인 신분증 추가 제출

※ 출입국 · 외국인청(사무소 · 출장소)장은 초청의 진정성, 초청자 및 피초청자의
 자격 확인 등을 심사하기 위해 첨부서류의 일부를 가감할 수 있음

6. 「외국법자문사법」에 따른 외국법자문사 등에 대한 사증발급

가. 외국법자문법률사무소에 파견되는 구성원*또는 소속 외국법자문사**

 * 외국법자문법률사무소의 대표자 등 임원급을 의미

 ** 외국변호사의 자격을 취득한 후 제6조에 따라 법무부장관으로부터 자격승인을
 받고 제10제1항에 따라 대한변호사협회에 등록한 사람을 말한다.(외국법자문사
 법 제2조제3호)

나. 외국법자문법률사무소에 파견되는 사무직원

첨부서류
① 사증발급인정신청서 (별지 제21호 서식), 여권, 표준규격사진 1매
② 외국법자문법률사무소 등록증 (대한변호사협회 발행, 법 제18조)
③ 국내지점 등 설치 신고서 (외국환은행 발행) 및 사업자등록증
④ 외국환매입증명서 등 영업자금 도입실적 입증서류
⑤ 파견명령서 (본사발행, 파견기간 명시)
⑥ 외국법자문사 등록증 (대한변호사협회 발행, 법 10조)
※ 1년 이상 본사 근무요건이 면제되므로 경력증명서 등 제출 불요
➡ 대리인 신청시 : 위임장, 대리인 재직증명서, 대리인 신분증 추가 제출
※ 출입국 · 외국인청(사무소 · 출장소)장은 초청의 진정성, 초청자 및 피초청자의 자격 확인 등을 심사하기 위해 첨부서류의 일부를 가감할 수 있음
첨부서류
① 사증발급인정신청서 (별지 제21호 서식), 여권, 표준규격사진 1매

② 외국법자문법률사무소 등록증 (대한변호사협회 발행, 법 제18조)

③ 국내지점 등 설치 신고서 (외국환은행 발행) 및 사업자등록증

④ 외국환매입증명서 등 영업자금 도입실적 입증서류

⑤ 파견명령서 (본사발행, 파견기간 명시)

⑥ 경력증명서 (본사1년 이상 근무요건 충족 여부 확인)

➡ 대리인 신청시 : 위임장, 대리인 재직증명서, 대리인 신분증 추가 제출

※ 출입국·외국인청(사무소·출장소)장은 초청의 진정성, 초청자 및 피초청자의 자격 확인 등을 심사하기 위해 첨부서류의 일부를 가감할 수 있음

참고사항	1. 외국기업 국내지사 등에서 주재활동
➡ 목차 참고사항	□ 외국은행의 지점·대리점 　– 외국은행 : 외국 법령에 따라 설립되어 외국에서 은행업을 경영하는 자 　– 외국은행이 대한민국에서 은행업을 경영하기 위하여 지점·대리점을 신설하거나 폐쇄하려는 경우에는 금융위원회의 인가를 받아야 함(은행법 제 58조, 2010.5.17. 개정) □ 외국 금융투자업자의 지점 기타 영업소 　– 외국 금융투자업자 : 외국 법령에 따라 외국에서 금융투자업에 상당하는 영업을 영위하는 자 　– 외국 금융투자업자가 국내에서 금융투자업을 영위하기 위해서는 외국에서 영위하고 있는 영업에 상당하는 금융투자업 수행에 필요한 지점, 그 밖의 영업소를 설치하여 금융위원회의 인가를 받아야 함(자본시장과 금융투자업에 관한 법률 제 12조) □ 외국보험회사의 국내지점 및 국내사무소 설치 　– 보험업의 허가를 받을 수 있는 자는 주식회사, 상호회사와 외국보험회사("외국보험 회사의 국내지점")에 한하며 금융위원회의 허가를 받아야 함 　– 외국보험회사 또는 외국에서 보험대리 및 보험중개를 업으로 영위하거나 그밖에 보험과 관련된 업을 영위하거나 그밖에 보험과 관련된 업을 영위하는 자는 보험시장에 관한 조사 및 정보의 수집 그밖에 이와 유사한 업무를 수행하기 위하여 국내에 사무소를 설치할 수 있다(보험업법 제12조, 2008.2.29 개정)

– 국내사무소는 그 명칭 중에 사무소라는 문자를 사용하여야 하며, 보험업을 영위하는 행위, 보험계약의 체결을 중개하거나 이를 대리하는 행위 등을 할 수 없다.

□ 비거주자의 지점 또는 사무소

– 비거주자가 국내에 지점 및 사무소(국내지사라고 함)를 설치하고자 하는 경우에는 지정거래외국환은행의 장에게 신고(외국환거래규정 제9-32조 및 제 9-33조)

‣ 비거주자의 지점 : 국내에서 수익을 발생시키는 영업활동을 영위

‣ 비거주자의 사무소 : 국내에서 수익을 발생시키는 영업활동을 영위하지 아니하고 업무연락, 시장조사, 연구개발활동 등 비영업적 기능만을 수행

※ 자금의 융자, 해외금융의 알선 및 중개, 카드업무, 할부금융 등 은행업 이외의 금융관련업무, 증권업무 및 보험업무와 관련된 업무, 외국인투자 촉진법 등 다른 법령의 규정에 의하여 허용되지 아니하는 업무 또는 이와 관련된 업무의 영위를 목적으로 하는 국내지사를 설치하고자 하는 경우에는 기획재정부장관에게 신고

🔲 필수전문인력 해당 여부 확인

※ 필수전문인력의 범위

유 형	해 당 범 위
임 원 (EXECUTIVE)	조직 내에서 조직 관리를 제1차적으로 지휘하며 의사결정에 광범위한 권한을 행사하고 그 기업의 최고위 임원으로서 이사회, 주주로부터 일반적인 지휘 · 감독만을 받는 자(임원은 서비스의 실질적인 공급 또는 조직의 서비스에 관련된 업무는 직접 수행할 수 없음)
상급관리자 (SENIOR MANAGER)	기업 또는 부서단위 조직의 목표와 정책의 수립 및 시행에 책임을 지고 계획 · 지휘 · 감독에 관한 권한과 직원에 대한 고용 및 해고권 또는 이에 관한 추천권을 가지며, 다른 감독직 · 전문직 · 관리직 종사자의 업무를 결정 · 감독 · 통제하거나 일상 업무에 재량권을 행사하는 자(피감독자가 전문서비스 공급자가 아닌 일선감독자를 포함하지 않으며 직접적으로 서비스 공급행위에 종사하는 자도 포함되지 않음)
전 문 가 (SPECIALIST)	해당기업 서비스의 연구 · 설계 · 기술 · 관리 등에 필수적인 고도의 전문적 이고 독점적인 경험과 지식을 가진 자

■ 법무부장관이 정하는 계열회사의 범위

  – 모회사(C)가 해외에 자회사(A)와 국내에 다른 자회사(B)를 가지고 있는 경우 A회사와 B회사는 서로 상대방의 계열회사임

  – 또는 해외에 있는 회사(C)의 사원들이 다른 두 개의 회사(A & B) 양자에 대하여 각각 주식총수의 100분의 50을 초과하는 주식을 가지거나 각각 출자 총액의 100분의 50을 초과하여 출자한 경우에도 A회사와 B회사는 서로 상대방 의 계열회사임

2. 해외진출 기업 근무 외국인력 국내 본사 주재활동

■ 본사

  – 상장법인 · 코스닥상장법인이거나 공공기관일 것

  ※ 상장법인은 한국거래소(http://www.krx.co.kr/)에서 확인

■ 해외지사

  – 본사가 상장법인 또는 코스닥상장법인인 경우

  • 해외지사는 현지법인과 해외지점으로 구분

  ※ 현지법인은 본사가 해외 직접투자한 법인을, 해외지점은 본사가 독립채산제를 원칙으로 하여 해외 영업활동 등을 영위하기 위해 법인 설립 이외의 방법으로 설치한 지점을 의미하며, 해외에서 영업활동을 영위하지 않고 업무연락, 시장조사, 연구개발 활동 등의 비영업적 기능만을 수행하는 해외사무소는 제외

  • 해외지사의 규모는 일정 수준 이상이 되어야 함

  ※ 현지법인 : 본사가 미화 50만불 이상 투자한 경우

  ※ 해외지점 : 본사가 미화 50만불 이상의 영업기금(설치비, 유지운영비, 운전자 금 등)을 지급한 경우

  – 본사가 공공기관인 경우

  • 공공기관은 투자금액 요건을 적용치 아니함

■ 사증발급 신청인

  – 다음 각 요건을 모두 충족하여야 함

  • 해외지사에서 1년 이상 근무한 자

  • 전문지식 · 기술 또는 기능 보유자

  • 원칙적으로 과장이나 선임연구원급 이상 직원을 대상

  • 해당자는 본사에서 전문인력으로 근무할 예정이어야 할 뿐만 아니라 해외지사에 서 1년 이상 전문인력으로 근무한 경력이 있어야 함

  – 본사로 기간을 정하여 파견되는 경우일 것

Q. 법무부장관이 정하는 계열회사에 필수전문인력으로 파견되어 근무하는 경우란?

A. 해외에 있는 한 자회사(A)와 국내에 있는 다른 자회사(B)가 동일한 모회사(C)를 가지는 경우 A회사와 B회사는 서로 상대방의 계열회사가 되며, 이 경우 본사를 거치지 않고 A회사에서 B회사로 전근한 자도 주재(D-7)사증을 발급할 수 있음을 말한다. 계열회사 간 전근 직원의 주재(D-7) 체류자격은 대규모 다국적 기업의 계열회사 유치에 도움을 줄 것으로 기대됨

기업투자(D-8)

활동범위 및 해당자	1. 「외국인투자촉진법」에 따른 외국인투자기업 대한민국 법인*의 경영·관리 또는 생산기술 분야에 종사하려는 필수 전문인력**[이하 '법인에 투자(D-8-1)'로 구분] 　* 설립완료 법인만 해당.　** 국내에서 채용하는 사람은 제외 2. 지식재산권을 보유하는 등 우수한 기술력으로「벤처 기업육성에 관한 특별조치법」제2조의2제1항제2호다목에 따른 벤처기업을 설립한 사람 중 같은 법 제25조에 따라 벤처기업 확인을 받은 기업의 대표자 또는 기술성이 우수한 것으로 평가를 받은 기업의 대표자 [이하 '벤처 투자(D-8-2)'로 구분] 3. 「외국인투자촉진법」에 따른 외국인투자기업인 대한민국 국민(개인)이 경영하는 기업의 경영·관리 또는 생산기술 분야에 종사하려는 필수전문인력* [이하 '개인기업에 투자(D-8-3)'로 구분] 　* 국내에서 채용하는 사람은 제외 4. 국내에서 전문학사 이상의 학위를 취득한 사람, 또는 국외에서 학사 이상의 학위를 취득한 사람, 또는 관계 중앙행정기관의 장이 추천한 사람으로서 지식재산권을 보유하거나 이에 준하는 기술력 등을 가진 법인 * 창업자 [이하 '기술 창업(D-8-4)'으로 구분]
1회 부여 체류기간의 상한	● 외국인 투자기업에서의 주재활동 : 5년 ● 벤처기업 육성에 관한 특별조치법에 따라 벤처기업을 설립한 자 : 2년 (단, 예비벤처기업은 6개월) ● 국내에서 전문학사 이상의 학위를 취득한 사람, 또는 국외에서 학사 이상의 학위를 취득한 사람, 또는 관계 중앙행정기관의 장이 추천한 사람으로서 지식재산권을 보유하거나 이에 준하는 기술력 등을 가진 법인 창업자 : 2년
공관장 재량으로 발급할 수 있는 사증	1. 외국인투자촉진법의 규정에 의한 「외국인 투자기업에서의 주재활동」 해당자에 대한 기업투자(D-8-1) 사증발급 (쿠바 제외) 가. 기본요건 ● 투자대상이 대한민국 법인(설립완료 법인만 해당) 일 것 ● 투자금액이 1억원 이상으로, 투자한 법인의 의결권 있는 주식총수의 100분의 10이상을 소유(외국인투자촉진법시행령 제2조제2항1호)하거나 법인의 주식

등을 소유하면서 임원 파견, 선임 계약 등을 체결(외국인투자촉진법시행령 제2조제2항2호)

※ 투자자금은 투자자 본인 명의 금액을 원칙으로 하되, 배우자 및 미성년 자녀 명의 반입 및 대리송금은 예외적으로 인정(단, 투자금 3억원 이상 투자자의 경우 부모 및 배우자 부모 명의 반입 및 대리 송금 추가 인정 가능)

나. 신청기관

■ 원칙적으로 신청자의 본국에 소재한 대한민국 공관

※ 단, 신청인이 해외에 주재하며 사업체 등을 운영(영주권 소지 등 장기거주자 포함)하고 있을 경우에는 주재하고 있는 국가 소재 재외공관에서 신청 가능

첨부서류
① 사증발급신청서 (별지 제17호 서식), 여권, 표준규격사진 1매, 수수료 ② 주재활동의 경우 파견명령서(파견기간 명시) 및 재직증명서 ③ 외국인투자기업등록증 사본 ④ 사업자등록증 사본, 법인등기사항전부증명서, 주주변동상황명세서 원본 ⑤ 투자자금 도입관련 입증서류 　㉮ 현금출자의 경우 　　－ 해당국 세관이나 본국 은행 (금융기관)의 외화반출허가(신고)서 (해당자) 　　－ 투자자금 도입 내역서 (송금확인증, 외국환 매입증명서, 세관신고서 등) 　㉯ 현물출자의 경우 　　－ 현물출자완료 확인서 사본(관세청장 발행) 　　－ 세관 수입신고필증 사본 ⑥ 투자금액 3억원 미만 개인투자자에 대한 추가서류 　－ 자본금 사용내역 입증서류 (물품구매 영수증, 사무실 인테리어 비용, 국내은행 계좌 입출금 내역서 등) 　－ 사업장 존재 입증 서류 (사무실 임대차 계약서, 사업장 전경·사무공간 간판 사진 등 자료) 　－ 해당 업종 또는 분야의 사업 경험 관련 국적국 서류 (필요시 징구)
※ 재외공관의 장은 입국목적, 초청의 진정성, 초청자 및 피초청자의 자격 확인 등을 심사하기 위해 필요한 경우 첨부서류를 일부 가감할 수 있음

2. 벤처기업 육성에 관한 특별조치법에 따라 벤처기업을 설립한 자 등에 대한
기업투자(D-8-2) 사증발급 (중국, 쿠바 제외)

가. 기본요건
- 지식재산권을 보유하는 등 우수한 기술력으로「벤처 기업육성에 관한 특별조치법」
  제2조의2제1항제2호다목에 따른 벤처기업을 설립(또는 설립예비)*한 사람
  중 같은 법 제25조에 따라 벤처기업 확인(또는 예비 벤처기업 확인)**을 받은
  기업의 대표자 또는 기술성이 우수한 것으로 평가***를 받은 기업의 대표자
  * 기술평가보증기업 및 예비벤처기업(해당 벤처기업의 법인설립 또는 사업자등
    록을 준비 중인 경우 및 동 기업의 창업 후 6개월 이내의 기업)도 해당
  ** 벤처기업 또는 예비벤처기업인지 여부의 확인은 기술신용보증기금(기술신용
    보증기금법), 중소기업진흥공단(중소기업진흥에 관한 법률) 또는 한국벤처
    캐피탈협회(벤처 기업육성에 관한 특별조치법)에서 실시
  *** 평가는 기술신용보증기금(기술신용보증기금법) 또는 중소기업진흥공단(중
    소기업진흥에 관한 법률)으로부터 받은 것을 말함

나. 신청기관
- 원칙적으로 신청자의 본국에 소재한 대한민국 공관
  ※ 단, 신청인이 해외에 주재하며 사업체 등을 운영(영주권 소지 등 장기거주자
    포함)하고 있을 경우에는 주재하고 있는 국가 소재 재외공관에서 신청 가능

첨부서류
① 사증발급신청서 (별지 제17호 서식), 여권사본, 표준규격사진 1매, 수수료
② 사업자등록증 사본, 법인등기사항전부증명서
③ 벤처기업확인서 또는 예비벤처기업확인서
④ 지식재산권을 보유하는 등 우수한 기술력을 가지고 있음을 입증하는 서류 　－ 특허증(특허청), 실용신안등록증(특허청), 디자인등록증(특허청), 상표등 　　록증(특허청), 저작권등록증(한국저작권위원회) 등 사본 　－ 기술신용보증기금 또는 중소기업진흥공단의 기술성 우수평가서
※ 재외공관의 장은 입국목적, 초청의 진정성, 초청자 및 피초청자의 자격 　확인 등을 심사하기 위헤 필요한 경우 첨부서류를 일부 가감할 수 있음

3. 국민이 경영하는 기업에 투자하는 외국인에 대한 기업투자(D-8-3) 자격 사증발급

가. 기본요건

- 투자대상이 대한민국 국민(개인)이 경영하는 기업일 것
- 투자금액이 1억원 이상으로, 투자한 기업의 출자총액의 100분의 10이상을 소유 (외국인투자촉진법시행령 제2조제2항1호)하고 사업자등록증상 한국인과 공동대표로 등재될 것
  - ※ 투자자금은 투자자 본인 명의 금액을 원칙으로 하되, 배우자 및 미성년 자녀 명의 반입 및 대리송금은 예외적으로 인정(단, 투자금 3억원 이상 투자자의 경우 부모 및 배우자 부모 명의 반입 및 대리 송금 추가 인정 가능)
- 공동사업자인 국민의 사업자금이 1억원 이상일 것

나. 신청기관

- 원칙적으로 신청자의 본국에 소재한 대한민국 공관
  - ※ 단, 신청인이 해외에 주재하며 사업체 등을 운영(영주권 소지 등 장기거주자 포함)하고 있을 경우에는 주재하고 있는 국가 소재 재외공관에서 신청 가능

▶ 목차
공관장 재량으로 발급할 수 있는 사증

첨부서류
① 사증발급신청서 (별지 제17호 서식), 여권, 표준규격사진 1매, 수수료
② 외국인투자기업등록증 사본
③ 공동사업자인 국민의 사업자금(사용 내역) 입증서류
④ 공동사업자가 표시된 사업자등록증 사본, 공동사업자약정서 원본
⑤ 투자자금 도입관련 입증서류
㉮ 현금출자의 경우
- 해당국 세관이나 본국 은행 (금융기관)의 외화반출허가(신고)서 (해당자)
- 투자자금 도입 내역서 (송금확인증, 외국환 매입증명서, 세관신고서 등)
㉯ 현물출자의 경우
- 현물출자완료 확인서 사본(관세청장 발행)
- 세관 수입신고필증 사본
⑥ 투자금액 3억원 미만 신청자에 대한 추가서류
- 자본금 사용내역 입증서류 (물품구매 영수증, 사무실 인테리어 비용, 국내은행 계좌 입출금 내역서 등)
- 사업장 존재 입증 서류 (사무실 임대차 계약서, 사업장 전경·사무공간간판

사진 등 자료)

‒ 해당 업종 또는 분야의 사업 경험 관련 국적국 서류 (필요시 징구)

※ 3억 미만 소액투자자로서 사업 경험이 없는 자는 정밀심사

※ 재외공관의 장은 입국목적, 초청의 진정성, 초청자 및 피초청자의 자격
확인 등을 심사하기 위해 필요한 경우 첨부서류를 일부 가감할 수 있음

4. 국내에서 전문학사 이상의 학위를 취득한 사람, 또는 국외에서 학사 이상의 학위를 취득한 사람, 또는 관계 중앙행정기관의 장이 추천한 사람으로서 지식재산권을 보유하거나 이에 준하는 기술력 등을 가진 기술창업자에 대한 기업투자(D-8-4) 사증발급

가. 기본요건

- 국내에서 전문학사 이상의 학위를 취득한 사람, 또는 외국에서 학사 이상의
학위*를 취득한 사람, 또는 관계 중앙행정기관의 장이 추천한 사람일 것
* 학위는 이미 취득한 경우만 인정하고 취득 예정자는 제외함
- 지식재산권*을 보유하거나 이에 준하는 기술력**을 가지고 있을 것
* 특허권(특허법), 실용신안권(실용신안법), 디자인권(디자인보호법), 상표권
(상표법), 저작권(저작권법) 등 국내법에 따라 인정된 지식재산권
** 「중소기업창업지원법」 등 법률에 근거한 정부지원 사업에 선정된 외국인의
창업아이템을 말하며, 해당 외국인이 선정 당사자인 경우에 한함
- 대한민국 법인을 설립하고 법인등기 및 사업자등록을 완료하였을 것

나. 신청기관

- 원칙적으로 신청자의 본국에 소재한 대한민국 공관
※ 단, 신청인이 해외에 주재하며 사업체 등을 운영(영주권 소지 등 장기거주자
포함)하고 있을 경우에는 주재하고 있는 국가 소재 재외공관에서 신청 가능

첨부서류
① 사증발급신청서 (별지 제17호 서식), 여권, 표준규격사진 1매, 수수료
② 법인등기사항전부증명서 및 사업자등록증 사본
③ 학위증명서 사본 또는 관계 중앙행정기관의 장의 추천서
④ 점수제 해당 항목(및 점수) 입증 서류
‒ 지식재산권 보유(등록)자는 특허증·실용신안등록증·디자인등록증 사본

☞ 지식재산권 보유 검색은 특허청의 '특허정보넷 키프리스'(www.kipris.or. kr/ khome/main.jsp) 활용

－ 특허 등 출원자는 특허청장 발행 출원사실증명서

－ 법무부장관이 지정한 '글로벌창업이민센터'의 장이 발급한 창업이민 종합지원시스템(OASIS) 해당 항목 이수(수료, 졸업) 증서, 입상확인서, 선정공문 등 입증서류

－ 기타 점수제 해당 항목 등 입증서류

※ 재외공관의 장은 입국목적, 초청의 진정성, 초청자 및 피초청자의 자격 확인 등을 심사하기 위해 필요한 경우 첨부서류를 일부 가감할 수 있음

5. 칠레인에 대하여는 한·칠레 자유무역협정에 따라 체류기간 1년의 단수사증 발급

　※ 기업투자(D-8) 자격에 해당하는 입증서류를 제출하지 못하는 경우라도 단기상용(C-3-4) 자격에 해당하는 때에는 단기상용사증발급

6. 한·러 한시적 근로활동에 관한 협정 대상자

가. 대상자

　※ 기업대표 (협정 제2조 다호)

－ 러시아 국가의 법령 또는 법인·개인기업의 설립 문서(정관)에 따라 대한민국의 영역에서 실체에 대한 통제나 관리를 수행하는 자

나. 사증발급 공관 : 자국 소재 한국공관

첨부서류
① 사증발급인정신청서 (별지 제21호 서식), 여권사본, 표준규격사진 1매
② 파견명령서(파견기간 명시) 또는 재직증명서
③ 외국인 투자신고서 또는 투자기업등록증 사본
④ 등기부등본 및 사업자등록증 사본
➡ 대리인 신청시 : 위임장, 대리인 재직증명서, 대리인 신분증 추가 제출
※ 출입국·외국인청(사무소·출장소)장은 초청의 진정성, 초청자 및 피초청자의 자격 확인 등을 심사하기 위해 첨부서류의 일부를 가감할 수 있음

7. 한·우즈벡 한시적 근로활동에 관한 협정 대상자

가. 대상자

외국 자본 참여 사업체의 대표 또는 전문직원 (협정 제3조 가호)

　　– 대한민국의 영역에서 상업활동을 수행하는 외국 자본 참여 사업체의 대표 또는 전문직원인 우즈베키스탄 국민기업대표 (협정 제2조 다호)

나. 사증발급 공관 : <u>자국 소재 한국공관</u>

첨부서류
① 사증발급인정신청서 (별지 제21호 서식), 여권사본, 표준규격사진 1매
② 파견명령서(파견기간 명시) 또는 재직증명서
③ 외국인 투자신고서 또는 투자기업등록증 사본
④ 등기부등본 및 사업자등록증 사본
➡ 대리인 신청시 : 위임장, 대리인 재직증명서, 대리인 신분증 추가 제출
※ 출입국·외국인청(사무소·출장소)장은 초청의 진정성, 초청자 및 피초청자의 자격 확인 등을 심사하기 위해 첨부서류의 일부를 가감할 수 있음

사증발급인정서 발급대상

1. 대한민국 법인에 투자한 외국인 기업투자(D-8-1) 자격

가. 기본요건

　 투자대상이 <u>대한민국 법인 일 것</u>

　 투자금액*이 <u>1억원 이상</u>으로, 투자한 법인의 의결권 있는 <u>주식총수의 100분의 10이상을 소유</u>(외국인투자촉진법시행령 제2조제2항1호)하거나 법인의 주식 등을 소유하면서 임원 파견, 선임 계약 등을 체결 (외국인투자촉진법시행령 제2조제2항2호)

　　※ 투자자금은 투자자 본인 명의 금액을 원칙으로 하되, 배우자 및 미성년 자녀 명의 반입 및 대리송금은 예외적으로 인정(단, 투자금 3억원 이상 투자자의 경우 부모 및 배우자 부모 명의 반입 및 대리 송금 추가 인정 가능)

나. 신청기관

　 관할 출입국·외국인청(사무소·출장소)

첨부서류
① 사증발급인정신청서 (별지 제21호 서식), 여권, 표준규격사진 1매
② 주재활동의 경우 파견명령서(파견기간 명시) 및 재직증명서

③ 외국인투자기업등록증 사본

④ 사업자등록증 사본, 법인등기사항전부증명서, 주주변동상황명세서 원본

⑤ 투자자금 도입관련 입증서류

　㉮ 현금출자의 경우

　　- 해당국 세관이나 본국 은행 (금융기관)의 외화반출허가(신고)서 (해당자)

　　- 투자자금 도입 내역서 (송금확인증, 외국환 매입증명서, 세관신고서 등)

　㉯ 현물출자의 경우

　　- 현물출자완료 확인서 사본(관세청장 발행)

　　- 세관 수입신고필증 사본

⑥ 투자금액 3억원 미만 개인투자자에 대한 추가서류

　　- 자본금 사용내역 입증서류 (물품구매 영수증, 사무실 인테리어 비용, 국내은행 계좌 입출금 내역서 등)

　　- 사업장 존재 입증 서류 (사무실 임대차 계약서, 사업장 전경·사무공간 간판 사진 등 자료)

　　- 해당 업종 또는 분야의 사업 경험 관련 국적국 서류 (필요시 징구)

➡ 대리인 신청시 : 위임장, 대리인 재직증명서, 대리인 신분증 추가 제출

※ 출입국·외국인청(사무소·출장소)장은 초청의 진정성, 초청자 및 피초청자의 자격 확인 등을 심사하기 위해 첨부서류의 일부를 가감할 수 있음

2. 벤처기업 육성에 관한 특별조치법에 따라 벤처기업을 설립한 자 및 예비벤처기업 확인을 받은 자

가. 기본요건

　🔹 지식재산권을 보유하는 등 우수한 기술력으로「벤처 기업육성에 관한 특별조치법」 제2조의2제1항제2호다목에 따른 벤처기업을 설립(또는 설립예비)*한 사람 중 같은 법 제25조에 따라 벤처기업 확인(또는 예비 벤처기업 확인)**을 받은 기업의 대표자 또는 기술성이 우수한 것으로 평가***를 받은 기업의 대표자

　　* 기술평가보증기업 및 예비벤처기업(해당 벤처기업의 법인설립 또는 사업자등록을 준비 중인 경우 및 동 기업의 창업 후 6개월 이내의 기업)도 해당

　　** 벤처기업 또는 예비벤처기업인지 여부의 확인은 기술신용보증기금(기술신용보증기금법), 중소기업진흥공단(중소기업진흥에 관한 법률) 또는 한국벤처캐피탈협회(벤처 기업육성에 관한 특별조치법)에서 실시

　　*** 평가는 기술신용보증기금(기술신용보증기금법) 또는 중소기업진흥공단(중소기업진흥에 관한 법률)으로부터 받은 것을 말함

나. 신청기관

■ 관할 출입국·외국인청(사무소·출장소)

첨부서류
① 사증발급인정신청서 (별지 제21호 서식), 여권사본, 표준규격사진 1매
② 초청사유서
③ 사업자등록증 사본, 법인등기사항전부증명서
④ 산업재산권, 그 밖에 이에 준하는 기술과 그 사용에 관한 권리 등을 보유하고 있음을 입증하는 서류 ※ 한중 정부간의 사증절차 간소화 및 복수사증 협정 대상자에 해당하지 않으며, 사증(사증발급인정서) 발급 전 국가정보원과 협의 불요 ➡ 대리인 신청시 : 위임장, 대리인 재직증명서, 대리인 신분증 추가 제출
※ 출입국·외국인청(사무소·출장소)장은 초청의 진정성, 초청자 및 피초청자의 자격 확인 등을 심사하기 위해 첨부서류의 일부를 가감할 수 있음

3. 국민이 경영하는 개인기업에 투자한 외국인 기업투자(D-8-3) 자격

가. 허가요건

○ 투자대상이 대한민국 국민(개인)이 경영하는 기업일 것

○ 투자금액이 1억원 이상으로, 투자한 기업의 출자총액의 100분의 10이상*을 소유 (외국인투자촉진법시행령 제2조제2항1호)하고 사업자등록증상 한국인과 공동대표로 등재될 것

　*「외국인투자촉진법 시행규칙」에 따라 산업통상자원부장관이 지정한 「연구개발시설 (제16조)」은 100분의 30 이상

　※ 투자자금은 투자자 본인 명의 금액을 원칙으로 하되, 배우자 및 미성년 자녀 명의 반입 및 대리송금은 예외적으로 인정(단, 투자금 3억원 이상 투자자의 경우 부모 및 배우자 부모 명의 반입 및 대리 송금 추가 인정 가능)

○ 공동사업자인 국민의 사업자금이 1억원 이상일 것

○ 「외국인투자촉진법 시행규칙」제16조에 따라 산업통상자원부장관이 지정한 "연구개발시설"은 학사학위 소지자로서 3년 이상 연구경력 또는 석사학위 이상 소지한 연구 전담인력이 5명 이상이어야 함

나. 신청기관

○ 관할 출입국 · 외국인청(사무소 · 출장소)

다. 사증발급
  ○ 투자금액, 업종 등을 고려하여 체류기간 1년 이하의 단수사증 발급

첨부서류

① 사증발급신청서 (별지 제17호 서식), 여권, 표준규격사진 1매, 수수료
② 외국인투자기업등록증 사본
③ 공동사업자인 국민의 사업자금(사용 내역) 입증서류
④ 공동사업자가 표시된 사업자등록증 사본, 공동사업자약정서 원본
  – 주재활동의 경우 파견명령서(파견기간 명시) 및 재직증명서
  – 「외국인투자촉진법 시행규칙」 제16조에 따라 산업통상자원부장관이 지정한 「연구개발시설」은 지정서 및 근무인력 명단(성명, 직책, 학력, 연구경력, 근무분야 등) 추가 제출
⑤ 투자자금 도입관련 입증서류
  ㉮ 현금출자의 경우
    – 해당국 세관이나 본국 은행 (금융기관)의 외화반출허가(신고)서 (해당자)
    – 투자자금 도입 내역서 (송금확인증, 외국환 매입증명서, 세관신고서 등)
  ㉯ 현물출자의 경우
    – 현물출자완료 확인서 사본(관세청장 발행)
    – 세관 수입신고필증 사본
⑥ 투자금액 3억원 미만 신청자에 대한 추가서류
  – 자본금 사용내역 입증서류 (물품구매 영수증, 사무실 인테리어 비용, 국내은행 계좌 입출금 내역서 등)
  – 사업장 존재 입증 서류 (사무실 임대차 계약서, 사업장 전경·사무공간간판 사진 등 자료)
  – 해당 업종 또는 분야의 사업 경험 관련 국적국 서류 (필요시 징구)
    ※ 3억 미만 소액투자자로서 사업 경험이 없는 자는 정밀심사

※ 재외공관의 장은 입국목적, 초청의 진정성, 초청자 및 피초청자의 자격 확인 등을 심사하기 위해 필요한 경우 첨부서류를 일부 가감할 수 있음

4. 국내에서 전문학사 이상의 학위를 취득한 사람 또는 외국에서 학사 이상의 학위를 취득한 사람, 또는 관계 중앙행정기관의 장이 추천한 사람으로서 지식재

산권을 보유하거나 이에 준하는 기술력 등을 가진 기술창업자에 대한 기업투자
(D-8-4) 사증발급

가. 기본요건
- 국내에서 전문학사 이상의 학위를 취득한 사람, 또는 외국에서 학사 이상의
  학위*를 취득한 사람, 또는 <u>관계 중앙행정기관의 장이 추천한 사람일 것</u>
  * 학위는 이미 취득한 경우만 인정하고 취득 예정자는 제외함
- 지식재산권*을 보유하거나 이에 준하는 기술력**을 가지고 있을 것
  * 특허권(특허법), 실용신안권(실용신안법), 디자인권(디자인보호법), 상표권
    (상표법), 저작권(저작권법) 등 국내법에 따라 인정된 지식재산권
  ** 「중소기업창업지원법」 등 법률에 근거한 정부지원 사업에 선정된 외국인의
    창업아이템을 말하며, 해당 외국인이 선정 당사자인 경우에 한함
- 대한민국 법인을 설립하고 법인등기 및 사업자등록을 완료하였을 것

나. 신청기관
- 관할 출입국 · 외국인청(사무소 · 출장소)

첨부서류
① 사증발급인정신청서 (별지 제21호 서식), 여권, 표준규격사진 1매
② 법인등기사항전부증명서 및 사업자등록증 사본
③ 학위증명서 사본 또는 관계 중앙행정기관의 장의 추천서
④ 점수제 해당 항목(및 점수) 입증 서류
– 지식재산권 보유(등록)자는 특허증 · 실용신안등록증 · 디자인등록증 사본
☞ 지식재산권 보유 검색은 특허청의 '특허정보넷 키프리스'(www.kipris.or. kr/ khome/main.jsp) 활용
– 특허 등 출원자는 특허청장 발행 출원사실증명서
– 법무부장관이 지정한 '글로벌창업이민센터'의 장이 발급한 창업이민 종합지원시스템(OASIS) 해당 항목 이수(수료, 졸업) 증서, 입상확인서, 선정공문 등 입증서류
– 기타 점수제 해당 항목 등 입증서류
※ 출입국 · 외국인청(사무소 · 출장소)장은 초청의 진정성, 초청자 및 피초청자의 자격 확인 등을 심사하기 위해 첨부서류의 일부를 가감할 수 있음

5. 한·인도 사증절차간소화협정 관련 사증발급 대상자

가. 발급대상 : 고용방문자(Employment visitor)

- 정당하게 등록된 회사 또는 기관에 고용되거나 계약에 의하여 기술전문가, 임원, 관리자 등과 같이 숙련된 기술을 요하는 지위에 종사하거나 임용된 자
  (예시) 기업내 전근자, 계약서비스 공급자* 또는 계약서비스 공급자를 위해 일하는 자, 독립전문가* 등

  * 계약서비스공급자 : 인도회사(법인)와 우리나라 회사(법인)간 계약에 따라 그 인도회사에 소속된 직원이 우리나라에 파견되어 근무하는 자를 의미
  * 독립전문가 : 특정회사(법인)에 소속되지 않고 독립적으로 한국의 기업 또는 개인 등에 고용되거나 기술지도 등 서비스를 제공하는 자

나. 체류자격 및 체류기간

- 체류자격 : 계약내용 및 파견(고용)형태에 따라 주재(D-7), 기업투자(D-8), 무역경영(D-9), 연구(E-3), 기술지도 (E-4), 특정활동 (E-7) 등의 자격 부여
- 사증발급 : 출입국·외국인청(사무소·출장소)의 사증발급인정서에 의해 발급
  ※ 고용관련 사증은 복수사증이므로 전부 사증발급인정서로 발급

첨부서류	
공통	① 사증발급인정신청서 (별지 제21호 서식), 여권, 표준규격 사진 1매
기업내 전근자	② 파견명령서 및 1년 이상의 재직증명서 ③ 지사 또는 연락사무소 설치허가서 사본
계약서비스 공급자 (contractual services suppliers) 또는 이를 지원하는 자	② 고용주가 발행한 재직증명서, 인도정부발행 사업자등록증 등 회사(기관)설립 관련 서류 ③ 우리나라 회사 또는 기관과의 서비스 공급계약 체결 입증 서류
독립전문가 (an independent professionals)	② 고용 계약서 또는 용역계약서 등 계약을 입증하는 서류 ③ 학위증, 관련 분야 자격증, 1년 이상 해당 분야 취업경력 입증서류
➡ 대리인 신청시 : 위임장, 대리인 재직증명서, 대리인 신분증 추가 제출	
※ 출입국·외국인청(사무소·출장소)장은 초청의 진정성, 초청자 및 피초청자의	

자격 확인 등을 심사하기 위해 첨부서류의 일부를 가감할 수 있음

※ 기업투자(D-8) 사증발급 기본 원칙

○ 「외국인투자촉진법」에 따른 외국인투자기업의 경영·관리 또는 생산기술 분야 종사하려는 필수전문인력과 「벤처기업육성에 관한 특별조치법」 등에 따라 벤처기업을 설립한 사람중 벤처기업 확인을 받거나 이에 준하는 사람, 법인 창업자 등에 대하여 결격사유 여부 등 심사 후 사증발급 또는 체류자격 변경
   ※ 국민 일자리 창출을 통해 '고용친화적 정책기반 조성'에 기여한 투자기업 소속 외국인에 대해 체류편의 등 제공
○ 「외국인투자촉진법」제4조에 따라 외국인투자가 제한되는 업종 및 법무부장관이 사증·체류관리 정책상 제한하는 업종*에 종사하고자 하는 자 등에 대해서는 기업투자(D-8) 자격 부여 등 억제

* 제 한 업 종
▶ 「사행행위 등 규제 및 처벌 특례법」 제2조제1항제2호 및 동법 시행령 제1조의2에서 규정하고 있는 사행행위 영업(복권발행업, 현상업, 회전판돌리기업, 추첨업, 경품업)을 하려는 자
▶ 식품위생법 시행령 제21조제8호'다'목(단란주점) 및'라'목(유흥주점)의 영업을 하려는 자

○ 3억원 미만 소액 개인투자가에 대해서는 정밀 심사

참고사항	관련 판례 : 개인사업자에 대한 기업투자(D-8) 자격관련(대구지법 2010구합4034)
	1. 처분의 경위 ● 원고는 스리랑카 국적으로 단기상용(C-2) 자격으로 입국하여 기업투자 (D-8) 자격으로 체류자격 변경허가 신청을 하였으나, 피고는 외국인투자기업의 경영·관리 또는 생산기술분야에 종사하려는 필수전문인력으로 볼 수 없다는 이유로 불허처분 2. 원고의 주장 ● 원고는 5,000만원을 실제로 투자하여 자동차 부품 및 가전제품 도소매업에 종사하고 있어 출입국관리법 시행령 별표1 제17호의 기업투자(D-8)의 체류

자격에 해당하므로 피고의 처분은 위법하다.

3. 판결 요지

「외국인투자촉진법에 따른 외국인투자기업에 해당하려면 대한민국 법인 내지 대한민국국민이 경영하는 기업이어야 하므로 자동차부품 및 가전제품 도소매업 종사를 위한 원고의 사업체는 대한민국 법인임을 인정할 근거가 없고, 원고는 대한민국 국민이 아니라 외국인이므로 이 사건 기업은 출입국관리법상 외국인투자촉진법에 따른 외국인투자기업에 해당할 수 없다.

➠ 2심(대구고법 2011누1970, 원고항소 기각), 3심(대법원 2011두30809, 원고 상고 기각)

무역경영(D-9)

활동범위 및 해당자	1. 회사 경영, 무역, 영리사업 – 대외무역법령 및 대외무역관리규정에 의하여 한국무역협회장으로부터 무역거래자별 무역업 고유번호를 부여받은 무역거래자 2. 수출설비(기계)의 설치·운영·보수 – 산업설비(기계) 도입회사에 파견 또는 초청되어 그 장비의 설치·운영·보수(정비)에 필요한 기술을 제공하는 자 3. 선박건조, 설비제작 감독 – 선박건조 및 산업설비 제작의 감독을 위하여 파견되는 자(발주자 또는 발주사가 지정하는 전문용역 제공회사에서 파견되는 자) 4. 회사경영, 영리사업 – 대한민국에 회사를 설립하여 사업을 경영하거나 영리활동을 하는 자
1회 부여 체류기간의 상한	🔹 2년
공관장 재량으로 발급할 수 있는 사증 ▶ 목차 공관장 재량으로 발급할 수 있는 사증	1. 산업설비(기계) 도입회사에 파견 또는 초청되어 그 장비의 설치·운영·보수 (정비)에 필요한 기술을 제공하는 자에 대한 체류기간 1년 이하의 단수사증 첨부서류 ① 사증발급신청서 (별지 제17호 서식), 여권, 표준규격사진 1매, 수수료 ② 설비도입계약서 또는 산업설비도입 입증서류 ③ 파견명령서 ④ 초청회사의 사업자등록증 사본 또는 법인등기사항전부증명서 ⑤ 연간 납세사실증명서 ※ 재외공관의 장은 입국목적, 초청의 진정성, 초청자 및 피초청자의 자격 확인 등을 심사하기 위해 필요한 경우 첨부서류를 일부 가감할 수 있음 2. 선박건조 및 산업설비 제작 감독을 위하여 파견되는 자(발주자 또는 발주자가 지정하는 전문용역 제공회사에서 파견되는 자에 대한 체류기간 1년 이하의 단수사증

첨부서류
① 사증발급신청서 (별지 제17호 서식), 여권사본, 표준규격사진 1매, 수수료 ② 수주계약서 사본 ③ 파견명령서 ④ 초청회사의 사업자등록증 사본 또는 법인등기사항전부증명서 ⑤ 연간 납세사실증명서
※ 재외공관의 장은 입국목적, 초청의 진정성, 초청자 및 피초청자의 자격 확인 등을 심사하기 위해 필요한 경우 첨부서류를 일부 가감할 수 있음

3. 칠레인에 대하여는 한칠레 자유무역협정에 따라 체류기간 1년의 단수사증 발급
   - 무역경영(D-9) 자격에 해당하는 입증서류를 제출하지 못하는 경우라도 단기상용(C-3-4) 자격에 해당하는 때에는 단기상용사증발급
   - 첨부서류는 상기 연번 1, 2에 준해서 징구

4. 외국인 개인사업자에 대한 무역경영(D-9) 자격 체류기간 1년 이하의 단수사증 발급 : '12. 10. 29.부터 시행

   가. 대상자
   - 「외국환거래법」및「외국환거래규정」에 따라 3억원 이상의 외자를 도입한 후「부가가치세법」에 의한 사업자등록을 필한 자로 국내에서 회사를 경영하거나 영리사업을 하고자 하는 자
   - 「외국인투자촉진법」에 따라 외국인투자신고 후 투자기업등록증을 발급받은 자본금 3억원 이상의 개인사업자

   나. 신청기관
   - 원칙적으로 신청자의 본국에 소재한 대한민국 공관
     ※ 단, 신청인이 해외에 주재하며 사업체 등을 운영 (영주권 소지 등 장기거주자 포함) 하고 있을 경우 주재하고 있는 국가 소재 대한민국공관에서 신청가능

   다. 사증발급
   - 투자금액, 업종 등을 고려하여 1년 이하의 단수사증 공관장 재량발급

첨부서류
① 사증발급신청서 (별지 제17호 서식), 여권사본, 표준규격사진 1매, 수수료 ② 사업자등록증 사본, 영업허가증 사본 (해당자), 투자기업등록증 (소지자) ③ 공동사업약정서 원본 및 사본 (해당자) 　　※ 총 자본금, 지분 및 수익금 분배방법 등이 포함되어 있어야 함 ④ 사업자금 도입관련 입증서류 　　– 송금확인증, 외국환 매입증명서, 세관신고서, 해당국세관 반출신고서 등 ⑤ 자본금 사용내역 입증서류 　　– 물품구매 영수증, 사무실 인테리어 비용, 국내은행 계좌 입출금 내역서 　　　등 ⑥ 영업실적 입증서류 　　– 수출입면장, 부가세예정 또는 확정 신고서 등 　　※ 사증신청 전 단기사증 (C-3-4)등을 소지하고 영업행위를 한 경우에만 　　　해당 ⑦ 사업장 존재 입증서류 　　– 임대차계약서, 사업장·사무공간·간판 사진 등 자료 ⑧ 국민고용예정서약서(해당자만 제출)
※ 재외공관의 장은 입국목적, 초청의 진정성, 초청자 및 피초청자의 자격 　확인 등을 심사하기 위해 필요한 경우 첨부서류를 일부 가감할 수 있음

사증발급인정 서 발급대상	1. 무역비자 점수제 해당자 　○ 무역비자 점수제의 총 160점 중 60점 이상 득점자로서, 필수항목 점수가 10점 　　이상인 자 　○ 허가 요건 　　– 신청자 본인 명의로 사업자등록을 완료하였을 것 　　– 신청일 기준 3년 이내에 출입국관리법을 위반한 사실이 없을 것

사증발급인정 서 발급대상	첨부서류
	○ 사증발급인정신청서, 여권사본 등 공통제출 서류 ○ 사업자등록증 사본 ○ 무역업 고유번호부여증(한국무역협회 발행) 사본

○ 공동사업약정서 원본 및 사본 (공동 사업자인 경우)

　※ 총 자본금, 지분 및 수익금 분배방법 등이 포함되어 있어야 함

○ 사업장 존재 입증서류(임대차계약서 등)

○ 점수제 해당 점수 입증서류

　– 무역실적은 한국무역협회장이 발행하는 "수출입실적증명서" 제출

　– 무역분야 전문성은 경력증명서, 학위증, 교육이수증* 등 해당서류 제출

　* 교육이수증은 〈붙임3〉의 기관 및 과정 이수자에 한해 인정

　– 기타 자본금 입증서류, TOPIK 점수표, 사회통합프로그램 이수증 등

　※ 출입국 · 외국인청(사무소 · 출장소)장은 초청의 진정성, 초청자 및 피초청자
　　의 자격 확인 등을 심사하기 위해 첨부서류의 일부를 가감할 수 있음

2. 산업설비(기계) 도입회사에 파견 또는 초청되어 그 장비의 설치· 운영·보수 (정비)에
　필요한 기술을 제공하는 자에 대한 체류기간 1년 이하의 단수사증

첨부서류
① 사증발급인정신청서 (별지 제21호 서식), 여권사본, 표준규격사진 1매
② 초청사유서
③ 설비도입계약서 또는 산업설비도입 입증서류
④ 파견명령서
⑤ 초청회사의 사업자등록증 사본 또는 법인등기사항전부증명서
⑥ 연간 납세사실증명서
➡ 대리인 신청시 : 위임장, 대리인 재직증명서, 대리인 신분증 추가 제출
※ 출입국 · 외국인청(사무소 · 출장소)장은 초청의 진정성, 초청자 및 피초청자의 자격 확인 등을 심사하기 위해 첨부서류의 일부를 가감할 수 있음

3. 선박건조 및 산업설비 제작 감독을 위하여 파견되는 자(발주자 또는 발주자가
　지정하는 전문용역 제공회사에서 파견되는 자

첨부서류
① 사증발급인정신청서 (별지 제21호 서식), 여권사본, 표준규격사진 1매
② 초청사유서
③ 수주계약서 사본

▶ 목차
사증발급인정
서 발급대상

▶ 목차

④ 파견명령서

⑤ 초청회사의 사업자등록증 사본 또는 법인등기사항전부증명서

⑥ 연간 납세사실증명서

➡ 대리인 신청시 : 위임장, 대리인 재직증명서, 대리인 신분증 추가 제출

※ 출입국·외국인청(사무소·출장소)장은 초청의 진정성, 초청자 및 피초청 자의 자격 확인 등을 심사하기 위해 첨부서류의 일부를 가감할 수 있음

4. 한·인도 사증절차간소화협정 관련 사증발급 대상자

가. 발급대상 : 고용방문자(Employment visitor)

- 정당하게 등록된 회사 또는 기관에 고용되거나 계약에 의하여 기술전문가, 임원, 관리자 등과 같이 숙련된 기술을 요하는 지위에 종사하거나 임용된 자

  (예시) 기업 내 전근자, 계약서비스 공급자* 또는 계약서비스 공급자를 위해 일하는 자, 독립전문가* 등

  * 계약서비스공급자 : 인도회사(법인)와 우리나라 회사(법인)간 계약에 따라 그 인도회사에 소속된 직원이 우리나라에 파견되어 근무하는 자를 의미

  * 독립전문가 : 특정회사(법인)에 소속되지 않고 독립적으로 한국의 기업 또는 개인 등에 고용되거나 기술지도 등 서비스를 제공하는 자

나. 체류자격 및 사증발급

- 체류자격 : 계약내용 및 파견(고용)형태에 따라 주재(D-7), 기업투자(D-8), 무역경영(D-9), 연구(E-3), 기술지도 (E-4), 특정활동 (E-7) 등의 자격 부여
- 사증발급 : 출입국·외국인청(사무소·출장소)의 사증발급인정서에 의해 발급

  ※ 고용관련 사증은 복수사증이므로 전부 사증발급인정서로 발급

첨부서류	
공통	① 사증발급인정신청서 (별지 제21호 서식), 여권, 표준규격사진 1매
기업내 전근자	② 파견명령서 및 1년 이상의 재직증명서 ③ 지사 또는 연락사무소 설치허가서 사본
계약서비스 공급자 (contractual services)	② 고용주가 발행한 재직증명서, 인도정부발행 사업자등록증 등 회사(기관)설립 관련 서류 ③ 우리나라 회사 또는 기관과의 서비스 공급계약 체결 입증

	suppliers) 또는 이를 지원하는 자	서류
	독립전문가 (an independent professionals)	② 고용 계약서 또는 용역계약서 등 계약을 입증하는 서류 ③ 학위증, 관련 분야 자격증, 1년 이상 해당 분야 취업경력 입증서류
	➡ 대리인 신청시 : 위임장, 대리인 재직증명서, 대리인 신분증 추가 제출	
	※ 출입국·외국인청(사무소·출장소)장은 초청의 진정성, 초청자 및 피초청자의 자격 확인 등을 심사하기 위해 첨부서류의 일부를 가감할 수 있음	
참고사항 ➡ 목차	1. 회사경영, 무역, 영리사업 ▨ 최근 1년간 對韓 수출입실적이 50만 불 이상인 무역거래자에 한함 – 외국환은행장 · 한국무역협회장 · 지식경제부장관이 지정하는 기관의 장이 발행하는 수출입실적증명서 및 한국무역협회장이 발행하는 무역업 고유번호 부여서 등으로 확인	

구　직(D-10)

활동범위 및 해당자	1. 활동범위
	○ (일반구직, D-10-1) 국내 기업·단체 등에서 행하는 구직활동 뿐만 아니라 정식 취업 전에 연수비를 받고 행하는 단기 인턴과정을 포함
	○ (기술창업준비, D-10-2) 창업이민교육프로그램 참가, 지식재산권 등 특허출원 준비 및 출원, 창업법인 설립 준비 등 창업과 관련된 제반 준비활동(인턴활동 제한)
	○ (첨단기술인턴, D-10-3) 법무부장관이 정한 요건을 갖춘 기업(기관)과의 인턴 근로계약에 따른 첨단기술 분야 인턴 활동
	2. 해당자
	○ 교수(E-1)·회화지도(E-2)·연구(E-3)·기술지도(E-4)·전문직업(E-5)· 예술흥행(E-6)*·특정활동(E-7) 자격에 해당하는 분야에 취업하기 위해 연수나 구직활동 등을 하려는 자로서 이 지침에 정한 요건을 갖춘 자 　* 단, 예술흥행(E-6) 자격 중 유흥업소 등의 흥행활동(E-6-2)은 제외하고, 　　순수예술 및 스포츠분야만 허용, E-7 자격 중 준전문인력과 숙련기능인력은 　　해외신청 불가
	○ 기업투자(D-8) 자격 '다.목*'에 해당하는 기술창업 준비 등을 하려는 자로서 이 지침에 정한 요건을 갖춘 자 　* 학사이상의 학위를 가진 사람으로서 지식재산권을 보유하거나 이에 준하는 　　기술력 등을 가진 사람 중 법무부장관이 인정한 법인 창업자 (기술창업이민자)
	○ 해외 우수 대학* 첨단기술 분야 학사과정 이상 재학생 또는 학위취득일로부터 3년이 경과되지 않은 졸업생으로 만 30세 미만인 자(석사 이상 : 만 35세)로, 법무부장관이 정한 요건을 갖춘 기업(기관)에서 첨단기술 분야 인턴활동을 하려는 자 　* Time誌 선정 세계 200대, QS 세계대학순위 500위 이내 해외 대학(본교만 　　해당)
1회 부여 체류기간의 상한	◎ 6개월 – 첨단기술인턴(D-10-3) 경우, 1회 최대 1년 (다만, 계약서에 명시된 인턴기간을 　조과할 수 없음)

세부약호			

약 호	분류기준	참 고
D-10-1	일반구직	E1~E7 / '18. 10월 점수제로 전환
D-10-2	기술창업준비	D-8-4 / '14. 4월 신설
D-10-3	첨단기술인턴	관계부처, 업계 수요에 따라 신설

발급 요건

가. 신청대상

1) 일반구직(D-10-1)

○ (점수제 적용 대상자) 학사(국내 전문학사) 이상의 학위를 소지한 자로, 구직 점수표에서 총 190점 중 기본항목이 20점 이상으로 총 득점이 60점 이상인 자

○ (점수제 면제 특례자) 국내 정규 대학*에서 전문 학사 이상 학위 취득 후 3년이 경과하지 아니한 자로 ①TOPIK 4급 이상 유효 성적표 소지자, ②사회통합프로그램 4단계 중간평가 합격자 또는 ③사전평가 5단계 배정자

* 「고등교육법」 제2조 제1호부터 4호에 해당하는 대학

※ 전문직종(E-1~E-7) 근무경력자는 사증발급 대상자 아님

※ <u>유학생 졸업 후 최초 구직변경자는 체류자격변경이 원칙이나, 출국 후 졸업일로부터 1년 이내 구직(D-10) 사증을 신청하는 경우에도 인정하되, 과거 구직(D-10) 자격을 받았던 사람은 졸업 후 최초 구직변경으로 인정하지 않음(점수제 적용)</u>

2) 창업준비(D-10-2)

○ 학사(국내 전문학사) 이상의 학위를 소지한 자로 아래 어느 하나에 해당하는 요건을 갖춘 자

- 대한민국 지식재산권 중 특허권, 실용신안권, 디자인권을 보유하고 있거나 출원 중인 자
- OECD 지적재산권 보유자
- 법무부·중소기업벤처부가 공동 지정한 '글로벌창업이민센터'에서 시행하는 창업 이민종합지원시스템(OASIS)의 교육과정에 참여 중이거나, 최근 3년 이내 해당 교육과정 일부 또는 전부를 이수한 사실이 있는 자

※ K-Startup 그랜드챌린지 참여자는 사증발급 대상자 아님

3) 첨단기술인턴(D-10-3)

○ 해외 우수 대학(본교만 해당)* 첨단기술 분야 학사과정 이상 재학생 또는

학위 취득일로부터 3년이 경과되지 않은 졸업생(학사 : 만 30세 미만, 석사 이상 : 만35세 미만)으로, 아래 어느 하나에 해당하는 국내 기업 등과 인턴활동 계약을 체결한 자

* Time誌 선정 세계 200대, QS 세계대학순위 500위 이내 해외 대학

   ⅰ) 첨단 기술분야 연구시설(연구전담부서)을 갖춘 국내 상장기업

   ⅱ)「기초연구법」제14조의2에 따른 기업부설연구소 또는 연구개발 전담부서를 갖춘 국내 기업

   ⅲ)「연구개발특구의 육성에 관한 특별법」제9조에 따라 첨단기술기업 으로 지정받은 기업

   ⅳ)「벤처기업육성에 관한 특별조치법」제25조에 따라 중소벤처기업부의 확인을 받은 벤처기업

   ⅴ) 국공립 연구기관, 특정연구기관, 과학기술분야 정부출연 연구기관

나. 제한대상

1) 공통

  ○ 최근 3년 이내 출입국관리법 등을 위반하여 자비귀국 등으로 출국명령을 받은 적이 있거나, 통고처분 또는 벌금을 부과 받은 합산 금액이 200만원을 초과하는 자

  ○ 최근 1년 이내 구직 자격으로 6개월 이상 국내 체류한 사실이 있는 자

2) 첨단기술인턴(D-10-3)

  ○ 초청기업(기관)이 일반구직(D-10-1) 인턴 채용 또는 전문직종(E계열) 외국인 고용이 제한되는 경우

  ○ 첨단기술인턴 초청 요건을 갖추지 못한 기업(기관)과 인턴근로계약을 체결한 경우

  ○ 첨단기술인턴 초청인원이 인턴 예정 기업(기관)의 국민고용인원* 20%를 초과하는 경우

    * 최저 임금이상을 충족하고 고용보험가입자명부에 3개월 이상 등재된 인원을 뜻하며, 벤처기업의 경우 설립일로부터 3년 간 국민고용에 따른 제한 요건 적용을 유예

공관장 재량으로 발급할 수 있는 사증	○ 재외공관장이 재량으로 체류기간 6월의 단수 구직(D-10)사증 발급 – 구직사증에 대한 복수사증발급협정이 체결된 국가 국민에 대해서는 유효기간 2년, 체류기간 6월의 복수사증 발급

공관장 재량으로 발급할 수 있는 사증	1. 신청관할 　○ 자국 또는 거주 중인 국가(제3국)*에 소재한 한국공관 　　* 거주 중인 국가라 함은 신청인이 출생 또는 취업 등으로 장기 체류 중인 　　　국가를 의미하며, 관광 등의 목적으로 단기간 일시적으로 체류 중인 국가는 　　　원칙적으로 제외 2. 신청서류 　※ 공통 주의 : 해외 발급한 서류는 반드시 한글 또는 영어로 번역 후 아포스티유 　　　인증 또는 자국정부(OECD 지재권 입증 서류의 경우 발행국)의 공증 절차를 　　　거쳐 재외공관에 제출 1-1) 일반구직(D-10-1) : 점수제 적용 대상자 　○ 공통서류(신청서, 사진, 여권사본, 수수료, 신분증사본 등) 　○ 구직활동 계획서 　○ 학위증 　－ 국내 전문대학 이상 졸업자 : 학력증명서* 　　* 출입국관리정보시스템(유학생정보시스템)으로 확인되는 경우에는 제출 면제 　－ 세계 우수대학 대학 졸업자 : 학력증명서* 　　* 졸업(예정)증명서, 학위증, 학위취득증명서 중 1종만 제출 　○ 근무경력 증빙서류(해당자에 한함) 　－ 근무기간, 장소, 직종 등이 포함된 경력증명서(재직증명서) 　○ 국내 연수 활동 증빙서류(해당자에 한함) 　－ 연구(연수)기관의 장이 연구주제(연수과정), 연구(연수)기간, 수료여부 등을 　　명기하여 발급한 증명서 　　※ 연구기관 연구활동 수료자 : 수료증명서 　　※ 연수기관 연수활동 수료자 : 연수활동 수료증명서 　　※ 교환학생 : 학교장 발행 교환학생 경력 확인 증명 　○ 한국어 능력 입증서류(해당자에 한함) 　－ TOPIK(유효기간 이내) 또는 KIIP 사전평가 또는 이수증빙서류 　○ 고용추천서(해당자에 한함) 　－ 관계 중앙행정기관장 추천 : 부처(위임기관) 발행 고용추천서 　－ 재외공관장 추천 : 공관 내부추천 문서 　　* 학력입증서류, 경력증명서, 해당 단체 추천서 또는 관련 입증자료(권위 　　　있는 국제 또는 국내대회 입상 및 언론 등에 보도된 경우) 　○ 고소득 전문가 입증서류(해당자에 한함)

	– 자국 공공기관이 발행한 전년도 근로소득 입증서류
	    ◯ 체재비 입증서류(유학 사증 준용)
	    ◯ 기타 점수제 평가를 위해 필요하다고 인정되는 서류
	
	1-2) 일반구직(D-10-1) : 점수제 면제 특례자
	    ◯ 공통서류(신청서, 사진, 여권사본, 수수료, 신분증사본 등)
	    ◯ 구직활동 계획서
	    ◯ 국내 정규 대학 전문학사 이상 학위증 (또는 졸업증명서)
	      ※ 학위 수여일로부터 3년이 도과된 자는 일반 점수제 적용
	    ◯ TOPIK 4급 유효 성적표, 사회통합프로그램 중간평가 합격증 또는
	      사전평가 점수표(81점 이상) – 국내 대학 출신 한국어 우수자만 해당
	    ◯ 체제비 입증서류(유학 사증 준용)
	
	2) 기술창업준비(D-10-2)
	    ◯ 공통서류(신청서, 사진, 여권사본, 수수료, 신분증사본 등)
	    ◯ 학사(국내 전문학사) 학위 이상 학력증명서
	    ◯ 기술창업계획서
	    ◯ 특허증·실용신안등록증·디자인등록증 사본 또는 특허 등 출원사실증명서(해
	      당자)
	    ◯ 창업이민종합지원시스템 교육과정 이수증 또는 교육참여 확인서(해당자)
	    ◯ OECD 국가 지식재산권 보유 사실을 확인할 수 있는 공적 서류(해당자)
	    ◯ 체재비 입증서류(유학 사증 준용)

사증발급인정
서 발급대상
	◯ 첨단기술인턴(D-10-3) 참여자에 대해서는 사증발급인정서를 통한 사증발급
	만 허용하며 우수인재 유치 차원에서 최대 1년의 체류기간 부여 가능 (다만,
	계약서에 명시된 인턴기간을 초과할 수 없음)
	
	1. 신청서류
	    ◯ 공통서류(신청서, 사진, 여권사본, 수수료, 신분증사본 등)
	    ◯ 인턴활동 계획서
	    ◯ Time誌 선정 세계 200대, QS 세계대학순위 500위 이내 해외 대학 정규
	      학위과정(첨단기술분야만 해당) 재학증명서 또는 졸업증명서(학위증)
	      ※ 단, 휴학증명서도 인정하되, 휴학일로부터 1년이 경과한 경우 불인정
	      ※ 학력증명서는 현행 유학(D-2) 사증발급 및 체류관리 지침에 따른 국가별
	        공증절차대로 공적확인을 받은 경우에만 인정

○ 인턴근로계약서

※ 인턴 기업, 인턴활동 분야(첨단기술분야로 제한), 인턴 기간 명시 필수

○ 초청 기업(기관) 사업자등록증(또는 고유번호증), 법인등기부등본, 고용보험가
입자 명부, 연구시설 현황자료

○ 첨단기술인턴 초청이 가능한 기업(기관)임을 입증할 수 있는 서류(택1)

- 상장기업으로 첨단기술분야 연구시설(연구전담부서)를 갖추었음을 입증할
수 있는 서류(해당자)

-「기초연구법」제14조의2에 따라 기업부설 연구소 또는 연구개발전담부서로
인정받은 사실을 확인할 수 있는 서류(기업부설연구소인정서 또는 연구개발전
담부서인정서)

-「연구개발특구의 육성에 관한 특별법」제9조에 따라 첨단기술기업으로 지정받
은 사실을 확인할 수 있는 서류(첨단기술기업지정서)

-「벤처기업육성에 관한 특별조치법」제25조에 따른 벤처기업에 해당함을 확인할
수 있는 서류(벤처기업확인서)

○ 체제비 입증서류(유학 사증 준용)

【점수제 구직비자(D-10-1) 배점표】

□ 총 190점 중 기본항목이 20점 이상으로 총 득점이 60점 이상인자

배점항목			배점기준		배점	비고
기본	연령		20~24세		10	50점
			25~29세		15	
			30~34세		20	
			35~39세		15	
			40세~49세		5	
	최종학력	국내		전문학사	15	
		국내/국외		학사	15	
				석사	20	
				박사	30	
선택	취업경력	국내		국외		70점
		1년~2년		3년~4년	5	
		3년~4년		5년~6년	10	
		5년이상		7년이상	15	
	국내	전문학사(졸업후 3년이내)			5	

유학	학 사(졸업후 3년이내)		10
	석 사(졸업후 3년이내)		15
	박 사(졸업후 3년이내)		20
국내연수	대학 연구생 (D-2-5) 교환학생 (D-2-6) 국공립기관 연수(D-4-2) 사설 기관 연수 (D-4-6)	12개월~18개월	3
		19개월이상	5
	어학연수 (D-4-1)	12개월~	3
한국어능력	토픽(TOPIK) / 사회통합 프로그램(KIIP)	5급/5단계 상당	20
		4급/4단계 상당	15
		3급/3단계 상당	10
		2급/2단계 상당	5

가점			
	① 관계 중앙행정기관장, 재외공관장 구직비자 발급 추천	20	70점
	② 세계 우수대학 졸업자(타임지 200대, QS 500대)	20	
	③ 글로벌기업근무 경력자(포천지 500대)	20	
	④ 이공계 학사(국내 전문학사 포함) 학위 소지자	5	
	⑤ 고소득(5만달러) 전문직 종사 경력자	5	

감점	출입국관리법 위반(단위: 만 원)			형사처벌 전력(단위: 만 원)		
	범칙금 300 이상	범칙금 100이상~300미만	범칙금 50이상~100미만	벌금형 300 이상	벌금형 200이상~300미만	벌금형 200 미만
	-30	-10	-5	-30	-10	-5

- 신청일로부터 5년 이내 처분금액의 합산액 기준(과태료 미포함), Ⓐ와 Ⓑ 항목 간 합산 점수 적용(중복 산정)
- 【주의】 신청일로부터 3년 이내에 범칙금을 받아 「체류허가 제한 통합기준」에 따라 체류허가 제한되거나 3년 이내에 300만 원 이상의 벌금형을 받은 사람은 자격 제한 대상임

【점수제 구직비자(D-10-1) 세부평가 및 배점표】

□ 점수요건 : 총 190점 중 기본항목이 20점 이상으로 총 득점이 60점 이상인자

가. 기본항목 : 최대 50점 중 20점 이상인 자

1) 연령 : 최대 20점

구 분	20 ~ 24세	25~ 29세	30~ 34세	35~ 39세	40세~49세
배 점	10	15	20	15	5

〈범례〉연령은 만 나이로 계산, 예시 – 49세12월30일까지는 점수 5점을 부여함

2) 최종학력 : 최대 30점

구 분	국내	국내·국외		
	전문학사	학사	석사	박사
배 점	15	15	20	30

〈범례〉: ① 학위증만 인정(졸업증, 수료증, 자격증 등 불인정)

② 국외 전문학사의 경우 국가마다 상이한 학제를 운영하고 있으며, 학위 취득 여부 확인이 불명확하여

해외 전문학사는 대상에서 제외

③ 한국예술종합학교 예술전문사과정 이수자는 석사학위에 준하여 인정

나. 선택항목 : 최대 70점

1) 최근 10년 이내 근무 경력 : 최대 15점

구 분	국내근무			국외근무		
	1년~2년	3년~4년	5년 이상	3년~4년	5년~6년	7년 이상
배 점	5	10	15	5	10	15

〈범례〉: 최근 10년 이내 국내 + 국외 경력 중복 산정 가능하며, 학위취득 후 전공 관련 유사 분야 경력에 한정함

☞ 유사경력 여부는 신청자가 관련 증빙서류를 제출하여 입증 입증하여야 하며, 인턴 등 구직과정에서의 경력은 제외함

2) 국내 유학(2년 이상)경력 : 최대 30점

구 분		전문학사	학사	석사	박사
배 점	졸업 후 3년 이내	30	30	30	30
	졸업 후 3년 이후	5	10	15	20

〈범례〉: 외국대학과 복수학위제 등을 통해 2년 미만의 수업을 받고 국내 학위를 취득한 경우/
　　　 사이버대학 졸업 및 학점은행제도를 통해 국내 학위를 취득한 경우는 유학 점수 불인정.
　　　 단, 기본항목의 학력 점수에서 취득 학위별 점수 인정 가능

　※ 한국예술종합학교 예술전문사과정 이수자는 석사학위에 준하여 인정

3) 기타 국내 연수, 교육 경력(1년 이상) : 최대 5점

구 분		대학 연구생 (D-2-5)	교환학생 (D-2-6)	국공립 기관 연수(D-4-2)	어학연수 (D-4-1)	우수사설 기관 연수 (D-4-6)
배 점	1년~1년6개월	3	3	3	3	3
	1년 7개월 이상	5	5	5		5

〈범례〉: 대학, 기관 등에서 연수기간을 기재하여 발급한 경력, 이력, 이수증 등으로 요건 입증
　　　 ※ 최종 학력과 국내 연수, 교육, 학력은 기간요건을 충족할 경우 중복 적용 가능(ex. 학력
　　　 + 국내 유학 + 어학연수 + 교환학생)

4) 한국어능력 : 최대 20점

한국어능력 기준	배점	입증 서류
① 사회통합프로그램 5단계 이수 또는 종합평가 합격 / 한국어능력(TOPIK) 5급 이상	20	– 사회통합프로그램 이수증(한국이민영주적격과정) – 사회통합프로그램 이수증(한국이민귀화적격과정) – 한국이민영주적격시험 합격증(KIPRAT) – 한국이민귀화적격시험 합격증(KINAT) 한국어능력시험(TOPIK) 성적증명서(TOPIK IBT 성적증명서 포함)
② 사회통합프로그램 4단계 이수 또는 중간평가 합격, 사전평가 81점 이상 / 한국어능력(TOPIK) 4급 이상	15	– 위의 ①에 해당하는 서류 – 사회통합프로그램 교육 확인서(4단계 이상 이수 기재되어야 함) – 사회통합프로그램 한국어와 한국문화시험 합격증(KLCT)(※ 중간평가 합격증) – 사회통합프로그램 평가 성적증명서(사전평가 점수 기재되어야 함)
③ 사회통합프로그램 3단계 이수 또는 사전평가 61점 이상 / 한국어능력(TOPIK) 3급 이상	10	– 위의 ① 또는 ②에 해당하는 서류 – 사회통합프로그램 교육 확인서(3단계 이상 이수 기재되어야 함) – 사회통합프로그램 평가 성적증명서(사전평가 점수 기재되어야 함)
④ 사회통합프로그램 2단계 이수 또는 사전평가	5	– 위의 ① 또는 ②, ③에 해당하는 서류 – 사회통합프로그램 교육 확인서(2단계 이상 이수 기재되어야 함)

41점 이상 / 한국어능력(TOPIK) 2급 이상	− 사회통합프로그램 평가 성적증명서(사전평가 점수 기재되어야 함)

〈참고〉: 사회통합프로그램 단계별 이수 및 중간·종합평가 합격증은 유효기간 없이 인정되나, 사전평가는 결과발표일로부터 유효기간 2년, TOPIK은 증명서 기재된 유효기간(2년)까지 인정

다. 가점 부여 (중복 산정 가능) : 총 70점

1) 관계 중앙행정기관장 및 재외공관장의 구직비자 발급 추천 최대 20점
  − 구직분야 관련 중앙행정기관장 또는 재외공관장이 전문인력임을 확인하여 비자발급 관련 추천을 하는 경우 최대 20점 이내에서 점수를 차등 부여가 가능함
  − 관계부처 고용추천서 발급 절차와 요건을 준용하며 이 경우 취업예정 기업이 없으므로 기업에 대한 요건 심사를 생략함

2) 글로벌기업 근무 경력자 : 20점
  − 최근 3년 이내 Fortune誌 선정 500대 기업에서 신청일 기준 최근 10년 이내 1년 이상 근무한 경력자

3) 세계 우수대학 졸업자 : 20점
  − 최근 3년 이내 Time誌 선정 200대 외국 대학의 졸업생
  − 최근 3년 이내 QS 세계대학순위 500위 이내 외국 대학의 졸업생

4) 이공계 학사 학위 이상 소지자 : 5점
  − 국내 전문학사 학위 소지자 중 이공계 분야도 가점 부여
  ※ 이공계 분야 국외 전문학사 등은 학력검증이 불가하므로 대상에서 제외

5) 고소득 전문직 종사 경력자 : 5점
  − 직전 근무처의 연봉이 5만 달러 이상인 외국인에 대하여 해당국가 정부발행 소득 증빙서류를 통해 확인이 될 경우 가점 부여

라. 법 위반자에 대한 감점항목 : 최대 60점

출입국관리법 위반(단위: 만 원)Ⓐ			형사처벌 전력(단위: 만 원)Ⓑ		
범칙금 300 이상	범칙금 100이상~300미만	범칙금 50이상~100미만	벌금형 300 이상	벌금형 200이상~300미만	벌금형 200 미만
-30	-10	-5	-30	-10	-5

- 신청일로부터 5년 이내 처분금액의 합산액 기준(과태료 미포함), Ⓐ와 Ⓑ 항목 간 합산 점수 적용(중복 산정)

- 【주의】 신청일로부터 3년 이내에 범칙금을 받아 「체류허가 제한 통합기준」에 따라 체류허가 제한되거나 3년 이내에 300만 원 이상의 벌금형을 받은 사람은 자격 제한 대상임

교 수(E-1)

활동범위 및 해당자	▨ 고등교육법에 의한 자격요건을 갖춘 외국인으로서 전문대 이상의 교육기관이나 이에 준하는 기관에서 교육 또는 연구지도 - 한국과학기술원 등 학술기관의 교수 - 전문대학 이상의 교육기관에서 임용하는 전임강사 이상의 교수 - 대학 또는 대학부설연구소의 특수분야 연구교수 ▨ 고급과학 기술인력 - 전문대학 이상의 교육과학기술분야의 교육·연구지도 활동에 종사하고자 하는 자로서 교육부장관의 고용추천이 있는 자
1회 부여 체류기간의 상한	▨ 5년
전자사증 (539)➡ 목차 전자사증	전자사증 제도는 해외 우수인력 유치 지원을 위한 사증발급 절차 간소화의 일환으로 영사 인터뷰가 필요 없는 교수, 연구원 등에 대해 재외공관 방문 없이 온라인으로 사증을 발급 받을 수 있는 제도 1. 발급대상 ▨ 전문인력(E-1, E-3, E-4, E-5, 첨단과학기술분야 고용추천서(GOLD CARD)를 발급받은 E-7)과 그 동반가족(F-3), 의료관광객 및 동반가족·간병인(C-3-3, G-1-10), 상용빈번출입국자 (C-3-4), 단체관광객(C-3-2)* 및 공익사업 투자예정자(C-3-1)** - '공관장 재량으로 발급할 수 있는 자' 및 '사증발급인정서 발급대상자' 모두 해당되며, 각 해당자 제출서류도 동일 * 재외공관장이 지정(법무부장관 승인)한 국외 전담여행사가 사증신청을 대행하는 단체관광객 ** 법무부장관이 지정한 공익사업투자이민 유치기관이 사증신청을 대행하는 공익사업 투자예정자 2. 발급권자 ▨ 법무부장관

3. 신청주체

- 외국인 본인
- 외국인을 초청하려는 자(대리신청)

4. 신청방법

가. 외국인 본인신청

- (회원가입) 대한민국비자포털(www.visa.go.kr)에 회원가입
  ※ 회원가입 승인은 서울 출입국 · 외국인청장이 담당
- 신청사항 입력 등
  - 대한민국비자포털에 접속, 온라인 개인회원 전자사증 신청화면(신청서)에 신청사항 입력 및 첨부서류 등재
  - (입력항목) 입국목적, 체류자격, 초청자정보, 개인정보, 여권정보, 고용관계정보, 사증 종류 등 입력
  ※ 초청자 정보는 사업자등록번호로 자동 호출 (초청자는 기업회원으로 가입 필수)
  - (첨부서류) 신청화면에 해당 체류자격에 필요한 서류 목록이 자동 표출
- 수수료 납부
- 초청기업의 사증신청 확인
  - (확인목적) 초청기업에서 외국인의 전자사증 신청사항을 확인하도록 하여 브로커 등이 초청기업의 명의를 도용하는 사례 차단
  - 신청인이 수수료를 납부하면 신청내용이 초청기업에 자동 전송되며 초청기업은 초청 사실 및 외국인의 신청내용 등을 확인한 후 우리부에 최종 전송

나. 초청기업 대리신청

- (회원가입) 대한민국비자포털(www.visa.go.kr)에 회원가입
  ※ 회원 가입 승인은 사업장 소재지 관할 출입국 · 외국인청(사무소 · 출장소)장이 담당
- 신청사항 입력 등
  - 대한민국비자포털에 접속하여 온라인 기업회원 전자사증 신청화면(신청서)에 신청사항 입력 및 첨부서류 등재
  - (입력항목) 입국목적, 체류자격, 초청자정보, 개인정보, 여권정보, 고용관계정보, 사증종류 입력
  - (첨부서류) 신청화면에 해당 체류자격에 필요한 서류 목록이 자동 표출
- 대리 신청

5. 수수료 납부에 관한 사항

가. 납부대상
- 외국인 본인 또는 초청기업(대리인)

나. 납부액
- 「출입국관리법」시행규칙 제71조(사증 등 발급신청 심사 수수료)에 따라 부과(해당 체류자격별로 수수료 액수가 화면에 자동표출)
- 업무처리비용(전자결제 이용수수료) 별도 부과
  - 「전자정부법」제9조5항(방문에 의하지 아니하는 민원처리) 규정에 따라 수수료 이외에 전자결제 이용수수료(3.3%) 부과

다. 납부 및 환불 절차
- (납부) 해외사용이 가능한 신용카드로 각 국가 및 사증종류(단·복수)별 해당금액을 미화(US$)로 전자결제
- (환불) 본부 접수 전에는 신청을 취소하고 수수료 환불 가능(접수 이후에는 환불 불가)

6. 심사 진행사항 및 결과 통보

가. 통보 내용
- 전자사증 발급 심사 상황 및 발급 여부 등을 신청자(대리인 포함)에게 통보

나. 통보 방법
- 대한민국비자포털(www.visa.go.kr)을 통하여 진행 상황 제공
- 접수 및 발급 완료시에는 문자(SMS) 및 이메일로 통보

7. 전자사증 발급확인서 출력

> "전자사증 발급확인서"는 법무부장관이 전자사증을 발급하였음을 확인해 주는 문서로 "사증" 자체를 의미하지 않음

가. 전자사증 발급확인서
- 전자사증 발급확인서를 소지한 외국인은 원칙적으로 입국심사 시 심사관에게 제시하여야 함

➡ 목차
전자사증

● 특히, 자국민의 출국을 제한하는 국가에서 출국시 또는 항공사에 전자사증 발급 소명 자료로 활용

나. 출력 방법 등
● (출력가능 시점) 전자사증 발급을 허가(통보) 받은 후 부터 출력 가능
● 대한민국비자포털(www.visa.go.kr)에 접속하여 직접 출력
        – 외국인 본인이 신청한 경우에는 직접 출력하고, 초청기업이 대리신청한 경우에는 초청기업 또는 해당 외국인이 출력
  ※ 초청기업이 대리 신청한 경우 해당 외국인이 출력하는 방법
    ① 대한민국비자포털(www.visa.go.kr)에 접속 (회원가입 필요없음)
    ② 대한민국비자포털 메인 화면 "전자사증 발급 확인서 출력 메뉴" 클릭
    ③ 초청자로부터 통보받은 전자사증번호, 초청자 사업자등록번호, 여권번호, 생년월일을 입력하여 출력
● 출력 제한
  – 전자사증발급 확인서 출력횟수는 1회로 제한하고 전자사증으로 입국한 이후에는 출력 불가
  – 분실 등으로 재출력이 필요한 경우, 초청자 또는 해당 외국인이 휴넷을 통하여 출력제한 해제 요청
  ※ 본부담당자는 해제 요청사유를 시스템에 입력하고 출력 제한 해제

(539) 8. 전자사증 발급 확인 시스템

> "전자사증 발급 확인 시스템"은 사증을 소지하지 아니한 외국인의 입국을 방지할 의무가 있는 운수업자가 직접 외국인의 전자사증 소지 여부를 확인할 수 있도록 대한민국비자포털 (www.visa.go.kr)에 구축한 시스템

가. 이용 대상
● 국내에 취항하는 항공사 등 운수업자

나. 확인 요령
● (이용계정 부여) 본부에서 운수업자에게 이용 계정 부여
  ※ 운수업자는 항공사운영협의회 등을 통하여 출입국·외국인청(사무소·출장소)를 거쳐 본부에 계정 신청
● (전자사증 발급확인) 대한민국비자포털 (www.visa.go.kr)에서 발급 확인
  – 이용 계정을 부여받은 운수업자가 대한민국비자포털 (www.visa.go.kr)에

	로그인 〉 전자사증발급확인 메뉴 클릭 〉 사증번호, 여권번호, 생년월일 입력 〉 방법으로 조회 – 확인내용 : 전자사증 발급 여부, 사증종류, 사증만료일
공관장 재량으로 발급할 수 있는 사증	1. 한국과학기술원에 고용되어 교수활동을 하고자 하는 자에 대한 체류기간 1년 이하의 단수사증 가. 대상 　◉ 한국과학기술원법령에 따라 교수·부교수·조교수·초빙교수 등으로 채용되어 교수 활동을 하는 자 **첨부서류** ① 사증발급신청서 (별지 제17호 서식), 여권, 표준규격사진 1매, 수수료 ② 경력증명서 및 학위증 ③ 고용계약서 또는 임용예정확인서 ※ 재외공관의 장은 입국목적, 초청의 진정성, 초청자 및 피초청자의 자격 확인 등을 심사하기 위해 필요한 경우 첨부서류를 일부 가감할 수 있음
사증발급인정 서 발급대상	1. 전문대학 이상 교육기관에서 91일 이상 교육 또는 연구지도활동을 하는 대학의 장(총장·학장), 교수·부교수·조교수, 겸임교원·명예교수·초빙교원, 교환교수 등 가. 대상 및 자격기준 　◉ 총·학장 : 교수자격을 갖춘 자 중에서 소정의 절차에 따라 임용하고, 교무총괄 교직원감독·학생지도가 임무(법 제15조 제1항) 　◉ 교수·부교수·조교수 : 아래【별표】에 해당하거나 대학인사위원회 또는 교원인사 위원회의 인정을 받은 교원으로서, 학생을 교육지도하고 학문을 연구 (법 제15조 제2항·제16조, 대학교원 자격기준 등에 관한 규정 제2조) 【별표】교원 및 조교의 자격기준

연구·교육 직명	학력 → 경력연수*	대학졸업자 · 동등자격자			전문대학졸업자 · 동등자격자		
		연구실적 연 수	교육경력 연 수	계	연구실적 연 수	교육경력 연 수	계
교 수		4	6	10	5	8	13
부교수		3	4	7	4	6	10

조교수	2	2	4	3	4	7
강 사	1	1	2	1	2	3
조 교	근무하려는 학교와 동등 이상의 학교를 졸업한 학력이 있는 사람					

* 연구실적연수와 교육경력연수 중 어느 하나가 기준에 미달하더라도 연구실적연수와 교육경력연수의 합계가 해당 기준을 충족하면 자격기준을 갖춘 것으로 본다.

- 겸임교원 : 고등교육법 제16조의 규정에 의한 별표 자격기준을 갖추고 관련분야에 전문지식이 있는 자 (고등교육법 시행령 제7조 1호)
- 명예교수 : 교육 또는 학술상의 업적이 현저한 자로서 교육과학기술부령으로 정하는 자 (고등교육법 시행령 제7조 2호, 명예교수규칙 제3조)
- 초빙교원 : 고등교육법 제16조의 규정에 의한 별표 자격기준에 해당하는 자 (다만, 특수한 교과를 교수하게 하기 위해 임용하는 경우에는 그 자격기준에 해당하지 아니하는 자를 임용할 수 있음. 고등교육법시행령 제7조 4호)
- 대학 간의 교환교수 교류협정에 따라 국내 대학에 파견되는 교환교수

첨부서류
① 사증발급인정신청서 (별지 제21호 서식), 여권, 표준규격사진 1매
② 경력증명서 및 학위증
- 조교수 이상의 자격기준에 해당하는 전임교수 등의 경우 제출 생략
③ 고용계약서 또는 임용예정확인서
- 파견 또는 협약에 따른 교환교수, 방문교수 등에 대해서는 대학 명의의 위촉초청 공문(임금요건 불필요)으로 대체 가능(경력증명서 및 학위증 생략 가능)
④ 초청학교 설립관련 서류
- 사업자등록증 사본 또는 법인등기사항전부증명서
➥ 대리인 신청시 : 위임장, 대리인 재직증명서, 대리인 신분증 추가 제출
※ 출입국·외국인청(사무소·출장소)장은 초청의 진정성, 초청자 및 피초청자의 자격 확인 등을 심사하기 위해 첨부서류의 일부를 가감할 수 있음

2. 교육부장관의 추천을 받고 전문대학 이상의 교육기관에서 과학기술 분야의 교육연구지도 활동에 종사하는 고급과학 기술인력

가. 대상 및 자격기준
- 이공계 박사학위소지자 또는 이공계 석사학위 소지 + 해당분야 연구 개발업무

3년 이상 종사자

◉ 단, 산업기술촉진법 등 관련법령에 따라 자연과학분야나 산업상의 고도산업기술을 개발하기 위해 전문대학 이상의 교육기관에서 연구하는 과학기술자 연구(E-3)자격 해당자

  - 출입국·외국인청(사무소·출장소)장이 발급한 사증발급인정서를 발급 받거나 법무부장관의 승인을 받아 발급(중국 및 특정국가(쿠바) 국민은 사증발급인정서에 의해 사증발급)

첨부서류

① 사증발급인정신청서 (별지 제21호 서식), 여권, 표준규격사진 1매
② 고용계약서 또는 임용예정확인서*
   * 학위증 및 경력증명서는 제출 면제 (고용추천과정에서 교과부 등이 사전검증 완료
③ 교육부장관의 '고급과학기술인력' 고용추천서*(다만, 경제자유구역 내에서 취업활동을 하려는 자는 관할 특별시장·광역시장·도지사의 고용추천서 또는 고용의 필요성을 입증할 수 있는 서류)
④ 초청기관 설립관련 서류 (사업자등록증 또는 법인등기사항전부증명서)
⑤ BK21 관련 공문 사본 (해당자에 한함)
  ➠ 대리인 신청시 : 위임장, 대리인 재직증명서, 대리인 신분증 추가 제출

※ 출입국·외국인청(사무소·출장소)장은 초청의 진정성, 초청자 및 피초청자의 자격 확인 등을 심사하기 위해 첨부서류의 일부를 가감할 수 있음

회화지도(E-2)

활동범위	🔹 법무부장관이 정하는 자격요건을 갖춘 외국인으로서 외국어전문학원*, 초등학교 이상의 교육기관 및 부설어학연구소, 방송사 및 기업체부설 어학연수원 기타 이에 준하는 기관 또는 단체에서 외국어 회화지도 가. 회화지도의 개념 ▶ 외국어전문학원·교육기관·기업·단체 등에서 수강생에게 외국어로 상호 의사소통하는 방법을 지도하는 활동 ▶ 따라서 외국어로 특정 어학이나 문학 또는 통번역 기법 등을 지도하는 것은 회화지도 활동에 해당하지 않음 나. 활동장소 ▶ 외국어전문학원*, 초등학교 이상의 교육기관 및 부설어학연구소, 방송사 및 기업체부설 어학연수원 기타 이에 준하는 기관 또는 단체 * 정보통신기술 등을 활용한 원격교습 형태의 학교교과교습학원 포함 (학원법 개정) **【 기타 이에 준하는 기관 또는 단체 】** ▶ 평생교육법에 의해 설치된 평생교육시설로서 법무부장관이 정한 기준에 부합하는 시설 ▶ 다른 법령(조례 포함)에 의하여 국가 또는 지방자치단체가 설치·운영하는 평생교육 시설 ▶ 근로자직업능력개발법에 따라 설립된 직업능력개발훈련시설과 직업능력개발훈련법인 ▶ 건설기술관리법령에 따라 건설기술인력 교육훈련 대행기관으로 지정을 받은 (재)건설산업교육원의 회화지도 강사 ▶ 소속 직원이 회화지도 학습을 할 수 있는 어학기자재 등이 구비된 강의실을 보유한 법인기업 및 공공기관
해 당 자	① 외국어 학원 등의 강사 ▶ 해당 외국어를 모국어로 하는 국가의 국민으로서 해당 외국어를 모국어로 하는 국가에서 대학 이상의 학교를 졸업하고, 학사이상의 학위를 소지한 자 또는

이와 동등 이상의 학력이 있는 자

▶ 국내 대학 졸업자에 대한 특례

– 해당 외국어를 모국어로 하는 국가에서 <u>고등학교 또는 전문대학을 졸업</u>하고 <u>국내의 대학에서 학사 이상의 학위를 취득</u>한 경우 자격 인정

▶ 공용어 사용 국가 국민에 대한 특례

– 영·중·일어를 제외한 나머지 외국어에 대해 해당 외국어를 공용어로 사용하는 국가의 국민 중 아래 요건을 갖출 시 회화지도 자격 부여

• 해당 외국어에 대한 공인된 교원자격을 소지하거나 해당 외국어 관련 학과 학사 학위 이상을 소지할 것

• 임금요건이 전년도 국민 1인당 GNI의 80% 이상 일 것

※ 단, 주한공관문화원 등 비영리기관에 대해서는 당해연도 최저임금 이상 요건 적용

📂 목차
해 당 자

② 교육부 또는 시·도교육감 주관으로 모집·선발된 자로서 초·중·고등학교에서 근무하려는 자

원어민 영어보조교사(EPIK)
▶ 영어를 모국어로 하는 국가* 국민으로서 출신국가에서 대학을 졸업하고 <u>학사학위 이상의 학위를 취득</u>한 자 　* 영어 모국어 국가(7개국) : 미국, 영국, 캐나다, 남아공, 뉴질랜드, 호주, 아일랜드

한-인도 CEPA협정에 따른 영어보조교사
▶ 인도 국적자로서 대학 이상의 학교를 졸업하고 <u>학사이상의 학위와 교사자격증(영어전공)을 소지</u>한 자

정부초청 해외 영어봉사장학생(TaLK)
▶ 영어를 모국어로 하는 국가 국민으로서 – 출신국가에서 대학 <u>2년 이상을 이수</u>(단, 영국인의 경우에는 영국대학 1년 이상 이수)하였거나 전문대학 이상을 졸업한 자 – 또는 <u>10년 이상</u> 해당 외국어로 정규교육을 받고 국내 대학에서 2년 이상을 이수하였거나 전문대학 이상을 졸업한 자

▶ 중국 국적자로서 중국 내 대학 이상의 학교를 졸업하고, 학사 이상의 학위증과 중국 국가한어판공실이 발급한 '외국어로서 중국어 교사 자격증서'를 소지한 자

③ 전문인력 및 유학생의 비영어권 배우자에 대한 영어 회화지도 강사 허용('17.7.3.)

▶ 전문인력(E-1~E-7)* 및 유학생(이공계 석·박사 이상에 한함)의 배우자로서 영어권 출신이 아니라도 TESOL** 자격을 소지하고 학사 이상의 학위를 소지한 자 또는 동등 이상의 학력이 있는 자

* 호텔 · 유흥(E-6-2) 자격은 제외함

** TESOL: 영어가 모국어가 아닌 사람이 비영권국가에서 영어를 가르칠 수 있도록 자격을 부여하는 영어전문 교사 양성과정

1회 부여 체류기간의 상한	🔳 2년
공관장 재량으로 발급할 수 있는 사증	1. 교육부장관(시·도 교육감) 등과 고용계약을 체결하고 초·중·고등학교에서 외국어 보조교사로 근무하고자 하는 자에 대한 체류기간 2년 이하의 단수사증

🔳 대상

– 시 · 도 교육감 등과 고용계약을 체결하고 초 · 중 · 고등학교 및 시 · 도 교육청 직속기관*에서 영어회화지도를 하는 원어민영어보조교사(EPIK)** 및 중국어 회화지도를 하는 원어민 중국어보조교사(CPIK)***

* 각 교육청 행정기구 설치 조례에 따른 직속기관임이 확인되며 기구 사무분장에 원어민 회화강사의 관리 및 수업에 대한 내용이 포함되어 있어야함

* EPIK(English Program In Korea)은 정부의 세계화 정책에 부응하여 교육과학기술부가 '96년에 도입하여 '97년부터 시행

** CPIK(Chinese Program In Korea)은 교육과학기술부가 '12.3월부터 시행하는 중국어 원어민 보조교사 초청사업

– 시 · 도 교육감과 고용계약을 체결하고 초등학교의 방과 후 영어회화 강사로 활동하는 정부초청 해외 영어봉사장학생 (TaLK)*

* TaLK(Teach and Learn in Korea) 프로그램은 '08.9월부터 재외동포 및 외국인 대학생 등 원어민 자원봉사자를 초청하여 국내대학 장학생들과 팀을 구성, 농산어촌 지역 초등학교의 방과 후 학교 영어강사로 활용(재외동포

의 경우에는 영주권자 및 (전문)대학 1, 2학년 재학생도 지원가능〕

　　※ EPIK, CPIK, TaLK 프로그램을 통하지 않고 시·도 교육감이 자체 채용한
　　　보조교사는 사증발급인정서를 통한 E-2-1 발급 대상

▨ 사증발급 신청 및 심사 (사증발급인정서 소지자도 동일)

　– 해외 소재 대한민국 공관이면 어디라도 신청 가능 (단, 중국어보조교사는 주중
　　대한민국공관에만 신청)

▨ 사증발급

　– 최대 2년 범위 내 계약기간 + 1개월을 체류기간으로 하고, 회화지도 체류자격
　　세부분류약호(E-2-2)를 부여한 단수사증* 발급

　　* 단, FTA 영어보조교사는 E-2-91을 부여하고, 미국인에 대해서는 복수사증
　　　발급

첨부서류
① 사증발급신청서 (별지 제17호 서식), 여권, 표준규격사진 1매, 수수료 ② 원어민 영어 보조교사 또는 원어민 중국어보조교사 합격증 또는 Talk장학생 　초청장*(국립국제교육원장 또는 시·도 교육감 발급) 　* 국립국제교육원 또는 시·도교육감이 학력사항 및 범죄경력 등을 검증한 　　후에 합격통지서 또는 초청장을 발급하기 때문에 원칙적으로 해당서류 　　제출 면제 ③ 시 · 도 교육감 등과 체결한 고용계약서
※ 재외공관의 장은 입국목적, 초청의 진정성, 초청자 및 피초청자의 자격 확인 　등을 심사하기 위해 필요한 경우 첨부서류를 일부 가감할 수 있음

1. 사증발급인정서에 의한 회화지도(E-2) 사증발급

가. 적용대상

▨ 외국어학원 강사

　– 학원의 설립·운영 및 과외교습에 관한 법률 시행령 제3조의3에 규정된 외국어
　　계열 및 국제계열의 교습과정 중 외국어 회화지도에 종사하는 자

　　* 학원의 설립·운영 및 과외교습에 관한 법률 제2조의제1호 개정 ('11.10.25)으
　　　로 정보통신기술 등을 활용한 원격교습 형태의 학교교과 교습학원도 대상에
　　　포함

▨ 초등학교 이상 교육기관* 또는 부설 어학연구소에서 선발·채용한 강사

* 시·도 교육감(장)이 선발·채용(근로계약 체결 포함)한 원어민 영어보조교사 (EPIK) 및 정부초청 해외 영어봉사장학생(TaLK), 원어민 중국어보조교사 (CPIK)는 재외공관장 재량 사증발급 대상

◉ 시·도 교육감이 채용한 초·중·고등학교 외국어 보조교사

* 시·도 교육감 등이 선발·채용(근로계약 체결 포함)한 원어민 영어보조교사 (EPIK) 및 정부초청 해외 영어봉사장학생(TaLK), 원어민 중국어보조교사 (CPIK)는 재외공관장 재량 사증인 E-2-2 발급 대상

◉ 직원교육을 위한 부설 연수원이 설립된 기관단체의 회화지도 강사

– 개별 법령 또는 공공기관의 운영에 관한 법률 등에 따라 설립된 기관단체의 부설 연수원*에서 회화지도에 종사하는 자

* 평생교육법 상 사업장부설 평생교육시설로 신고되어 있는 경우도 허용

◉ 평생교육법에 의해 설치된 평생교육시설*의 회화지도 강사

* 학교부설 평생교육시설, 학교·사내대학원격대학형태 평생교육 시설, 사업장 시민사회단체·언론기관부설 평생교육시설, 지식·인력 개발 관련 평생교육시설

◉ 다른 법령(조례 포함)에 의해 설치된 평생교육시설 중 국가 또는 지방자치단체가 설치·운영하는 평생교육시설의 회화지도 강사

◉ 근로자직업능력개발법에 따라 설립된 직업능력개발훈련시설과 직업능력 개발훈련법인의 회화지도 강사

◉ 소속 직원이 회화지도 학습을 할 수 있는 어학기자재 등이 구비된 강의실을 보유한 법인기업 및 공공기관*

* 공공기관의 운영에 관한 법률에 따라 설립된 공기업준정부기관기타 공공기관 이 이에 해당하며 www.alio.go.kr.에서 확인 가능

나. 사증발급인정서 및 사증발급

◉ 최대 2년 범위 내에서 계약기간 + 1개월을 체류기간으로 하는 회화지도(E-2-1) 사증발급인정서 발급

◉ 사증신청 및 심사발급은 모든 해외 소재 대한민국 공관에서 가능

첨부서류
① 사증발급인정신청서 (별지 제21호 서식), 여권, 표준규격사진 1매 ② 공적확인*을 받은 학력증명서 (학위증 사본, 학위취득 증명서, 학위취득 사실이 기재된 졸업증명서 중 1종만 제출)

* 아포스티유 확인(협약국가) 또는 해외주재 한국공관 영사확인 (아포스티유협약 미체결국가) 또는 자국 정부기관의 별도 확인 문서(일본의 경우)

- 국내 대학에서 학위를 취득한 경우에는 공적확인을 받지 않은 학위증 사본 제출 허용

- 과거에 공적확인을 받은 학력 입증서류를 제출한 경우에는 제출 면제

③ 공적확인*을 받은 자국정부 발급 범죄경력증명서 (자국 전역의 범죄경력이 포함되어 있어야 함)

* 아포스티유 확인(협약국가) 또는 주재국 한국공관 영사확인 (아포스티유협약 미체결국가)

- 범죄경력증명서는 접수일 기준 6개월 이내에 발급된 것이어야 함

- 과거에 공적확인을 받은 범죄경력증명서를 제출하고 체류하다 출국한 후 3개월 이내에 재신청하는 경우에는 제출을 면제하고, 재입국일 기준 해외 체류기간이 3개월을 초과하는 경우에는 외국인등록 시에 새로 제출

【 주요 국가 범죄경력증명서 발급기관 및 명칭 등(예시) 】

▶ 미국 : FBI(Federal Bureau of Investigation) 범죄경력서(FBI-Approved Channeler*를 통한 경우도 인정), 주정부(State) 범죄경력증명서(미국 전역의 범죄경력이 포함되어 발급된 경우)

 * FBI-Approved Channeler 리스트 조회 : www.fbi.gov/about-us/cjis/identity-history-summary-checks/list-of-fbi-approved-channelers('15.3월말 현재 13개)

▶ 캐나다 : Royal Canadian Mounted Police 발급 RCMP National Repository of Criminal Records 등

▶ 영국 : Home Office, Police (Criminal Records Bureau, Disclosure Scotland, Access Northern Ireland, ACPO Criminal Records Office) 등이 발급한 Basic Disclosure, Request for Information, ACPO Criminal Records Office Authentic Document 등

▶ 호주 : AFP(Australian Federal Police) 발급 Standard Disclosure, National Police Certificate 등

▶ 남아프리카공화국 : South African Police Service 발급 Clearance Certificate 등

▶ 아일랜드 : The national police of the Republic of Ireland 발급 Police Certificate 등

▶ 뉴질랜드 : Ministry of Justice 발급 범죄경력서

④ 공적확인을 받은 제3국 범죄경력증명서('20. 1. 1. 시행)
   – 자국 이외의 국가에서 학위를 취득한 경우 제출
   – 범죄경력증명서의 내용 및 기준 등은 상기 ③ 자국 범죄경력증명서 규정 준용
⑤ 자기건강확인서 ('18.5.15. 개정된 서식)
⑥ 고용계약서(최소 임금요건 : 당해연도 최저임금 이상), 학원 또는 단체 설립관련 서류
⑦ 기타 심사에 필요한 참고자료
   – 강사활용계획서, 수강생 및 직원현황 등
➡ 대리인 신청시 : 위임장, 대리인 재직증명서, 대리인 신분증 추가 제출

※ 출입국 · 외국인청(사무소 · 출장소)장은 초청의 진정성, 초청자 및 피초청자 의 자격 확인 등을 심사하기 위해 첨부서류의 일부를 가감할 수 있음

참고사항	
	외국어 회화지도를 할 수 있는 기관 또는 단체

▶ 초등학교 이상의 교육기관 또는 부설 어학연구소
▶ 직원교육을 위하여 부설연수원이 설립된 기관 또는 단체
▶ 학원의 설립 · 운영 및 과외교습에 관한 법률 시행령 제3조의2에 의하여 등록된 외국어계열 및 국제계열 교습학원
   – 복수교습과정 등록 · 운영 가능
   – 출입국관리법시행령 제12조(별표1의2)에 규정되어 있는 외국어 전문학원에 준하는 학원에 해당
▶ 평생교육법에 의해 설치된 평생교육시설로서 법무부장관이 정한 기준에 부합하는 시설
▶ 다른 법령(조례 포함)에 의해 설치된 평생교육시설 중 국가 또는 지방자치단체가 설치 운영하는 평생교육 시설
▶ 근로자직업능력개발법에 따라 설립된 직업능력개발훈련시설과 직업능력개발훈련법인
   – 노동부장관의 고용추천서 필요
▶ 소속직원이 회화지도 학습을 할 수 있는 어학기자재 등이 구비된 강의실을 보유한 법인기업 및 정부기관*

Q. 아포스티유 협약이란?

A. 아포스티유 협약이란, 외국공문서에 대한 인증의 요구를 폐지하는 협약으로 2007.7.14.부 우리나라에 발효

▸ 아포스티유 확인이 된 협약가입국의 문서는 재외공관 영사확인과 동일한 효력

▸ 사증발급인정서 발급 등 신청 시 첨부서류 중 영사확인을 요건으로 하는 제출서류는 기존 영사확인(비체약국) 또는 아포스티유 확인을 거친 문서도 인정

▸ 가입국 현황 (2012.07.10.현재 103개국)

지역	계	가입국
아시아	13	대한민국, 몽골, 브루나이, 홍콩, 마카오, 일본, 인도, 이스라엘, 터키, 키르키즈스탄, 카자흐스탄, 우즈베키스탄, 오만
유럽	46	영국, 프랑스, 독일, 네덜란드, 노르웨이, 이탈리아, 알바니아, 오스트리아, 벨라루스, 벨기에, 불가리아, 덴마크, 보스니아헤르체코비나, 크로아티아, 사이프러스, 체코, 핀란드, 에스토니아, 조지아, 그리스, 헝가리, 아일랜드, 아이슬란드, 라트비아, 리투아니아, 룩셈부르크, 몰타, 모나코, 폴란드, 포르투갈, 러시아, 루마니아, 세르비아, 슬로바키아, 슬로베니아, 스페인, 스웨덴, 스위스, 마케도니아, 우크라이나, 안도라, 몰도바, 아르메니아, 아제르바이잔, 리히텐슈타인, 산마리노
아메리카	24	미국, 멕시코, 페루, 도미니카공화국, 아르헨티나, 파나마, 수리남, 베네수엘라, 안티과바뷰다, 바하마, 바바도스, 벨리즈, 두라스, 콜롬비아, 도미니카, 에콰도르, 엘살바도르, 그라나다, 세인트빈센트, 트리니다드 토바고, 세인트루시아, 세인트키츠네비스, 우루과이, 코스타리카

아프리카	10	사우스아프리카, 모리셔스, 카보베르데, 상투에 프린시페, 보츠와나, 레소토, 라이베리아, 나미비아, 스와질랜드, 말라위
오세아니아	10	뉴질랜드, 호주, 피지, 마우리제도, 마샬군도, 사모아, 쿡제도, 통가,세이셸제도, 니우에

《참고판례 (헌재2003.9.25 2002헌마519) : 합헌》

문) 일반 학원 강사의 자격기준을 대학졸업이상자에게만 허락하는 「학원의 설립운영 및 과외교습에 관한법률」이 직업선택의 자유를 침해하는 게 아닌가?

답) 직업선택의 자유 위배 여부 : 위 법률이 달성하고자 하는 입법목적이자 기본권에 대한 제한을 정당화하는 공익은 사설학원의 영리추구와 결합한 자질 미달의 강사가 가져올 부실교육 등의 폐단을 미연에 방지하여 학원교육이 그 최소한의 공적 기능을 수행하도록 함으로써 양질의 교육서비스를 확보하고 교육소비자를 보호하며, 국가 전체적으로 평생교육을 성공적으로 실현하고자 하는 것으로 제한목적의 정당성은 인정되어야 한다.

 - 평등의 원칙 위배 여부 : 구체적·개별적으로 볼 때 대학 재학생이라도 졸업생 못지않은 자질과 능력을 갖고 있을 수는 있지만, 개인차를 전제로 하지 않고 일률적인 학력기준에 따라 자격통제를 시행함으로써 학원교육의 질을 확보하고자 하는 입법자의 조치는 정당한 차별목적을 위한 합리적인 수단을 강구한 것으로서 그 정당성을 인정하여야 할 것이므로 평등원칙에 위배되지 아니한다.

연 구(E-3)

활동범위	1. 자연과학분야의 연구 또는 산업상 고도기술의 연구개발 종사
	2. 고급과학 기술인력
	3. 사회과학 · 인문학 · 예체능 분야의 연구 인력
해당자	1. 특정 연구기관 육성법, 정부출연 연구기관 등의 설립 · 운영 및 육성에 관한 법률, 과학기술분야 정부출연연구기관 등의 설립 · 운영 및 육성에 관한 법률에 의한 연구기관에서 자연과학 · 사회과학 · 인문학 · 예체능 분야의 연구 또는 산업상의 고도기술의 연구개발에 종사하는 자
	2. 방위사업법의 규정에 의한 연구기관에서 연구 활동에 종사하는 과학기술자
	3. 산업기술혁신촉진법 등 관련법령에 따라 자연과학분야 또는 산업상의 고도산업기술을 개발하기 위하여 다음의 기관 또는 단체와 계약을 맺어 동 기관 또는 단체에서 연구하는 과학기술자
	– 기업부설연구소
	– 산업기술연구조합육성법에 의한 산업기술연구조합
	– 교육법에 의한 대학 또는 전문대학
	– 산학협력법에 의한 산학협력단
	– 국 · 공립 연구기관
	– 산업기술혁신촉진법에 의한 기술 지원공공기관
	– 민법 또는 다른 법률에 의하여 설립된 과학기술분야의 비영리법인인 연구기관
	– 기타 과학기술분야의 연구기관이나 단체와 영리를 목적으로 하는 법인
	4. 정부출연연구소, 국 · 공립연구소, 기업부설연구소 등 이공계 연구기관에서 자연과학분야의 연구 또는 산업상 고도기술의 연구개발에 종사하고자 하는 자로서 과학기술정보통신부장관의 고용추천이 있는 자
	5. 전문대학 이상의 교육기관 또는 기타 학술연구기관 등에서 사회과학 · 인문학 · 예체능 분야의 연구를 하고자 하는 자
자격요건	○ ①박사 학위 소지자(취득 예정자)
	○ ②석사 학위 소지자로서 3년 이상 경력자
	【경력요건 면제 대상자】
	<table><tr><th>구 분</th><th>세부 내용</th></tr><tr><td>국내 석사 학위 소지자</td><td>국내 대학을 졸업한 석사 학위 소지자</td></tr></table>

	해외 우수대학 석사 학위 소지자	①TIMES誌 선정 세계 200대 대학 또는 ②QS 세계 순위 500위 이내 해외 우수대학 졸업 석사 학위 소지자
	우수 학술논문 저자	SCIE, A&HCI, SCI, SSCI 등재 논문 저자* * 주저자, 공저자(제2저자 이하), 교신저자로 확인되는 경우 인정
관리기준		○ 전공분야와 종사분야가 상이한 자, 형식적 요건을 갖추었다 하더라도 과다하게 저임금으로 활용하고 있다고 판단되는 경우에는 사증발급, 자격변경, 기간연장 등 제한 ○ 박사 취득 예정자가 학위 취득이 확정되었음을 관련 서류로 입증 시 체류기간 6개월 이내에서 조건부로 사증 발급 등 허가 가능
1회 부여 체류기간의 상한 ▶ 목차		5년
전자사증		전자사증 제도는 해외 우수인력 및 관광객 유치지원 등을 위한 사증발급 절차 간소화의 일환으로 교수 등, 연구원 등에 대해 재외공관 방문 없이 온라인으로 사증을 발급 받을 수 있는 제도 1. 발급대상 ○ 전문인력(E-1, E-3, E-4, E-5, 첨단과학기술분야 고용추천서(GOLD CARD)를 발급받은 E-7)과 그 동반가족(F-3), 의료관광객 및 동반가족 간병인 (C-3-3, G-1-10), 상용빈번출입국자 (C-3-4), 단체관광객(C-3-2)* – '공관장 재량으로 발급할 수 있는 자' 및 '사증발급인정서 발급대상자' 모두 해당되며, 각 해당자 제출서류도 동일 * 재외공관장이 지정(법무부장관 승인)한 국외 전담여행사가 사증신청을 대행하는 단체관광 2. 신청주체 ○ 외국인 본인 ○ 외국인을 초청하려는 자(대리신청) ☞ 전자사증 신청방법, 수수료 납부 등에 관한 세부절차
공관장		1. 정부의 연구출연금을 받는 연구기관에서 자연과학분야 및 고도의 산업기술 개발을

연구하는 과학기술자에 대한 체류기간 1년 이하의 단수사증 (중국, 쿠바 제외)

[참고] 정부의 연구출연금을 받는 연구기관
특정 연구기관 육성법, 정부출연 연구기관 등의 설립·운영 및 육성에 관한 법률, 과학기술분야 정부출연기관 등의 설립·운영 및 육성에 관한 법률에 따른 연구기관

첨부서류
① 사증발급신청서 (별지 제17호 서식), 여권, 표준규격사진 1매, 수수료
② 고용기관 설립 관련 서류(사업자등록증 또는 법인등기사항전부증명서 또는 연구기관 입증서류 등)
③ 석사 학위 이상 학위증, 경력증명서(해당자)
④ 고용계약서 또는 임용예정확인서
⑤ 대학 대표자 명의로 발급된 졸업예정증명서·확인서 등과 학위수여 날짜를 확인할 수 있는 증명서 등(해당자)
⑥ 우수 학술논문의 저자임을 확인할 수 있는 입증자료(해당자)
※ 각 공관장은 초청의 진정성, 초청자 및 피초청자의 자격 확인 등을 심사하기 위해 추가 서류를 요구할 수 있음

재량으로
발급할 수
있는 사증

2. 방위사업법 규정 연구기관에서 연구활동 (중국, 쿠바 제외)

▶ 목차

○ 대상 : 방위산업체에 관한 특별조치법의 규정에 따라 국방부장관의 위촉을 받은 연구기관에서 연구 활동에 종사하는 과학기술자에 대한 체류기간 1년 이하의 단수사증

첨부서류
① 사증발급신청서 (별지 제17호 서식), 여권, 표준규격사진 1매, 수수료
② 고용기관 설립 관련 서류(사업자등록증 또는 법인등기사항전부증명서 또는 연구기관 입증서류 등)
③ 석사 학위 이상 학위증, 경력증명서(해당자)
④ 고용계약서 또는 임용예정확인서
⑤ 대학 대표자 명의로 발급된 졸업예정증명서·확인서 등과 학위수여 날짜를 확인할 수 있는 증명서 등(해당자)
⑥ 우수 학술논문의 저자임을 확인할 수 있는 입증자료(해당자)
※ 재외공관의 장은 입국목적, 초청의 진정성, 초청자 및 피초청자의 자격

	확인 등을 심사하기 위해 필요한 경우 첨부서류를 일부 가감할 수 있음
사증발급인정서 발급대상	**1. 자연과학 · 사회과학 · 인문학 · 예체능 분야의 연구, 산업상 고도 기술 연구개발** ○ 발급대상 　특정 연구기관 육성법, 정부출연 연구기관 등의 설립·운영 및 육성에 관한 법률, 과학기술분야 정부출연연구기관 등의 설립 · 운영 및 육성에 관한 법률에 의한 연구기관에서 자연과학사회과학 · 인문학 · 예체능 분야의 연구자 또는 산업상의 고도기술의 연구개발에 종사하는 과학기술자 **2. 방위사업법 규정 연구기관에서 연구 활동** ○ 발급대상 　방위사업법의 규정에 의한 연구기관에서 연구 활동에 종사하는 과학 기술자 **3. 자연과학분야 또는 산업상의 고도기술개발 연구 활동**
▶ 목차 사증발급인정서 발급대상	기업부설연구소, 산업기술연구조합육성법에 의한 산업기술연구조합, 교육법에 의한 대학 또는 전문대학, 국공립 연구기관, 기업기술혁신촉진법에 의한 기술지원 공공기관, 민법 또는 다른 법률에 의하여 설립된 과학기술분야의 비영리법인인 연구기관, 기타 과학기술분야의 연구기관이나 단체와 영리를 목적으로 하는 법인 ○ 발급대상 　산업기술개혁신촉진법 등 관련법령에 따라 자연과학분야 또는 산업상의 고도산업기술을 개발하기 위하여 다음의 기관 또는 단체와 계약을 맺어 동 기관 또는 단체에서 연구하는 과학기술자
	첨부서류 : 연번 1, 2, 3 공통 ① 사증발급인정신청서 (별지 제21호 서식), 여권, 표준규격사진 1매 ② 고용기관 설립 관련 서류(사업자등록증 또는 법인등기사항전부증명서 또는 연구기관 입증서류 등) ③ 석사 학위 이상 학위증, 경력증명서(해당자) ④ 고용계약서 또는 임용예정확인서 　➡ 대리인 신청시 : 위임장, 대리인 재직증명서, 대리인 신분증 추가 제출
▶ 목차	

	⑤ 대학 대표자 명의로 발급된 졸업예정증명서·확인서 등과 학위수여 날짜를 확인할 수 있는 증명서 등(해당자) ⑥ 우수 학술논문의 저자임을 확인할 수 있는 입증자료(해당자) ※ 청(사무소·출장소)장은 초청의 진정성, 초청자 및 피초청자의 자격 확인 등을 심사하기 위해 첨부서류의 일부를 가감할 수 있음
사증발급인정 서 발급대상	**4. 고급과학 기술인력** 정부출연연구소, 국공립연구소, 기업부설연구소 등 이공계 연구기관에서 자연과학분야의 연구 또는 산업상 고도기술의 연구개발에 종사하고자 하는 자로서 과학기술정보통신부장관의 고용추천이 있는 자 ○ 발급대상 ○ 청장·사무소장 또는 출장소장이 발급한 사증발급인정서를 제출 받아 발급하거나 재외공관장이 법무부장관의 승인을 받아 발급(중국 및 특정국가(쿠바) 국민은 사증발급인정서에 의하여 사증발급) 　※ 체류기간은 고용계약기간 범위 내에서 최장 5년까지 허용, 복수사증 유효기간은 사증발급시 발급일로부터 체류기간과 동일하게 보유
➡ 목차	**첨부서류** ① 사증발급인정신청서 (별지 제21호 서식), 여권, 표준규격사진 1매 ② 고용기관 설립 관련 서류(사업자등록증 또는 법인등기사항전부증명서 또는 연구기관 입증서류 등) ③ 고용계약서 또는 임용예정확인서 ④ 석사 학위 이상 학위증, 경력증명서(해당자) ⑤ 고용추천서 　➡ 대리인 신청시 : 위임장, 대리인 재직증명서, 대리인 신분증 추가 제출 ⑥ 대학 대표자 명의로 발급된 졸업예정증명서·확인서 등과 학위수여 날짜를 확인할 수 있는 증명서 등(해당자) ⑦ 우수 학술논문의 저자임을 확인할 수 있는 입증자료(해당자)

※ 청(사무소·출장소)장은 초청의 진정성, 초청자 및 피초청자의 자격 확인 등을 심사하기 위해 첨부서류의 일부를 가감할 수 있음

5. 한·인도 사증절차간소화협정 관련 사증발급 대상자

가. 발급대상 : 고용방문자(Employment visitor)

○ 정당하게 등록된 회사 또는 기관에 고용되거나 계약에 의하여 기술전문가, 임원, 관리자 등과 같이 숙련된 기술을 요하는 지위에 종사하거나 임용된 자

(예시) 기업 내 전근자, 계약서비스 공급자* 또는 계약서비스 공급자를 위해 일하는 자, 독립전문가* 등

* 계약서비스공급자 : 인도회사(법인)와 우리나라 회사(법인)간 계약에 따라 그 인도회사에 소속된 직원이 우리나라에 파견되어 근무하는 자를 의미

* 독립전문가 : 특정회사(법인)에 소속되지 않고 독립적으로 한국의 기업 또는 개인 등에 고용되거나 기술지도 등 서비스를 제공하는 자

나. 체류자격 및 체류기간

○ 체류자격 : 계약내용 및 파견(고용)형태에 따라 주재(D-7), 기업투자(D-8), 무역경영(D-9), 연구(E-3), 기술지도 (E-4), 특정활동 (E-7) 등의 자격 부여

○ 체류기간 : 최초 체류기간 1년 부여 (1년 단위로 체류기간 연장허가)

○ 사증유효기간

  – 한·인도 문화·학술협정 등 양국 정부 지정 기관 또는 단체간 협약에 따라 취업 또는 주재 목적으로 입국하는 외국인 ⇒ 5년 복수사증 발급 (계약 5년 이내인 경우 그 계약기간)

  – 기타 취업 또는 주재 목적 입국 외국인 ⇒ 3년 복수사증 발급 (계약기간이 3년 이내인 경우 그 계약기간)

○ 사증발급 : 청(사무소·출장소)의 사증발급인정서에 의해 발급

  ※ 고용관련 사증은 복수사증이므로 전부 사증발급인정서로 발급

첨부서류	
공통	① 사증발급인정신청서 (별지 제21호 서식), 여권, 표준 규격사진 1매

기업내 전근자	② 파견명령서 및 1년 이상의 재직증명서 ③ 지사 또는 연락사무소 설치허가서 사본
계약서비스 공급자 (contractual services suppliers) 또는 이를 지원하는 자	② 고용주가 발행한 재직증명서, 인도정부발행 사업자 등록증 등 회사(기관)설립 관련 서류 ③ 우리나라 회사 또는 기관과의 서비스 공급계약 체결 입증 서류
독립전문가 (an independent professionals)	② 고용 계약서 또는 용역계약서 등 계약을 입증하는 서류 ③ 학위 증, 관련 분야 자격증, 1년 이상 해당 분야 취업경력 입증서류

➡ 대리인 신청시 : 위임장, 대리인 재직증명서, 대리인 신분증 추가 제출

※ 청(사무소 · 출장소)장은 초청의 진정성, 초청자 및 피초청자의 자격 확인
  등을 심사하기 위해 첨부서류의 일부를 가감할 수 있음

6. 기타 사회과학 · 인문학 · 예체능 분야 연구인력

전문대학 이상의 교육기관 또는 기타 학술연구기관 등에서 사회과학 · 인문학 · 예체능
분야의 연구를 하고자 하는 사람

○ 발급대상

○ 출입국 · 외국인청(사무소 · 출장소)장이 발급한 사증발급인정서를 제출 받아
  발급하거나 재외공관장이 법무부장관의 승인을 받아 발급(중국 및 특정국가(쿠
  바) 국민은 사증발급인정서에 의하여 사증발급)
  ※ 체류기간은 고용계약기간 범위 내에서 최장 5년까지 허용, 복수사증 유효기간
은 사증발급 시 발급일로부터 체류기간과 동일하게 보유

첨부서류

① 사증발급인정신청서 (별지 제21호 서식), 여권, 표준규격사진 1매
② 고용기관 설립 관련 서류(사업자등록증 또는 법인등기사항전부증명서 또는
  연구기관 입증서류 등)
③ 고용계약서 또는 임용예정확인서

④ 석사 학위 이상 학위증, 경력증명서(해당자)

➡ 대리인 신청시 : 위임장, 대리인 재직증명서, 대리인 신분증 추가 제출

⑤ 대학 대표자 명의로 발급된 졸업예정증명서 · 확인서 등과 학위수여 날짜를 확인할 수 있는 증명서 등(해당자)

⑥ 우수 학술논문의 저자임을 확인할 수 있는 입증자료(해당자)

※ 출입국 · 외국인청(사무소 · 출장소)장은 초청의 진정성, 초청자 및 피초청자의 자격 확인 등을 심사하기 위해 첨부서류의 일부를 가감할 수 있음

| 기타 | 1. 방문연구원에 대한 특례

○ 해당자
– 국외 소재 기관에 소속되어 국내 연구기관 등의 초청에 따라 국내에 체류하면서 연구 활동에 종사하려는 자로 국내에서 연구 활동에 대한 대가(보수)를 지급받지 않는 자
※ 왕복 항공권, 숙소 제공 등 입국 · 국내체류에 따른 실비 보전 수준의 지원을 받는 것은 가능

○ 제출 서류
① 사증발급(인정서)신청서(별지 제17호 서식), 여권, 표준규격사진 1매, 수수료
② 고용기관 설립 관련 서류(사업자등록증 또는 법인등기사항전부증명서 또는 연구기관 입증서류 등)
③ 석사 학위 이상 학위증, 경력증명서(해당자)
④ 초청 연구기관 명의의 초청 공문(임금요건 불필요, 연구기간, 연구분야 명시)
⑤ 원 소속 고용계약 입증 서류(재직증명서, 고용계약서 등)
⑥ 대학 대표자 명의로 발급된 졸업예정증명서 · 확인서 등과 학위수여 날짜를 확인할 수 있는 증명서 등(해당자)
⑦ 국내·외 은행 잔고 증명서(해당자) |

기술지도(E-4)

활동범위	1. 공사기관에서 자연과학분야의 전문지식 또는 산업상의 특수 분야에 속하는 기술 제공
해당자	● 국내에서 구할 수 없는 산업상의 고도기술 등을 국내 공사 기관에 제공하는 자 ㅡ 외국의 용역발주업체에서 파견되어 산업상의 특수분야에 속하는 기술을 제공하는 자 ㅡ 국내 산업체에서 도입한 특수기술 등을 제공하는 자
1회 부여 체류기간의 상한	● 5년
전자사증 ➡ 목차	전자사증 제도는 해외 우수인력 유치 지원을 위한 사증발급 절차 간소화의 일환으로 영사 인터뷰가 필요 없는 교수, 연구원 등에 대해 재외공관 방문 없이 온라인으로 사증을 발급 받을 수 있는 제도 1. 발급대상 ● 전문인력(E-1, E-3, E-4, E-5, 첨단과학기술분야 고용추천서(GOLD CARD)를 발급받은 E-7)과 그 동반가족(F-3), 의료관광객 및 동반가족 간병인(C-3-3, G-1-10), 상용빈번출입국자(C-3-4), 단체관광객(C-3-2)* 및 공익사업 투자예정자(C-3-1)** ㅡ '공관장 재량으로 발급할 수 있는 자' 및 '사증발급인정서 발급대상자' 모두 해당되며, 각 해당자 제출서류도 동일 　* 재외공관장이 지정(법무부장관 승인)한 국외 전담여행사가 사증신청을 대행하는 단체관광객 　** 법무부장관이 지정한 공익사업투자이민 유치기관이 사증신청을 대행하는 공익사업 투자예정자 2. 발급권자 ● 법무부장관 3. 신청주체 ● 외국인 본인 ● 외국인을 초청하려는 자(대리신청)

	☞ 신청방법, 수수료 납부 및 전자사증 발급확인서 출력 등은 '교수(E-1) 전자사증' 참조
사증발급인정서 발급대상	**1. 산업상 고도기술 제공** 　◾ 대상 　"1"항 이외에 국내에서 구할 수 없는 산업상의 고도기술 등을 국내 공사기관에 제공하는 자 　– 외국의 용역발주업체에서 파견되어 산업상의 특수분야에 속하는 기술을 제공하는 자 　– 국내 산업체에서 도입한 특수기술 등을 제공하는 자
▶ 목차	<table><tr><td align="center">**첨부서류**</td></tr></table> ① 사증발급인정신청서 (별지 제21호 서식), 여권, 표준규격사진 1매 ② 공사기관 설립관련 서류 　– 사업자등록증, 외국인투자기업등록증, 지사설치허가서 등 ③ 기술도입계약신고수리서, 기술도입계약서(또는 용역거래 계약서) 또는 방산업체지정서 사본 　※ 용역거래 : 거주자와 국외 특수관계자 간의 경영관리, 금융자문, 지급보증, 전산지원 및 기술지원 그밖에 사업상 필요하다고 인정되는 거래(국제조세조정에 관한 법률 시행령 제6조의 2) ④ 파견명령서(또는 재직증명서) 　➠ 대리인 신청시 : 위임장, 대리인 재직증명서, 대리인 신분증 추가 제출 　※ 출입국 · 외국인청(사무소 · 출장소)장은 초청의 진정성, 초청자 및 피초청자의 자격 확인 등을 심사하기 위해 첨부서류의 일부를 가감할 수 있음
사증발급인정서 발급대상	**2. 한·인도 사증절차간소화협정 관련 사증발급 대상자**
▶ 목차	가. 발급대상 : 고용방문자(Employment visitor) 　◾ 정당하게 등록된 회사 또는 기관에 고용되거나 계약에 의하여 기술전문가, 임원, 관리자 등과 같이 숙련된 기술을 요하는 지위에 종사하거나 임용된 자 　(예시) 기업내 전근자, 계약서비스 공급자* 또는 계약서비스 공급자를 위해 일하는 자, 독립전문가* 등

* 계약서비스공급자 : 인도회사(법인)와 우리나라 회사(법인)간 계약에 따라 그 인도회사에 소속된 직원이 우리나라에 파견되어 근무하는 자를 의미

* 독립전문가 : 특정회사(법인)에 소속되지 않고 독립적으로 한국의 기업 또는 개인 등에 고용되거나 기술지도 등 서비스를 제공하는 자

나. 체류자격 및 사증발급

● 체류자격 : 계약내용 및 파견(고용)형태에 따라 주재(D-7), 기업투자(D-8), 무역경영(D-9), 연구(E-3), 기술지도 (E-4), 특정활동 (E-7) 등의 자격 부여

● 사증발급 : 출입국·외국인청(사무소·출장소)의 사증발급인정서에 의해 발급
※ 고용관련 사증은 복수사증이므로 전부 사증발급인정서로 발급

첨부서류	
공통	① 사증발급인정신청서 (별지 제21호 서식), 여권, 표준 규격사진 1매
기업내 전근자	② 파견명령서 및 1년 이상의 재직증명서 ③ 지사 또는 연락사무소 설치허가서 사본
계약서비스 공급자 (contractual services suppliers) 또는 이를 지원하는 자	② 고용주가 발행한 재직증명서, 인도정부발행 사업자 등록증 등 회사(기관)설립 관련 서류 ③ 우리나라 회사 또는 기관과의 서비스 공급계약 체결 입증 서류
독립전문가 (an independent professionals)	② 고용 계약서 또는 용역계약서 등 계약을 입증하는 서류 ③ 학위증, 관련 분야 자격증, 1년 이상 해당 분야 취업경력 입증서류
➡ 대리인 신청시 : 위임장, 대리인 재직증명서, 대리인 신분증 추가 제출	
※ 출입국·외국인청(사무소·출장소)장은 초청의 진정성, 초청자 및 피초청자의 자격 확인 등을 심사하기 위해 첨부서류의 일부를 가감할 수 있음	

전문직업(E-5)

활동범위	◉ 대한민국의 법률에 의하여 행할 수 있도록 되어 있는 전문업무 종사
해당자	◉ 대한민국의 법률에 의하여 인정된 외국의 국가공인자격증을 소지한 자로서 대한민국 법률에 의하여 행할 수 있도록 되어 있는 아래 해당자 　－ 국토해양부장관의 추천을 받은 항공기조종사 　－ 최신의학 및 첨단의술 보유자로서 보건복지부장관의 고용추천을 받아 다음 의료기관에 근무하고자 하는 의사 　　‣ 국가 또는 지방자치단체 의료기관 　　‣ 의료법인 　　‣ 비영리법인 및 정부투자기관에서 개설한 의료기관 　－ 국내의 의(치)과 대학을 졸업한 후 대학부속병원 또는 보건복지부장관이 지정한 병원 등에서 인턴·레지던트 과정을 연수하는 자 　－ 남북교류 협력에 관한 법률 규정에 따라 남북 협력사업 승인을 받은 자가 금강산 관광개발사업 등의 목적으로 초청하는 관광선 운항에 필요한 선박 등의 필수전문 인력 　－ 국내 운수회사 등에 고용되어 선장 등 선박 운항의 필수전문요원으로 근무하고자 하는 자
1회 부여 체류기간의 상한	◉ 5년
전자사증	전자사증 제도는 해외 우수인력 유치 지원을 위한 사증발급 절차 간소화의 일환으로 영사 인터뷰가 필요 없는 교수, 연구원 등에 대해 재외공관 방문 없이 온라인으로 사증을 발급 받을 수 있는 제도 1. 발급대상 ◉ 전문인력(E-1, E-3, E-4, E-5, 첨단과학기술분야 고용추천서(GOLD CARD)를 발급받은 E-7)과 그 동반가족(F-3), 의료관광객 및 동반가족 간병인(C-3-3, G-1-10), 상용빈번출입국자(C-3-4), 단체관광객(C-3-2)* 및 공익사업 투자 예정자(C-3-1)** 　－ '공관장 재량으로 발급할 수 있는 자' 및 '사증발급인정서 발급대상자' 모두
➡ 목차	

해당되며, 각 해당자 제출서류도 동일

    * 재외공관장이 지정(법무부장관 승인)한 국외 전담여행사가 사증신청을 대행하는 단체관광객

    ** 법무부장관이 지정한 공익사업투자이민 유치기관이 사증신청을 대행하는 공익사업 투자예정자

2. 발급권자

   ● 법무부장관

3. 신청주체

   ● 외국인 본인

   ● 외국인을 초청하려는 자(대리신청)

☞ 신청방법, 수수료 납부 및 전자사증 발급확인서 출력 등은 '교수(E-1) 전자사증' 참조

공관장 재량으로 발급할 수 있는 사증	1. 국내 항공사에 고용되어 항공기 조종사로 근무하고자 하는 자에 대한 체류기간 1년 이하의 단수사증 2. 국내 운수회사 등에 고용되어 선장 등 선박운항의 필수전문요원* 으로 근무하고자 하는 자에 대한 체류기간 1년 이하의 단수사증 * 선박운항의 필수전문요원이란 금강산 관광선, 한국선적 정기여객선 등의 선장기관사항법사 등을 의미함

첨부서류 : 연번 1, 2 공통
① 사증발급신청서 (별지 제17호 서식), 여권, 표준규격사진 1매, 수수료 ② 학위증 및 자격증(면허증) 사본 ③ 소관 중앙행정기관장의 고용추천서(다만, 경제자유구역 내에서 취업활동을 하려는 자는 관할 특별시장광역시장도지사의 고용추천서 또는 고용의 필요성을 입증할 수 있는 서류) 또는 고용의 필요성을 입증할 수 있는 서류 ④ 고용계약서
※ 재외공관의 장은 입국목적, 초청의 진정성, 초청자 및 피초청자의 자격 확인 등을 심사하기 위해 필요한 경우 첨부서류를 일부 가감할 수 있음

▶ 목차

사증발급인정	1. 공관장 재량으로 발급할 수 있는 경우를 제외한 모든 전문직업(E-5) 자격에 대한

사증발급은 사증발급인정서를 통해 사증발급

첨부서류
① 사증발급인정신청서 (별지 제21호 서식), 여권, 표준규격사진 1매 ② 초청사유서 ③ 학위증 및 자격증 사본 ④ 소관 중앙행정기관의 장의 고용추천서 또는 고용의 필요성을 입증할 수 있는 서류   – 다만, 경제자유구역 내에서 취업활동을 하려는 자는 관할 특별시장광역시장 도지사의 고용추천서 또는 고용의 필요성을 입증할 수 있는 서류 또는 고용의 필요성을 입증할 수 있는 서류 ⑤ 고용계약서
※ 출입국·외국인청(사무소·출장소)장은 초청의 진정성, 초청자 및 피초청자의 자격 확인 등을 심사하기 위해 첨부서류의 일부를 가감할 수 있음

서 발급대상

➡ 목차

예술흥행(E-6)

활동범위 및 해당자 ▶ **목차**	● 수익이 따르는 음악, 미술, 문학 등의 예술 활동 　– 창작활동을 하는 작곡가, 화가, 조각가, 공예가, 저술가 및 사진작가 등의 예술가 　– 음악, 미술, 문학, 사진, 연주, 무용, 영화, 체육, 기타 예술상의 활동에 관한 지도를 하는 자 　　(예 : 프로 및 아마추어 스포츠 감독, 오케스트라 지휘자 등) ● 수익을 목적으로 하는 연예, 연주, 연극, 운동경기, 광고, 패션모델 등으로 출연하는 흥행활동 　– 출연형태나 명목을 불문하고 수익을 위하여 개인 또는 단체로 연예, 연주, 연극, 운동 등을 하는 자 　　(예 : 프로 및 아마추어 스포츠 선수 등) 　– 스스로 연예, 연주, 연극 등에 출연하려는 자 뿐만 아니라 분장사, 매니저 등 동행하는 자를 포함함 　※ 체류기간 90일 이하인 경우는 단기취업(C-4-5)의 체류자격에 해당됨 ● 분류기호 및 활동분야

분류기호	활동분야(예시)
E-6-1 (예술연예)	수익이 따르는 음악, 미술, 문학 등의 예술활동 및 전문 방송연기에 해당하는 자와 공연법의 규정에 의한 전문 연예활동에 종사하는 자 (작곡가·화가·사진작가 등 예술가, 오케스트라 연주·지휘자, 광고·패션모델, 바둑기사, 방송인, 연예인, 연극인, 분장사 등)
E-6-2 (호텔유흥)	'E-6-1'에 해당하지 않고 관광진흥법에 의한 호텔업시설, 유흥업소 등에서 공연 또는 연예활동에 종사하는 자 (가요·연주자, 곡예·마술사 등) – 관광진흥법 제3조제1항제6호의 규정에 의한 국제회의시설의 부대시설 종사자 및 관광진흥법에 의한 관광업소 중 공연법에 의해 등록된 공연장(예:워커힐 호텔 등)에서 활동하려는 자
E-6-3 (운동)	축구·야구·농구 등 프로 운동선수 및 그 동행 매니저 등으로 운동분야에 종사하는 자 (축구·야구·농구 등 프로선수, 프로팀 감독, 매니저 등)

1회 부여	● 2년

체류기간의 상한	
공관장 재량으로 발급할 수 있는 사증	☞ 예술흥행(E-6) 자격은 모두 사증발급인정서에 의해 사증발급 🔹 (예외) E-6-2 사증의 경우 신청인이 불법체류다발 고시국가(21개국), 테러지원 국가(3개국), 제주무사증입국불허국가(10개국)국민인 경우에는 원칙적으로 자국 공관에 사증신청 및 발급 – 단, E-6-2 신청인이 제3국의 영주권자 또는 2년 이상 계속 체류한 장기체류자인 경우 제3국 소재 자국공관에 사증 신청 및 발급가능

사증발급인정 서 발급대상 ▣ 목차 사증발급인정 서 발급대상 ▣ 목차	1. 체류기간 2년 이하의 예술흥행(E-6) 사증발급인정서 발급

1. 체류기간 2년 이하의 예술흥행(E-6) 사증발급인정서 발급
🔹 공연추천기간, 고용추천기간, 근로계약기간 등을 종합적으로 참고하여 적정
체류기간을 부여

첨부서류	
① 사증발급인정신청서 (별지 제21호 서식), 여권, 표준규격사진 1매 ② 사업자등록증 사본 ③ 고용계약서 사본	
공연법 규정에 의한 공연을 하려는 경우	④ 영상물등급위원회(제주특별자치도의 경우 제주특별자 치도지사)의 공연추천서(추천제외대상공연은 면제) ⑤ 공연계획서 ⑥ 피초청인이 미성년자인 경우, 법정대리인의 동의서
관광진흥법에 의한 호텔업시설, 유흥업소 등에서 공연 또는 연예활동에 종사하려는 경우	④ 영상물등급위원회의 공연추천서* * 관광업소에서의 연주, 가요, 곡예, 미술에 대한 공연추 천은 '주한 미8군 영내클럽, 관광진흥법상 3급 이상 관광호텔, 관광유람선, 휴양콘도미니엄, 관광극장유 흥업, 외국인전용음식점, 국제회의시설의 부대시설' 을 제외하고 추천하지 않음 (첨부 1 참조) – 단, 관광업소중 공연법령의 규정에 의하여 등록된 공연장(예: 워커힐 호텔, 부산롯데호텔 등)에서의 퍼레이드·쇼·뮤지컬 등 가무적 요소를 갖춘 공연과 유원시설(예: 에버랜드, 롯데월드, 서울랜드 등) 및 국제회의시설의 부대시설(코엑스·벡스코 등 무역전 시장 및 롯데·하얏트 등 특급호텔)에서의 '가무'도 공연추천

	⑤ 연예활동계획서 ⑥ 자격증명서 또는 경력증명서(3년이상, 아포스티유 또는 　　자국소재 대한민국 공관 확인 필) ⑦ 공연시설 현황 확인서(2016. 9.1부 반영) ⑧ 신원보증서 ⑨ 피초청인이 미성년자인 경우, 법정대리인의 동의서 ⑩ 근로자파견사업허가증(해당자)
광고 모델의 경우	O 일반심사 기준 ④ 대중문화예술기획업 등록증* 　* 대중문화예술산업발전법 시행규칙 별지 제2호 서식 ⑤ 부가가치세 과세표준증명(매출과세표준) ⑥ 납세증명서 ⑦ 기타 기업의 건전성을 증빙하는 서류 ⑧ 신원보증서, 이력서, 보호자 동의서 (미성년인 경우) ⑨ 국내활동 계획서 ⑩ 기타 모델의 전문성을 입증할 수 있는 서류 : 광고촬영 · 패 　션쇼 관련 광고주와의 계약서*, 광고촬영 패션쇼 관련 　모델 사용 개요(광고주 작성), 포트폴리오 등 　* 1) 광고주 초청업체 계약 시 : 광고주 ↔ 초청업체, 　　　초청업체 외국인 각 1부(총 2부) 　* 2) 광고대행사 초청업체 계약 시 : 광고주 광고대행사, 　　　광고대행사, 초청업체, 초청업체 외국인 각 1부(총3부) 　※ 계약서 필수 포함사항 : 대금 지불방법, 권리의무 관계(저 　　작권), 계약당사자의 서명 또는 날인
광고 모델의 경우	O 우대심사 기준 : 우수업체 우대심사 기준 적용대상

	모델 전문 매니지먼트 업체로서 아래의 요건을 모두 갖춘 업체
초청 업체	▶ 법인사업자 ▶ 대중문화예술기획업 등록 ▶ 최근 3년 이내 최소 5억원 이상 매출실적 ▶ 최근 3개월 간 국민 상시근로자 5인 이상 고용 ▶ 업력 5년 이상(또는 대표이사의 동종업계 종사경력 5년 이상) ▶ 사업자등록증 상 도·소매업 등 무관한 업종이 존재하지 않고 매니지먼트, 엔터테인먼트, 모델에이전시 등 관련 업종만 등재되어 있을 것 ▶ 체납 사실이 없을 것
외국인	▶ 불법체류 다발 고시국가*, 기타 법위반 고위험 국가가 아닐 것

* 중국, 필리핀, 인도네시아, 방글라데시, 베트남, 몽골, 태국, 파키스탄, 스리랑카, 인도, 미얀마, 네팔, 이란, 우즈베키스탄, 카자흐스탄, 키르키즈스탄, 우크라이나, 나이지리아, 가나, 이집트, 페루

④ 법인등기부등본

⑤ 필요시 대표이사 경력 관련 증명서류

⑥ 대중문화예술기획업 등록증

⑦ 부가가치세 과세표준증명(매출과세표준)* 전년도 재무재표

 * 최근 3년간 연평균 매출액이 5억원 이상인지 확인

⑧ 최근 1개월 사이에 발급한 고용보험 가입자 명부

 ※ 최근 3개월 이상 계속하여 고용된 국민의 수가 5인 이상일 것

⑨ 납세증명서

⑩ 기타 기업의 건전성을 증빙하는 서류

	⑫ 신원보증서, 이력서, 보호자 동의서 (미성년인 경우) ⑬ 국내활동계획서 ⑭ 기타 모델의 전문성을 입증할 수 있는 서류(포트폴리오 등)
그 밖의 경우	④ 소관 중앙행정기관의 장의 고용추천서 또는 고용의 필요성을 입증하는 서류 ⑤ 피초청인이 미성년자인 경우, 법정대리인의 동의서

➠ 대리인 신청 시 : 위임장, 대리인 재직증명서, 대리인 신분증 사본 추가 필요

※ 재외공관의 장은 입국목적, 초청의 진정성, 초청자 및 피초청자의 자격 확인 등을 심사하기 위해 필요한 경우 첨부 서류를 일부 가감할 수 있음

특정활동(E-7)

활동범위 및 해당자	◉ 대한민국 내의 공사기관 등과의 계약에 따라 법무부장관이 특별히 지정하는 활동에 종사하려는 사람 ◉ 이 지침에 의하여 전문외국인력은 동 지침 상 공동심사기준 및 직종별 심사기준에 의한 활동범위를 준수하여야 함
1회 부여 체류기간의 상한	◉ 3년(주무부처 추천 우수인재, 지역특화발전특구 및 첨단의료복합단지 내 E-7 직종 종사자, 경제자유구역 내 의료연구개발기관의 연구원에 대해서는 5년)
기본원칙	◉ 전문성 수준 및 국민대체성 등에 따라 전문인력, 준전문인력, 일반기능인력, 숙련기능인력으로 구분, 도입 및 관리기준을 달리하여 탄력적으로 운영 ◉ 직능수준이 높고 국민 대체가 어려워 국가경쟁력 강화에 기여도가 높은 전문인력에 대해서는 간편한 사증·체류절차로 유치 및 정주 지원 ◉ 국민대체성 등으로 국민고용 침해 우려가 있는 준전문·일반기능·숙련 기능인력에 대해서는 자격·임금요건·업체별 쿼터 설정 등 국민고용 보호장치 마련
적용대상 및 도입기준 등 ➡ 목차 적용대상 및 도입기준 등	1. **적용대상** [출입국관리법 시행령 별표 1의2 20. 특정활동(E-7)] ◉ 대한민국 내의 공·사기관 등과의 계약에 따라 법무부장관이 특별히 지정하는 활동에 종사하려는 사람 　－'특정활동'이란 법무부장관이 국가경쟁력 강화 등을 위해 전문적인 지식·기술 또는 기능을 가진 외국인력 도입이 특히 필요하다고 지정한 분야(이하 '도입직종) 에서의 활동을 의미* 　＊ 국가 및 지방자치단체는 전문적인 지식·기술 또는 기능을 가진 외국인력의 유치를 촉진할 수 있도록 그 법적 지위 및 처우의 개선에 필요한 제도와 시책을 마련하기 위하여 노력하여야 한다. (재한외국인처우기본법 제16조) ◉ (도입직종의 유형) '한국표준직업분류' 상 대분류 항목과 직능수준 등을 감안하여 전문직종, 준전문직종, 일반기능, 숙련기능직종으로 구분 　－(관리·전문직종) 대분류 항목 1(관리자)과 2(전문가 및 관련 종사자)의 직종(직능수준 3, 4) 중 법무부 장관이 선정한 67개 직종* 　＊ 경제이익단체 고위임원 등 15개 직종 관리자와 생명과학전문가 등 52개 직종 전문가 및 관련 종사자 　－(준전문 직종) 대분류 항목 3(사무종사자)과 4(서비스종사자), 5(판매종사자)의

3) 최저임금법 제10조 직종(직능수준 2)의 임금 중 법무부장관이 선정한 10개 월급 산기준 209시간(주당 유급주휴 8시간 포함)으로 환산, 최저임금 이하의 급여로 국가보조를 받는 경우엔 고용을 제한

* 항공운송사무원 등 5개 직종 사무종사자와 운송서비스 종사자 등 5개 직종
서비스 종사자
- (일반기능직종) 대분류 항목 6(농림어업 숙련종사자)·7(기능원 및 관련 기능 종사자)·
8(장치기계조작 및 조립종사자)의 직종(직능수준 2) 중 법무부 장관이 선정한
<u>10개 직종*</u>
  * 일반 : 동물사육사, 양식기술자, 할랄도축원 등 기능원 및 관련 기능인력
- (숙련기능직종) 대분류 항목 6(농림어업 숙련종사자)·7(기능원 및 관련 기능 종사자)·
8(장치기계조작 및 조립종사자)의 직종(직능수준 2) 중 점수제를 적용하는 법무부
장관이 선정한 3개 직종*
* 점수제 : 농림축산어업, 제조, 건설 등 분야 숙련기능인력

신 약호	분류기준	참고
E-7-1	전문인력	관리자 및 전문가 (67개 직종)
E-7-2	준전문인력	사무 및 서비스종사자 (10개 직종)
E-7-3	일반기능인력	기능원 및 관련기능종사자(10개 직종)
E-7-4	숙련기능인력(점수제)	'17.8.1신설 (3개 직종)
E-7-91	FTA 독립전문가	T6(구약호)
E-7-S	네거티브 방식 전문인력	고소득자, 첨단산업분야 종사(예정)자

2. 도입직종 선정 및 관리 등

- (직종 선정) 중앙부처를 대상으로 정기 또는 수시로 전문외국인력 도입이 필요한
  신규 직종 수요조사 등을 실시하고, 외국인력 도입의 필요성 및 효과, 국민대체성
  등을 종합 검토하여 선정
- 수요조사 시 직종별 학력 및 경력요건, 고용업체 요건 등에 관한 의견도
  수렴하고, 체류관리 상의 문제 우려 등으로 사전검토가 필요한 경우 외국인정책
  위원회 산하 전문인력 유치지원 실무분과위원회*의 협의 결과를 참고
  * 전문인력 유치지원 실무분과위원회 (위원장 : 과기부 미래인정책국장, 위원:
  기재부·교육부·외교부·법무부·문화체육관광부·산업통상자원부·고용노동부·
  국가정보원·중소벤처기업부 담당과장)

- (관리) 도입직종 현황, 직종별 도입인원 등의 통계산출 및 분석, 관리 등이
  가능하도록 직종별로 코드번호 부여
- 직종별 코드번호는 '한국표준직업분류' 상 소분류(세 자리 수), 세분류(네

자리 수), 세세분류(다섯 자리 수)를 기준으로 아라비아 숫자로 부여

- 기존 직종에서 분리·신설되는 직종의 경우에는 가장 유사한 직종의 코드번호 앞에 'S'를 붙임 (예 : S ------)

■ (유사직종 도입 허용기준) 신청직종과 가장 유사한 직종의 자격요건 등 충족여부, 도입의 필요성 및 국민대체성 등을 종합 심사하여 타당한 경우 가장 유사한 직종으로 고용 허용

- 대분류 항목 1·2에 해당하는 전문직종은 청장 등이 재량으로 허용하고, 대분류 항목 3 - 8에 해당하는 준전문직종, 일반기능직종, 숙련기능직종은 법무부장관의 승인 필요

3. 도입직종별 자격요건 및 도입 방법

가. 자격요건

■ (일반요건) 다음 요건 중 하나를 충족하여야 함

- 도입직종과 연관성이 있는 분야의 석사 이상 학위 소지

- 도입직종과 연관성이 있는 학사학위 소지 + 1년 이상의 해당분야 경력 (경력은 학위, 자격증 취득 이후의 경력만 인정하되 첨단기술*(IT, 바이오, 나노 등) 분야 종사자에 한하여 졸업 이전 해당 분야 인턴 경력을 근무경력으로 인정)

  * 산업발전법 제5조에 따라 산업통상자원부장관이 고시하는 '첨단기술' 분야

- 도입직종과 연관성이 있는 분야에 5년 이상의 근무경력

■ (우대를 위한 특별요건) 우수인재 유치 및 육성형 인재 활용 등의 차원에서 특례를 정한 우수인재와 직종 특성을 감안하여 별도의 학력 또는 경력요건을 정한 직종에 종사하는 경우에는 해당 요건을 충족하여야 함

- (세계 500대 기업 1년 이상 전문직종 근무경력자) 도입직종에 정한 학력 및 경력요건 등을 갖추지 못하였더라도 고용의 필요성 등이 인정되면 허용

- (세계 우수 대학* 졸업(예정) 학사학위 소지자) 전공분야 1년 이상 경력요건을 갖추지 못하였더라도 고용의 필요성 등이 인정되면 허용

  * 타임誌 200대 대학 및 QS 세계대학순위 500위 이내 대학을 의미

- (국내 전문대학졸업(예정)자) 전공과목과 관련이 있는 도입허용 직종에 취업하는 경우 1년 이상의 경력요건을 면제하고, 고용의 필요성 등이 인정되면 허용

  ※ 다만, 고등교육법 제2조 제1호~제4호에 해당하는 대학에서 학위를 취득한 경우에만 적용

- (국내 대학 졸업(예정) 학사이상 학위 소지자) 도입허용 직종에 취업하는 경우 전공과목과 무관하게, 고용의 필요성 등이 인정되면 허용(학사 이상의 경우 1년 이상의 경력 요건 면제), 일/학습연계유학(D-2-7)자격 졸업자는 국민고용비율 적용을 면제함
  ※ 다만, 고등교육법 제2조 제1호~제4호에 해당하는 대학에서 학위를 취득한 경우에만 적용
- (주무부처 고용추천을 받은 첨단 과학기술분야 우수인재) 사증 등의 우대 대상이라는 점을 감안하여 일반요건보다 강화된 기준으로 고용추천
- (첨단기술인턴(D-10-3) 체류자) 첨단 기술인턴(D-10-3) 자격으로 국내 기업 등에서 1년 이상 인턴활동을 한 자가 인턴 활동 분야에 정식으로 취업하고 임금이 전년도 1인당 국민총소득(GNI)의 1배 이상인 경우, 체류자격 변경 시 학력·경력 요건 면제

첨단과학기술인력 우대 고용추천

구 분	골드카드
고용추천기관	산업통상자원부(KOTRA)
시행연도	2000년
추천대상자 요건	■ 동종 5년 이상 경력 ■ 학사 + 1년 이상 경력 ■ 석사 이상 * 국내 학위취득자는 해당 분야 경력 불요
추천대상 직종	* KOTRA : IT, 기술경영, 나노, 디지털 전자, 바이오, 수송 및 기계, 신소재, 환경 및 에너지 등 8개 분야(공사 기관)

- (특정 일본인 소프트웨어 기술자 등) 일본정보처리개발협회소속 중앙정보교육 연구소(CAIT) 및 정보처리기술자시험센터(JITEC)가 인정하는 소프트웨어개 발기술자와 기본정보기술자 자격증을 소지한 일본인에 대해서는 자격기준과 무관하게 사증발급인정서 발급 등 허용
- (부처추천 전문능력 구비 우수인재) 연간 총 수령보수가 전년도 1인당 국민총소득 (GNI)의 1.5배 이상이고 소관 중앙행정기관의 장(경제자유구역의 지정 및 운영에 관한 특별법 또는 지역특화발전특구에 대한 규제특례법 등의 적용을 받는 경우에 는 관할 특별시장·광역시장·도지사, 제주특별자치도지사 포함)의 추천을 받은

경우 전문인력(67개 직종)에 한해 학력, 경력 모두 면제가능*

> * 소관 중앙행정기관의 장(경제자유구역의 지정 및 운영에 관한 특별법 또는 지역특화발전특구에 대한 규제특례법 등의 적용을 받는 경우에는 관할 지방자치단체의 장)의 고용추천서를 필수로 제출하여야 하며, 최초 허가 시 체류기간 1년만 부여하고 이후 연장 시 반드시 세무서장 발행 소득금액증명원을 제출받아 실제 수령보수 등을 확인 후 정상 절차에 따라 연장여부 결정

- (고소득 전문직 우수인재) 연간 총 수령보수가 전년도 1인당 국민총소득(GNI)의 3배 이상 되는 경우 직종에 관계없이 학력, 경력 모두 면제가능(주무부처장관의 고용추천 불필요)
- (우수사설기관 연수 수료자) 해외 전문학사 이상 학력 소지자 중 해당 전공분야의 국내 연수과정(D-4-6, 20개월 이상)을 정상적으로 수료하고 국내 공인 자격증 취득과 사회통합프로그램을 4단계 이상을 이수한 외국인에 대해 해당 전공분야로의 자격변경을 허용 (E-7-4 분야 제외)
- (요리사, 뿌리산업체 숙련기능공, 조선용접공 등) 직종별 해당 기준 적용

나. 도입 방법

- (원칙) 기업 스스로 채용이 필요한 분야의 전문 외국인력을 발굴하여 자격검증 등을 거쳐 채용한 후 사증발급을 신청하거나 체류자격 변경허가 등을 신청하면 법무부에서 결격여부 등을 심사하여 허용여부 결정
- (뿌리산업체 숙련기능공 등) 체류자격 변경허가 요건을 갖춘 비전문 취업자격자 등의 자격변경을 허용하고, 뿌리산업 분야 민관합동 전문가들의 기량검증을 통과한 자들로 인재 POOL을 구성하여 쿼터 범위 내에서 선발하는 방안도 허용(기존 조선용접공 도입절차 준용)

다. 고용추천서

- O 개별 직종별 심사기준에서 고용추천서 발급 대상 및 발급 부처 등을 정하고 있음(근거 영 제7조 제4, 5항)
- O (필수) 직종별 심사기준에서 고용추천서 징구가 "필수" 사항으로 규정된 경우에는 접수시 반드시 추천서가 첨부되어야 함
- O (면제) 다음에 해당하는 경우는 고용추천서 징구 면제
  - 대학 및 공공기관에서 고용하고자 하는 경우
  - 사기업이라도 대기업 관리자에 해당하는 자를 고용하는 경우
- O (전자고용추천서 시스템 운영) 대한민국 비자포털(visa.go.kr)에 전문인력

고용추천을 위한 전자고용추천시스템 운영

라. 첨부서류 및 신청절차
  O (공통 첨부서류) 체류자격 변경 또는 체류자격외 활동허가 등 신청 시에도
    적정하게 준용
    - 피초청(외국인)인 준비서류 : 여권사본, 반명함판 칼라사진 1매, 고용계약서,
      자격요건 입증서류(학위증, 경력증명서, 자격증 등)
    ※ 국외에서 발급한 서류는 반드시 국문 또는 영문 번역본 첨부, 주요핵심 서류에
      대해서는 영사 공증 또는 아포스티유 확인서 제출
    - 초청인 준비 서류 : 고용단체 등 설립관련서류, 외국인 고용의 필요성을
      입증할 수 있는 서류(초청사유서*, 고용추천서** 등), 신원보증서(법무부장
      관이 고시한 근무처변경, 추가 신고가 제한되는 직종 종사자만 해당), 납세증명
      서(국세완납증명서), 지방세 납세증명
    * 외국인 고용의 필요성 및 외국인활용계획, 기대효과 등을 구체적으로 작성
    ** 고용추천 필수 직종에 한해 제출하되, 소관 중앙행정기관의 장(경제자유구역
      의 지정 및 운영에 관한 특별법 또는 지역특화발전특구에 대한 규제특례법
      등의 적용을 받는 경우에는 관할 특별시장·광역시장·도지사)이 발급한
      추천서 징구
    - 신원보증서(법무부 장관이 고시한 근무처변경·추가 신고가 제한되는 직종의
      종사자만 해당)

마. 초청자 자격요건 및 심사기준
  O (자격요건) 특정활동(E-7) 자격 외국인을 고용할 수 있도록 허용된 직종의
    업체나 단체 등의 대표로서 아래 경우에 모두 해당하지 않아야 함
    - 출입국관리법 시행규칙 제17조의3 제2항 제1호 내지 제7호에 규정된 사증발
      급인정서 발급제한 대상자에 해당하는 경우
    - 허용직종별 고용업체 요건이나 업체당 외국인 고용허용 인원 및 최소임금
      요건 등을 갖추지 못한 경우
    - 고용업체에 세금(국세, 지방세) 체납 사실이 있는 경우
  O (심사기준) 사증발급인정서 발급 제한대상인지 여부, 고용업체 요건 충족
    및 정상 운영 여부, 저임금 활용여부 등을 종합 심사
    - (창업 초기 소규모 외국인투자기업 또는 벤처기업) 제조·무역·컨설팅
      ·R&D 등 소규모 업체가 전문인력을 고용하고자 할 경우 창업일로부터
      최대 5년간은 매출실적이 없어도 허용(67개 전문인력 직종만 해당)

	– (숙련기능인력 고용업체) 판매사무원, 주방장 및 조리사 등 숙련기능 인력들을 초청한 경우에는 직종별 심사기준에 따라 고용업체 요건 충족 및 정상 운영 여부, 저임금 활용 여부 등을 종합 심사하여 허가 여부 및 적정 허용인원을 판단

공관장
재량으로
발급할 수
있는 사증
	1. 주한 외국공관에서 고용하는 행정요원 등(자국 국민에 한함)에 대한 체류기간 1년 이하, 유효기간 3월의 단수사증 : 특수기관 행정요원 (S2620)
	
	  ◑ 적용대상
	  – 주한외국공관, 주한외국문화원, 주한외국상공회의소 등에서 일반 행정 또는 기능업무를 수행하는 자국국적의 행정·기능요원*
	    * 제3국인을 행정·기능요원으로 고용한 경우에는 법무부장관의 승인을 받거나 사증발급인정서를 제출 받아 사증을 발급
	    ※ 자국공관원의 자국국적 가사보조인에 대해서는 재외공관이 재량으로 체류기간 1년의 방문동거(F-1) 사증 발급
	
	  ◑ 사증발급
	  – 체류기간 1년 이하, 유효기간 3월의 단수사증 발급
	    * 고용계약기간이 2년이라 하더라도 체류기간 1년의 사증을 발급

첨부서류
① 사증발급신청서 (별지 제17호 서식), 여권, 표준규격사진 1매, 수수료
② 주한 외국공관 협조요청 공문
③ 고용계약서
④ 학력 및 경력 등 입증서류 등
※ 재외공관의 장은 입국목적, 초청의 진정성, 초청자 및 피초청자의 자격 확인 등을 심사하기 위해 필요한 경우 첨부서류를 일부 가감할 수 있음

➡ 목차
공관장
재량으로
발급할 수
있는 사증
	2. 국내 운수회사 등에 고용되어 선박 등의 승무원 등으로 근무하는 자에 대한 체류기간 1년 이하의 단수사증 : 운송서비스 종사자(431)
	  ◑ 적용 대상
	  – 금강산관광선 등 국내에서 운영하는 국제여객선 등에서 여객의 안락과 안전을 확보하고 여객의 편의를 도모하는 승무원*
	    * 대한민국 법률에 의하여 인정된 외국의 국가공인자격증을 소지한 항공기

기장 또는 선장 등은 전문직업(E-5)자격 대상

* 물건운송하역 등 단순노무 종사 부원은 선원취업(E-10) 자격 대상이고, 관광진흥법에 의한 관광유람선에서 공연하는 연예인은 예술흥행(E-6)자격 대상

■ 사증발급
- 체류기간 1년 이하, 유효기간 3월의 단수사증을 발급*
* 고용계약기간이 2년이라 하더라도 체류기간 1년의 사증을 발급

첨부서류
① 사증발급신청서 (별지 제17호 서식), 여권, 표준규격사진 1매, 수수료 ② 고용업체 설립관련서류 ③ 고용계약서 ④ 학력 및 경력 등 입증서류   - 학위증, 경력증명서, 이력서, 자격증 등 포함
※ 재외공관의 장은 입국목적, 초청의 진정성, 초청자 및 피초청자의 자격 확인 등을 심사하기 위해 필요한 경우 첨부서류를 일부 가감할 수 있음

3. 특정활동(E-7) 허용직종에 90일 이하 단기간 취업하는 자
■ 체류기간 90일의 단기취업(C-4-5) 사증 발급 (직종별 첨부서류 및 심사기준 등은 단기취업(C-4) 자격 사증발급기준 적용)

사증발급인정서 발급대상

1. 사증발급인정서 발급
가. 신청절차
■ 초청업체 소재지 관할 출입국·외국인청(사무소·출장소)에 신청하고, 주무부처 등의 우수인재 고용추천을 받은 경우에는 온라인(대한민국 비자포털)으로도 신청 허용

나. 온라인 신청 우수인재 우대
■ KOTRA·중진공의 골드카드 고용추천을 받은 경우 온라인 신청 시 고용추천서 외 첨부서류 면제하고 나머지 서류는 외국인등록 시 제출

2. 공통 제출서류 및 신청절차

가. 공통 제출서류
① 사증발급인정신청서 (별지 제21호 서식), 여권사본, 표준규격사진 1매
② 공·사기관 설립관련 서류 – 사업자등록증, 고유번호증, 외국인투자기업등록증 등
③ 고용계약서 사본
④ 납세증명서(국세완납증명서), 지방세 납세증명서
⑤ 외국인의 고용의 필요성을 입증할 수 있는 서류 – 초청사유서, 외국인활용계획서 등 – 소관 중앙행정기관의 장의 고용추천서 또는 관련 단체 등의 추천서

주무부처 고용추천 필수 직종
국내복귀기업의 생산관리자(1413)·생명과학전문가(2112)·컴퓨터 하드웨어 기술자(2211) ·전기공학 기술자(2341)·전자공학 기술자(2342)·플랜트공학 기술자(23512)·로봇 공학 전문가(2352)·자동차·조선·비행기·철도차량공학전문가(S2353)·가스·에너지 기술자 (2372), 선박관리전문가(1512), 여행업체 관리자(1521), 관광레저사업체 관리자(1521), 금융 및 보험전문가(272, 학위 없는 경력 5년 이상자만 해당), 여행상품 개발자(2732), 공연기획자(2735), 기술경영 전문가(S2743), 아나운서(28331), 호텔접수사무원 (3922), 의료코디네이터(S3922), 관광통역안내원(43213), 양식기술자(6301), 할랄 도축원 (7103), 조선 용접공(7430), 선박 전기원(76212), 선박 도장공(78369), 항공기 정비원(7521), 항공기(부품) 제조원(S8417)

⑥ 신원보증서

신원보증서 제출이 필요한 직종
기계공학기술자(2351), 제도사(2395), 해외영업원(2742) 중 해외 온라인상품판매원, 디자이너(285), 판매사무원(31215), 주방장 및 조리사(441), 고객상담사무원(3991), 호텔접수사무원(3922), 의료코디네이터(S3922), 양식기술자(6301), 조선용접공(7430), 숙련기능점수제 종사자[뿌리산업체 숙련기능공(S740), 농림축산어업 숙련기능인(S610), 일반 제조업체 및 건설업체 숙련기능공(S700)]

⑦ 자격요건 입증서류

  - 학위증, 경력증명서, 이력서, 유효한 자격증 등

➡ 대리인 신청 시 : 위임장, 대리인 재직증명서, 대리인 신분증 사본 추가 필요

> **준법, 사회공헌 기업에 대한 첨부서류 간소화**
> 준법·사회공헌기업 우대를 통한 긍정적 법의식 확산 등을 위해 해당 기업*에
> 대해서는 고용업체 설립 관련 서류 및 고용의 필요성 입증서류 등 면제
> * 국세청 지정 성실납세기업, 고용노동부 선정 대한민국 일자리 으뜸기업,
>   공정거래위원회 선정 동반성장지수 평가 우수(양호)기업, 출소자 고용
>   우수기업, 제대군인 고용 우수기업

※ 출입국·외국인청(사무소·출장소)장은 초청의 진정성, 초청자 및 피초청자
  의 자격 확인 등을 심사하기 위해 첨부서류의 일부를 가감할 수 있음

나. 직종별 세부심사기준 (직종 설명, 자격요건, 심사기준, 추가 제출서류 등)

후단 별첨

3. 국가 간 근로협정 등 적용대상자 심사기준

가. 한인도 사증절차간소화협정 관련 사증발급 대상자

  ■ (대상) 인도 법인에 소속되지 않은 자영업자로서 우리나라의 법인 또는 개인과
    서비스 공급계약을 체결하여 이를 이행하기 위해 입국하는 독립전문가

  ■ (자격기준) 한-인도 CEPA 전문가 양허직종(162개) 관련 학사이상의 학위를
    소지하고, 해당 분야 1년 이상의 경력을 갖춘 인도 국민 (단, 생물학자 및
    생화학자의 경우에는 박사학위 소지 또는 그와 동등한 자격 구비)

첨부서류
① 사증발급인정신청서 (별지 제21호 서식), 여권사본, 표준규격사진 1매
② 본인과 국내법인 또는 개인사업자 간의 서비스공급 계약서
③ 국내법인 또는 개인사업자의 법인등기부등본 또는 사업자등록증 사본
④ 납세사실증명서
⑤ 학력입증서류, 경력입증서류
⑥ 서비스공급의 필요성을 입증할 수 있는 서류
- 활용계획서, 고용추천서 등
⑦ 기타 직종별 첨부서류

➡ 대리인 신청 시 : 위임장, 대리인 재직증명서, 대리인 신분증 사본 추가 필요

※ 출입국·외국인청(사무소·출장소)장은 초청의 진정성, 초청자 및 피초청자의 자격 확인 등을 심사하기 위해 첨부서류의 일부를 가감할 수 있음

나. 한러 한시적 근로활동에 관한 협정의 적용을 받는 회사집단의 직원으로서 국내에서 채용된 전문인력
　▦ (대상) 모회사와 회사 설립 문서(정관)에 따라 모회사가 직접 또는 간접적으로 통제하는 회사로 이루어진 집단(지사지점, 연락사무소, 자회사, 계열회사)의 직원으로 국내에서 채용된 사람 (협정 제2조 나호 2목)
　▦ (자격기준 및 첨부서류) 협정상 별도의 자격기준을 정하지 않았으므로 본 지침의 직종별 학력 또는 경력요건, 첨부서류 등 준용

다. 한우즈벡 한시적근로협정의 적용을 받는 국내에서 채용된 전문인력
　▦ (대상) 대한민국에서 상업활동을 수행하는 회사 대표사무소에서 한시적으로 근무하기 위해 국내에서 채용되는 전문인력인 우즈베키스탄 국민 (협정 제3조 나호)

참고사항	1. 국민고용 보호를 위한 심사기준
➡ 목차	O (적용원칙) 전문인력에 대해서는 국민대체가 어렵고, 국부창출 및 고용창출에 기여도가 높은 점 감안하여 임금요건 기준을 제외하고는 원칙적으로 적용하지 않음 ① 아래 각호의 경우 예외적으로 국민고용보호심사 기준 적용 ⅰ) 전문인력 중 초청장 남발 우려가 있는 기계공학 기술자, 제도사, 여행상품개발자, 해외영업원, 통·번역가 등에 대해서는 국민고용 보호 심사 기준을 예외적으로 적용 ⅱ) 전문인력중 국민고용보호 직종과 준전문인력, 일반기능인력, 숙련기능인력은 국민고용 침해 소지가 없도록 고용업체 자격요건 및 업체당 외국인 고용 허용인원 상한, 최저 임금요건 등을 설정하여 적용 ② 위 ①의 ⅰ), ⅱ)에도 불구하고 아래의 각호의 경우 직종에 관계없이 일반원칙에 따라 업체규모·고용비율 등 국민고용 보호를 적용하지 않음 ⅰ) 체류자격외활동허가 또는 근무처추가를 받아 파트타임으로 근무하는 경우에는 적용하지 않음 ⅱ) 정부초청 장학생으로 '일/학습연계유학(D-2-7)'자격 졸업자는 전문/준전문/일반기능에 대해 국민고용비율, 업체규모 적용을 면제하고 유사직종을

폭넓게 적용하여 허용

○ 국민고용 보호를 위한 일반 심사기준
- (고용업체의 규모) 국민 고용자가 5명 미만이고 내수 위주인 업체는 원칙적으로 초청을 제한, 고용인원은 고용부의 고용보험가입자명부에 최저임금을 충족하는 3개월 이상 등재된 인원을 말함
  ☞ 3개월 이상 고용보험 가입자 명부를 제출해야 되므로 원칙적으로 개업 후 최소 3개월 이후 신청 가능
- (고용업체의 업종) 업종 특성을 감안하여 별도의 고용업체 요건을 정한 경우에는 해당 요건을 충족하여야 함
- (외국인 고용비율) 국민고용 보호 직종은 원칙적으로 국민고용자의 20% 범위 내에서 외국인 고용을 허용
  ※ 숙련기능인력(E-7-4), 계절근로(E-8), 비전문취업(E-9), 선원취업(E-10), 방문취업(H-2), 거주(F-2), 재외동포(F-4), 영주(F-5), 결혼이민(F-6)은 외국인 고용인원에서 제외하되, 교수(E-1) 내지 특정활동(E-7-1~3) 등 취업 가능 체류자격은 외국인 고용인원에 포함하여 비율 산정
  ※ 내국인 고용 입증은 고용보험관련 서류 제출(정규직으로 3개월 이상 계속 고용, 신설 기업이라도 내국인 고용비율이 적용되는 업종은 일반적으로 사업자등록일 기준 3개월이 지난 후 신청함을 원칙으로 함)
  ※ 총 국민고용자의 20%를 초과하여 국민고용 보호 심사기준 적용대상 E-7 외국인을 고용 중인 업체는 신규 및 대체인력 초청과 체류자격변경, 근무처변경·추가 등을 원칙적으로 불허
- (임금요건) 저임금 편법인력 활용 방지를 위해 동종 직무를 수행하는 동일 경력 내국인의 평균임금과 연계하여 전문인력 수준에 따라 직종별로 차등 적용하여 심사
  ⅰ) 전문인력 : 전년도 국민 1인당 GNI의 80% 이상
  ※ 단, 주한공관, 공공기관, 학교(대학제외) 등 비영리기관에서 고용중인 전문인력 67개 직종에 대해 임금요건 미충족에 대한 합리적인 사유가 입증되는 경우 임금요건을 부분적으로 완화하여 적용
  ⅱ) 준전문인력, 일반기능인력, 숙련기능인력 : 최저임금 이상 적용
  ⅲ) 단, 일부직종*에 대해서는 해당 직종에서 별도로 정하는 기준을 따름
    * 준전문인력, 일반기능인력 중 전년도 GNI 0.8배 이상 : 온라인쇼핑판매원, 양식기술자 등

▶ 목차

– (중소·벤처·비수도권 중견기업 특례)* 고용 외국인 중 전년도 GNI의 80% 이상 임금 요건이 적용되는 직종에 종사 예정이고, 국내 기업 등에서 특정활동(E-7) 체류자격으로 근무한 경력이 없거나 3년 이하인 자에게 완화된 임금 요건 적용(전년도 GNI의 80% 이상 → 전년도 GNI의 70% 이상)

* ①중소기업기본법 상 '중소기업(소상공인)확인서'로 확인되는 기업, ②벤처기업법 상 '벤처기업 확인서'로 확인되는 벤처기업 ③중견기업법 상 '중견기업 확인서'로 확인되는 비수도권 소재 중견기업

** 전문인력(E-7-1) 67개 직종 및 일반기능인력(E-7-3) 중 조선 용접공, 선박 도장공, 항공기(부품) 제조원 직종 등

【 임금요건 심사 기준 】

◦ 제출서류 : 계약서, 세무서 발행 전년도 소득금액 증명(기간연장, 근무처 변경 시 필수)

◦ 전년도 국민1인당 GNI : 한국은행이 매년 발표하며, 한국은행 홈페이지 통계사이트에 매년 공시하는 금액을 기준으로 함.

◦ 당해연도 최저임금3) : 최저임금법(제10조)에 따라 고용노동부장관이 매년 8월경 고시하는 금액에 따르며, 별도 규정이 없으면 1월1일부터 해당 연도 최저임금을 적용

◦ 고용계약서 : 반드시 고용계약서에 월 기본급 대비 근로시간을 명시하도록 하여 최저임금 위반 등이 발생하지 않도록 조치(1일 및 월간 근무시간 명시)

◦ 심사기준 적용
– '임금'요건 심사 시 원칙적으로 기본급을 기준으로 요건을 충족해야 하며 예외적으로 통상임금도 인정
– 시급 및 월급 모두 최저임금 요건을 충족할 것, 근무시간이 적어서 최저임금 월 총액을 충족하지 못하는 경우 고용 제한
– 급여가 심사기준 이하인 경우 원칙적으로 발급 제한

2. 주의해야 할 경과규정

① 기존 특정활동(E-7) 자격으로 체류 중인 외국인요리사에 대해서는 '18. 1. 1.이후에는 현 규정을 적용하되, 요건을 충족하지 못할 경우 허가 제한

② '17. 8. 1.이전 숙련기능인력으로 전환하여 체류 중인 숙련기능인은 '19. 1. 1. 이후에는 새로운 규정을 적용하되, 요건을 충족하지 못할 경우 허가제한

특정활동(E-7) 허용직종 현황 90개

구 분	직 종(코드)
전문인력 (E-7-1) ※ 67개 직종	**가. 관리자 : 15개 직종** 1) 경제이익단체 고위임원(S110) 2) 기업 고위임원(1120) 3) 경영지원 관리자(1212 舊1202) 4) 교육 관리자(1312) 5) 보험 및 금융관리자(1320) 6) 문화 · 예술 · 디자인 및 영상관련 관리자(1340) 7) 정보통신관련 관리자(1350) 8) 기타 전문서비스 관리자(1390) 9) 건설 및 광업 관련 관리자(1411) 10) 제품 생산관련 관리자(1413) 11) 농림 · 어업관련 관리자(14901) 12) 영업 및 판매 관련 관리자(1511) 13) 운송관련 관리자(1512) 14) 숙박 · 여행 · 오락 및 스포츠 관련 관리자(1521) 15) 음식서비스관련 관리자(1522) **나. 전문가 및 관련종사자 : 52개 직종** 1) 생명과학 전문가(2111) 2) 자연과학 전문가(2112) 3) 사회과학 연구원(2122) 4) 컴퓨터 하드웨어 기술자(2211) 5) 통신공학 기술자(2212) 6) 컴퓨터시스템 설계 및 분석가(2221) 7) 시스템 소프트웨어 개발자(2222) 8) 응용 소프트웨어 개발자(2223) 9) 웹 개발자(2224 舊2228) 10) 데이터 전문가(2231 舊2224) 11) 네트워크시스템 개발자(2232 舊2225) 12) 정보 보안 전문가(2233 舊2226) 13) 건축가(2311) 14) 건축공학 기술자(2312) 15) 토목공학 전문가(2313 舊2312) 16) 조경 기술자(2314 舊2313) 17) 도시 및 교통관련 전문가(2315 舊2314) 18) 화학공학 기술자(2321) 19) 금속 · 재료 공학 기술자(2331) 20) 전기공학 기술자(2341 舊2351)

	21) 전자공학 기술자(2342 舊2352) 22) 기계공학 기술자(2351 舊2353) 23) 플랜트공학 기술자(23512 舊23532) 24) 로봇공학 전문가(2352) 25) 자동차 · 조선 · 비행기 · 철도차량공학 전문가(S2353) 26) 산업안전 및 위험 전문가(2364) 27) 환경공학 기술자(2371 舊2341) 28) 가스 · 에너지 기술자(2372 舊9233) 29) 섬유공학 기술자(2392) 30) 제도사(2395 舊2396) 31) 간호사(2430) 32) 대학 강사(2512) 33) 해외기술전문학교 기술강사(2543) 34) 교육관련 전문가(2591 舊25919) 35) 외국인학교 · 외국교육기관 · 국제학교 · 영재학교 등의 교사(2599) 36) 법률 전문가(261) 37) 정부 및 공공 행정 전문가(2620) 38) 특수기관 행정요원(S2620) 39) 경영 및 진단 전문가(2715) 40) 금융 및 보험 전문가(272) 41) 상품기획 전문가(2731) 42) 여행상품 개발자(2732) 43) 광고 및 홍보 전문가(2733) 44) 조사 전문가(2734) 45) 행사 기획자(2735) 46) 해외 영업원(2742) 47) 기술 영업원(2743) 48) 기술경영 전문가(S2743) 49) 번역가 · 통역가(2814) 50) 아나운서(28331) 51) 디자이너(285) 52) 영상관련 디자이너(S2855)
준전문인력 (E-7-2) ※ 10개 직종	가. 사무종사자 : 5개 직종 1) 면세점 또는 제주영어교육도시 내 판매 사무원(31215) 2) 항공운송 사무원(31264) 3) 호텔 접수 사무원(3922) 4) 의료 코디네이터(S3922) 5) 고객상담 사무원(3991) 나. 서비스 종사자 : 5개 직종 1) 운송 서비스 종사자(431) 2) 관광 통역 안내원(43213) 3) 카지노 딜러(43291)

	4) 주방장 및 조리사(441) 5) 요양보호사(42111)
일반기능인력 (E-7-3) ※ 9개 직종	일반기능인력 : 9개 직종 1) 동물사육사(61395) 2) 양식기술자(6301) 3) 할랄 도축원(7103) 4) 악기제조 및 조율사(7303) 5) 조선 용접공(7430) 6) 선박 전기원(76212) 7) 선박 도장공(78369) 8) 항공기 정비원(7521) 9) 항공기(부품) 제조원(S8417) 10) 송전 전기원(76231)
숙련기능인력 (E-7-4) ※ 3개 직종	숙련기능 인력(점수제) : 3개 직종 1) 뿌리산업체 숙련기능공(S740) 2) 농림축산어업 숙련기능인(S610) 3) 일반 제조업체 및 건설업체 숙련기능공(S700)
네거티브 방식 전문인력 (E-7-S)	가. 고소득자 =〉 E-7-S1
	나. 첨단산업분야 종사(예정)자 =〉 E-7-S2

특정활동(E-7) 직종별 세부관리기준

가. 관리자 (15개 직종)

1) 경제이익단체 고위임원(S110)

○ (직종설명) 경영자단체 등 경제 이익단체의 정책, 정관 및 규칙을 결정·작성하고 그 수행 및 적용하는 부서를 조직, 지휘 및 통제하며, 대외적으로 소속단체를 대표·대리하는 자

○ (도입 가능직업 예시) 경제관련 단체 고위임원

○ (자격요건, 사증발급 및 체류관리 등) 기업의 자율성 존중 차원에서 학력 및 경력요건을 정하지 않고, 사증발급 등은 일반 기준 적용

2) 기업 고위임원(1120)

○ (직종설명) 이사회나 관리기구에 의해서 설정된 지침의 범위 내에서 기업 또는 단체(특수이익단체 제외)를 대표하고, 2명 이상 다른 고위 임직원의 협조를 받아 경영방침을 결정하고 활동을 기획, 지휘 및 조정하는 자

○ (도입 가능직업 예시) 기업의 회장, 부회장, 대표이사, 사장, 부사장

○ (자격요건, 사증발급 및 체류관리 등) 기업의 자율성 존중 차원에서 학력 및 경력요건을 정하지
  않고, 사증발급 등은 일반 기준 적용

3) 경영지원 관리자(1212)

○ (직종설명) 경영자의 포괄적인 지휘 하에 다른 부서의 관리자와 의논하여 경영, 인사 등의
  경영지원 업무와 생산 활동을 지원하는 업무에 관련된 활동을 기획, 지휘 및 조정하는 자*
  * 후술하는 직종코드 "1312" 내지 "1522" 외의 업종에 종사하는 관리자

○ (도입 가능직업 예시) 총무 및 인사 관리자, 기획·홍보 및 광고 관리자, 재무 관리자, 자재
  및 구매 관리자, 그 외 경영부서 관리자

○ (자격요건, 사증발급 및 체류관리 등) 일반 기준 적용

관리자(직종코드 1212 내지 1522)에 대한 공통 심사기준
▶ 해당 기업의 운영부서 현황, 독립성 및 해당 운영부서의 일반직원 수, 해당 관리자 (외국인)의 임금수준 등을 고려하여 심사
▶ 원칙적으로 해당 기업의 본사 운영부서 관리자에 한함
▶ 대기업 종사 "관리자"에 대해서는 고용추천서 징구 면제('07.12.5. 규제개혁 장관회의 결정)
▶ 해당 직종별 고용추천기관을 적시한 경우는 대기업이 아닌 중소기업 종사 "관리자"에 한해 징구 가능함을 유의 　※ 대기업 및 중소기업 구별기준은 「중소기업기본법 시행령」제3조 및 별표 1 참조

4) 교육 관리자(1312)

○ (직종설명)유치원 및 초중등학교(외국인학교, 외국교육기관, 국제학교 포함) 등 교육기관의
  업무를 기획, 지휘 및 조정하는 자

○ (도입 가능직업 예시) 초중등학교 교장 및 교감, 유치원 원장 및 원감 (외국인학교, 외국교육기관,
  국제학교 포함)

○ (자격요건) 학사 이상 학위 소지자로서 관련 법령에 정한 교사 등의 자격 및 경력요건을 갖추고,
  소정의 절차에 따라 채용된 자

○ (사증발급 및 체류관리 등) 일반 기준 적용

관리자(직종코드 1212 내지 1522)에 대한 공통 심사기준
▶ 해당 기업의 운영부서 현황, 독립성 및 해당 운영부서의 일반직원 수, 해당 관리자 (외국인)의 임금수준 등을 고려하여 심사
▶ 원칙적으로 해당 기업의 본사 운영부서 관리자에 한함
▶ 대기업 종사 "관리자"에 대해서는 고용추천서 징구 면제('07.12.5. 규제개혁 장관회의 결정)

5) 보험 및 금융관리자(1320)

○ (직종설명) 보험 및 연금 사업체, 은행, 증권사, 신탁회사나 유사한 금융기관 등의 부서 운영을

　계획, 조직, 지휘 및 관리하고 개인 및 사업대출, 예금인수, 증권·선물매매, 투자자금 운용,

　신탁관리, 부동산이나 기타 관련 활동의 청산을 맡고 있는 기관 등의 부서 운영을 계획, 조직,

　지휘 및 관리하는 자

○ (도입 가능직업 예시) 보험 관리자, 금융 관리자　※ 도입 불가 : 대부 관련업체

○ (고용추천서 발급) 금융위원회 (은행업 : 은행과, 보험업 : 보험과, 투자증권 : 자본시장과)

○ (자격요건) 일반 기준에 따름

　- 단, 학사 학위자로서 경력이 미흡하지만 금융위원회가 전문성이 있고 국가경쟁력 강화에

　　필요하다고 인정하여 추천한 경우에는 실질심사 후 허가여부를 결정

○ (사증발급 및 체류관리 등) 일반 기준 적용

관리자(직종코드 1212 내지 1522)에 대한 공통 심사기준

▶ 해당 기업의 운영부서 현황, 독립성 및 해당 운영부서의 일반직원 수, 해당 관리자 (외국인)의 임금수준

　등을 고려하여 심사

▶ 원칙적으로 해당 기업의 본사 운영부서 관리자에 한함

▶ 대기업 종사 "관리자"에 대해서는 고용추천서 징구 면제('07.12.5. 규제개혁 장관회의 결정)

▶ 해당 직종별 고용추천기관을 적시한 경우는 대기업이 아닌 중소기업 종사 "관리자"에 한해 징구

　가능함을 유의

　　※ 대기업 및 중소기업 구별기준은 「중소기업기본법 시행령」제3조 및 별표 1 참조

6) 문화예술·디자인 및 영상관련 관리자(1340)

○ (직종설명) 신문사, 방송사, 영화사 및 출판사, 디자인, 영상관련 분야 기관의 운영을 기획,

　지휘 및 조정하는 자

○ (도입 가능직업 예시) 문화 및 예술관련 관리자, 디자인관련 관리자, 영상관련 관리자, 신문사방송

　사영화사 운영부서 관리자 (TV 편성국장, 라디오방송 운영자, 신문사 편집국장 등)

○ (고용추천서 발급) 중소벤처기업부장관(중소벤처기업진흥공단)

○ (자격요건, 사증발급 및 체류관리 등) 일반 기준 적용

관리자(직종코드 1212 내지 1522)에 대한 공통 심사기준

▸ 해당 기업의 운영부서 현황, 독립성 및 해당 운영부서의 일반직원 수, 해당 관리자 (외국인)의 임금수준 등을 고려하여 심사

▸ 원칙적으로 해당 기업의 본사 운영부서 관리자에 한함

▸ 대기업 종사 "관리자"에 대해서는 고용추천서 징구 면제('07.12.5. 규제개혁 장관회의 결정)

▸ 해당 직종별 고용추천기관을 적시한 경우는 대기업이 아닌 중소기업 종사 "관리자"에 한해 징구 가능함을 유의

   ※ 대기업 및 중소기업 구별기준은 「중소기업기본법 시행령」 제3조 및 별표 1 참조

7) 정보통신 관련 관리자(1350)

  ○ (직종설명) 정보통신 또는 전산 부서의 종사자들을 지휘·감독하고 경영주 또는 기술진의 특정한 정보 요구사항을 검토하여 프로젝트의 성격을 규정하고, 새로운 프로그램 검증과 운영체제를 도입하기 위하여 컴퓨터 운영 계획 및 전산장비의 구입에 관한 사항을 협의하고 조정하는 자

  ○ (도입 가능직업 예시) 하드웨어회사 관리자, 하드웨어 개발부서 관리자, 소프트웨어회사 관리자, 소프트웨어 개발부서 관리자, 정보처리회사 관리자, 정보 운영부서 관리자, 통신업 운영부서 관리자, 통신회사 영업부서 관리자

  ○ (고용추천서 발급) 산업통상자원부장관(KOTRA)/중소벤처기업부장관(중소벤처기업진흥공단)

  ○ (자격요건, 사증발급 및 체류관리 등) 일반 기준 적용

관리자(직종코드 1212 내지 1522)에 대한 공통 심사기준

▸ 해당 기업의 운영부서 현황, 독립성 및 해당 운영부서의 일반직원 수, 해당 관리자 (외국인)의 임금수준 등을 고려하여 심사

▸ 원칙적으로 해당 기업의 본사 운영부서 관리자에 한함

▸ 대기업 종사 "관리자"에 대해서는 고용추천서 징구 면제('07.12.5. 규제개혁 장관회의 결정)

▸ 해당 직종별 고용추천기관을 적시한 경우는 대기업이 아닌 중소기업 종사 "관리자"에 한해 징구 가능함을 유의

   ※ 대기업 및 중소기업 구별기준은 「중소기업기본법 시행령」 제3조 및 별표 1 참조

8) 기타 전문 서비스 관리자(1390)

  ○ (직종설명) 시장 및 여론조사, 해외고급인력 헤드헌팅 등과 같은 전문서비스를 제공하는 사업체의 운영을 계획, 조직, 지시하며 관리하는 자

  ○ (도입 가능직업 예시) 시장 및 여론조사 관리자, 해외고급인력 헤드헌팅 서비스 관리자

  ○ (자격요건, 사증발급 및 체류관리 등) 일반 기준 적용

> **관리자(직종코드 1212 내지 1522)에 대한 공통 심사기준**
>
> ▸ 해당 기업의 운영부서 현황, 독립성 및 해당 운영부서의 일반직원 수, 해당 관리자 (외국인)의 임금수준 등을 고려하여 심사
> ▸ 원칙적으로 해당 기업의 본사 운영부서 관리자에 한함
> ▸ 대기업 종사 "관리자"에 대해서는 고용추천서 징구 면제('07.12.5. 규제개혁 장관회의 결정)
> ▸ 해당 직종별 고용추천기관을 적시한 경우는 대기업이 아닌 중소기업 종사 "관리자"에 한해 징구 가능함을 유의
>
> ※ 대기업 및 중소기업 구별기준은 「중소기업기본법 시행령」 제3조 및 별표 1 참조

9) 건설 및 광업관련 관리자(1411)

○ (직종설명) 지반조성 및 관련 발파, 시굴 및 굴착, 정지 등의 토공사, 건설용지에 각종 건물 및 구축물을 신축·증축·개축·수리 및 보수·해체 등과 관련된 활동을 기획, 지휘 및 조정하는 자와 석탄, 석유, 천연가스, 금속·비금속광물 채굴 및 채취 등과 관련된 활동을 기획, 지휘 및 조정하는 자

○ (도입 가능직업 예시) 건설업 건설부서 관리자, 광업 생산부서 관리자

○ (고용추천서 발급) 건설업 건설부서 관리자 : 국토교통부장관(건설산업과)

○ (자격요건, 사증발급 및 체류관리 등) 일반 기준 적용

> **관리자(직종코드 1212 내지 1522)에 대한 공통 심사기준**
>
> ▸ 해당 기업의 운영부서 현황, 독립성 및 해당 운영부서의 일반직원 수, 해당 관리자 (외국인)의 임금수준 등을 고려하여 심사
> ▸ 원칙적으로 해당 기업의 본사 운영부서 관리자에 한함
> ▸ 대기업 종사 "관리자"에 대해서는 고용추천서 징구 면제('07.12.5. 규제개혁 장관회의 결정)
> ▸ 해당 직종별 고용추천기관을 적시한 경우는 대기업이 아닌 중소기업 종사 "관리자"에 한해 징구 가능함을 유의
>
> ※ 대기업 및 중소기업 구별기준은 「중소기업기본법 시행령」 제3조 및 별표 1 참조

10) 제품생산 관련 관리자(1413)

○ (직종설명) 식품, 섬유 및 의복, 화학, 금속, 기계, 전기·전자 제품 등의 생산관리 및 제품수리, 기술과 관련한 사업체 및 부서의 운영을 기획, 지휘 및 조정하는 자

○ (도입 가능직업 예시) 식품 공장장, 식품생산 공정 관리자, 식품 생산계획 관리자, 섬유·의복 공장장, 섬유·의복 생산 공정 관리자, 섬유·의복 생산계획 관리자, 화학제품 공장장, 화학제품 생산 공정 관리자, 화학제품 생산계획 관리자, 금속제품 공장장, 금속제품 생산 공정 관리자,

금속제품 생산계획 관리자, 기계제품 공장장, 기계제품 생산 공정 관리자, 기계제품 생산계획 관리자, 전기제품 공장장, 전기제품 생산 공정 관리자, 전기제품 생산계획 관리자, 국내복귀기업의 생산관리자

○ (고용추천서 발급) 중소벤처기업부장관(중소벤처기업진흥공단)/식품분야 : 보건복지부장관(보건산업정책과)/국내복귀기업의 생산관리자(필수) : 산업통상자원부장관(KOTRA)

○ (자격요건, 사증발급 및 체류관리 등) 일반 기준 적용 (단, 국내복귀기업의 생산관리자는 별도 요건 적용)

○ (국내복귀기업 특례)

  – (자격요건) '해외진출기업의 국내복귀 지원에 관한 법률' 제7조에 따라 산업통상자원부장관이 지원대상 국내복귀기업으로 선정한 기업*

    * 지원대상 국내복귀기업 선정확인서(해외진출기업의 국내복귀 지원에 관한 법률 시행규칙 별지 제7호 서식)를 발급받은 기업

  – (생산관리자 자격요건) 국내복귀기업의 해외법인에 고용된 자 중 △관련 분야 학사 이상 학위 소지자는 6개월 △❶전문학사 소지자, ❷해당 직종 기술 자격증 또는 ❸관련 수상 경력, 관련 언론보도 또는 ❹코트라 현지 KBC직원의 경력확인을 받은 경력증명서가 있는 자는 2년 이상 국내 복귀기업 해외법인에서의 근무경력이 있어야 함

    * 단, KOTRA 현지 KBC직원이 주재하고 있지 않은 공관에서는 영사확인을 받은 경력증명서 제출

  – (업체당 고용허용인원 기준) 고용보험 가입 내국인 피보험자(3개월 평균) 수의 30%를 범위 내에서 허용인원으로 산정

○ (사증발급 및 체류관리 등) 일반 기준 적용

관리자(직종코드 1212 내지 1522)에 대한 공통 심사기준

▸ 해당 기업의 운영부서 현황, 독립성 및 해당 운영부서의 일반직원 수, 해당 관리자 (외국인)의 임금수준 등을 고려하여 심사

▸ 원칙적으로 해당 기업의 본사 운영부서 관리자에 한함

▸ 대기업 종사 "관리자"에 대해서는 고용추천서 징구 면제('07.12.5. 규제개혁 장관회의 결정)

▸ 해당 직종별 고용추천기관을 적시한 경우는 대기업이 아닌 중소기업 종사 "관리자"에 한해 징구 가능함을 유의

  ※ 대기업 및 중소기업 구별기준은 「중소기업기본법 시행령」 제3조 및 별표 1 참조

---

11) 농림·축산·어업 관련 관리자(14901)

○ (직종설명) 작물생산, 축산, 조경, 영림, 벌목 등 임업 등과 관련된 사업체의 생산 활동을 기획, 지휘 및 조정하는 자

○ (도입 가능직업 예시) 농림기업 관리자, 어업기업 관리자, 인증평가 관리자

○ (고용추천서 발급) 농림기업 관리자 : 농림축산식품부장관 (경영인력과)/어업기업 관리자 : 해양수산부장관(양식산업과)

○ (자격요건) 어업기업 및 인증평가 관리자는 학력 및 경력에 대해 일반 기준을 적용하고, 농림기업 관리자는 별도요건* 적용

　* 도입직종과 연관성이 있는 분야의 석사 이상 학위 소지 또는 도입직종과 연관성이 있는 분야의 학사 학위 + 3년 이상의 해당분야 경력

○ (사증발급 및 체류관리 등) 일반 기준 적용

관리자(직종코드 1212 내지 1522)에 대한 공통 심사기준

▶ 해당 기업의 운영부서 현황, 독립성 및 해당 운영부서의 일반직원 수, 해당 관리자 (외국인)의 임금수준 등을 고려하여 심사

▶ 원칙적으로 해당 기업의 본사 운영부서 관리자에 한함

▶ 대기업 종사 "관리자"에 대해서는 고용추천서 징구 면제('07.12.5. 규제개혁 장관회의 결정)

▶ 해당 직종별 고용추천기관을 적시한 경우는 대기업이 아닌 중소기업 종사 "관리자"에 한해 징구 가능함을 유의

　※ 대기업 및 중소기업 구별기준은 「중소기업기본법 시행령」 제3조 및 별표 1 참조

---

12) 영업 및 판매 관련 관리자(1511)

○ (직종설명) 도소매 사업체 및 일반 영업부서의 운영을 기획, 지휘하는 자와 전자통신 및 전산, 산업용기계, 자동차 분야 기술영업 부서의 활동을 기획, 지휘하는 일을 담당하는 기술영업 관리자, 무역 및 무역중개 업체의 운영을 기획, 지휘, 조정하는 자

○ (도입 가능직업 예시) 영업 관련 관리자, 판매 관련 관리자, 무역 관련 관리자
　※ 도입 불가 : 영업소장 등

○ (고용추천서 발급) IT분야 : 산업통상자원부장관(KOTRA)

○ (자격요건, 사증발급 및 체류관리 등) 일반 기준 적용

관리자(직종코드 1212 내지 1522)에 대한 공통 심사기준

▶ 해당 기업의 운영부서 현황, 독립성 및 해당 운영부서의 일반직원 수, 해당 관리자 (외국인)의 임금수준 등을 고려하여 심사

▶ 원칙적으로 해당 기업의 본사 운영부서 관리자에 한함

▶ 대기업 종사 "관리자"에 대해서는 고용추천서 징구 면제('07.12.5. 규제개혁 장관회의 결정)

▶ 해당 직종별 고용추천기관을 적시한 경우는 대기업이 아닌 중소기업 종사 "관리자"에 한해 징구 가능함을 유의

13) 운송관련 관리자(1512)

○ (직종설명) 국제 여객·화물 등의 수송사업체 및 기타 운수사업체의 운영을 기획, 지휘 및 조정하는 자

○ (도입 가능직업 예시) 선박회사 관리자, 선박운송부서 관리자, 항공회사 관리자, 항공운송부서 관리자, 선박관리업체 선박관리전문가, 선박운송업체 선박관리전문가

○ (고용추천서 발급) 선박관리업체 또는 선박운송업체의 선박관리 전문가(필수) : 해양수산부장관 (선원정책과)

○ (자격요건) 일반 기준 적용 단, 선박관리업체 또는 선박운송업체의 선박관리전문가는 별도 자격, 경력, 매출요건 적용

○ (선박관리전문가 특례)

  - (선박관리자 자격요건) 선장, 기관장, 1등 항해사·기관사로 승선경력자는 선박관리자 경력 1년 이상, 2등 또는 3등 항해사·기관사로 승선경력자는 선박관리자 경력 5년 이상

  - (선박관리업체 자격요건) 해양수산부 등록 + 최근 3년간 연평균 관리선박이 10척 이상 + 선원임금을 제외한 외화수입이 연간 100만불 이상이거나 선원임금을 제외한 연매출액이 10억 원 이상

  - (업체당 고용허용인원) 기본요건 (관리선박 10척 + 외화수입 100만불 + 매출액 10억원) 당 1명씩 (업체 당 최대 5명)

○ (사증발급 및 체류관리 등) 일반 기준 적용

관리자(직종코드 1212 내지 1522)에 대한 공통 심사기준

▸ 해당 기업의 운영부서 현황, 독립성 및 해당 운영부서의 일반직원 수, 해당 관리자 (외국인)의 임금수준 등을 고려하여 심사

▸ 원칙적으로 해당 기업의 본사 운영부서 관리자에 한함

▸ 대기업 종사 "관리자"에 대해서는 고용추천서 징구 면제('07.12.5. 규제개혁 장관회의 결정)

▸ 해당 직종별 고용추천기관을 적시한 경우는 대기업이 아닌 중소기업 종사 "관리자"에 한해 징구 가능함을 유의

　※ 대기업 및 중소기업 구별기준은 「중소기업기본법 시행령」 제3조 및 별표 1 참조

---

14) 숙박·여행·오락 및 스포츠 관련 관리자(1521)

○ (직종설명) 숙박 및 여행, 오락, 스포츠 관련 사업체나 부서의 운영을 기획, 지휘 및 조정하는 자

○ (도입 가능직업 예시) 호텔 관리자, 호텔 총지배인, 카지노 관리자, 여행업체(일반여행업,

국외여행업) 관리자, 관광레저사업체 (종합유원시설업, 휴양콘도미니엄업) 관리자, 경기장
운영부서 관리자 (골프장 등)

※ 도입 불가 : 여관 관리자

○ (고용추천서 발급) 여행업체 관리자(필수) 및 관광레저사업체 관리자(필수) : 문화체육관광부장
관(관광산업과)

○ (첨부서류) 일반 기준 적용 (단, 여행업체 관리자는 관광사업등록증 사본 추가)

○ (자격요건, 사증발급 및 체류관리 등) 일반 기준 적용

관리자(직종코드 1212 내지 1522)에 대한 공통 심사기준

▶ 해당 기업의 운영부서 현황, 독립성 및 해당 운영부서의 일반직원 수, 해당 관리자 (외국인)의 임금수준
등을 고려하여 심사

▶ 원칙적으로 해당 기업의 본사 운영부서 관리자에 한함

▶ 대기업 종사 "관리자"에 대해서는 고용추천서 징구 면제('07.12.5. 규제개혁 장관회의 결정)

▶ 해당 직종별 고용추천기관을 적시한 경우는 대기업이 아닌 중소기업 종사 "관리자"에 한해 징구
가능함을 유의

※ 대기업 및 중소기업 구별기준은 「중소기업기본법 시행령」 제3조 및 별표 1 참조

---

15) 음식 서비스 관련 관리자(1522)

○ (직종설명) 음식점 등에서 음식 및 음료서비스 운영을 기획, 지휘 및 조정하는 자

○ (도입 가능직업 예시) 음식서비스업체 관리자

○ (자격요건, 사증발급 및 체류관리 등) 일반 기준 적용

○ (고용업체 요건) 전국에 10개 이상의 지점 또는 프렌차이즈 운영

관리자(직종코드 1212 내지 1522)에 대한 공통 심사기준

▶ 해당 기업의 운영부서 현황, 독립성 및 해당 운영부서의 일반직원 수, 해당 관리자 (외국인)의 임금수준
등을 고려하여 심사

▶ 원칙적으로 해당 기업의 본사 운영부서 관리자에 한함

▶ 대기업 종사 "관리자"에 대해서는 고용추천서 징구 면제('07.12.5. 규제개혁 장관회의 결정)

▶ 해당 직종별 고용추천기관을 적시한 경우는 대기업이 아닌 중소기업 종사 "관리자"에 한해 징구
가능함을 유의

※ 대기업 및 중소기업 구별기준은 「중소기업기본법 시행령」 제3조 및 별표 1 참조

나. 전문가 및 관련 종사자 (52개 직종)

1) 생명과학 전문가(2111)

○ (직종설명) 생물학, 의약, 식품, 농업, 임업 등 생명과학 분야의 이론과 응용에 관한 연구를 수행하는 자로, 생명과학 관련 사업체, 식품제조업체, 제약회사, 화장품 회사, 의료기기 제조업체 등에서 일하는 자

○ (도입 가능직업 예시) 생물학(식물학, 생태학, 세균학, 유전학)·의학(해부학, 생화학, 생리학, 생물리학, 병리학)·약학(독극물 약학)·농학(농경학, 농작물학, 원예학)·임학(임상공학, 산림학, 토양학)·수산학(담수 생물학, 해양 생물학)·식품학·향장학·의공학·축산학(동물학) 전문가

○ (고용추천서 발급) 생물학 : 산업통상자원부장관(KOTRA) /의학, 약학, 식품학, 향장학, 의공학 : 보건복지부장관(보건산업정책과) /농학, 임학, 축산학 : 농림축산식품부장관(경영인력과) /수산학 : 해양수산부장관(양식산업과) / 국내복귀기업의 생명과학 전문가(필수) KOTRA

○ (자격요건) 일반 기준 적용, 단 농학·임학·축산학 분야 전문가는 별도요건 적용

○ (사증발급 및 체류관리 등) 일반기준 적용(단, 국내복귀기업의 생산관리자는 별도 요건 적용)

○ (국내복귀기업 특례)

  – (자격요건) '해외진출기업의 국내복귀 지원에 관한 법률' 제7조에 따라 산업통상자원부장관이 지원대상 국내복귀기업으로 선정한 기업*

    * 지원대상 국내복귀기업 선정확인서(해외진출기업의 국내복귀 지원에 관한 법률 시행규칙 별지 제7호 서식)를 발급받은 기업

  – (생명과학 전문가 자격요건) 국내복귀기업의 해외법인에 고용된 자 중 △관련 분야 학사 이상 학위 소지자는 6개월 △ ❶ 전문학사 소지자, ❷ 해당 직종 기술 자격증 또는 ❸ 관련 수상 경력, 관련 언론보도 또는 ❹ 코트라 현지 KBC직원의 경력확인을 받은 경력증명서가 있는 자는 2년 이상 국내 복귀기업 해외법인에서의 근무경력이 있어야 함

    * 단, KOTRA 현지 KBC직원이 주재하고 있지 않은 공관에서는 영사확인을 받은 경력증명서 제출

  – (업체당 고용허용인원 기준) 고용보험 가입 내국인 피보험자(3개월 평균) 수의 30%를 범위 내에서 허용인원으로 산정

○ (사증발급 및 체류관리 등) 일반 기준 적용

2) 자연과학 전문가(2112)

○ (직종설명) 자연과학 분야의 이론과 응용에 관한 연구를 수행하는 자로, 자연과학 관련 사업체 등에서 일하는 자

○ (도입 가능직업 예시) 순수 수학·응용 수학·기하학·인구 통계학·응용 통계학·수리 통계학·조사 통계학·분석 통계학·통계학·표본·해양과학 측지학·지구 자기학·지형학·화산학·지구 물리학·지진학 전문가

○ (고용추천서 발급) 중소벤처기업부장관(중소벤처기업진흥공단) : 중소기업에 한함

○ (자격요건, 사증발급 및 체류관리 등) 일반 기준 적용

3) 사회과학 연구원(2122)

○ (직종설명) 경제학 등의 관련 지식을 응용하여 사회과학을 연구하여 그에 대한 개념, 이론 및 운영기법을 개선, 개발하고 학술적 논문 및 보고서를 작성하는 자로, 관련 사업체 및 연구기관 등에서 일하는 자

○ (도입 가능직업 예시) 계량경제학·조세경제학·노동경제학·금융경제학·농업경제학·재정학·산업사회학 연구원

○ (자격요건, 사증발급 및 체류관리 등) 일반 기준 적용

4) 컴퓨터 하드웨어 기술자(2211)

○ (직종설명) 가정, 산업, 군사 또는 과학용 컴퓨터나 컴퓨터 관련 장비를 연구, 설계, 개발하고 시험하는 자로, 컴퓨터와 컴퓨터 관련 장비 및 구성요소에 대한 제조, 설치를 감독하고 검사하며, 컴퓨터 제조업체 및 관련 사업체 등 다양한 부문에 고용된 자

○ (도입 가능직업 예시) 컴퓨터 하드웨어 설계 기술자, 컴퓨터 기기 기술자, 컴퓨터 네트워크장비 개발자, 컴퓨터 제어시스템 개발원, 기록장치 개발원(자기 광자기 등), 디스크 드라이브 개발원, 하드 디스크 개발원, 컴퓨터 메인보드 개발원, 콘트롤러 개발원, 입·출력장치 개발원

○ (고용추천서 발급) 산업통상자원부장관(KOTRA), 중소벤처기업부장관(중소벤처기업진흥공단) : 중소기업에 한함 / 국내복귀기업의 컴퓨터 하드웨어 기술자(필수) KOTRA

○ (자격요건, 사증발급 및 체류관리 등) 일반 기준 적용(단, 국내복귀기업의 컴퓨터 하드웨어 기술자는 별도 요건 적용)

○ (국내복귀기업 특례)

– (자격요건) '해외진출기업의 국내복귀 지원에 관한 법률' 제7조에 따라 산업통상자원부장관이 지원대상 국내복귀기업으로 선정한 기업*

* 지원대상 국내복귀기업 선정확인서(해외진출기업의 국내복귀 지원에 관한 법률 시행규칙 별지 제7호 서식)를 발급받은 기업

– (컴퓨터 하드웨어 기술자 자격요건) 국내복귀기업의 해외법인에 고용된 자 중 △관련 분야 학사 이상 학위 소지자는 6개월 △❶전문학사 소지자, ❷해당 직종 기술 자격증 또는 ❸관련 수상 경력, 관련 언론보도 또는 ❹코트라 현지 KBC직원의 경력확인을 받은 경력증명서가 있는 자는 2년 이상 국내 복귀기업 해외법인에서의 근무경력이 있어야 함

* 단, KOTRA 현지 KBC직원이 주재하고 있지 않은 공관에서는 영사확인을 받은 경력증명서 제출

– (업체당 고용허용인원 기준) 고용보험 가입 내국인 피보험자(3개월 평균) 수의 30%를

범위 내에서 허용인원으로 산정

5) 통신공학 기술자(2212)

○ (직종설명) 유무선 통신망의 설계, 시공, 보전 및 음성, 데이터, 방송에 관계되는 통신방식, 프로토콜, 기기와 설비에 관한 연구와 설계, 분석, 시험 및 운영하며, 통신시스템의 설계, 제작, 설치, 보수, 유지 및 관리업무를 계획하고 이에 관한 기술자문과 감리를 수행하는 자

○ (도입 가능직업 예시) 핸드폰회로 개발원, 무선전화기 개발원, 모뎀개발 설계 기술자, 디지털수신기 개발원, 인터폰 및 전화기 개발자, DMB폰 개발자, DMB수신기 개발자, ADSL장비 개발자, HFC망 운영 기술자, VMS장비 운용원, SMS장비 운용원, 유무선통신망운용 기술자, 무선통신망 관리원, 인터넷통신망운영 기술자, 회선 관리원, 통신공사 감리원, 교환기 개발자, 무선중계장치 개발 설계기술자, 광단국장치개발 설계 기술자, 통신응용서비스장비 개발자, VMS장비 개발자, CDMA기술연구 개발자, RF통신연구 개발자, 무선데이터망 개발자, 유선통신망 기획원, 통신지능망연구 개발자, 통신선로 설계 기술자, 네트워크통신기기개발 설계 기술자, 인공위성TV수신기개발설계 기술자, 유무선통신 기기개발설계 기술자, 광통신기기 설계 개발자, 교환기개발 설계 기술자, 문자서비스 장비 운용원, 디지털방송 장비 개발자, 전송기 개발자, 통신망 설계 기술자

○ (고용추천서 발급) 산업통상자원부장관(KOTRA), 중소벤처기업부장관(중소벤처기업진흥공단) : 중소기업에 한함

○ (자격요건, 사증발급 및 체류관리 등) 일반 기준 적용

6) 컴퓨터 시스템 설계 및 분석가(2221)

○ (직종설명) 컴퓨터 시스템의 입력 및 출력자료의 형식, 자료처리 절차와 논리, 자료접근 방법 및 데이터베이스의 특징과 형식 등 컴퓨터 시스템의 전반요소들을 구체적으로 결정 및 설계하고 분석하는 자

○ (도입 가능직업 예시) 정보시스템 컨설턴트, 네트워크 컨설턴트, 데이터베이스 컨설턴트, 정보보안 컨설턴트, 컴퓨터 시스템 감리전문가, 컴퓨터 시스템 설계가, 컴퓨터 시스템 분석가

○ (고용추천서 발급) 산업통상자원부장관(KOTRA), 중소벤처기업부장관(중소벤처기업진흥공단) : 중소기업에 한함

○ (자격요건, 사증발급 및 체류관리 등) 일반 기준 적용

7) 시스템 소프트웨어 개발자(2222)

○ (직종설명) 컴퓨터 시스템의 자체기능 수행명령체계인 시스템 소프트웨어를 연구 및 개발하고 설계하며, 이와 관련한 프로그램을 작성하는 업무를 수행하는 자

○ (도입 가능직업 예시) EMBEDED프로그램 개발자, 리눅스 개발자, MICOM제어 기술자, 운영체

계소프트웨어 개발자, FIRMWARE 개발자

○ (고용추천서 발급) 산업통상자원부장관(KOTRA), 중소벤처기업부장관(중소벤처기업진흥공단) : 중소기업에 한함

○ (자격요건, 사증발급 및 체류관리 등) 일반 기준 적용

8) 응용 소프트웨어 개발자(2223)

○ (직종설명) 기업이나 개인 등이 사용할 수 있는 워드프로세서, 회계 관리, 데이터베이스, 통계처리, 문서결재 프로그램 등 각종 소프트웨어를 개발하고 컴퓨터시스템의 사용 환경에 따라 소프트웨어의 환경을 변경하는 자

○ (도입 가능직업 예시) 자료관리 응용 프로그래머, 재무관리 응용 프로그래머, 정보처리 응용 프로그래머, 게임 프로그래머, 온라인 게임 프로그래머, 프로토콜 개발자, 네트워크 프로그래머

○ (고용추천서 발급) 산업통상자원부장관(KOTRA), 중소벤처기업부장관(중소벤처기업진흥공단) : 중소기업에 한함

○ (자격요건, 사증발급 및 체류관리 등) 일반 기준 적용

9) 웹 개발자(2224 舊2228)

○ (직종설명) 웹 서버 구축 및 운영에 대한 기술적인 책임을 지며 웹의 신기술을 습득하고 적용하며, 시험하는 업무를 수행하는 자

○ (도입 가능직업 예시) 웹 엔지니어, 웹 프로그래머, 웹 마스터

○ (고용추천서 발급) 산업통상자원부장관(KOTRA), 중소벤처기업부장관(중소벤처기업진흥공단) : 중소기업에 한함

○ (자격요건, 사증발급 및 체류관리 등) 일반 기준 적용, 단 국민고용 20% 규정 적용

10) 데이터 전문가(2231)

○ (직종설명) 수집 자료의 효용성, 안정성 등을 확보하기 위하여 데이터베이스를 설계·개선하고, 데이터베이스를 구축할 업무를 파악하여 데이터 물리구조를 설계하고 크기를 산정하여 최적화 배치를 하며, 데이터베이스, 온라인 성능의 추이를 분석하고 소프트웨어를 변경하거나 운영을 통제하는 자

○ (도입 가능직업 예시) 데이터 베이스 전문가, 데이터 베이스 설계가, 데이터 베이스 매니저, 데이터 베이스 프로그래머, 데이터 베이스 관리자

○ (고용추천서 발급) 산업통상자원부장관(KOTRA), 중소벤처기업부장관(중소벤처기업진흥공단) : 중소기업에 한함

○ (자격요건, 사증발급 및 체류관리 등) 일반 기준 적용

11) 네트워크 시스템 개발자(2232)

- ○ (직종설명) 소프트웨어, 하드웨어 및 네트워크 장비에 관한 지식을 이용하여 네트워크를 개발, 기획하고 설계 및 시험 등의 업무를 수행하는 자
- ○ (도입 가능직업 예시) 네트워크엔지니어, VAN기술자, 네트워크시스템 분석가, WAN기술자, 인트라넷 기술자, 네트워크서버구축운영 기술자, LAN 기술자
- ○ (고용추천서 발급) 산업통상자원부장관(KOTRA), 중소벤처기업부장관(중소벤처기업진흥공단) : 중소기업에 한함
- ○ (자격요건, 사증발급 및 체류관리 등) 일반 기준 적용

12) 정보 보안 전문가(2233)

- ○ (직종설명) 해커의 해킹으로부터 온라인, 오프라인 상의 보안을 유지하기 위하여 필요한 보안프로그램을 개발하고, 보안 상태를 점검하며 보안을 위한 다각적인 해결책을 제시하는 자
- ○ (도입 가능직업 예시) 인터넷보안 전문가, 정보보안 연구원
- ○ (고용추천서 발급) 산업통상자원부장관(KOTRA), 중소벤처기업부장관(중소벤처기업진흥공단) : 중소기업에 한함
- ○ (자격요건, 사증발급 및 체류관리 등) 일반 기준 적용

13) 건축가 (2311)

- ○ (직종설명) 주거용, 상업 및 공업용 건물 등에 관하여 연구하고 이들을 설계하며, 건설, 유지 및 보수를 기획하는 자. 또한 건축의 실내에 대한 연구 및 유지·보수를 기획하고 설계하며, 시공에 관한 전반적인 감독을 하는 자
- ○ (도입 가능직업 예시) 건물건축가, 건축사
- ○ (고용추천서 발급) 국토교통부 장관(건설산업과)
- ○ (자격요건, 사증발급 및 체류관리 등) 일반 기준 적용

14) 건축공학 기술자(2312)

- ○ (직종설명) 상업용, 공공시설 및 주거용 빌딩의 건설 및 수리를 위한 설계를 개념화하고 계획하며 개발하는 자
- ○ (도입 가능직업 예시) 건물구조 기술자, 건축감리 기술자, 건축시공 기술자, 건축설비 기술자, 건축안전 기술자, 건축 기술자
- ○ (자격요건, 사증발급 및 체류관리 등) 일반 기준 적용

15) 토목공학 전문가(2313)

- ○ (직종설명) 도로, 공항, 철도, 고속도로, 교량, 댐, 건축물, 항구 및 해안 시설물 등 다양한

구조물의 건설 사업을 계획, 설계, 관리하는 자

○ (도입 가능직업 예시) 건물건설 토목기술자, 구조물 토목기술자, 도로건설 토목기술자, 공항만 건설 토목기술자

○ (고용추천서 발급) 국토교통부장관(건설산업과)

○ (자격요건, 사증발급 및 체류관리 등) 일반 기준 적용

16) 조경 기술자(2314)

○ (직종설명) 조경 설계를 계획하고 상업용 프로젝트, 오피스단지, 공원, 골프코스 및 주택지 개발을 위한 조경건설을 검토하는 자

○ (도입 가능직업 예시) 조경설계사, 조경시설물 설계사

○ (고용추천서 발급) 국토교통부장관(건설산업과)

○ (자격요건, 사증발급 및 체류관리 등) 일반 기준 적용

17) 도시 및 교통설계 전문가(2315)

○ (직종설명) 토지의 활용, 물리적 시설을 관리하고 도시 및 전원지역, 지방을 위한 관련 서비스에 대해 계획을 세우고 정책을 권고하는 자와 교통시설물 계획, 설계 및 운영을 위해 과학적인 원리와 기술을 적용하고 교통의 양, 속도, 신호의 효율성, 신호등 체계의 적절성 및 기타 교통상태에 영향을 미치는 요인에 대한 연구를 수행하는 자

○ (도입 가능직업 예시) 도시설계가, 교통기술자, 교통안전시설물 설계가, 교통신호설계 및 분석전문가

○ (고용추천서 발급) 국토교통부장관(건설산업과)

○ (자격요건, 사증발급 및 체류관리 등) 일반 기준 적용

18) 화학공학 기술자(2321)

○ (직종설명) 화학공정 및 장비를 연구, 설계, 개발하며 산업화학, 플라스틱, 제약, 자원, 펄프 및 식품가공 플랜트의 운영 및 유지 관리를 감독하는 자

○ (도입 가능직업 예시) 석유화학 기술자, 가솔린 기술자, 천연가스화학 기술자, 천연가스 생산분배 기술자, 음식료품 기술자, 양조생산 기술자, 고무화학 기술자, 플라스틱화학 기술자, 타이어생산 기술자, 농약 기술자, 비료 기술자, 도료 기술자, 의약품 기술자, 화장품 기술자

○ (고용추천서 발급) 산업통상자원부장관(KOTRA), 중소벤처기업부장관(중소벤처기업진흥공단) : 중소기업에 한함

○ (자격요건, 사증발급 및 체류관리 등) 일반 기준 적용

19) 금속·재료공학 기술자(2331)

○ (직종설명) 금속과 합금의 특성을 연구하고 새로운 합금을 개발하며 현장에서 금속추출의 기술적인 분야, 합금제조 및 가공에 관하여 기획, 지휘하거나 세라믹, 유리, 시멘트 등의 연구 개발에 종사하며 제조 공정을 지휘·감독하는 자

○ (도입 가능직업 예시) 금속 기술자, 금속물리 기술자, 금속분석 기술자, 금속표면처리 기술자, 금속도금 기술자, 금속탐상 기술자, 요업·세라믹 공학 기술자

○ (고용추천서 발급) 산업통상자원부장관(KOTRA), 중소벤처기업부장관(중소벤처기업진흥공단) : 중소기업에 한함

○ (자격요건, 사증발급 및 체류관리 등) 일반 기준 적용

20) 전기공학 기술자(2341)

○ (직종설명) 전기 장비, 부품 또는 상업, 산업, 군사, 과학용 전기시스템을 설계, 개발, 시험하거나 제조 및 설비·설치를 감독하는 자

○ (도입 가능직업 예시) 전기제품 개발 기술자, 발전설비 설계 기술자, 송배전설비 기술자, 전기제어계측 기술자

○ (국민고용 보호 심사기준) 비적용 대상

○ (고용추천서 발급) 산업통상자원부장관(KOTRA), 중소벤처기업부장관(중소벤처기업진흥공단) : 중소기업에 한함 / 국내복귀기업의 전기공학 기술자(필수) KOTRA

○ (자격요건, 사증발급 및 체류관리 등) 일반 기준 적용(단, 국내복귀기업의 전기공학 기술자는 별도 요건 적용)

○ (국내복귀기업 특례)

　　– (자격요건) '해외진출기업의 국내복귀 지원에 관한 법률' 제7조에 따라 산업통상자원부장관이 지원대상 국내복귀기업으로 선정한 기업*

　　　　* 지원대상 국내복귀기업 선정확인서(해외진출기업의 국내복귀 지원에 관한 법률 시행규칙 별지 제7호 서식)를 발급받은 기업

　　– (전기공학 기술자 자격요건) 국내복귀기업의 해외법인에 고용된 자 중 △관련 분야 학사 이상 학위 소지자는 6개월 △ ❶ 전문학사 소지자, ❷ 해당 직종 기술 자격증 또는 ❸ 관련 수상 경력, 관련 언론보도 또는 ❹ 코트라 현지 KBC직원의 경력확인을 받은 경력증명서가 있는 자는 2년 이상 국내 복귀기업 해외법인에서의 근무경력이 있어야 함

　　　　* 단, KOTRA 현지 KBC직원이 주재하고 있지 않은 공관에서는 영사확인을 받은 경력증명서 제출

　　– (업체당 고용허용인원 기준) 고용보험 가입 내국인 피보험자(3개월 평균) 수의 30%를 범위 내에서 허용인원으로 산정

21) 전자공학 기술자(2342)

○ (직종설명) 전자이론과 재료속성에 관한 지식을 활용하여 상업, 산업, 군사용이나 과학용 전자부품 및 시스템을 연구, 설계, 개발하며 시험하고, 항공우주선유도, 추진제어, 계측기, 제어기와 같은 전자회로 및 부품을 설계하는 자

○ (도입 가능직업 예시) 전자장비 기술자, 전자공학 기술자, 반도체 공정기술자, 반도체 공정장비 기술자, 반도체 소자기술자, 공장자동화 설계 기술자, 메카트로닉스개발 기술자, 카일렉트로닉스개발 기술자, 생산자동화공정 개발자, 빌딩자동화설계 기술자, 전자제어 프로그래머, FA설계 기술자, 전자제어계측 기술자, 초음파의료기기 개발자, 뇌파기 개발자, 심전도기 개발자, 마취기 개발자, 심장세동제거기 개발자, 투석기 개발자, MRI 개발자, CT 스캐너 개발자

○ (고용추천서 발급) 산업통상자원부장관(KOTRA), 중소벤처기업부장관(중소벤처기업진흥공단) : 중소기업에 한함 / 국내복귀기업의 전자공학 기술자(필수) KOTRA

○ (자격요건, 사증발급 및 체류관리 등) 일반 기준 적용(단, 국내복귀기업의 전자공학 기술자는 별도 요건 적용)

○ (국내복귀기업 특례)

  – (자격요건) '해외진출기업의 국내복귀 지원에 관한 법률' 제7조에 따라 산업통상자원부장관이 지원대상 국내복귀기업으로 선정한 기업*

    * 지원대상 국내복귀기업 선정확인서(해외진출기업의 국내복귀 지원에 관한 법률 시행규칙 별지 제7호 서식)를 발급받은 기업

  – (전자공학 기술자 자격요건) 국내복귀기업의 해외법인에 고용된 자 중 △관련 분야 학사 이상 학위 소지자는 6개월 △ ❶ 전문학사 소지자, ❷ 해당 직종 기술 자격증 또는 ❸ 관련 수상 경력, 관련 언론보도 또는 ❹ 코트라 현지 KBC직원의 경력확인을 받은 경력증명서가 있는 자는 2년 이상 국내 복귀기업 해외법인에서의 근무경력이 있어야 함

    * 단, KOTRA 현지 KBC직원이 주재하고 있지 않은 공관에서는 영사확인을 받은 경력증명서 제출

  – (업체당 고용허용인원 기준) 고용보험 가입 내국인 피보험자(3개월 평균) 수의 30%를 범위 내에서 허용인원으로 산정

22) 기계공학 기술자(2351)

○ (직종설명) 난방, 환기, 공기정화, 발전, 운송 및 생산을 위한 기계장치와 시스템을 연구, 설계, 개발하고, 기계시스템의 평가, 설치, 운영 및 유지관리와 관련된 업무를 수행하는 자

○ (도입 가능직업 예시) 프레스금형 설계기술자, 플라스틱금형 설계기술자, 주조금형 설계기술자, 사출금형 설계기술자, 난방기기 기술자, 공기조절장치 기술자, 환기장치 기술자, 환풍기계 기술자, 냉동기계 기술자, 열교환기 설계원, 클린룸공조설비 설계기술자, GHP 개발자, 열교환기 개발자, 공기정화 설계기술자, 건설기계(설계) 기술자, 토공용건설기계설계개발 기술자, 도로포장용건설기계설계개발 기술자, 운반용건설기계설계개발 기술자, 쇄석기·천공기·항타 및

항발기 설계개발기술자, 농업용기계(설계) 공학 기술자, 광업용기계(설계) 공학 기술자, 섬유기계(설계) 공학 기술자, 식품기계(설계) 공학 기술자, 공작기계(설계) 공학 기술자, 유압기계(설계) 공학 기술자, 산업용 로봇 설계 기술자

○ (고용추천서 발급) 제도 남용에 따라 고용추천서 발급 제도 폐지

○ (자격요건) 일반 기준 적용

　－ 단, 국내 E-9 자격으로 체류하였던 자가 5년 이상 경력요건으로 신청시에는 학사학위 이상일 것

○ (국민고용 보호 심사기준) 적용 대상

　－ (고용업체 요건 등) 국민고용 보호를 위한 심사기준을 준용하되 상시근로자 수가 10인 이하인 경우 고용 제한

　－ (고용허용인원) 업체당 최대 2명

○ (사증발급 및 체류관리 등) 일반기준 적용. 단, 기간연장 등 요건은 아래 사항 적용

　－ (기간연장) 체류기간 연장 심사 시 전년도 급여기록을 확인하여 임금요건, 업체요건 등을 미충족시 체류허가 등 제한

　• 요건미비 외국인에 대해서는 연장허가 기간 단축 부여 또는 체류허가 제한

　• 제출된 고용계약서에 따라 임금을 지급하지 않고 이를 위반남용한 해당 기업에 대해서는 신규 초청 제한

　－ (근무처변경) 근무처 변경 및 추가 제한. 단, 휴폐업 및 경영악화 등에 따른 근무처 변경 시에만 예외적으로 허용(국적 불문)

　－ (구직자격 변경) E-7(기계공학기술자, 제도사)자격을 가진 사람이 구직자격 변경을 신청한 경우 불체다발 21개국 국민은 3개월 + 3개월로 허용, 이외 국가는 구직(D-10)자격 규정대로 처리

　－ 상기 해당자가 구직자격에서 새로운 근무처를 찾은 경우에는 출국 후 사증발급인정서를 통해 재입국하는 것을 원칙으로 함(국적 불문)

23) 플랜트공학 기술자(23512)

○ (직종설명) 공장 및 대규모 설비의 건설을 위한 수주, 설계, 시공, 감리 등의 업무에 종사하는 자

○ (도입 가능직업 예시) 산업설비플랜트 설계 기술자, 발전설비플랜트 설계 기술자, 환경설비플랜트 설계 기술자, 자동화설비플랜트 설계 기술자, 산업설비 설계 기술자, 오수처리시설 설계 기술자, 화학플랜트 설계 기술자, 화공장치플랜트공학 기술자, 수처리시스템플랜트 설계 기술자 선박분야 특수(보온, 보냉기술 등) 설비 기술자

○ (고용추천서 발급) 건설업 : 국토교통부장관(건설산업과)/건설업 외 직종 : 산업통상자원부장관 (KOTRA) 특수 설비 및 제작 기술자(필수, 산업통상자원부장관 ; 해양플랜트과) / 국내복귀기업의 플랜트공학 기술자(필수) KOTRA

○ (자격요건, 사증발급 및 체류관리 등) 일반 기준 적용(단, 국내복귀기업의 플랜트공학 기술자는

별도 요건 적용)

○ (국내복귀기업 특례)

　－ (자격요건) '해외진출기업의 국내복귀 지원에 관한 법률' 제7조에 따라 산업통상자원부장관이
　　 지원대상 국내복귀기업으로 선정한 기업*

　　 * 지원대상 국내복귀기업 선정확인서(해외진출기업의 국내복귀 지원에 관한 법률 시행규칙
　　　 별지 제7호 서식)를 발급받은 기업

　－ (플랜트공학 기술자 자격요건) 국내복귀기업의 해외법인에 고용된 자 중 △관련 분야 학사
　　 이상 학위 소지자는 6개월 △ ❶ 전문학사 소지자, ❷ 해당 직종 기술 자격증 또는 ❸ 관련
　　 수상 경력, 관련 언론보도 또는 ❹ 코트라 현지 KBC직원의 경력확인을 받은 경력증명서가
　　 있는 자는 2년 이상 국내 복귀기업 해외법인에서의 근무경력이 있어야 함

　　 * 단, KOTRA 현지 KBC직원이 주재하고 있지 않은 공관에서는 영사확인을 받은 경력증명서
　　　 제출

　－ (업체당 고용허용인원 기준) 고용보험 가입 내국인 피보험자(3개월 평균) 수의　30%를
　　 범위 내에서 허용인원으로 산정

24) 로봇공학 전문가 (2352)

○ (직종설명) 산업용 로봇을 가동시키기 위하여 특별기능에 따라 프로그램을 작성, 운영, 통제하는
　 로봇 기술을 연구 개발하는 자.

　－ 원자력 설비 및 장비, 정밀기구, 카메라 및 영사기, 기계적 기능의 의료장비를 연구하고
　　 설계, 제조 또는 유지를 기획 지위하는 분야도 포함

○ (도입 가능직업 예시) 로봇공학 시험원. 단, 산업용로봇 조작원(85302)는 제외

○ (고용추천서 발급) 해당사항 없음 / 국내복귀기업의 로봇공학 전문가(필수) KOTRA

○ (자격요건) 별도 요건 적용, 국내·외 석사학위 이상

　　 * '18. 5월 신설시 내국인 고용보호를 위해 고용부에서 학력 제한이 필요하다는 의견을 제출하여
　　　 학사학위자는 발급대상에서 제외됨

○ (사증발급 및 체류관리 등) 일반 기준 적용(단, 국내복귀기업의 로봇공학 기술자는 별도 요건
　 적용)

○ (국내복귀기업 특례)

　－ (자격요건) '해외진출기업의 국내복귀 지원에 관한 법률' 제7조에 따라 산업통상자원부장관이
　　 지원대상 국내복귀기업으로 선정한 기업*

　　 * 지원대상 국내복귀기업 선정확인서(해외진출기업의 국내복귀 지원에 관한 법률 시행규칙
　　　 별지 제7호 서식)를 발급받은 기업

　－ (로봇공학 전문가 자격요건) 국내복귀기업의 해외법인에 고용된 자 중 △관련 분야 학사
　　 이상 학위 소지자는 6개월 △ ❶ 전문학사 소지자, ❷ 해당 직종 기술 자격증 또는 ❸ 관련

수상 경력, 관련 언론보도 또는 ❹ 코트라 현지 KBC직원의 경력확인을 받은 경력증명서가 있는 자는 2년 이상 국내 복귀기업 해외법인에서의 근무경력이 있어야 함

　　* 단, KOTRA 현지 KBC직원이 주재하고 있지 않은 공관에서는 영사확인을 받은 경력증명서 제출

－ (업체당 고용허용인원 기준) 고용보험 가입 내국인 피보험자(3개월 평균) 수의　30%를 범위 내에서 허용인원으로 산정

25) 자동차·조선·비행기·철도차량공학 전문가(S2353)

○ (직종설명) 차량의 내연기관, 차체, 제동장치, 제어장치, 기타 구성품에 관하여 연구, 설계 및 자문하는 자 /선체와 선박의 상부구조, 선박엔진 등에 관하여 연구, 설계 및 자문하고 이들의 개발, 건조, 유지 및 보수를 계획하고 감독하는 자 /항공기, 인공위성, 발사체(로봇)와 같은 비행체의 개발·제작·운용에 관하여 연구·설계 및 자문하며 이들의 제조 및 운용을 지휘, 통제, 조언하는 자 /기관차, 철도(고속철 포함)에 사용되는 기관을 연구, 설계 및 자문하며 이들의 제조 및 운영을 지휘, 통제, 조언하는 자

○ (도입 가능직업 예시) 자동차 설계가, 자동차기계 기술자, 카 일렉트로닉스 기술자, 자동차엔진설계 기술자, 조선공학 기술자, 선박안전시스템 개발자, 선박배관설계 기술자, 조선의장 설계 기술자, 선체설계 기술자, TRIBON선박 설계 기술자, 해양구조설계 기술자, 조선배관 설계 기술자, 조선기장 설계 기술자, 항공기 설계가, 항공기기계 기술자, 인공위성 기술자, 비행체 기술자, 디젤기계 기술자, 가스터빈 기술자

○ (고용추천서 발급) 산업통상자원부장관(KOTRA), 중소벤처기업부장관(중소벤처기업진흥공단) : 중소기업에 한함 / 국내복귀기업의 자동차·조선·비행기·철도차량공학 전문가(필수) KOTRA

○ (자격요건, 사증발급 및 체류관리 등) 일반 기준 적용(단, 국내복귀기업의 자동차·조선·비행기·철도차량공학 전문가는 별도 요건 적용)

○ (국내복귀기업 특례)

－ (자격요건) '해외진출기업의 국내복귀 지원에 관한 법률' 제7조에 따라 산업통상자원부장관이 지원대상 국내복귀기업으로 선정한 기업*

　　* 지원대상 국내복귀기업 선정확인서(해외진출기업의 국내복귀 지원에 관한 법률 시행규칙 별지 제7호 서식)를 발급받은 기업

－ (자동차·조선·비행기·철도차량공학 전문가 자격요건) 국내복귀기업의 해외법인에 고용된 자 중 △관련 분야 학사 이상 학위 소지자는 6개월 △ ❶ 전문학사 소지자, ❷ 해당 직종 기술 자격증 또는 ❸ 관련 수상 경력, 관련 언론보도 또는 ❹코트라 현지 KBC직원의 경력확인을 받은 경력증명서가 있는 자는 2년 이상 국내 복귀기업 해외법인에서의 근무경력이 있어야 함

* 단, KOTRA 현지 KBC직원이 주재하고 있지 않은 공관에서는 영사확인을 받은 경력증명서 제출
  - (업체당 고용허용인원 기준) 고용보험 가입 내국인 피보험자(3개월 평균) 수의 30%를 범위 내에서 허용인원으로 산정

26) 산업안전 및 위험 관리자(2364)

○ (직종설명) 산업재해가 일어날 가능성이 높은 화학석유, 석탄공업, 목재 및 가공업, 플라스틱금속공업, 기계 및 장비 제조업, 건설업, 비금속광물제조업, 농축산어업 등 분야에서 위험을 진단, 조사, 예방, 교육 등에 종사하며 산업재해 원인조사, 재발방지, 대책수립, 근로자의 안전 보건 교육 및 계도 개선 건의 등을 담당하는 자

○ (도입 가능직업 예시) 산업안전 기술자, 안전관리 시험원, 노동안전 및 보건관리원, 전기설비 감리 시험원, 건물안전 관리원, 전기안전 및 보건 관리원, 안전관리 기술자, 차량안전 및 보건 관리원, 산업안전 시험원 및 교육자

○ (고용업체 요건) 국가기관, 지방자치단체, 정부출연연구기관, 기타 공공기관으로서 교육훈련기관 등을 갖춘 기관에 한함

○ (자격요건, 사증발급 및 체류관리 등) 일반 기준 적용

27) 환경공학 기술자(2371)

○ (직종설명) 다양한 공학 원리를 활용하여 환경보건에 위협이 되는 것을 예방, 통제하며 개선과 관련된 공학적인 일을 설계하고 계획하거나 수행하는 자

○ (도입 가능직업 예시) 대기환경 기술자, 수질환경 기술자, 토양환경 기술자, 소음진동 기술자, 폐기물 처리 기술자, 환경 컨설턴트, 환경오염 측정센서(장비) 기술자, 공해저감장치 설계가, 생태산업 조성전문가, 청정생산 설계가

○ (고용추천서 발급) 산업통상자원부장관(KOTRA) : 환경 컨설턴트, 환경오염 측정센서(장비) 기술자, 공해저감장치 설계가, 생태산업 조성전문가, 청정생산 설계가/중소벤처기업부장관(중소벤처기업진흥공단) : 중소기업에 한함

○ (자격요건, 사증발급 및 체류관리 등) 일반 기준 적용

28) 가스·에너지 기술자(2372)

○ (직종설명) 채광, 석유 또는 가스의 채취 및 추출과 합금, 도기 및 기타 재료의 개발에 관한 상업적 규모의 기법 설계, 개발, 유지에 대하여 연구하고 특정재료, 제품 및 공정의 기술적 분야에 관하여 연구, 자문하는 자

○ (도입 가능직업 예시) 에너지 기술자, 탐사 기술자, 석유 기술자, 선광 기술자, 시추 기술자

○ (고용추천서 발급) 산업통상자원부장관(KOTRA), 중소벤처기업부장관(중소벤처기업진흥공

단) : 중소기업에 한함 / 국내복귀기업의 가스·에너지 기술자(필수) KOTRA

○ (자격요건, 사증발급 및 체류관리 등) 일반 기준 적용(단, 국내복귀기업의 가스·에너지 기술자는 별도 요건 적용)

○ (국내복귀기업 특례)

– (자격요건) '해외진출기업의 국내복귀 지원에 관한 법률' 제7조에 따라 산업통상자원부장관이 지원대상 국내복귀기업으로 선정한 기업*

* 지원대상 국내복귀기업 선정확인서(해외진출기업의 국내복귀 지원에 관한 법률 시행규칙 별지 제7호 서식)를 발급받은 기업

– (가스·에너지 기술자 자격요건) 국내복귀기업의 해외법인에 고용된 자 중 △관련 분야 학사 이상 학위 소지자는 6개월 △ ❶ 전문학사 소지자, ❷ 해당 직종 기술 자격증 또는 ❸ 관련 수상 경력, 관련 언론보도 또는 ❹ 코트라 현지 KBC직원의 경력확인을 받은 경력증명서가 있는 자는 2년 이상 국내 복귀기업 해외법인에서의 근무경력이 있어야 함

* 단, KOTRA 현지 KBC직원이 주재하고 있지 않은 공관에서는 영사확인을 받은 경력증명서 제출

– (업체당 고용허용인원 기준) 고용보험 가입 내국인 피보험자(3개월 평균) 수의 30%를 범위 내에서 허용인원으로 산정

29) 섬유공학 기술자(2392)

○ (직종설명) 신소재 등을 이용하여 새로운 섬유를 개발하고 섬유제품 제조를 위한 각종 공정에 대한 연구와 개발 및 시험, 분석을 하는 자

○ (도입 가능직업 예시) 섬유소재 개발 기술자, 섬유공정 개발 기술자, 염색공정 개발 기술자

○ (고용추천서 발급) 산업통상자원부장관(KOTRA), 중소벤처기업부장관(중소벤처기업진흥공단) : 중소기업에 한함

○ (자격요건, 사증발급 및 체류관리 등) 일반 기준 적용

30) 제도사(2395)

○ (직종설명) 기계, 전기·전자 장비의 속성과 구조에 대한 지식을 기반으로 CAD/CAM을 활용하여 시스템 혹은 각각 부품에 대한 설계업무를 수행하는 자

○ (도입 가능직업 예시) 기계 제도사, 전기·전자 제도사

○ (고용추천서 발급) 제도 남용으로 고용추천제도 폐지

○ (자격요건, 사증발급 및 체류관리 등) 일반 기준 적용

○ (국민고용 보호 심사기준) 적용 대상

- (고용업체 요건 등) 국민고용 보호를 위한 심사기준 준용하되 아래의 경우 사증 발급 및 체류허가 억제

  ⅰ) 일반생산 현장과 분리된 별도의 설계(CAD) 공간이 없거나, 일반생산직 근로자로 활용할 가능성이 높은 경우

  ⅱ) 상시근로자 수가 10인 이하인 경우

- (고용허용인원 제한) 업체당 최대 2명

○ (사증발급 및 체류관리 등) 일반기준 적용. 단 기간연장 등 요건은 아래 사항 적용

- (체류허가 요건) 체류기간 연장 심사 시 전년도 급여기록을 확인하여 임금요건 미충족 시 체류허가 등 제한

  • 요건미비 외국인에 대해서는 연장허가 기간 단축 부여 또는 체류허가 제한

  • 제출된 고용계약서에 따라 임금을 지급하지 않고 이를 위반 남용한 해당 기업에 대해서는 신규 초청 제한

- (근무처변경) 근무처 변경 및 추가 제한. 단, 휴폐업 및 경영악화 등에 따른 근무처 변경 시에만 예외적으로 허용(국적 불문)

- (구직자격 변경) E-7(기계공학기술자, 제도사)자격을 가진 사람이 구직자격 변경을 신청한 경우 불체다발 21개국 국민은 3개월 + 3개월로 허용, 이외 국가는 구직(D-10)자격 규정대로 처리

- 상기 해당자가 구직자격에서 새로운 근무처를 찾은 경우에는 출국 후 사증발급인정서를 통해 재입국하는 것을 원칙으로 함(국적 불문)

31) 간호사(2430)

○ (직종설명) 의사의 진료를 돕고 의사의 처방이나 규정된 간호기술에 따라 치료를 행하며, 의사 부재 시에는 비상조치를 취하기도 하며, 환자의 상태를 점검, 기록하고 환자나 가족들에게 체료, 질병예방에 대한 설명을 하는 자

○ (도입기능 직업 예시) 전문 간호사, 일반 간호사

○ (자격요건) 의료법 제7조에 따라 보건복지부장관으로부터 간호사 면허 취득*

   * 간호조무사는 대상자가 아님

○ (고용업체 요건) 의료법에 의한 의료기관

○ (사증발급 및 체류관리 등) 일반기준 적용*

   * 별도 허가 등의 절차 없이 의료코디네이터(S3922)활동도 가능

32) 대학 강사(2512) – 2019. 8. 1. 시행

○ (직종설명) 대학에서 학생들에게 강의를 하고, 세미나 및 실험을 하며, 계열별 전공과목의 시험을 출제하고 평가하는 자

○ (도입 가능직업 예시) 인문·사회·교육계열 강사, 자연·공학·의약계열 강사, 예·체능계열 강사

○ (자격요건) 고등교육법 제14조 제2항·제14조의2 규정에 따라 전문대학 이상의 교육기관에 채용된 강사로서 관련학과 석사 이상의 학위 소지

○ (첨부서류) 경력증명서 및 학위증 사본, 고용계약서 또는 임용예정확인서, 초청학교 설립관련 서류(사업자등록증 사본 또는 고유번호증 사본)

○ (심사기준) 석사이상 학위 소지 여부 및 전공과목과 담당과목의 연관성 여부, 고등교육법령 등에 정한 채용절차 등 준수여부

  – 학칙 또는 학교법인의 정관으로 정하는 바에 따라 채용되고, 계약기간이 1년 이상이라 하더라도 담당과목과 직접 관련성이 있는 석사 이상의 학위를 소지하고 있지 않으면 원칙적으로 발급 불허*

   * 다만, 복수전공 및 담당과목 관련 전문 자격증이나 경력입증서류 등으로 해당분야 전문지식을 갖추었다고 인정되는 학사 학위소지자에 대해서는 예외적으로 사증발급인정서 발급을 허용

○ (임금요건) 강사의 교수시간 등을 고려하여 시간당 단가가 교육부에서 고시하는 강사 강의료 평균단가* 이상일 경우 허용(매년 대학정보공시 공개 전까지는 이전연도 기준 적용)

   * 매년 6월 교육부 보도자료를 통해 '대학정보공시' 공개

    ☞ 교육부 홈페이지 – 보도자료 – '대학정보공시' 검색 후 6월 보도자료 참고

○ (사증발급 및 체류관리 등) 일반 기준 적용

33) 해외기술전문학교 기술강사(2543)

○ (직종 설명) 시·도지사가 서비스외투지역으로 지정·고시한 기술 및 직업훈련학교에서 디자인,
이·미용, S/W, 요리 등의 기술교육을 가르치는 사람

○ (도입 가능직업 예시) 디자인 전문강사, 이·미용 전문강사, S/W 전문강사, 요리 전문강사

○ (자격요건) 아래 ①~③중 한가지 이상을 갖추어야 함

① 디자인, 이·미용, S/W, 요리 등 관련 석사 또는 학사 + 해당분야 3년 이상 경력

② 해외기술전문학교에서 2년 이상 디자인, 이·미용, S/W, 요리 등의 교육 이수 + 해당분야
5년 이상 경력

③ 해외기술전문학교에서 1년 이상 디자인, 이·미용, S/W, 요리 등의 교육 이수 + 해당분야
7년 이상 경력

○ (고용업체 요건) 시·도지사가 외국인투자 촉진법 제18조 및 시행령 제25조에 따라 서비스외투지
역으로 지정·고시한 기술 및 직업훈련학교

＊ 외투지역 지정여부는 지자체 고시를 통해 확인

○ (사증발급 및 체류관리 등) 일반 기준 적용

34) 교육관련 전문가(2591)

○ (직종설명) 교과과정, 교육방법 및 기타 교육 실무 등에 대한 연구와 교육기관에 그들의 도입에
관하여 조언 및 기획하는 자

○ (도입 가능직업 예시) 시청각 교육 전문가, 교육교재 전문가, 교원 등에 대한 연수 및 관리전문가

○ (자격요건) 별도 요건 적용, 석사 이상, 학사 및 경력 1년 이상

○ (사증발급) 체류기간 상한 2년 내의 단수사증

○ (체류관리 등) 일반 기준 적용

35) 외국인학교·외국교육기관·국제학교·영재학교 등의 교사(2599)

○ (직종설명) 외국인학교(외국인유치원), 대안학교, 외국교육기관, 국제고등학교, 영재학교 등에
서 학생을 교육시키는 업무를 수행하는 자

○ (도입 가능직업 예시) 외국인학교(외국인유치원) 교사(초중등교육법 제60조의2, 유아교육법
제16조), 대안학교(초중등교육법 제60조의3), 외국교육기관 교사(경제자유구역의 지정 및
운영에 관한 법률 제22조), 국제고등학교 교사(경제자유구역의 지정 및 운영에 관한 법률
제22조), 지역특화발전특구에 대한 규제특례법에 의한 초·중등학교 교사, 관할 시·도교육감이
추천하는 국제중·외국어고·국제고·자사고 교사, 영재교육진흥법에 의한 영재학교 등의 교사,
제주특별자치도 설치 및 국제자유도시조성특별법에 의한 국제학교 등의 교사(기간제 교원
및 사감 포함)·강사·보조교사·보조사감·행정사무원 등

○ (고용추천서 발급) 제주 국제학교 등의 교사 등(필수) : 제주특별자치도지사 /국제중·외국어고·국제고·자사고 교사(필수) : 관할 시·도교육감

○ (자격요건) 도입 가능직업에 따라 달리 정함

▶ 외국인학교(외국인유치원), 대안학교 또는 외국교육기관의 교사 : 학사 이상 및 경력 2년 이상 (또는 해당국 교원자격)

▶ 국제고 또는 시·도교육감 추천 국제중·외국어고·국제고·자사고 등

　－ 외국인 교사 : 우리나라 교원자격 소지자 또는 해당국 교원자격을 소지하고 교육경력 3년 이상

　－ 외국인강사 : 학사 이상

▶ 영재학교 교사 : 박사학위, 석사 및 경력 3년 이상

▶ 제주특별자치도 설치 및 국제자유도시조성특별법에 의한 국제고등학교 ·국제학교

　－ 보조교사, 강사, 보조사감, 행정사무원

　　• 학사 이상의 학위 소지

　　• 단, 국제학교 재학생 부모, 교직원의 가족, 18세 이상 해외 본교 졸업생은 해당분야 2년 이상 근무 경력 또는 TELSOL 등 영어교육 관련 자격증 소지

○ (첨부서류 및 심사기준)

❶ 범죄경력증명서 : 교육대상이 주로 청소년임을 감안하여 회화지도(E-2)강사에 준하여 범죄경력증명서 등을 추가로 제출받아 검증(채용신체검사서는 외국인등록 또는 체류자격 변경허가 신청 시 제출)

　－ 단, 해당국 교원자격증 소지자, 채용박람회를 통해 채용된 교사, 최근 5년 이내 국내에서 회화지도강사(E-2) 또는 외국인교사(E-7)로 3년 이상 근무한 자 등은 교육기관에서 자율로 검증(범죄경력증명서 제출을 면제)하고, 범죄경력 관련 문제를 발생시킨 교육기관에 대해서는 최대 2년간 자율검증 제한

❷ 교사자격증 : 교사자격증을 소지한 외국인 교원에 대해서는 학위증 제출 생략

　－ 사본 제출시 재외공관 공증(아포스티유), 단 원본 제출할 경우 공증 절차 생략

❸ 경력증명서 : 원본을 제출하는 경우 공증절차 생략

○ (제주국제학교 보조교사 등 특례) 제주국제학교 보조교사, 강사, 보조사감, 행정사무원으로 활동하려는 국제학교 재학생 부모나 교직원의 가족은 체류자격외활동허가를 통해 취업을 허용

－ 18세 이상 해외 본교 졸업생으로서 해당분야 2년 이상 근무경력 또는 TESOL 등 영어교육관련 자격증 소지자 중 무사증 입국자, 관광취업(H-1) 자격 영어모국어 국가 국민은 체류자격변경 허가를 통해 취업을 허용*

　* 단, 영국과 아일랜드 국민은 관광취업협정에 따라 체류자격변경을 제한

○ (사증발급) 일반기준 적용

－ 단, 경제자유구역의 지정 및 운영에 관한 특별법에 의한 국제학교는 특별법 시행령 제20조

제5항에 따라 교사는 체류기간 상한 5년 내의 단수사증, 외국인강사는 체류기간 상한 3년 내의 단수사증

○ (체류관리 등) 일반 기준 적용

36) 법률 관련 전문가(261)

○ (직종설명) 외국 법률에 의한 법률 관련 전문가로서 해당 지식에 대한 자문, 번역 등을 포괄하며, 사건 변호·기소·소송절차 이외의 법적 기능을 수행하는 자

○ (도입 가능직업 예시) 외국 법률에 의한 변호사, 외국 법률에 의한 변리사, 외국법자문사법에 의한 외국법 자문사

○ (고용추천서 발급) 변리사 : 특허청(인재개발팀)

○ (자격요건) 외국 법률에 의한 해당 자격증 소지자, 외국법자문사법에 의한 외국법자문사 승인을 받고 대한변호사협회에 등록한 자(외국법자문사인 경우)

○ (국민고용 보호 심사기준) 비적용 대상

○ (첨부서류) 외국 법률에 의한 해당 자격증, 대한변호사협회 발행 외국법자문사 등록증(외국법자문사인 경우)

○ (사증발급 및 체류관리 등) 일반 기준 적용 (단, 외국법자문사는 근무처 추가 불가*)

　　* 외국법자문사는 동시에 2개 이상의 외국법자문법률사무소, 법률사무소, 법무법인, 법무법인 (유한) 또는 합작법무법인에 소속(고용)되거나 그 직책을 겸임할 수 없음(외국법자문사법 제25조 제2항)

37) 정부행정 전문가(2620)

○ (직종설명) 국가 또는 지방자치단체에서 연구·기술·교육 등의 직무를 수행하는 공무원

○ (자격요건) 국가공무원법 제26조의3(외국인과 복수국적자의 임용) 및 지방공무원법 제25조의2 (외국인과 복수국적자의 임용)에 규정된 요건

○ (첨부서류) 해당 중앙행정기관의 장 및 지방자치단체의 장의 협조공문

○ (사증발급, 체류관리 등) 일반 기준 적용

38) 특수기관 행정요원(S2620)

○ (직종설명) 주한 외국공관 등에서 일반 행정·기능 업무를 처리하는 자

○ (도입 가능직업 예시) 주한 외국공관의 행정·기능요원, 주한 외국문화원의 행정·기능요원, 주한 상공회의소의 행정·기능요원, 국제기구 등 행정요원(A-2 대상자 제외)

　　※ 주한공관원 등의 가사보조인은 방문동거(F-1) 자격 대상임을 유의

○ (자격요건) 일반기준 적용

○ (첨부서류) 주한 외국공관 등의 협조공문

○ (사증발급) 체류기간 상한 2년 내의 단수사증*

    * 단, 자국 국적의 행정기능요원에 대한 체류기간 1년 이하의 단수사증 발급권한은 재외공관장에게 위임

○ (체류관리 등) 일반 기준 적용

39) 경영 및 진단 전문가(2715)

○ (직종설명) 경영과 관련된 개선점을 제안하고 계획하며 실행하기 위해 기업운영·경영방법이나 조직의 기능을 분석·재설계하는 것과 같은 서비스와 자문을 제공하거나, 외국 법률에 의한 회계 관련 전문가로서 기업 또는 회계법인의 회계문제에 관하여 조언하고 자문하는 자

○ (도입 가능직업 예시) 경영 컨설턴트, 외국 법률에 의한 회계사

○ (고용추천서 발급) 경영 컨설턴트 : 산업통상자원부장관(KOTRA) / 중소벤처기업부장관(중소벤처기업진흥공단) ※ 중소기업에 한함

○ (자격요건, 사증발급 및 체류관리 등) 일반 기준 적용 (단, 외국 법률에 의한 회계사는 회계사 자격증 소지)

40) 금융 및 보험전문가(272)

○ (직종설명) 은행, 증권, 보험, 자산운용 등의 금융회사에서 재무이론의 지식을 응용하여 금융에 관련된 각종 자료를 조사·분석하여 투자자에게 제공하고 관련 상품을 개발하는 자

○ (도입 가능직업 예시) 투자 및 신용 분석가, 자산 운용가, 보험 및 금융상품 개발자, 증권 및 외환딜러

    ※ 도입 불가 : 대부 관련업체

○ (고용추천서 발급) 금융위원회(은행업/은행과, 보험업/보험과, 투자증권/ 자본시장과)*

    * 단, 학위 없는 경력 5년 이상자는 고용추천서 필수 징구

○ (자격요건, 사증발급 및 체류관리 등) 일반 기준 적용

41) 상품기획 전문가(2731)

○ (직종설명) 해외 소비자의 구매 패턴, 수요예측, 소비유형을 파악하여 시장성 있는 상품을 기획하고 상품의 효과적인 생산, 판매 등을 위한 전략을 수립하는 자 및 해외 특정상품과 서비스에 관한 현재의 판매수준, 소비자의 평가 등에 관한 정보를 체계적으로 수집·연구하고, 소비자의 현재 또는 장래 취향을 조사·분석하여 효율적인 판매 전략을 수립하거나 그에 대해 조언을 제공하는 자

○ (도입 가능직업 예시) 해외 상품기획자(상품개발 담당자), 해외 마케팅 전문가(판촉기법전문가)

○ (고용추천서 발급) 보건산업 및 의료분야를 제외한 분야 : 산업통상자원부장관(KOTRA) /보건산업 및 의료분야 : 보건복지부장관(보건산업해외진출과)

○ (자격요건, 사증발급 및 체류관리 등) 일반 기준 적용

42) 여행상품 개발자(2732)

○ (직종설명) 국내외 여행사간 업무연락 및 고객의 요구에 부합하는 여행상품을 기획·개발하고 고객을 위하여 여행계획을 수립하여 단체관광 여행을 조직하고, 여러 가지 이용 가능한 교통수단, 비용 및 편의성에 관한 정보를 획득하고, 여행계획에 관해 조언을 제공하는 자

○ (도입 가능직업 예시) 관광여행 기획자, 여행상품 개발원

※ 제한 : 관광통역안내원 (43213)

○ (고용추천서 발급) 문화체육관광부장관(관광산업과) ※ 필수

○ (첨부서류) 관광사업자등록증 사본(일반여행업), 외국인관광객 유치실적 증빙서류 추가

○ (자격요건) 일반요건 적용. 단, 학위 없이 경력으로 요건을 충족하는 경우는 제한(관련분야 5년 이상 경력자는 발급 제한)

○ (국민고용 보호 심사기준) 일반기준 적용 대상 + 업체자격 및 고용허용인원은 별도 기준 적용(최대 3명 범위 내)

- (업체자격요건) 관광진흥법 제4조에 따라 관할 지자체에 관광사업등록을 필하고 최근 2년간 평균 연간 외국인 관광객 유치실적이 2,000명 이상(한국여행업협회 발급 외국인 관광객 유치실적 증명서 제출) 또는 이에 상응하는 실적*을 갖춘 일반여행업체**

  * 해외 전세기 유치실적, 외국인 관광객 유치 관련 지자체 감사패, 우수여행사(문체부 지정) 또는 우수여행상품 보유 여행사(한국여행업협회 지정 등)

  ** 국내 또는 국외를 여행하는 내국인 및 외국인을 대상으로 하는 일반 여행업체만 해당하고, 내국인만을 대상으로 하는 국내·국외여행업체는 제외

- (고용허용인원) 업체당 최대 2명, 다만, 최근 2년간 평균 연간 외국인 관광객 유치실적이 5,000명 이상이거나 자국 소재 대학의 한국학 관련 학과 졸업자 또는 국내 대학 졸업 외국인을 고용하는 경우에는 사유 당 1명씩 추가 고용 가능 (최대 3명)

- (기타사항) 업체규모, 고용비율, 최저임금 등 별도로 국민고용 보호 내용이 없는 경우 일반기준 전면 적용

○ (사증발급 및 체류관리 등) 일반 기준 적용

43) 광고 및 홍보 전문가(2733)

○ (직종설명) 광고(홍보)의 필요성 분석, 효과적인 광고(홍보)전략, 적합한 광고(홍보물) 제작 등을 기획하고 제안하며, 기획을 실행하기 위한 계획을 수립·실행·감독하고 광고(홍보) 후 그 효과를 사후적으로 분석하는 자

○ (도입 가능직업 예시) 광고 전문가, 홍보 전문가

○ (자격요건, 사증발급 및 체류관리 등) 일반 기준 적용

44) 조사 전문가(2734)

- ○ (직종설명) 해외 진출 관련 고객의 요청에 따라 통계학, 경제학 및 사회학 등의 전문지식을 활용하여 각종 조사, 연구 등을 실시하고 그에 대한 결과를 분석하여 현상 파악과 장래 추세를 분석, 그 결과를 보고하는 자
- ○ (도입 가능직업 예시) 해외 시장 조사 전문가
- ○ (고용추천서 발급) 산업통상자원부장관(KOTRA)*
  - * 골드카드 8대 분야(e-business, NT, BT, 수송기계, 디지털 전자, 신소재, 환경·에너지, 기술경영)에 한함
- ○ (자격요건, 사증발급 및 체류관리 등) 일반 기준 적용

45) 행사 기획자(2735)

- ○ (직종설명) 관광협회, 업계 및 전문가 협회, 컨벤션 및 컨퍼런스, 정부 및 이벤트 기획사 등에서 컨퍼런스, 정기총회, 회의, 세미나, 전시회, 시사회, 축제행사 및 기타 연예관련 공연행사 등을 계획, 조직하며 조정하는 자
- ○ (도입 가능직업 예시) 공연기획자*, 행사 전시 기획자, 국제회의 기획자
  - * 공연기획자 업무범위 : 시나리오 설계 및 아티스트 선정, 공연장 준비, 공연제작 프로듀싱 및 마케팅, 공연진행 관리(고객안전 포함) 및 공연 사후평가
- ○ (고용추천서 발급) 공연기획자 : 문화체육관광부장관(공연전통예술과) ※ 필수(단, 매출 연간 50억 이상 업체의 경우 사무소장 재량으로 생략 가능)
- ○ (고용업체요건) 연간 10억 원 이상의 매출 실적이 있고 외국인 행사기획자 고용 후 외국인 대상으로 1년 이내 국내·외 공연, 회의, 국제행사 계획이 있을 것
- ○ (첨부서류) 공연국제회의 계획서 등, 법무 재무제표 및 공연티켓 통신판매사업자 등의 공연매출증명서 (공연기획자) 추가
- ○ (자격요건, 사증발급 및 체류관리 등) 일반 기준 적용

46) 해외 영업원(2742)

- ○ (직종설명) 해외 진출 관련 해외 바이어에게 상품을 판매하는데 필요한 영업활동과 해외 판매자에게 상품을 수입하기 위한 영업활동을 수행하는 자 및 기타 해외영업 활동을 통해 국가경쟁력 강화에 기여하는 자
  - ※ 인터넷을 통하여 각종 상품을 해외에 판매하기 위해 온라인 쇼핑몰상에서 판매할 상품을 선정하여 등록하고 재고를 관리하며, 고객문의에 응대하고 주문상품을 발송하기 위한 업무 전반을 관리하는 자를 포함
- ○ (도입 가능직업 예시) 해외 영업원, 무역 영업원, 수출입 영업원

– 도입제한 : 국내 쇼핑몰 판매원, 판매 상품을 관리하는 사람 및 배송을 위한 상품을 포장하는 일만 수행하는 사람, 무역사무원(3125)

○ (고용추천서 발급) 산업통상자원부장관(KOTRA, 무역협회)*

  * 고용업체 또는 업체당 허용인원의 특례기준 적용대상자는 고용추천서 필수

○ (국민고용 보호 심사기준) 적용 대상

 – 외국인투자업체, 특수언어지역 대상 수출업체는 별도기준 적용

 – 고용업체요건 및 업체당 허용인원 등 국민고용 보호를 위한 심사기준을 적용하되 외국인투자업체, 특수언어지역 대상 수출업체는 특례* 적용

  * (연간매출액 10만불 이상 + 국민고용인원 1명 이상인 ①외국인투자업체 또는 ②특수언어지역 대상 수출업체)는 외국인 1명 고용 허용

  * 특수 언어지역 대상 연간 50만불 이상 수출업체 : 국민고용인원의 70% 범위 내 외국인 고용을 허용

 – (기타사항) 업체규모, 고용비율, 최저임금 등 별도로 국민고용 보호 내용이 없는 경우 일반기준 전면 적용

○ (자격요건, 사증발급 및 체류관리 등) 일반 기준 적용

◆ 해외영업원 별도적용 1 : 해외 온라인 상품 판매원(해외 영업원, 무역 영업원, 수출입 영업원은 위의 기존 규정 적용)

○ (고용업체 요건) 아래의 요건을 모두 충족할 것

 ⅰ) 업태가 무역업 일 것 (무역협회 등록 기업일 것)

 ⅱ) 전년도 해외 수출실적이 50억 이상일 것

 ⅲ) 판매원을 위한 사무공간을 갖추었을 것(원격근무, 파견근무 불인정)

○ (학력 및 경력 요건) 별도 요건 적용

 ⅰ) 국내 전문학사 이상 학력 소지자

 ⅱ) 해외 학사 학력 소지하고 해당분야 경력 1년 이상인자 또는 석사학력 이상인자

○ (자격요건) 한국어 능력시험(TOPIK) 3급 이상 자격증 소지자

○ (사증발급 및 체류관리 등) 일반기준을 적용하되 사후관리 강화

 – (사증발급인정서) 체류기간 상한 1년의 단수사증 발급

 – (체류기간연장) 체류기간 연장 심사 시 전년도 급여기록을 확인하여 임금요건을 미충족 시 체류허가 등 제한

  • 요건 미비 외국인에 대해서는 연장허가 기간 단축 부여

  • 제출된 고용계약서에 따라 임금을 지급하지 않고 이를 위반 남용한 해당 기업에 대해서는 신규 초청(취업) 제한

 – (근무처 변경) 근무처 변경 및 추가 제한, 휴폐업 및 경영악화 등으로 부득이 한 근무처 변경 시에도 출국 후 사증발급 후 재입국

- (자격외 활동) 자격외 활동 허가 제한
- (추가 제출서류) 무역실적 증빙서류, 사무공간 확보 증빙서류, 한국어 능력 입증서류
○ (허용인원 기준) : 전년 수출 실적이 50억 이상인 경우에 한 함
  - 실적이 50억 이상 ∼ 100억 이하인 경우 최대 40명 이내
  - 실적이 100억원 이상인 경우 인원제한 없음. 단, 해당분야 고용인력 70% 이내에서 허용

47) 기술 영업원(2743)

○ (직종설명) 산업용 장비, 정보통신 장비, 그 외의 부품이나 제품, 설비의 사용법이나 보수 등 기술에 관한 전문적 지식을 활용하여 기계나 장비, 설비 등을 판매하고 고객에게 기술적인 지도를 수행하는 자

○ (도입 가능직업 예시) 의약품 판매원, 네트워크·컴퓨터하드디스크·멀티미디어시스템·컴퓨터소프트웨어·통신기기·전산장비·반도체장비·웹개발·계측장비·모바일솔루션·통신부품·데이터복구·전자부품·보안솔루션·PCB·인터넷솔루션·CCTV시스템·ERP프로그램·GPS·IT솔루션·ITS·KMS·교환기·초음파기·네트워크장비·MRI·영상기기·산소호흡기·휴대폰부품·심전도기·SMPS·의료장비·농업용트랙터·수입의료장비·엔진·펌프·자동차부품·공작기계·자동화설비·모터·유압기계·기계부품·환경설비·자동화기기·절삭공구·식품포장기계·조선기자재·플랜트설비·금형기계·철강재·산업용보일러·산업용펌프·건설장비 기술 영업원

○ (고용추천서 발급) 산업통상자원부장관(KOTRA), 중소벤처기업부장관(중소벤처기업진흥공단) : 중소기업에 한함

○ (자격요건, 사증발급 및 체류관리 등) 일반 기준 적용

48) 기술 경영 전문가(S2743)

○ (직종설명) 공학지식과 경영지식을 접목시켜 경영기법을 통해 효율적 기술관리 및 기술혁신 업무를 수행하는 자

○ (도입 가능직업 예시) 연구개발(R&D) 전략 전문가, 기술 인프라 전문가, 제품 및 생산기술 전문가, 기술사업화 전문가, IT컨설팅 전문가

○ (고용추천서 발급) 산업통상자원부장관(KOTRA) ※ 필수

○ (자격요건, 사증발급 및 체류관리 등) 일반 기준 적용

49) 번역가·통역가(2814)

○ (직종설명) 한 나라의 언어를 다른 나라의 언어로 옮겨 표현하는 전문적 작업을 수행하는 자와 사용하는 언어가 서로 다른 사람들 사이에서 순조로운 의사소통을 가능하도록 대화내용을 상대방 언어로 전환·표현하여 전달해 주는 자

○ (도입 가능직업 예시) 각종 통번역 전문 기업 등의 번역가, 통역가

○ (자격요건) 석사 이상, 학사 및 경력 1년 이상자로서 모국어 이외의 다른 외국어 또는 한국어를 유창하게 구사*

  * 활동분야와 관련이 있는 분야에 대한 지식이 있어야 하고, 모국어를 제외한 다른 외국어의 구사능력은 해당국 유학경력, 어학능력 공인자격증 (한국어 토픽 6급 또는 KIIP 5단계 이수 이상) 등으로 확인

○ (고용업체 요건 등) 국민고용 보호를 위한 심사기준 준용

○ (사증발급 및 체류관리 등) 일반 기준 적용

50) 아나운서(28331)

○ (직종설명) 준비된 뉴스, 광고, 특별 공지사항 등의 원고를 읽거나 기타 방송 프로그램의 진행을 통해 중요한 정보와 새로운 소식을 전해 주는 직무를 수행하는 자

○ (도입 가능직업 예시) 아나운서

○ (고용추천서 발급) 방송통신위원회 ※ 필수

○ (자격요건, 사증발급 및 체류관리 등) 일반 기준 적용

51) 디자이너(285)

○ (직종설명) 생활용품·가구·완구 등의 제품과 의류·신발 등의 패션디자인 및 인테리어 디자인·자동차 디자인 등의 분야에 예술적 기법을 사용하는 자

○ (도입 가능직업 예시) 제품 디자이너 (자동차, 가구 등 디자이너), 패션 디자이너 (직물, 의상, 액세서리, 가방 및 신발 디자이너), 실내장식 디자이너 (인테리어 디자이너, 디스플레이어), 시각 디자이너 (광고, 포장, 북 디자이너, 삽화가 등)

○ (고용추천서 발급) 중소벤처기업부장관(중소벤처기업진흥공단) : 중소기업에 한함

○ (자격요건, 사증발급 및 체류관리 등) 일반 기준 적용

○ (업체당 고용허용인원) 내국인 피보험자 수에 따라 업체당 최대 3명

  - 5명 ~ 50명 미만 : 1명, 50명 ~ 99명 : 2명, 100명 이상 : 3명

52) 영상관련 디자이너(S2855)

○ (직종설명) 영화 또는 방송드라마를 제작하기 위하여 무대 및 세트의 장식을 계획하여 디자인하고 배치하는 자와 컴퓨터 그래픽을 통하여 방송, 영화, 게임에 필요한 자막이나 그림 등을 디자인하는 자

○ (도입 가능직업 예시) 무대 및 세트 디자이너, 웹 디자이너(멀티미디어 등), 게임그래픽 디자이너, 캐릭터 디자이너, 영화 CG 디자이너

○ (고용추천서 발급) 문화체육관광부장관(영상콘텐츠산업과)

  - 추천대상 : 영화 및 TV 프로그램 제작업체

○ (자격요건, 사증발급 및 체류관리 등) 일반 기준 적용

Ⅲ. 준전문인력에 대한 세부기준

1. 적용대상 유형

○ (사무종사자) '한국표준직업분류'(통계청 고시 제2017-191호, '18.1.1.시행) 상 대분류 항목 3(사무종사자)의 직종 중 법무부 장관이 선정한 5개 직종

○ (서비스종사자) '한국표준직업분류' 상 대분류 항목 4(서비스 종사자)의 직종 중 법무부 장관이 선정한 5개 직종

2. 직종별 세부 심사기준

가. 사무종사자 (5개 직종)

1) 면세점 또는 제주특별자치도 내 판매사무원(31215)

○ (직종설명) ①면세점 등에서 외국인을 대상으로 수출 증대 및 판매확대를 위하여 판매계획을 입안하고 직접 판매 업무에 종사 ② 영어상용화를 위해 제주 영어교육도시 내 식품접객업소 또는 상점 등 상업시설에서 판매업무에 종사하는 자 ③ 제주특별자치도 내 음식점에서 한국어 통역과 판매업무에 종사하는 자

○ (도입 가능직업 예시) 면세점 판매 사무원, 외국인관광객 면제판매장 판매 사무원, 제주영어교육도시 내 식품접객업소 또는 상점 등 상업시설의 판매종사자, 제주특별자치도 내 음식점 통역·판매사무원

○ (국민고용 보호 심사기준) 적용 대상 (별도 기준 적용)

  − (기타사항) 업체규모, 고용비율, 최저임금 등 별도로 국민고용 보호 내용이 없는 경우 일반기준 전면 적용

○ (유형별 판매사무원 자격요건)

  ① 면세점, 외국인관광객 면제판매장

  ⅰ) 여행사 등의 관광가이드 경력 3년 이상자

    ※ 해당 경력은 면세점 판매사무원 경력으로 한정(일반판매직 경력 불인정)하며, 관광가이드 경력도 면세점 근무경력으로 인정이 가능

  ⅱ) 면세점 판매사무원 경력 3년 이상

  ⅲ) 관광가이드 + 면세점 판매사무원 경력 3년 이상

  ⅳ) 국내 전문대학 이상 졸업(예정)자(전공불문, 경력불문)

  ⅴ) 해외 4년제 대학(학사학위)이상 졸업자(전공불문, 경력 불문)

  ② 제주영어교육도시 내 상업시설 : 국제학교 재학생 부모나 교직원의 가족, 18세 이상 해외 본교 졸업생*

    * 영어를 모국어로 하는 국가의 국민은 별도 자격요건 없으나 영어를 모국어로 사용하지

않는 국가의 국민인 경우에는 공인영어시험(TOEIC) 점수가 800점 이상이거나 TESOL 자격증 소지자로 제한

③ 제주특별자치도 내 음식점 : 아래중 하나의 요건을 갖춘자

　　ⅰ) 국립국제교육원 시행 한국어능력시험(TOPIK) 2급 이상 자격 소지자

　　ⅱ) 사회통합프로그램(KIIP) 2단계 이상 이수자

　　ⅲ) 국내 전문대학 이상의 교육기관에서 2년 이상의 정규과정을 이수한 자

　　ⅳ) 국내 대학에서 정규 한국어 연수 과정(D-4-1)을 6개월 이상 수료하고 한국어능력시험(TOPIK) 1급 이상을 취득한 자

　　ⅴ) 현지 정규대학에서 실시하는 한국어 교육과정을 3개월 이상 이수한 자('19. 12. 31. 까지 적용)

　　　▶ ⅴ) 요건에 해당하는 사람에 한해서는 사증발급인정서 발급에도 불구하고 한국어 구사능력 확인을 위한 영사인터뷰 실시 후 사증발급

　　　※ 자격 요건을 갖춘 경우 폭넓게 체류자격변경 허용(단, 단기사증 및 D-3, E-9, E-10, G-1 등 자격은 제외)

○ (면세점, 외국인관광객 면세판매장 최소요건 및 허용인원 산정기준)

　－ (최소요건) 외국인관광객 면세판매장 지정 또는 보세판매장 특허 + 연매출 2억4천만 원(월 2,000만 원) 이상 + 사업장 면적 200㎡ 이상(계약서, 일반건축물대장, 영업신고증 중 택일하여 계산) + 상시 2인 이상의 국민고용

○ (제주특별자치도 내 음식점 최소요건 및 허용인원 산정기준)

　－ (최소요건) 사업장 면적 100㎡ 이상 + 연간 매출액 1억원 이상 + 상시 2명 이상의 국민고용

　　☞ 단, 연간 매출 3억 이상인 식당(한식, 양식, 중식, 일식당에 한함)에 대해서는 면적요건을 70%만 충족하여도 최소 1명 허용

　－ (허용인원 산정기준) 연간 매출액 기준으로 업체당 최대 3명

허용인원	1명		2명	3명
면적	70㎡이상	100㎡이상	100㎡이상	100㎡이상
매출	3억~5억 미만	1억~3억 미만	5억~10억미만	10억이상
국민고용	1인 이상	1인 이상	2인 이상	3인 이상

　　☞ 단, 면적이 70~99㎡인 경우 매출액이 1억원 이상이고 자방자치단체로부터 모범 음식점으로 지정된 경우 최소 1명의 외국인 고용을 허용

　－ (국민고용) 신청일 기준 고용보험가입자명부에 3개월 이상 등재 + 법정 최저임금 이상의 월 급여를 지급(직원급여지급명세서로 시급과 월급 모두 충족)하는 경우에 한하여 국민고용 인원으로 산정

- (이탈자 발생업체 공제) 이탈자 발생 시 이탈일로부터 1년간 이탈 인원 수를 고용허용 인원에서 공제
- (체류 관리부실 업체 고용 제한) 신청일 기준 임금체불 등으로 인하여 기타(G-1)자격으로 변경한 업체에 대해서는 외국인 인권보호 및 외국인의 남용 방지를 위해 체류관리를 적정하게 하지 않은 고용주에 대한 신규 고용 1년간 제한(이탈인원에 포함시켜 고용인원에서 1년간 공제)

○ (사증발급) 체류기간 상한 2년 내의 단수사증 발급
○ (제주영어교육도시 내 상업시설 종사자 특례) 제주국제학교 재학생 부모나 교직원의 가족은 체류자격외활동허가, 18세 이상 해외 본교 졸업생 중 무사증 입국자는 체류자격변경 허가를 통해 취업 허용
○ (체류관리 등) 일반 기준 적용
- 단, 제주도 음식점 통역판매 사무원의 제주도외 지역에서의 구직(D-10)자격 변경 금지, 사증발급인정서 발급 통해 재입국
○ (추가 제출서류) 사업장 면적 입증서류, 매출요건 입증서류, 고용보험가입자명부, 사업장용 고용보험피보험자격 취득 내역

2) 항공운송 사무원(31264)
○ (직종설명) 항공운송 사업체에서 승객을 위하여 예약을 접수, 항공권을 발권하고, 손님이 제시한 항공권의 유효성을 점검하며 승객명, 탑승구간, 비행편명 등에 의한 예약상황을 조회하고 좌석을 배정하는 업무를 수행하는 자
○ (도입 가능직업 예시) 항공운송 사무원
○ (자격요건) 석사 이상, 학사 및 경력 1년 이상
○ (사증발급 및 체류관리 등) 일반 기준 적용

3) 호텔 접수사무원(3922)
○ (직종설명) 호텔에서 고객에 대해 접수 및 예약을 하고, 고객이 방문하였을 경우 예약 여부를 확인하고 이에 대한 조치를 취하거나, 각종 안내 서비스 업무를 수행하는 자
○ (도입 가능직업 예시) 프런트데스크 담당원
○ (고용추천서 발급) 문화체육관광부장관(관광산업과) ※ 필수
○ (자격요건) 일반기준 적용. 단, 학위 없이 경력으로 요건을 충족하는 경우는 제한(관련분야 5년 이상 경력자는 발급 제한)
○ (고용업체 기준) 관광진흥법시행령 제2조 규정의 관광호텔업, 수상관광호텔업, 한국전통호텔업 및 가족 호텔업 중 전년도 연간 숙박인원에서 외국인 비율이 40%를 초과하는 호텔
○ (업체당 허용인원 기준) 국민고용 보호를 위해 호텔 당 최대 5명, 총 400명 이내

○ (사증발급) 체류기간 상한 2년의 단수사증

○ (체류관리 등) 일반 기준 적용

4) 의료 코디네이터(S3922)

○ (직종설명) 병원에서 진료 등을 위해 입국하려는 외국인환자 안내 및 유치활동보조, 진료 예약 및 통역, 고객관리 등 외국인환자를 위한 종합적인 서비스를 제공 하는 자

○ (도입 가능직업 예시) 의료 코디네이터

○ (국민고용 보호 심사기준) 적용 대상 (별도 기준 적용)

  – (고용업체 기준) 의료해외진출 및 외국인환자 유치 지원에 관한 법률 제6조에 따라 등록한 외국인환자유치의료기관 및 외국인환자 유치업자

  – (업체당 허용인원 기준) 유치의료기관은 2명 이내, 유치업자는 1명 이내(다만, 최근 1년간 외국인환자 유치실적이 인원 1,000명 이상인 경우에는 초과 1,000명당 1명씩 추가고용 허용)

    ▶ (「의료해외진출법」 제14조에 따른 '지정유치기관'에 대한 특례) 지정유치의료기관 당 3명 이내, 지정유치업자는 2명 이내(최근 1년간 외국인환자 유치실적이 인원 1,000명 이상인 경우에는 초과 1,000명당 1명씩 추가고용 허용)

  – (기타사항) 업체규모, 고용비율, 최저임금 등 별도로 국민고용 보호 내용이 없는 경우 일반기준 전면 적용

○ (고용추천서 발급) 보건복지부 장관(보건산업해외진출과) ※ 필수

○ (자격요건) 아래 요건중 하나 이상을 충족하는 자

  ① 의사간호사약사 등 보건의료인 자격증 소지자 또는 관련 학과를 졸업한 전문학사 이상 학위 소지자

  ② 국내 대학을 졸업(예정자 포함)한 학사 이상의 학위 소지자(수여예정자 포함)로서 한국보건복지 인재원에서 진행하는 국제의료코디네이터 전문과정 또는 의료통역 전문과정을 이수한 자

  ③ 국가기술자격법 시행규칙 별표2에 규정된 '국제의료관광 코디네이터' 자격증을 취득한 자

  ④ 「의료해외진출법」 제13조에 따른 '의료통역능력검정시험 인증서'를 취득한 자

○ (첨부서류) '국제의료관광 코디네이터' 국가기술자격증 사본(해당자), 국제의료코디네이터 전문 과정 수료증사본(해당자), 의료통역 전문과정 수료증 사본(해당자), 의료통역능력검정시험 인증서 사본(해당자), 외국인환자 유치기관등록증 등 사본, 신원보증서 등 추가

○ (사증발급) 체류기간 상한 2년의 단수사증

○ (체류관리 등) 일반 기준

5) 고객상담 사무원(3991)

○ (직종설명) 각 업체에 소속되어 국제용역, 해외영업에 한하여 종사하는 자로 외국인 고객을

대상으로 각종 서비스 홍보, 전화판촉, 영업 등의 업무를 수행하는 자. 서비스 대상을 선정하고 스크립터를 작성한 후 전화, 이메일, SNS를 통하여 여러 가지 상품에 대한 서비스 내용을 제공하고, 구매·이용·사용·상담·불만접수 등의 처리를 담당

○ (도입가능 분야) 국제용역 수행 및 해외 영업을 위한 온라인 상담 사무원. 단, 해당직무가 국민의 대체성이 사실상 없음을 증명하여야 함
  - 제외자 : 텔레마케터, 방문노점·이동 판매원(지정 근무처 이외 장소 금지), 홍보 도우미, 판촉원 등

○ (국민고용 보호 심사기준) 적용대상 (별도 기준 적용)
  - (고용업체 요건) 아래의 요건을 모두 충족할 것
    ⅰ) 국제용역 계약에 따라 해외 국가 국민에 대해 서비스를 제공하거나 국내에서 해외에 서비스를 제공 할 것
    ⅱ) 상시근로자 500명 이상이고, 국제용역계약 또는 국제용역 서비스 제공에 따른 전년도 매출액이 50억원 이상 일 것
      (해외업체의 용역을 수주하였거나, 해외사업 진출 업체임을 입증하여야함)
    ⅲ) 업체가 직접고용(아웃소싱 금지)하고 별도의 사무공간을 갖추었을 것(원격근무 금지)
  - (임금요건) 월평균 총 급여가 전년도 동일 사업장내의 동일 업무수행 내국인 평균임금 이상일 것
  - (기타사항) 업체규모, 고용비율, 최저임금 등 별도로 국민고용 보호 내용이 없는 경우 일반기준 전면 적용

○ (학력 및 경력 요건) 별도 요건 적용, 단, 관계부처 고용추천이 있는 경우 학력, 경력요건 면제
  ⅰ) 국내 전문학사 이상 학력 소지자
  ⅱ) 해외 학사 학력 소지자로 해당분야 경력 1년 이상인자 또는 석사 학력 이상인 자

○ (자격요건) 한국어 능력시험(TOPIK) 2급 이상 또는 KIIP 2단계 이수 또는 토익 (TOEIC) 730점 이상 자격 소지자

○ (사증발급 및 체류관리 등) 일반기준을 적용하되 사후관리 강화
  - (사증발급인정서) 체류기간 상한 1년의 단수사증 발급
  - (체류기간연장) 체류기간 연장 심사시 전년도 급여기록을 확인하여 임금요건 미충족시 체류허가 등 제한
  • 요건미비 외국인에 대해서는 연장허가 기간 단축 부여 또는 체류허가 제한
  • 제출된 고용계약서에 따라 임금을 지급하지 않고 이를 위반·남용한 해당 기업에 대해서는 신규 초청(취업) 제한
  - (근무처 변경) 근무처 변경 및 추가를 원칙적으로 제한하며, 휴폐업 및 경영악화 등으로 부득이한 근무처변경시에만 예외적으로 허용하고, 근무처 변경시에는 출국 후 사증을 발급 받아 재입국

- (자격외 활동) 자격외 활동 허가 제한
- (추가 제출서류) 국제용역계약서, 사무공간 확보 증빙서류, 한국어 능력 입증서류, 실적 입증서류
○ (허용인원 기준)
- 국제용역 매출 실적이 50억 이상~100억 이하인 경우 최대 40명 이내
- 국제용역 분야 매출액이 100억원 이상인 경우 인원제한 없음, 단, 해당분야 고용인력 70% 이내에서 허용

나. 서비스 종사자 (5개 직종)

1) 운송 서비스 종사자(431)
○ (직종설명) 선박 등에서 여객의 안락과 안전을 확보하고 여객의 편의를 도모하는 자
○ (도입 가능직업 예시) 국제 여객선 승무원(금강산 관광선 등), 국제선 항공사 객실승무원, 국내 운수회사 선박 등의 승무원
  ※ 도입 불가 : 선박 웨이터
○ (자격요건) 석사 이상, 학사 및 경력 1년 이상, 경력 3년 이상
○ (사증발급) 체류기간 상한 2년 내의 단수사증 (체류기간 1년 이하의 단수사증은 공관장 재량 발급)
○ (체류관리 등) 일반 기준 적용

〈국내 운영 대한민국선박에 근무하는 외국인선원 체류자격 구분〉
- (전문인력) 선원법 제3조제2호 규정에 의한 선장, 동조 제4호 규정에 의한 직원 (항해사, 기관장, 기관사, 통신사, 운항사, 어로장, 사무장, 의사)
  ▶ 대한민국법률에 의하여 인정된 외국의 국가공인자격증을 소지하고 대한민국법률에 따라 해당업무를 수행할 수 있는 선장 등 : 전문직업(E-5)
  ▶ 정기여객선 승무원, 금강산관광선 승무원, 항공사승무원과 같이 승객에게 직접적으로 서비스를 제공하는 자로서 학위증 및 이력서 등을 통하여 전문서비스 종사자로 판단되는 경우 : 특정활동(E-7)
- (비전문인력) 물건운송, 하역, 주방보조, 청소 등 단순노무에 종사하는 부원과 어선원 등 : 선원취업(E-10)

---

2) 관광통역 안내원(43213)
○ (직종설명) 국내를 여행하는 외국인에게 외국어를 사용하여 관광지 및 관광대상물을 설명하거나 여행을 안내하는 등 여행 편의를 제공하는 자
○ (도입 가능직업 예시) 관광통역 안내원

○ (고용추천서 발급) 문화체육관광부장관(관광산업과) ※ 필수

○ (자격요건) 석사 이상, 외국대학 '한국학' 관련 학사 및 경력 1년 이상, 국내대학 관광역사계열학과 졸업자(졸업예정자 포함), 전문대학 이상 졸업자로서 국내 관광통역안내사 자격증 취득자

○ (첨부서류) 관광사업자등록증 사본(일반여행업), 외국인관광객 유치실적 증빙자료 추가

○ (고용업체 기준) 관광사업등록을 필하고 최근 2년 평균 연간 외국인 관광객 유치실적이 2,000명 이상(한국여행업협회 발급 외국인 관광객 유치실적 증명서 제출) 또는 이에 상응하는 실적*을 갖춘 일반여행업체

   * 해외 전세기 유치실적, 외국인 관광객 유치관련 지자체 감사패, 우수여행사(문체부 지정) 또는 우수여행상품 보유 여행사(한국여행업협회 지정 등)

   – (기타사항) 업체규모, 고용비율, 최저임금 등 별도로 국민고용 보호 내용이 없는 경우 일반기준 전면 적용

○ (업체당 허용인원 기준) 고용업체 기준을 충족하는 경우 업체당 최대 2명*

   * 단, 외국인관광객 유치실적이 2,000명 이상인 경우 상기 허용인원에서 외국인관광객 2,000명 당 1명씩 추가고용 허용

○ (사증발급) 체류기간 상한 2년의 단수사증*

   * 단, 우리국민을 안내원으로 종사하도록 허용하지 않는 국가에 대해서는 상호주의를 적용하여 억제

○ (체류관리 등) 일반 기준 적용

3) 카지노 딜러(43291)

○ (직종설명) 카지노에서 승부도박을 진행하는 자

○ (도입 가능직업 예시) 카지노 딜러

○ (고용추천서 발급) 문화체육관광부장관(관광산업과)

○ (자격요건) 별도 요건 적용, 경력 5년 이상

○ (사증발급) 체류기간 상한 2년의 단수사증

○ (체류관리 등) 일반 기준 적용

4) 주방장 및 조리사(441)

○ (직종설명) 호텔, 음식점, 선박 등에서 조리계획을 세우고 음식점 및 기타 시설 안에서 조리사와 조리실 보조의 작업을 감독, 조정하는 자(주방장) 및 직접 음식을 만들기 위하여 각종 식료품을 준비하고 조리하는 자

○ (도입 가능직업 예시) 양식 주방장 및 조리사, 중식 주방장 및 조리사, 일식 주방장 및 조리사, 기타 국가 음식 주방장 및 조리사

   ※ 도입 불가 : 한식 주방장 및 조리사, 분식·커피·전통차 조리사[한식조리사(4411)·음료조리사

(4415)·기타 조리사(4419)]

○ (국민고용 보호 심사기준) 적용 대상 (별도 기준 적용)

- (기타사항) 업체규모, 고용비율, 최저임금 등 별도로 국민고용 보호 내용이 없는 경우 일반기준 전면 적용

○ (자격요건 및 검증방법) 국내·외 교육기간, 입상경력, 자격증 수준 등에 따라 달리 정함

① 국제적으로 인정되는 국내·외 요리경연대회 입상경력자 : 자격증 및 경력요건 면제*

* 수상경력 입증서류는 아포스티유 확인 또는 영사확인을 받아 제출하게 하되, 언론 보도 등으로 명백하게 확인이 되는 경우에는 영사확인 등 생략 가능

② 국외 자격증, 교육, 경력(해당 자격증 취득이후) 소유자

자격증 + 교육	경력	비고
중급 이상의 자격증	경력요건 면제	중국 : 1~2급 대만 : 갑(甲)급
초급 수준 자격증	경력 3년 이상	중국 : 3급~4급 대만 : 을(乙)급, 병(丙)급
6개월 이상 교육이수자	경력 5년 이상*	
기타	경력 10년 이상**	중식, 일식, 양식 제외

* 조리사 자격증, 경력증명서, 교육 이수증은 아포스티유 확인 또는 주재국 한국공관 영사확인을 받아 제출(단, 관광진흥법시행규칙 제25조에 따라 5성급으로 인정받은 호텔에서 직접 확인절차를 거쳐 선발한 주방장이나 전문 요리사의 경우에는 영사확인 등 생략 가능)

** 정규과정이 없는 현지 향토음식 등의 경우에만 허용

③ 국내 교육 + 자격증, 경력 소유자

- 학, 석사이상 : 전공 불문 + 한국산업인력공단에서 조리관련 기능사 이상의 자격증 취득 + 경력 2년(단, 국내 교육기간이 2년 이상인 경우 면제)

- 전문학사 : 관련분야 학위 + 한국산업인력공단에서 조리관련 기능사 이상의 자격증 취득 + 경력 2년(단, 국내 교육기간이 2년 이상인 경우 면제)

- 사설기관 연수 : 관련 분야 연수(D-4-6) + 한국산업인력공단에서 조리관련 기능사 이상의 자격증 취득 + 경력 2년(단, 국내에서 D-4-6 사증을 소지한 채 20개월 이상 관련분야 연수를 이수한 경우 경력 면제)

- (제한대상) 한식 관련 전공자 연수자 및 한식 조리사 자격증 취득자에 대해서는 적용하지 않음

○ (고용업체 일반요건) 관광호텔, 관광식당, 외국인관광객 전문식당, 항공사기내식 사업부, 관광편의시설 지정은 받지 않았지만 최소 사업장면적·부가세액*·국민고용기준을 모두 갖춘 외국음식 전문식당

* 부가세액은 관할 세무서장 발행 '부가가치세과세표준증명'상의 '납부세액'의 연간 합계액을 말함

○ (고용업체별 사업장 면적 등 최소요건)

구 분	사업장면적	연간 부가세	내국인 고용인원
중식당	200㎡ 이상	500만원 이상	3명(고용보험가입자명부에 3개월 이상 등재된 국민·화교 등 영주권자·결혼이민자)
일반식당	60㎡ 이상	300만원 이상	2명(상동)
규제특구지역 내 식당*	30㎡ 이상	200만원 이상	1-2명(상동) (면적 151㎡ 이상, 부가세 750만 원 이상 시만 적용)

* 안산 다문화마을 특구 내 식당, 인천 중구 차이나타운 특구 내 중식당

- (관광편의시설업 지정업체) 관광편의시설업 지정을 받은 업체는 사업장 면적요건이 최소기준의 50%이상이면 연간 부가세액과 내국인 고용요건을 갖춘 경우 인정
  ※ 단, 안산 다문화마을 특구 내 업체 및 인천 중구 차이나타운 특구 내 중식당은 상기 표와 같이 완화된 기준 적용(관광편의시설업 지정업체에 대한 특례와 중복 적용 불가)
- (내국인 고용인원 산정) 고용보험가입자명부에 3개월* 이상(신규업체는 3개월 이내) 등재된 국민·화교 등 영주권자·결혼이민자를 모두 포함
  * 개업일이 신청일 기준 3개월 이내이거나, 내국인 고용인원 최소기준을 충족한 업체가 추가 또는 대체인력 신청 시에는 고용보험 가입기간을 적용하지 않음
- (최소요건 심사기준) 형식상 최소요건을 갖추었다 하더라도 외국인관광객 등 이용 현황 및 유치 가능성이 전무하고, 저임금 외국인요리사 활용 목적으로 판단되는 경우에는 원칙적으로 초청을 제한

○ (심사기준) 기본원칙

① 사업장면적·부가세납부액*·고용인원별 허용인원의 합계 평균치로 산정하되 내국인 고용인원에 따른 허용인원을 초과하지 않도록 함
  * (예외) 부가세납부액 확인이 불가능한 신규 설립업체, 세금환급 또는 면세로 매출대비 정상 부가세 납부액 확인이 곤란한 경우 등은 동종 유사규모업체의 평균부가세납부액 또는 현재까지의 월 평균 부가세납부액을 연간 부가세납부액으로 환산하여 산정하거나, 부가가치세과세표준증명의 매출과세표준(수입금액)의 계(과세분+면세분)에 해당하는 연간합계 금액을 기준으로 산정할 수 있음
② (체류 관리부실 업체 고용 제한) 신청일 기준 임금체불 등으로 인하여 기타(G-1)자격으로 변경한 외국인이 있거나, 이탈자가 있는 업체에 대해서는 해당 인원수를 자격변경일 또는 이탈일로부터 1년 간 고용허용인원에서 공제

③ (내국인 고용인원) 신청일 기준 고용보험가입자명부에 3개월 이상 등재 + 법정 최저임금 이상의 월 급여를 지급(직원급여지급명세서로 시급과 월급 모두 충족)하는 경우에 한하여 내국인 고용인원으로 산정

  ※ 외국인단체관광객 전용식당, 외국인관광객 유치 등 우수업체, 관광편의시설지정업체 등에 대해서는 신청일 기준 고용보험가입자명부에 3개월 이상 등재되고, 법정 최저임금 미만의 월 급여(시급은 최저임금 요건 충족할 것)를 지급 받는 사람 2명을 내국인 고용인원 1명으로 환산하여 계산

④ (상시근로 어려운 업체 및 파견근로의 고용 제한) 웨딩홀, 출장뷔페, 이벤트 업체 등

○ (업체별 허용인원 산정기준) 최소요건을 갖추고 외국인요리사 채용의 필요성이 인정될 때 아래 산정 기준표에 따라 허용인원 산정

업체 유형별 외국인 요리사 고용허용인원 산정기준

구분		허용 인원 1명	2명	3명	4명	5명	6명	7명	8명	9명	10명	11명	12명
① 사업장 면적(㎡)	중식당	200~	250~	300~	350~	400~	500~	600~	700~	800~	900~	1,000~	1,000~
	일반식당	60~	70~	100~	150~	200~	250~	300~	350~	400~	500~	600~	700~
② 납세실적 (부가세*, 만원)	중식	500~	600~	800~	1,000~	1,500~	2,000~	2,500~	3,000~	3,500~	4,000~	5,000~	6,000~
	일반	300~	500~	600~	800~	1,000~	1,500~	2,000~	2,500~	3,000~	3,500~	4,000~	5,000~
매출과세표준 합계 (억원)		0.6억~	0.75억~	1억~	2억~	3억~	4억~	5억~	6억~	7억~	9억~	11억~	12억~
③ 내국인 고용인원 (명)	중식당	3~4	5	6	7	8	9	10	11~12	13~15	16~17	18~19	20~
	일반식당	2	3	4	4	5	6	7	8	9	10	11	12~

* 환급을 받은 경우는 실적금액에서 제외하고 실제로 납부한 실적을 의미함. 환급 등으로 납세실적입증이 어려운 경우에는 매출과세 표준액을 기준으로 산정함. 납세실적 제출이 원칙이며, 보조적으로 매출과세표준합계 적용

안산 다문화마을 및 인천 중구 차이나타운 특구 내 기준

구분		1명	2명	3명	4명	5명
사업장 면적		30~50㎡	51~100㎡	101~150㎡	151~200㎡	200㎡초과
연간	부가세납부액	200만원 이상	250만원 이상	500만원 이상	750만원 이상	1,000만원 이상
	매출과세표준 합계	4천만원	5천만원	1억원	1억5천만원	2억원

		이상	이상	이상	이상	이상
내국인 고용인원		–	–	–	1명	2명

○ (추가 첨부서류)

▸ 요리사 자격요건 입증서류 : 택1

  – 국내외 인정되는 요리경연대회 입상서류(원본제시, 사본제출)

  – 자격증(원본제시, 사본제출) 및 경력증명서(3년 또는 5년)

  – 경력증명서(10년, 향토음식에 한함)

▸ 고용업체 요건 서류 :

  – 고용보험 가입자 목록(공통)

  – 사업장용 고용보험피보험자격 취득 내역(공통)

  – 사업장 면적 입증서류(공통)

  – 부가가치세과세표준증명(세무서장 발행, 공통)

  – 관광편의시설업 지정 서류 (해당자에 한함)

  – 외국인관광객 면세판매장(세무서장 지정) 또는 보세판매장(세관장 특허) 서류 (해당업체에 한함)

○ (사증발급) 체류기간 상한 2년의 단수사증

○ (체류관리 등) 일반 기준 적용

5) 요양보호사(42111)

○ (직종설명) 식사, 목욕, 대소변 처리, 옷 갈아입기, 이동, 체위교환과 산책, 병원동행, 보행훈련 등 간단한 재활훈련과 같은 신체활동과 일상생활을 지원하며, 대화 상대가 되어주는 등 기타 심리적 지원을 위한 서비스를 제공하는 자

○ (도입 가능직업 예시) 요양보호사

○ (국민고용 보호 심사기준) 일반 기준 적용

  – 업체당 고용인원 : 국민고용인원 대비 20% 한도 내에서 허용

○ (소득요건) 당해연도 최저임금 이상

○ (자격요건) 아래 요건 모두 충족 필요

  – (학력) 국내 대학 전문학사 이상 학위 소지

  – (자격증) 요양보호사 자격증 소지

    ※ 한국보건의료인국가시험원 홈페이지(www.kuksiwon.or.kr)를 통해 진위여부 확인 가능

  – (한국어 능력) 사회통합프로그램(KIIP) 3급 이상 이수 또는 사전평가 61점 이상 또는 한국어능력시험(TOPIK) 3급 이상

○ (제출서류) 학위증, 요양보호사 자격증, 한국어능력 증빙서류 등

○ (허용인원 상한) 시범운영기간('24~'25년) 중 연간 총 400명 범위 내 도입·초청 허용

    ※ 사증발급인정서 발급 및 체류자격 변경 접수·심사 → 본부(체류관리과)에 쿼터 배정 요청
      → 쿼터 번호 발부 → 허가

○ (고용업체 기준) 「노인복지법」에 따른 노인의료복지시설

    ※ 관할 시·군·구에서 발급한 장기요양기관지정서 (기관기호가 1로 시작하는 시설)

○ (체류관리 등) 일반기준 적용

    – (근무처 변경) 휴·폐업, 경영악화, 고용계약 만료 등 외국인 근로자의 귀책사유가 없는 경우
      근무처 변경을 허용

Ⅳ. 기능인력에 대한 세부기준

1. 적용대상자

○ (일반 기능인력) '한국표준직업분류' 상 대분류 항목 6(농림어업 숙련 종사자) 및 항목 7(기능원
및 관련 기능 종사자)직종 중 법무부 장관이 선정한 9개 직종

○ (숙련기능인력 점수제) '한국표준직업분류' 상 대분류 항목 6(농림어업 숙련 종사자) 및 항목
7(기능원 및 관련 기능 종사자)직종 중 점수제 평가에 따라 E-9, E-10, H-2 자격에서 체류자격
변경이 허용되는 법무부장관이 선정한 3개 직종

    ※ 국내 체류 중 음주운전, 폭행, 절도 등 형사범죄경력이 있는 경우 사증발급인정서 발급
      억제대상임

2. 직종별 세부 심사기준

가. 일반 기능분야 종사자 (9개 직종, E-7-3)

1) 동물사육사(61395)

○ (직종설명) 동물원, 경마장, 경주용 동물 등을 전문적으로 사육하는 농장 등에서 풍부한
전문지식과 경험을 바탕으로 동물들에게 먹이를 주며 건강상태를 상세히 체크하고, 동물의
습성과 성향을 숙지하고 훈련시키는 자

○ (도입 가능직업 예시) 동물사육사

○ (자격요건) 일반 요건 적용

○ (사증발급) 체류기간 상한 2년의 단수사증

○ (체류관리 등) 일반 기준 적용

2) 양식기술자(6301)

○ (직종설명) 해삼양식장에서 해삼 종묘 생산 및 해삼 사료의 개발과 가공에 종사하면서 관련
기술을 전수하고 제공하는 자

○ (도입 가능직업 예시) 해삼양식 기술자 또는 새우양식 기술자만 허용

○ (국민고용 보호 심사기준) 적용 대상(별도 기준 적용)

　– (고용업체 기준) 해양수산부에서 정하는 요건을 구비한 업체*

　　* 해양수산부는 수산종자산업육성법에 따라 발급된 수산종자생산업허가증, 사업계획서, 중국기업등기부등본 사본, 고용계약서, 재직(경력)증명서, 이력서, 졸업증명서 등을 제출 받아 심사 후 고용추천서 발급

　– (급여요건) 월급여는 전년도 월 평균 GNI 80% 이상

○ (고용추천서 발급) 해양수산부 장관(양식산업과) ※ 필수

○ (자격요건) 수산분야 학사이상 학위, 수산분야 전문학사학위 + 해당 양식기술 분야 2년 이상 경력, 해당 양식기술 분야 5년 이상 경력

○ (추가 제출서류) 종묘생산(또는 양식) 어업허가증 사본, 신원보증서, 수산종자생산업 허가증 (해당자에 한함)

○ (허용인원 기준) 1개 업체당 3명 이내 (단, 해양수산부와 법무부가 협의하여 달리 정한 경우는 예외)

○ (사증발급) 체류기간 상한 2년의 단수사증

○ (체류관리 등) 일반 기준 적용

3) 할랄 도축원(7103)

○ (직종설명) 이슬람 율법에 따라 도축(도계)할 수 있는 자격과 경력을 갖추고 국내 할랄 도축(도계)장에서 도축 등의 업무에 종사하는 자

○ (도입 가능직업 예시) 도축원, 도살원

○ (국민고용 보호 심사기준) 적용 대상(별도 기준 적용)

　– (고용업체 요건) 한국이슬람교중앙연합회(KMF) 또는 해외 국가별 주요 인증기관에서 할랄 도축(도계)장 인증을 받은 업체*

　　* 할랄 전용 도축(도계)장 또는 전용라인을 설치하고 최소 3인의 무슬림 도축인력을 확보한 업체에 대해 인증서 발급

　– (업체당 허용인원) 연간 매출액 기준으로 80억 원 이하인 업체는 3명 이내, 80억 원을 초과하는 업체는 7명 이내

　– (기타사항) 업체규모, 고용비율, 최저임금 등 별도로 국민고용 보호 내용이 없는 경우 일반기준 전면 적용

○ (고용추천서 발급) 농림축산식품부 장관(축산정책과) ※ 필수

○ (자격요건) 고등학교 이상 졸업 + 5년 이상 할랄 도축 경력(단, 관련 자격증 소지자의 경우에는 3년 이상 근무경력)

○ (사증발급) 체류기간 상한 2년 이내의 단수사증

○ (체류관리 등) 일반 기준 적용

4) 악기 제조 및 조율사(7303)

○ (직종설명) 악기 제조사에서 나무나 플라스틱, 철 등의 원료를 가공하여 피아노, 바이올린 등 각종 악기를 제조하거나 조율하는 자

○ (도입 가능직업 예시) 악기 제조사, 조율사

○ (자격요건) 경력 10년 이상

○ (사증발급) 체류기간 상한 2년의 단수사증

○ (체류관리 등) 일반 기준 적용

5) 조선용접공(7430)

○ (직종설명) 조선 분야 등의 비철금속 성형 및 제조에 관한 숙련 기능을 보유한 자

○ (도입 가능직업 예시) 조선분야 숙련용접공(Tig 용접, CO_2용접, 알곤용접, 용접사상*)

　* 사상 공정의 경우, 관련 직무·안전교육 이수 내역이 산업부 지정기관에서 발행한 증명서 등을 통해 확인되는 경우 투입 허용

○ (국민고용 보호 심사기준) 별도 기준 적용

－ (고용업체 요건) 아래 요건을 모두 충족하는 조선소, 선박관련 블록제조업 및 조선 기자재 업체*

　* 조선업 전업률이 50% 이상임을 산업부 지정기관에서 발행하는 확인서를 통해 확인된 조선 기자재 업체(확인기관 및 확인절차 등 세부 사항은 산업부 장관이 정함)

▶ 최근 1년간 연평균 매출액이 10억원 이상

※ 단, 외국인력을 고용한 업체가 폐업한 경우, 동 업체를 승계하여 신규 설립한 업체의 경우 예외적으로 외국인 고용을 허용

▶ 상시 근로자 10인 이상

※ 단, 「중소기업기본법」 상 소기업(소규모 조선업체 특례 대상)의 경우 면제

▶ 최근 2년 이내 이탈자가 발생하지 않은 업체(외국인력을 고용한 업체가 폐업한 경우, 동 업체를 승계하여 신규 설립한 업체의 경우 예외적으로 외국인 고용 허용)

※ 다만, 이탈자가 발생한 경우라도 초청업체가 업체 건전성(납세실적, 국민고용 유지 여부) 근로자 관리 의무 이행 사실 및 활용 능력을 입증하는 경우 이탈일로부터 2년 간 이탈 인원 수를 고용 허용인원에서 공제한 뒤 고용 허용

－ (외국인 고용비율) 국민고용인원의 30% 범위 내에서 조선업 E-7-3 외국인력 고용 허용

▶ (소규모 조선업체 특례) 소규모 조선업체*의 경우, 내국인 상시 근로자 수에 관계없이 최소 5명의 조선업 E-7-3 외국인 고용을 허용하고, 연매출 20억 당 1명의 추가 고용을 허용

　* 「중소기업기본법」 상 '소기업 확인서'로 확인되는 기업

－ (임금요건) 전년도 1인당 국민총소득(GNI)의 80% 이상

▶ 도입 3년차까지 '2,500만원 이상('24년 기준)'으로 완화된 임금요건 적용

　　※ 외국인의 경력·기량에 비례하는 적정 임금 보장을 위한 기준으로, 신규 채용이 아닌
　　　기 도입 인력(도입 2~3년차)의 임금은 기존 수준을 유지하여야 함

○ (도입 절차)

－ (기량검증) 산업통상부 지정 기관(예 : 조선해양플랜트협회)에서 기량검증단을 구성하여
　조선 용접분야 현지 기량검증 실시 후 통과자들에게 기량검증 확인서 발급

○ (고용추천서 발급) 산업통상자원부장관(조선해양플랜트과)　※ 필수

－ 출입국관리법 시행령 제7조제6항에 따라 추천서 발급 기준, 기량검증 절차 등은 산업통상자원부
　장관이 법무부 장관과 협의하여 따로 정함

○ (자격요건) 중급이상 조선용접공 자격증 취득 후 2년 이상 경력 + 현지 기량검증 통과

－ (용접자격증) 국내 조선소에서 일반적으로 통용되는 AWS 등*의 기준을 적용하여 발급된 중급
　**이상의 FCAW, GMAW, GTAW 용접기술 분야의 자격증(신원, 기량수준, 적용기준 등
　이 명시되어 있으며, 발급처의 직인 또는 책임자의 서명 등이 포함된 출입증(또는 사원증),
　시험결과지 및 재직증명서 등을 포함)으로 한정

　* AWS(미국용접협회), ASME(미국기계기술자협회), ISO(국제표준화기구), EN(유럽표
　　준), 국제선급협회[한국선급(KR), 미국선급(ABS), 영국선급(LR), 노르웨이·독일선급
　　(DNVGL) 등]

　** 용접자세 중 아래보기(일반적으로 F, 1G로 표기) 및 수평(일반적으로 H, 2G로 표기)을
　　제외

○ (유학생 특례) 국내 대학에서 이공계 전문학사 이상 학위를 취득한 외국인 유학생이 조선업체
　취업이 확정되고 산업통상자원부 장관의 고용추천을 받은 경우 체류자격 변경을 허용

○ (제출서류) 국제선급회사 등 발급 자격증, 기량검증단 발급 기량검증확인서, 학위증(해당자)
　추가

　※ 송출국 정부에서 발행한 자격증 및 경력사항이 포함된 확인서를 아포스티유(또는 영사확인)
　　받아 제출하는 경우에도 인정

○ (사증발급) 체류기간 상한 2년의 단수사증

○ (체류관리 등) 일반 기준 적용하되, 사후관리 강화*

　* 조선협회 주관으로 체류자 대상 한국어교육 및 기량 미달자에 대한 사내(위탁)기술교육을
　　실시하고, 휴·폐업 및 임금체불 등으로 정상근무가 어려운 경우 조선용접공 추가 채용이
　　필요한 관리우수업체로 재취업 유도

－ (사회통합프로그램) 국내 입국 후 1년 이내에 사회통합프로그램 사전평가 21점 이상 취득
　또는 사회통합프로그램 1단계 이상 이수 여부 확인(유학생 특례 적용 대상자들은 이수 불필요,
　'24. 1. 1. 이후 입국자부터 적용)

－ (근무처 변경) 근무처 변경은 휴·폐업, 경영악화 등 부득이한 경우 또는 외국인의 귀책사유가

없는 경우에 한정하며, 근무처 변경 허가 시 해당 외국인의 자격요건, 고용업체 기준, 업체당 허용인원 등은 사증발급 기준에 준하여 심사

※ 근무처 변경 시 조선해양플랜트협회 발급서류(고용추천서 및 기업체 현장실사 보고서(부득이한 근무처 변경 시)) 필수

6) 선박 전기원(76212)

○ (직종설명) 케이블 가설, 화재경보장치, 내부통신 시설 등의 선박 내 배선 및 장치를 설치하고 수리하는 자

○ (도입 가능직업 예시) 선박전기원, 선박전기 수리원

○ (국민고용 보호 심사기준) 별도 기준 적용

  – (고용업체 요건) 산업부 장관으로부터 조선해양플랜트분야 고용추천을 받은 기업

  – (외국인 고용비율) 국민고용인원의 30% 범위 내에서 조선업 E-7-3 외국인력 고용 허용

  ▶ (소규모 조선업체 특례) 소규모 조선업체*의 경우, 내국인 상시 근로자 수에 관계없이 최소 5명의 조선업 E-7-3 외국인 고용을 허용하고, 연매출 20억 당 1명의 추가 고용을 허용

    * 「중소기업기본법」 상 '소기업 확인서'로 확인되는 기업

  – (임금요건) 전년도 1인당 국민총소득(GNI)의 80% 이상

  ▶ 도입 3년차까지 '2,500만원 이상('24년 기준)'으로 완화된 임금요건 적용

    ※ 외국인의 경력·기량에 비례하는 적정 임금 보장을 위한 기준으로, 신규 채용이 아닌 기 도입 인력(도입 2~3년차)의 임금은 기존 수준을 유지하여야 함

○ (자격요건) 아래 중 하나의 요건을 구비

  ① 관련 분야 학사학위 이상을 소지한 해당분야 1년 이상 경력자

  ② 관련 분야 전문학사 학위 이상을 소지한 해당분야 5년 이상 경력자

○ (기량검증 특례) 산업통상자원부 지정 기관(예 : 조선해양플랜트협회)의 조선분야 전기설비 현지 기량 검증을 통과한 사람에 대해(기량검증확인서 확인) 경력 요건 완화

  ① 관련 분야 학사 학위 이상 소지자 : 경력 면제

  ② 관련 분야 전문학사 학위 소지자 : 해당 분야 2년 이상 경력

○ (유학생 특례) 국내 대학에서 이공계 전문학사 이상 학위를 취득한 외국인 유학생이 조선업체 취업이 확정되고 산업통상자원부 장관의 고용추천을 받은 경우 체류자격 변경을 허용

○ (고용추천서 발급) 산업통상자원부 장관(조선해양플랜트과) ※ 필수

  – 출입국관리법 시행령 제7조제6항에 따라 추천서 발급 기준, 기량검증 절차 등은 산업통상자원부 장관이 법무부 장관과 협의하여 따로 정함

○ (사증발급) 체류기간 상한 2년의 단수사증

○ (체류관리 등) 일반 기준 적용

  – (사회통합프로그램) 국내 입국 후 1년 이내에 사회통합프로그램 사전평가 21점 이상 취득

또는 사회통합프로그램 1단계 이상 이수 여부 확인(유학생 특례 적용 대상자들은 이수 불필요, '24. 1. 1. 이후 입국자부터 적용)

- (근무처 변경) 근무처 변경은 휴·폐업, 경영악화 등 부득이한 경우 또는 외국인의 귀책사유가 없는 경우에 한정하며, 근무처 변경 허가 시 해당 외국인의 자격요건, 고용업체 기준, 업체당 허용인원 등은 사증발급 기준에 준하여 심사

  ※ 근무처 변경 시 조선해양플랜트협회 발급서류(고용추천서 및 기업체 현장실사 보고서(부득이한 근무처 변경 시)) 필수

- (사전·사후 관리감독 강화) 법무부·산업부 합동으로 국내·외 기량검증 과정, 체류·근무 현황을 점검하여 제도 남용을 방지

○ (기타사항) '22. 7. 1.부터 상시 운

7) 선박 도장공(78369)

○ (직종설명) 도장용구를 사용해 페인트, 래커, 에나멜 등을 건축, 선박 등에 도장하는 자로서, 도장하기 위해 표면을 손질하거나 선박의 목조부분 및 내부장치를 도장하는 자 등이 포함됨

○ (도입 가능직업 예시) 선박 도장공(도장 전처리, 도료 작업, 타이코트(서로 다른 도료 간 접착력 향상) 작업 등 도장 공정 전 과정 포함)

  * 실무상 스프레이 사수, 터치업조 롤러, LQC(Line Quality Control) 등으로 지칭될 수 있음

○ (국민고용 보호 심사기준) 별도 기준 적용

  - (고용업체 요건) 산업부 장관으로부터 외국인 도장기술자 초청이 적합하다고 추천을 받은 업체

  ▶ (업종) 사업자등록증 상 사업종류가 '기타 선박 건조업', '선박구성 부분품 제조', '선박도장', '도장' 등으로 등록되어 있는 업체

    ※ 한국표준산업분류 상 31113(선박 건조), 31114(선박구성부분품 제조), 42411(도장 공사업)

  ▶ (원청업체 협력) 도장기술자의 초청 및 입국 후 관리를 위한 원청업체와의 협력 체계가 확인되는 업체

  - (외국인 고용비율) 국민고용인원의 30% 범위 내에서 조선업 E-7-3 외국인력 고용 허용

  ▶ (소규모 조선업체 특례) 소규모 조선업체*의 경우, 내국인 상시 근로자 수에 관계없이 최소 5명의 조선업 E-7-3 외국인 고용을 허용하고, 연매출 20억 당 1명의 추가 고용을 허용

    * 「중소기업기본법」 상 '소기업 확인서'로 확인되는 기업

  - (임금요건) 전년도 1인당 국민총소득(GNI)의 80% 이상

  ▶ 도입 3년차까지 '2,500만원 이상('24년 기준)'으로 완화된 임금요건 적용

    ※ 외국인의 경력·기량에 비례하는 적정 임금 보장을 위한 기준으로, 신규 채용이 아닌 기 도입 인력(도입 2~3년차)의 임금은 기존 수준을 유지하여야 함

○ (자격요건) 선박도장 관련 전문학사 이상의 학위를 소지하고, 관련 분야에서 일정기간 근무한 경력이 있는자

　　- 학력 : 선박도장 관련 전문학사 이상의 학위소지

> ▸ 전공명 : 화학, 화학공학, 재료공학, 조선공학, 건축공학, 자동차공학, 기계공학
> ▸ 상기 전공명에 해당하지 않으나 관련성이 있다고 판단되는 전공인 경우, 도장 관련 과목*을 3과목 이상 이수한 경우 인정 가능
> 　* 도장관련 과목(예시) : 건축재료 계획, 건축시공, 자동차튜닝, 도장실무 등

　　- 경력 : 도장 관련 분야에서 아래에 해당하는 기간 이상 근무

> ▸ 전문학사 : 5년 이상
> ▸ 학사 이상 : 1년 이상
> ▸ 경력 판단기준 : 해당업체의 업종, 담당직무 등을 종합하여 판단

　　- 기량검증 특례 : 산업통상자원부 지정 기관(예 : 조선해양플랜트협회)의 도장분야 기량 검증을 통과한 자에 대해서는 경력 요건 완화

> ▸ 전문학사 : 2년 이상 경력
> ▸ 학사 이상 : 경력 면제
> ▸ 경력 판단기준 : 해당업체의 업종, 담당직무 등을 종합하여 판단

　　- 유학생 특례 : 국내 대학에서 이공계 전문학사 이상 학위를 취득한 외국인 유학생이 조선업체 취업이 확정되고 산업통상자원부 장관의 고용추천을 받은 경우 체류자격 변경을 허용

> ▸ 기량검증기관 : 산업부 지정기관 (예: 조선해양플랜트협회)
> ▸ 기량검증기준 : 산업부 장관이 정하는 기준을 통과한 자
> - (예-시험형) 관련 전공자가 기량검증 시험에 곧바로 응시하는 유형
> - (예-교육형) 관련 전공자가 일정시간의 선박도장 분야 실무교육을 이수한 후, 기량검증 시험에 응시하는 유형

○ (추가 제출서류) 산업부장관 업체 추천서, 기량검증통과자는 산업부 지정기관의 기량검증 확인서 추가

○ (사증발급) 체류기간 상한 2년의 단수사증

○ (체류관리 등) 일반 기준 적용

　　- (근무처 변경) 근무처 변경은 휴·폐업, 경영악화 등 부득이한 경우 또는 외국인의 귀책사유가 없는 경우에 한정하며, 근무처 변경 허가 시 해당 외국인의 자격요건, 고용업체 기준, 업체당 허용인원 등은 사증발급 기준에 준하여 심사

※ 근무처 변경 시 조선해양플랜트협회 발급서류(고용추천서 및 기업체 현장실사 보고서(부득이한 근무처 변경 시)) 필수

– (사회통합프로그램) 국내 입국 후 1년 이내에 사회통합프로그램 사전평가 21점 이상 취득 또는 사회통합프로그램 1단계 이상 이수 여부 확인(유학생 특례 적용 대상자들은 이수 불필요, '24. 1. 1. 이후 입국자부터 적용)

8) 항공기 정비원(7521)

○ (직종설명) 항공기(헬리콥터 포함)의 동력장치, 착륙장치, 조종 장치, 기체, 유압 및 기압 시스템 등의 고장여부, 범위, 정도 등을 파악하여 안전하게 운행할 수 있도록 조립, 조정, 정비하는데 관련된 제반업무를 수행하는 자

○ (도입 가능직업 예시) 비행기 정비원, 헬리콥터 정비원

○ (고용추천서 발급) 국토교통부장관(항공기술과) ※ 필수

○ (자격요건) 일반요건 적용

○ (사증발급) 체류기간 상한 2년의 단수사증

○ (체류관리 등) 일반 기준 적용

9) 항공기(부품) 제조원(S8417)

○ (직종설명) 항공기 및 부분품*을 제조·조립하고 도장판금 등의 직무를 수행하는 자
　　* 기체구조물, 동력장치, 착륙장치, 조종장치, 기체·유압기압 시스템, 전자장비, 소재류 등

○ (도입 가능직업 예시) 항공기구조물조립원, 항공기기계가공원, 항공기판금가공원, 항공기(부품)도장원, 항공용복합재료가공원, 항공기부품열처리원, 항공기부품화공 처리원 등

○ (국민고용 보호 심사기준) 일반 기준 적용
　– 업체당 고용인원 : 국민고용인원 대비 20% 한도 내에서 허용

○ (소득요건) 전년도 1인당 국민총소득(GNI)의 80% 이상

○ (자격요건) 아래 요건 중 하나를 충족하는 자
　– 이공계 석사 이상 학위 소지
　– 이공계 학사 이상 학위 소지 + 해당분야 1년 이상 경력
　– 해당분야 5년 이상 경력
　　※ 해당업체의 업종, 담당직무 등을 종합하여 경력요건 충족 여부를 판단하되, 학위 취득 후의 경력만 인정

○ (제출서류) 학위증, 경력 증명서
　※ 해외 발급 서류는 아포스티유 확인 또는 대한민국 공관의 영사확인 필수

○ (유학생 특례) 국내대학에서 이공계 전문학사 이상 학위를 취득한 외국인 유학생이 항공기(부품)

제조업체 취업이 확정되고 산업통상자원부 장관의 고용추천을 받은 경우 경력요건 면제

○ (허용인원 상한) 시범운영기간('24~'25년) 중 연간 총 300명 범위 내 도입·초청 허용

○ (고용추천서 발급) 산업통상자원부 장관(기계로봇항공과) ※ 필수

○ (고용업체 기준) 항공기(부품) 제조업체* 중 최근 1년간 연평균 매출액 10억 원 이상 + 상시 근로자 10인 이상 + 최근 2년 이내 법 위반 및 이탈자가 발생하지 않은 업체**(다만, 외국인력을 고용한 업체가 폐업한 경우, 동 업체를 승계하여 신규 설립한 업체의 경우 예외적으로 외국인 고용 허용)

  * 산업통상자원부가 지정하는 기관에서 발행하는 확인서를 통해 확인된 항공기(부품) 제조업체 (확인기관 및 확인절차 등 세부 사항은 산업부 장관이 정함)

  ** 다만, 이탈자가 발생한 경우라도 초청업체가 업체 건전성(납세실적, 국민고용 유지 여부), 근로자 관리의무 이행 사실 및 활용 능력을 입증하는 경우 이탈일로부터 2년 간 이탈 인원 수를 고용 허용인원에서 공제한 뒤 고용 허용

○ (사증발급) 체류기간 상한 2년의 단수사증

○ (체류관리 등) 일반기준 적용

  – (근무처 변경) 휴·폐업, 경영악화, 고용계약 만료 등 외국인 근로자의 귀책사유가 없는 경우에 한정하며, 근무처 변경 허가 시 해당 외국인의 자격요건, 고용업체 기준, 업체당 허용인원 등은 사증발급 기준에 준하여 심사

  – (사전·사후 관리감독 강화) 법무부·산업부 합동으로 체류·근무 현황을 점검하여 제도 남용을 방지

○ (사회통합프로그램) 국내 입국 후 1년 이내에 사회통합프로그램 사전평가 21점 이상 취득 또는 사회통합프로그램 1단계 이상 이수 여부 확인(유학생 특례 적용 대상자들은 이수 불필요)

10) 송전 전기원(76231)

○ (직종설명) 송전을 위한 철탑 건설조립 및 완성된 철탑 간 전선 가선 작업 등의 직무를 수행하는 자

○ (도입 가능직업 예시) 송전설비 전기원

○ (국민고용 보호 심사기준) 별도 기준 적용

  – (업체당 고용인원) 업체당 최대 30명까지 고용 허용. 단, 무단이탈자 발생 시 이탈일로부터 1년 간 이탈한 인원수를 고용허용 인원에서 공제

○ (소득요건) 당해연도 최저임금 이상

  ※ 단, 고위험 특수 분야임을 고려하여, 연 4,200만 원 상당(월 350만 원)의 급여 지급 여부 확인('24년도 기준)

○ (자격요건) 아래 요건 중 하나를 충족하는 외국인 근로자

  – 유효한 자격증을 소지한 해당분야 1년 이상 경력자

- 해당분야 5년 이상 경력자

○ (기량검증) 산업통상자원부 지정 기관·단체에서 구성한 기량검증단*을 통한 현지 기량검증 실시 후 통과한 외국인에게 기량검증 확인서 발급

○ (제출서류) 유효한 자격증(해당자), 경력 증명서, 기량검증 확인서

　※ 해외 발급 서류는 아포스티유 확인 또는 대한민국 공관의 영사확인 필수

○ (허용인원 상한) 시범운영기간('24~'25년) 중 연간 총 300명 범위 내 도입·초청 허용

○ (고용추천서 발급) 산업통상자원부 장관(전력계통혁신과) ※ 필수

○ (고용업체 기준) 한국전력공사로부터 송전공사를 수주한 건설업체

　※ 한국전력공사(발주자)와 체결한 송전공사 계약서 및 「전기공사업법」 제4조에 따른 전기공사 업 등록증 제출 필요

○ (사증발급) 체류기간 상한 2년의 단수사증

○ (체류관리 등) 일반기준 적용

- (근무처 변경) 휴·폐업, 경영악화, 고용계약 만료 등 △외국인 근로자의 귀책사유가 없는 경우 또는 △해당 공구 내 송전 전기원이 필요한 공사가 완료된 경우(이적동의서 필수) 다음 공구 투입을 위한 근무처 변경을 허용. 단, 근무처 변경 시 해당 외국인의 자격요건, 고용업체 기준, 업체당 허용인원 등은 사증발급 기준에 준하여 심사

- (사전·사후 관리감독 강화) 법무부·산업부 합동으로 체류·근무 현황을 점검하여 제도 남용을 방지

나. 숙련기능 점수제 종사자 (3개 직종, E-7-4)

1) 뿌리산업체 숙련기능공(S740)

○ (직종설명) 주조, 금형, 소성가공, 용접, 표면처리, 열처리 등 공정기술을 활용하여 소재를 부품으로, 부품을 완제품으로 생산하는 뿌리산업체에서 필요로 하는 기술이나 숙련된 기능을 보유하고, 생산현장에서 단순노무인력을 지도·관리하며 생산활동을 주도하는 자

○ (도입 가능직업 예시) 주철관·주철제 제조업체, 회·가단·구상흑연·보통강·특수강(합금강)·알루미늄·동·기타 비철금속 주물업체, 주물주조기계 제조업체, 프레스용·플라스틱용·기타 금형 제조업, 몰드 베이스·기타 주형 관련 부속품 제조업체, 공업용 노·전기노 제조업체, 노 부속품 및 부품 제조업체, 금속 표면처리용 화합물 제조업체, 도금업체, 도장 및 기타 파막처리업체, 기타 금속처리 제품 제조업체, 페놀·에폭시 동박적층판 제조업체, 전기도금 및 전기분해용 기기 제조업체, 금속 표면처리기 제조업체, 분말야금 제품 제조업체, 보통강 특수강·기타 철강·스테인레스·알루미늄·동·기타 비철금속 단조물 제조업체, 자동차용 프레스·기타 프레스 가공품 제조업체, 액압기계프레스 제조업체, 금속 단조기·금속 일반기 제조업체, 나사 전조기·금속선 가공기·기타 금속 성형기계·금속성형기계의 부품 제조업체, 천연·합성수지 접착제 제조업체, 접착 테이프·기타 1차 비철금속 제품 제조업체, 용접봉 제조업체, 아크·저항·기타 전기 용접기 제조업체,

가스 용접 및 절단기 제조업체, 반도체 조립장비 제조업체, 칩 마운터 제조업체 등(뿌리산업법 시행령 제2조 별표 세세분류)

○ (국민고용 보호 심사기준) 적용 대상 (별도 기준이 설정된 경우를 제외하고 일반기준 전면 적용)

○ (유형별 자격요건 및 허가절차) 현지 선발자와 국내 전문대학 이상 졸업자, 비전문취업(E-9)자 등 각각의 특성에 부합하도록 자격요건 및 허가절차 등 별도 설정

① 현지 선발자 : 관계부처 및 단체 등과 협의하여 세부사항 등 결정 후 별도 시행 예정

② 뿌리산업 인력 양성대학 졸업자 : 체류자격변경(원칙)

  – (자격요건) 뿌리산업학과 전공 + 뿌리산업 분야 기능사 이상 자격증 취득 또는 정부·업계 등으로 구성된 기량검증단의 기량검증 통과

  – (허가절차 등) 계약기간 범위 내에서 최대 2년의 체류기간을 부여(연간 300명 한도에서 체류자격 변경을 허용)

③ 국내 체류 E-9, E-10, H-2 자격자 : 체류자격 변경(원칙)

  ※ '23. 9. 25. 이후 E-7-4 체류자격 변경의 경우 '숙련기능인력 혁신적 확대(K-point E74)' 관련 하이코리아 공지사항 참조

  – (자격요건)숙련기능인력 점수제 해당자

  – 내국인 구직기피 관련 관계부처 확인대상

    i) 점수요건을 충족한 뿌리산업 및 제조업의 성실재입국자로 고용노동부 장관의 추천*을 받은 자 350명

    ii) 점수요건 충족한 뿌리산업 및 농림축산어업의 재입국특례 외국인근로자 중 산업통상자원부, 농림축산식품부, 해양수산부 장관의 고용 추천을 받은 자 420명(산업부 120명, 농림부/해수부 각 150명)

○ (제출서류) 기량검증단 발급 기량검증확인서*, 뿌리산업체증명서, 체류자격 변경허가 요건 구비 입증서류 등 추가

  * 기량검증 확인서는 원칙적으로 유효기간 내에서 유효함. 단, i)국내에서 해당 업종에 계속 근무중인 경우, ii) 직종에 종사하지 않지만 국내 계속 체류하며 발급 후 3년 이내인 경우 등 유효기간이 만료되었더라도 해당 분야 기량을 보유하고 있다고 인정되는 경우 유효하다고 인정 가능함

○ (고용업체 기준) 아래 요건을 충족하는 업체

  ① 선발자 및 양성대졸업자 등 : 국민고용 피보험자 수가 10명 이상인 업체(단 뿌리산업체인 경우 국민고용 피보험자 수가 5명 이상)

  ② E-9 등 자격변경자 : 신청일 기준 현재 E-9, E-10 외국인 근로자를 1인 이상 고용 중인 업체

○ (업체당 허용인원 기준)

　－ 뿌리 양성대학 졸업자 : 내국인 고용비율 20% 이내에서 별도 허용

○ (사증발급) 예외적으로 사증발급인정서 (기술인력 양성대학 졸업생)발급

　－ 체류기간 상한 2년의 단수사증 발급(단, E-9 등이 사증발급인정서 발급 희망 시에는 체류기간 1년의 단수로 발급)

○ (체류관리 기준) 동일 업체에 계속 취업을 전제로 체류기간을 연장하고, 근무처 변경·추가는 사전허가사항으로 이 경우 요건(점수제) 충족여부를 재심사

　－ (근무처변경 및 추가) 원칙적으로 근무처 변경 및 추가 제한, 원 근무처장의 동의가 있거나, 근로계약기간이 만료된 경우, 고용업체가 휴폐업 및 경영악화 등으로 계속 고용이 어렵거나 임금 체불 및 인권침해 등 부득이한 사유가 있는 경우에는 근무처 변경을 허용

　－ (다른 직종으로의 변경) 일반 제조업체나 다른 직종으로 변경하는 것도 엄격하게 제한, 원칙적으로 E-7-4 이외의 다른 직종(E-7-1)으로 자격변경은 불가하며, 사증발급을 통해 다른 직종으로 재입국 허용

　• E-7-4내의 구직을 위해 D-10으로 자격 변경시 최초 3개월(E-9 준용)을 부여하고 최대 6개월을 넘을 수 없으며, 6개월이 넘는 경우에는 출국 후 사증발급인정서를 통해 재입국 허용

　－ (기간연장) 기간연장시 자격변경에 준하여 요건을 재심사하여 점수요건 미충족시 체류기간 연장 허가 제한

　　※ 단, 2017년 8월1일 이전 E-7 자격으로 변경 한 외국인이 동일 요건(근무처 변경 없이)을 유지하고 있는 경우에 한하여 기존 요건을 준용하여 체류기간 연장, 근무처 변경 등 새로운 허가를 요할 경우에는 개정된 점수제 요건을 적용하여 심사, '19. 1. 1.부터는 모든 E-7-4 자격자의 기간연장 요건 심사시 점수표 전면적용

2) 농림축산어업 숙련기능인(S610)

　　※ '23. 9. 25. 이후 E-7-4 체류자격 변경의 경우 '숙련기능인력 혁신적 확대(K-point E74)' 관련 하이코리아 공지사항 참조

○ (직종설명) 농산물 생산과 원예, 조경, 가축 번식 및 사육, 낙농제품생산, 어패류 양식 등에 필요한 지식과 경험을 바탕으로 현장에서 주도적으로 활동을 기획하고 수행하는 자

○ (도입 가능직업 예시) 곡식작물 재배원, 채소 및 특용작물 재배원, 과수작물 재배원, 원예작물 재배원, 조경원, 낙농업 관련 종사원, 가축 사육 종사원, 어패류 양식원

○ (자격요건) 숙련기능인력 점수제 해당자

○ (허가절차) 뿌리산업체 숙련기능공(S740) 기준 준용

○ (고용업체당 허용인원) 뿌리산업체 숙련기능공(S740) 기준 준용

○ (사증발급) 체류자격 변경 원칙

○ (체류관리 기준) 동일 업체에 계속 취업 시 1년 단위로 체류기간 연장을 허가하며, 근무처 변경·추가 시에도 사전허가를 받도록 함

　- 원칙적으로 근무처 변경을 제한 (단, 고용업체가 휴폐업 및 경영악화 등으로 계속 고용이 어렵거나 임금 체불 및 인권침해 등 부득이한 사유가 있는 경우에는 예외적으로 허용)

　- 농축어업 분야가 아닌 제조업 등 다른 직종으로 변경은 원칙적으로 금지

3) 일반 제조업체 및 건설업체 숙련기능공(S700)

　※ '23. 9. 25. 이후 E-7-4 체류자격 변경의 경우 '숙련기능인력 혁신적 확대(K-point E74)' 관련 하이코리아 공지사항 참조

○ (직종설명) 뿌리산업체를 제외한 일반 제조업체 및 건설업체에서 필요로 하는 기술이나 숙련된 기능을 보유하고, 생산현장에서 생산 활동을 주도하고 단순노무인력을 지도하며 관리하는 자

○ (도입 가능직업 예시) 뿌리산업체를 제외한 일반 제조업체, 건설업체

○ (국민고용 보호 심사기준) 적용 대상, 허용인원 별도 기준 적용

○ (고용업체당 허용인원) => 뿌리산업체 숙련공 부분 참조

○ (자격요건) 후단의 숙련기능인력 점수제 해당자

○ (허가절차 및 체류관리 기준) 뿌리산업체 숙련기능공(S740) 관리기준 준용

V. 네거티브 방식의 전문인력 비자(E-7-S)

1. 적용 대상자

○ (고소득자) 소득이 전년도 1인당 국민 총소득(GNI)의 3배 이상인 전문인력

○ (첨단산업 분야 종사자) 산업발전법 제5조에 따라 고시되는 첨단 기술분야 종사(예정) 전문인력

2. 유형별 세부 기준

○ 고소득자(E-7-S1) : 학력, 경력, 분야에 관계없이 사증(E-7) 발급

　- (자격요건, 사증발급 및 체류관리 기준) ① 소득이 전년도 1인당 국민 총소득(GNI)의 3배 이상일 것 ② 제한되는 직종*에 취업하지 않을 것

　* 한국표준직업분류 상의 사무종사 및 단순노무 업종, 선량한 풍속에 반하는 업종 및 그 밖에 기타 관계 법령에서 국가 안보 등의 이유로 외국인의 취업을 제한하는 분야(예: 뉴스통신 사업자의 대표이사 등)

　- (국민고용 보호 심사 기준) 비적용

○ 첨단산업분야 종사 예정자(E-7-S2) : E-7 도입직종에 해당되지 않는 경우에도 E-7-S 체류자격 허용 가능

　- (자격요건, 사증발급 및 체류관리 기준) ①점수 요건을 60점 이상 충족하면서 ②소득이 전년도 1인당 국민총소득(GNI)의 1배 이상이고 ③첨단산업 분야*에 종사할 것 ④제한되는

직종에 취업하지 않을 것

　　＊ 산업발전법 제5조에 따라 고시되는 첨단기술로 반도체, 바이오, 디스플레이, 신재생에너지
　　　등

－ (첨단산업분야 인정 기준) 산업발전법 제5조 및 「첨단기술 및 제품의 범위」(산업통상자원부
　　고시 제2022-36호)에 따른 3,043개 첨단기술·제품과 정확히 일치하는 분야의 기술·제품
　　등을 보유하였거나 그 분야에 직접적으로 종사 중인 경우로 한정

　　※ 필요 시 산업통상자원부의 '첨단기술·제품 확인서' 보유 여부 확인

－ (국민고용 보호 심사 기준) 비적용

3. 거주(F-2) 및 영주(F-5) 자격 취득에 대한 특례

○ 점수제 거주(F-2-7) 자격변경에 대한 특례

－ (대상) 네거티브 방식의 전문인력(E-7-S) 자격으로 국내에서 1년 이상 체류했으며, 현재
　　정상적으로 취업 활동 중인 자

－ (요건) ①E-7-S2 점수제 요건(60점 이상)을 충족하고(E-7-S1은 소득만 확인) ②사회통합프
　　로그램 3단계 이상 이수 또는 배정

－ (내용) 점수제 거주(F-2-7) 점수제 요건 적용 면제

　　※ 단, 점수제 요건 외의 요건(품행, 취업제한분야에 종사한 사실이 없을 것 등)은 적용

○ 점수제 영주(F-5-16) 자격변경에 대한 특례

－ (대상) 네거티브 방식의 전문인력(E-7-S) 자격에서 점수제 거주(F-2-7)로 자격 변경하여
　　국내에 3년 이상 체류했으며, 현재 취업 중인 자

－ (요건) ①E-7-S1에서 점수제 거주(F-2-7)로 자격 변경한 자는 소득 요건(GNI 3배 이상)을
　　충족할 것 ②E-7-S2에서 점수제 거주(F-2-7)로 자격변경한 자는 E-7-S2 점수제 요건(60
　　점 이상)을 충족할 것

－ (내용) E-7-S2에서 거주(F-2-7) 자격 변경한 자에 대해 완화된 생계유지 요건＊ 적용
　　＊ 전년도 1인당 국민 총소득(GNI) 2배 이상 → 1배 이상

첨단산업 분야 네거티브 비자 점수표

1. 필수항목

○ 소득 : 연령과 연동하여 최대 45점

소득＼나이	20～29세	～35세	～39세	40세 이상
9,000만원 이상	45	40	35	30
8,000만원 이상～ 9,000만원 미만	40	35	30	25
7,000만원 이상～ 8,000만원 미만	35	30	25	20
6,000만원 이상～ 7,000만원 미만	30	25	20	15
5,000만원 이상～ 6,000만원 미만	25	20	15	10
전년도 GNII 1.배 이상～ 5000만원 미만	20	15	10	0
기준	○ (최초 사증 발급 시) 고용계약서 상 급여 기준 ○ (체류기간 연장 시) 전년도 소득금액증명원			

2. 미래 기여 가능성 항목

2-1. 연령 : 최대 20점

구분	20～29세	～35세	～39세	40세 이상
점수	20	15	10	5
기준	○ 만 나이 기준			

2-2. 학력 : 최대 30점

구분	박사 학위		석사 학위		학사 학위		전문학사 학위	
	첨단분야 /2개 이상	일반	첨단분야 /2개 이상	일반	첨단분야 /2개 이상	일반	첨단분야 /2개 이상	일반
점수	30	25	25	20	20	15	15	10
기준	○ 복수 학위(다른 분야의 동일 학위)에 따른 점수 합산 인정 ○ 다수의 학위(예: 석사, 학사)를 취득한 경우 가점이 가장 높은 항목만 배점							

2-3. 근무 경력 : 최대 25점

구분	9년 이상	7년 이상 ~ 9년 미만	5년 이상 ~ 7년 미만	3년 이상 ~ 5년 미만	1년 이상 ~ 3년 미만
점수	25	20	15	10	5
기준	○ 첨단산업분야 근무 경력만 인정 ○ 학위 취득 전의 경력도 인정 ○ 정규직으로 근무한 경력만 인정				

2-4. 한국어 능력 : 최대 20점

항목 1	TOPIK 5급	TOPIK 4급	TOPIK 3급	TOPIK 2급
점수	20	15	10	5
항목 2	사회통합 프로그램 5급	사회통합 프로그램 4급	사회통합 프로그램 3급	사회통합 프로그램 2급
점수	20	15	10	5
기준	○ 항목 1, 항목 2 점수 중 가장 높은 항목의 배점만 인정			

2-5. 국내 유학 경력 : 최대 20점

구분	박사 학위	석사 학위	학사 학위	전문학사 학위
점수	20	15	10	5
기준	○ 다수의 학위를 취득한 경우 가장 높은 항목의 배점만 인정 ○ 원격형태의 대학에서 학위취득 시 유학 경력으로 인정 X			

3. 가점 항목 : 최대 40점

구분	우수대학 졸업자	코트라(KOTRA) 고용 추천	중소 · 벤처기업 채용	연구실적 가점
점수	10	10	10	10
기준	○ (우수대학) 타임즈(Times Higher Education)선정 200대 대학, QS에서 선정한 상위 500위 대학 (국내대학도 인정) ○ (코트라 고용추천) 코트라(KOTRA)에서 고용 추천을 받은 자 ○ (중소 · 벤처기업 채용 가점) 중소기업기본법에 따른 중소기업, 벤처기업법에 따른 벤처기업에 근무 예정인 사람 　※ 중소기업확인서, 벤처기업확인서로 확인 가능한 기업 ○ (연구실적) 최근 5년 이내에 SCI,SCIE, SSCI, A&HCI에 논문 1편 이상 게재한 자(제1저자, 또는 교신저자만 인정)			

비전문취업(E-9)

고용허가제란?	● 고용허가제란? 「외국인근로자의 고용 등에 관한 법률」에 의거, 사업주에게 외국인 근로자의 고용을 허가하고, 외국인 근로자에게는 당해 사업주에게 고용되는 조건으로 최장 4년 10개월간 취업을 허용하는 인력제도로, '04. 8월 제도 시행이후 현재까지 16개국과 MOU를 체결하여 운영 – 상시근로자(고용보험 기준) 300인 미만 또는 자본금 80억원 이하 중소기업에 외국인 고용허가

고용허가제 선정국가(17개국)
태국, 필리핀, 스리랑카, 베트남, 인도네시아, 몽골, 파키스탄, 우즈베키스탄, 캄보디아, 중국, 방글라데시, 네팔, 미얀마, 키르기즈스탄, 동티모르, 라오스, 타지키스탄

활동범위 및 해당자	● 외국인근로자의 고용 등에 관한 법률의 규정에 의한 국내취업 – 외국인근로자의 고용 등에 관한 법률의 규정에 의한 국내 취업요건을 갖춘자 (다만, 일정 자격이나 경력 등이 필요한 전문직종에 종사하고자 하는 자는 제외)
1회 부여 체류기간의 상한	● 3년

허용업종 및 체류자격 약호	허용업종	체류자격	적용범위	세부직업 분류
	제조업	E-9-1	– 상시근로자 300인 미만 또는 자본금 80억원 이하 제조업 ※ 단, 상기 기준에 충족하지 않더라도 아래 증빙서류 제출 시 인정 : 중소기업(지방중소기업청에서 발급한 '중소기업확인서') / 비수도권 소재 뿌리산업 중견기업 (한국생산기술연구원에서 발급한 '뿌리기업 확인서' 및 한국중견기업연합회에서 발급한 '중견기업 확인서')	제조업 뿌리산업
▶ 목차	건설업	E-9-2	– 모든 건설공사 ※ 발전소 · 제철소 · 석유화학 건설현장의	건설업

			건설업체 중 건설면허가 산업환경 설비인 경우에는 적용 제외	
농축산업	E-9-3		– 작물재배업	농업
			– 축산업	축산업
			– 작물재배 및 축산관련 서비스업	농·축산서비스업
어업	E-9-4		– 연안어업 · 근해어업	연·근해어업
			– 양식어업	양식어업
			– 소금채취업	소금채취업
임업	E-9-9		임업 종묘 생산업, 육림업, 벌목업, 임업 관련 서비스업 ※ 위 업종 중「산림기술 진흥 및 관리에 관한 법률」제2조제7호에 따른 '산림사업시행업자' 중 법인 및「산림자원의 조성 및 관리에 관한 법률」제16조에 따른 '종묘생산업자' 중 법인에 한함 ※ 표준직업분류상 '임업 단순 종사원' 고용에 한함	임업
광업	E-9-10		금속 광업, 비금속광물 광업 ※ 위 업종 중 연간 생산량 15만톤 이상의「광업법」제3조제3·4호에 따른 '채굴권' 또는 '조광권'이 설정된 업체에 한함 ※ 표준직업분류상 '광업 단순 종사원' 고용에 한함	광업
서비스업	E-9-5		– 건설폐기물 처리업	건설폐기업
			– 냉장 · 냉동 창고업(내륙에 위치한 업체)	냉장 · 냉동업
			– 호텔업, 휴양콘도 운영업, 기타 일반 및 생활 숙박시설 운영업 중 호스텔업 ※ 위 업종 중 서울특별시 · 부산광역시 · 강원특별자치도 · 제주특별자치도 소재 업체에 한함 ※ 표준직업분류상 '건물 청소원', '주방 보조	호텔 · 숙박업

원' 고용에 한함	
– 한식 음식점업 ※ 음식점업 외국인력 허용 시범 지역에 소재한 '내국인 피보험자 수 5인 이상 사업장 중 5년 이상 영업을 유지하고 있는 사업체' 또는 '내국인 피보험자 수 5인 미만 사업장 중 7년 이상 영업을 유지하고 있는 사업체'에 한함 ※ 표준직업분류상 '주방 보조원' 고용에 한함	음식점업
– 재생용 재료수집 및 판매업	재료수집업
– 서적, 잡지 및 기타 인쇄물 출판업	출판업
– 음악 및 기타 오디오 출판업	
– 아래 업종의 표준직업분류상 하역 및 적재 단순종사자 • 폐기물 수집, 운반, 처리 및 원료 재생업 　※ 단, '폐기물 수집, 운반, 처리 및 원료 재생업'의 경우는 폐기물 분류 업무도 포함 • 음식료품 및 담배 중개업 • 기타 신선 식품 및 단순 가공식품 도매업 • 택배업 • 기타 항공 운송지원 서비스업(52939) 중「항공사업법」시행규칙 제5조제2호에 따른 항공기하역업체 • 항공 및 육상화물취급업 중「축산물 위생관리법」제2조에 따른 식육을 운반하는 업체,「생활물류서비스 산업발전법」제2조제3호가목에 따른 택배서비스업체	–

※ 비전문취업자 중 연근해어업(E-9-4)은 선원법 적용을 받지 않는 20톤 미만 어선 종사자에 한함

※ 신규 추가된 '한식 음식점업*', '호텔숙박업', '임업', '광업'은 '24년도 고용허가서 발급 시점 이후부터 사증발급인정서 발급 신청 가능

* 한식 음식점업 외국인력(E-9) 허용 시범 지역에 관한 사항은 고용노동부 홈페이지 참고

공관장
재량으로
발급할 수
있는 사증
	1. 비전문취업(E-9) 사증은 출입국·외국인청(사무소·출장소)장이 발급한 사증발급인정서에 의해서만 사증 발급
	
	2. 재입국 취업특례자에 대한 사증 발급
	  ◉ 출입국·외국인청(사무소·출장소)장이 발급한 사증발급인정서에 의해 사증발급
	  ◉ 사증 신청은 송출기관에 의한 단체 신청만 가능하고 외국인에 대한 개별 발급은 불가
	    ※ 외국인근로자는 귀국한 후 송출기관의 안내에 따라 건강검진을 받은 후 사증발급 신청, 지정된 날짜에 단체로 입국 (개별입국 불가)
	
	3. 2012. 8. 1부터 범죄경력증명서 및 건강상태확인서 제출
	
	1. 범죄경력 확인 관련
	
	가. 확인 서류
	  ◉ 국적국의 권한 있는 기관이 발급한 범죄경력증명서 제출
	
	【 범죄경력증명서의 요건 】
	
	1) 자국 내의 모든 범죄경력이 포함되어 있을 것
	  - 다만, 국적국 내 범죄경력을 확인하는 시스템이 미흡할 경우 거주지*를 관할하는 내무기관 등의 증명서로 대체 가능
	  * 거주지 : 중국의 경우 '임시거주지(잠주지)'가 아닌 '호구지'관할임
	2) 사증발급 신청일로부터 3개월 이내에 발급된 증명서 일 것

☑ 목차	**2. 건강상태 확인 관련**
	
	가. 확인 서류
	  ◉ 사증신청인이 자필 기재한 양식의 건강상태 확인서를 제출
	    - 확인서에는 결핵B형간염매독 등의 감염 여부 및 마약복용 경험, 정신질환으로 인한 치료경험 등에 관한 사실을 본인이 기재

사증발급인정 서 발급대상	1. 비전문취업(E-9) 자격 사증발급인정서 발급 가. 접수

비전문취업자를 초청하고자 하는 사업장의 장이 <u>사업장 주소지를 관할하는</u> 출입국 · 외국인청(사무소 · 출장소)장에게 직접 방문 또는 대한민국비자포털(www.visa.go.kr)에 접속하여 사증발급인정서 발급신청

※ 건설업의 경우 <u>공사현장 소재지</u> 관할 청(사무소 · 출장소에 접수

다만, 초청업무 대행을 위임한 경우 업무 대행기관 또는 그 지사 등에서 사증발급인정서 발급을 신청할 수 있음

※ 비전문취업자 사증발급인정서 발급을 대행할 수 있는 자의 범위에 대행기관의 직원 포함

업종별 대행기관 현황

업종	해당 기관
제조업	중소기업중앙회
건설업	대한건설협회
어업, 냉장 · 냉동창고업	수협중앙회
농축산업	농협중앙회

첨부서류	
공통서류	– 사증발급인정신청서 (별지 제21호 서식), 여권, 표준규격사진 1매 – 사업자등록증 사본 – 고용허가서 및 표준근로계약서 사본 – 사업장실태조사서

업종별 추가서류

제조업	– 추가서류 없음
건설업	– 건설업등록증, 도급(하도급) 계약서 – 건설현장에 대한 근무 중 외국인력 현황표(해당 현장 책임건설업〈원 도급업체〉작성
농축산업	– 농업경영체등록(변경등록)확인서(국립농산물품질관리원장 발급, 유효기간 1년)
어 업	– 연근해어업 : 선박(어선)검사증서, 어업허가증(연안어업, 근해어업, 구획어업), 또는 어업면허증 및 관리선사용지정증(정치

사증발급인정 서 발급대상		망어업) – 양식어업 : 선박(어선)검사증서, 어업허가증 또는 어업면허증 또는 내수면어업신고필증 – 천일염 생산 및 암염 채취업 : 염제조업허가증사본* * 염전임차인의 경우에는 시장·군수가 발급하는 염제조업 확인서와 임대차계약서, 임대인의 염제조허가증
	서비스업	– 한식 음식점업 : 사업자등록증 또는 영업신고증(지자체 발급), 위탁업체 또는 가맹점인 경우 위탁계약서·가맹계약서 ※ 필요시 부가가치세 과세표준증명원 – 호텔·숙박업 : 관광사업 등록증(지자체 발급) ※ 건축물일반청소업의 경우 호텔 등과 맺은 위탁계약서
	임업	산림사업시행법인 : 사업자등록증 및 산림사업법인 등록증 국유림영림단 : 사업자등록증 및 국유림영림단 등록증 산림조합, 산림조합중앙회 : 사업자등록증 또는 위탁계약서 원목생산업자 : 사업자등록증 및 목재생산업 등록증 종묘생산법인 : 사업자등록증 또는 위탁계약서
	광업	광업원부(광업등록사무소 발급) 및 광물생산보고서(광업법에 따 라 관할 지자체에 매월 제출하는 보고서)
		※ 출입국·외국인청(사무소·출장소)장은 초청의 진정성, 초청자 및 피초청자 의 자격 확인 등을 심사하기 위해 첨부서류의 일부를 가감할 수 있음

2. 재입국특례 외국인근로자(구 성실근로자)에 대한 조치

재입국 취업 제한의 특례 제도
일정한 요건을 갖춘 성실외국인 근로자가 취업활동 기간이 만료되어 출국하기 전에 사용자가 재입국 후의 고용허가를 신청하면 그 외국인근로자에 대하여 <u>출국한 날로부터 1개월이 지나면 다시 취업할 수 있는 특례</u>

가. 접 수
- 해당 외국인근로자의 출국사실을 확인한 후 접수·심사 가능
- 대행기관에 의한 사증발급인정서 신청 가능

나. 대상자

① 외국인근로자의 고용 등에 관한 법률 제18조의4 규정에 해당하는 자

- 취업활동기간(5년 미만 또는 직권 연장 시 6년 미만) 중에 사업장을 변경하지 아니한 경우 또는 최초 근무한 업종과 동일 업종 내에서 사업장 변경하여 4년 10개월 근속한 경우(사용자와 취업활동기간 종료일까지의 근로계약 기간이 1년 이상일 것)

- 휴업·폐업 등 외국인근로자의 책임이 아닌 사유로 사업장을 변경한 경우로서 사용자와 취업활동기간 종료일까지의 근로계약 기간이 1년 이상일 것 또는 근로계약 기간이 1년 미만이나 고용노동부(고용센터)가 재입국 특례 적용을 인정한 경우

② 재입국하여 근로를 시작하는 날부터 효력이 발생하는 1년 이상의 근로계약을 체결하고 있을 것

③ 사업장별 외국인 고용한도 등 고용허가서 발급요건을 갖추고 있을 것 (다만, 내국인 구인노력은 요하지 않음)

다. 허용 업종 및 인원

- 허용업종: 농축산업, 어업, 서비스업, 300인* 미만의 제조업(뿌리산업 포함)

  * 뿌리산업: 주조, 금형, 소성가공, 용접, 표면처리, 열처리 등 공정기술을 활용하여 사업을 영위하는 업종

  ※ 30인 또는 50인의 기준: 재입국 고용허가 신청일 이전 3개월간 내국인 피보험자수의 평균치 (외국인, 결혼이민자 중 국적 미취득자 등은 제외)

- 허용인원: 업종별·사업장별 고용허용 기준에 의함

- 사업장별 총 고용허용인원을 초과할 수 없음

라. 우대 내용

- 사업주

  - (내국인 구인노력 면제) 고용허가서 발급 시 사업주의 내국인 구인노력 불요

  - (숙련인력 계속 사용) 한 사업장에서 장기 근속하여 숙련도가 향상된 외국인근로자를 단기 출국시킨 후 재고용 가능

- 외국인근로자

  - (한국어능력시험 및 취업교육 면제) 외국인근로자는 귀국 후 한국어 능력시험 및 입국 전·후 취업교육 면제

    ※ 한국어능력시험 면제로 입국연령 제한 없음

  - (출국 1개월 경과 후 재입국) 다른 재입국 외국인근로자(재입국 제한기간

6개월)와는 달리 출국 1개월 경과 후 재입국하여 종전 사업장에서 근무

마. 사증발급인정서 및 사증 발급
- 사증발급인정서 발급
  - 성실근로자 재입국 취업 대상자가 출국 시 외국인등록증을 반납하여야 하므로 완전출국자임을 확인한 후 심사하여 사증발급인정서 발급

선원취업(E-10)

활동범위 및 해당자	**내항선원(E-10-1)** – 해운법 제3조제1호(내항정기여객운송사업)·제2호(내항부정기여객운송 사업) 및 제23조제1호 (내항화물운송)의 사업을 영위하는 자와 그 사업체에서 6개월 이상 선원근로계약을 체결한 선원법 제2조제6호의 부원(部員)*에 해당하는 자 – 선원법이 적용되는 선박** 중 어선을 제외한 총톤수 5톤 이상의 내항상선에 승선하는 부원에 한함*** **어선원(E-10-2)** – 수산업법 제7조제1항제1호(정치망어업), 제40조제1항(동력어선을 이용한 근해어업), 제51조제1항(어획물운반업)의 규정에 의한 사업을 영위하는 자와 그 사업체(20톤 이상의 어선)에서 6개월 이상 선원근로계약을 체결한 자로서, 선원법 제2조제6호의 규정에 의한 부원(部員)에 해당하는 자 **순항여객선원(E-10-3)** – 크루즈산업의 육성 및 지원에 관한 법률 제2조제7호에 따른 국적 크루즈 사업자로서 같은 조 제4호에 따른 국제순항 크루즈선을 이용하여 사업을 경영하는 자와 그 사업체에서 6개월 이상 노무를 제공할 것을 조건으로 선원근로계약을 체결한 자로서, 해운법시행령 제3조의 규정에 따라 총톤수 2천 톤 이상의 크루즈선에 승선하는 선원법 제2조제6호의 규정에 의한 부원(部員)에 해당하는 자
▶ 목차	* 부원은 船長, 航海士, 機關長, 機關士, 通信長, 通信士, 運航長, 運航士 등 직원과 어로장, 사무장, 의사 등을 제외한 해원(海員)을 말함(선원법 제2조) ** 선박법에 따른 대한민국 선박(어선법에 의한 어선 포함) 및 국적취득부 용선 외국선박, 내항운행 외국선박(단, 총톤수 5톤 미만의 선박, 호수강 또는 항내만 항행하는 선박, 총톤수 20톤 미만의 어선, 자력항행능력 없는 부선은 제외) (선원법 제3조제1항) *** 외국인선원의 총원 및 척당 승선인원, 취업분야 등은 한국해운조합수협중앙회

	등 사용자단체와 선원노동조합연합단체가 노사 합의로 결정한 후 해양수산부에 통보하도록 되어 있음(선원법 제115조 및 동법 시행령 제39조, 해양수산부 고시 외국인선원관리지침
1회 부여 체류기간의 상한	🔘 3년
공관장 재량으로 발급할 수 있는 사증	☞ 선원취업(E-10) 사증은 출입국 · 외국인청(사무소 · 출장소)장이 발급한 사증발급 인정서에 의해서만 발급 ☞ '12. 8. 1.부터 사증발급 접수 시 '범죄경력증명서' 및 '건강상태 확인서'를 제출 하여야 함 1. 범죄경력 확인 관련 　🔘 (제출 서류) 국적국의 권한 있는 기관이 발급한 범죄경력증명서 제출 【 범죄경력증명서의 요건 】 1) 자국 내의 모든 범죄경력이 포함되어 있을 것 　- 다만, 국적국 내 범죄경력을 확인하는 시스템이 미흡할 경우 거주지를 관할하는 내무기관 등의 증명서로 대체 가능 2) 사증발급 신청일로부터 3개월 이내에 발급된 증명서 일 것 2. 건강상태 확인 관련 　🔘 (제출 서류) 사증신청인이 자필 기재한【붙임 3】양식의 건강상태 확인서를 제출 　- 확인서에는 결핵B형간염·매독 등의 감염 여부 및 마약복용 경험, 정신질환으로 인한 치료경험 등에 관한 사실을 본인이 기재
사증발급인정 서 발급대상	1. 선원취업자 도입규모(총 정원) 결정과정 **외국인 선원 혼승에 관한 노·사 합의** 선원노동조합연합단체와 수협(또는 해운조합)간 외국인 선원 도입규모 합의 ▶ **해양수산부(선원정책과) 노·사합의 검토·승인** 해양수산부에서 노·사 합의된 도입규모에 대한 적정성 검토 ➡ 법무부에 건의 ▶ **법무부 외국인 선원 도입규모 최종 결정** 관련기관(단체) 의견, 선원 수급상황, 이탈현황 등을 종합 고려, 총 정원 결정

※ 선원취업(E-10) 자격은 고용허가제 적용 대상에서 제외되며, 20톤 미만 어선에서 연근해어업에 종사하는 경우는 비전문취업(E-9-4) 자격에 해당

※ 내항선원(E-10-1) 및 순항여객선원(E-10-3)의 외국인 운영기관은 『한국해운조합』이며, 어선원(E-10-2)의 경우 『수협중앙회』에서 담당

2. 사증발급인정신청서 접수처리

가. 절차 흐름도

신청서 제출		접수 및 전산 입력		접수증 교부
‣ 초청업체의 장(고용주) ‣ 업체 주소지 관할 청 등	▶	‣ 구비서류 등 확인 ‣ 초청자 및 피초청자 성명 등 전산입력	▶	‣ 접수증 전산 출력 교부

◼ (신청관할) 면허증 또는 등록증 상의 회사소재지 또는 동 회사의 '주된 영업소'가 있는 지역 관할 출입국·외국인청(사무소·출장소)에 사증발급인정서 신청

◼ (대행신청) 비전문취업 절차와 동일하게 업종별 대행기관의 사증발급 인정신청서 신청대행 허용

※ 업종별 대행기관 : 내항상선순항여객선 ➡ 한국해운조합, 어선 ➡ 수협중앙회

첨부서류	
공통서류	① 사증발급인정신청서 (별지 제21호 서식), 여권, 사업자 등록증, 표준규격사진 1매 ② 표준근로계약서 사본 ③ 신원보증서 ④ 외국인선원고용신고수리서(지방해양항만청장 발급)
≪업종별 추가서류≫	
내항선원 (E-10-1)	⑤ 『해운법』에 따른 내항여객운송사업면허증·내항화물운송사업등록증 사본(최초 신청 또는 등록사항 변경 시에만 제출) ⑥ 외국인선원고용추천서(지방해양수산청장 발급) ⑦ '승선정원증서' 또는 '500톤 미만 선박검사증서' 등 기타 청(사무소·출장소)장이 필요하다고 인정하는 서류 ⑧ 노사합의 선사별 T/O 운영승인서 (선사별 총 정원제 적용 업체의 경우)

어선원 (E-10-2)	⑤ 『수산업법』에 따른 정치망어업면허증 및 관리선사용지정(어선사용승인)증·근해어업허가증 사본(최초 신청 또는 등록사항 변경 시에만 제출) ⑥ 선박검사증서 ⑦ 외국인선원고용추천서(지방해양수산청장 발급) ⑧ 어획물운반업등록증 (어획물운반업만 해당)
순항여객선원 (E-10-3)	⑤ 외국인선원고용추천서(지방해양수산청장 발급) ⑥ 순항여객운송사업면허증 사본(최초 신청 또는 등록사항 변경 시에만 제출)

방문동거(F-1)

활동범위 및 해당자	<ul><li>친척방문, 가족동거, 피부양, 가사정리, 기타 이와 유사한 목적의 체류</li><li>– 주한 외국공관원의 가사보조인</li><li>– 외교(A-1) 내지 협정(A-3) 자격에 해당하는 자의 동거인으로서 그 세대에 속하지 아니한 사람</li><li>– 재외동포(F-4) 자격을 취득한 자의 가족(배우자 및 미성년 자녀)</li><li>– 방문취업(H-2) 자격을 취득한 자의 가족(배우자 및 미성년 자녀)</li><li>– 고등학교 이하의 교육기관에 입학 예정이거나 재학 중인 미성년외국인 유학생과 동반 체류하려는 부모</li><li>– SOFA해당자의 21세 이상의 동반자녀 또는 기타 가족</li><li>– 그 밖에 부득이한 사유로 직업활동에 종사하지 아니하고 대한민국에 장기간 체류하여야 할 사정이 있다고 인정되는 사람(체류자격변경허가 대상)</li></ul>
1회 부여 체류기간의 상한	2년
공관장 재량으로 발급할 수 있는 사증 ▶ 목차 공관장 재량으로 발급할 수 있는 사증	**1. 외국인 유학생(고등학교 이하) 동반 부모(F-1-13)** 가. 해당자 <ul><li>해당 교육기관*에서 입학허가를 받고 입학 예정이거나 재학 중인 자비 부담 외국인유학생의 2촌 이내의 친인척으로서 재정요건 등 아래 요건을 갖춘 자로서 외국인유학생 1명당 1명 허용**</li></ul>* ①「초중등교육법」제2조 제1호~3호에 따른 초등학교, 중학교, 고등학교(공민학교, 고등공민학교, 방송통신중·고등학교, 고등기술학교는 제외), ② 제5호 각종학교 중 외국인학교 및 대안학교***, ③「경제자유구역 및 제주국제자유도시 외국교육기관 설립·운영에 관한 특별법」제2조 제2호에 따른 외국교육기관(단, 「초중등교육법」 제10조의2, 제12조에 따른 <u>의무(무상)교육기관은 제외)</u> ** 정부기관 및 지방자치단체의 초청 장학생은 원칙적으로 동반 부모 사증 발급 불가 *** 학비가 연간 500만원 이상이며, 교육감 설립 인가를 받은 학력 인정 기관만 해당 – 국내 체류 비용* 부담능력이 있을 것

* 1년 간 생활비 : 외국인 유학생의 연간 생활비 기준액의 2배 상당 금액(1인 기준)
- 일정 수준 이상의 재정능력을 보유하고 있을 것(21개 국가 국민)
• 연간 소득이 전년도 GNI 이상이거나, 자산이「국민기초생활보장법」에 따른 중위 수준 이상일 것
    * 〈21개 국가〉: 중국, 필리핀, 인도네시아, 방글라데시, 베트남, 몽골, 태국, 파키스탄, 스리랑카, 인도, 미얀마, 네팔, 이란, 우즈베키스탄, 카자흐스탄, 키르기스스탄, 우크라이나, 나이지리아, 가나, 이집트, 페루
    ** 재정요건은 연간 소득이나 소유 자산 요건 중 택일 가능하며, 부부의 소득이나 자산은 합산 가능
- 기타 요건
• 최근 5년 이내 출입국관리법 등 위반으로 200만원 이상의 벌금형 또는 통고처분을 받거나, 강제퇴거 또는 출국명령 처분을 받은 사실이 있는 자는 사증(사증발급인정서)발급 제한

나. 권한 위임
▨ 사 증(재외공관장)
- 자비 부담 외국인유학생 동반 부모 (2촌 이내 친인척)
- 신청인의 거주국 또는 외국인유학생의 최종학교 소재지 관할 공관에서 신청 원칙
- 체류기간 1년 이내, 단수

첨부서류	
공통서류	① 사증발급신청서 (별지 제17호 서식), 여권, 표준규격사진 1매, 수수료 ② 입학허가서 또는 재학증명서 ③ 가족관계 입증서류 (원본 및 번역본 첨부, 호구부, 출생증명서 등) ④ 국내 체류비용 부담능력 입증서류 (3개월 이상 계속 예치된 기준 이상 금액의 잔고증명서 등) ⑤ 재정능력 입증서류 (불법체류 다발국가 국민에 한함) 　- 기준 이상 금액의 국내의 정부기관 또는 은행이 발행(인증 또는 공증)한 원천징수영수증, 부동산소유증명, 부동산거래계

<table>
<tr><td rowspan="1">재량으로
발급할 수
있는 사증</td><td colspan="2">약서, 예금잔고증명 등</td></tr>
</table>

약서, 예금잔고증명 등

※ 재외공관의 장은 입국목적, 초청의 진정성, 초청자 및 피초청자의 자격 확인 등을 심사하기 위해 필요한 경우 첨부서류를 일부 가감할 수 있음

2. 주한 외국공관원의 가사보조인으로서 공관원과 동일국적을 가진 자에 대한 체류기간 1년 이하의 단수사증 (F-1-21)

- 주재국 이외의 국가 국민에 대하여는 법무부장관의 승인을 받거나 출입국·외국인청(사무소·출장소)장이 발급한 사증발급인정서를 통해 사증발급(예 : 주한 인도대사가 필리핀 가사보조인을 고용하는 경우)

첨부서류	
공통서류	① 사증발급신청서 (별지 제17호 서식), 여권, 표준규격사진 1매, 수수료 ② 외국공관의 협조공문 ③ 고용계약서 ④ 고용인의 신분증명서 사본

※ 재외공관의 장은 입국목적, 초청의 진정성, 초청자 및 피초청자의 자격 확인 등을 심사하기 위해 필요한 경우 첨부서류를 일부 가감할 수 있음

3. 투자가 및 전문인력의 외국인 가사보조인(F-1-22, F-1-23, F-1-24)
- 신청대상
  - 투자가 및 전문인력이 신청시점 기준 최소 1년 이상 국외에서 고용한 가사보조인
- 신청관할
  - 자국 소재 한국공관 (단, 영주권 취득 또는 취업 등으로 제3국에서 장기 거주 중인 경우에는 거주국 소재 한국공관 신청 가능)
- 사증발급 (고액투자자 : F-1-22, 첨단투자자 : F-1-23, 전문인력 : F-1-24)
  - 공관장 재량으로 체류자격 방문동거(F-1), 체류기간 1년 이하의 단수사증 발급, 단 '우수 전문인력' 중 법무부장관의 승인 사항에 대해서는 승인을 받은 후 사증 발급

재량으로
발급할 수
있는 사증

▶ 목차
공관장
재량으로
발급할 수
있는 사증

	첨부서류

① 사증발급신청서 (별지 제17호 서식), 여권, 표준규격사진 1매, 수수료
② 외국인투자신고서(법인등기사항전부증명서 또는 사업자등록증사본) 또는 투자기업등록증사본
   ※ 단, 영 별표 1의 17. 기업투자(D-8)란의 나목에 해당하는 자의 경우에는 아래의 서류로 갈음

> ▶ 벤처기업확인서 또는 예비벤처기업확인서
> ▶ 산업재산권, 그 밖에 이에 준하는 기술과 그 사용에 관한 권리 등을 보유하고 있음을 입증하는 서류

③ 고용주의 재직증명서 (신분증명서)
④ 고용주의 소득 요건 입증 자료
   - 근로소득원천징수영수증, 소득금액 증명원, 급여명세서, 통장사본 등
⑤ 고용중인 내국인 상시근로자 입증 서류 (투자금액 미화 50만불 미만자)
   ※ 예시 : 근로소득 원천징수 영수증, 소득금액 증명원, 급여명세서, 통장사본 등
⑥ 가사보조인 고용계약서
⑦ 신원보증서
⑧ 가사보조인의 졸업증명서 등 학력을 입증할 수 있는 서류
⑨ 1년 이상 고용주의 가사보조인으로 근무한 사실을 입증하는 서류
   ※ 예시 : 고용계약서, 급여명세서, 통장사본 등

※ 재외공관의 장은 입국목적, 초청의 진정성, 초청자 및 피초청자의 자격 확인 등을 심사하기 위해 필요한 경우 첨부서류를 일부 가감할 수 있음

4. 외교(A-1) 내지 협정(A-3) 자격에 해당하는 자의 동거인으로서 그 세대에 속하지 아니한 자에 대한 체류기간 1년 이하의 방문동거(F-1-3) 단수사증

	첨부서류
공통서류	① 사증발급신청서 (별지 제17호 서식), 여권, 표준규격사진 1매, 수수료 ② 친족관계를 입증하는 서류(호구부, 거민신분증 등) ③ 동거 또는 장기체류 필요성을 입증하는 서류

> ※ SOFA 해당자의 배우자 및 21세 미만의 동반자녀와 부모 및 21세 이상의 자녀 또는 기타 친척으로서 그 생계비의 반액이상을 합중국 군대의 구성원 또는 군속에 의존하는 자는 협정(A-3) 자격에 해당

> ※ 재외공관의 장은 입국목적, 초청의 진정성, 초청자 및 피초청자의 자격 확인 등을 심사하기 위해 필요한 경우 첨부서류를 일부 가감할 수 있음

5. 재외동포(F-4), 방문취업(H-2) 자격을 취득한 자의 가족에 대한 방문동거 (F-1-9, F-1-11) 복수사증

- ● 대상 : 재외동포(F-4), 방문취업(H-2) 자격을 취득한 사람의 배우자 및 미성년 자녀
- ● 사증발급 : 1년간 유효한 방문동거(F-1-9 01년, F-1-11, 90일) 복수사증 발급

첨부서류	
공통서류	① 사증발급신청서 (별지 제17호 서식), 여권, 표준규격사진 1매, 수수료 ② 재외동포(F-4), 방문취업(H-2) 자격을 취득한 사람의 국내거소 신고증(외국인등록증) 또는 사증발급 사항 사본(여권사본 포함) ③ 가족관계 입증서류
※ 재외공관의 장은 입국목적, 초청의 진정성, 초청자 및 피초청자의 자격 확인 등을 심사하기 위해 필요한 경우 첨부서류를 일부 가감할 수 있음	

6. SOFA해당자의 21세 이상의 동반자녀 또는 기타 가족에 대한 체류기간 1년 이하의 단수사증

첨부서류	
공통서류	① 사증발급신청서 (별지 제17호 서식), 여권, 표준규격사진 1매, 수수료 ② 친족관계를 입증하는 서류 ③ 동거 또는 장기체류 필요성을 입증하는 서류

7. 자녀양육 지원 등 목적으로 입국하는 결혼이민자의 부모 등 가족에 대한 방문동거 (F-1-5, 90일 이하) 단수 사증

가. 자녀양육 지원

1) 초청 자격

○ 한국인 배우자 또는 국적·영주(F-5) 자격을 취득한 결혼이민자

'결혼이민자'의 범위
"결혼이민자"란 대한민국 국민과 혼인한 적이 있거나 혼인관계에 있는 재한외국인

○ 한부모 가족 결혼이민자

'한부모 가족' 및 '다자녀 가족' 인정 기준
○ (한부모 가족) 아래 사람과 그 자녀로 구성된 가족 - "혼인 중 사망한 결혼이민자와의 관계에서 출생한 자녀를 홀로 양육하고 있는 국민" - "국민과의 혼인관계에서 출생한 자녀를 홀로 양육하고 있는 결혼이민자" ○ (다자녀 가족) △ 자녀가 3명 이상이며, △ 자녀 모두 「민법」상 미성년자로 구성된 가족 - 초청 시기, 체류기간 연장기간 등은 마지막 자녀의 연령을 기준으로 판단

2) 초청(사증발급 신청) 대상

○ 결혼이민자의 부 또는 모

○ (결혼이민자의 부모 모두 국내에 입국할 수 없고, 피초청인 본인에게 미성년 자녀가 없는 경우) 형제자매, 전혼관계 출생 자녀

3) 초청 시기

○ 신청일 기준, △ 결혼이민자(또는 그 배우자)가 임신하였거나, △ 자녀가 만 9세가 되는 해의 9월말까지 초청 가능

○ ('한부모 가족'과 '다자녀 가족'에 대한 특례) '한부모 가족'과 '다자녀 가족'은 자녀가 만 12세가 되는 해의 9월말까지 초청 가능

4) 법위반 사실 유무 및 제한기간 경과

〈초청인〉

○ 초청인 또는 과거 초청인의 초청을 받고 입국한 본국 가족에게 국내법 위반 사실 등이 확인될 경우, 일정 기간 'F-1-5 비자' 발급 목적 본국 가족 초청 제한

- (초청인)「출입국관리법」제7조의2, 제12조의3, 제18조제3항부터 제5항, 제21조 제2항 또는 제33조의3제1호의 규정을 위반한 경우

※ 단, 출입국관리법 제21조제2항을 위반하였으나「비전문취업(E-9) 자격 사증발 급인정서 등 발급 및 체류관리 지침」에 따라 범칙금이 면제된 경우에는 제한기간 없이 초청 가능

- (과거 초청인의 초청을 받고 입국한 외국인) 현재 본국 가족이 불법체류중이거나 과거 불법체류, 불법취업 또는 형사범인 사실로 출국명령 또는 강제퇴거명령을 받은 경우

〈피초청인(사증발급 신청 대상)〉

○ 피초청인에게 △국내법 위반 사실 등이 확인될 경우, △「출입국관리법」에 따라 출국명령 또는 강제퇴거명령을 받은 사실이 확인될 경우, 일정 기간 'F-1-5 비자' 발급 제한

5) 초청 횟수

○ (자녀 1명당 최대 2회) 초청·피초청 요건을 충족하면, 자녀 1명당 최대 2회 범위 내에서 본국 가족을 '결혼이민자의 부모 등 가족(F-1-5)' 자격으로 초청 가능

- 부와 모를 동시·순차 초청할 때 초청 횟수는 부와 모에 개별 적용(부모를 모두 초청한 경우의 초청 횟수는 2회)

6) 초청 인원

○ 1명, 다면 부모에 한해 동시·순차 초청 가능

- 입국한 부 또는 모가 국내에 체류하고 있다면, 부 또는 모가 아닌 다른 본국 가족을 '결혼이민자의 부모 등 가족(F-1-5)' 사증발급 목적으로 초청 불가

나. 인도적 사정

1) 초청 자격

○ 한국인 배우자 또는 국적·영주(F-5) 자격을 취득한 결혼이민자

○ 한부모 가족 결혼이민자

○ (인도적 사유) 결혼이민자, 한국인 배우자, 자녀 중 '중증질환자' 또는 '중증장애인'이 있는 경우

2) 초청(사증발급 신청) 대상

○ 결혼이민자의 부 또는 모

○ (결혼이민자의 부모 모두 국내에 입국할 수 없고, 피초청인 본인에게 미성년 자녀가 없는 경우) 형제자매, 전혼관계 출생 자녀

3) 법위반 사실 유무 및 제한기간 경과

〈초청인〉

○ 초청인 또는 과거 초청인의 초청을 받고 입국한 본국 가족에게 국내법 위반 사실 등이 확인될 경우, 일정 기간 'F-1-5 비자' 발급 목적 본국 가족 초청 제한

– (초청인) 「출입국관리법」제7조의2, 제12조의3, 제18조제3항부터 제5항, 제21조 제2항 또는 제33조의3제1호의 규정을 위반한 경우

※ 단, 출입국관리법 제21조제2항을 위반하였으나 「비전문취업(E-9) 자격 사증발급인정서 등 발급 및 체류관리 지침」에 따라 범칙금이 면제된 경우에는 제한기간 없이 초청 가능

– (과거 초청인의 초청을 받고 입국한 외국인) 현재 본국 가족이 불법체류중이거나 과거 불법체류, 불법취업 또는 형사범인 사실로 출국명령 또는 강제퇴거명령을 받은 경우

〈피초청인(사증발급 신청 대상)〉

○ 피초청인에게 △국내법 위반 사실 등이 확인될 경우, △「출입국관리법」에 따라 출국명령 또는 강제퇴거명령을 받은 사실이 확인될 경우, 일정 기간 'F-1-5 비자' 발급 제한

4) 초청 인원

○ 1명, 다만, 부모에 한해 동시·순차 초청 가능

– 지침에서 정한 절차에 따라 입국한 부 또는 모가 국내에 체류하고 있다면, 부 또는 모가 아닌 다른 본국 가족을 '결혼이민자의 부모 등 가족(F-1-5)' 사증발급 목적으로 초청 불가

첨부서류

<table>
<tr><td rowspan="1">가. 자녀
양육지원</td><td>① (신청인) 사증발급신청서 (별지 제17호 서식), 여권, 표준규격사진 1매, 수수료
② (초청인) 신분증 사본, 초청장, 신원보증서(보증기간 : 입국한 날로부터 3년), 불법체류·취업 방지 서약서
③ (국내 가족관계 입증서류) 초청인의 기본증명서, 가족관계증명서, 혼인관계증명서, 주민등록표(등본), 자녀명의 가족관계증명서 (임신한 경우 임신진단서 또는 산모수첩)
※ 자녀가 2명 이상일 경우에는 모든 자녀의 가족관계증명서 제출, 자녀가 친양자의 경우 초청인의 친양자입양관계증명서 추가 제출
④ (본국 가족관계 입증서류) 결혼이민자의 직계가족 및 형제자매 모두를 확인할 수 있는 가족관계 증명서류(해당 국가 정부에서 발급한 공적 서류)
  - (피초청인이 부모 이외 본국가족인 경우) 결혼이민자의 부모 모두가 사망하거나 질병, 60세 이상 고령 등의 사유로 입국이 불가함을 확인할 수 있는 서류와, 피초청인의 직계가족을 확인할 수 있는 가족관계 증명서류 추가 제출
⑤ (자녀가 취학연령인 경우) 재학증명서</td></tr>
<tr><td>나. 인도적
사정</td><td>①~④ 위와 동일
⑤ (중증질환·장애 증명서류)
  - '중증질환(중증난치질환)' 또는 '산정특례' 사실이 기재된 진료비 영수증 등
  - 장애인증명서(장애인증명서의 '종합 장애 정도'란에 '중증장애' 또는 '장애 정도가 심한 장애'로 기재되어 있을 경우 중증장애로 인정) 등</td></tr>
<tr><td colspan="2">※ 재외공관의 장은 입국목적, 초청의 진정성, 초청자 및 피초청자의 자격 확인 등을 심사하기 위해 필요한 경우 첨부서류를 일부 가감할 수 있음</td></tr>
</table>

사증발급인정 서 발급대상	1. 우수인재, 투자자 및 유학생 부모(F-1-15) 가. 초청자 요건 ▨ (우수인재) 취재(D-5), 주재(D-7), 기업투자(D-8), 무역경영(D-9), 교수 (E-1) ~ 특정활동(E-7) 자격자로서, <u>연간 소득이 전년도 GNI 2배 이상인 자</u>

– 해당 자격의 활동범위를 유지하며 다른 체류자격(F-2, F-5 등)으로 변경한
경우도 포함

◉ (투자자) 외국인투자촉진법, 외국환거래법, 투자이민제 등에 따라 국내에 3억원
이상을 투자한 후 외국인등록을 하고 계속해서 6개월 이상 국내 체류 중인 자

◉ (유학생) 국내 대학의 석·박사과정에서 6개월 이상 유학하며 체류 중인 자

– 단, 피초청자 포함 초청자 동반가족이 3명 이상인 경우, 학비 외에 전년도
GNI 50% 이상에 해당하는 연간 체류경비를 국내에 보유하고 있음을 입증

나. 피초청자 요건

◉ (대상) 초청자 또는 그 배우자의 부모

◉ (허용 인원) 최대 2명 이내 동시 체류 허용

다. 사증발급인정서 신청

◉ 초청자가 관할 출입국·외국인청(사무소·출장소))에 방문동거(F-1-15),
90일 이하 단수 사증발급인정서 신청

첨부서류
① 사증발급인정신청서 (별지 제21호 서식), 여권, 표준규격사진 1매 ② 초청사유서(취업활동을 하지 않겠다는 내용 기재) ③ 신원보증서 ④ 가족관계입증서류 ⑤ 소득/투자금/체류경비 입증서류
※ 출입국·외국인청(사무소·출장소)장은 초청의 진정성, 초청자 및 피초청자의 자격 확인 등을 심사하기 위해 첨부서류의 일부를 가감할 수 있음

2. 고액투자가(F-1-22) 및 해외우수인재(F-1-24)의 가사보조인

◉ 대상

– 투자가 및 전문인력의 가사보조인 중 '공관장 재량으로 발급할 수 있는 사증'을
제외한 대상자

◉ 사증발급 : 체류자격 방문동거(F-1), 체류기간 90일 이하 단수사증

첨부서류

① 사증발급인정신청서 (별지 제21호 서식), 여권, 표준규격사진 1매
② 외국인투자신고서(법인등기사항전부증명서 또는 사업자등록증) 또는 투자기
　업등록증사본
　※ 단, 영 별표 1의 17. 기업투자(D-8)란의 나목에 해당하는 자의 경우에는
　　 아래의 서류로 갈음

> ▶ 벤처기업확인서 또는 예비벤처기업확인서
> ▶ 산업재산권, 그 밖에 이에 준하는 기술과 그 사용에 관한 권리 등을 보유하고
>   있음을 입증하는 서류

③ 고용계약서 사본
④ 고용주의 재직증명서 (신분증명서)
⑤ 신원보증서
⑥ 가사보조인의 졸업증명서 등 학력을 입증할 수 있는 서류
⑦ 고용주의 연간 소득 수준을 입증할 수 있는 자료
　 - 근로소득원천징수영수증, 소득금액 증명원, 급여명세서, 통장사본 등
⑧ 투자금액 미화 50만불 미만자 추가 서류
　 - 고용 중인 내국인 상시근로자 입증 서류 : 근로소득 원천징수 영수증,
　　 소득금액 증명원, 급여명세서, 통장 사본 등

※ 출입국·외국인청(사무소·출장소)장은 초청의 진정성, 초청자 및 피초청자
　 의 자격 확인 등을 심사하기 위해 첨부서류의 일부를 가감할 수 있음

3. 주한 외국공관원의 가사보조인(F-1-21)

　🔳 대상
　 - 주한외국공관원과 동일국적이 <u>아닌</u> 가사보조인을 초청하는 경우
　　※ 주한 외국공관원과 동일국적을 가진 가사보조인에 대한 사증발급은 공관장
　　　 재량 발급
　🔳 사증발급 : 체류자격 방문동거(F-1-21), 체류기간 90일 이하 단수사증

첨부서류

① 사증발급인정신청서 (별지 제21호 서식), 여권, 표준규격사진 1매
② 외국공관의 요청공문
③ 고용계약서 사본
④ 고용인의 외교관신분증 사본

4. 점수제 우수인재의 배우자 및 미성년 자녀(F-1-12)

- 점수제 우수인재 체류자격(F-2-7,F-27S)을 받은 사람의 배우자 또는 미성년 자녀
- 주체류자의 연간소득이 최근 1인당 국민소득 미만인 경우(다른 모든 허가요건은 충족)
- 주체류자가 F-2-7S인 경우, 자격변경 후 5년이 경과된 후 연간소득이 최근 1인당 국민소득 미만인 경우(다른 모든 허가요건은 충족)
- 사증발급 : 체류자격 방문동거(F-1-12), 체류기간 90일 이하 단수사증

첨부서류

① 사증발급인정신청서 (별지 제21호 서식), 여권, 외국인등록증(주체류자가 외국인등록을 마친 사람만 해당), 표준규격사진 1매
② 결핵 진단서(『외국인 결핵환자 사증발급 및 체류관리 지침 등』에 따름)
③ 주체류자의 고용계약서, 재직증명서, 사업자등록증, 법인등기부등본, 소득금액증명*, 학위취득(예정)증명서, 졸업(예정)증명서 등(해당자)
  ☞ 유가증권시장(KOSPI) 또는 코스닥(KOSDAQ) 상장된 법인에 취업한(취업 예정 포함)사람으로서 소득금액증명 제출이 불가능한 경우에 한하여, 예외적으로 고용계약서상의 기재된 연봉 상당 금액으로 연간소득을 산정
④ 가족관계 소명 서류(주체류자와의 법률상 가족관계 입증서류여야 함)
⑤ 점수제 평가를 위한 점수를 기재한 점수표
⑥ 신청인 본인이 기재한 평가 항목별 점수를 소명하는 서류
⑦ 체류지 입증서류
⑧ 심사관이 추가 제출을 요구한 서류

※ 청(사무소·출장소)장은 초청의 진정성, 초청자 및 피초청자의 자격 확인 등을 심사하기 위해 첨부서류의 일부를 가감할 수 있음(사본 제출시 원본 제시)
* 신청일 기준 2년 이내 세무서에서 발급한 가장 최신년도의 소득금액증명

계절근로(E-8)

계절근로란?	○ 농·어번기의 고질적 일손부족 해결을 위하여 5개월* 동안 외국인을 합법적으로 고용할 수 있는 「외국인 계절근로자 프로그램」시행 * 단기취업 계절근로(C-4-1~4)의 경우는 최대 90일 고용 가능 **【기본 원칙】** ▣ 내국인 사전 구인 절차를 의무화하여 내국인 일자리 잠식 방지 ▣ 외국인 계절근로자의 인권침해 및 불법체류 방지 ▣ 고용허가제와 상충되지 않도록 운영 ▣ 농·어촌 상황을 반영할 수 있도록 지자체에 최대한 자율성 부여
➡ 목차	○ (신청 주체) 기초자치단체장 ○ (허용 업종) 계절성으로 5개월 동안 노동력이 집중적으로 필요한 농·어업* * 농업분야는 농림축산식품부, 어업분야는 해양수산부에서 심사 후 법무부에서 최종 결정 ○ (계절근로 외국인) 지자체별 상황에 맞게 도입할 수 있도록 다양화 ① 국내 지자체와 MOU를 체결한 외국 지자체가 추천한 외국인 ② 지자체 관내 결혼이민자의 해외 거주 가족(4촌) ○ (외국인 배정) 배정심사협의회*에서 관리능력, 이탈·인권침해 방지 대책 등을 감안하여 지자체별 총인원 배정 → 지자체에서 별도 기준에 따라 농·어가, 농업·어업 조합 법인, 농업회사당 배정** * 법무부, 행안부, 농식품부, 해수부, 고용부로 구성 ** 연간 최대 14명까지 배정 가능(면적 기준 9명 + 추가 5명 가능) : 지자체 자체 '인센티브 부여 기준', 전년도 우수 기초지자체 등 추가 가능 ○ (비자 신청) 지자체가 사증 신청 절차를 대행함으로써 농·어가 부담 제거 ○ (외국인 관리) 계절근로자 불법체류 및 인권침해 예방
자격 해당자 및 활동범위	◉ 법무부장관이 관계 중앙행정기관의 장과 협의하여 정하는 농작물 재배·수확(재배·수확과 연계된 원시가공 분야를 포함한다) 및 수산물 원시가공 분야에서 취업 활동을 하려는 사람으로서 법무부장관이 인정하는 사람 ◉ 세부약호

체류 자격	계절근로자 선정 방식	근로 분야
E-8-1	국내지자체와 외국지자체간 MOU 방식으로 선정	농업
E-8-2	결혼이민자가 해외 거주하는 4촌 이내 친척을 추천	농업
E-8-3	국내지자체와 외국지자체간 MOU 방식으로 선정	어업
E-8-4	결혼이민자가 해외 거주하는 4촌 이내 친척을 추천	어업
E-8-5	기타(G-1) 자격으로 계절근로 활동 후 재입국 추천	농업
E-8-6	기타(G-1) 자격으로 계절근로 활동 후 재입국 추천	어업
E-8-99	언어소통 도우미 등 기타 보조 인력	기타

○ 세부 내용
- (E-8-1) 국내지자체와 외국지자체간 계절근로 수급관련 MOU를 체결 → 해당 외국지자체가 자신의 주민을 선정하여 국내지자체에 추천 → 국내지자체가 계절근로자를 농가에 배정 후 초청절차(사증발급 인정신청)을 진행 → 계절근로자가 입국한 후 농업분야에 5개월 이내 종사
- (E-8-2) 한국인과 혼인관계를 유지 중인 결혼이민자(한국 국적 취득자 포함)가 자신의 해외 거주 친척(4촌 이내, 해당 4촌의 배우자 포함)을 국내지자체에 추천 → 국내지자체가 계절근로자를 농가에 배정 후 초청(사증발급인정신청)절차를 진행 → 계절 근로자가 입국한 후 농업분야에 5개월 이내 종사
- (E-8-3) 국내지자체와 외국지자체간 계절근로 수급관련 MOU를 체결 → 해당 외국지자체가 자신의 주민을 선정하여 국내지자체에 추천 → 국내지자체가 계절근로자를 어가에 배정 후 초청절차(사증발급 인정신청)을 진행 → 계절근로자가 입국한 후 어업분야에 5개월 이내 종사
- (E-8-4) 한국인과 혼인관계를 유지 중인 결혼이민자(한국 국적 취득자 포함)가 자신의 해외 거주 친척(4촌 이내, 해당 4촌의 배우자 포함)을 국내지자체에 추천 → 국내지자체가 계절근로자를 어가에 배정 후 초청 (사증발급인정신청) 절차를 진행 → 계절근로자가 입국한 후 어업분야에 5개월 이내 종사
- (E-8-5) 기타(G-1-19) 자격으로 농업분야 계절근로에 참여한 외국인에 대하여 고용주가 국내 지자체에 재고용 추천 → 국내 지자체가 계절근로자를 농가에 배정 후 초청(사증발급인정신청) 절차를 진행 → 계절근로자가 입국한 후 농업분야에 5개월 이내 종사
- (E-8-6) 기타(G-1-19) 자격으로 어업분야 계절근로에 참여한 외국인에 대하여

➡ 목차

고용주가 국내 지자체에 재고용 추천 → 국내 지자체가 계절근로자를 농가에 배정 후 초청(사증발급인정신청) 절차를 진행 → 계절근로자가 입국한 후 어업분야에 5개월 이내 종사

– (E-8-99) 해외 지자체에서 언어소통 도우미 등 관리 목적의 인력 파견 시 국내 지자체에 신청 → 국내 지자체가 입국 필요성 등 확인 후 초청(사증발급인정신청) 절차를 진행 → 근로자가 입국한 후 해당 분야에 5개월 이내 종사

◐ 허용업종 및 허용인원

□ 농업분야 허용 작물

재배면적 / 허용작물	재배면적(단위 : 1000㎡)				
① 시설원예·특작	2.6미만	2.6~3.9미만	3.9~5.2미만	5.2~6.5미만	6.5이상
② 버섯	5.2미만	5.2~7.8미만	7.8~10.4미만	10.4~13미만	1.3이상
③ 과수	16미만	16~24미만	24~32미만	32~38미만	38이상
④ 인삼, 얄받채소	12미만	12~18미만	18~24미만	24~30미만	30이상
⑤ 종묘재배	0.35미만	0.35~0.65미만	0.65~0.86미만	0.86~1.06미만	1.06이상
⑥ 기타원예·특작	7.8미만	7.8~11.7미만	11.7~15.6미만	15.6~19.5미만	19.5이상
⑦ 곡물	50미만	50~300미만	300~400미만	400~500미만	500이상
⑧ 기타 식량작물	7미만	7~10미만	10~13미만	13~16미만	16이상
⑨ 곶감 가공	70접 미만	70~80접 미만	80~90접 미만	90~100접 미만	100접 이상
허용인원	5명 이하*	6명 이하	7명 이하	8명 이하	9명 이하

* 지자체장 또는 관할 출입국외국인관서의 장 판단 하에 영세 농가 등의 허용인원 조정 가능

□ 어업분야 허용 수산물

허용수산물		적용 수산물(예시)
① 해조류	육상 가공·생산	㉠ 김 건조, ㉡ 기타
	양식(해상 채취, 육상 가공)	㉢ 해조류 ㉣ 해조류종자

② 어패류	육상 가공·생산	㉠ 멸치 건조 ㉡ 가자미·오징어·명태·과메기 건조, 참조기 그물 털기·선별·포장 ㉢ 명태 가공 ㉣ 굴 선별·세척·까기·포장(가공) ㉤ 전복종자생산
	양식(해상 채취, 육상 가공)	㉥ 가리비(경남 고성군 시범운영)

□ 생산규모별 허용인원

허용수산물 \ 생산규모		생산규모(단위 : 속, 톤, 박스)				
해조류	마른김	30만속 미만	30~50만속 미만	50~60만속 미만	60~70만속 미만	70만속 이상
	기타	5천톤 미만	5천~8천톤 미만	8천~1만톤 미만	1~12만톤 미만	12만톤 이상
	양식	5명 이하				
어패류	멸치 건조	8만박스 미만	8~12만박스 미만	12~16만박스 미만	16~20만박스 미만	20만이상
	기타	12톤 미만	12~20톤 미만	20~30톤 미만	30~40톤 미만	40톤이상
	전복종자	250만 마리 (파판 50만장)	300만 마리 (파판 60만장)	350만 마리 (파판 70만장)	400만 마리 (파판 80만장)	450만 마리 (파판 90만장)
허용인원		5명 이하*	6명 이하	7명 이하	8명 이하	9명 이하

* 지자체장 또는 관할 출입국·외국인관서의 장 판단 하에 영세 어가 등의 허용인원 조정 가능

'23년 상반기 배정심사협의회에서 시범운영하기로 결정된 가리비 양식은 고성군 (5ha미만 양식장)에서 어가별 2명 이하 고용으로 한정(2023. 7. 1.부)

1회에 부여할 수 있는 체류기간 상한	5개월(총 체류기간 8개월을 초과할 수 없음)
사증발급인정 서 ➡ 목차	□ 계절근로(E-8) 사증은 청장·사무소장 또는 출장소장이 발급한 사증발급인정서에 의해서만 발급 □ 사증발급인정서 신청 ○ 신청자 - (시·군·구) 기초자치단체장

○ 신청시기

－ 농·어업 작업시기, 사증발급인정서 발급 소요 기간(신청일로부터 약 10일 소요), 외국인 계절근로자 사증 준비 및 자국 출국을 위한 행정 절차 소요 기간 등을 고려하여 신청시기 결정

○ 신청 방법 : 비자포털(www.visa.go.kr)을 통하여 신청

○ 사증발급인정서 대상자

－ 지자체가 고용주에게 배정한 해외 체류 외국인

  ※ 결혼이민자 등의 국내 체류 가족은 사증발급인정서 신청 대상이 아니고 체류자격 외 활동허가 신청 대상임

○ 사증발급인정서로 신청하는 계절근로 사증 종류

사증(VISA)	대상자	허용 분야	최대 체류기간
E-8-1(단수)	MOU 체결 외국지자체의 주민	농 업	5개월
E-8-2(단수)	결혼이민자의 외국 거주 친척		
E-8-3(단수)	MOU 체결 외국지자체의 주민	어 업	
E-8-4(단수)	결혼이민자의 외국 거주 친척		
E-8-5(단수)	기타(G-1) 자격으로 활동 후 재입국한 자	농 업	
E-8-6(단수)	기타(G-1) 자격으로 활동 후 재입국한 자	어 업	
E-8-99(단수)	언어소통 도우미 등 기타 보조 인력	기 타	

－ 비자포털에 부정확한 정보 입력으로 반려되는 경우 적정한 시기에 계절근로자를 초청하지 못하는 문제가 발생하기 때문에 추천자 및 허용분야를 확인하여 정확한 사증 종류를 신청하고 필요 정보를 정확히 입력하여야 함

○ 제출서류(비자포털에 첨부)

① 표준근로계약서

② 내국인 구인노력 증빙자료(구인 광고내용 사본 및 최종 구인실적 등)

③ 외국인 계절근로자 관련 서류

  ㉠ 외국인 계절근로자 여권 사본

  ㉡ MOU 외국인 : 본국에서의 농어업 종사 이력

  ㉢ 결혼이민자의 4촌 이내 친척(배우자 포함) : 결혼이민자 신분증, (국내용)

	혼인관계증명서, (국내용) 가족관계증명서(혼인귀화자 해당), 기본증명서 (혼인귀화자 해당), 결혼이민자의 친척 관계도, 거주국(체류국)에서 발급한 가족관계증명서
	
	  ※ 국내 결혼이민자와의 가족(친척)관계가 입증되어야 하며 영어 이외의 외국어로 되어있을 때는 번역자 확인서 및 번역문을 첨부(공증불요)
	④ 숙소 관련 서류
	  – 외국인 계절근로자에게 제공 예정인 '숙소시설표'('24년 한시적 시행)
	⑤ 업무협약(MOU) 체결 결과서 등

거 주(F-2)

활동범위 및 해당자 ➡ 목차	▨ 영주자격을 부여받기 위하여 국내 장기체류하려는 자 가. 국민의 미성년 외국인 자녀 또는 영주(F-5) 체류자격을 가지고 있는 사람의 배우자 및 그의 미성년 자녀 나. 국민과 혼인관계(사실상의 혼인관계를 포함한다)에서 출생한 사람으로서 법무부장관이 인정하는 사람 다. 난민의 인정을 받은 사람 라. 「외국인투자 촉진법」에 따른 외국투자가 등으로 다음 어느 하나에 해당하는 사람 　1) 미화 50만 달러 이상을 투자한 외국인으로서 기업투자(D-8) 체류자격으로 3년 이상 계속 체류하고 있는 사람 　2) 미화 50만 달러 이상을 투자한 외국법인이 「외국인투자 촉진법」에 따른 국내 외국인투자기업에 파견한 임직원으로서 3년 이상 계속 체류하고 있는 사람 　3) 미화 30만 달러 이상을 투자한 외국인으로서 2명 이상의 국민을 고용하고 있는 사람 마. 영주(F-5) 체류자격을 상실한 사람 중 국내 생활관계의 권익보호 등을 고려하여 법무부장관이 국내에서 계속 체류하여야 할 필요가 있다고 인정하는 사람(강제퇴거된 사람은 제외한다) 바. 외교(A-1)부터 협정(A-3)까지의 체류자격 외의 체류자격으로 대한민국에 7년 이상 계속 체류하여 생활 근거지가 국내에 있는 사람으로서 법무부장관이 인정하는 사람[다만, 교수(E-1)부터 전문직업(E-5)까지 또는 특정활동(E-7) 체류자격을 가진 사람에 대해서는 최소 체류기간을 5년으로 한다] 사. 〈삭제〉 아. 「국가공무원법」 또는 「지방공무원법」에 따라 공무원으로 임용된 사람으로서 법무부장관이 인정하는 사람 자. 나이, 학력, 소득 등이 법무부장관이 정하여 고시하는 기준에 해당하는 사람 차. 투자지역, 투자대상, 투자금액 등 법무부장관이 정하여 고시하는 기준에 따라 부동산 등 자산에 투자한 사람 카. 법무부장관이 대한민국에 특별한 기여를 했거나 공익의 증진에 이바지했다고 인정하는 사람 타. 자목부터 카목까지의 규정에 해당하는 사람의 배우자 및 자녀(법무부장관이 정하는 요건을 갖춘 자녀만 해당한다)

	파. 「국가균형발전 특별법」제2조제9호에 따른 인구감소지역 등에서의 인력 수급과 지역 활력 회복을 지원하기 위하여 법무부장관이 대상 업종·지역, 해당 지역 거주·취업 여부 및 그 기간 등을 고려하여 고시하는 기준에 해당하는 사람
1회 부여 체류기간의 상한	■ 5년
공관장 재량으로 발급할 수 있는 사증	난민인정을 받은 자, 고액투자자, 영주자격 상실자, 7년 이상 장기체류자는 체류자격 부여 또는 체류자격 변경 대상이므로 재외공관에서 사증발급 불가 1. 영주(F-5) 자격 소지자의 배우자에 대한 체류기간 1년 이하의 거주(F-2-3) 단수사증 **첨부서류** ① 사증발급신청서 (별지 제17호 서식), 여권, 표준규격사진 1매, 수수료 ② 국내 배우자의 신원보증서 ③ 초청장(붙임1 양식), 혼인배경 진술서(붙임2 양식) ④ 초청인 및 피초청인 양국 간 혼인관계 입증서류 　- 결혼증명서, 가족관계 기록에 관한 증명서 등 ⑤ 재정(소득) 입증서류 　- 소득금액증명원(세무서 발행), 재직증명서, 계좌거래내역 등 ⑥ 초청인의 신용정보조회서(전국은행연합회 발행) ⑦ 국적국 또는 거주국의 관할 기관이 발급한 초청인 및 피초청인 쌍방의 '범죄경력에 관한 증명서' 　- 영주(F-5)자격 소지자 본인이 영주자격 변경 시 '범죄 경력에 관한 증명서'를 이미 제출한 경우에는 본인에 한해 제출 생략 가능. 단, 영주자격 변경 후 해외에서 6개월 이상 체류한 경우에는 해외 체류기간 동안의 체류국 정부가 발행한 범죄경력에 관한 증명서를 제출해야 함 ⑧ 초청인 및 피초청인 쌍방의 건강진단서 　- 의료법 제3조제2항제3호에 따른 병원급 의료기관이나 지역보건법 제7조에 따른 보건소가 발행한 것. 다만, 피초청인의 경우에는 해당 보건국 또는 거주국에서 통용되는 유사한 입증자료로 갈음할 수 있음 ⑨ 과거 혼인기록이 있는 경우 혼인 해소 여부를 입증할 수 있는 서류(이혼증

■ 목차

등)

※ 재외공관의 장은 입국목적, 초청의 진정성, 초청자 및 피초청자의 자격 확인 등을 심사하기 위해 필요한 경우 첨부서류를 일부 가감할 수 있음

2. 국민의 미성년 외국인자녀에 대한 체류기간 90일 이하의 거주(F-2-2) 단수사증

● 국내입국 방편으로 입양된 경우는 사증발급 억제

※ 대한민국국적을 보유한 복수국적자는 「복수국적자의 출입국 및 체류에 관한 지침」 적용

첨부서류
① 사증발급신청서 (별지 제17호 서식), 여권, 표준규격사진 1매, 수수료 ② 국민의 미성년 자녀임을 입증할 수 있는 공적 서류 ③ 대한민국 국민과 해당 미성년자의 관계 및 양육권 보유관계를 입증할 수 있는 서류 ④ 양육권을 가진 대한민국국민인 부 또는 모의 신원보증서(그 부 또는 모가 배우자가 있을 경우 그 배우자의 신원보증서도 필요) ⑤ 양육권 보유관계를 입증할 수 없을 경우에는 해당 미성년자와 동일한 국적을 보유한 해당 미성년자의 친권자 또는 후견인의 동의서(친권자 또는 후견인이 없는 경우 친권자·후견인이 없다는 사실을 입증할 수 있는 관련국의 공적 서류 또는 공증증서)
※ 재외공관의 장은 입국목적, 초청의 진정성, 초청자 및 피초청자의 자격 확인 등을 심사하기 위해 필요한 경우 첨부서류를 일부 가감할 수 있음

3. 국민과 혼인관계(사실상의 혼인관계 포함)에서 출생한 자녀에 대한 5년간 유효한 체류기간 1년 이하의 거주(F-2-2) 복수사증

※ 국민과 혼인관계에서 출생한 자녀에 대한 거주(F-2) 사증발급 제외대상자

- 병역 이행 또는 면제처분을 받지 않은 상태에서 대한민국 국적을 이탈 또는 상실하여 외국인이 된 남성에 대해 40세 되는 해의 12월 31일까지 거주(F-2-2)자격 부여 제한

→ 개정법 시행일('18. 5. 1.) 이후 최초로 국적을 이탈하였거나 국적을 상실한 사람부터 적용

('18.4.30. 이전 자에 대해서는 과거 재외동포 자격부여 제한 기준 적용)

첨부서류
① 사증발급신청서 (별지 제17호 서식), 여권, 표준규격사진 1매, 수수료
② 초청장
③ 국민과 해당 미성년자와의 관계입증 서류 　　- 유전자 검사확인서류 또는 출생증명서 등 친자관계를 입증할 수 있는 　　　서류
④ 대한민국 국민인 부 또는 모의 신원보증서
※ 재외공관의 장은 입국목적, 초청의 진정성, 초청자 및 피초청자의 자격 　확인 등을 심사하기 위해 필요한 경우 첨부서류를 일부 가감할 수 있음

| 사증발급인정
서 발급대상

■ 목차 | 1. 점수제 우수인재(상장법인·유망산업분야 종사자에 한함) 및 점수제 우수인재의 배우자 및 미성년 자녀

　▨ 대상
　　- 상장법인 종사자 : ① 국내 유가증권시장(KOSPI) 또는 코스닥(KOSDAQ)에 상장된 법인 종사자 또는 고용계약을 체결하여 취업이 확정된 외국인 ② 통계청 고시 '한국표준직업분류'에 따른 관리자, 전문가 및 관련 종사자에 해당하는 직종에 취업 중이거나 고용계약을 체결하여 취업이 확정된 외국인
　　- 유망산업분야 종사자 : 산업통상자원부 고시 제2020-40호, 2020.3.31., 「첨단기술 및 제품의 범위」에 따른 IT, 기술경영, 나노, 디지털전자, 바이오, 수송 및 기계, 신소재, 환경 및 에너지 등의 산업 분야 종사자 또는 고용계약을 체결하여 취업이 확정된 외국인으로 소득금액증명원 상의 전년도 소득이 국민 1인당 GNI 1.5배 이상일 것(취업 예정자는 고용계약서상의 연봉으로 갈음)
　　- 점수제 우수인재의 배우자 및 미성년 자녀 : 점수제 우수인재 체류자격*을 받은 사람(이하 '주체류자'라 함)의 배우자** 또는 미성년 자녀***
　　* 점수제 평가항목별 합산 점수가 80점 이상임을 검증 받고 점수제 우수인재 체류자격(F-2-7)을 받은 사람을 의미함(즉, F-2-71은 대상 아님)
　　** 법률상 배우자로서 진정한 혼인관계를 유지하여야 함(사실혼 불인정)
　　*** 주체류자가 미성년 자녀에 대한 친권 및 양육권을 가지고 있어야 함
　　※ 초청자가 F-2-7S일 경우 : 초청자가 자격변경허가받은 날부터 5년동안 소득요건 심사 없이 F-2-71(단수, 90일), 5년 경과 후 소득요건 심사 후 충족시 F-2-71(단수, 90일), |

■ 신청 방법(사증발급인정서 발급)

    – 상장 법인 · 유망산업분야 종사자 : 사업장 주소지를 관할하는 출입국 · 외국
인청(사무소 · 출장소) 방문 신청 또는 온라인(대한민국비자포털) 신청
(F-2-7, 단수, 90일)

    – 점수제 우수인재의 배우자 및 미성년 자녀 : 초청자(F-2-7 체류자격자)의
주소지 관할 출입국 · 외국인청(사무소 · 출장소) 방문 신청 또는 온라인(대
한민국비자포털) 신청(F-2-71, 단수, 90일)

    ※ 주체류자의 소득기준(GNI이상) 미충족(다른허가요건 충족)시 F-1-12
(단수, 90)

첨부서류

---

1) 상장 법인 · 유망산업분야 종사자

  ① 사증발급인정신청서 (별지 제21호 서식), 여권, 외국인등록증(주체류자가
외국인등록을 마친 사람만 해당), 표준규격사진 1매

  ② 결핵 진단서(「외국인 결핵환자 사증발급 및 체류관리 지침 등」에 따름)

  ③ 신청자의 고용계약서, 재직증명서, 사업자등록증, 법인등기부등본, 소득금
액증명*, 학위취득(예정)증명서, 졸업(예정)증명서 등(해당자)

  ☞유가증권시장(KOSPI) 또는 코스닥(KOSDAQ) 상장된 법인에 취업한(취업
예정 포함)사람으로서 소득금액증명 제출이 불가능한 경우에 한하여, 예외적
으로 고용계약서상의 기재된 연봉 상당 금액으로 연간소득을 산정

  ④ 신청인이 해당하는 점수를 기재한 점수표

  ⑤ 신청인이 기재한 평가 항목별 점수를 입증하는 서류

  ⑥ 체류지 입증서류

  ⑦ 심사관이 추가 제출을 요구한 서류

2) 점수제 우수인재의 배우자 및 미성년 자녀

  ① 사증발급인정신청서 (별지 제21호 서식), 여권, 외국인등록증(주체류자가
외국인등록을 마친 사람만 해당), 표준규격사진 1매

  ② 결핵 진단서(「외국인 결핵환자 사증발급 및 체류관리 지침 등」에 따름)

  ③ 주체류자의 고용계약서, 재직증명서, 사업자등록증, 법인등기부등본, 소득
금액증명*, 학위취득(예정)증명서, 졸업(예정)증명서 등(해당자)

  ☞ 유가증권시장(KOSPI) 또는 코스닥(KOSDAQ) 상장된 법인에 취업한(취업
예정 포함)사람으로서 소득금액증명 제출이 불가능한 경우에 한하여, 예외

적으로 고용계약서상의 기재된 연봉 상당 금액으로 연간소득을 산정
④ 가족관계 소명 서류(주체류자와의 법률상 가족관계 입증서류여야 함)
⑤ 점수제 평가를 위한 점수를 기재한 점수표
⑥ 신청인 본인이 기재한 평가 항목별 점수를 소명하는 서류
⑦ 체류지 입증서류
⑧ 심사관이 추가 제출을 요구한 서류

※ 출입국 · 외국인청(사무소 · 출장소)장은 초청의 진정성, 초청자 및 피초청자의 자격 확인 등을 심사하기 위해 첨부서류의 일부를 가감할 수 있음(사본 제출시 원본 제시)
* 신청일 기준 2년 이내 세무서에서 발급한 가장 최신년도의 소득금액증명

동 반(F-3)

활동범위 및 해당자	🔹 동반가족 – 문화예술(D-1)부터 특정활동(E-7)까지의 체류자격에 해당하는 사람의 배우자 및 미성년 자녀로서 배우자가 없는 사람(단, 기술연수(D-3) 체류자격에 해당하는 사람은 제외한다.) ※ 등록외국인과 동거할 목적으로 입국하는 자 및 취재(D-5), 기업투자(D-8) 자격에 해당하는 자와 동반 입국하고자 하는 자에 대한 체류기간 1년 이하의 단수사증은 공관장 재량 발급
1회 부여 체류기간의 상한	🔹 동반하는 본인에게 정하여진 체류기간
전자사증	전자사증 제도는 해외 우수인력 및 관광객 유치지원 등을 위한 사증발급 절차 간소화의 일환으로 교수 등, 연구원 등에 대해 재외공관 방문 없이 온라인으로 사증을 발급 받을 수 있는 제도 1. 발급대상 🔹 전문 인력의 동반자 – 교수(E-1), 연구(E-3), 기술지도(E-4), 전문직업(E-5) 및 첨단과학기술분야 고용추천서(GOLD CARD)를 발급받은 특정활동(E-7) 자격 외국인의 배우자 및 미성년 자녀로서 배우자가 없는 사람 2. 제출서류 🔹 동반(F-3) 자격 사증발급 심사 기준 및 절차에 따라 서류제출 및 사증발급
공관장 재량으로 발급할 수 있는 사증 📩 목차 공관장 재량으로 발급할 수 있는 사증	1. 전문 인력의 동반자 – 교수(E-1), 연구(E-3), 기술지도(E-4), 전문직업(E-5) 및 첨단과학기술분야 고용추천서(GOLD CARD)를 발급받은 특정활동(E-7) 자격 외국인의 배우자 및 미성년 자녀로서 배우자가 없는 사람 첨부서류 ① 사증발급신청서 (별지 제17호 서식), 여권, 표준규격사진 1매, 수수료 ② 가족관계입증서류

	– 결혼증명서·가족관계기록 사항에 관한 증명서 또는 출생증명서 등 (중국인은 거민신분증, 결혼증 및 호구부 등) ③ 생계유지능력 입증서류 – 초청자의 재직증명서 및 납세사실증명서 등 ※ 납세사실증명서 제출이 곤란한 경우 (예 : 일부 D계열, 주된 체류자격자와 동반 신청하는 경우) 기타 재정입증서류 제출로 갈음
	※ 재외공관의 장은 입국목적, 초청의 진정성, 초청자 및 피초청자의 자격 확인 등을 심사하기 위해 필요한 경우 첨부서류를 일부 가감할 수 있음
사증발급인정 서 발급대상 ▣ 목차	1. 문화예술(D-1), 유학(D-2), 일반연수(D-4) 내지 특정활동(E-7) 자격에 해당하는 자의 배우자 및 미성년 자녀로서 배우자가 없는 자 ▨ 원칙적으로 동반하는 본인(원자격자)과 함께 사증발급인정신청을 하는 경우에 한하여 사증발급인정서 발급

첨부서류
① 사증발급인정신청서 (별지 제21호 서식), 여권사본, 표준규격사진 1매   ② 가족관계 입증서류   – 결혼증명서·가족관계기록 사항에 관한 증명서 또는 출생증명서 등 (중국인은 거민신분증, 결혼증 및 호구부 등)   ③ 생계유지능력 입증서류   – 초청자의 재직증명서 및 납세사실증명서 등   ※ 납세사실증명서 제출이 곤란한 경우 (예 : 일부 D계열, 주된 체류자격자와 동반 신청하는 경우) 기타 재정입증서류 제출로 갈음
※ 출입국·외국인청(사무소·출장소)장은 초청의 진정성, 초청자 및 피초청자의 자격 확인 등을 심사하기 위해 첨부서류의 일부를 가감할 수 있음

활동범위	● 체류자격의 구분에 따른 활동의 제한을 받지 않음
해 당 자	법 제46조제1항 각 호의 어느 하나에 해당하지 않는 사람으로서 다음 각 호의 어느 하나에 해당하는 사람 1. 대한민국 「민법」에 따른 성년으로서 별표 1의2 중 10. 주재(D-7)부터 20. 특정활동(E-7)까지의 체류자격이나 별표 1의2 중 24. 거주(F-2) 체류자격으로 5년 이상 대한민국에 체류하고 있는 사람 2. 국민 또는 영주자격(F-5)을 가진 사람의 배우자 또는 미성년 자녀로서 대한민국에 2년 이상 체류하고 있는 사람 및 대한민국에서 출생한 것을 이유로 법 제23조에 따라 체류자격 부여 신청을 한 사람으로서 출생 당시 그의 부 또는 모가 영주자격(F-5)으로 대한민국에 체류하고 있는 사람 중 법무부장관이 인정하는 사람 3. 「외국인투자 촉진법」에 따라 미화 50만 달러를 투자한 외국인투자가로서 5명 이상의 국민을 고용하고 있는 사람 4. 별표 1의2 중 26. 재외동포(F-4) 체류자격으로 대한민국에 2년 이상 계속 체류하고 있는 사람으로서 대한민국에 계속 거주할 필요가 있다고 법무부장관이 인정하는 사람 5. 「재외동포의 출입국과 법적 지위에 관한 법률」 제2조제2호의 외국국적동포로서 「국적법」에 따른 국적 취득 요건을 갖춘 사람
☑ 목차 해 당 자	6. 종전 「출입국관리법 시행령」(대통령령 제17579호로 일부개정되어 2002. 4. 18. 공포·시행되기 이전의 것을 말한다) 별표 1 제27호란의 거주(F-2) 체류자격(이에 해당되는 종전의 체류자격을 가진 적이 있는 사람을 포함한다)이 있었던 사람으로서 대한민국에 계속 거주할 필요가 있다고 법무부장관이 인정하는 사람 7. 다음 각 목의 어느 하나에 해당하는 사람으로서 법무부장관이 인정하는 사람 　가. 국외에서 일정 분야의 박사 학위를 취득한 사람으로서 영주자격(F-5) 신청 시 국내 기업 등에 고용된 사람 　나. 국내 대학원에서 정규과정을 마치고 박사학위를 취득한 사람 8. 법무부장관이 정하는 분야의 학사 학위 이상의 학위증 또는 법무부장관이 정하는 기술자격증이 있는 사람으로서 국내 체류기간이 3년 이상이고, 영주자격(F-5) 신청 시 국내기업에 고용되어 법무부장관이 정하는 금액 이상의 임금을 받는 사람

	9. 과학·경영·교육·문화예술·체육 등 특정 분야에서 탁월한 능력이 있는 사람 중 법무부장관이 인정하는 사람
	10. 대한민국에 특별한 공로가 있다고 법무부장관이 인정하는 사람
	11. 60세 이상으로서 법무부장관이 정하는 금액 이상의 연금을 국외로부터 받고 있는 사람
	12. 별표 1의2 중 29. 방문취업(H-2) 체류자격으로 취업활동을 하고 있는 사람으로서 같은 표 중 24. 거주(F-2)란의 사목 1)부터 3)까지의 요건을 모두 갖추고 있는 사람 중 근속기간이나 취업지역, 산업 분야의 특성, 인력 부족 상황 및 국민의 취업 선호도 등을 고려하여 법무부장관이 인정하는 사람
	13. 별표 1의2 중 24. 거주(F-2) 자목에 해당하는 체류자격으로 대한민국에서 3년 이상 체류하고 있는 사람으로서 대한민국에 계속 거주할 필요가 있다고 법무부장관이 인정하는 사람
	14. 별표 1의2 중 24. 거주(F-2) 차목에 해당하는 체류자격을 받은 후 5년 이상 계속 투자 상태를 유지하고 있는 사람으로서 대한민국에 계속 거주할 필요가 있다고 법무부장관이 인정하는 사람과 그 배우자 및 자녀(법무부장관이 정하는 요건을 갖춘 자녀만 해당한다)
	15. 별표 1의2 중 11. 기업투자(D-8) 다목에 해당하는 체류자격으로 대한민국에 3년 이상 계속 체류하고 있는 사람으로서 투자자로부터 3억원 이상의 투자금을 유치하고 2명 이상의 국민을 고용하는 등 법무부장관이 정하는 요건을 갖춘 사람
	16. 5년 이상 투자 상태를 유지할 것을 조건으로 법무부장관이 정하여 고시하는 금액 이상을 투자한 사람으로서 법무부장관이 정하는 요건을 갖춘 사람
	17. 별표 1의2 중 11. 기업투자(D-8) 가목에 해당하는 체류자격을 가지고 「외국인투자촉진법 시행령」 제25조제1항제4호에 따른 연구개발시설의 필수전문인력으로 대한민국에 3년 이상 계속 체류하고 있는 사람으로서 법무부장관이 인정하는 사람
	18. 별표 1의2 중 24. 거주(F-2) 다목에 해당하는 체류자격으로 2년 이상 대한민국에 체류하고 있는 사람
1회 부여 체류기간의 상한	▨ 상한 없음
공관장 재량으로 발급할 수 있는 사증	1. 고액투자외국인에 대한 영주사증 발급 가. 대상(출입국관리법 시행령 별표 1의3의 3호) 　▨ 영주자격 신청 시 외국인투자촉진법에 따라 미화 50만 불 이상을 투자한

외국투자가로 국민을 5인 이상 고용한 자

첨부서류
① 사증발급신청서 (별지 제17호 서식), 여권, 표준규격사진 1매, 수수료
② 외국인투자기업 등록증명서 사본
③ 신원보증서
④ 사업자 등록증 사본 및 법인 등기사항전부증명서
⑤ 신청자 본인의 소득금액 증명원(세무서 발급) 및 고용 내국인 5인 이상의 소득금액 증명원(세무서 발급)
⑥ 고용 내국인의 정규직(전일제 상용고용 형태) 고용 입증서류(고용계약서, 정규직 고용확인서 등)

2. 특정분야의 능력소유자에 대한 영주사증 발급 : 법무부장관 승인 필요

가. 대상(출입국관리법 시행령 별표1의3 9호)

● 과학·경영·교육·문화예술·체육 등 특정 분야에서 탁월한 능력이 있는 사람 중 법무부장관이 인정하는 사람

나. 요건(생계유지능력요건 면제)

○ 필수항목 중 1개 이상의 요건을 갖추고, 필수항목과 선택항목의 합산 점수가 다음 어느 하나에 해당할 것

필수항목 합	필수항목과 선택항목 합	국내 체류 기간
30점 이상	50점 이상	국내 체류기간과 관계없이 취득
20~29점	100점 이상	〃
10~19점	100점 이상	외국인등록 후 1년 이상 국내 체류

○ 필수항목 및 선택항목 별 내용과 점수는 다음과 같이 구분함

특정분야 능력소유자에 대한 점수제 항목 및 점수			
□ 필수항목 : 총 245점			
단일 항목	구 분		점수
	기본사항	세부 추가사항	
세계	정치, 경제, 사회, 문화,	전직 국가원수나 국제기구 전직대표	50

적저명 인사 (50)	과학 등의 분야에서 세계적인 명성과 권위를 가진 저명인사	등	
		노벨상, 퓰리처상, 서울평화상, 괴테상 등 수상자	40
세계 적 연구 실적 (30)	최근 5년 이내에 SCI(과학기술논문인용색 인), SCIE(과학기술논문인용 색인확장판), SSCI(사회과학논문인용 색인), A&HCI(예술인문과학인 용색인)에 논문 게재	국내·외 4년제 대학의 해당분야 정교수 이상으로 5년 이상 근무 경력	30
		국내·외 4년제 대학의 해당분야 정교수 이상으로 3년 이상 5년 미만 근무 경력	20
		대한민국 국가 연구기관 또는 이에 준하는 수준의 국내·외 연구기관에 고용되어 해당분야에서 5년 이상 연구경력	20
		대한민국 국가 연구기관 또는 이에 준하는 수준의 국내·외 연구기관에 고용되어 해당 분야에서 3년 이상 5년 미만 연구경력	15
세계 적 스포 츠 스타 (30)	대규모 국제대회 입상 운동선수 또는 지도자	올림픽 동메달 이상	30
		세계선수권대회, 아시안 게임 또는 이와 동등한 수준의 대회에서 동메달 이상	20
세계 적 대학 강의 경력 (30)	QS(Quacquarelli Symonds), THE(Times Higher Education), ARWU(Academic Ranking of World University), CWUR(Center for World University Ranking) 등 세계적 권위의 대학평가기관에서 최근 3년 이내 선정된 200대 대학 근무 경력	해당 대학에서 정교수로 5년 이상 근무	30
		해당 대학에서 정교수로 3년 이상 5년 미만 근무	20
		해당 대학에서 정교수를 제외한 강사 이상으로 3년 이상 근무	15
세계 적 기업 근무 경력 (30)	UNCTAD, FORTUNE, FORBES, BUSINESS WEEK(미국), ECONOMIST(영국) 등 세계 유수 경제 전문지가 선정한 최근 3년 이내 세계500대 기업에서 근무 경력	해당 기업에서 상근이사 이상의 직으로 1년 이상 근무	30
		해당 기업에서 지배인 또는 경영간부 이상의 직으로 3년 이상 근무	25
		해당 기업에서 정규직으로 7년 이상 근무	20
		해당 기업에서 정규직으로 5년 이상 7년 미만 근무	15

대기업근무경력(25)	국내 상시 근로자수 300인 이상으로 국내 자본금 80억을 초과하는 국내·외 기업 근무 경력	해당 기업에서 상근이사 이상의 직으로 2년 이상 근무	25
		해당 기업에서 정규직으로 10년 이상 근무	20
		해당 기업에서 정규직으로 7년 이상 10년 미만 근무	15
지식재산권보유(25)	국내·외 지식재산권 보유 (특허권·실용신안권·디자인권만 해당) ☞ 발명권자는 대상 아님	특허권 2개 이상 보유	25
		특허권 1개 보유	20
		실용신안권 또는 디자인권 1개 이상 보유 및 관련 사업체 운영경력 1년 이상	15
우수재능보유(25)	과학·경영·교육·문화예술·체육 등의 분야에 우수한 재능 보유	국제적으로 인지도가 높은 각종 대회에서 입상하거나 시상식에서 수상한 경력 또는 이에 준하는 국제적 인지도 보유	25
		해당 분야에 국제적으로 공인된 단체로부터 인증 받은 세계기록 보유	15
		국제적 권위 있는 전시회, 박람회, 공연회 등에 작품 전시 또는 공연 경력이 있거나 심사위원단 참여 경력	10

※ 적용되는 단일항목이 여러개일 경우 모두 합산하되, 단일항목 내에서 점수가 중복될 경우 높은 점수 하나만 점수로 인정

첨부서류

① 신청서, 여권, 표준규격사진 1매, 수수료
② 신원보증서
③ 점수제 해당항목 입증서류

□ 선택항목 : 총 205점

선택 항목	구분별 점수			
국 내 연간 소득 (30)	전년도 일인당 GNI 4배 이상	전년도 일인당 GNI 3배 이상 4배 미만	전년도 일인당 GNI 2배 이상 3배 미만	전년도 일인당 GNI 이상 2배 미만
	30	20	10	5
국내 자산 (30)	10억원 이상	7억원 이상 10억원 미만	5억원 이상 7억원 미만	3억원 이상 5억원 미만
	30	20	10	5
학 력 (20)	박사	석사	학사	✕
	20	15	10	
기본 소양 (15)	사회통합프로그램 5단계 이수	사회통합프로그램 교육에참여하지않고 종합평가만 합격	사회통합프로그램 4단계 이수	사회통합프로그램 3단계 이수
	15	10	8	5
가 점 (110)	국민 고용	경영 경력	추천서	납세 실적
	5~30	5~30	20	10
	사회 봉사	국내 유학	일·학습연계유 학	✕
	5, 10	5	5	

※ 적용되는 선택항목이 여러개일 경우 모두 합산하되, 선택항목 내에서 점수가
  중복될 경우 높은 점수 하나만 점수로 인정(단, 가점 항목은 모두 합산
  인정)

선택항목 상세
- 연간소득 : 한국은행고시 전년도 일인당 국민총소득(GNI) 기준, 신청인(동반
  가족 등 제외)의 국내 소득(세무서장 발급 '소득금액증명' 기준) 만 해당
- 국내자산 : 신청인 명의의 동산, 부동산 모두 포함하되 부채 등을 제외한
  순자산만 해당(신용정보조회서 등으로 채무불이행 여부 및 부채 확인)
- 학   력 : 국내·외 학위 모두 포함하며, 이미 취득한 경우만 해당(취득

예정 제외)

☞ (국내 학위) 「고등교육법」제 2조에 따라 인정되는 학교의 과정 수료 후 취득한 것만 인정

(국외 학위) 국내 고등교육법상에 학교에 준하는 정식 교육기관에서 과정 수료 후 취득한 것만 인정

- 기본소양 : 법무부 주관 사회통합프로그램 이수 또는 이수하지 않은 상태에서 종합평가 합격
- 국민고용 : 신청일 현재 6개월 이상 정규직(전일제 상용고용 형태)으로 계속 고용 중인 국민 수에 따라 다음과 같이 가점 부여

고용된 국민수	1~5명	6~10명	11~15명	16~20명	21~25명	26명 이상
국민고용 가점	5점	10점	15점	20점	25점	30점

- 경영경력 : 신청일 현재 3년 이상 국내 사업체에 본인의 자본금을 투자한 대표자

본인 자본금	1~5억	6~10억	11~15억	16~20억	21~25억	26억 이상
경영경력 가점	5점	10점	15점	20점	25점	30점

- 추 천 서 : 헌법기관장, 중앙부처 장관(급), 국회의원, 광역자치단체장
    ☞ 단, 가점 부여에 대한 최종적인 판단은 법무부 장관이 결정
- 납세실적 : 신청일이 속하는 연도(年度)의 이전 2년간 연평균 납부한 소득세 400만원 이상
    예시) 영주자격 신청일이 2022.1.1.인 사람과 2022.12.31.인 사람 모두 2020.1.1. ~ 2021.12.31.까지의 총 납부세액을 2로 나눔
- 사회봉사 : 신청일 이전 최근 1~3년 이내 봉사 활동으로, 해당 연도 당 최소 6회 이상 참여하고 총 50시간 이상 활동 시 5점을 인정하되, 연도별 총 합산 점수는 최대 10점까지만 인정
    ☞ 1365자원봉사포털 (www.1365.go.kr), 사회복지자원봉사 인증 관리 시스템(www.vms.or.kr)을 통해 확인되는 경우에만 인정
- 국내유학 : 국내 대학에서 4년 이상 유학하면서 학사이상의 학위 취득
    ☞ 유학 체류자격(D-2)의 대상이 되는 학교*에서 공부한 경우 인정됨
        * 「고등교육법」제2조 1호부터 4호 학교, 특별법 규정에 의하여 설립된 전문대학 이상(야간 대학원 포함)의 학교, 한국폴리텍대

	학의 다가능기술학위과정 - 일·학습연계유학 : 선발될 당시 해당 학위과정을 정상적으로 졸업
사증발급인정 서 발급대상	☞ 사증발급인정서 발급대상 아님

결혼이민(F-6)

활동범위 및 해당자	국민의 배우자 국민과 혼인관계(사실상의 혼인관계*를 포함한다)에서 출생한 자녀를 양육하고 있는 부 또는 모로서 법무부장관이 인정하는 사람

활동범위 및 해당자	* 사실혼은 주관적으로 혼인의 의사가 있고, 또 객관적으로는 사회통념상 가족질서의 면에서 부부공동생활을 인정할 만한 실체가 있는 경우에 성립(대법원98므961, 1998.12.08) 예) 혼인의사 없이 단순 동거를 한 경우, 법률상 보호를 받을 수 없는 중혼적 사실혼 관계인 경우에는 사실혼 관계로 볼 수 없음

국민인 배우자와 혼인한 상태로 국내에 체류하던 중 그 배우자의 사망이나 실종, 그 밖에 자신에게 책임이 없는 사유로 정상적인 혼인관계를 유지할 수 없는 사람으로서 법무부장관이 인정하는 사람

구 분	체류자격 세부약호 부여에 대한 기준
F-6-1 (국민의 배우자)	한국에 혼인이 유효하게 성립되어 있고, 우리 국민과 결혼생활을 지속하기 위해 국내 체류를 하고자 하는 외국인
F-6-2 (자녀양육)	국민과 혼인관계(사실상의 혼인관계를 포함)에서 출생한 <u>미성년 자녀를 혼인관계 단절 후 국내에서 양육하거나 양육하려는 부 또는 모
F-6-3 (혼인단절)	국민인 배우자와 혼인한 상태로 국내에 체류하던 중 그 배우자의 사망·실종, 그 밖에 자신에게 책임이 없는 사유로 정상적인 혼인관계를 유지할 수 없는 사람

1회 부여 체류기간의 상한	3년

공관장 재량으로 발급할 수 있는 사증	1. 국민의 배우자(F-6-1)에 대한 체류기간 <u>90일 이하의 단수사증</u> 발급 (단, 미국인에 대해서는 복수사증 발급) ☞ 입국 후 90일 이내에 외국인등록 및 체류기간 연장

〈제출 서류〉

※ 접수 및 심사과정에서 일부서류 가감될 수 있음

가. 국제결혼 안내프로그램 대상 국가

1. 기본서류				
번호	서류종류	비고	발급받는 곳	체크리스트
1-1	비자 신청서(사증발급 신청서)		대사관 및 하이코리아 홈페이지	☐
1-2	여권용 사진 1매	신청서에 부착		☐
1-3	신청인(외국인 배우자) 여권 원본	잔여 유효기간 6개월 이상		☐
1-4	신청인 여권 사본 1부	인적사항면 복사		☐
1-5	비자 신청 수수료	(예) 30달러(비자신청센터 수수료 40만동 별도), 2000페소 등		☐
작성하는 서류 (가장 중요한 서류이며, 반드시 정해진 양식에 맞춰 빠짐없이 작성하세요)				
1-6	외국인 배우자 초청장	한국인 배우자가 한글로 작성	대사관 및 하이코리아 홈페이지	☐
1-7	신원보증서			☐
1-8	외국인 배우자의 결혼배경진술서	외국인 배우자가 영어로 작성		☐
한국인 배우자가 준비해야 하는 기본 서류				
1-9	한국인 배우자 여권 사본 1부	인적사항면 복사		☐
1-10	기본증명서(상세)	한글 원본 각 1부씩 발급일로부터 3개월 이내	주민센터 방문 또는 민원24 홈페이지	☐
1-11	혼인관계증명서(상세)			☐
1-12	가족관계증명서(상세)			☐
1-13	주민등록등본 원본			☐
1-14	국제결혼 안내프로그램 이수증	국제결혼 안내프로그램 면제 대상자(#1 참조)는 제출 불필요	출입국·외국인관서	☐
1-15	건강진단서 원본	아래 #2 참조, 면제 대상자(#1 참조)는 제출 불필요	병원/보건소	☐
외국인 배우자가 준비해야 하는 기본 서류				

1-16	결혼증명서 원본(정식 명칭 병기) (예 필리핀 PSA 결혼증명서)	선택사항(본국에서의 중혼 여부 등을 확인하기 위해 필요한 경우에 한함)	(발급기관)	☐
1-17	범죄경력증명서 원본(정식명칭 병기)(예 필리핀 NBI Clearance)	발급일로부터 3개월 이내, 아래 #3 참조	(발급기관)	☐
1-18	건강진단서 원본	아래 #4 참조	병원	☐
1-19	해당 국가에 특별히 적용되는 서류 (예 필리핀의 "CFO 교육이수증 원본 및 사본 1부")			☐

* #1 (국제결혼안내프로그램 면제 대상자)

① 외국인 배우자의 국가에서 6개월 이상 또는 제3국에서 유학, 파견근무 등을 위해 장기사증으로 계속 체류하면서 외국인 배우자와 교제한 사실을 입증할 수 있는 자

② 외국인 배우자가 「출입국관리법 시행령」 [별표 1의 2] 장기체류자격으로 91일 이상 합법 체류하면서 초청인과 교제한 사실을 입증할 수 있는 자

③ 임신, 출산 그 밖에 인도적인 고려가 필요하다고 인정되는 사람

* #2 (한국인 배우자 건강진단서 관련) 병원급 의료기관, 보건소, 「공무원채용신체검사규정」 제3조에 따른 신체검사 실시 검진기관에서 공무원채용 응시 건강검진표 양식으로 발급되어야 하며, 사증 신청일로부터 6개월 이내 발급된 것이어야 합니다. 국제결혼 안내프로그램 면제 대상이라면 제출이 면제됩니다.

* #3 (외국인 배우자 범죄경력증명서 관련) 한국인 배우자가 국제결혼 안내프로그램 면제 대상이라면 외국인 배우자도 범죄경력증명서 제출이 면제됩니다.

* #4 (외국인 배우자 건강진단서 관련) 사증 신청일로부터 6개월 이내 발급된 것으로서 병원명, 주소, 연락처, 담당의사의 서명이 기재되어야 하고, 컴퓨터로 작성되어야 합니다. 건강검진항목 예시에 포함된 검진항목 외에 결핵(TB) 검사 항목도 포함되어야 합니다. 한국인 배우자가 국제결혼 안내프로그램 면제 대상이라면 외국인 배우자도 건강진단서 제출이 면제되나 결핵 관련한 진단서는 제출하여야 합니다. (임신으로 결핵 진단이 곤란한 경우 별도 문의 바람)

2. 한국인 배우자의 소득요건 관련 서류

※ 주의 : 소득요건 관련 서류는 아래의 모든 서류를 준비하실 필요는 없으며(단, '공통필수' 항목의 서류는 필수) 초청인이 소득요건을 충족하기 위하여 활용하는 항목에 따라 선택적으로 준비하시기 바랍니다.

※ 소득요건 면제 대상자는 아래 서류를 제출할 필요가 없습니다. (아래 #1 참조)

번호	구 분	서류종류	비고	체크리스트
2-1	공통필수	소득금액증명 원본	국세청 홈택스 홈페이지 또는 세무서 민원실 발급	□
2-2		신용정보조회서 1부	한국신용정보원 홈페이지 발급	□
2-3	근로소득 활용 시	근로소득 원천징수부	현 근무지 또는 과거 근무지에서 발급	□
2-4		재직증명서		□
2-5		사업자등록증 사본		□
2-6		소득입증 서류 (선택사항)	위 서류들로 소득요건 충족을 입증하지 못하는 경우 이를 보완하는 서류	□
2-7	사업소득 활용 시 (아래 #2, #3 참조)	사업자등록증 사본	농림수산업 종사자는 예외	□
2-8		소득입증 서류 (선택사항)	소득금액증명상 금액이 소득요건을 충족하지 못하는 경우 이를 보완하는 서류	□
2-9	기타 소득 활용 시	소득 입증서류	(예시) 임대소득 : 등기부등본, 임대차계약서, 이자소득 : 은행거래내역서 등	□
2-10	재산 활용 시	예금, 보험, 증권, 채권,	100만원 이상으로 6개월 이상 지속된 것만 인정	□
2-11		부동산	부동산의 경우 등기부등본과 공시가격표 제출	□
2-12	가족의 소득 또는 재산 활용 시	외국인 배우자 초청인의 가족소득 현황 진술서	재외공관 또는 하이코리아 홈페이지 양식에 따라 기재 (아래 #4 참조)	□
		입증 서류	근로, 사업, 기타소득 또는 재산 여부에 따라 위 항목 참조하여 준비	□

* #1 (소득요건 적용 면제) ① 부부 사이에 태어난 자녀가 있는 경우 ② 부부가 비자 신청일로부터 1년 이상 외국에서 동거하여 최근 1년간 국내 소득이 없는 경우 ③ 과거 외국인 배우자가 결혼이민(F-6) 자격으로 한국에서 체류한 적이 있는 경우(단, 배우자가 변경되었거나 동일한 배우자라도 혼인이 중단된 적이 있다면 제외). 단, ①에 해당하는 분은 자녀 명의 가족관계증명서(혼인 전 출생하여 국적취득 전일 경우 출생증명서), ②에 해당하는 분은 동거 관련 입증서류를 제출하셔야 합니다.

* #2 (사업소득 관련 주의사항 1) 사업소득은 원칙적으로 국세청 소득금액증명에 기재된 금액을 기준으로 판단합니다. 만약 실제 소득이 소득금액증명상 금액보다 많다면 소득을 과소 신고한 것에 해당될 수 있으므로 세무서에 수정 신고한 후 수정된 소득금액증명을 제출하시기 바랍니다.

* #3 (사업소득 관련 주의사항 2) 원칙적으로 신청일 기준 1년 전 소득 관련 자료를 제출해야 하나 사업소득의 경우 다음 연도 5월에 소득신고가 이루어지는 특징이 있습니다. 이를 감안하여 소득금액증명상의 가장 최근 연도의 소득이 정해진 소득요건을 충족하고, 한국인 배우자가 동일한 사업을 지속하고 있다면 신청일 기준 1년 전 소득이 아니더라도 예외를 인정합니다.(단, 경우에 따라 실태조사가 실시될 수 있습니다.)

* #4 (소득요건 보충이 가능한 가족의 범위) 한국인 배우자와 주민등록표상 세대를 같이 하는 직계가족(부모, 조부모, 자녀 등) 또는 초청을 받는 결혼이민자만 소득요건을 보충할 수 있습니다.(대한민국 내 과거 1년간의 소득 또는 재산만 인정) 직계가족이라도 주민등록표상 세대를 같이 하지 않으면 소득요건 보충이 불가하며, 형제나 자매는 직계가족이 아니므로 역시 소득요건 보충이 불가합니다.

* (참고) 2024년 기준 소득요건 : 초청인의 과거 1년간 연간소득(세전)이 아래 표에 해당되는 금액 이상이어야 함

구분	2인 가구	3인 가구	4인 가구	5인 가구	6인 가구	7인 가구
소득기준	22,095,654	28,287,942	34,379,478	40,174,410	45,710,214	51,089,964

* 8인 가구 이상의 소득기준 : 가구원 추가 1인당 5,379,750원씩 증가

3. 외국인 배우자의 의사소통 요건 관련 서류

※ 주의 : 아래 서류 중 하나를 선택하여 제출하시기 바랍니다. 의사소통 면제 대상에 해당되지 않음에도 아래 서류 중 어느 하나라도 제출하지 못하는 경우 재외공관에서 실시하는 평가 결과 따라 요건 충족 여부가 결정됩니다.

※ 의사소통 면제 대상자는 아래 서류를 제출할 필요가 없습니다. (아래 #1 참조)

번호	구분	서류종류	비고	체크리스트
3-1	한국어	한국교육원(한국어강좌 2단계) 수료증, 세종학당(초급1A+1B) 수료증	120시간 이상	☐
3-2				
3-3		한국어능력시험(TOPIK) 성적증명서	TOPIK 1급 이상인 경우 인정	☐
3-4		지정된 한국어 교육기관 이수증	해당국가에 지정된 교육기관이 있는 경우 인정(기관명 기재)	☐
		한국어 관련 대학(원) 학위증		☐
3-5		외국국적동포 입증서류	필요시 한국어구사 능력 확인	☐
3-6		외국인 배우자가 한국에서 1년 이상 계속 체류 입증서류	출입국 사실증명 또는 자필진술서(양식 불문)	☐
3-7	외국인 배우자의 언어	한국인 배우자가 외국인 배우자의 언어가 공용어인 국가에서 1년 이상 계속 체류 입증서류	해당 국가의 출입국 사실증명 또는 자필진술서(양식 불문)	☐
3-8		한국인 배우자가 외국인 배우자의 언어가 공용어인 국가 출신 귀화자임을 입증하는 서류		☐
3-9	그 외 언어	한국인 배우자와 외국인 배우자가 해당 언어가 공용어인 국가에서 1년 이상 계속 체류 입증서류	해당 국가의 출입국 사실증명 또는 자필진술서(양식 불문)	☐
3-10	공통	그 밖의 의사소통 가능 입증서류	아래 #2 참조	☐

* #1 (의사소통 요건 적용 면제) ① 부부 사이에 태어난 자녀가 있는 경우 ② 과거 외국인 배우자가 결혼이민(F-6) 자격으로 한국에서 체류(장·단기 불문)한 적이 있는 경우(단, 배우자가 변경되었거나 동일한 배우자라도 혼인이 중단된 적이 있다면 제외)에는 의사소통 관련 서류제출이 면제됩니다.

* #2 (그 밖의 의사소통 가능 입증서류) 한국인 배우자 또는 외국인 배우자가 ① 일정 수준 이상의 해당 언어 능력시험 점수를 제출하는 경우 ② 대사관에서 해당 언어로 실시하는 인터뷰에 합격한 경우에는 의사소통 요건을 갖추었다고 인정받을 수 있습니다.

4. 한국인 배우자의 주거요건 관련 서류
※ 주의 : 주거요건을 충족하기 위해 제출한 곳의 주소지는 주민등록등본(1-13)상의 주소지와 동일해야 합니다.

번호	구 분	서류종류	비고	체크리스트
4-1	자가인 경우	등기부등본		□
4-2	임대인 경우	등기부등본		□
4-3		임대차계약서 사본 1부		

* #1 (주거요건) 주거요건으로 제출한 주거지는 한국인 배우자 또는 한국인 배우자의 직계가족, 형제, 자매 명의로 소유 또는 임차한 곳이어야 합니다. 제3자 명의로 소유 또는 임차한 경우 원칙적으로 주거요건을 충족하지 못한 것으로 판단하나, 회사 제공 사택 등 사회통념상 인정가능한 장소인 경우 예외를 인정합니다.

5. 교제 입증 서류				
번호	구분	서류종류	비고	체크리스트
5-1	공통 필수	교제 경위, 혼인의 진정성을 입증할 수 있는 서류	교제 사진, 가족 사진, SNS 대화 내역 등 자유롭게 A4용지에 편집하여 제출 (5쪽 이내)	□
5-2	결혼중개업체를 통해 만난 경우	결혼중개업체 등록증 사본	제출이 어려운 경우 사유서 제출 (단, 부부사이에 출생한 자녀가 있거나, 과거 혼인의 중단 없이 동일한 국민과 결혼이민(F-6)자격으로 한국에서 체류한 적이 있는 경우에는 면제)	□
		보증보험증권 사본		□
		계약서 사본		□
5-3	지인 소개로 만난 경우	소개자 신분증 사본		□

* #1 (소개 경위 서류 면제) ① 부부 사이에 태어난 자녀가 있는 경우 ② 과거 외국인 배우자가 결혼이민(F-6) 자격으로 한국에서 체류(장·단기 불문)한 적이

있는 경우 (단, 배우자가 변경되었거나 동일한 배우자라도 혼인이 중단된 적이 있다면 제외)

[서류 간소화 사례별 구비서류 목록]

☐ 부부 사이에 출생한 자녀가 있는 경우 구비서류 목록

구 분	서류 목록	
기본서류	신청서, 여권용 사진, 신청인(외국인 배우자) 여권 원본 및 사본 1부, 신청 수수료	☐
	외국인 배우자 초청장, 신원보증서, 외국인 배우자의 결혼배경진술서	☐
	(한국인 배우자) 여권 사본 1부, 기본증명서(상세) 1부, 혼인관계증명서(상세) 1부, 가족관계증명서(상세) 1부, 자녀 명의 가족관계증명서(상세) 1부(불가 시 출생증명서), 주민등록등본(한글원본) 1부	☐
	(외국인 배우자) 본국 결혼증명서(필요한 경우에 한함) 1부, 결핵 관련 진단서(결핵 고위험 국가에 한함) 1부, 기타 해당 국가에 특별히 적용되는 서류(예 필리핀 CFO 교육 이수증 원본 및 사본 1부)	☐
주거 요건	자가인 경우 : 등기부등본 임대인 경우 : 등기부등본, 임대차계약서 사본 1부	☐
교제 입증 서류	공통 필수 서류	☐

☐ 국제결혼 안내프로그램 면제 대상자(임신 등) 구비서류 목록(한국인 배우자와 외국인 배우자의 건강진단서 및 범죄경력증명서 제출 전부 면제 대상자 포함)

구 분	서류 목록	
기본서류	신청서, 여권용 사진, 신청인(외국인 배우자) 여권 원본 및 사본 1부, 신청 수수료	☐
	외국인 배우자 초청장, 신원보증서, 외국인 배우자의 결혼배경진술서	☐
	(한국인 배우자) 여권 사본 1부, 기본증명서(상세) 1부, 혼인관계증명서(상세) 1부, 가족관계증명서(상세) 1부, 주민등록등본(한글원본) 1부	☐
	(외국인 배우자) 본국 결혼증명서(필요한 경우에 한함) 1부, 결핵 관련 진단서(결핵 고위험 국가에 한함) 1부, 기타 해당 국가에 특별히 적용되는 서류(예 필리핀 CFO 교육 이수증 원본 및 사본 1부)	☐
소득요건	상세 내용 위 소득요건 항목 참조	☐
한국어 구사요건	상세 내용 위 한국어 구사요건 항목 참조	☐
주거요건	자가인 경우 : 등기부등본 임대인 경우 : 등기부등본, 임대차계약서 사본 1부	☐

교제 입증서류	공통 필수 서류/교제 경위별 서류	☐

☐ 과거 한국에서 결혼이민(F-6) 자격으로 체류(장·단기 불문)한 적이 있는 경우

구 분	서류 목록	
기본서류	신청서, 여권용 사진, 신청인(외국인 배우자) 여권 원본 및 사본 1부, 신청 수수료	☐
	외국인 배우자 초청장, 신원보증서	☐
	(한국인 배우자) 여권 사본 1부, 기본증명서(상세) 1부, 혼인관계증명서(상세) 1부, 가족관계증명서(상세) 1부, 주민등록등본(한글원본) 1부	☐
	(외국인 배우자) 본국 결혼증명서(필요한 경우에 한함) 1부, 결핵 관련 진단서(결핵 고위험 국가에 한함) 1부, 기타 해당 국가에 특별히 적용되는 서류(예 필리핀 CFO 교육 이수증 원본 및 사본 1부)	☐
주거요건	자가인 경우 : 등기부등본 임대인 경우 : 등기부등본, 임대차계약서 사본 1부	☐
교제 입증서류	공통 필수 서류	☐

※ 단, 배우자가 변경되었거나 동일한 배우자라도 혼인이 중단된 적이 있다면 해당
없음

나. 국제결혼 안내프로그램 대상 국가 이외

1. 기본서류				
번호	서류종류	비고	발급받는 곳	체크 리스 트
1-1	비자 신청서(사증발급 신청서)		대사관 및 하이코리아 홈페이지	☐
1-2	여권용 사진 1매	신청서에 부착		☐
1-3	신청인(외국인 배우자) 여권 원본	잔여 유효기간 6개월 이상		☐
1-4	신청인 여권 사본 1부	인적사항면 복사		☐
1-5	비자 신청 수수료			☐
작성하는 서류 (가장 중요한 서류이며, 반드시 정해진 양식에 맞춰 빠짐없이 작성하세요)				
1-6	외국인 배우자 초청장	한국인 배우자가 한글로 작성	대사관 및 하이코리아	☐

1-7	신원보증서		홈페이지	☐
1-8	외국인 배우자의 결혼배경진술서	외국인 배우자가 영어로 작성		☐
한국인 배우자가 준비해야 하는 기본 서류				
1-9	한국인 배우자 여권 사본 1부	인적사항면 복사		☐
1-10	기본증명서(상세)		주민센터 방문 또는 민원24 홈페이지	☐
1-11	혼인관계증명서(상세)	한글 원본 각 1부씩 발급일로부터 3개월 이내		☐
1-12	가족관계증명서(상세)			☐
1-13	주민등록등본 원본			☐
1-14	건강진단서 원본	아래 #1 참조 면제 대상자(#2 참조)는 제출 불필요	병원/보건소	☐
외국인 배우자가 준비해야 하는 기본 서류				
1-15	결혼증명서 원본(정식 명칭 병기)	선택사항(본국에서의 중혼 여부 등을 확인하기 위해 필요한 경우에 한함)		☐
1-16	범죄경력증명서 원본(정식명칭 병기)	발급일로부터 3개월 이내, 아래 #3 참조	(발급기관)	☐
1-17	건강진단서 원본	아래 #4 참조	병원	☐
1-18	해당 국가에 특별히 적용되는 서류			☐

* #1 (한국인 배우자 건강진단서 관련) 병원급 의료기관, 보건소, 「공무원채용신체검사규정」 제3조에 따른 신체검사 실시 검진기관에서 공무원채용 응시 건강검진표 양식으로 발급되어야 하며, 사증 신청일로부터 6개월 이내 발급된 것이어야 합니다.

* #2 (한국인 배우자 건강진단서 제출 면제)
    ① 외국인 배우자의 국가에서 6개월 이상 계속 체류하거나 제3국에서 유학·파견 근무 등 목적의 장기사증으로 계속 체류하면서 초청인과 피초청인이 교제한 사실을 입증할 수 있는 자
    ② 외국인 배우자가 「출입국관리법 시행령」 [별표 1의2]에 따른 장기체류자격으로 91일 이상 합법 체류하면서 초청인과 교제한 사실을 입증할 수 있는 자
    ③ 한국인 배우자 또는 외국인 배우자에게 임신·출산 그 밖에 인도적인 고려가 필요하다고 인정되는 자

* #3 (외국인 배우자 범죄경력증명서 관련) 한국인 배우자가 건강진단서 제출 면제 대상(#2)이라면 외국인 배우자의 범죄경력증명서는 제출이 면제됩니다.

* #4 (외국인 배우자 건강진단서 관련) 사증 신청일로부터 6개월 이내 발급된 것으로서 병원명, 주소, 연락처, 담당의사의 서명이 기재되어야 하고, 컴퓨터로 작성되어야 합니다. 건강검진항목 예시에 포함된 검진항목 외에 결핵(TB) 검사 항목도 포함되어야 합니다. 한국인 배우자가 건강진단서 제출 면제 대상(#2)이라면 외국인 배우자도 건강진단서 제출이 면제되나 결핵 관련한 진단서는 제출하여야 합니다. (임신으로 결핵 진단이 곤란한 경우 별도 문의 바람)

〈2020.04.01. 기준 결핵 고위험 국가(35개국)〉

① 네팔 ② 동티모르 ③ 러시아 ④ 말레이시아 ⑤ 몽골 ⑥ 미얀마 ⑦ 방글라데시

⑧ 베트남 ⑨ 스리랑카 ⑩ 우즈베키스탄 ⑪ 인도 ⑫ 인도네시아 ⑬ 중국 ⑭ 캄보디아

⑮ 키르기스 ⑯ 태국 ⑰ 파키스탄 ⑱ 필리핀(이상 '16.3.2.) ⑲ 라오스 ⑳ 카자흐스탄

㉑ 타지키스탄 ㉒ 우크라이나 ㉓ 아제르바이잔 ㉔ 벨라루스 ㉕ 몰도바공화국

㉖ 나이지리아 ㉗ 남아프리카공화국 ㉘ 에티오피아 ㉙ 콩고민주공화국 ㉚ 케냐

㉛ 모잠비크 ㉜ 짐바브웨 ㉝ 앙골라 ㉞ 페루 ㉟ 파푸아뉴기니

---

2. 한국인 배우자의 소득요건 관련 서류

※ 주의 : 소득요건 관련 서류는 아래의 모든 서류를 준비하실 필요는 없으며(단, '공통 필수' 항목의 서류는 필수) 초청인이 소득요건을 충족하기 위하여 활용하는 항목에 따라 선택적으로 준비하시기 바랍니다.

※ 소득요건 면제 대상자는 아래 서류를 제출할 필요가 없습니다. (아래 #1 참조)

번호	구 분	서류종류	비고	체크리스트
2-1	공통 필수	소득금액증명 원본	국세청 홈택스 홈페이지 또는 세무서 민원실 발급	□
2-2		신용정보조회서 1부	한국신용정보원 홈페이지 발급	□
2-3	근로소득 활용 시	근로소득 원천징수부	현 근무지 또는 과거 근무지에서 발급	□
2-4		재직증명서		□
2-5		사업자등록증 사본		□
2-6		소득입증 서류 (선택사항)	위 서류들로 소득요건 충족을 입증하지 못하는 경우 이를 보완하는 서류	□
2-7	사업소득	사업자등록증 사본	농림수산업 종사자는 예외	□

2-8	활용 시 (아래 #2, #3 참조)	소득입증 서류 (선택사항)	소득금액증명상 금액이 소득요건을 충족하지 못하는 경우 이를 보완하는 서류	☐
2-9	기타 소득 활용 시	소득 입증서류	(예시) 임대소득 : 등기부등본, 임대차계약서, 이자소득 : 은행거래내역서 등	☐
2-10	재산 활용 시	예금, 보험, 증권, 채권,	100만원 이상으로 6개월 이상 지속된 것만 인정	☐
2-11		부동산	부동산의 경우 등기부등본과 공시가격표 제출	☐

2-12	가족의 소득 또는 재산 활용 시	외국인 배우자 초청인의 가족소득 현황 진술서	재외공관 또는 하이코리아 홈페이지 양식에 따라 기재 (아래 #4 참조)	☐
		입증 서류	근로, 사업, 기타소득 또는 재산 여부에 따라 위 항목 참조하여 준비	☐

* #1 (소득요건 적용 면제) ① 부부 사이에 태어난 자녀가 있는 경우 ② 부부가 비자 신청일로부터 1년 이상 외국에서 동거하여 최근 1년간 국내 소득이 없는 경우 ③ 과거 외국인 배우자가 결혼이민(F-6) 자격으로 한국에서 체류(장ㆍ단기 불문)한 적이 있는 경우(단, 배우자가 변경되었거나 동일한 배우자라도 혼인이 중단된 적이 있다면 제외). 단, ①에 해당하는 분은 자녀 명의 가족관계증명서(혼인 전 출생하여 국적취득 전일 경우 출생증명서), ②에 해당하는 분은 동거 관련 입증서류를 제출하셔야 합니다.

* #2 (사업소득 관련 주의사항 1) 사업소득은 원칙적으로 국세청 소득금액증명에 기재된 금액을 기준으로 판단합니다. 만약 실제 소득이 소득금액증명상 금액보다 많다면 소득을 과소 신고한 것에 해당될 수 있으므로 세무서에 수정 신고한 후 수정된 소득금액증명을 제출하시기 바랍니다.

* #3 (사업소득 관련 주의사항 2) 원칙적으로 신청일 기준 1년 전 소득 관련 자료를 제출해야 하나 사업소득의 경우 다음 연도 5월에 소득신고가 이루어지는 특징이 있습니다. 이를 감안하여 소득금액증명상의 가장 최근 연도의 소득이 정해진 소득요건을 충족하고, 한국인 배우자가 동일한 사업을 지속하고 있다면 신청일 기준 1년 전 소득이 아니더라도 예외를 인정합니다.(단, 경우에 따라 실태조사가 실시될 수 있습니다.)

* #4 (소득요건 보충이 가능한 가족의 범위) 한국인 배우자와 주민등록표상 세대를 같이 하는 직계가족(부모, 조부모, 자녀 등) 또는 초청을 받는 결혼이민자만 소득요건을 보충할 수 있습니다.(대한민국 내 과거 1년간의 소득 또는 재산만 인정) 직계가족이라도 주민등록표상 세대를 같이 하지 않으면 소득요건 보충이 불가하며, 형제나 자매는 직계가족이 아니므로 역시 소득요건 보충이 불가합니다.

* (참고) 2024년 기준 소득요건 : 초청인의 과거 1년간 연간소득(세전)이 아래 표에 해당되는 금액 이상이어야 함

구분	2인 가구	3인 가구	4인 가구	5인 가구	6인 가구	7인 가구
소득기준	22,095,654	28,287,942	34,379,478	40,174,410	45,710,214	51,089,964

* 8인 가구 이상의 소득기준 : 가구원 추가 1인당 5,379,750원씩 증가

3. 외국인 배우자의 의사소통 요건 관련 서류

※ 주의 : 아래 서류 중 하나를 선택하여 제출하시기 바랍니다. 의사소통 면제 대상에 해당되지 않음에도 아래 서류 중 어느 하나라도 제출하지 못하는 경우 재외공관에서 실시하는 평가 결과 따라 요건 충족 여부가 결정됩니다.

※ 의사소통 면제 대상자는 아래 서류를 제출할 필요가 없습니다. (아래 #1 참조)

번호	구분	서류종류	비고	체크 리스트
3-1	한국어	한국교육원(한국어강좌 2단계) 수료증, 세종학당(초급1A+1B) 수료증	120시간 이상	☐
3-2		한국어능력시험(TOPIK) 성적증명서	TOPIK 1급 이상인 경우 인정	☐
3-3		지정된 한국어 교육기관 이수증	해당국가에 지정된 교육기관이 있는 경우 인정(기관명 기재)	☐
3-4		한국어 관련 대학(원) 학위증		☐
3-5		외국국적동포 입증서류	필요시 한국어구사 능력 확인	☐
3-6		외국인 배우자가 한국에서 1년 이상 계속 체류 입증서류	출입국 사실증명 또는 자필진술서(양식 불문)	☐
3-7	외국인 배우자의 언어	한국인 배우자가 외국인 배우자의 언어가 공용어인 국가에서 1년 이상 계속 체류 입증서류	해당 국가의 출입국 사실증명 또는 자필진술서(양식 불문)	☐
3-8		한국인 배우자가 외국인 배우자의 언어가 공용어인 국가 출신 귀화자임을 입증하는 서류		☐
3-9	그 외 언어	한국인 배우자와 외국인 배우자가 해당 언어가 공용어인 국가에서 1년 이상 계속 체류 입증서류	해당 국가의 출입국 사실증명 또는 자필진술서(양식 불문)	☐
3-10	공통	그 밖의 의사소통 가능 입증서류	아래 #2 참조	☐

* #1 (의사소통 요건 적용 면제) ① 부부 사이에 태어난 자녀가 있는 경우 ② 과거 외국인 배우자가 결혼이민(F-6) 자격으로 한국에서 체류(장 · 단기 불문)한 적이 있는 경우(단, 배우자가 변경되었거나 동일한 배우자라도 혼인이 중단된 적이 있다면 제외)에는 의사소통 관련 서류제출이 면제됩니다.

* #2 (그 밖의 의사소통 가능 입증서류) 한국인 배우자 또는 외국인 배우자가 ①
일정 수준 이상의 해당 언어 능력시험 점수를 제출하는 경우 ② 대사관에서 해당
언어로 실시하는 인터뷰에 합격한 경우에는 의사소통 요건을 갖추었다고 인정받을
수 있습니다.

4. 한국인 배우자의 주거요건 관련 서류				
※ 주의 : 주거요건을 충족하기 위해 제출한 곳의 주소지는 주민등록등본(1-13)상의 주소지와 동일해야 합니다.				
번호	구분	서류종류	비고	체크리스트
4-1	자가인 경우	등기부등본		□
4-2	임대인 경우	등기부등본		□
4-3		임대차계약서 사본 1부		

* #1 (주거요건) 주거요건으로 제출한 주거지는 한국인 배우자 또는 한국인 배우자의
직계가족, 형제, 자매 명의로 소유 또는 임차한 곳이어야 합니다. 제3자 명의로
소유 또는 임차한 경우 원칙적으로 주거요건을 충족하지 못한 것으로 판단하나,
회사 제공 사택 등 사회통념상 인정가능한 장소인 경우 예외를 인정합니다.

5. 교제 입증 서류				
번호	구분	서류종류	비고	체크리스트
5-1	공통 필수	교제 경위, 혼인의 진정성을 입증할 수 있는 서류	교제 사진, 가족 사진, SNS 대화 내역 등 자유롭게 A4용지에 편집하여 제출 (5쪽 이내)	□
5-2	결혼중개업체를 통해 만난 경우	결혼중개업체 등록증 사본	제출이 어려운 경우 사유서 제출 (아래 #1에 해당하는 사람은 면제)	□
		보증보험증권 사본		□
		계약서 사본		□
5-3	지인 소개로 만난 경우	소개자 신분증 사본		□

* #1 (소개 경위 서류 면제) ① 부부 사이에 태어난 자녀가 있는 경우 ② 과거 외국인 배우자가 결혼이민(F-6) 자격으로 한국에서 체류(장·단기 불문)한 적이 있는 경우 (단, 배우자가 변경되었거나 동일한 배우자라도 혼인이 중단된 적이 있다면 제외)

[서류 간소화 사례별 구비서류 목록]

☐ 부부 사이에 출생한 자녀가 있는 경우 구비서류 목록

구분	서류 목록	
기본 서류	신청서, 여권용 사진, 신청인(외국인 배우자) 여권 원본 및 사본 1부, 신청 수수료	☐
	외국인 배우자 초청장, 신원보증서, 외국인 배우자의 결혼배경진술서	☐
	(한국인 배우자) 여권 사본 1부, 기본증명서(상세) 1부, 혼인관계증명서(상세) 1부, 가족관계증명서(상세) 1부, 자녀 명의 가족관계증명서(상세) 1부(불가 시 출생증명서), 주민등록등본(한글원본) 1부	☐
	(외국인 배우자) 본국 결혼증명서(필요한 경우에 한함) 1부, 결핵 관련 진단서(결핵 고위험 국가에 한함) 1부, 기타 해당 국가에 특별히 적용되는 서류(예 필리핀 CFO 교육 이수증 원본 및 사본 1부)	☐
주거 요건	자가인 경우 : 등기부등본 임대인 경우 : 등기부등본, 임대차계약서 사본 1부	☐
교제 입증 서류	공통 필수 서류	☐

☐ 한국인 배우자와 외국인 배우자의 건강진단서 및 범죄경력증명서 제출 전부 면제 대상자 구비서류

구분	서류 목록	
기본서류	신청서, 여권용 사진, 신청인(외국인 배우자) 여권 원본 및 사본 1부, 신청 수수료	☐
	외국인 배우자 초청장, 신원보증서, 외국인 배우자의 결혼배경진술서	☐
	(한국인 배우자) 여권 사본 1부, 기본증명서(상세) 1부, 혼인관계증명서(상세) 1부, 가족관계증명서(상세) 1부, 주민등록등본(한글원본) 1부	☐
	(외국인 배우자) 본국 결혼증명서(필요한 경우에 한함) 1부, 결핵	☐

	관련 진단서(결핵 고위험 국가에 한함) 1부, 기타 해당 국가에 특별히 적용되는 서류(예 필리핀 CFO 교육 이수증 원본 및 사본 1부)	
소득요건	상세 내용 위 소득요건 항목 참조	☐
한국어 구사요건	상세 내용 위 한국어 구사요건 항목 참조	☐
주거요건	자가인 경우 : 등기부등본 임대인 경우 : 등기부등본, 임대차계약서 사본 1부	☐
교제 입증서류	공통 필수 서류/교제 경위별 서류	☐

☐ 과거 한국에서 결혼이민(F-6) 자격으로 체류(장·단기 불문)한 적이 있는 경우

구 분	서류 목록	
기본서류	신청서, 여권용 사진, 신청인(외국인 배우자) 여권 원본 및 사본 1부, 신청 수수료	☐
	외국인 배우자 초청장, 신원보증서	☐
	(한국인 배우자) 여권 사본 1부, 기본증명서(상세) 1부, 혼인관계증명서(상세) 1부, 가족관계증명서(상세) 1부, 주민등록등본(한글 원본) 1부	☐
	(외국인 배우자) 본국 결혼증명서(필요한 경우에 한함) 1부, 결핵 관련 진단서(결핵 고위험 국가에 한함) 1부, 기타 해당 국가에 특별히 적용되는 서류(예 필리핀 CFO 교육 이수증 원본 및 사본 1부)	☐
주거요건	자가인 경우 : 등기부등본 임대인 경우 : 등기부등본, 임대차계약서 사본 1부	☐
교제 입증서류	공통 필수 서류	☐

※ 단, 배우자가 변경되었거나 동일한 배우자라도 혼인이 중단된 적이 있다면 해당 없음

다. 기타 재외공관의 장이 심사에 필요하다고 인정하는 서류

   ○ 개별 심사 과정에서 사증심사의 정확성과 효율성을 위해 규정된 서류 이외에 추가서류 제출을 요구할 수는 있음

라. 각 서류의 유효기간

   ○ 초청장 및 혼인관계증명서 등 제출 서류의 유효기간은 이 지침에서 별도로 규정하지 않는 한 작성일, 발급일로부터 3개월 이내임

2. 자녀양육 (F-6-2)을 위해 입국하고자 하는 자에 대한 체류기간 90일 이하의

	단수사증 발급
	(단, 미국인에 대해서는 복수사증 발급)
	☞ 입국 후 90일 이내에 외국인등록 및 체류기간 연장 고지
	첨부서류
	① 사증발급신청서 (별지 제17호 서식), 여권, 표준규격사진 1매, 수수료
	② 가족(친자)관계 입증서류
	− 자녀의 기본증명서, 출생증명서, 유전자 검사 확인서류 등 가족관계를 확인할 수 있는 서류
	※ 사실혼 관계에서 자녀가 출생한 경우 그 사실을 증명하는 서류
	③ 자녀양육을 입증할 수 있는 서류
	− 양육권내용이 포함된 판결문 등, 자녀의 5촌 이내의 한국인 친척(부 또는 모 포함)의 양육 입증 확인서 등 기타 이에 준하는 서류
	④ 범죄경력증명서 및 건강진단서
	※ 재외공관장은 특히 필요하다고 인정되는 경우 제출서류 일부 가감 및 추가 서류 징구 가능
사증발급인정서 발급대상	☞ 사증발급인정서 발급 대상 아님
참고사항 ➡ 목차	Q. 국민의 배우자인 외국인이 대한민국에서 1년간 체류할 예정이라며 결혼사증을 신청하는 경우에는 어떻게 하여야 하나? A. 국민의 배우자에 대해서는 체류기간 90일이하의 단수사증에 한하여 재외공관장의 권한으로 위임되어 있음. 따라서 재외공관에서는 체류기간 90일이하의 결혼사증을 발급하여야 함. 다만, 해당외국인이 사증에 기재된 체류기간을 초과하여 체류하려면 우리나라에 입국한 후, 관할 출입국·외국인청(사무소·출장소)에서 체류기간연장허가를 받으면 됨

기　타(G-1)

활동범위	🔘 외교(A-1) 내지 결혼이민(F-6), 관광취업(H-1) 및 방문취업(H-2) 자격에 해당하지 아니하는 활동
해 당 자	🔘 외교(A-1)부터 결혼이민(F-6)까지, 관광취업(H-1) 또는 방문취업(H-2) 체류자격에 해당하지 않는 사람으로서 법무부장관이 인정하는 사람
1회 부여 체류기간의 상한	🔘 1년
공관장 재량으로 발급할 수 있는 사증	1. 외국인 환자에 대한 의료관광(C-3-3) 단수사증 발급 가. 발급 대상 🔘 외국인 환자 유치기관의 초청을 받지 않고, 국내 의료기관에서 진료 또는 요양할 목적으로 입국하고자 하는 <u>외국인 환자</u> 🔘 외국인 환자의 간병 등을 위해 동반입국이 필요한 <u>배우자 등 동반가족 및 간병인</u> 　※ 국내 병원과 송출국가간 환자송출계약을 체결하고 송출국가에서 진료비 등을 지원하는 외국인환자에 대하여 간병인 동반입국 허용
▶ 목차	<table><tr><td>첨부서류</td></tr></table> ① 사증발급신청서 (별지 제17호 서식), 여권, 표준규격사진 1매, 수수료 ② 국내외 의료기관 또는 요양기관에서 발급한 치료 또는 요양을 소명할 수 있는 병원진단서, 의사소견서 등 입증자료 ③ 국내 의료기관 또는 요양기관에서 치료 또는 요양관련 예약 입증자료 징구 ④ 치료비·체재비 등 부담능력 또는 재정능력 입증서류 　※ 입증서류는 공관별로 주재국 실정에 맞게 지정하여 운영 ⑤ 가족관계 및 간병인 입증서류 ※ 재외공관장은 초청의 진정성, 초청자 및 피초청자의 자격 확인 등을 심사하기 위해 추가 서류를 요구할 수 있음
사증발급인정 서 발급대상	1. 외국인환자(C-3-3, G-1-10)에 대한 사증발급인정서 발급

가. 신청대상

신청자	● 외국인 환자 유치기관의 초청에 의해 국내 의료기관에서 진료 또는 요양 할 목적으로 입국하고자 하는 외국인 환자 ● 외국인 환자의 간병 등을 위해 동반입국이 필요한 배우자 등 동반 가족* 및 간병인 * 외국인 환자의 간병 또는 동반이 필요한 직계가족
초청자	● 「의료법」상 외국인 환자 유치의료기관 또는 유치업자로 등록한 자

나. 신청방법
  ● 외국인 환자(가족) 초청은 유치기관으로 등록한 초청자가 온라인(대한민국 비자포털)신청을 통해서만 허용 ('12. 1. 1.부 시행)

다. 신청기관
  ● 초청자의 사업장 소재지 관할 출입국·외국인청(사무소·출장소)

첨부서류
① 사증발급인정신청서 (별지 제21호 서식), 여권사본, 표준규격사진 1매 ② 의료기관에서 발급한 의료목적 입증서류 ③ 치료 및 체류 비용 조달 능력을 입증할 수 있는 서류 　※ 유치 기관이 피초청인에 대하여 신원보증을 하는 경우 제출생략. 단, 유치기관이 외국인환자를 최초 초청하거나 피초청자 중 불법체류자가 다수 발생한 유치기관에 대해서는 치료 및 체류비용 조달능력 입증서류 등 징구 가능 ④ 사업자등록증 사본 및 유치기관 등록증 사본 　※ 대한민국비자포털(www.visa.go.kr)을 통해 유치기관으로 등록한 경우 생략 ⑤ 동반가족 입증서류 및 간병인 입증서류

【 동반가족 입증 서류 】
● (인정서류) 본국 또는 국내 소재 본국대사관에서 발행한 가족관계 확인서 류로 결혼증명서·가족관계기록사항에 관한 증명서 또는 출생증명서 등 　※ 단, 송출국가 국적의 환자와 동반하는 가족의 국적이 다른 경우에도 송출국가 대사관에서 발급하는 서류로 갈음 가능

	※ 출입국·외국인청(사무소·출장소)장은 초청의 진정성, 초청자 및 피초청자의 자격 확인 등을 심사하기 위해 첨부서류의 일부를 가감할 수 있음
참고사항	1. 외국인환자 유치기관 및 전담직원 등록

의료해외진출법 제6조 (외국인환자 유치에 대한 등록)

① 외국인환자를 유치하려는 의료기관은 다음 각 호의 요건을 갖추어 특별시장·광역시장·특별자치시장·도지사 또는 특별자치도지사(이하 "시·도지사"라 한다)에게 등록하여야 한다. 〈개정 2020. 2. 18.〉

1. 외국인환자를 유치하려는 진료과목별로 「의료법」 제77조에 따른 전문의를 1명 이상 둘 것. 다만, 진료과목이 대통령령으로 정하는 전문과목이 아닌 경우는 제외한다.

2. 보건복지부령으로 정하는 의료사고배상책임보험 또는 「의료사고 피해구제 및 의료분쟁 조정 등에 관한 법률」에 따른 의료배상공제조합에 가입하였을 것

② 제1항의 의료기관을 제외하고 외국인환자를 유치하려는 자는 다음 각 호의 요건을 갖추어 시·도지사에게 등록하여야 한다. 〈개정 2020. 2. 18.〉

1. 보건복지부령으로 정하는 보증보험에 가입하였을 것

2. 보건복지부령으로 정하는 규모 이상의 자본금을 보유할 것

3. 국내에 사무소를 설치하였을 것

③ 시·도지사는 제1항에 따라 등록한 의료기관(이하 "외국인환자 유치의료기관"이라 한다) 및 제2항에 따라 등록한 자(이하 "외국인환자 유치업자"라 한다)에게 등록증을 발급하여야 한다.〈개정 2020. 2. 18.〉

④ 제1항 및 제2항에 따른 등록의 유효기간은 등록일부터 3년으로 한다.

⑤ 제4항에 따른 유효기간이 만료된 후 계속하여 외국인환자를 유치하려는 자는 유효기간이 만료되기 전에 그 등록을 갱신하여야 한다.

⑥ 제1항, 제2항에 따른 등록 및 제5항에 따른 갱신의 절차 등에 필요한 사항은 보건복지부령으로 정한다.

[시행일 : 2021. 1. 1.]

가. 용어 정의

　🔘 외국인환자 유치기관 : 「의료해외진출법」에 따라 보건복지부 장관에게 '외국인 환자 유치 의료기관' 또는 '외국인 환자 유치업자'로 등록된 자

　　－ 외국인 환자 유치 의료기관 : 「의료해외진출법」제6조제1항 및 같은 법 시행규칙 제5조에 따라 보건복지부장관에게 등록한 의료기관

– 외국인 환자 유치업자 : 「의료해외진출법」제6조제2항 및 같은 법 시행규칙 제5조에 따라 보건복지부장관에게 등록한 유치업자

◉ 의료관광 우수 유치기관 : 법무부 장관이 지정한 초청 또는 진료실적이 우수하고 불법체류율이 낮은 의료관광 유치기관

◉ 외국인 환자 : 「의료해외진출법」제2조 제2호에 따라 국민건강보험 가입자나 피부양자가 아닌 외국인환자

◉ 외국인 초청업무 전담직원(이하 '전담직원') : 의료관광 유치기관의 직원으로서 외국인 환자 초청업무 및 체류관리업무 담당자로 지정되어 법무부장관에게 등록된 자

◉ 동반가족 : 간병 또는 동반이 필요한 외국인 환자의 배우자 또는 직계가족*
  * 다만, 국내 병원과 송출국가간 환자송출계약을 체결하고 송출국가에서 진료비 등을 지원하는 외국인환자의 경우에는 4촌 이내의 방계가족까지 동반가족 범위 확대

◉ 간병인* : 외국인환자를 간호하고 돌보는 일을 담당하는 동반가족이 아닌 제3자 외국인
  * 다만, 동 지침에서는 환자송출협약을 체결한 국가의 환자를 간호하는 간병인에 게만 의료사증 발급

나. 등록 대상 및 자격

◉ 등록대상

– 「의료해외진출법」에 따라 보건복지부 장관에게 외국인 환자 유치 의료기관 또는 외국인 환자 유치업자 (이하 '유치기관')로 등록을 마친 자
  ※ 유치기관 등록 시, '전담직원'도 함께 등록

◉ 등록자격

– 신청일 기준 유치기관이 등록취소 및 재등록 제한 사유에 해당하지 않을 것

– 법인 또는 대표자가 출입국관리법 시행규칙 제17조의3의 제한사유에 해당하는 경우 회원가입 불가

– 전담직원은 1년 이상 고용계약을 체결하고 최저임금 이상 급여를 받아야 하며, 출입국관리법 시행규칙 제17조의3의 제한사유에 해당하는 등 결격사 유에 해당하지 않아야 함

다. 등록 신청 및 심사 절차

◉ 신청기관 : 유치기관 소재지 관할 출입국·외국인청(사무소·출장소)

▶ 목차

■ 등록방법

- 비자포털(www.visa.go.kr)에 접속, 유치기관 기업개요 및 전담직원 인적사항을 입력하고 제출서류를 전자파일(스캔)로 등재·신청

【 대한민국 비자포털 회원가입 절차 】
① '외국인환자 유치기관'이 포함된 기업회원 가입 메뉴를 선택
② 회원약관, 개인정보 취급방침, 고유식별정보 수집 등에 동의

③ 사업자등록정보*, 기업정보, 담당자 정보 등을 입력
  * 비자포털 ID 및 비밀번호, 사업장명(상호), 사업자등록번호, 사업의 종류,
    대표자 성명 및 주민등록번호, 사업장 주소 정보

④ 사업자등록증, 유치기관 등록증, 대표자 신분증 등 제출서류를 전자파일   형태로 업로드

■ 제출서류

- 사업자 등록증 사본, 유치기관 등록증 사본, 대표자 신분증 사본
- 전담직원으로 근무하려는 자의 재직증명서, 고용계약서 및 유치기관 대표의 위임장*

  * '출입국관리업무 수행을 위한 전담직원 지정 신청서'로 갈음

라. 회원가입 등록 후 정보변경 절차

■ 유치기관 휴·폐업, 대표자·전담직원 변경 시, 15일 이내에 비자포털에서 유치기관 회원정보(사업자/담당자 변경) 반드시 변경 신청해야 함

- 단, 대표자·전담 직원 변경 후 15일 이내에 외국인을 초청할 경우 피초청 외국인에 대한 사증발급인정서 신청 전까지 변경 등록 필요

■ 법인 또는 개인사업자 등록번호, 대표자, 전담직원, 사업장명 등을 변경하고 해당 증빙서류를 제출한 경우에, 의료관광 유치업의 동일성을 유지하는 것으로 인정될 경우 변경 승인

의료관광 유치기관 행정제재 기준

1. 회원자격 정지 및 취소, 회원 재가입 제한

가. 일반적 행정제재

제재종류 내용	1월 정지	3월 정지	회원자격 취소
출입국관리법 위반 범칙금 부과 시	101만원 이상 300만원 이하	301만원 이상 500만원 이하	501 만원 이상 통고처분을 받은 경우 또는 고발된 경우

고액의 부당한 수수료 요구	최초 적발	–	2회 적발
	통상의 거래 수수료의 합리적 범위를 벗어난 것으로 판단되는 경우 제재		
정당한 사유 없이 개인정보 누설	최초 적발	–	2회 적발
	고의 또는 과실로 개인정보보호법을 위반하여 개인정보를 누설한 경우 제재		
출입국관리 사무소장의 정당한 업무지시 위반	중대한 경우	중대한 업무지시 위반	사증발급을 허가할 수 없을 정도로 위반사실이 중대한 경우
	경미한 경우	반복적으로 위반	정지처분 후 3월 이내 반복 위반
허위서류 제출	과실	–	고의적인 경우
	출입국관리법 제7조의2 또는 제26조를 위반한 경우(범칙금 부과와 상관없음)		
유치기관 등록 취소	–		보건복지부장관이 유치기관 등록을 취소한 경우
기타 사회적으로 물의를 일으킨 경우	정도에 따라 사무소장이 판단		사회적 파장이 커서 유치기관으로서 지위를 유지하기 어려운 경우

나. 회원재가입 제한

- 회원자격이 취소된 유치기관은 취소일로부터 2년간 재가입 제한

※ 단, 보건복지부장관이 등록을 취소하였으나 유치기관등록증을 재발급 받은 경우에는 등록증 발급일부터 회원자격 다시 부여

다. 회원자격의 취소의 면제

- 취소사유가 있는 유치기관 중, 기관의 소명 내용, 소재불명 발생 건수 및 출입국관리법 위반 정황 등을 고려하여 취소가 부적당하다고 사무소장이 인정하는 경우에는 본부 승인을 받아 회원자격 취소 면제

라. (제재시기) 사유발생일

2. 불법체류자 발생에 따른 초청자의 행정제재

가. (근거) 시행규칙 제17조의3 제2항 7호

나. 불법체류율 산식 (단위 : %, 소수점 이하 반올림)

$$\frac{\text{신청일(또는 제재일) 기준 최근 6개월간 불법체류 발생 인원}}{\text{신청일(또는 제재일) 기준 최근 6개월간 입국한 입원}} \times 100$$

【불법체류자 발생에 따른 행정제재 기준】

제재종류 입국인원	서면경고	1월 정지	3월 정지	회원자격 취소
1명 ~ 10명	총 1명 발생	총 2명 발생	총 3명 발생	총 4명 이상 발생
11명 ~ 20명	총 2명 발생	총 3명 발생	총 4명 발생	총 5명 이상 발생
21명 이상	불법체류율 5%~15%	불법체류율 16%~20%	불법체류율 21%~30%	불법체류율 31%이상

※ 총 발생인원은 신청일(신청이 없는 경우 제재일) 기준 최근 6개월간 발생한 인원을 말함

※ (최근 3개월 이내 행정제재가 있는 경우) 최근 행정제재 이후의 최근 6개월간 입국인원과 불법체류자 비율로 산정하되, 행정제재 이전의 입국 및 불법체류인원은 미포함

– 단, 행정제재 이후 3개월 이내 1명 이상 불법체류가 발생한 경우에는 새로이 산정한 제재종류보다 1단계 상향

관광취업(H-1)

활동범위	◉ 관광취업
해 당 자	◉ 대한민국과 관광취업에 관한 협정이나 양해각서를 체결한 국가의 국민 으로서 관광을 주된 목적으로 하면서 이에 수반되는 관광경비 충당을 위하여 단기간 취업 활동을 하려는 자
1회 부여 체류기간의 상한	◉ 협정상의 체류기간

공관장 재량으로 발급할 수 있는 사증

1. 신청 기관
   - ◉ 협정체결국을 관할하는 재외공관
     - 다만, 오스트리아 국민은 협정에 따라 주일본 대사관, 주중국 대사관, 주상하이 총영사관, 주홍콩 총영사관, 주타이베이 대표부에서 사증발급 신청가능

2. 발급내용
   - ◉ 협정체결 국가별 사증종류, 유효기간, 체류기간

협정체결 국 가	사 증		체류기간
	종류(단·복수)	유효기간	
홍 콩	H-1(복수)	3개월	1년
일 본	H-1(단수)	1년	1년
미 국	H-1(복수)	1년 6개월	1년 6개월
캐나다, 영국	H-1(복수)	2년(24개월)	2년(24개월)
그 외 국가	H-1(복수)	1년	1년

국가	호주	캐나다	뉴질랜드	일본	미국	프랑스	독일	아일랜드	스웨덴
쿼터	무제한	12,000	3,000	10,000	2,000	2,000	무제한	800	무제한

국가	덴마크	홍콩	대만	체코	이탈리아	영국	오스트리아	헝가리	이스라엘
쿼터	무제한	1,000	800	300	500	5,000	300	100	200

국가	네덜란드	포르투갈	벨기에	칠레	폴란드	스페인	아르헨티나	안도라
쿼터	200	200	200	100	200	1,000	200	50

◉ 사증발급 수량(쿼터)

3. 수수료

◉ 상대 국가에서 우리나라 국민에게 수수료(워킹홀리데이 사증 관련)를 징수할 경우 상호주의에 따라 상대 국가 국민에게도 수수료 징수

※ 2018년 기준 일본, 프랑스, 칠레, 홍콩, 스페인은 우리나라 국민에게 워킹홀리데이 사증 심사 수수료를 받지 않고 있어, 해당국가 국민에게도 동일하게 사증 심사수수료 면제

4. 제출서류

제출 서류 등	비 고
○ 사증발급신청서, 사진, 여권, 왕복항공권	○ 왕복항공권이 없는 경우 상당금액 예치서류 인정
○ 예금잔고증명서 등 일정기간(3개월) 체류할 수 있는 경비 입증서류 ○ 범죄경력증명서, 건강진단서 ○ 보험증서 ○ 재학증명서 또는 최종학력증명서	○ 상호주의에 따라 제출 여부 결정 ※ 단, 미국은 한-미 WEST 프로그램 양해 각서에 따름
○ 관광취업 활동계획서	○ 대략적인 내용도 가능하며 인터뷰 등을 통하여 확인된 경우에는 제출 생략 가능
○ 기타 서류	○ 기타 재외공관장이 필요하다고 인정하는 서류

사증발급인정서 발급대상	☞ 사증발급인정서 발급대상 아님

심사기준	가. 협정국가 국민일 것

가. 협정국가 국민일 것

○ 협정국에서 인정한 난민, 무국적자, 영주권자 등은 협정국의 국적이 아니기 때문에 신청대상 아님

○ 다음 국가 국민의 경우는 추가 요건을 충족하여야 함

국 가	추가 요건
뉴질랜드	사증 신청 시 6개월 이상 뉴질랜드에 거주할 것
홍 콩	중화인민공화국 홍콩특별행정구에 일반 거주자 일 것
대 만	대만에 호구등록(household registration)이 되어 있을 것
미 국	고등교육 과정 재학 중이거나 최근 1년 이내 대학을 졸업할 것

나. 협정국가의 유효한 여권 소지할 것

○ 여권 및 제출서류 진위여부 확인(필요시 주재국 관계기관 조회)

○ 홍콩은 중화인민공화국 홍콩특별행정구 여권 또는 영국 해외여권(BNO) 모두 인정

○ 여권 잔여 유효기간은 사증 신청 당시 6개월 이상일 것

　－ 단, 협정문에 여권 잔여 유효기간이 6개월 미만으로 규정된 경우(현재 칠레는 3개월 이상)에는 협정문에 따른 상호주의 적용

　　※ 여권 및 사증의 유효기간 이내에 대한민국에 입국하여야 하고, 여권의 유효기간 이내에 여권을 재발급 또는 갱신하도록 안내

다. 사증발급 신청시 18세 이상 30세 이하일 것

　○ 대만, 포르투갈, 아일랜드, 아르헨티나는 34세까지 신청 가능, 미국은 연령기준을 적용하지 않음

　○ 영국, 캐나다는 35세까지 신청 가능

　※ 호주, 일본은 협정문에 18 ~ 25세로 규정되어 있으나 상호협의에 따라 30세 이하로 확대하였으므로 사증발급 신청 시 18세 이상 30세 이하인 것을 확인한 경우 사증발급

라. 중대한 범죄경력이 없을 것

○ 주재국이 발행한 범죄경력증명서를 확인하여 벌금 300만원 이상 선고받아 확정된 사실이 있는 경우 사증발급 불허

　－ 다만, 우리나라 국민에게 범죄경력증명서 제출을 요구하지 나라(2018년 기준

호주, 홍콩, 체코, 폴란드)의 국민에게는 범죄경력증명서 요구를 생략하고
재외공관에서 인터뷰 또는 진술서를 통해 사증발급 가능

○ 과거 대한민국 체류 시 국내법을 위반한 사람에 대해서는 입국규제 여부에
따라 입국 규제가 없을 경우 사증발급

마. 신체 건강할 것

○ 건강검진 결과 공중위생상 위해를 끼칠 염려가 있다고 재외공관장이 판단하는
경우 사증발급 불허
  – 신체건강 유무는 건강검진 서류로 확인하는 것을 원칙으로 함
    ※ 재외공관장은 필요에 따라 건강검진 병원 지정 가능
  – 다만, 주재국에서 우리나라 국민에게 건강검진 서류를 요구하지 않는 경우
    상호주의를 고려하여 우리나라 재외공관도 상대국가 국민에게 건강검진 서류
    요구를 생략하고 인터뷰로 확인 가능
  – 대한민국 내에서 보장이 가능한 의료보험에 가입한 사람에 대해서도 신체
    건강한 사람으로 간주하고 건강검진 서류 제출 생략 가능
○ 건강검진 내용은 주재국에서 우리나라 국민에게 요구하는 내용과 동일하게
실시할 수 있으며, 전염병 등 특정 질병에 대한 검진이 필요할 경우 추가 가능

바. 의료보험 등에 가입할 것

○ 대한민국 체류기간 중 보장액 4,000만원 이상 의료보험 등에 가입
(병원치료와 본국 후송 비용 보장 목적)
  ※ 보험금 4,000만원 이상 보험가입을 권장하나, 상호주의에 따라 보험증서
    제출여부 및 보험 보장액 결정 가능

사. 부양가족 등을 동반하지 않을 것

아. 관광취업프로그램에 참여한 경험이 없을 것

○ 협정에 명시되어 있지 않은 아일랜드, 스웨덴, 미국의 경우 상호주의에 따라
유경험자에게도 사증발급 가능
  – 다만, 협정에 명시되어 있지 않은 국가 중 일본, 호주, 뉴질랜드, 네덜란드는
    2018년 기준 우리나라 국민에 대해서 참여 경험이 없을 것을 요구하고 있으므로
    동일하게 상호주의 적용
○ 쿼터 적용을 받는 국가의 경우 관광취업비자를 발급받은 후 입국하지 않은
자는 관광취업프로그램 비자 재신청 제한(쿼터 무제한, 프로그램 유경험자 사증

발급 가능 국가 국민 제외)

 ※ 관광취업 사증 발급 후 미입국으로 인해 비자가 만료된 경우, 해당국 쿼터가
   50% 이상 충분한 여유가 있으면 공관장의 재량으로 관광취업 비자 재발급
   가능

자. 체재비 등 재정 능력이 있을 것
 ○ 왕복항공권*과 예금잔고증명서 등 일정기간(3개월) 체류할 수 있는 경비**
   소지 입증서류
    * 왕복항공권이 없는 경우 이에 상당한 금액을 예치한 사람은 발급 가능
   ** 협정국별 요구하는 체류비 금액량은 상호주의를 적용하지 않고 한화 기준으로
      300만원 이상의 경비가 있는 사람을 대상으로 발급

차. 관광이 주된 목적일 것
 ○ (기 준) 취업 또는 학업활동에 전념하거나 취재, 정치활동 등 협정의 취지에
   부합하지 않는 활동을 하려는 외국인은 사증발급 제한
 ○ 취업활동 기준
  – 상대 국가에서 우리국민 대상 취업 기간을 변동한 경우 상호주의에 따라 동일하게
    취업기간을 변동하되 1주당 최대 취업 가능시간은 25시간 이내로 함

국가별 취업기간

협정체결 국가	취업 기간	최대 취업 가능 시간	
		1주당	최대
○ 이스라엘	3개월	25시간	300시간(25시간×12주)
○ 호주*, 이탈리아, 벨기에	6개월	25시간	625시간(25시간×25주)
○ 덴마크*	9개월	25시간	950시간(25시간×38주)
○ 캐나다	H-1 체류기간	40시간	2,080시간(40시간×52주)
○ 그 외 국가**	H-1 체류기간	25시간	1,300시간(25시간×52주)

  – 취업형태 : 계약직, 시간제 아르바이트 등 고용형태와 무관
  – 취업 제한 직종 (E-1 ~ E-7자격)
   ▶ 접객원, 무용수, 가수, 악사, 곡예사 등 유흥접객업소에 종사 직종 (E-6)
   ▶ 일정한 자격 요건을 갖추어야 하는 전문 직종(의사, 변호사, 교수, 항공기조종

사, 회화강사 등)과 E-7(특정활동) 직종에 해당하는 직종
▶ 사행행위나 선량한 풍속 등에 반하는 업종

○ 사행행위 등 규제 및 처벌 특례법 제2조제1항제1호 및 동법 시행령 제1조의2 등에서 규정하고 있는 사행행위 영업
○ 식품위생법 제36조 및 동법시행령 제21조제8호 등에서 규정하고 있는 단란주점영업, 유흥주점영업
○ 풍속영업의 규제에 관한 법률 제2조 및 동법시행령 제2조 등에서 규정하고 있는 풍속영업 중 선량한 풍속에 반하는 영업
  - 식품위생법 시행령 제21조제8호 다목에 따른 단란주점영업 및 같은 호 라목에 따른 유흥주점영업
  - 불특정한 사람 사이의 신체적인 접촉 또는 은밀한 부분의 노출 등 성적 행위가 이루어지거나 이와 유사한 행위가 이루어질 우려가 있는 서비스를 제공하는 영업으로서 청소년보호위원회가 결정하고 여성가족부장관이 고시한 청소년 출입·고용금지업소
  - 청소년유해매체물 및 청소년유해약물등을 제작·생산·유통하는 영업 등 청소년의 출입과 고용이 청소년에게 유해하다고 인정되는 영업으로서 대통령령으로 정하는 기준에 따라 청소년보호위원회가 결정하고 여성가족부장관이 고시한 청소년 출입·고용금지업소
○ 학원의 설립·운영 및 과외교습에 관한 법률에서 규정하고 있는 개인과외 교습 행위
○ 기타 체류자의 신분을 벗어난 활동 및 기타 법무부장관이 그 취업을 제한할 필요가 있다고 인정되는 분야

※ 여성가족부장관이 고시한 청소년 출입·고용 금지 업소
(제2013-52호, 2013. 8. 13.)

1. 시설형태
 가. 밀실이나 밀폐된 공간 또는 칸막이 등으로 구획하거나 이와 유사한 시설
2. 설비유형
 가. 화장실, 욕조 등 별도의 시설을 설치한 것
 나. 침구, 침대 또는 침대형태로 변형이 가능한 의자·소파 등을 비치한 것
 다. 컴퓨터·TV·비디오물 시청기자재·노래방기기 등을 설치한

것

　　라. 성인용인형(리얼돌) 또는 자위행위 기구 등 성관련 기구를 비치한
　　　것

　3. 영업형태

　가. 입맞춤, 애무, 퇴폐적 안마, 나체쇼 등 신체적 접촉이 이루어지거나
　　　성관련 신체부위를 노출하거나 성행위 또는 유사성행위가 이루어
　　　질 우려가 있는 영업

　나. 성인용 영상물 또는 게임물, 사행성 게임물 등 주로 성인용 매체물
　　　이 유통될 우려가 있는 영업

　다. 성인용 인형(리얼돌) 또는 자위행위 기구 등 성관련 기구를 이용할
　　　수 있는 영업

　【영업 예시】 키스방, 대딸방, 전립선마사지, 유리방, 성인PC방, 휴게
　　　텔, 인형체험방 등

○ 학업활동 기준

　- 상대 국가에서 우리국민 대상 학업기간을 변동한 경우 상호주의에 따라 동일하게
　　변동

국가별 학업기간

협정체결 국가	학업 기간
○ 호 주*	4개월
○ 캐나다, 아일랜드, 덴마크, 홍콩, 오스트리아, 이스라엘, 벨기에, 뉴질랜드	6개월
○ 그 외 국가	H-1 체류기간

　- 학업형태 : 학원수강, 어학연수 등 학업 활동

　- 제한 학업 형태

　▶ D-2(유학)활동에 해당하는 정규 학업과정

　▶ 외국어 교육 보조 활동을 겸하면서 행하는 학업

　예시) 관광취업 외국인이 학원에서 한국어를 학습할 때 한국인과 외국어 회화과정
　　　을 포함한 경우 외국인의 자신의 한국어 학습이 아닌 한국인에 대한 회화강
　　　사 활동(회화지도 체류자격 필요)에 해당되기에 금지

해외투자기업 기술연수생 등에 대한

사증발급인정서 발급 및 관리에 관한 훈령

법 무 부

해외투자기업 기술연수생 등에 대한
사증발급인정서 발급 및 관리에 관한 훈령(안)

법무부훈령 제 490 호   2003. 09. 30. 제정

법무부훈령 제 533 호   2005. 11. 30. 개정

법무부훈령 제 644 호   2008. 07. 30. 개정

법무부훈령 제 727 호   2009. 09. 01. 개정

법무부훈령 제 753 호   2009. 12. 22. 개정

법무부훈령 제 853 호   2012. 02. 13. 개정

법무부훈령 제 979 호   2015. 03. 17. 개정

법무부훈령 제1169 호   2018. 08. 01. 개정

법무부훈령 제1240 호   2019. 07. 22. 개정

법무부훈령 제1414 호   2022. 04. 14. 개정

제1조(목적) 이 훈령은 「출입국관리법」(이하 "법"이라 한다) 제9조(사증발급인정서) 및 제19조의2(외국인의 기술연수활동)에 근거하여 「출입국관리법시행령」(이하 "시행령"이라 한다) 제24조의2(기술연수업체 등) 각 호의 규정에 의한 산업체[4](이하 "기술연수업체"라 한다)에서 연수하고자 하는 외국인에 대한 사증발급인정서의 발급과 기술연수업체에서 연수하고 있는 외국인(이하 "기술연수생"이라 한다)의 효율적인 관리를 위하여 필요한 사항을 정함을 목적으로 한다.

제2조(연수허용 대상) ① 기술연수업체에서 연수할 수 있는 외국인은 다음 각 호의 어느 하나에 해당하는 자로서, 제3조(연수생 요건)의 규정에 의한 요건을 구비하고 시행령 제24조의4(기술연수생의 모집 및 관리)제3항 각 호에 해당하지 아니하는 자로 한다.[5]

---

4) 제24조의2에 따른 산업체는 다음과 같음
　　ㅇ「외국환거래법」 제3조제1항제18호에 따라 외국에 직접 투자한 산업체
　　ㅇ 외국에 기술을 수출하는 산업체로서 법무부장관이 기술연수가 필요하다고 인정하는 산업체
　　ㅇ「대외무역법」 제32조제1항에 따라 외국에 플랜트를 수출하는 산업체
5) 체류자격 약호는 아래와 같음

신약호	분류기준('12.2.1부 세분류)
D-3-1	'06.12.31.까지 D-3-1 사격 등록자(해외투자/기술수/산업설비)
D-3-11	해외직접투자('13.1월 이후 등록자 중 해외직접투자업체 연수생, '07.1월 이후 D-3-1 자격등록자

1. 해당국 정부의 법령에 의해 합법적으로 설립되고 가동되어 3개월이 경과된 해외합작투자법인 또는 우리기업의 해외현지법인[6]의 생산직 직원으로 그 나라에서 기술습득이 불가능하거나 어려워[7] 연수가 필요하다고 인정되는 외국인[8]

2. 우리나라 기업과 미화 10만불[9] 이상의 기술 도입 또는 기술제휴[10] 계약을 체결하여 기술을 수입하였거나 우리나라 기업으로부터 본선 인도가격 미화 50만불[11] 상당액 이상의 플랜트를 수입한 외국기업의 생산직 직원으로 그 기술 또는 플랜트의 운영을 위하여 연수가 필요하다고 인정되는 외국인

② 법무부장관은 제1항의 규정에도 불구하고 해외합작투자법인이나 우리 기업의 현지법인이 3월 이내에 정상 가동될 것이 인정되고 정상 가동을 위하여 연수받은 직원이 반드시 필요하다고 인정되는 때[12]에는 다음 각 호의 요건을 모두 갖춘 핵심기능 인력에 한하여 정상 가동 전[13]이라도 연수를 허용할 수 있다. 다만, 이 경우 제4조(연수허용인원 기준)의 규정에 의한

	포함)
D-3-12	기술투자('13.1월 이후 등록자 중 기술수출업체 연수생)
D-3-13	플랜트수출('13.1월 이후 등록자 중 플랜트수출업체 연수생)

6) 해외합작투자법인 또는 우리기업의 해외현지법인은 「외국환거래법」제3조제1항제18호 및 동법시행령 제8조 규정에 따라 해외직접투자를 한 국내 산업체를 의미함

7) "해외에서 기술습득이 불가능하거나 어려운 경우"란 해외기업에 해당 기술을 교육시킬 숙련공 또는 전문가가 없거나 부족한 경우 또는 해외기업에 해당 기술을 연수시킬 기계 또는 플랜트가 없거나 부족한 경우를 의미함. 입국목적이 명확한 경우 생산직원에 한정하지 않고 서비스 공급을 위한 기술연수도 포함(사례: 해외 생산공장은 부재하나 현지 법인에서 국내 상품의 AS를 위한 기술연수 등은 엄격히 심사하여 예외적으로 인정)

8) 한 기술연수업체가 여러 해외기업에 직접 투자를 한 경우 각 해외기업별로 필요한 연수허용인원을 고려하여 연수허용인원을 결정하되, 총 연수허용인원은 직접투자한 해외기업의 수와 관계없이 제4조에서 정한 연수업체별 연수허용인원을 초과할 수 없음

9) 기술수출은 연수를 받을 1개의 기술을 기준으로 계약이행 기간 동안 기술수출금액 10만불 이상에 해당되어야 하며, 한 기술연수업체가 여러 개의 기술을 각 10만불 이상 수출한 경우에도 총 연수허용인원은 수출한 기술 수와 관계없이 제4조에서 정한 연수허용인원을 초과할 수 없음

10) 기술제휴란 일정한 특허료를 대가로 하여 특정의 특허기술을 상대 기업에게 제공하는 것을 골자로 하는 기술특허계약(license agreement)을 체결함으로써 협력관계에 들어가는 것을 의미함

11) 「대외무역법」제32조제1항 및 대외무역관리규정 제70조 규정에 따라 플랜트수출액수가 미화 50만불 이상이어야 하고, 플랜트의 개념은 「대외무역법」 제32조제1항 및 동법 시행령 제51조에 규정된 것에 한함. 또한 플랜트는 연수를 받을 1개의 설비를 기준으로 50만불에 해당되어야 하고, 동일한 설비라면 여러 개를 수출하여 50만불이 되는 경우일지라도 관계없음(다만, 한 기술연수업체가 여러 종류의 플랜트를 각 50만불 이상 수출하였더라도 총 연수허용인원은 수출한 플랜트의 수와 관계없이 제4조에서 정한 연수허용인원을 초과할 수 없음)

12) 가동에 필요한 플랜트·기계 등이 설치되어 있고, 주요 임원 및 간부가 임명되어 있으며, 법인(공장) 설립허가를 받았지만 기업의 가동에 필요한 전문 또는 숙련인력이 없어서 가동을 못하는 등 국내 기술연수업체에서 사전 연수를 받는 것이 필요하다고 인정되는 때를 의미함(관할 출입국·외국인관서의 장은 해외현지법인 설립허가 또는 인가서, 해외현지법인의 주요 임원 및 사원 명단, 설치된 플랜트·기계의 종류, 공장이 가동되지 못하는 이유, 사업계획서, 사전연수가 필요한 이유를 설명하는 사유서, 해외기업의 출자규모 및 생산직근로자 수, 정상 가동 전까지 생산직 직원 채용 계획 등 관련 소명 자료를 연수업체로 하여금 제출토록 할 것)

연수허용인원의 30%을 초과할 수 없다[14].

1. 유사 분야에서 1년 이상 근무한 경력이 있는 자

2. 해당 분야의 기술자격증 또는 해당 분야의 학사학위 이상 소지자

③ 출입국·외국인관서의 장은 외국에 직접투자한 금액이 미화 10만불 미만인 기술연수업체에 최초로 외국인 기술연수생 연수를 허가하고자 하는 때에는 연수의 필요성을 입증하는 서류를 첨부하여 법무부장관의 승인을 받아야 한다.

제3조(연수생 요건) 기술연수생은 다음 각 호의 요건을 갖추어야 한다.[15]

1. 18세 이상 40세 이하의 신체 건강한 자일 것

2. 현지 법인의 근무경력이 3개월 이상일 것 (다만, 제2조제2항의 규정에 의한 핵심기능인력은 제외)

3. 과거 연수생 자격으로 체류한 경우 출국한지 1년 이상일 것

4. 국립국제교육원의 한국어능력시험(TOPIK)에서 2급 이상 취득 또는 세종학당재단의 세종학당 초급2 이상 과정을 수료할 것 (다만, "국내 대학에서 학사학위 이상의 학위를 취득한 자" 또는 "기술연수생 100명당 1명 이상의 통역요원을 상시 배치[16]하고 기술연수생이 입국한 후 월 5시간 이상의 한국어교육을 실시한다는 내용 등이 포함된 '한국어교육 이행각서[17]'를 제출한 기술연수업체에서 연수받고자 하는 자"는 제외)

---

13) 정상가동기간(3개월)은 사증발급인정서 신청일로부터 계산함

14) 출입국·외국인관서의 장은 사전연수 인정여부 및 총 연수허용인원의 30% 이내에서 몇 %(명)의 연수생의 사전 연수를 허용할 것인지 여부를 검토하여 법무부장관에게 승인 상신할 것(※ 사전연수허용 이후에 추가로 연수생을 초청하는 경우 해외현지법인이 정상으로 가동되었는지를 확인한 후에 제4조의 규정에 의한 총 연수허용인원에서 사전연수허용인원을 제외한 인원 범위 내에서 추가 연수를 허용할 것)

15) 시행령 제24조의4제3항에 따라 기술연수 제한대상 외국인은 아래와 같음
   ○ 대한민국에서 금고이상의 형을 선고받은 사실이 있거나 외국에서 이에 준하는 형을 선고받은 사실이 있는 사람
   ○ 대한민국에서 출국명령 또는 강제퇴거명령을 받고 출국한 사람
   ○ 대한민국에서 6개월 이상 불법으로 체류한 사실이 있는 사람
   ○ 불법취업할 목적으로 입국할 염려가 있다고 인정되는 사람
   ○ 출입국관리법 제11조제1항 각호의 어느 하나에 해당하는 사람

16) 통역요원은 기술연수생의 국적국 언어 및 한국어를 동시에 구사할 수 있어야 하며, 산업연수생이 연수를 받는 과정에서 언제든지 통역이 가능하도록 상시 배치하여야 함. 통역요원의 한국어 능력 요건은 외국인(귀화한 국민 포함)의 경우 토픽 4급 이상 자격증을 소지한 자 또는 법무부 운영 사회통합프로그램 4단계 이상 이수자로 한정하며, 국민인 경우 해당 외국어 능력 시험 중급 자격증 또는 해당국가에 3년 이상(연수 업체 소속 직원으로 해당 국가 해외 법인의 기술 및 생산 관리 인력으로 파견 주재한 경우 2년 이상) 체류 경력을 가지고 있는 자로 한정, 국적국 언어가 아닌 영어통역을 하는 경우 해당 연수생 모두의 영어회화 능력(TOEIC 700 이상)을 입증해야 함

17) '한국어교육 이행각서'는 별도 서식은 없으나, "기술연수생 100명당 ○명의 통역요원을 상시 배치하고 기술연수생이 입국한 후 월 5시간 이상의 한국어교육을 실시할 예정이므로 본 기술연수업체가 초청하고자 하는 기술연수생에 대해 한국어시험성적 제출을 면제하여 주시기 바랍니다. 만약 동 각서의

제4조(연수허용인원 기준) ① 기술연수업체별 연수허용인원 기준은 다음과 같다.

1. 내국인 상시 근로자[18](임시직 및 기술연수생 제외) 총수의 8% 이내 [19] 단, 최대 2
   00명을 초과할 수 없고, 부득이한 사유로 200명 초과시 법무부장관의 승인 필요

2. 〈삭 제〉

3. 외국국적 동포[20]를 기술연수생으로 초청하는 경우
   : 제1호의 허용인원 외에 외국국적동포 기술연수생 수의 50% 범위 내에서 초과 허
   용(단, 총 초과허용인원은 제1호의 허용인원 상한의 50%를 초과하지 못함)[21]

4. 연수생 관리 우수업체[22]에서 기술연수생을 초청하는 경우
   : 제1호의 허용인원 상한의 30% 범위 내에서 초과 허용

② 〈삭제〉

③ 출입국·외국인관서의 장은 제1항의 규정에 의한 연수허용인원기준을 초과하여 연수인원을
허가하고자 하는 경우에는 그 사유를 명시하여 법무부장관의 승인을 받아야 한다[23]. 다만,
이 경우 연수허용인원의 50%를 초과할 수 없다.

④ 한 기술연수업체에서 연수목적을 달리하여 초청하는 경우에도 그 기술연수업체에서 연수
할 수 있는 연수생의 총수는 제1항의 규정에 의한 연수허용인원을 초과할 수 없다.[24]

내용을 이행하지 않을 경우 한국어시험 성적제출 의무를 면제받은 기술연수생의 체류기간 연장이
불허됨은 물론 제4조제3항 규정에 의한 추가 초청 불허 및 추후에 초청하는 연수생에 대해서는
한국말시험성적제출의무가 면제되지 않는 등 어떠한 불이익도 감수할 것입니다."라는 문구와 "기술연
수업체의 장의 서명"은 반드시 '한국어교육 이행각서'에 기재해야 함

18) 근로자는「근로기준법」제2조에 규정된 근로자로 고용보험 가입 내국인피보험자를 의미하며 고용노동부
의 고용보험 사이트에서 확인이 가능함

19) 연수허용인원 계산에 있어서 소수점 이하는 절삭함

20) 외국국적동포의 정의는「재외동포의 출입국과 법적 지위에 관한 법률」제2조제2호 및 동법 시행령
규정에 따름

21) 예를 들어 제4조제1항제1호 규정에 의해 연수허용인원이 10명이고, 이중 외국국적동포가 6명이라면
3명의 연수생을 더 초청하여 총 13명을 할 수 있음. 또한, 외국국적동포 수와 관계없이 추가로
초청할 수 있는 총 인원은 동 제1호 규정에 의한 연수허용인원 10명의 50%(5명)을 즉 15명을
초과할 수 없음

22) 연수생 관리 우수업체는 신청일 기준 최근 2년 이내에 ①3회 이상 연수생을 초청하고 ②초청한
연수생 중 이탈자가 없으며 ③「출입국관리법」등을 위반한 사실이 없는 업체를 말함(각 요건 충족)

23) 초과인원을 허용할 수 있는 경우는 사증발급인정서 발급 신청 시를 기준으로 ①연수업체의 해외현지법
인에 대한 해외직접투자액수의 총액이 미화 1,000만불 이상인 경우, ②해외현지법인의 총 출자총액이
미화 1,000만불 이상인 경우 또는 ③해외현지법인의 매출규모가 미화 5,000만불이고 그 해외기업의
생산직 직원 수가 1천명 이상인 경우와 같이 해외기업 규모를 볼 때 많은 기능공이 필요하여 국내연수허
용인원을 확대해 줄 필요가 있는 경우를 의미함(출입국·외국인관서의 장은 초과인원을 허가하고자
할 경우 허가 사유 및 적절한 허가인원을 검토하여 승인 상신할 것)

24) 한 기술연수업체가 해외직접투자, 기술투자, 플랜트수출 중 두 가지 이상을 하였거나 초청한 연수생들에
게 각각 다른 기술을 연수시키더라도 국내 총 연수허용인원은 제4조의 범위 내에서만 인정됨

⑤ 출입국·외국인관서의 장은 연수생 관리가 부실하여 사증발급인정서 발급 신청일을 기준으로 과거 1년 이내에 초청한 기술연수생의 10% 이상(단, 이탈인원이 2명 이상인 경우에 한함)이 연수 장소를 이탈한 업체에 대하여 이탈 기술연수생 수를 연수허용인원에서 제외할 수 있다.25) 다만, 기술연수업체가 이탈한 연수생에 대해 「출입국관리법」제19조 및 동 훈령에서 정한 의무를 성실히 이행하였고, 연수생 이탈의 원인을 제공하지 않는 등 연수생 이탈 방지를 위한 상당한 주의의무를 다하였으며, 이탈연수생의 소재지를 발견하고 신고하거나 이탈연수생의 출국비용을 부담하는 등 이탈연수생의 출국을 위하여 상당한 노력을 다한 경우에는 그러하지 아니하다.

⑥ 기술연수업체가 소재지를 달리하는 여러 사업장을 가진 경우 연수허용인원은 연수실시 사업장 단위별(사업자등록 기준)로 제1항의 세부기준을 적용한다26).

⑦ 수개의 국내산업체가 해외에 합작으로 투자한 경우에 총 연수허용인원은 국내사업체 중에서 상시 근로자 수가 가장 많은 업체를 기준으로 하며, 허용인원 내에서 투자업체별로 기술연수생을 배정받아 연수를 실시할 수 있다27). 다만, 동일 분야28)에 대하여는 1개 업체에 대하여만 연수를 허용한다.

제5조(연수기간) ① 〈삭제〉

② 기술연수생의 연수기간은 원칙적으로 입국한 날로부터 6개월을 초과할 수 없다. 다만,

---

25) 사증발급인정서 신청 시를 기준으로 과거 1년 이내 이탈한 수를 공제
26) 본사에서 직접투자, 플랜트·기술수출을 한 경우 원칙적으로 본사에서 연수를 시켜야 하지만 제9조제2항 규정에 의거 본사에서 연수를 시킬 수 없는 경우에 한해 예외적으로 지사에서도 연수를 허용할 수 있음(본사에서 연수를 시키는 경우 지사에 연수생을 배정해서는 안 됨). 동 규정은 이 경우를 대비하여 둔 규정으로서 기술연수업체가 2개 이상의 소재지에 지사를 설치하고 사업자등록을 한 경우 제9조제2항 규정에 의거 기술연수요건을 갖추고 있는 지사들은 예외적으로 각각 연수생을 배정받아 연수를 실시할 수 있으나, 각 지사별 연수 허용인원은 제4조제1항 규정에 의해 각 지사별 내국인 상시 근로자 수에 따라 정해짐
27) 수개의 기업(※지사는 모회사와 동일한 산업체에 속하므로 모회사와 동일한 기업으로 보아야 하나 자회사 및 계열회사는 다른 법인으로 취급되므로 모회사와 다른 기업으로 볼 것)이 해외 현지법인에 합작 투자한 후 각각 기술연수생을 배정받아 연수를 실시하고자 할 경우 근로자 수가 가장 많은 국내 연수업체가 그 지역을 관할하는 출입국·외국인관서의 장에게 일괄하여 사증발급인정서를 신청하고, 신청을 접수한 출입국·외국인관서의 장이 업체별로 배분한 기술연수생 수가 업체별 연수허용인원 범위 내에 해당되는지 여부, 업체별로 배분한 기술연수생 수를 합한 인원이 근로자 수가 가장 많은 업체의 연수허용인원 범위 내에 해당되는지 여부, 제4조제7항 단서 규정에 의해 1개 업체에서만 연수가 가능한 경우에 해당되는지 여부를 검토한 후 문제가 없는 경우 관할지역 밖에 소재한 연수업체에 배정될 연수생에 대해서는 관련 신청서류를 관할 출입국·외국인관서의 장에게 이첩함(관할 출입국·외국인관서의 장이 관할 연수업체에 대한 실태조사 및 연수생 보호·관리를 해야 하기 때문임)
28) 동일 분야란 동일한 기술·기능을 의미함

출입국·외국인관서의 장이 추가로 연수가 필요하다고 인정하는 경우 입국한 날부터 2년을 초과하지 않는 한도 내에서 그 연수기간을 연장할 수 있다.

③ 기술연수생이 제2항의 단서규정에 의하여 체류기간을 연장[29]하고자 할 경우 그가 연수받고 있는 연수업체의 장이 서명한 "연수기간 연장신청 사유서(별첨1)"를 출입국·외국인관서의 장에게 제출하여야 한다.

제6조(실무연수비율) 기술연수생의 실무연수[30]비율은 전체연수시간의 70%를 초과할 수 없다.

제7조(사증발급인정서의 발급 신청 및 접수) ① 기술연수생을 초청하고자 하는 산업체의 장(이하, "초청자"라 한다)은 사증발급인정신청서에 다음 각 호의 서류를 첨부[31]하여 그 업체의

---

29) 체류기간 연장은 연수기간 연장의 필요성과 과거 이탈율, 외국인의 범법사항을 확인하여 2년의 범위 내에서 연장을 허가하며 체류기간 연장시 제출서류는 아래와 같음
  1. 신청서(별지34호 서식), 여권원본, 외국인등록증, 수수료
  2. 연수기간 연장신청 사유서(별도서식)
  3. 사업자등록증 및 공장등록증 또는 공장등록증명서(해당자만 제출)
  4. 국내법인 납세증명서
  5. 현지법인 납세사실 관련 증명 서류
    – 영업활동에 따른 세금(법인세, 부가가치세) 납입영수증
    – 각종공과금 납입영수증 (전기요금, 수도요금, 건물세, 토지세 중 1)
  6. 연수생 임금 및 연수수당 지급 여부 확인서류
    – 현지법인에서 지급한 연수생 임금대장(최근 1개월분)
    – 국내기업에서 지급한 연수수당 지급 대장
  7. 제12조에 따른 이행상황 점검용 연수활동 입증서류(연수실적평가서류)
    – 연수일지, 면담일지, 한국어 교육 일지(해당자만 제출)
  8. 신원보증서 원본
  9. 산업재해보상보험, 국민건강보험 가입증명서류 및 연수수당 등 체불에 대비한 보증보험 가입증명서류
  10. 체류지 입증서류(임대차계약서, 숙소제공 확인서, 체류기간 만료예고 통지우편물, 공공요금 납부영수증, 기숙사비 영수증 등)
30) 실무연수란 판매용 제품이나 부품생산에 필요한 업무를 하면서 기술·기능 또는 지식을 배우는 것을 의미함(판매할 목적이 아닌 견습용 제품이나 부품을 생산하면서 실습교육을 받는 것은 실무연수가 아님)
31) 신청시 첨부서류는 아래와 같음
  1. 사증발급인정신청서 (별지 제21호 서식), 여권사본, 표준규격사진 1매
  2. 피초청자가 기술연수생 요건을 구비하였음을 입증하는 서류
    ① 현지법인등록증(또는 설립인가서) 사본 (영사확인 必)
    ② 현지법인의 장이 발급한 <u>피초청자 재직증명서 및 여권사본</u> (영사확인 必)
    ③ 한국어능력입증자료
  3. 연수내용을 확인할 수 있는 연수계획서
  4. 초청자의 신원보증서 (피보증인이 2인 이상인 경우의 신원보증서는 사증발급인정신청서의 "피초청자명단"을 첨부하여 한 장만 작성)
  5. 초청업체가 연수허용대상 업체임을 입증할 수 있는 서류
    ① 해외직접투자산업체의 경우

주소지를 관할하는 출입국·외국인관서의 장에게[32] 사증발급인정서 발급을 신청하여야 한다.[33]

1. 피초청자가 기술연수생 요건을 구비하였음을 입증하는 서류[34]

2. 연수내용을 확인할 수 있는 연수계획서(별첨3)

3. 「출입국관리법시행규칙」(이하 "시행규칙"이라 한다) 제77조의 규정에 의한 초청자의 신원보증서[35]

4. 초청업체가 연수허용대상 업체임을 입증할 수 있는 서류[36]

5. 연수허용인원 산정에 필요한 초청업체의 내국인 상시 근로자 수 입증서류[37]

② 출입국·외국인관서의 장이 제1항의 규정에 의하여 사증발급인정신청서를 접수한 때에는

- 해외직접투자신고(수리)서 (원행원본 대조필)
- (현금투자 시) 송금영수증 또는 송금사실확인서(원본 또는 은행 원본 대조필)
- (현물투자 시) 세관 발행 "수출면장" 확인(승인번호란의 투자인증 번호 확인)
  ※ 해외투자신고수리액 중 미투자분이 있는 경우 미투자분에 대한 향후 투자계획서 추가 제출
  ② 기술수출산업체의 경우
- 기술수출계약서(국문) 사본
- 「대외무역법」또는 「산업기술의 유출방지 및 보호에 관한 법률」등에 의하여 지식경제부 장관의 승인을 받아야 하는 경우에는 승인서를 제출
  ③ 플랜트수출 산업체의 경우
- 플랜트수출승인서(변경승인서 포함)
6. 연수허용인원 산정에 필요한 초청업체의 내국인 상시 근로자 수 입증서류
- 노동부 홈페이지(고용보험 싸이트)에서 출력한 '사업장별 피보험자격내역서'를 제출 받아 확인
7. 기타 자체 연수시설(공정)과 적정한 숙박시설 구비 등 연수환경을 확인할 수 있는 자료(기숙사 시설 내부 사진 등)
32) 공관장 재량으로 사증을 발급할 수 없음
33) 서류간소화 차원에서 과거 1년 이내에 서류를 제출한 적이 있는 기술연수업체에 대해서는 특별한 사유가 없는 한 동일한 서류 제출을 면제하고, 특히 국가, 지방자치단체, 금융감독원, 무역협회 등 공신력 있는 기관 등의 홈페이지 등에서 확인이나 출력이 가능한 상장기업 또는 전자공시업체의 서류인 경우에는 원칙적으로 동 서류 제출을 면제하고, 팩스 또는 전자우편으로도 제출을 허용하여 신청인의 불편을 최소화할 것
34) 현지법인등록증(또는 설립인가서) 사본과 현지법인의 장이 발급한 피초청자 재직증명서 및 여권사본, 제3조3호 한국어능력입증자료를 제출하도록 함 (현지법인등록증(또는 설립인가서) 사본과 현지법인의 장이 발급한 피초청자 재직증명서는 주재국 우리공관이 있는 경우 영사확인을 받도록 함)
35) 피보증인이 2인 이상인 경우의 신원보증서는 사증발급인정신청서의 "피초청자명단"을 첨부하여 한 장만 작성하면 됨
36) 해외직접투자허가(신고)서 또는 기술수출계약서, 플랜트수출승인서 중 해당서류와 사업자등록증 사본을 제출받음 (「대외무역법」또는 「산업기술의 유출방지 및 보호에 관한 법률」등에 의하여 산업통상자원부 장관의 승인을 받아야 하는 경우에는 승인서를 제출하게 하고, 사업자등록증은 신청인이 「전자정부법」에 따른 행정정보의공동이용을 통한 확인에 동의하지 않는 경우에만 제출하게 함)
37) 고용노동부 홈페이지(고용보험 싸이트)에서 출력한 '사업장별 피보험자격내역서'를 제출받아 확인

사증발급인정신청서접수대장(별첨4)에 접수일자, 업체명, 기술연수생 성명 등을 전산입력하고, 접수증을 교부하여야 한다.

제8조(사증발급인정서 발급심사) ① 주소지관할 출입국·외국인관서의 장이 제7조의 규정에 의하여 사증발급인정서 발급신청을 접수한 때에는 다음 각 호의 사항에 대하여 심사하여야 한다.

1. 연수목적이 아닌 단순인력으로서의 활용 여부
2. 자체 연수시설(공정)과 적정한 숙박시설 구비 등 연수환경
3. 기술연수생의 한국어능력, 기술기능자격소지 여부, 학력 등 개인적 조건
4. 연수신청인원의 적정성(적정성을 심사할 때 해외현지법인의 생산직 상시 근로자 수, 국내 연수업체에서 해외현지법인에 기술지도를 위해 파견된 인원이 있는지 여부와 그 인원 수, 연수업체에서 제공하는 연수생 숙박시설의 규모, 제4조제5항 적용여부 등을 고려)
5. 국내 연수업체와 해외현지법인의 업종이 동일한 지 여부
6. 국내 연수업체와 해외현지법인의 정상가동 여부
7. 국내 연수업체가 「산업집적활성화 및 공장설립에 관한 법률」제13조(공장설립 등의 승인) 및 제13조의2(인·허가 등의 의제)에 따라 공장설립 승인을 받아야 할 의무가 있는 업체[38)]에 해당되는 경우 공장등록증이 있는지 여부

② 주소지관할 출입국·외국인관서의 장은 연수업체의 운영실태와 제7조제1항제2호의 연수계획서의 연수사항 등을 조사하여 연수계획조사보고서(별첨6)를 작성하여야 한다.

③ 연수대상 산업체별 세부심사기준은 별표4와 같다.

제9조(사증발급인정서 발급) ① 주소지관할 출입국·외국인관서의 장은 제8조의 규정에 의한 심사 결과 기술연수생을 초청할 필요성 및 타당성이 인정되는 때에는 체류자격 기술연수(D-3-11~13), 체류기간 6개월 이내의 사증발급인정서를 발급하여 초청자에게 이를 교부하여야 한다.

② 주소지관할 출입국·외국인관서의 장은 모기업에 생산시설이 없으나 현지법인의 가동을 위해 기술연수가 불가피하다고 인정되는 경우에 동일 업종 지사, 자회사, 특정 계열회사(주재(D-7)관련 사증발급지침에서 정하는 계열회사)[39)] 내에서의 연수를 허용할 수 있다.

---

38) 「산업집적활성화 및 공장설립에 관한 법률」에 의해 공장건축면적이 500제곱미터 이상인 공장의 경우 공장설립 승인을 받아야 함
39) 사증발급편람 규정상 특정 계열회사의 개념: 특정 계열회사란 ①모회사(C)가 해외에 자회사

제10조(사증의 발급) 재외공관의 장은 기술연수목적으로 입국하고자 하는 외국인이 사증발급을 신청하는 때에는 제9조의 규정에 의해 출입국·외국인관서의 장이 발급한 사증발급인정서를 제출받아 그 인정서의 내용에 따라 기술연수사증을 발급하여야 한다[40].

제11조(연수실태조사 및 기술연수업체 관리) ① 주소지관할 출입국·외국인관서의 장은 기술연수업체의 기술연수생관리실태 및 현지법인의 운영실태를 제8조에 따라 조사[41]하고 다음 각 호의 어느 하나에 해당하는 업체에 대해서는 그 명단을 출입국정보시스템에 입력하여 전국 출입국·외국인관서의 장에서 공동 활용할 수 있도록 하여야 한다[42].

1. 「출입국관리법」제19조제1항 규정에 의한 신고의무를 이행하지 않은 업체

2. 국내 기술연수업체 또는 연수생을 파견한 현지법인·외국기업의 가동상태가 중단된 업체

3. 사증발급인정서 발급 또는 체류기간연장을 받기 위하여 허위로 작성한 서류 또는 위·변조된 서류를 제출한 업체

4. 국내 연수업체에서 연수수당(연수생이 소속된 해외법인에서 지급한 기본급 이외에 국내연수업체가 지급하는 별도 수당)을 체불하거나, 1일 8시간을 초과하여 실시한 실무연수 또는 정규 근무시간 이외의 야간에 실시한 실무연수에 대해 기본급의 150%를 지급하지 않은 업체

5. 기술연수생의 여권, 금품 또는 임금 등을 강제로 보관하거나 저축한 업체

6. 입국항공료 등의 입국 비용을 기술연수생에게 부담시킨 업체

7. 기술연수생이 해외현지법인에서 근무한 업종과 다른 업종에서 연수시킨 업체

8. 제6조 규정에 의한 실무연수비율을 위반한 업체

(A)와 국내에 다른 자회사(B)를 가지고 있는 경우 A회사와 B회사는 서로 상대방의 계열회사이고, ②해외에 있는 회사(C)의 사원들이 다른 두 개의 회사(A, B) 양자에 대하여 각각 주식총수의 100분의 50을 초과하는 주식을 가지거나 각각 출자 총액의 100분의 50을 초과하여 출자한 경우에도 A회사와 B회사는 서로 상대방의 계열회사임

40) 그러나 허위 또는 위·변조된 서류를 제출하여 사증발급인정서를 발급받거나 입국규제자에 대해 착오로 사증발급인정서가 발급된 자 등과 같이 행정법상 법률에 특별한 규정이 없더라도 무효 또는 취소할 사유가 있는 자에 대해서는 사증발급인정서가 발급되었더라도 당연히 사증담당 영사가 사증발급을 거부할 수 있고, 거부한 경우 사증발급인정서를 발급한 관할 출입국관리사무소장에게 통보해야 함(사증발급인정서나 사증은 입국허가를 받기 위한 추천 서류 중의 하나에 불과하며, 최종적인 입국허가는 공항만 출입국관리사무소 입국심사관에 의해 행해짐)

41) 연수실태조사의 방법은 현장방문조사, 전화·팩스·인터넷 조사, 설문지 조사 등을 통해 할 수 있으나, ①최초로 기술연수생을 초청한 업체, ② 전화·팩스·공공기관단체 등의 홈페이지로 조사한 결과 실제적으로 휴·폐업되어 정상적으로 운영되고 있시 않다고 의심되는 업체는 반드시 현장방문조사를 하여야 함

42) 실태조사결과 제11조제1항 각 호에 해당하는 업체는 출입국정보시스템에 입력할 것

9. 제1호 내지 8호에 해당되지 않는 업체 중 시행규칙 제17조의3제2항 제1호 내지 제4호에서 규정하고 있는 「출입국관리법」규정 또는 다른 법률을 위반한 업체

② 〈삭 제〉

③ 주소지관할 출입국·외국인관서의 장은 제1항의 규정에 의한 실태조사를 하는 때에는 기술연수업체의 임직원이나 기술연수생에 대하여 인권침해 또는 부당한 처우를 하여서는 아니된다.

④ 주소지관할 출입국·외국인관서의 장은 제1항 각 호의 어느 하나에 해당하는 업체에 대하여 다음 각 호의 조치를 취하여야 한다.

1. 제1항제1호에 해당하는 업체: 법 제100조제1항제1호 규정에 의한 과태료 부과

2. 제1항제2호에 해당하는 업체: 제5조제2항 단서에 의한 체류기간 연장 불허

3. 제1항제3호에 해당하는 업체: 법 제7조의2 위반으로 통고처분(또는 형사고발) 및 연수중인 기술연수생의 체류허가를 취소 (만약 기술연수생이 해외현지법인의 직원이 아니거나 해외현지법인이 위장투자업체로 밝혀진 경우 고용노동부에 통보하여 연수생에게 소급하여 「최저임금법」상 최저임금 이상을 지급토록 추가조치를 할 것)

4. 제1항제4호에 해당하는 업체: 고용노동부 관할 지방사무소장에게 통보 및 제5조제2항 단서에 의한 체류기간 연장 불허

5. 제1항제5호에 해당하는 업체 : 형사고발 및 제5조제2항 단서에 의한 체류기간 연장 불허

6. 제1항제6호에 해당하는 업체 : 위장투자업체로 의심되므로 해외투자법인의 존재여부, 기술연수생이 해외투자법인에 근무하였는지 여부 등에 대해 특별 조사 실시 및 제5조제2항 단서에 의한 체류기간 연장 불허

7. 제1항제7호에 해당하는 업체: 제5조제2항 단서에 의한 체류기간 연장 불허

8. 제1항제8호에 해당하는 업체: 제5조제2항 단서에 의한 체류기간 연장 불허, 시행규칙 제17조의3제2항제7호 규정에 따라 적발된 날로부터 1년간 연수생 초청 금지

9. 제1항제9호에 해당하는 업체: 통고처분 또는 형사고발, 제5조제2항 단서에 의한 체류기간 연장 불허 및 시행규칙 제17조의3제2항 규정에 따라 사증발급인정서 발급 불허 (다만, 법 제18조제3항 및 법 제21조제2항 위반자에 대해서는 통고처분을 불이행하여 고발한 날 또는 수사기관의 고발요청에 따라 고발한 경우 수사기관이 기소한 날로부터 1년간 사증발급인정서 발급 제한)

제12조(기술연수업체 이행사항 점검) ① 주소지관할 출입국·외국인관서의 장은 기술연수업체의 요청에 의하여 제4조제3항 규정에 의한 연수생 추가 초청을 위한 사증발급인정서를 발급하거나 연수중인 연수생에 대하여 체류기간 연장허가를 하는 때에는 다음 각 호의 사항이 이행되고 있는지 여부를 사전에 점검하여야 한다.

 1. 입국 후 1개월 이내에 한국문화, 출입국관리법령, 기타 준수사항 등의 내용을 포함하는 16시간 이상의 자체교육 실시 및 모든 연수 내용을 [별첨7]의 연수일지에 기록하였는지 여부(제3조제3호 단서에 규정된 '한국어교육 이행각서'를 제출한 기술연수업체의 경우 그 각서의 내용을 이행하였는지 여부)

 2. 직원 중에서 외국 실정에 밝은 자를 고충상담관으로 선발·지정하여 기술연수생의 개인신상문제, 인권침해, 기타 고충을 상담하도록 조치하였는지 여부

 3. 연수장소에 기술연수생의 안전을 위한 필요 시설 및 장비를 구비하였는지 여부

 4. 기술연수생 숙소에 냉난방시설, 취사시설, 샤워시설 등을 설치하고 TV, 오락기구 등을 비치하였는지 여부

② 주소지관할 출입국·외국인관서의 장은 제1항의 규정에 의한 점검결과 기술연수업체가 제1항 각 호의 사항을 이행하고 있지 않는 경우에는 정당한 사유가 있는 경우를 제외하고는 기술연수생의 초청 또는 체류기간의 연장을 허가하지 아니한다.

③ 주소지관할 출입국·외국인관서의 장은 기술연수생이 외국인 등록을 할 때 기술연수업체로 하여금 다음 각 호의 어느 하나에 해당하는 서류를 추가로 제출하도록 하여야 한다.

 1. 기술연수생의 연수수당 체불방지를 위한 보증보험, 산업재해보상보험(또는 산업재해보상보험에 준하여 산업재해를 보상하는 상해보험[43]) 가입을 증명하는 서류

 2. 기술연수생 입국 후에 국내 병원에서 실시한 건강검진 관련 서류[44]

제13조(연수생 관리 부실업체의 연수제한)

① 주소지관할 출입국·외국인관서의 장은 다음 각 호의 사유에 해당하는 기술연수업체에 대하여 기술연수생의 초청을 허가하지 아니한다.

 1. 시행규칙 제17조의3제2항 제1호 내지 제6호 규정에 해당하는 자가 대표이사, 사장 또는 연수를 책임지는 임원(이사 또는 감사)으로 있는 연수업체. 단, 법 제18조제3

---

[43] 연수생이 소속된 해외법인에서 기본급을 받고 국내에서 연수수당만을 받은 기술연수생의 경우 산업재해보상보험에 가입해야 하는 대상이 아니므로 산업재해보상보험 대신에 이에 준하여 산업재해를 보상해 주는 상해보험에 가입할 수 있도록 허용한 것임

[44] 〈삭 제〉

항 및 법 제21조제2항 위반자에 대해서는 통고처분을 불이행하여 고발한 날 또는 수사기관의 고발요청에 따라 고발한 경우 수사기관이 기소한 날로부터 1년간 사증발급인정서 발급 제한

② 주소지관할 출입국·외국인관서의 장은 다음 각 호에 규정된 법률을 위반한 현행범인 자가 대표이사, 사장 또는 연수를 책임지는 임원(이사 또는 감사)으로 있는 연수업체에 대하여 출입국·외국인관서의 장이 범죄행위를 인지한 때부터 범죄피의자의 범칙금 납부 완료 전 또는 형의 선고를 받기 전까지 사증발급인정서 발급 여부에 대한 결정을 유보할 수 있다[45].

    1. 법 제7조의2, 법 제12조의3, 법 제18조제3항 내지 제5항, 법 제21조제2항, 법 제33조의2제1호 규정

    2. 시행규칙 제17조의3제2항제3호 및 제4호에 규정된 「출입국관리법」 이외의 법률

③ 주소지 관할 출입국·외국인관서의 장은 제2항 규정에 의하여 사증발급인정서 발급여부에 대한 결정을 유보할 때에는 그 사유를 기술연수업체에 통보하여야 한다.

제14조(위탁연수)

① 기술연수중인 자가 국내 공장이전, 증설로 연수를 중단하게 될 경우 동일한 고용주 및 동종 업체에 한하여 예외적으로 위탁연수를 허용한다.

② 기술연수중인 자가 당초 연수업체가 보유하지 않은 기능·기술 연수목적 또는 연수목적 달성을 위해 부득이한 경우 고용관계에 변화 없이 제한적으로 위탁연수를 허용한다.

③ 위탁연수는 법 제19조에 따라 고용주의 변동사유발생 신고로 하며 그 기간은 3개월을 초과할 수 없다.

제15조(준용규정)

이 훈령에 정한 사항 외에 해외투자기업 기술연수와 관련된 사항에 대해서는 "사증발급인정서 발급 등에 관한 업무처리지침" 및 "체류관리업무 매뉴얼"의 규정을 준용한다.[46]

---

45) 시행규칙 제17조의3제2항 규정에 의해 사증발급인정서 발급이 금지되는 행위를 저지른 현행범이 범칙금 납부 완료 전 또는 형이 선고되기 전에 사증발급인정서를 신청하여 사증발급인정서가 발급되는 사례를 막기 위함(만약, 사증발급인정서 발급여부에 대한 결정을 유보하지 않고, 일단 사증발급인정서 발급을 허용한 후 범칙금 납부 완료 후 또는 형이 선고된 후 사증발급인정서를 취소할 경우 사용자 귀책사유로 인해 이미 입국하여 연수를 받고 있는 외국인이 피해를 보는 사례가 발생할 수 있으므로 이를 사전에 방지할 필요)

46) ① 체류자격외활동허가는 원칙적으로 억제 ② 체류자격부여, 체류자격변경, 근무처변경 및 추가는 제한

제16조(재검토기한)

법무부장관은 「훈령·예규 등의 발령 및 관리에 관한 규정」제7조(대통령훈령 제334호)에 따라 2021년 10월1일 기준으로 매 3년이 되는 시점(매 3년째의 9월30일까지를 말한다) 마다 이 훈령 발령 후의 법령이나 현실 여건의 변화 등을 검토하여 이 훈령 폐지, 개정 등의 조치를 하여야 한다.

부   칙(제979호 2015. 3.17)
제1조(시행일) 이 훈령은 공포일부터 시행한다.

부   칙(제1414호 2022. 4. 14.)
제1조(시행일) 이 훈령은 공포일부터 시행한다.

[별표 1] 〈삭제〉

[별표 2] 〈삭제〉

[별표 3] 〈삭제〉

[별표 4]

산업체별 세부 심사기준

1. 해외직접투자산업체

○ 해외직접투자산업체임을 입증하는 서류 확인

  - 외국환은행의 "해외직접투자신고(수리)서" 사본

  ※ 해외직접투자

    ■ 외국법령에 의하여 설립된 법인이 발행한 증권을 취득하거나 당해 법인에 대한 금
      전의 대여 등을 통하여 당해 법인과 지속적인 경제관계를 맺기 위하여 하는 거래
      또는 행위로서 「외국환거래법시행령」 제8조 제1항에서 정하는 것

    ■ 외국에서 영업소를 설치·확장·운영하거나 해외사업 활동을 하기 위하여 자금을 지
      급하는 행위로서 「외국환거래법시행령」 제8조 제2항에서 정하는 것

○ 해외직접투자업체 여부는 은행의 허가(신고·인증)의 사실여부 확인과 허가(신고) 등의 금
  액이 아니라 투자금액 즉, 해외현지법인에 송금한 금액을 기준으로 판단

  - 송금사실은 필히 송금한 은행이 발급한 송금영수증이나 송금사실확인서 원본을 제출받
    아 해당 은행에 송금사실과 투자허가(신고) 등의 내용 직접 확인 (확인자 성명을 기재)

    • 해외투자 신고후 투자금액 송금 등 투자이행 사실 여부

    • 투자금액 송금후 즉시 회수, 자금도피 및 투자 취소 여부

    • 투자금액 사용내역 등

  - 현물 투자한 경우 세관 발행 "수출면장" 확인 (승인번호란의 투자인증 번호 확인)

○ 합작투자의 경우 양측 투자자의 출입국사실 유무 및 재직사실 여부 확인

○ 합작투자 전후의 재무제표로 시설 증설 및 자본금 증액 여부 확인

○ 투자금액이 소액이거나 해외직접투자 허가(신고) 등을 받은 후 6개월 이내에 사증발급인
  정서 발급을 신청하는 경우는 정밀 심사

  - 현지법인의 가동예정일자 등 투자 진행 상황

  - 투자금액과 현지법인의 규모, 업종 등을 비교 검토

- 투자계획서 등은 투자계획의 타당성 및 투자회사의 운영실태 등을 심사, 해외투자를 빙자한 외국인력 이용의 수단은 아닌지 여부
- 사설알선업체 등의 개입에 의한 투자허가(신고) 여부 철저 확인
  • 투자허가(신고) 및 송금한 은행에 투자사실 등의 조회
- 투자업종 및 현지법인의 생산직 종사자 인원에 따라 연수허용 인원의 탄력적 허가
- 출입국외국인관서의 장은 연수의 타당성을 종합적으로 검토하여 적정한 인원의 연수허가
  • 투자허가(신고) 등을 받은 금액을 전액 투자하지 아니한 경우에는 투자계획서를 제출하게 하고, 추가 투자사실 확인 후 체류기간연장허가 또는 연수인원 추가 초청허가가 가능함을 안내
○ 국내의 외국투자기업이 제3국에 재투자한 현지기업 직원에 대한 기술연수는 인력활용차원이 아닌 현지 기업의 원활한 운영을 도와주기 위한 순수한 연수목적에 한하여 허용
  - 전액 외국인투자기업의 경우
    • 순수목적의 연수여부에 대한 실태조사를 실시하여 재투자의 목적·불가피성 등을 면밀히 검토(인력활용을 위한 위장투자 등)한 후 타당성이 인정될 경우에는 법무부장관에게 승인 상신
  - 내국인(기업)과 합작투자기업의 경우
    • 내국 기업과 동일한 심사기준과 절차에 따라 처리
※ 해외직접투자자는 외국환거래규정에 따라 다음의 보고서 또는 서류를 외국환은행의 장에게 제출하므로 심사 시 활용
  - 외화증권취득보고서 : 투자금액 납입 후 6월 이내
  - 외화채권 취득 보고서 : 대여자금 제공 후 6월 이내
  - 원리금회수보고서 : 즉시
  - 송금(투자)보고서 : 송금 또는 투자 즉시
  - 연간사업실적 및 결산보고서 : 회계기간 종료 후 5월 이내
  - 청산보고서 및 부속명세서 : 청산자금 영수 후 즉시
  - 투자사업의 진행상황 및 자산변동보고서 : 회계기간 종료 후 5월 이내
○ 연수생에 대해서 국내에서는 기초생활비(생필품, 의약품 등 구입비) 및 수당만 지급하고 봉급은 자국의 현지회사에서 가족 또는 연수생에게 지급하는지 여부 확인

2. 기술수출산업체

○ 기술수출산업체임을 입증하는 서류 확인

  - 기술수출계약서(국문) 사본

    • 시행령 제24조의2(기술연수업체등)제1항제2호 및 24조의4(기술연수생의 모집 및 관리)제1항제2호의 규정에 따라 기술수출대가가 미화 10만불 이상인 경우에 한함

  - 관련 법령에 의하여 수출시 지식경제부 장관의 승인을 받아야 하는 경우에는 승인서 확인

○ 기술수출계약 내용 확인

  - 계약기간

  - 기술용역제공 여부(기술정보 및 자료제공인 경우는 연수 불필요)

  - 기술자 초청 훈련 계획

  - 기술수출 대가 및 수취방법과 기간 내에 송금되었는지 여부

    • 선취금·경상기술료·정액기술료 수취 여부 확인

○ 기술수출계약이 체결된 경우라도 기술연수의 타당성에 대한 실질심사 강화

  - 장기간 기술수출 필요성

  - 기술수출대금 회수 기간 및 방법

3. 플랜트수출산업체

○ 플랜트 수출 산업체임을 입증하는 서류 확인

  - 플랜트수출승인서(변경승인서 포함)

    • 「대외무역법시행령」제91조제8항의 규정에 의한 지식경제부장관의 플랜트수출 및 변경승인권한은 「산업발전법」에 의해 설립된 한국기계산업진흥회의 장에게 위탁. 다만, 연불금융지원의 경우에는 한국수출입은행장에게 위탁

    ※ 일괄수주방식에 의한 수출(플랜트와 함께 기술용역 및 시공을 포괄적으로 하는 수출)로서 국토해양부장관의 동의가 필요한 경우는 제외(지식경제부장관의 승인 필요)

○ 플랜트수출이라 함은 제품을 제조하기 위한 기계, 장치 등의 하드웨어와 그 설치에 필요한 엔지니어링, 노하우, 건설시공 등의 소프트웨어가 결합된 생산 단위체의 종합수출을 뜻함

○ 플랜트수출의 범위 (「대외무역법」제32조 및 동 관리규정 제5장)

  - 농업, 임업, 어업, 광업, 제조업, 전기·가스, 수도사업, 운송, 창고업 및 방송·통신업을 영위하기 위하여 설치하는 기계장치 및 발전설비, 담수설비 및 용수처리설비 등 산업활

동을 위하여 필요한 설비(「대외무역법시행령」 제51조 각 호의 설비)중 본선인도가격(FOB)으로 미화 50만달러 상당액이상의 수출

- 플랜트·기술용역 및 시공을 포괄적으로 행하는 수출

  ※ "시공"이라 함은 토목공사, 건축공사, 플랜트설치공사를 말함. (동법 시행령 제52조)

○ 착수금이나 수출대금 수취여부 확인

○ 플랜트수출계약이 승인된 경우라도 기술연수의 타당성에 대한 실질심사 강화

- 플랜트수출계약 내용 중 기술 또는 기능 연수 대상 및 방법 등 확인

- 수출대금 회수 기간 및 방법

연수기간 연장신청 사유서

연수업체	업체명						대표자	
	사업장 소재지							
	업태		업종			연락처		
						담당자		

	국적	성명	외국인등록번호	체류허가기간
연장신청 대상자				

연장사유	

	기간	연수기술내용
연장기간별 연수내용		

기연수 받은 내용		

※ 첨부 1. 연장신청대상자 명단

20 . . .

연수업체의 장(대표) 성명 _____ (서명 또는 인)

210mm×297mm(일반용지 70g/㎡)

[별첨 3]

연수계획서

							대표자	
	업체명						대표자	
	사업장소재지							
연수업체	업태			업종			담당자	
							연락처	
	사업자 등록번호				법인 등기부등본 등기번호			
	상시 내국인 근로자 수			연수생 현황	최대허용인원			
					현재연수인원			
	연수허용인원				추가연수가능인원			
	추가허용인원 및 사유				금회신청연수인원			
해외 현지법인 실태	설립일자			생산직원수				
	공장가동일자			기연수자 수				
	월급여액			연수대상자				
연 수 계 획	연수일정별 연수내용	기간	기술연수 내용					
	연수장소							
	숙소							
	연수수당		수당지급방법					

※ 첨부 : 피초청자 명단 1부

　　　20 ． ． ．

　　　　초청자(대표자) _____ (서명 또는 인)

210mm×297mm(일반용지 70g/㎡)

[별첨 4]

사증발급인정신청서 접수대장

연번	접수번호 조청인원	접수 일자	피조청자 성명 성별	생년월일	국적	조청자 전화번호	업체명	수령일자 서 명	인정사항 인정번호	체류자격 체류기간	담 당
1											
2											
3											
4											
5											
6											
7											
8											
9											

297mm×210mm(일반용지 70g/㎡)

[별첨 5] 접수증 삭제 (2018. 10. 1)

연수계획조사보고서

연수업체	업체명					대표자	
	사업장소재지						
	업태		업종		담당자(연락처)		
	사업자 등록번호				법인 등기부등본 등기번호		
	내국인 상시 근로자 수			연수생 현황	최대허용인원		
	연수허용인원				현재연수인원		
	추가허용인원(사유)				추가연수가능인원		
해외 현지법인 실태	설립일자			생산직원수			
	공장가동일자			기연수자 수			
	월급여액수			연수대상자			
조사 내용	가동여부	본사			현지업체		
	연수계획의 적정성	초청인원			적정성		
		시설	자체		위탁		
		연수기간	개월		적정여부		
	관리실태	연수생이탈자		명	제한대상여부		
	수당 지급	금액		원	지급 적정여부		
	참고사항						
조 사 의 견							
20 . . . 조 사 자 급 (서명) 확 인 자 과장 (서명)							

210mm×297mm(일반용지 70g/㎡)

연 수 일 지

년 월 일(요일)

연수담당관 (연수계획 작성 및 연수 감독자)	성명		생년월일	
	직책		해당업종 근무 기간	※현재 근무 중인 사업장 이외의 근무경력은 ( )안에 별도 표기
고충상담관 (연수생의 생활지도 및 고충상담 담당자)	성명		생년월일	
	직책		현 사업장 근무기간	※ 현재 근무 중인 사업장에서 근무연수만 기재
연수 내용	실무연수	시간	※ 특별한 사유가 없는 경우 1일 8시간 초과 및 야간연수 금지	
		내용	(구체적으로 기재)	
	비실무 연수	시간	※예시: "2시간(오전 9시 – 10시, 오후 13시 – 14시)	
		내용	공장견학, 실무연수에 필요한 이론교육, 출입국관리법 교육, 한국어교육, 직장생활에 필요한 예절교육 등과 같이 구체적으로 기재	

※ 실제 연수를 받은 연수생이 서명을 한 '기술연수생 명단'을 동 연수일지에 첨부하여 보관할 것

연수 담당관   (서명)

210mm×297mm(일반용지 70g/㎡)

알기 쉬운 외국국적동포 업무 매뉴얼

▶ 동포방문(C-3-8) 사증

▶ 방문취업(H-2) 사증

▶ 방문취업(H-2) 체류관리

▶ 재외동포(F-4) 사증·체류관리

▶ 외국국적동포 영주(F-5) 체류관리

▶ 외국국적동포가족 방문동거(F-1) 사증발급·체류관리

법 무 부

출 입 국 · 외 국 인 정 책 본 부

목 차

Ⅰ. 현행 재외동포 정책 개요

◆ 법무부는 외국국적동포에 대해 단기방문, 방문취업, 재외동포 자격부여 대상 확대, 영주자격 확대 등 다각적인 정책을 시행하고 있습니다.

1. 단기방문제(C-3)

○ 모국을 방문하고자 하는 외국국적동포에게 5년 유효한 동포방문(C-3-8, 90일) 복수 사증을 발급하여 자유로운 출입국을 보장하고 있습니다.

  ※ 단기방문(C-3) 자격으로 취업활동은 불가

2. 방문취업제(H-2)

□ 중국 및 CIS 지역 동포들에 대한 자유왕래 및 취업활동 범위 확대

○ 18세 이상 중국·구소련지역 동포에 대해 3년간 유효한 복수사증 (H-2)을 발급하여 사증의 유효기간 범위 내에서 자유로운 출입국을 보장하고, 방문취업(H-2) 자격으로 외국인 등록을 하면 체류기간 최대 3년이 부여되며, 일정한 요건*을 충족할 경우 허용범위 내에서 체류기간 연장이 가능합니다.

  * (취업 목적) 고용부 "취업기간 만료자 취업활동 기간연장" 확인서 받은 경우 추가 1년 10개월 연장

    (취업 외 목적) 1년씩 연장 가능하나, 취업 외 목적으로 연장 후 취업활동에 종사할 경우 범칙금 부과

○ 또한, 국내 취업을 원할 경우 외국인 등록 후에 취업교육 및 구직신청 등 절차를 거쳐 출입국관리법 시행령에서 정한 단순노무 분야 허용업종에서 취업활동이 가능합니다.

□ 연고와 무연고동포 등 대상별 사증발급 절차를 다르게 적용

○ 국내 친족 등이 있는 연고동포와 유학생 부모 등 사증발급 특례대상은 초청 허용인원의 범위 내에서 국민 등의 초청을 받아 입국하게 됩니다.

○ 무연고동포는 국내 노동시장 상황을 고려하여 순차적으로 입국을 허용합니다.

□ **취업절차 간소화**

○ 방문취업제 동포는 방문취업(H-2) 취업활동 범위(〈별첨 3〉 참조)에서만 취업이 가능합니다.

    – 취업희망자는 취업교육 이수 및 구직신청 후 구직알선을 받거나 자율구직으로 취업할 수 있고, 근무처 변경도 신고만으로 가능

3. 중국·구소련지역 동포에 대한 재외동포(F-4) 자격부여 제도

□ **재외동포 자격부여 대상의 확대**

○ 모국과 동포 간 교류 확대 및 동포의 국내 법적지위 향상을 위해 재외동포 자격부여 대상을 계속 확대해 가고 있습니다.

  – 중국·구소련지역 동포를 대상으로 단순노무 종사 가능성이 적은 국·내외 대학졸업자, 법인기업대표, 자격증 소지자, 60세 이상 동포, 사회통합프로그램 4단계이상 이수자, 국내 고등학교 졸업자, 국내 초중고 재학자, 요양보호 자격 취득자 등에 대해 재외동포 자격 부여

4. 외국국적동포 영주(F-5)자격 부여 제도

□ **외국국적동포 영주 자격부여 대상의 확대**

○ 국내 계속 체류 및 경제활동의 자유 등 동포의 국내 법적지위 향상을 위해 외국국적동포를 위한 영주자격을 정하고 대상을 확대해 가고 있습니다.

  – 재외동포(F-4) 자격으로 2년 이상 체류 중이며 소득·재산 등 일정요건을 갖춘 경우

  – 대한민국 국적취득요건을 갖춘 경우

  – 방문취업(H-2) 자격 동포가 제조업·농축산업·어업 분야에서 장기 근속 및 일정한 요건을 갖춘 경우

II. 제도별 세부절차

1. 외국국적동포 사증 발급 절차 흐름도

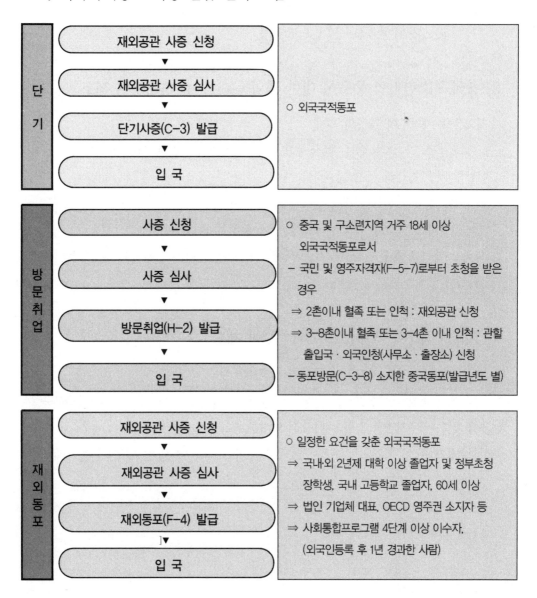

단기

재외공관 사증 신청
▼
재외공관 사증 심사
▼
단기사증(C-3) 발급
▼
입 국

○ 외국국적동포

방문취업

사증 신청
▼
사증 심사
▼
방문취업(H-2) 발급
▼
입 국

○ 중국 및 구소련지역 거주 18세 이상
　외국국적동포로서
– 국민 및 영주자격재(F-5-7)로부터 초청을 받은
　경우
　⇒ 2촌이내 혈족 또는 인척 : 재외공관 신청
　⇒ 3-8촌이내 혈족 또는 3-4촌 이내 인척 : 관할
　　 출입국·외국인청(사무소·출장소) 신청
– 동포방문(C-3-8) 소지한 중국동포(발급년도 별)

재외동포

재외공관 사증 신청
▼
재외공관 사증 심사
▼
재외동포(F-4) 발급
]▼
입 국

○ 일정한 요건을 갖춘 외국국적동포
　⇒ 국내·외 2년제 대학 이상 졸업자 및 정부초청
　　 장학생, 국내 고등학교 졸업자, 60세 이상
　⇒ 법인 기업체 대표, OECD 영주권 소지자 등
　⇒ 사회통합프로그램 4단계 이상 이수자,
　　 (외국인등록 후 1년 경과한 사람)

2. 동포방문 사증 발급 절차

동포방문(C-3-8) 자격 사증 발급에 관한 사항은 다음과 같습니다.

가. 발급 대상

○ 「재외동포의 출입국과 법적 지위에 관한 법률」제2조제2호에 해당되는 외국국적동포

　※ 국내에서「특정강력범죄의 처벌에 관한 특별법」제2조에서 규정한 '특정강력범죄'중 제1
　　항 제1호부터 제6호까지의 범죄 및 마약, 보이스피싱, 상습음주운전(3회 이상)에 해
　　당하는 범죄로 형을 선고받은 사실이 있는 사람과 기타 범죄로 금고 이상의 형을 선
　　고받은 사실이 있는 사람은 입국규제 여부에 관계없이 실질심사를 통하여 사증발급
　　제한 가능

나. 제출 서류

○ 사증발급신청서(별지 제17호 서식), 여권 및 사본, 표준규격사진 1매, 수수료
○ 외국국적동포임을 입증하는 국적국의 공적서류

다. 사증발급 내용

○ 5년 유효한 동포방문(C-3-8, 090일) 복수사증

　※ 국가, 출생지, 호구부 관할에 관계없이 사증발급 신청 가능

3. 방문취업제 세부 절차

중국동포 등이 방문취업 자격으로 국내에 입국하기 위한 사증발급 및 체류관리 세부 절차는 다
음과 같습니다.

가. 방문취업제 대상

○ 방문취업제 적용 대상국가는 중국 및 구소련(CIS) 6개 국가*의 국적을 보유한 18세
　이상 외국국적동포로서 아래 해당자가 대상입니다.

　* 구소련지역(CIS) 6개 국가 : 우즈베키스탄, 카자흐스탄, 우크라이나, 키르기즈(舊키
　　르키스스탄), 타지키스탄, 투르크메니스탄

(기본대상) 출생에 의하여 대한민국의 국적을 보유하였던 사람(대한민국 정부수립 이전에 국외로 이주한 동포를 포함) 또는 그 직계비속으로서 외국국적을 취득한 사람으로서

○ 국내에 주소를 둔 대한민국 국민 또는 영주자격(F-5) 마목에 해당하는 사람인 8촌 이내의 혈족 또는 4촌 이내의 인척으로부터 초청을 받은 사람

○ 「국가유공자 등 예우 및 지원에 관한 법률」 규정에 따른 국가유공자와 그 유족등에 해당하거나 「독립유공자 예우에 관한 법률」 규정에 따른 독립유공자와 그 유족 또는 그 가족에 해당하는 사람

○ 대한민국에 특별한 공로가 있거나 대한민국의 국익증진에 기여한 사람

○ 유학(D-2) 자격으로 1학기 이상 재학 중인 자의 부모 및 배우자

○ 국내 외국인의 체류질서 유지를 위하여 법무부장관이 정하는 기준 및 절차에 따라 자진하여 출국한 사람

○ 기타 위에 해당하지 않는 자로서 법무부장관이 정하여 고시하는 절차에 의하여 선정된 사람

※ 방문취업 만기출국자의 경우 만기자 재입국 절차에 따른 사증발급만 허용

나. 방문취업(H-2) 사증발급 절차

◆ 방문취업 친족초청 관련, 2촌 이내 혈족 또는 인척은 재외공관에서, 3촌~8촌 이내 혈족 또는 3촌~4촌 이내 인척은 초청자 관할 출입국·외국인청(사무소·출장소)에 신청하시면 됩니다.

□ 세부자격 대상별 제출 서류

○ [재외공관 사증 발급] 재외공관 사증발급 신청 대상 및 제출서류는 다음과 같습니다.

① 연고 동포

대 상	제출서류
○ 출생 당시에 대한민국 국민이었던 자로서 가족관계등록부·폐쇄등록부 또는 제적부에 등재되어 있는 사람	• 가족관계기록사항에 관한 증명서·제적등본
○ 국민 초청자와의 친족관계가 부모 및 형제자매 등 2촌 이내인 사람	• 친족관계가 국내 호적(제적)으로 확인하는 경우 친척관계 입증에 필요한 한국의 가족관계 기록사항에 관한 증명서 (가족관계증명서, 기본증명서, 혼인관계증명서) 또는 제적등본 • 친족관계가 국내 호적(제적)으로 확인 되지 않는 경우 출생증명서 또는 호구부 원본(사본) 및 거민증, 초청자의 친족관계 진술서 및 신원보증서, 피초청자의 친족관계 확인서
○ 영주자격(F-5-7)소지 초청자와의 친족 관계가 부모 및 형제자매 등 2촌 이내인 사람	• 출생증명서 또는 호구부 원본(사본) 및 거민증, 외국인등록증 사본, 초청자와의 친족관계 진술서 및 신원보증서, 피초청자의 친족관계 확인서
○ 대한민국에 특별한 공로가 있거나 대한민국의 국익증진에 기여한 사람	• 훈·포장 증서 또는 중앙행정기관의 장이 수여한 표창장, 동포임을 증명하는 국적국의 공적 서류
○ 「국가유공자 등 예우 및 지원에 관한 법률」 규정에 의한 '국가유공자와 그 유족 등'에 해당하거나 「독립유공자 예우에 관한 법률」 규정에 의한 '독립유공자와 그 유족 또는 가족'에 해당하는 사람	• 국가유공자증·독립유공자증 또는 국가 유공자유족증·독립유공자유족증 등 국가(독립)유공자 또는 그 유족임을 증명하는 서류, 동포임을 증명하는 국적국의 공적 서류
○ 방문취업 사증발급인정서를 제출하여 사증발급을 신청하는 사람	• 방문취업 사증발급인정서 번호

② 무연고 동포

대 상	제출서류
○ 동포방문(C-3-8) 사증이 있는 중국 동포 **연도별 방문취업(H-2) 사증 신청대상** (18세 미만 제외) 2024년 신청대상: ・1분기 — 2023. 3. 31. 이전에 발급된 C-3-8 사증 소지자 ・2분기 — 2023. 6. 30. 이전에 발급된 C-3-8 사증 소지자 ・3분기 — 2023. 9. 30. 이전에 발급된 C-3-8 사증 소지자 ・4분기 — 2023.12. 31. 이전에 발급된 C-3-8 사증 소지자 - 방문취업(H-2) 총 정원 (250,000명, '22. 1월부터 변경 시행)내에서 국내 노동시장, 사회통합프로그램, 조기적응프로그램 등을 고려하여 방문취업(H-2) 사증 신청대상자를 연도별로 조정하여 시행(향후 H-2 증가 추이를 고려하여 조정 가능) ○ 방문취업(H-2) 자격으로 체류하다가 감염병,천재지변 등으로 체류기간을 도과(위반기간 3개월 이내)하여 자진출국(출국권고,출국명령)한 사람 ※ (주의) 무연고 중국동포가 최초로 방문취업(H-2) 사증을 신청하는 경우에는 동포방문(C-3-8) 사증 발급 후 연도별 방문취업(H-2) 사증 기준에 따라 신청	・동포임을 증명하는 공적서류
○ 구소련 지역(CIS) 동포	・동포임을 증명하는 공적서류

③ 만기출국 후 재입국 동포

대 상	제출서류
○ 국내 외국인의 체류질서 유지를 위하여 법무부장관이 정하는 기준 및 절차에 따라 자진하여 출국한 자로서 완전출국일 기준 60세 이하로서 1개월이 경과한 사람	• 동포임을 증명하는 국적국의 공적 서류

※ 만기 재입국 방문취업(H-2-7) 사증은 거주지 관할 재외공관에서도 발급가능 (재외공관장의 재량에 따라 관할구역 제한 없이 접수 가능)

○ [국내 사증발급인증서 발급] 청(사무소·출장소) 사증발급인정서 발급 신청 대상 및 제출서류입니다.

대 상	제출서류
○ 국내 주소를 둔 대한민국 국민으로부터 초청을 받는 3촌 이상 8촌 이내의 혈족 또는 3촌 이상 4촌 이내의 인척	• 친족관계가 국내 호적(제적)으로 확인되는 경우 친척관계 입증에 필요한 한국의 가족관계 기록사항에 관한 증명서 (가족관계증명서, 기본증명서, 혼인관계증명서) 또는 제적등본 • 친족관계가 국내 호적(제적)으로 확인되지 않는 경우 출생증명서 또는 호구부 원본(사본) 및 거민증, 초청자의 친족관계 진술서 및 신원보증서, 피초청자의 친족관계 확인서
○ 국내 주소를 둔 영주자격자(F-5-7)로부터 초청을 받는 3촌 이상 8촌 이내의 혈족 또는 3촌 이상 4촌 이내의 인척	• 출생증명서 또는 호구부 원본(사본) 및 거민증, 외국인등록증 사본, 초청자와의 친족관계 진술서 및 신원보증서, 피초청자의 친족관계 확인서
○ 대한민국에 특별한 공로가 있거나 대한민국의 국익증진에 기여한 사람	• 훈·포장 증서 또는 중앙행정기관의 장이 수여한 표창장, 동포임을 증명하는 국적국의 공적 서류
○ 유학(D-2) 자격으로 1학기 이상 재학 중인 자로부터 초청을 받은 부모 또는 배우자	• 유학 중인 자와의 가족관계 입증서류, 피초청자가 동포임을 입증하는 국적국의 공적 서류

□ 공통 제출서류

① 한국어능력 입증서류

　○ 한국어능력 입증서류 제출기준 참조 〈별첨 2〉

② 해외 범죄경력증명서

　○ 해외 범죄경력증명서 제출기준 참조 〈별첨 1〉

□ 건강상태 확인

　○ 제출대상

　－ 외국국적동포로서 출입국관리법 시행령에 따른 방문취업(H-2) 자격으로 입국하려는 사람

　○ 확인서류

　－ 재외공관 사증 신청시 신청인이 자필 기재한 건강상태 확인서 제출 〈별첨 4〉

　　• 확인서에는 결핵·B형간염·매독 등의 감염 여부 및 마약복용 경험, 정신질환으로 인한 치료경험 등에 관한 사실을 본인이 기재

다. 방문취업(H-2) 자격 체류관리 절차

방문취업 사증으로 입국한 동포의 국내 체류관리 절차는 다음과 같습니다.

□ 공통 제출서류

① 한국어능력 입증서류

○ 한국어능력 입증서류 제출기준 참조 〈별첨 2〉

② 해외 범죄경력증명서

○ 해외 범죄경력증명서 제출기준 참조 〈별첨 1〉

□ 먼저 외국인등록을 하여야 합니다.

○ 방문취업 사증으로 입국한 동포는 입국일로부터 90일 이내에 체류지 관할 출입국·외국인청(사무소·출장소)에 아래 서류를 준비하여 외국인등록을 신고하시면 됩니다.

　⇒ 여권, 천연색 사진 1매(6개월 이내 촬영), 외국인등록신청서, 수수료, 조기 적응프로그램 교육 이수증

⇒ 유학생 부모의 경우 : 상기 서류 외에 유학자격 소지자의 재학증명서 및 외국인 등록증 사본(유학생과 동반신청시 제출생략)

○ 건강상태 확인

- 방문취업(H-2) 자격자가 외국인등록 시 법무부 지정 병원에서 발급한 〈별첨 5〉 양식의 건강진단서를 제출

※ 종전, 취업희망 방문취업자가 취업교육 시 받았던 건강진단은 생략(중복 방지)

□ 방문취업 자격 소지자의 취업 활동 범위는 다음과 같습니다.

○ 방문취업(H-2) 취업 활동범위는 〈별첨 3〉을 참조하시기 바랍니다.

○ 허용업종 내 취업 절차는 다음과 같습니다.

- 방문취업(H-2) 사증으로 입국하여 취업교육 및 구직신청* 후 취업을 알선받거나 동포 스스로 직장을 구하여 취업할 수 있습니다.

* 구직신청은 한국산업인력공단에서 취업교육 시 일괄접수

○ 사용자의 동포고용 절차입니다.

- 사용자는 내국인 구인노력(15일간) 등을 하였음에도 인력을 채용하지 못한 경우, 고용노동부 고용지원센터에 "특례고용가능확인서" 발급 신청

- 사용자는 고용지원센터의 "외국인구직자 명부"에 등재된 자 중에서 "특례고용가능확인서"에 기재된 허용인원의 범위 내에서 동포 고용

□ 방문취업 동포는 취업개시 신고를 하여야 합니다.

○ 신고대상

- 방문취업 허용업종에 최초 취업을 개시한 방문취업 (H-2) 자격 소지자

- 최초 취업개시 후 근무처를 변경한 방문취업 (H-2) 자격 소지자

○ 신고시기

- 최초로 취업을 개시한 경우 ⇒ 취업을 개시한 날로부터 15일 이내

- 근무처를 변경한 경우 ⇒ 근무처를 변경한 날로부터 15일 이내

○ 신고방법

- 사전예약, 인터넷 신고 또는 팩스신고, 대행신고가 가능합니다.

• 인터넷 신고 :〖Hi-korea〗 전자민원 〉 민원사무병 【H-2의 취업개시신고 또는 근무처변경신고】를 선택하여 필수 기재사항 입력 등

⇒ 인터넷 상 필수기재사항 입력만으로 가능

※ 인터넷 접근 편의 제공 및 창구 혼잡 해소 등을 위해 지인 등에 의한 인터넷 신고 허용

• 팩스 신고 : 방문취업 동포 취업개시 등 신고서를 작성, 대표 팩스번호(☎ 지역번호 없이 1577-1346)로 송부

⇒ 방문취업 동포 취업개시 등 신고서 및 외국인등록증 사본

• 대행신고 : 청(사무소·출장소)에 등록된 대행사를 통해 신청

※ '14.10.13. 이후 법무부와 고용노동부의 취업개시 및 근로개시 신고방식 일원화에 따라 고용노동부에서 전송된 취업개시신고 인정

○ 첨부서류

– 특례고용가능확인서 사본, 표준근로계약서 사본, 사업자등록증 사본

○ 신고의무를 위반한 자는 다음과 같이 처벌을 받습니다.

– 출입국관리법 제100조제2항에 의거 100만원 이하 과태료 부과대상임

□ 방문취업 자격으로 변경허가

◆ **방문취업(H-2)으로 체류자격변경은 원칙적으로 불허되나, 아래 대상자는 심사 후 방문취업 (H-2) 자격으로 변경 받을 수 있습니다.**

○ 구체적인 허가 대상은 아래와 같습니다.

– 방문취업 자격으로 체류하다가 산재 또는 질병 등 인도적 사유로 기타(G-1) 자격으로 변경한 자 중 최초입국일(변경일)로부터 4년 10개월이 도과되지 않은 사람

– 국적신청 후 3개월이 경과한 방문동거(F-1) 자격을 소지한 사람

다만, 방문취업(H-2) 만기예정자, 국적신청 관련 소송을 제기하여 기타(G-1) 자격으로 변경한 경우나 혼인 단절된 자 등 국내 체류 목적으로 국적을 신청한 자 등은 제외

– '04. 4. 1. 이전【한중수교('92.8.24) 이전 입국자 포함】합법적으로 입국하여 불법체류하다 국적신청 접수 후 기타(G-1) 자격으로 변경한 사람

– 18세 이상 방문동거(F-1-9, F-1-11) 자격으로 체류 중인 외국국적동포

– 중국국적 동포방문(C-3-8) 사증을 소지한 사람으로서 사회통합 프로그램 사전평가

점수가 41점 이상인 사람

- 기타 국내에 합법체류 중인 외국국적동포로서 국익에 기여한 사람 및 인도적 체류가 불가피하다고 청(사무소·출장소)장이 판단하는 사람

  ※ 방문취업(H-2) 체류자격으로 체류하다 출국하지 않고 방문동거(F-1) 체류자격으로 변경하여 계속 체류 중인 자의 방문취업(H-2) 체류자격으로 변경 제한. 다만, 방문취업 자격으로 체류한 기간이 3년이 넘지 않는 경우에는 변경 가능하며 고용부에서 "취업기간 만료자 취업활동 기간연장 확인서"를 받은 경우 4년 10개월 이내에서 허가

○ 제출서류는 다음과 같습니다.

- 신청서, 여권, 외국국적동포입증서류 및 대상별 소명자료, 3년을 초과하여 체류하고자 하는 경우 "취업기간 만료자 취업활동 기간연장 확인서"(고용노동부 발급), 체류지 입증서류, 수수료

  ※ 국내외 범죄경력 등이 있는 경우 심사 결과 자격 변경이 불허될 수 있습니다.

□ 체류기간 연장허가

○ (취업 목적) 고용부에서 "취업기간 만료자 취업활동 기간연장 확인서"를 받은 경우 입국일(또는 체류자격변경허가일)로부터 4년 10개월 내에서 허가

  (감염병 확산, 천재지변 등의 사유로 체류기간 직권 연장 시 6년 이내 연장 가능)

○ (취업 외 목적) 취업 외 목적으로 국내에 체류하고자 하는 방문취업 체류자격 소지자는 1회 1년씩 체류기간연장 허가를 받을 수 있습니다.

  ※ 이는 한시적 정책으로 추후 변경될 수 있습니다.

○ (건강상태에 따른 처리기준) 결핵(결핵의심 포함)등 진단을 받았지만, 외국인등록을 하고 체류기간 연장허가를 신청할 경우에는 "외국인 결핵환자 사증발급 및 체류관리 지침"에 따라 처리받습니다.

○ (외국인등록 시) 방문취업 사증으로 최초 입국하여 외국인등록 신청 시 체류기간은 최대 3년을 부여 받을 수 있습니다.

  ※ 한국어능력 입증서류를 제출한 경우에 한하여 체류기간 3년을 부여하고, 한국어능력 입증서류를 제출하지 않는 경우 체류기간 1년 부여

┌───┐
│ **'취업 외 목적' 방문취업(H-2) 체류기간 연장 허가 안내**   │
│   │
│ ◦ 코로나19로 출국이 어려운 상황을 고려하여 '20. 12월부터 체류기간이 만료된 방문취업(H-2) 동포가 │
│   가족동거 등 취업 외 목적으로 체류하고자 하는 경우, 한시적으로 「취업 외 목적*」 체류기간 연장을 │
│   허용하고 있습니다.   │
│ * 취업이 가능한 방문취업(H-2) 체류기간이 만료되어 출국해야 하는 동포에게 코로나19 등 출국의 │
│   어려움을 고려하여, 국내에서 취업하지 않으면서 가족방문 동거, 자녀양육, 학업 등 목적으로 │
│   체류하고자 할 경우 '취업 외 목적'으로 1회 1년의 체류기간 연장 허가 부여 │
│   │
│ □ 대상   │
│ ○ 방문취업(H-2) 체류기간(3년, 4년10월)이 만료되는 사람 중, 대한민국에서 가족방문 및 동거, │
│   자녀양육, 학업 등 취업 외 목적으로 체류하려는 사람   │
│   │
│ □ 신청방법   │
│ ○ 기존의 체류기간연장 신청방법과 동일, 추가로 「취업 외 목적, 방문취업(H-2) 체류자격 소지자 안내 │
│   및 유의사항」(별첨11)을 제출해야 함   │
│   │
│ □ 체류기간연장   │
│ ○ 1회, 1년   │
│   (본인 희망 시 추가 연장 가능하나 취업활동 시 범칙금 부과 및 체류기간연장 제한) │
│   │
│ □ 취업 외 목적 연장 여부 확인방법   │
│ ○ ① 하이코리아(www.hikorea.go.kr) 접속 ② 정보조회 → ③ 외국인 취업 및 고용가능여부 조회 메뉴 │
│   선택 → ④ 인적사항 입력 후 '조회' 선택   │
│ – (취업 가능 H-2) "취업 가능" 문구 표출   │
│ – (취업 외 목적 H-2) "취업 불가" 문구 표출   │
└───┘

□ 방문취업 자격자의 법 위반 시 처리기준은 다음과 같습니다.

　○ (원칙적 기준) 초범은 범칙금 500만 원 이상, 재범은 최근 3년 이내 합산 금액이 700
　　만원 이상이면 체류 불허 후 출국조치

　　– 최근 3년 이내에 3회 이상 범칙금 처분을 받은 경우 금액에 관계없이 체류불허 후
　　　출국조치

　○ 취업 목적 외 방문취업 자격 소지자가 취업 활동을 한 경우 출입국관리법에 따라 범
　　칙금이 부과될 수 있음

4. 재외동포(F-4) 자격부여 제도 세부절차

◈ 외국국적동포 등 재외동포(F-4) 자격으로 국내에 입국하기 위한 사증발급 및 체류관리 세부
  절차는 다음과 같습니다.

가. 재외동포(F-4) 자격 기본 대상

○ 출생에 의하여 대한민국의 국적을 보유하였던 사람(대한민국정부 수립 전에 국외로 이
  주한 동포를 포함)으로서 외국국적을 취득한 사람

○ 위에 해당하는 사람의 직계비속으로서 외국국적을 취득한 사람입니다.

※ '18.5.1. 개정 재외동포법 시행으로 '18.5.1. 이후 최초로 대한민국 국적을 이탈하였
  거나 국적을 상실한 남성은 병역이행 또는 면제처분이 없으면 40세 되는 해 12월 31
  일까지 재외동포(F-4) 체류자격 부여 제한

나. 재외동포(F-4) 자격 사증발급 등 절차

□ 공통 제출서류 (사증발급 · 체류자격변경)

 ① 한국어능력 입증서류

  ○ 한국어능력 입증서류 제출기준 참조 〈별첨 2〉

 ② 해외 범죄경력증명서

  ○ 해외 범죄경력증명서 제출기준 참조 〈별첨 1〉

 ③ 아래 대상에 해당하는 사람이 가족관계기록사항에 관한 증명서, 제적등본, 호구부, 거
   민증 및 출생증명서 등으로 외국국적동포임을 증명하는 서류

□ 재외동포 사증발급 세부대상 및 추가 신청서류

사증발급신청 등 첨부서류 관련 법무부장관이 고시한 국가[47] (21개국)
중국, 필리핀, 인도네시아, 방글라데시, 베트남, 몽골, 태국, 파키스탄, 스리랑카, 인도, 미얀마, 네팔, 이란, 우즈베키스탄, 카자흐스탄, 키르키즈스탄, 우크라이나, 나이지리아, 가나, 이집트, 페루

---

47) 「출입국관리법 시행규칙」제76조제1항 별표5" 사증발급신청 등 첨부서류"에 관한 고시 (법무부고시 제

사증발급신청 등 첨부서류에 관한 고시"국가 외의 외국국적동포

대　　상	제출서류
① 출생에 의하여 대한민국 국적을 보유하였던 자로서 외국국적을 취득한 사람(F-4-11)	• 본인이 대한민국의 국민이었던 사실을 증명하는 서류 – 가족관계기록사항에 관한 증명서, 제적등본 또는 폐쇄등록부 기타 본인이 대한민국의 국민이었던 사실을 증명하는 서류 • 외국국적을 취득한 원인 및 연월일을 증명하는 서류
② ①의 직계비속으로서 외국국적을 취득한 사람 (F-4-12)	• 직계존속이 대한민국의 국민이었던 사실을 증명하는 서류 – 가족관계기록사항에 관한 증명서, 제적등본 또는 폐쇄등록부 기타 직계존속이 대한민국의 국민이었던 사실을 증명하는 서류 • 여권 등 본인과 직계존속의 외국국적 취득원인 및 연월일을 증명하는 서류 • 직계존비속의 관계임을 증명하는 서류 (출생증명서 등)

2011-534호, '11. 10. 17.)

○ 세부대상 및 제출서류

세부대상	제출서류
① 문화예술(D-1) 및 취재(D-5) 내지 무역경영(D-9), 교수(E-1) 내지 특정활동(E-7) 자격으로 국내에서 6개월 이상 체류한 사실이 있는 사람(F-4-13)	• 대상 여부는 출입국정보시스템으로 확인
② 국내·외 전문학사(2년제 이상 졸업자)이상 학위소지자 및 국제교육진흥원 등 정부초청 장학생 (F-4-14) ※ 국외 전문학사 소지자는 한국어능력시험(TOPIK) 3급 이상 소지 또는 사회통합프로그램 4단계 이상 이수자에 한함	• 재학증명서 또는 졸업증명서 • 정부초청 장학생은 그 사실을 입증하는 서류 • 국외 전문학사 소지자는 한국어 능력등 입증자료
③ OECD 국가의 영주권 소지자(F-4-15)	• 각 국의 해당기관에서 작성한 영주권자임을 확인하여 주는 문서
④ 법인기업체 대표 및 등기임원 및 관리직 직원 (F-4-16) – 법인 기업체 대표 및 등기임원은 제한없고, 관리직 직원의 경우 1개 기업 당 전체 2명 범위내 재외동포 자격 부여 ※ 법인기업체 대표, 임원 또는 직원에 대한 재외동포 자격부여는 신청당시 법인 설립 후 1년 이상 경과한 기업체에 한하며, 대표자를 제외한 임원은 6개월 이상, 직원은 1년 이상 재직한 경우에 한하여 재외동포 자격부여 가능	• 법인대표 및 등기임원 경우 – 법인 등기부등본에 상응하는 해당국의 공적서류, 재직증명서 및 재외동포(F-4) 취업활동 제한직업 비취업서약서(별첨 4) • 법인기업체 소속직원의 경우 – 법인대표의 국내거소신고증 사본 또는 재외동포(F-4) 사증발급 사항 사본, 소속업체 법인등기부등본, 재직증명서, 기업대표의 신원 보증서(별첨 5) 및 재외동포(F-4) 취업활동 제한직업 비취업서약서(별첨 4) ※ 법인대표가 재외동포 사증을 발급받지 않은 경우 법인대표와 함께 재외동포(F-4) 비자를 신청하는 경우에 한하여 소속직원 사증발급 가능
⑤ 전년도 기준 매출액이 미화 10만 불 이상의 개인기업(자영업대표)(F-4-17)	• 매출실적 증빙자료, 영업직조 등 사업자등록증에 상응하는 증명서
⑥ 다국적기업 임직원(별첨5), 언론사 임원과 기자, 변호사, 회계사, 의사, 거주국 정부 공인 1급 (대학교수 상당) ▪2급(대학 부교수에 상당) 예술가,	• 재직증명서 및 소속단체 등의 사업자등록증 사본 기타 직업별 해당 자격증 • 농업기술자의 경우 중급 이상의 전문기술 자격증,

산업 상 기술연구 개발 연구원, 중급 이상 농업 기술자, 선박 또는 민간항공 분야 고급 기술자(F-4-18)	선박 또는 민간항공 분야 고급 기술자의 경우 관련 기술 자격증
⑦ 거주국에서 공인한 동포단체 또는 문화·예술단체(협회)의 대표 및 부대표(F-4-19) – 단체 당 소속 직원 또는 회원 10명 ※ 동포단체로는 각지역 조선족기업가 협회, 세계한인무역협회, 연변조선족 자치주 미술가협회, 연변조선족전통요리협회, 북경고려문화경제연구회 등 거주국 정부등록동포단체 및 협회 등을 말함 – 법무부가 동포체류지원센터로 지정한 단체 소속 직원은 1개 단체당 2명 까지 가능 – 법무부가 동포체류지원센터로 지정한 단체 소속 자원봉사자*는 1개 단체당 연간 최대 4명까지 가능 * 한국중앙자원봉사센터(☎1365) 발급 실적확인서로 6개월 이상에 걸쳐 봉사시간 200시간 이상 확인되는 자에 한함 (1일 봉사시간 최대 6시간 까지 인정) ※ 동포단체 등 "직원"은 재직기간이 1년 이상된 자에 한함(국내 동포지원단체는 제외)	• 소속단체 등록증명서 및 재직증명서 〈국외 동포단체 직원 또는 회원의 경우〉 – 소속단체 등록증명서, 동포단체 현황표, 동포단체 대표 추천서, 재직증명서, 재외동포(F-4) 취업활동 제한직업 비취업서약서(별첨 4) 〈국내 동포지원단체 소속 직원의 경우〉 – 동포체류지원센터 지정서(지정기간 확인), 사업자등록증 또는 고유번호증, 대표명의 추천서, 재외동포(F-4) 취업활동 제한직업 비취업서약서(별첨 4) 〈국내 동포지원단체 소속 자원봉사자의 경우〉 – 동포체류지원센터 지정서(지정기간 확인), 사업자등록증 또는 고유번호증, 대표명의 추천서, 한국중앙자원봉사센터(☎1365) 발급 실적확인서, 재외동포(F-4) 취업활동 제한직업 비취업서약서(별첨 4)
⑧ 전·현직 국회의원, 5년 이상 재직 공무원 및 국영기업체 직원(F-4-20)	• 재직증명서
⑨ 대학교수(부교수, 강사 포함), 중고등학교 또는 초등학교 교사(F-4-21)	• 재직증명서, 주재국 정부 임명장 또는 고등 및 중등 전문학교 강사 자격증, 교사 자격증
⑩ 국내에서 개인 사업체를 경영하고자 하는 사람 (F-4-22)	• 본인의 자산으로 3억 이상 투자자 또는 2억이상 (1인 이상 국민을 6개월 이상 계속 고용하고자 하는 경우) 투자자 입증서류 예) 투자기업등록신청서, 송금 및 반입자금 내역, 환전증명 및 사용명세서, 사업장 임대차 계약서 및 보증금 송금내역 등 2억이상 투자자(자격부여 신청시) 국민고용예정서약서 ※ 국내에서 형성된 자산인 경우 투자기업등록신청서 제출 불요

	• 최초 자격 변경 시 체류기간 1년 이내 부여 – 국민고용예정서약서 제출자가 1년 이내 서약사항을 이행하지 못한 경우 기존투자 금액 (3억)을 충족해야 체류기간연장 허용 • 기간 연장 시 사업자등록증, 납세자료 등 사업체 정상 운영 여부 확인 • 동 지침 시행 이전 재외동포 자격 취득자는 사업체 정상 운영 여부 확인 후 기간 연장 (투자금액은 기존 지침(1억) 적용)
⑪ 방문취업자격자로서 　육아도우미* · 농축산업·어업·뿌리산업 · 지방 소재 제조업의 동일 사업장에서 계속하여 2년 이상 근무하고 있는 자 (F-4-24) – 방문취업자격자로서 지역 및 업종에 관계없이 동일 사업장에서 계속하여 4년 이상 근무하고 있는 사람 – 계절근로를 참여한 동포(G-1-19) 중 180일(6개월) 이상 근무한 사람 ※ 2년의 근무기간은 고용관계가 지속되는 근속기간임 (단, 산재 등 업무상의 부상 또는 질병으로 휴업한 기간은 1년의 범위 내에서 기간 인정)	• 최근 2년간 해당 업종 계속 고용관계 증명서류 (근로소득원천징수영수증), 사업자등록증 사본, 뿌리기업확인서 • 교육이수증(육아도우미에 한함)
⑫ 60세 이상 외국국적동포(F-4-25) ※ 순수관광 제외	• 대상 여부는 동포입증 서류로 확인
⑬ 한·중 수교 전 입국하여 특별체류허가 및 사증을 받아 방문취업 자격으로 체류 중인 자 (F-4-26) ※ 신규 사증발급 및 자격변경 중단	• 대상 여부는 출입국정보시스템으로 확인
⑭ 국내 공인 국가기술자격증(기능사 이상) 취득자 (F-4-27) (별첨6) ※ 금속재창호 종목은 2013년 취득자 까지만 인정 – 60일 이상 계절근로를 참여한 동포(G-1-19) 중 국가기술자격증을 취득한 사람 ('22. 1. 3. 이전 취득자에 한함)	• 자격증 사본(원본제시)
⑮ 사회통합프로그램 4단계 이상 이수한 사람 (F-4-28)	• 대상 여부는 사회통합정보망(Soci-Net)에서 확인 • 참고사항

아래 어느 하나에 해당하는 사람 – 사회통합프로그램 4단계 이상 이수한 사람 – 사회통합프로그램 사전평가에서 5단계를 배정받은 사람 – 사회통합프로그램을 이수하지 않았으나 귀화허가 신청을 하고 귀화용 종합평가에서 합격하여 5단계를 배정받은 사람	– 4단계 이상 이수는 별도의 유효기간이 없으며, 사전평가 및 귀화용 종합평가 합격에 따른 5단계 배정은 평가 결과발표일로부터 2년 간 유효 – 사전평가 또는 귀화용 종합평가 합격으로 5단계를 배정받은 사람은 외국인등록일로부터 1년 경과 후 자격변경 신청 가능 (단, 재외공관 사증발급 시에는 별도의 신청 제한기간 없음)
⑯ 국내 고등학교 졸업자 (F-4-29) 아래 어느 하나에 해당하는 사람 – 「초·중등교육법」 제3호의 고등학교(고등기술학교)를 졸업한 사람 – 「초·중등교육법」 제4~5호 특수학교, 각종학교 (대안학교, 외국인학교) 중 고등학교에 준하는 학교를 졸업한 사람 – 고등학교 졸업학력 검정고시 합격자 – 교육부 인가를 받은 외국교육기관, 제주국제학교 고등교육과정 졸업자 – 「평생교육법」 제31조 학력인정 평생교육시설(학교형태의 평생교육시설) 중·고등학교 졸업의 학력이 인정되는 시설로 지정된 과정을 졸업한 사람	• 졸업증명서 또는 검정고시 합격증명서 • 외국인학교·외국교육기관·제주국제학교 졸업자 국내 학력인정 교과목(국어, 사회, 국사, 역사 등) 이수 입증서류 또는 한국어능력 입증서류
⑰ 국내 초·중·고교 재학 동포 자녀(F-4-30) – 부 또는 모가 외국인등록(거소신고)를 하고 국내 체류 중인 동포의 자녀로서 다음 어느 하나에 해당하는 사람 ㉠ 국내 초·중·고교(1)에 재학 중인 사람 ㉡ 장기 질병치료 또는 중증 장애 등으로 부득이하게 학교 재학이 어려운 만 6세 ~ 18세 동포(2) (1) 「초·중등교육법」 제2조 각 호 어느 하나에 해당하는 학교 (2) 단, 외국인등록일로부터 6개월 경과 후 자격변경 신청 가능 • (코로나19 관련 특례) 단기 체류자격이나 코로나19 관련 '출국을 위한 체류기간 연장' 및 '출국기한 유예' 중이라도 자격변경 신청 가능	• 재학증명서 등 학교장이 발급한 재학여부 증빙서류 • 의료법 제3조제2항제3호에 따른 병원급 의료기관이 발급한 진단서 • (동포 증명서류 간소화) 자격변경 신청일 기준 부 또는 모가 동포 자격*으로 외국인등록(거소신고)하고 국내 체류 중인 경우 대상자의 체류자격에 따라 다르게 동포증명서류 제출 면제 또는 간소화 – (F-1-9, F-1-11) 외국국적동포임을 증명하는 공적서류 제출 면제 – (그 외) 동포인 부 또는 모와 신청인과의 가족관계 증명서류만 제출 * 방문취업(H-2), 재외동포(F-4), 동포영주(F-5-6,

※ 단, 신청인의 부 또는 모는 장기 체류자격에서 코로나19 관련 '출국을 위한 체류기간 연장' 또는 '출국기한 유예'가 된 경우만 부 또는 모의 체류자격 요건(외국인등록·거소신고)을 충족한 것으로 봄 • (부모 요건의 예외) 국내 초·중·고교에 6개월 이상 재학중인 사람은 동포인 부 또는 모가 부득이한 사유로 국내 체류중이 아니라 하더라도 대상자를 양육할 비동포 부·모나 조부모가 있는 경우 자격변경 신청 가능	F-5-7, F-5-14) • 참고사항 – 체류기간 연장 시 국내 초·중·고교에 1년 이상 재학 (재학기간 증빙서류 필수)하고 있거나, 장기 질병치료 또는 중증 장애 등으로 부득이하게 학교 재학이 어려움을 증빙할 수 있어야 함
⑱ 국가전문자격증 취득자(F-4-31)	• (인정분야) 노인복지법에 따른 요양보호사 • (제출서류) 자격증 사본(원본 제시)
⑲ 과거 재외동포(F-4) 자격 소지자 (F-4-99) – 과거 재외동포(F-4) 자격으로 체류하였으나 상기 ①~⑱의 세부 대상자격에 해당하지 않는 사람 ※ 과거 재외동포(F4) 자격으로 체류하다가 범법행위 등으로 그 자격이 상실된 자(강제퇴거자) 등은 제외	• 외국국적동포 입증서류 • 재외동포 자격부여 입증서류(필요시)

다. 재외동포(F-4) 자격 변경 절차

– 상기 세부대상자 중 대상별 제출서류가 국내에서 발급되거나 출입국정보시스템으로 확인이 가능한 경우에 한하여 국내에서 자격변경가능 (국내 대학 졸업자, 국가기술자격 취득자, 외국인등록자(재외동포 자격부여 세부대상자 ①에 해당하는 자, 과거 등록 포함), 국내에서 개인사업체를 경영하고자 하는 사람, 국내 동포체류지원센터 소속 직원 및 동포체류지원센터 자원봉사자, 국내 고교졸업자, 국내 초·중·고교 재학자, 요양보호사 자격 취득자 등)

라. 재외동포 자격 체류관리 절차

◈ 재외동포(F-4) 사증으로 입국한 동포는 체류지 관할 출입국 · 외국인청(사무소 · 출장소)에 거소신고를 하여야 합니다.

◈ 재외동포 사증으로 입국한 동포의 체류관리 절차는 다음과 같습니다.

☐ 국내 거소신고 절차

○ 90일 이상 체류하고자 하는 경우 입국일부터 90일 이내 거소신고

○ 제출서류 : 사진1매(여권용사진), 수수료

○ 체류지 입증서류

☐ 재외동포(F-4)가 국내에서 계속 체류하고자 할 때는 체류기간연장 허가를 받아야 합니다.

○ 1회에 부여하는 체류기간은 원칙적으로 3년 이내

※ 단, '국내 초 · 중 · 고교 재학 동포 자녀'(F-4-30)는 최초 부여 시 2년 이내에서 3월 말 또는 9월 말까지로 부여하고, 체류기간 연장 시마다 2년 부여

○ 법을 위반한 사람은 체류기간연장허가가 제한될 수 있음을 유의하시기 바랍니다.

○ 체류기간연장 신청 시 제출서류는 다음과 같습니다.

– 신청서, 수수료, 체류지 입증서류(임대차 계약서 등)

☐ 재외동포(F-4) 자격 소지자의 취업활동범위는 다음과 같습니다.

○ 재외동포(F-4) 소지자는 아래의 경우 취업할 수 없습니다. (별첨9참조)

– 단순노무행위를 하는 경우

– 사행행위 등 선량한 풍속 기타 사회질서에 반하는 행위를 하는 경우

– 기타 공공의 이익이나 국내 취업질서 등의 유지를 위하여 그 취업을 제한할 필요가 있다고 인정되는 경우

○ 상기 경우를 제외하고는 취업 활동의 제한을 받지 않습니다.

※ 다만, 허용되는 취업활동이라도 국내법령에 의하여 일정한 자격을 요하는 때에는 그 자격을 갖추어야 함

□ 재외동포(F-4) 자격부여 등 제한대상은 다음과 같습니다.

○ 재외동포법 제5조 제2항 제1호에 해당하는 경우

○ 재외동포법 제5조 제2항 제2호에 해당하는 경우

○ 국내에서 체류 중 아래의 법 위반 사실이 있는 사람

　　－「특정강력범죄의 처벌에 관한 특례법」제2조에서 규정한 특정강력범죄의 어느 하나에 해당하는 범죄로 인하여 형을 선고를 받은 사람

　　－ 사회적 중대범죄(마약, 보이스피싱, 상습(3회 이상) 음주운전)에 해당되는 범죄로 인하여 금고 이상의 형의 선고를 받은 사람

　　－ 최근 5년 이내에 상기 이외의 범죄로 금고 이상의 형의 선고를 받은 사람

　　－ 최근 3년 이내 법을 위반하여 합산 금액이 700만 원 이상의 벌금형을 선고받은 사실이 있는 사람

　　－ 최근 3년 이내 출입국관리법을 위반하여 합산 금액이 700만 원 이상 범칙금 처분을 받은 사람

○ 해외 범죄경력이 있는 경우

　　－ 해외 범죄경력증명서 제출기준 참조 〈별첨 1〉

5. 외국국적동포 영주자격(F-5) 부여 세부절차

◈ 외국국적동포를 대상으로 국내 체류 및 취업활동이 자유로운 영주자격(F-5)을 부여하고 있습니다.

가. 영주자격 부여 기본요건

○ 본인 또는 동반가족이 생계를 유지할 능력이 있을 것
○ 대한민국에 계속 체류하는데 필요한 기본 소양을 갖출 것
○ 품행이 단정할 것

□ 본인 또는 동반가족이 생계를 유지할 능력이 있을 것

○ 소득 주체 : 신청인, 배우자(사실혼은 제외), 자녀, 부모(배우자의 부모 제외) 중 소득 산정기간 기산일부터 신청일 현재까지 생계를 같이 하는 사람

※ 신청자 본인의 소득 또는 자산이 기준액의 50% 이상이어야 함. (신청인이 미성년 자녀를 양육하는 경우와 미성년 자녀인 경우 제외)

○ 소득 산정기간 : 신청일이 속하는 연도(年度)의 이전 1년(이하 "신청일의 전년도"라 한다)

○ 인정되는 소득 종류

 - 「소득세법」제4조제1항(종합소득)에 따른 다음 소득 중 하나 이상이 있는 경우 합산하여 인정하되 각 소득은 소득세를 납부한 경우에만 인정됨

 - 소득세 납부 대상임에도 불구하고 소득세를 납부하지 않은 소득은 인정하지 않음

 ※ 단,「소득세법」제12조(비과세소득)에 따라 소득세를 납부하지 않아도 되는 소득일 경우 관련 증빙자료 등을 검토하여 소득 인정 여부 결정

 ※ 「소득세법」제47조(근로소득공제)에 의해 소득세가 발생하지 않는 경우의 소득도 인정

 - 자산은 소득으로 인정하지 않음. 단, 주택 등 신청인 또는 소득주체의 자산을 통해 소득세를 납부한 경우 해당 소득은 인정

○ 인정되는 소득에 대한 증빙 서류

 - 원칙 : 소득과 납부 소득세 등이 기재된 '소득금액증명'(세무서 발급) 등 납부한 세금 관련 공적 증명 서류

 - 예외 : 영주자격 변경 신청일 당시 소득금액증명 등 공적 서류 발급이 불가능할 경우 다음의 서류를 모두 제출

 ㉮ 근로소득원천징수영수증

 ㉯ 해당 소득 금액이 입금된 계좌 관련 증빙 서류

 ㉰ 사업자(고용주) 및 신청인 서약서

 - 단, 제출한 서류를 신뢰할 수 없을 경우 소득금액증명 등 공적 증빙 서류 제출시까지 허가 여부 결정 보류

 - 허가 결정 이후에도 대조 확인 필요성이 발생하였을 경우 소득금액증명 등 서류를 제출받아 대조 가능

 ※ 불일치하여 요건을 갖추지 못한 경우 영주자격 취소 조치

○ 연간소득 심사 기준

 - 원칙 : 신청일 기준 전년도 1인당 국민총소득(GNI)[48]

 - 예외 : 신청일 기준 전전년도 1인당 국민총소득(GNI)

---

48) 매년 한국은행에서 발표함

※ 신청일 기준 전년도 1인당 GNI가 발표되지 않았을 경우

○ 자산의 기준 : 전년도 '가계금융·복지조사' 가구당 평균 순자산

○ 인정되는 자산의 종류

> **자산** : 취득일로부터 영주자격 신청일까지 <u>6개월 이상 계속하여 보유</u>하고 있는 금융자산과
> 실물자산
>   ▫ 금융자산과 실물자산 모두 허가될 때까지 그 가치가 유지되어야 함

 – 금융자산 : 적립·예치식 저축, 펀드, 보험, 주식, 채권 등과 전월세 보증금

 – 실물자산 : 주택, 토지 등의 부동산 공시가격 또는 시중은행 공표시세 인정

○ 인정되는 자산에 대한 증빙서류

 – 부동산 등기부등본, 부동산 매매계약서, 임대차 계약서, 예금잔고증명 등

○ 면제 대상(생계유지 능력)

 – 재외동포 2년 이상 자격소지(F-5-6) 중

   • 대한민국 기업과의 연간 교역실적이 20억 원 이상인 사람

   • 대한민국에 미화 50만 불 이상을 투자한 사람

   • 거주국 정부가 공인한 동포단체 대표 또는 법인기업체 대표로서 재외공관장이 추천
     한 사람

 – 국적취득 요건 구비 동포(F-5-7) 중

   • 국적회복 요건을 갖춘 사람

   • 특별귀화 요건을 갖춘 사람

○ 완화 대상(생계유지 능력)

 – 방문취업 4년 이상 자격 소지자(F-5-14)는 GNI 70% 이상인 경우 인정

□ 대한민국에 계속 체류하는데 필요한 기본 소양을 갖출 것

○ 다음 어느 하나에 해당되는 사람은 기본소양 요건을 갖춘 것으로 인정

  – 사회통합프로그램 5단계 이수한 사람

  – 영주용 또는 귀화용 종합평가에서 60점(100점 만점 기준) 이상 득점한 사람

○ 면제 대상

  – 재외동포 2년 이상 자격 소지자 (F-5-6)

  – 국적취득 요건 구비 동포 (F-5-7) 중

- 국적회복 요건을 갖춘 사람

- 특별귀화 요건을 갖춘 사람

– 방문취업 4년 이상 자격 소지자 (F-5-14)

– 비면제 영주자격을 신청한 사람 중 신청일 기준으로 다음 어느 하나에 해당하는 사람

- 민법상 미성년외국인

- 면제에 해당되는 영주자격을 받을 수 있는 요건을 갖춘 사람

□ 대한민국 법령 준수 등 품행이 단정할 것

> 「출입국관리법」제10조의3, 동법 시행령 12조의2, 동법 시행규칙 18조의4에 따라 품행 단정 요건은
> 동포 영주자격에 공통으로 적용됨
> ※ 본 매뉴얼의 영주(F-5)의 "품행단정" 요건 참조

나. 외국국적동포로서 영주자격(F-5)을 부여 대상 및 신청서류

□ 해외범죄 경력 확인서 제출(공통)

○ 해외 범죄경력증명서 세부 제출기준 참조 〈별첨 1〉

□ 재외동포(F-4) 자격으로 대한민국에 2년 이상 계속 체류하고 있는 사람으로서 아래 어느 하나의 요건을 갖춘 사람 (체류자격 약호 : F-5-6)

※ 국내 거소신고한 경우 국외에서 거주한 기간도 2년 이상 계속 체류기간에 포함

대 상	제출서류
○ 영주자격신청 시 연간 소득이 한국은행고시 전년도 일인당 국민총소득(GNI) 이상인 사람 – 동거가족과 합산하는 경우 신청인의 소득이 연간 소득요건 기준액의 50%이상	• 소득금액 증명
○ 해외로부터 연금을 받는 60세 이상의 자로서 연간 연금액이 한국은행 고시 전년도 일인당 국민총소득(GNI)이상인 사람	• 연금증서(사본) 및 연금입금통장
○ 전년도 재산세 납부실적이 50만 원 이상인 자 또는 주택소유, 전·월세보증금, 예·적금 등 본인명의 순자산*이 전년도 '가계금융·복지조사 결과'의	• 부동산 등기부 등본, 부동산 매매계약서, 임대차 계약서, 재산세 납세내역증명 또는 전·월세계약서 신용정보조회서 등

평균순자산 이상을 보유하고 있는 사람	
○ 대한민국 기업과의 연간 교역실적이 20억 원 이상인 사람	• 재직증명서, 등기부등본 또는 사업자등록증 사본, 수출입 실적 증명서(선하증권 또는 송장 등), 연간 납세 증명서
○ 대한민국에 미화 50만 불 이상을 투자한 사람	• 사업자 등록증사본 또는 등기부 등본, 사업장 및 주택임대차계약서 기타 외국인투자기업증명서 등 국내투자 증빙자료
○ 거주국 정부가 공인한 동포단체 대표(과거 3년간 동포단체 대표로서 활동한 사실이 있는 자 포함) 또는 법인기업체 대표로서 재외공관의 장이 추천한 사람	• 재외공관장 추천서

□ 「재외동포의 출입국과 법적지위에 관한 법률」제2조제2호의 외국국적동포로 「국적법」에 따른 국적취득요건을 갖춘 사람(F-5-7)

공통 제출서류
○ 신청서 ○ 여권 및 본국 신분증 사본(원본 제시) 등 외국국적동포 입증서류 ○ 외국인등록증(거소신고증) ○ 사회통합프로그램 한국이민영주적격과정이수증 또는 한국이민영주적격시험 합격증   (국적회복, 특별귀화대상자는 제출면제) ○ 생계유지능력 입증서류 (국적회복, 특별귀화대상자는 제출면제)

① 일반귀화 대상자 (국적법 제5조, 단, 국적법 제5조 제1의2호 요건은 제외)

추가서류	▫ 가족관계등록부 등 가족관계 증빙자료

② 간이귀화 대상자 (국적법 제6조제1항제1호)

추가서류	▫ 부 또는 모가 대한민국 국민이었음을 입증하는 서류 ▫ 친자관계 입증서류(원본제시) ▫ 국내 거주 혈족(신청인과 8촌 이내) 1인 이상의 친척관계확인서 　－ 가계도 : 보증인 친척들과의 친족관계도 　－ 보증인 친척들의 관계를 증명하는 제적등본, 족보 등 　－ (보증인들 각각) 상봉 경위서, 주민등록등본, 주민등록증 사본 ▫ 국내 친척과 왕래한 편지, KBS 사회방송국 이산가족 결연 확인서, 국내 친척과의 　유전자 감정 결과(선택) 등

③ 간이귀화 대상자 (국적법 제6조제2항)

추가서류	▫ 외국국적동포입증서류 및 결혼증 사본(친척관계공증 서류 등) 〈한국인 배우자 준비서류〉 ① 기본증명서　② 혼인관계증명서　③ 가족관계증명서 ④ 주민등록등본 ⑤ 주민등록증 사본 ▫ 기타 혼인의 진정성을 입증하기 위한 자료로 필요 시 제출 ※ 혼인파탄자의 경우 혼인관계증명서(이혼사실 기재), 배우자의 유책사유가 기재된 　판결문 또는 공인된 여성단체 작성 확인서 등

④ 특별귀화 대상자 (국적법 제7조제1항제1호)

추가서류	1. (국적회복 동포의 자녀) 　▫ 외국국적동포 입증서류(호구부, 친척관계공증 서류 등) 　▫ 친자관계 입증서류(원본제시) 　▫ 직계존속 기본증명서, 가족관계증명서, 주민등록등본, 주민등록증 사본 2. 혼인귀화자의 자녀 준비서류 　▫ 외국국적동포 입증서류(호구부, 친척관계공증 서류 등) 　▫ 친자관계 입증서류(원본제시) 　▫ 귀화허가자의 기본증명서, 가족관계증명서, 주민등록등본, 주민등록증 사본 3. 독립유공자 후손 등 준비서류 　▫ 독립 및 국가유공자 후손임을 입증하는 서류, 친족관계입증서류

⑤ 국적회복 대상자 (국적법 제9조제1항)

추가서류	□ 신청인의 기본증명서, 가족관계증명서, 제적등본 □ 외국국적 취득 관련 서류 (번역문 첨부, 원본지참) □ 시민권증서, 출생증명서, 가족관련 공부 ※ 제적등본, 기본증명서 상 이름, 생년월일이 외국여권과 다른 경우, 외국 대사관의 동일인 확인증명서 또는 NAME CHANGE 증서, 국내 거주 혈족 8촌 이내 친척의 동일인 확인 공증(공증사무소 발행), 본인 및 부모관계 입증서류 중 택1)

□ 방문취업(H-2) 자격으로 제조업, 농·축산업, 어업, 간병인, 가사보조인으로 취업활동을 하고 있는 사람으로서 아래 모든 요건을 충족하는 사람(체류자격 약호 : F-5-14)

○ 동일업체에서 근무처를 변경하지 않고 4년 이상 계속 근무하고 있는 경우 (재외동포 (F-4) 자격 변경자 포함)

※ 소속업체의 임금체불, 휴폐업 등 불가피한 사유로 3개월 이내 동일 업종으로 근무 처를 변경한 경우 계속 취업으로 인정

※ 고용관계가 지속되면서 산재 등 업무 상의 부상 또는 질병으로 휴업한 기간은 1년 의 범위내에서 기간 인정

   - 단, 4년 이상 근무하고 완전출국 후 1년 이내 방문취업(H-2) 자격으로 재입국하 여 동일업체 또는 동일업종에서 2년 이상 종사하고 있는 경우 4년 이상 계속 근 무한 경우로 인정

○ 한국산업인력공단 등에서 실시하는 기술기능 자격(별첨 18)을 취득한 경우 또는 영주 자격신청 시 연간 소득이 한국은행고시 전년도 일인당 국민총소득(GNI) 70%이상인 경우(본인의 소득만 인정)

다. 영주자격 상실 및 취소 사유

① 상실사유

○ 재입국면제 기간(출국한 날부터 2년 이내) 또는 재입국허가 기간까지 대한민국에 미입 국한 경우

○ 다음의 "부득이한 사유"로 영주자격이 상실된 사람은 영주자격으로의 체류자격변경 가능

   - 감염병, 천재지변과 같은 불가항력의 사유로 재입국허가 면제 또는 허가기간을 초 과하여 입국한 경우

- 급작스런 질병, 사고 등으로 재입국허가 면제 또는 허가기간을 초과하여 입국한 경우
- 항공기, 선박 등의 결항 또는 지연으로 입국한 날이 재입국허가 면제 또는 허가기간보다 10일을 초과하지 않은 경우
- 그 밖에 부득이한 사유로 재입국허가 면제 또는 허가기간을 초과하여 입국한 사람 중 허가기간 만료일로부터 6개월 이내에 입국한 경우

2 취소사유

○ 다음 각 호의 어느 하나 이상에 해당하는 경우 영주자격 취소할 수 있음. 다만, 다음 제 1)호에 해당하는 경우에는 취소하여야 함

1) 거짓이나 그 밖의 부정한 방법으로 영주자격을 취득한 경우

2) ① 「형법」, ② 「폭력행위 등 처벌에 관한 법률」, ③ 「성폭력범죄의 처벌 등에 관한 특례법」, ④ 「아동·청소년의 성보호에 관한 법률」, ⑤ 「특정범죄 가중처벌 등에 관한 법률」, ⑥ 「특정경제범죄 가중처벌 등에 관한 법률」, ⑦ 「마약류관리에 관한 법률」, ⑧ 「보건범죄단속에 관한 특별조치법」 중 어느 하나 이상의 법률에 규정된 죄를 범하여 2년 이상의 징역 또는 금고의 형이 확정된 경우

3) 최근 5년 이내에 대한민국 법률을 위반하여 징역 또는 금고의 형을 선고받고 확정된 형기의 합산기간이 3년 이상인 경우

4) 강제 퇴거 사유로서 다음 각 호의 어느 하나에 해당되는 경우
　가) 「형법」제2편제1장 내란의 죄 또는 제2장 외환의 죄를 범한 사람
　나) 「형법」제2편제24장 살인의 죄, 제32장 강간과 추행의 죄 또는 제38장 절도와 강도의 죄중 강도의 죄를 범하여 5년 이상의 징역 또는 금고의 형을 선고받고 석방된 사람
　다) 「성폭력범죄의 처벌 등에 관한 특례법」 위반의 죄를 범하여 5년 이상의 징역 또는 금고의 형을 선고받고 석방된 사람
　라) 「마약류관리에 관한 법률」위반의 죄를 범하여 5년 이상의 징역 또는 금고의 형을 선고받고 석방된 사람
　마) 「특정범죄 가중처벌 등에 관한 법률」제5조의2, 제5조의4, 제5조의5, 제5조의9 또

는 제11조 위반의 죄를 범하여 5년 이상의 징역 또는 금고의 형을 선고받고 석방된 사람

바) 「국가보안법」위반의 죄를 범하여 5년 이상의 징역 또는 금고의 형을 선고받고 석방된 사람

사) 「폭력행위 등 처벌에 관한 법률」제4조 위반의 죄를 범하여 5년 이상의 징역 또는 금고의 형을 선고받고 석방된 사람

아) 「보건범죄단속에 관한 특별조치법」위반의 죄를 범하여 5년 이상의 징역 또는 금고의 형을 선고받고 석방된 사람

자) 「출입국관리법」제12조의3제1항 또는 제2항을 위반하거나 이를 교사(敎唆) 또는 방조(幇助)한 사람

5) 국가안보, 외교관계 및 국민경제 등에 있어서 대한민국의 국익에 반하는 행위를 한 경우

라. 영주증 발급 및 재발급 특례

○ 영주증 유효기간 : 발급일로부터 10년

○ 유효기간 만료일 전 영주증을 재발급 받아야 함(※ 기간 도과 시 과태료 처분)

○ 2018. 9. 21. 이전 영주자격을 취득한 사람에 대해서는 다음과 같이 재발급 특례 적용
  - 영주자격을 취득한 날부터 10년이 경과한 사람은 2020. 9. 20.까지 발급받아야 함
  - 영주자격을 취득한 날부터 10년이 경과하지 아니한 사람은 영주자격 취득한 날로부터 10년이 경과한 날부터 2년 이내
    단, 10년이 경과하지 않은 사람이 영주증 재발급을 원할 경우 발급 가능하고 재발급 받은 영주증의 유효기간은 발급일로부터 10년임

6. 외국국적동포가족 방문동거(F-1) 사증 · 체류 세부절차

외국국적동포의 가족에 대한 방문동거(F-1)에 관한 사증발급 및 체류의 세부절차에 관한 사항은 다음과 같습니다.

가. 외국국적동포가족 방문동거(F-1) 자격 기본 대상

○ 재외동포(F-4) 자격을 취득한 자의 가족 (배우자, 미성년 자녀 및 부모)

○ 방문취업(H-2) 자격을 취득한 자의 가족 (배우자 및 미성년 자녀)

○ 외국국적동포로서 「국적법」에 따른 국적취득 요건을 갖춘 사람으로서 영주자격(F-5-7)을 신청한 사람의 가족 (배우자 및 미성년 자녀)

나. 외국국적동포가족 방문동거(F-1) 자격 사증발급 등 절차

□ 제출서류

① 사증발급신청서, 여권, 표준규격사진 1매, 수수료

② 재외동포(F-4) 자격을 취득한 사람의 국내거소신고증, 방문취업(H-2) 자격을 취득한 사람의 외국인 등록증 또는 사증발급사항 사본(여권포함)

③ 가족관계 입증서류

다. 외국국적동포가족 방문동거(F-1) 자격 체류관리 절차

□ 외국인등록

○ 90일 이상 체류하고자 하는 경우 입국일부터 90일 이내 외국인 등록

○ 제출서류 : 여권, 통합신청서, 표준규격사진 1매, 가족관계입증서류, 수수료, 체류지 입증서류 등

□ 체류기간 연장

○ 주 체류자격자의 체류기간 범위 내에서 연장

○ 외국인등록을 한 미성년 자녀는 부 또는 모가 국내에서 계속하여 3년 이상 체류하고 있는 경우, 만 25세 미만까지 체류기간 연장허가(혼인한 자녀는 제외)

○ 제출서류 : 여권, 통합신청서, 표준규격사진 1매, 가족관계입증서류, 수수료, 체류지 입증서류 등

□ 체류자격 변경

○ 대상 : 재외동포(F-4) 자격을 취득한 자의 가족(배우자, 미성년 자녀 및 부모), 방문취업(H-2) 자격을 취득한 자의 가족(배우자 및 미성년 자녀), 영주(F-5-7) 자격을 신청한 사람의 가족(배우자 및 미성년 자녀)

   ※ 사증발급이 원칙이며, 국내 자격변경은 제한적으로 허용합니다.

○ 제출서류 : 여권, 통합신청서, 표준규격사진 1매, 가족관계입증서류, 수수료, 체류지 입증서류

□ 체류자격 부여

○ 대상 : 동포의 국내출생 자녀

○ 출생일로부터 90일 이내 체류자격 부여 신청

○ 제출서류 : 여권, 통합신청서, 표준규격사진 1매, 출생증명서(국내 병원 출생증명서 제출 가능), 수수료, 체류지 입증서류

   ※ 국내 병원 출생증명서 제출 시 다음 체류기간연장 신청 이전에 본국에 출생사실을 통보하여야 합니다. (본국 서류로 동포여부 입증 요)

III. 기타 참고사항

1. 각종 문의 및 상담

가. 사증, 출입국, 체류절차 등

□ 외국인종합안내센터(국번없이 1345), 출입국·외국인정책본부 홈페이지, 하이코리아 홈페이지, 관할 출입국·외국인청(사무소·출장소)

나. 취업알선, 특례고용가능확인서 발급 등

□ 고용노동부 종합상담센터(국번없이 1350)

다. 동포 취업교육 신청 및 상담

□ 한국산업인력공단(1577-0071)

2. 사전방문예약제 실시 안내

□ 체류 관련 업무를 처리 받기 위해 장시간 대기하는 불편을 해소하고, 보다 쾌적한 환경에서 각종 민원 업무를 볼 수 있도록 사전방문예약제를 확대하여 시행합니다.

☞ 사전방문예약제란 하이코리아(www.hikorea.go.kr)에서 방문일자 및 시간대를 예약 후 예약증을 소지하고 출입국·외국인청(사무소·출장소)를 방문하는 것으로 방문예약을 하지 않고 출입국·외국인청(사무소·출장소)를 방문하면 업무처리를 볼 수 없거나 장시간 대기하는 불편이 따를 수 있습니다.

별첨 1 : 해외 범죄경력증명서 제출기준

가. 제출 대상

○ 재외공관에서 방문취업(H-2), 재외동포(F-4) 사증을 신청하는 사람

○ 국내에서 방문취업(H-2), 재외동포(F-4), 영주(F-5) 자격으로 체류자격 변경허가를 신청하는 사람

나. 제출 범위

○ 국적국

○ 제3국 (단, 신청일 기준 최근 5년 이내 1년 이상 연속 거주한 경우에 한함)

다. 면제 대상

공통사항

○ 만 14세 미만인 사람

○ 대한민국 출생 또는 만 14세 미만에 입국하여 만 14세 이후 해외에서 6개월 이상 연속하여 체류하지 않은 사람

○ 사증 발급 시 해외 범죄경력증명서를 제출하고 사증 발급일로부터 3개월 이내 국내에서 체류자격변경을 신청하는 사람

○ 재외공관 사증발급 또는 국내 자격변경 시 범죄경력증명서를 제출*한 사람으로서 국내 해외에서 6개월 이상 체류하지 않은 등록(거소)외국인

　* 면제대상 포함

　※ 사증발급 후 6개월이 경과하여 입국하거나, 이미 체류기간이 만료된 불법체류자과 거체류자 등은 제출 면제 대상이 아닙니다.

○ 범죄경력증명서 발급대상 국가기준에 따라 발급 제한 연령이거나, 발급을 위한 거주요건을 충족하지 못하여 발급이 어려운 사람(단, 신청인이 해당 국가의 발급기준 제출 등 발급이 어려운 사실을 소명하여야 함)

　※ (예시) 만 18세 미만 캐나다인 등

○ 천재지변, 전쟁 등으로 범죄경력증명서 발급이 불가능하거나 그에 준하는 사정*이 있
다고 재외공관의 장 또는 출입국·외국인청장·사무소장·출장소장이 인정하는 사람
(단, 신청인이 발급이 어려운 사실을 소명하여야 함)

방문취업(H-2)

○ 만 60세 이상인 사람
○ 「국가유공자 등 예우 및 지원에 관한 법률」 또는 「독립유공자예우에 관한 법률」에 따른
국가(독립)유공자[49]와 유족 또는 가족[50]
○ 방문취업 만기출국 후 재입국자(H-2-7) 사증 신청자 중 완전출국일로부터 6개월이
경과하지 않은 사람

재외동포(F-4)

○ 만 60세 이상인 사람
○ 「국가유공자 등 예우 및 지원에 관한 법률」 또는 「독립유공자예우에 관한 법률」에 따른
국가(독립)유공자와 유족 또는 가족

영 주(F-5)

○ 신청일까지 국내에서 10년 이상 계속하여* 합법 체류한 사람
  * 6개월 이상 연속하여 해외 체류한 사실이 없어야 함
○ 다음 어느 하나로 영주자격(F-5)을 신청하는 사람
 - 고액 투자자(F-5-5), 첨단분야 박사(F-5-9), 일반분야 박사(F-5-15), 특정분야 능
   력소유자(F-5-11), 특별공로자(F-5-12), 국적법 제7조제1항제2호의 특별공로자로
   동포영주(F-5-7)를 신청하는 사람

---

49) 「국가유공자 등 예우 및 지원에 관한 법률」 제 4조 또는 「독립유공자예우에 관한 법률」제4조
   에 따른 국가(독립) 유공자
   (「국적법」 시행령 제6조제1항의 특별귀화 대상자와 상이함을 주의)
50) 「국가유공자 등 예우 및 지원에 관한 법률」 제 5조 또는 「독립유공자예우에 관한 법률」제5조
   유족 또는 가족의 범위 준용
   (「국적법」 시행령 제6조제1항의 특별귀화 대상자와 상이함을 주의)

라. 범죄경력증명서 요건

1. 발급기관 및 내용

○ 제출 대상자의 국적국(제3국)에 소재하는1) 권한 있는 기관2)이 발급한 공적문서로서, 국적국(제3국) 내에서의 모든 범죄경력이 포함되어 있는 증명서

　① 주한 공관이 발급한 범죄경력인정서는 불인정(단, 주한 러시아대사관*, 주한 투르크메니스탄대사관** 등 자국 법령에 따라 범죄경력증명서 발급 권한이 있는 주한 공관은 예외로 하나 이 경우에도 인증 필요)

　② 발급대상 국가 내 범죄경력 확인 기관이나 시스템이 미흡할 경우, 거주지를 관할하는 소관기관* 등의 증명서로 대체 가능

> * **(중국)** 발급기관양식명칭 등이 통일되어 있지 아니한 점 고려, "범죄경력 증명에 상응하는 모든 문서(파출소 발급본 포함)" 인정
> * **(미국)** FBI본부의 범죄경력증명서(본인이 직접 발급 받거나 FBI에서 공인한 채널을 통하여 발급)를 제출 받는 것을 원칙으로 하되, 주정부에서 발급한 범죄경력증명서도 미국 전역의 범죄경력이 포함되어 발급된 경우 인정

　③ 기타

> * **(캐나다)** 캐나다 연방경찰(Royal Canadian Mounted Police, RCMP)이 발급하는 캐나다 범죄경력증명서(Criminal Record Checks, CRC)* 로 확인
> * CRC는 이름 기반 범죄경력증명서(Name–based criminal record checks)와 지문을 제출하여야 발급 가능한 범죄경력증명서(Certificated Crimial record checks)가 있으나, 이름 기반 범죄경력증명서(Name–based criminal record checks)는 신원확인에 취약점이 있으므로 지문 제출 후 발급 가능한 범죄경력증명서(Certificated Crimial record checks)만 인정

2. 인증 절차

○ 아포스티유 협약51) 가입 여부에 따라 인증절차가 다름

　- (미가입국가) 범죄경력증명서 발급 국가 주재 대한민국 공관의 영사 확인

　- (가입국가) 범죄경력증명서 발급 국가의 아포스티유 확인

---

51) 정식 협약명은 「외국공문서에 대한 인증의 요구를 폐지하는 협약」으로 문서 발행국이 자국문서로 확인하면 협약 가입국은 추가적인 확인 없이 해당 문서를 자국에서 직접 사용 가능하게 하기 위한 협약임

3. 유효기간

○ 사증발급 또는 체류자격 변경 신청일로부터 6개월 이내 발급된 서류일 것

4. 제출시기 등 기타 사항

○ 범죄경력증명서 원본과 공증된 번역본* 제출 원칙

  * 번역자 인적사항 및 연락처를 기재하고 신분증 사본 첨부

마. 해외 범죄경력에 따른 처리기준

○ 「특정강력범죄의 처벌에 관한 특례법」제2조에서 규정한 "특정 강력범죄"로 국적국(제3
  국)에서 형을 선고받은 사실이 있는 사람

방문취업(H-2)	재외동포(F-4)	영주(F-5)
사증발급 및 자격변경 불허	사증발급 및 자격변경 불허	품행단정 미충족으로 허가제한

○ 사회적 중대 범죄로 국적국(제3국)에서 형을 선고받은 사실이 있는 사람

  – (마약, 보이스 피싱, 3회 이상 음주운전) 다음의 자격별 기준으로 처리

방문취업(H-2)	재외동포(F-4)	영주(F-5)
선고일로부터 6년 간 사증발급 및 자격변경 불허	선고일로부터 7년 간 사증발급 및 자격변경 불허	품행단정 미충족으로 허가제한

  – (협박, 공갈, 사기) 영주(F-5) 자격변경 불허

○ 기타 범죄*로 외국에서 금고 이상의 형에 준하는 형을 선고받은 사람

방문취업(H-2)	재외동포(F-4)	영주(F-5)
선고일로부터 4년 간 사증발급 및 자격변경 불허	선고일로부터 5년 간 사증발급 및 자격변경 불허	선고일로부터 10년 간 품행단정 미충족으로 허가제한

  * 방문취업(H-2), 재외동포(F-4) 신청자의 경우 협박, 공갈, 사기죄도 기타 범죄로 봄

바. 아포스티유 가입국 현황 ('24. 6월 기준)

지역	국가 / 지역
아시아, 대양주	뉴질랜드, 니우에, 마샬군도, 모리셔스, 몽골, 바누아투, 브루나이, 사모아, 싱가포르, 오스트레일리아(호주), 인도, 인도네시아, 일본, 중국(마카오, 홍콩 포함), 쿡제도, 타지키스탄, 통가, 파키스탄, 팔라우, 피지, 필리핀, 한국
유럽	그리스, 네덜란드, 노르웨이, 덴마크, 독일, 라트비아, 러시아, 루마니아, 룩셈부르크, 리투아니아, 리히텐슈타인, 북마케도니아, 모나코, 몬테네그로, 몰도바, 몰타, 벨기에, 벨라루스, 보스니아 헤르체고비나, 불가리아, 산마리노, 세르비아, 스웨덴, 스위스, 스페인, 슬로바키아, 슬로베니아, 아르메니아, 아이슬란드, 아일랜드, 아제르바이잔, 안도라, 알바니아, 에스토니아, 영국, 오스트리아, 우즈베키스탄, 우크라이나, 이탈리아, 조지아, 체코, 카자흐스탄, 코소보, 크로아티아, 키르키즈스탄, 키프로스, 튀르키예, 포르투갈, 폴란드, 프랑스, 핀란드, 헝가리
북미	미국(괌, 마우리제도, 사이판, 푸에르토리코 포함), 캐나다
중남미	가이아나, 과테말라, 그라나다, 니카라과, 도미니카공화국, 도미니카연방, 멕시코, 바베이도스, 바하마, 베네수엘라, 벨리즈, 볼리비아, 브라질, 세인트루시아, 세인트빈센트, 세인트키츠네비스, 수리남, 아르헨티나, 앤티가바부다, 에콰도르, 엘살바도르, 온두라스, 우루과이, 칠레, 코스타리카, 콜롬비아, 트리니다드토바고, 파나마, 페루, 파라과이, 자메이카
아프리카	나미비아, 남아프리카공화국, 라이베리아, 레소토, 말라위, 보츠와나, 상투메프린시페, 세네갈, 세이셸, 에스와티니, 카보베르데, 브룬디, 튀니지, 르완다
중동	모로코, 바레인, 사우디아라비아, 오만, 이스라엘

※ 외교부 해외안전여행(www.0404.go.kr) 참고, 향후 가입국 변경 시 변경된 내용에 따름

별첨 2 : 한국어능력 입증서류 제출기준

동 기준은 방문취업(H-2), 재외동포(F-4) 사증발급 · 외국인등록 등 각종 체류허가 시 제출하는 한국어능력
입증서류에 적용됨 (영주(F-5) 자격변경시 제외)

가. 제출 대상

○ 재외공관에서 방문취업(H-2), 재외동포(F-4) 사증을 신청하는 사람

○ 국내에서 방문취업(H-2), 재외동포(F-4) 외국인등록, 거소신고, 체류기간 연장 및 체류자격 변경허가를 신청하는 사람

나. 제출 서류

○ 사회통합프로그램 사전평가 점수표 (21점 이상)[52]

○ 사회통합프로그램 교육확인서 (1단계 이수 이상)

○ 한국어능력시험(TOPIK) 성적증명서 (1급 이상)

○ 세종학당 수료증 (초급 1B 과정 이상)

○ 교육부 한국교육원 한국어강좌 수료증 (2단계 이상)[53]

다. 면제 대상

공통사항

○ 과거 다른 체류자격에서 한국어능력 입증서류를 제출*한 사실이 인정되는 사람

  * 면제대상 포함

○ 과거 대한민국 국적 보유했던 사람

○ 만 60세 이상인 사람

---

52) 사회통합프로그램 사전평가 및 한국어능력시험(TOPIK) 점수는 성적발표일로부터 2년 이내로 한다. (다른 한국어능력 입증서류'의 유효기간은 이 기준 적용)
53) 전체 교육부 한국교육원 변경 (19개국 43개원, 체류관리과-1499, 2022.02.17.)

○ 한국에서 「초·중등교육법에」 규정된 초등학교(초졸 검정고시 합격자, 「대안학교의 설립·운영에 관한 규정」 제6조에 따라 초등학교 학력인정을 받은 사람 포함) 이상을 졸업한 사람 및 「고등교육법」에 규정된 학교를 졸업한 사람

방문취업(H-2) 사증발급

○ 만기출국 후 재입국한 사람 (H-2-7)

방문취업(H-2) 체류허가

○ 만기출국 후 재입국한 사람 (H-2-7)
○ 재외공관에 한국어 능력입증서류를 제출하고 방문취업 (H-2) 사증을 발급받은 사람
○ '19. 9. 2. 이전에 방문취업 사증을 발급받은 사람 및 방문취업 자격으로 체류중인 사람은 체류기간연장 시 제출면제

재외동포(F-4)

○ 만 13세 이하인 사람
○ 재외동포(F-4) 사증을 소지하고 국내에서 3년 이상 체류한 사람
○ 국내 공인 국가기술자격증(기능사 이상을 취득한 사람)
○ 국내 초·중·고교 재학자(F-4-30) 신청자
○ '19. 9. 2. 이전에 재외동포(F-4) 사증을 발급받은 사람 및 재외동포(F-4) 자격으로 체류중인 사람은 체류기간연장 시 제출면제

라. 처리 기준

○ 사증발급 시

방문취업(H-2)		재외동포(F-4)	
한국어능력 제출	한국어능력 미제출	한국어능력 제출	한국어능력 미제출
한국어능력 입증여부 제출여부와 상관없이 체류기간 1년의 사증발급 ※ 발급시 비고란에 한국어능력 제출 필 입력		체류기간 2년의 복수사증 발급	체류기간 1년의 복수사증 발급

○ 각종 체류허가 신청 시

방문취업(H-2)		재외동포(F-4)	
한국어능력 제출	한국어능력 미제출	한국어능력 제출	한국어능력 미제출
체류허가시 최대 체류기간 3년 부여	등록, 체류자격 변경, 체류기간연장 신청 시 체류기간 1년 부여	체류자격 변경, 체류기간 연장 신청 시 최대 체류기간 3년 부여	거소신고, 체류자격 변경, 체류기간 연장 신청 시 체류기간 1년 부여

별첨 3 : 방문취업제 취업 활동범위

가. 법적 근거

○ 출입국관리법 시행령 제23조제1항

○ 출입국관리법 시행령 별표 1의2 제29호 방문취업(H-2) 나. 활동범위

나. 지정 방식

○ 농업, 어업, 광업, 제조업, 건설업 : 허용업종 지정·나열(포지티브) 방식

○ 서비스업* : 허용제외업종 지정·나열(네거티브) 방식

　* 「서비스업 분류 고시」(통계청고시 제2018-390호, '18.9.21.)에 따라 서비스업이란
　「한국표준산업분류」(통계청고시 제2017-13호, '17.7.1.)에서 16개 대분류(E, G~
　U)를 말함

다. 활동범위 기준

○ 농업, 어업, 광업, 제조업, 건설업 : 한국산업분류 중 시행령 별표 1의2 제29호 방문
취업(H-2) 나. 활동범위 2)에서 지정·나열한 산업 분야 허용

　☞ 농업(소분류 3개), 어업(세분류 1개, 세세분류 1개), 광업(중분류 3개), 제조업(全
　업종, 단, 상시근로자 수 300명 미만 또는 자본금 80억원 이하인 경우에 한함),
　건설업(전 업종, 단, 발전소·제철소·석유화학 건설현장 업체 중 산업·환경설비
　공사업체에 취업하는 경우는 제외)

○ 서비스업 : 한국산업분류 중 시행령 별표 1의2 제29호 방문취업(H-2) 나. 활동범위
3)에서 지정·나열한 산업 분야에서의 활동을 제외하고 허용

　※ 단, 중분류 또는 소분류 단위에서 제외업종에 속하더라도 예외로 허용하는 경우
　있음

「표준직업분류표」 산업분류체계는 대분류(알파벳 코드) → 중분류(2자리코드) → 소분류(3자리코드) → 세분류(4자리코드) → 세세분류(5자리코드)로 구성되어 있어, 허용이나 제외로 지정된 업종의 하위 분류에 속하는 모든 업종이 허용되거나 제외됨

(예시①) 소분류 업종인 '축산업'(012)이 허용업종이므로, 하위 세분류 업종인 '소 사육업'(0121)이나 '양돈업'(0122) 등도 허용되며, 하위 세세분류 업종인 '젖소 사육업'(01211), '육우 사육업')01212) 등도 모두 허용

(예시②) 중분류 업종인 '수상 운송업'(50)이 허용 제외업종이므로, 하위 소분류 업종인 '해상 운송업'(501)이나 '내륙 수상 및 항만 내 운송업'(502) 뿐만 아니라 세분류, 세세분류에 속하는 모든 업종이 허용 제외됨

라. 활동범위 세부내용

1. 농업, 어업, 광업, 제조업, 건설업 (허용업종 지정)

○ 다음 산업 분야에서의 활동을 허용

허 용 업 종					상 세 설 명
대분류	중분류	소분류	세분류	세세분류	
A. 농업, 임업 및 어업 (01~03)	01. 농업	① 작물 재배업(011)			1. 업종 설명 (소분류) 노지 또는 특정 시설 내에서 식량작물, 과실, 음료용 및 향신용 작물, 채소 및 화훼작물, 공예작물 등의 각종 농작물을 재배하여 생산하는 산업활동을 말한다. 여기에는 임업 이외의 수목 재배활동 및 산림용 이외의 묘목종자생산과 버섯재배, 콩나물 재배활동을 포함한다. 2. 하위 업종 곡물 및 기타 식량작물 재배업(0111), 채소, 화훼작물 및 종묘 재배업(0112), 과실, 음료용 및 향신용 작물 재배업(0113), 기타 작물 재배업(0114), 시설작물 재배업(0115)의 5개 세분류 업종과 그의 하위 세세분류 업종을 포함한다.
		② 축산업(012)			1. 업종 설명 (소분류) 식용, 관상용, 애완용, 실험용 및 기타 특수 목적용으로 판매하거나 털, 젖, 모피 등을 획득하기 위하여 육지동물을 번식, 증식, 사육하는 산업활동을 말한다. 각종 동물의 번식 및 부화, 정액생산, 종축장(소,

		돼지 등) 또는 종금장(닭 및 기타 가금류)의 운영은 그 동물의 종류에 따라 각각 분류된다. 육지동물을 여객·화물 운송용, 경기 및 오락용, 실험용으로 사용하는 과정에서 사용하거나 구입한 육지동물을 판매과정에서 사육 관리하는 경우는 제외한다. **2. 하위 업종** 소 사육업(0121), 양돈업(0122), 가금류 및 조류 사육업(0123), 기타 축산업(0129)의 4개 세분류 업종과 그의 하위 세세분류 업종을 포함한다.		
③ 작물재배 및 축산 관련 서비스업(014)	**1. 업종 설명 (소분류)** 수수료 또는 계약에 의하여 작물재배 및 축산활동에 관련된 서비스를 제공하는 산업활동을 말한다. **2. 하위 업종** 작물재배 관련 서비스업(0141), 축산 관련 서비스업(0142)의 2개 세분류 업종과 그의 하위 세세분류 업종을 포함한다.		
☞ 농업(01)의 하위 소분류 업종 중 '작물재배 및 축산 복합농업'(013)과 '수렵 및 관련 서비스업'(015)은 허용업종에 포함되지 않음			

☞ 대분류 A의 하위 중분류 업종 중 '임업'(02)은 허용업종에 포함되지 않음

※ 다만, 임업(020) 중 임업용 종묘 생산업(02011), 육림업(02012), 벌목업(02020), 임업 관련 서비스업(02040) 중 산림기술 진흥 및 관리에 관한 법률 제2조제7호에 따른 산림사업 시행업자 중 법인사업체와 산림자원의 조성 및 관리에 관한 법률 제16조에 따른 종묘생산업자 중 법인사업체에 임업 단순 종사원(99102)으로 취업하는 경우 허용 예정 (출입국관리법 시행령 개정 이후 시행)

03. 어업	031. 어로 어업	0311. 해수면 어업	④ 연근해 어업(03 112)	**1. 업종 설명 (세세분류)** 연안 및 근해에서 어류, 갑각류, 연체동물, 해조류 및 기타 수산 동식물을 채취 또는 포획하는 산업활동을 말한다. **2. 하위 업종** 없음
	032. 양식어	⑤ 양식 어업(03	**1. 업종 설명 (세분류)** 바다, 강, 호수, 하천 등에서 어류, 갑각류 및 연체동물	

		업 및 어업 관련 서비스업	21)	또는 해조류 등의 각종 수산 동식물을 증식 또는 양식하는 산업활동을 말한다. 진주양식 활동도 포함한다. **2. 하위 업종** 해수면 양식 어업(03211), 내수면 양식 어업(03212)
☞ 어업(03)의 하위 업종 중 '연근해 어업'(03112), '어업 관련 서비스업'(0322)는 허용업종에 포함되지 않음				
B. 광업 (05~08)	⑥ 금속광업(06)			**1. 업종 설명 (중분류)** 철 및 철 이외의 금속(비철금속)을 함유한 금속광물을 채굴하는 산업활동을 말한다. 통상적으로 금속광물 채광활동에 부수되는 광물의 파쇄, 마쇄, 자성 및 중력에 의한 분리, 선별, 체질, 부유, 분말의 응집처리(입상, 구형상, 원통상 등), 건조, 배소, 자화 또는 산화하기 위한 하소 등과 같이 기본적인 화학적 구조를 변화시키지 않는 범위 내에서 수행되는 각종 금속광물의 정광활동은 채광활동과의 결합여부를 불문하고 여기에 포함된다. 우라늄 및 토륨 채굴 활동도 포함한다. **2. 하위 업종** 철 광업(061), 비광철금속 광업(062)의 2개 소분류 업종과 그의 하위 세분류 및 세세분류 업종을 포함한다.
	⑦ 비금속광물 공업; 연료용 제외(07)			**1. 업종 설명 (소분류)** 석탄, 석유 및 천연가스, 금속광물을 제외한 비금속광물의 채굴 또는 채취활동과 채광활동에 부수되는 파쇄, 마쇄, 절단, 세척, 건조, 분리, 혼합 등의 활동을 포함한다. 토탄 채굴 활동도 포함한다. **2. 하위 업종** 토사석 광업(071), 기타 비금속광물 광업(072)의 2개 소분류 업종과 그의 하위 세분류 및 세세분류 업종을 포함한다.
	⑧ 광업 지원 서비스업(08)			**1. 업종 설명 (소분류)** 수수료 또는 계약에 의하여 광물 탐사, 지질 조사 및 표본 채취, 채굴, 천공, 채취, 추출, 광산 배수 및 양수, 관련 장치물 설치·수리·폐기 등의 광업 지원 서비스를 제공하는 활동을 말한다. **2. 하위 업종** 철 광업(061), 비광철금속 광업(062)의 2개 세분류 업종과 그의 하위 세세분류

	업종을 포함한다.
	☞ 대분류 B의 하위 중분류 업종 중 '석탄, 원유 및 천연가스 광업'(05)은 허용업종에 포함되지 않음
⑨ C. 제조업 (중분류 10~34) ※ 단, 상시 사용 근로자 수가 300인 미만이거나, 자본금이 80억원 이하인 경우에 한함 ※비수도권 소재 뿌리산업 중 중견기업에 취업하는 경우도 허용 예정(출입국관리 법 시행령 개정 이후 시행)	**1. 업종 설명 (대분류)** 원재료(물질 또는 구성요소)에 물리적, 화학적 작용을 가하여 투입된 원재료를 성질이 다른 새로운 제품으로 전환시키는 산업활동을 말한다. 따라서 단순히 상품을 선별·정리·분할·포장·재포장하는 경우 등과 같이 그 상품의 본질적 성질을 변화시키지 않는 처리활동은 제조활동으로 보지 않는다. 이러한 제조활동은 공장이나 가내에서 동력기계 및 수공으로 이루어질 수 있으며, 생산된 제품은 도매나 소매 형태로 판매될 수도 있다. **2. 하위 업종** 제조업(대분류 C)의 하위 중분류(10~34) 및 그의 하위 세분류, 세세분류 모든 업종을 포함한다.
	☞ 대분류 D 및 중분류 35(전기, 가스, 증기 및 공기 조절 공급업)의 전 업종은 허용업종에 포함되지 않음
⑩ F. 건설업 (중분류 41~42) ※ 단, 발전소·제철소·석 유화학 건설현장의 건설업체 중 업종이 산업·환경설비인 경우는 제외	**1. 업종 설명 (대분류)** 계약 또는 자기계정에 의하여 지반조성을 위한 발파·시굴·굴착·정지 등의 지반공사, 건설용지에 각종 건물 및 구축물을 신축 및 설치, 증축·재축·개축·수리 및 보수·해체 등을 수행하는 산업활동으로서 임시건물, 조립식 건물 및 구축물을 설치하는 활동도 포함한다. 이러한 건설활동은 도급·자영 건설업자, 종합 또는 전문 건설업자에 의하여 수행된다. 직접 건설활동을 수행하지 않더라도 건설공사에 대한 총괄적인 책임을 지면서 건설공사 분야별로 도급 또는 하도급을 주어 전체적으로 건설공사를 관리하는 경우에도 건설활동으로 본다. **2. 하위 업종** 건설업(대분류 F)의 하위 중분류(41, 42) 및 그의 하위 세분류, 세세분류 모든 업종을 포함한다.

2. 서비스업 (허용 제외업종 지정)

○ 다음 산업 분야에서의 활동을 제외

제 외 업 종					상 세 설 명
대분류	중분류	소분류	세분류	세세분류	
E. 수도, 하수 및 폐기물 처리, 원료 재생업 (36~39)	① 수도업 (36)				**1. 업종 설명 (중분류)** 수요자에게 생활용수 및 공업용수를 공급하기 위하여 취수, 집수, 정수하고 이를 배관시설에 의하여 급수하는 산업활동을 말한다. **2. 하위 업종** 소분류 업종인 수도업(360)과 그의 하위 세분류 및 세세분류 업종인 생활용수 공급업(3601/36010), 산업용수 공급업(3602/36020)을 포함한다.
	② 환경정화 및 복원업 (39)				**1. 업종 설명 (중분류)** 오염된 건물, 토양, 지하수, 강, 바다, 호수, 대기 등을 정화하여 복원하는 산업활동을 말한다. **2. 하위 업종** 소분류 업종인 환경 정화 및 복원업(390)과 그의 하위 세분류 및 세세분류 업종을 포함한다.
	☞ 대분류 E의 하위 업종 중 '하수, 폐수 및 분뇨 처리업'(37)과 '폐기물 수집, 운반, 처리 및 원료 재생업'(38)은 제외업종에 포함되어 있지 않음				
G. 도매 및 소매업 (45~47)	③ 자동차 및 부품 판매업 (45)				**1. 업종 설명 (중분류)** 신품 또는 중고 자동차, 모터사이클 및 이들의 부품과 부속품을 판매하는 산업활동으로서 자동차 매매 중개활동을 포함한다. **2. 하위 업종** 자동차 판매업(451), 자동차 부품 및 내장품 판매업(452), 모터사이클 및 부품 판매업(453)의 3개 소분류 업종 및 그의 하위 세분류 및 세세분류 업종을 포함한다.
	☞ 대분류 G의 하위 업종 중 '도매 및 상품 중개업'(46)과 '소매업; 자동차 제외'(47)은				

제외업종에 포함되어 있지 않음

H. 운수 및 창고업 (49~52)	④ 육상운송 및 파이프라인 운송업 (49)	**1. 업종 설명 (소분류)** 노선 또는 정기 운송여부를 불문하고 육상 운송장비로 여객 및 화물을 운송하는 산업활동을 말한다. 원유, 천연가스, 정제석유제품 및 유사제품을 관로(파이프라인)로 운송하는 산업활동을 포함한다. **2. 하위 업종** 소분류 업종(491~495)과 그의 하위 세분류 및 세세분류 업종을 포함한다.
		☞ 단, '육상 여객 운송업'(492)은 허용한다. ※ 택배업(49401) 중 생활물류서비스산업발전법 제2조제3호가목에 따른 택배서비스업체에 하역 및 적재 관련 단순 종사원(92101)으로 취업하는 경우도 허용 예정 (출입국관리법 시행령 개정 이후 시행)
	⑤ 수상 운송업 (50)	**1. 업종 설명 (중분류)** 노선 또는 정기 운송여부를 불문하고 수상 운송장비로 여객 및 화물을 운송하는 산업활동을 말한다. **2. 하위 업종** 해상 운송업(501), 내륙 수상 및 항만 내 운송업(502)의 2개 소분류 업종과 그의 하위 세분류 및 세세분류 업종을 포함한다.
	⑥ 항공 운송업 (51)	**1. 업종 설명 (중분류)** 항공기 또는 우주선 등에 의하여 여객 및 화물을 운송하는 산업활동을 말한다. **2. 하위 업종** 항공 여객 운송업(511), 항공 화물 운송업(512)의 2개 소분류 업종과 그의 하위 세분류 및 세세분류 업종을 포함한다.
	⑦ 창고 및 운송 관련 서비스업 (52)	**1. 업종 설명 (중분류)** 항공기 또는 우주선 등에 의하여 여객 및 화물을 운송하는 산업활동을 말한다. **2. 하위 업종** 보관 및 창고업(521), 기타 운송 관련 서비스업(529)의 2개 소분류 업종과 그의 하위 세분류 및 세세분류 업종을 포함한다.
		☞ 단, 다음의 산업분야는 허용한다.

		(1) 냉장·냉동창고업(52102). 다만, 내륙에 위치한 업체에 취업하는 경우로 한정한다.
		(2) 물류 터미널 운영업(52913). 다만, 「통계법」제22조에 따라 통계청장이 작성·고시하는 한국표준직업분류에 따른 하역 및 적재 관련 단순 종사원(92101)으로 취업하는 경우로 한정한다.
		(3) 항공 및 육상 화물 취급업(52941). 다만, 다음의 경우로 한정한다. 　(가) 「축산물 위생관리법」제2조제3호에 따른 식육을 운반하는 업체에 취업하는 경우 　(나) 「생활물류서비스산업발전법」제2조제3호가목에 따른 택배서비스사업을 하는 업체에 통계청장이 작성·고시하는 한국표준직업분류에 따른 하역 및 적재 관련 단순 종사원(92101)으로 취업하는 경우 ※ 기타 항공 운송지원 서비스업(52939) 중 항공사업법 시행규칙 제5조제2호에 따른 항공기하역업체에 하역 및 적재 관련 단순 종사원(92101)으로 취업하는 경우도 허용 예정 (출입국관리법 시행령 개정 이후 시행)

☞ 대분류 I (숙박 및 음식점업, 중분류 55~56)는 제외업종에 포함되어 있지 않음

J. 정보 통신업 (58~63)	⑧ 출판업 (58)	**1. 업종 설명 (중분류)** 서적, 정기 및 부정기 간행물 등의 인쇄물을 발간하거나 소프트웨어를 출판하는 산업활동으로서 출판에 관련된 법적, 재정적, 기술적, 예술적 수행 활동과 판매에 관한 활동이 포함된다. 출판물은 자사에서 직접 창작되거나 다른 사람에 의하여 제작된 창작물을 구입 또는 계약에 의하여 출판되며, 제공방식은 전통적인 인쇄물 방법 또는 전자매체 등에 의하여 이루어 질수 있다. **2. 하위 업종** 서적, 잡지 및 기타 인쇄물 출판업(581)과 소프트웨어 개발 및 공급업(582)의 2개 소분류 업종과 그의 하위 세분류 및 세세분류 업종을 포함한다.
		☞ 단, '서적, 잡지 및 기타 인쇄물 출판업'(581)은 허용한다.
	⑨ 우편 및 통신업 (61)	**1. 업종 설명 (중분류)** 일반대중이나 다른 사업체를 위하여 국내외에 송달되는 우편물을 수집 및 배달하는 우편사업과 전신, 전화 및 기타 통신시설에 의하여 음성 또는 비음성 전달요소를 전기식 또는 전자식 방법에 의하여 송달하는 전기통신업을 말한다. **2. 하위 업종** 공영 우편업(611)과 전기통신업(612)의 2개 소분류 업종과 그의 하위 세분류

		및 세세분류 업종을 포함한다.
	⑩ 컴퓨터 프로그래밍, 시스템 통합 및 관리업 (62)	**1. 업종 설명 (중분류)** 주문형 소프트웨어를 개발, 수정 및 시험하거나 컴퓨터 시스템을 통합 구축하는 산업활동과 고객의 사업장에서 컴퓨터시스템의 관리 및 운영관련 전문적·기술적 서비스를 제공하는 산업활동을 말한다.. **2. 하위 업종** 소분류 업종인 컴퓨터 프로그래밍, 시스템 통합 및 관리업(620)과 그의 하위 세분류 및 세세분류 업종을 포함한다.
	⑪ 정보 서비스업 (63)	**1. 업종 설명 (중분류)** 자료처리 및 데이터베이스 구축, 웹 및 서버 호스팅, 스트리밍 서비스를 제공하거나 인터넷 정보매개 서비스 및 기타 방식의 정보제공 서비스활동을 말한다. **2. 하위 업종** 자료처리, 호스팅, 포털 및 기타 인터넷 정보매개 서비스업(631), 기타 정보서비스업(639)의 2개 소분류 업종과 그의 하위 세분류 및 세세분류 업종을 포함한다.
	☞ 대분류 G의 하위 업종 중 '영상·오디오 기록물 제작 및 배급업'(59)과 '방송업'(60)은 제외업종에 포함되어 있지 않음	
K. 금융 및 보험업 (64~66)	⑫ 금융업 (64)	**1. 업종 설명 (중분류)** 자금 여·수신 활동을 수행하는 각종 은행 및 저축기관, 모집 자금을 유가증권 및 기타 금융자산에 투자하는 기관, 여신 전문 금융기관, 그 외 공공기금 관리운용 기관과 지주회사 등이 수행하는 산업활동을 포함한다. **2. 하위 업종** 은행 및 저축기관(641), 신탁업 및 집합투자업(642), 기타 금융업(649)의 3개 소분류 업종과 그의 하위 세분류 및 세세분류 업종을 포함한다.
	⑬ 보험 및 연금업 (65)	**1. 업종 설명 (중분류)** 장·단기에 발생할 수 있는 위험을 분산시킬 목적으로 하는 보험 또는 연금기금을 모금, 운영하는 산업활동을 말한다. **2. 하위 업송** 보험업(651), 재 보험업(652), 연금 및 공제업(653)의 3개 소분류 업종과 그의

		하위 세분류 및 세세분류 업종을 포함한다.
	⑭ 금융 및 보험 관련 서비스업 (66)	**1. 업종 설명 (중분류)** 금융 또는 보험 및 연금활동에 밀접히 관련되는 서비스를 제공하는 산업활동을 말한다. **2. 하위 업종** 금융지원 서비스업(661), 보험 및 연금 관련 서비스업(662)의 2개 소분류 업종과 그의 하위 세분류 및 세세분류 업종을 포함한다.
L. 부동산업 (68)	⑮ 부동산업 (68)	**1. 업종 설명 (중분류)** 부동산의 임대, 구매, 판매에 관련되는 산업활동으로서, 직접 건설한 주거용 및 비주거용 건물의 임대활동과 토지 및 기타 부동산의 개발분양, 임대 활동이 포함된다. **2. 하위 업종** 부동산 임대 및 공급업(681), 부동산 관련 서비스업(682)의 2개 소분류 업종과 그의 하위 세분류 및 세세분류 업종을 포함한다.
M. 전문, 과학 및 기술 서비스업 (70~73)	⑯ 연구 개발업 (70)	**1. 업종 설명 (중분류)** 연구개발 활동은 자연과학, 공학, 인문학 및 사회과학 등을 대상으로 지식 축적을 증가하거나 이용 가능한 지식을 통해 새로운 응용부문에 적용하기 위한 창조적이고 체계적으로 수행하는 활동으로 정의되며(Frascati manual, OECD) 기초연구, 응용연구, 실험개발 활동으로 분류된다. **2. 하위 업종** 자연과학 및 공학 연구개발업(701), 인문 및 사회과학 연구개발업(702)의 2개 소분류 업종과 그의 하위 세분류 및 세세분류 업종을 포함한다.
	⑰ 전문 서비스업 (71)	**1. 업종 설명 (중분류)** 법률 자문 및 대리, 회계기록 및 감사, 광고대행, 시장 및 여론조사, 경영관련 계획 수립, 자문 및 관련 컨설팅 제공 등과 같은 전문적 서비스를 제공하는 산업활동을 말한다. 이러한 산업활동은 전문지식을 갖춘 인적자본이 주요 요소로서 투입된다. **2. 하위 업종** 법무 관련 서비스업(711), 회계 및 세무 관련 서비스업(712), 광고업(713), 시장조

		사 및 여론조사업(714), 회사본부, 경영컨설팅 서비스업(715), 기타 전문서비스업 (716)의 6개 소분류 업종과 그의 하위 세분류 및 세세분류 업종을 포함한다.	
	⑱ 건축기술, 엔지니어링 및 기타 과학기술 서비스업 (72)	**1. 업종 설명 (중분류)** 연구개발 활동은 자연과학, 공학, 인문학 및 사회과학 등을 대상으로 지식 축적을 증가하거나 이용 가능한 지식을 통해 새로운 응용부문에 적용하기 위한 창조적이고 체계적으로 수행하는 활동으로 정의되며(Frascati manual, OECD) 기초연구, 응용연구, 실험개발 활동으로 분류된다. **2. 하위 업종** 건축기술, 엔지니어링 및 관련 기술서비스업(721), 기타 과학기술서비스업(729)의 2개 소분류 업종과 그의 하위 세분류 및 세세분류 업종을 포함한다.	
	☞ 대분류 G의 하위 업종 중 '기타 전문, 과학 및 기술 서비스업(73)'은 제외업종에 포함되어 있지 않음		
N. 사업시설 관리, 사업지원 및 임대 서비스업 (74~76)	⑲ 사업시설 관리 및 조경 서비스업 (74)	**1. 업종 설명 (중분류)** 고객의 사업시설을 관리 또는 청소, 소독 및 방제 서비스를 수행하거나 산업장비 및 용품을 물리적, 화학적으로 세척하는 산업활동을 말한다. 조경관리 및 유지 서비스활동도 여기에 분류한다. **2. 하위 업종** 사업시설 유지관리 서비스업(741), 건물·산업설비 청소 및 방제 서비스업(742), 조경관리 및 유지 서비스업(743)의 3개 소분류 업종과 그의 하위 세분류 및 세세분류 업종을 포함한다.	
		☞ 단, '사업시설 유지관리 서비스업'(741)과 '건물 및 산업설비 청소업'(7421)은 허용한다.	
	75. 사업 지원 서비스업	⑳ 고용알선 및 인력 공급업 (751)	**1. 업종 설명 (소분류)** 고용주와 구직자를 대리하여 고용에 관련된 인적사항 조사, 구인 조회 등 알선활동을 수행하거나 자기관리 아래 노동인력을 확보하고 특정인력을 일시적으로 사용하기를 원하는 사업자 또는 개인과 고용계약을 체결, 그 인력을 제공하고 그 대가를 직접 받아 그 피고용자에게 자기가 직접 급료를 지불하는 형태의 인력을 공급하는 산업활동이 포함된다. **2. 하위 업종**

		고용 알선업(7511), 인력 공급업(7512)의 2개 세분류 업종과 그의 하위 세세분류 업종을 포함한다.
		☞ 단, 「가사근로자의 고용 개선 등에 관한 법률」 제2조제2호에 따른 가사서비스 제공기관에 취업하는 경우는 허용한다.
		☞ 중분류 75의 하위 업종 중 '여행사 및 기타 여행보조 서비스업'(752), '경비, 경호 및 탐정업'(75), '기타 사업지원 서비스업'(759)은 제외업종에 포함되어 있지 않음
		☞ 대분류 N의 하위 업종 중 '임대업; 부동산 제외(76)'은 제외업종에 포함되어 있지 않음
O. 공공 행정, 국방 및 사회 보장 행정 (84)	㉑ 공공행정, 국방 및 사회보장 행정 (84)	**1. 업종 설명 (대분류)** 국가 및 지방 행정기관이 일반 대중에게 제공하는 공공 행정, 국방·산업 및 사회보장 행정 업무를 포함한다. **2. 하위 업종** 입법 및 일반 정부 행정(841), 사회 및 산업정책 행정(842), 외무 및 국방 행정(843), 사법 및 공공 질서 행정(844), 사회보장 행정(845)의 5개 소분류 업종과 그의 하위 세분류 및 세세분류 업종을 포함한다.
p. 교육 서비스업 (85)	㉒ 교육 서비스업 (85)	**1. 업종 설명 (중분류)** 교육수준에 따른 초등(학령전 유아 교육기관 포함), 중등 및 고등 교육수준의 정규교육기관, 특수학교, 외국인학교, 대안학교, 일반 교습학원, 스포츠 및 레크리에이션 등 기타 교육기관, 직원훈련기관, 직업 및 기술훈련학원, 성인교육기관 및 기타 교육기관과 교육지원 서비스업이 포함된다. **2. 하위 업종** 초등 교육기관(851), 중등 교육기관(852), 고등 교육기관(853), 특수학교, 외국인학교 및 대안학교(854), 일반 교습학원(855), 기타 교육기관(856), 교육지원 서비스업(857)의 7개 소분류 업종과 그의 하위 세분류 및 세세분류 업종을 포함한다.
U. 국제 및 외국 기관 (99)	㉓ 국제 및 외국 기관 (99)	**1. 업종 설명 (대분류)** 국제연합 및 전문기구, 아주기구, 구주기구, 경제협력개발기구, 유럽공동체, 국제 대사관 및 기타 외국 지역 단체 등의 공무를 수행하는 국제 및 외국기관을 포함한다.

2. 하위 업종

국제 및 외국기관(990)의 1개 소분류 업종과 그의 하위 세분류 및 세세분류 업종을 포함한다.

☞ 대분류 Q(보건업 및 사회복지 서비스업)(86~87) , 대분류 R(예술, 스포츠 및 여가관련 서비스업)(90~91), 대분류 S(협회 및 단체, 수리 및 기타 개인 서비스업)(94~96), 대분류 T(가구 내 고용활동 및 달리 분류되지 않은 자가소비 생산활동)(97~98)는 제외업종에 포함되어 있지 않음

【주의】 방문취업(H-2)의 취업활동은 가능업종의 고용주가「외국인근로자의 고용에 관한 법률」제12조에 따라 내국인 구인노력을 하고 특례고용가능확인을 받아 방문취업(H-2) 동포를 고용한 경우에 한하며, 취업개시일로부터 15일 이내 방문취업(H-2) 자격자가 취업개시신고를 하거나 고용주가 근로개시신고를 하여야 함

※ 세분류 이하 업종은 통계분류포털(kssc.kostat.go.kr)의 KSIC 한국표준산업분류에서 확인

별첨 4 : 건강상태 확인서

E-9 / E-10 / H-2 자격 사증신청자 확인서

이 확인서는 대한민국의 비전문취업(E-9), 선원취업(E-10), 방문취업(H-2) 자격의 사증 또는 사증발급인정서의 발급을 신청한 외국인이 본인의 건강 및 심리상태를 직접 확인하여야 하는 체크리스트입니다. 아래 기재할 사항을 누락하거나 허위사실을 기재한 경우에는 사증발급이 불허되거나 입국한 후에 체류허가의 취소 또는 강제퇴거 등의 불이익을 받을 수 있으므로 정확하게 기재해 주십시오.

1) 성 명		2) 생년월일
3) 국 적	4) 성 별	5) 여권번호

6) 귀하는 공중보건에 위협이 되는 전염성 질환에 감염되었습니까?
   예 ☐ (질환명: 매독, B형간염, 결핵),   아니오 ☐

7) 귀하는 최근 5년 이내에 통제된 물질(마약류)을 복용한 적이 있거나 알코올 등에 중독된 적이 있습니까?
   예 ☐ (복용물질:),   아니오 ☐

8) 귀하는 과거 정신적, 감정적 또는 신경적 혼란으로 의사의 치료를 받은 적이 있습니까?
   예 ☐ (질환명:),   아니오 ☐

9) 최근 5년 이내에 심각한 질병, 상해 등을 겪은 사실이 있습니까?
   예 ☐ (질환명 및 치료경과 :   ),   아니오 ☐

유의사항

귀하는 대한민국에 입국한 후 90일 이상 체류하고자 할 경우 입국 후 90일 이내에 외국인등록을 하여야 하며, 외국인등록을 신청할 때에는 반드시 대한민국 정부가 지정하는 병원에서 발급한 건강진단서를 제출해야 합니다. 또한, 외국인등록 시 대한민국 정부가 정하는 기초 법질서 교육을 이수하여야지만 외국인등록이 가능함을 유의하시기 바랍니다.

년   월   일

신청인: (서명 또는 인)

○ ○ ○ ○ 대사 (총영사) 귀하

별첨 5 : 건강진단서

건 강 진 단 서

제   호

성 명 Name		생년월일 Date of Birth		사 진 (3cm × 4cm)
한국 내 주소 Adress in Korea		전화번호 Phone Number		

검 사 내 용

신 장		cm	체 중		kg	혈 압	
(교정)시력	좌 : ( )		색 신			(교정)청력	좌 : ( )
	우 : ( )		(색 각)				우 : ( )

결 핵		정신질환	
매 독		간염(HBs Ag)	

마약검사

필로폰		코카인		아편		대마		기타	

위와 같이 검사하였습니다.

년   월   일

검사자(담당의사)   (인)

검 사 결 과	☐ 양호 ☐ 불량	
	불량 소견 시 사유	
피검진자 체류에 대한 의견		
정밀검사 필요 여부	* 필요시 소견서 별도 첨부	

상기 피검진자의 건강상태에 대해 위와 같이 판정하였음을 증명합니다.

년   월   일

의료기관의 장   (인)

재외동포(F-4) 취업활동 제한직업 비취업 서약서
Pledge of Non-Employment in (F-4) Restricted Occupations

※ 서약서는 한글 또는 영문으로 작성하시기 바랍니다. (Please complete this form in Korean or English.)　　(2쪽 중 1쪽)

성명 Name In Full		국 적 Nationality		성 별 Gender	
생년월일 Date of Birth		휴대전화 Mobile phone No.			
여권번호 Passport No.		여권 발급일자 Passport Issue Date		여권 유효기간 Passport Expiry Date	
대한민국 안의 주소 Address In Korea					

상기 본인은 출입국관리법 제18조제1항, 동법 시행령 제23조제3항, 동법 시행규칙 제27조의 2에 따라 「재외동포(F-4) 자격의 취업활동 제한범위 고시」(법무부 고시 제2023-187호, 2023.5.1.)에서 정한 재외동포(F-4) 자격의 취업활동 제한 직업에 취업하지 않을 것을 서약합니다.

이를 위반할 경우 범칙금 처분 및 체류기간 연장 불허 등 출입국관리법에 따른 처벌을 받을 수 있음을 안내받았습니다.

I hereby pledge that I will not engage in employment activities in occupations restricted for overseas Korean (F-4) status holders as prescribed in the Announcement of Scope of Restrictions on Job-Seeking Activities for Overseas Korean (F-4) Status (Ministry of Justice Notification No. 2023-187, May 1, 2023) in accordance with Article 18 (1) of the Immigration Act, Article 23 (3) of the Enforcement Decree of the same Act and Article 27-2 of the Enforcement Rule of the same Act.

I confirm I have been informed that violation of this pledge can lead to punishments including imposition of fines and permission to extend the stay not being granted in accordance with the Immigration Act.

※ 단, 지역특화형 비자 시범지역에 거주하는 재외동포(F-4)로서 사전에 체류자격 외 활동허가를 신청하는 경우는 예외임

※ Yet, overseas Korean (F-4) status holders in the regional-specialized visa pilot regions who have already applied for permission to engage in activities not covered by the status of stay are excluded.

년(Year)　　　월(Month)　　　일(Day)

신청인 Applicant :　　　　　　　　*(서명 또는 인) (Signature or Seal)*

○ ○ 출입국 · 외국인청(사무소 · 출장소)장 귀하
To: Chief of OO Immigration (Branch) Office

행정정보 공동이용 동의서 (Consent for sharing of administrative information)

본인은 이 건 업무처리와 관련하여 담당 공무원이 「전자정부법」 제36조에 따른 행정정보의 공동이용을 통하여 담당 공무원 확인 사항을 확인하는 것에 동의합니다.　　*동의하지 아니하는 경우에는 신청인이 직접 관련 서류를 제출하여야 합니다.

I hereby consent to allow all documents and information required for the processing of this application to be viewed by a public servant in charge under Article 36 of the Electronic Government Act. *If 'Disagree', the applicant him/herself should submit all the related documents.

신청인 Applicant	서명 또는 인 signature /seal	신청인의 배우자 Spouse of applicant	서명 또는 인 signature /seal	신청인의 부 또는 모 Father /Mother of applicant	서명 또는 인 signature /seal

재외동포(F-4) 취업활동 제한직업 비취업 서약서
旅外同胞(F-4)在韩不从事限制范围内职业的声明书

※ 서약서는 한글 또는 영문으로 작성하시기 바랍니다. 请用韩文或英文填写　　　　　　.(2쪽 중 1쪽/第1页共2页)

성명 姓名			국적 国籍		성별 性別	
생년월일 出生日期			휴대전화 手机号码			
여권번호 护照号码		여권 발급일자 护照签发日期			여권 유효기간 护照有效期至	
대한민국 안의 주소 在韩住址						

상기 본인은 출입국관리법 제18조제1항, 동법 시행령 제23조제3항, 동법 시행규칙 제27조의 2에 따라 「재외동포(F-4) 자격의 취업활동 제한범위 고시」(법무부 고시 제2023-187호, 2023.5.1.)에서 정한 재외동포(F-4) 자격의 취업활동 제한 직업에 취업하지 않을 것을 서약합니다.

이를 위반할 경우 범칙금 처분 및 체류기간 연장 불허 등 출입국관리법에 따른 처벌을 받을 수 있음을 안내받았습니다.

上述本人保证, 按照大韩民国《出入国管理法》第18条第1款、《出入国管理法施行令》第23条第3款、《出入国管理法施行规则》第27条之2的规定, 绝不从事《关于限制持旅外同胞(F-4)滞留资格人员在韩就业范围的告示》(韩国法

务部告示第2023-187号，2023年5月1日)中规定的对持旅外同胞(F-4)滞留资格人员限制的就业范围之内的职业。

本人已被告知，如有违反，按韩国《出入国管理法》有关规定，将会受到违规罚款处分、不予延长滞留期限等处罚。

※ 단, 지역특화형 비자 시범지역에 거주하는 재외동포(F-4)로서 사전에 체류자격 외 활동허가를 신청하는 경우는 예외임

※ 但是，居住于地区特殊类签证试验区的旅外同胞(F-4滞留资格)提前申请办理滞留资格外活动许可的除外。

<table>
<tr><td></td><td>년/年</td><td>월/月</td><td>일/日</td></tr>
<tr><td>신청인/申请人 :</td><td colspan="3">(서명 또는 인/签或章)</td></tr>
</table>

○○ 출입국 · 외국인청(사무소 · 출장소)장 귀하
大韩民国○○出入国外国人厅(事务所、办事处)长 启

본인은 이 건 업무처리와 관련하여 담당 공무원이 「전자정부법」 제36조에 따른 행정정보의 공동이용을 통하여 담당 공무원 확인 사항을 확인하는 것에 동의합니다.　　*동의하지 아니하는 경우에는 신청인이 직접 관련 서류를 제출하여야 합니다.

本人同意，按照大韩民国《电子政府法》第36条规定，相关负责公务员在办理本业务的必要范围内共同使用行政信息用于查阅并确认相关负责公务员所需确认事项。*若不同意，申请人需要亲自提交相关材料。

<table>
<tr><td>신청인
申请人</td><td>서명 또는 인
签或章</td><td>신청인의
배우자
申请人配偶</td><td>서명 또는 인
签或章</td><td>신청인의 부
또는 모
申请人父或母</td><td>서명 또는 인
签或章</td></tr>
</table>

재외동포(F-4) 취업활동 제한직업 비취업 서약서
Обещание не работать в сфере деятельности, ограниченной для Этнических корейцев(F-4)

※ 서약서는 한글 또는 영문으로 작성하기 바랍니다. Просим заполнить обещание на корейском или на английском (2쪽 중 1쪽)(1 страница из 2)

성명 Полное имя		국적 Гражданство		성별 Пол	
생년월일 Дата рождения		휴대전화 Номер телефона			
여권번호 Номер паспорта		여권발급일자 Дата выдачи паспорта		여권유효기간 Срок действия паспорта	
대한민국안의주소 Адрес в Респубулике Корея					

상기 본인은 출입국관리법 제18조제1항, 동법 시행령 제23조제3항, 동법 시행규칙 제27조의 2에 따라 「재외동포(F-4) 자격의 취업활동 제한범위 고시」(법무부 고시 제2023-187호, 2023.5.1.)에서 정한 재외동포(F-4) 자격의 취업활동 제한 직업에 취업하지 않을 것을 서약합니다.

이를 위반할 경우 범칙금 처분 및 체류기간 연장 불허 등 출입국관리법에 따른 처벌을 받을 수 있음을 안내받았습니다.

Я, вышеуказанное лицо даю обещание не работать в сфере деятельности, ограниченной для Этнических   корейцев(F-4), назначенной 「Уведомлением о сферах ограничений трудоустройства для Этнических корейцев(F-4)」 (Уведомление Министерства Юстиции №2023-187, 1 Май 2023)), в соответствии с пунктом 1 статьи 18 Закона об иммиграционном контроле, пунктом 3 статьи 23 Постановления о введении в действие того же закона и статьей 27-2 Правил исполнения того же закона.

Мне сообщили, что в случае нарушения могут быть наказания в соответвии с Законом об иммиграционном контроле, такие как наложение штрафов и отказ в продлении срока пребывания

년(год)   월(месяц)   일(день)

신청인 Заявитель :   *서명또는인*(Подпись или печать)

○○ 출입국 · 외국인청(사무소 · 출장소)장 귀하

Директору ○○Иммиграционной службы (офиса · филиала)

행정정보 공동이용 동의서 (Consent for sharing of administrative information)
(Соглашение о совместном использовании административной информации)

본인은 이 건 업무처리와 관련하여 담당 공무원이 「전자정부법」 제36조에 따른 행정정보의 공동이용을 통하여 위의
담당 공무원 확인 사항을 확인하는 것에 동의합니다.   *동의하지 아니하는 경우에는 신청인이 직접 관련 서류를
제출하여야 합니다.

Я согласен / согласна с тем, что ответственное государственное должностное
лицо подтверждает вышеуказанные дела, подтверждённые должностным лицом,
посредством совместного использования административной информации в
соответствии со статьей 36 「Закона об электронном правительстве」 в связи с
рассмотрением этого дела* В случае "Несогласия", заявитель должен лично
представить соответствующие документы.

신청인 Заявитель	서명 또는 인 Подпись/ Печать	신청인의 배우자 Супруг(а) заявителя		서명 또는 인 Подпись/ Печать	신청인의 부 또는 모 Отец/Мать заявителя		서명 또는 인 Подпись/ Печать

별첨 7 : 기업대표 신원보증서

기업대표 신원보증서

1. 피보증인(소속직원) 인적사항

국 적		성 명	영문 ( )
			한자 ( )
생년월일		성 별	
직 위		학 력	
재직기간		전화번호	
거주국 주소			

2. 신원보증인(기업대표)

국 적		성 명	
생년월일		체류자격	
회사명		자본금	
직원 수		전화번호	
회사 소재지			

3. 보증내용

○ 신원보증인은 위 피보증인(소속 직원)이 대한민국에 입국하여 단순노무업종에서 취업할 경우 출입국관리법 상 체류허가 취소 및 입국제한 조치에 대해 이의를 제기하지 아니함

위에 기재된 모든 내용이 사실과 다름없음을 확인하고 보증합니다.

년 월 일

신원보증인 : (서명 또는 인)

법무부장관 귀하

별첨 8 : F-4 자격부여 국가기술자격 직무분야 및 종목

		기술·기능 분야(510)				
직무분야(26)	중직무분야(61)	기술사	기능장	기사	산업기사	기능사
		84	28	117	120	161
01 사업관리(1/0)	011 사업관리(-)					
02 경영·회계·사무 (4/25)	021 경영(6)					
	022 회계(3)					
	023 사무(9)					
	024 생산관리(7)	공장관리 포장 품질관리		포장 품질경영	포장 품질경영	
03 금융·보험 (1/0)	031 금융·보험					
04 교육·자연 과학·사회과학 (1/0)	041 교육·자연 과학·사회과학					
05 법률·경찰 ·소방·교도·국 방(1/0)	051 법률·경찰 ·소방·교도·국방 (-)					
06 보건·의료 (1/3)	061 보건·의료(3)					
07 사회복지·종교 (1/2)	071 사회복지·종교(2)					
08 문화·예술· 디자인·방송 (3/13)	081 문화·예술					
	082 디자인(11)	 제품디자인		서비스· 경험 디자인 시각디자인 제품디자인	시각디자인 제품디자인	 웹디자인 제품응용

						모델링
				컬러리스트	컬러리스트	
						컴퓨터 그래픽스운용
	083 방송(2)				영사	영사
09 운전·운송 (1/2)	091 운전·운송 (2)					농기계운전
					철도 운송	
10 영업·판매 (1/4)	101 영업·판매 (4)					
11 경비·청소 (1/0)	111 경비·청소(-)					
12 이용·숙박· 여행·오락· 스포츠(2/8)	121 이용·미용(7)		이용			이용
			미용			
						미용 (일반)
						미용 (피부)
						미용 (네일)
						미용 (메이크업)
	122 숙박·여행 ·오락·스포츠(1)					
13 음식 서비스 (2/12)	131 조리(12)		조리		한식조리	한식조리
					중식조리	중식조리
					양식조리	양식조리
					일식조리	일식조리
					복어조리	복어조리
						조주
	132 식당서비스					
14 건설(6/98)	141 건축(29)					거푸집
		건축 구조				
		건축기계 설비				
				건축	건축	
						건축 도장
					건축 목공	건축 목공
			건축목재 시공			
				건축 설비	건축 설비	
		건축 시공				

			건축일반시공		건축일반시공	
		건축품질시험				
						도배
						미장
					방수	방수
						비계
				실내 건축	실내 건축	실내 건축
						온수 온돌
						유리 시공
						전산응용건축제도
						조적
						철근
						타일
	142 토목(46)	농어업 토목				
				토목	토목	
		토목구조				
		토질 및 기초				
		도로 및 공항				
				건설재료 시험	건설재료 시험	건설재료 시험
						도화
		상하수도				
						석공
		수자원 개발				
			잠수		잠수	잠수
						전산응용 토목제도
						지도제작
		지적		지적	지적	지적
		지질 및 지반				
				응용지질		
		철도				
				철도토목		철도토목
						측량
		측량 및 지형공간정보		측량 및 지형공간정보	측량 및 지형공간정보	

				콘크리트	콘크리트	콘크리트
		토목시공				
		토목품질시험				
						항공사진
				항로표지	항로표지	항로표지
		항만 및 해안 해양				
				해양공학		
				해양자원개발		
					해양조사	
				해양환경		
	143 조경(4)	조경		조경	조경	조경
	144 도시·교통(5)	교통 도시 계획		교통 도시 계획	교통	
	145 건설 배관(3)		배관		배관	배관
	146 건설기계 운전(11)					양화장치 운전
						지게차 운전
						굴삭기 운전
						기중기 운전
						로더운전
						롤러운전
						불도저 운전
						천장크레인 운전
						컨테이너 크레인 운전
						타워크레인 운전
						천공기운전
15 광업자원 (2/11)	151 채광(9)			광산 보안	광산 보안	광산 보안
						시추
		자원 관리				
		화약류관리		화약류관리	화약류관리	
						화약취급
	152 광해방지(2)	광해 방지		광해 방지		
16 기계(7/79)	161 기계제작(14)	기계	기계가공		컴퓨터 응용가공	컴퓨터 응용선반
						컴퓨터 응용밀링

				기계조립	기계가공 조립
					공유압
			일반기계		
			기계설계	기계설계	전산응용 기계제도
				정밀측정	정밀측정
162 기계장비설비 · 설치(31)	건설기계		건설기계 설비	건설기계 설비	
		건설기계정비	건설기계 정비	건설기계 정비	건설기계 정비
			궤도장비 정비	궤도장비 정비	궤도장비 정비
	공조냉동 기계		공조냉동 기계	공조냉동 기계	공조냉동기계
			설비보전		설비보전
	산업기계 설비				
				기계정비	기계정비
			승강기	승강기	승강기
				전자부품 장착	전자부품 장착
			농업기계	농업기계	
					농기계 정비
				생산 자동화	생산 자동화
					반도체장비유지보수
					타워크레인 설치 · 해체
163 철도(5)	철도 차량		철도 차량	철도 차량	
		철도차량 정비			철도차량정비
164 조선(6)					동력기계정비
					선체건조
					전산응용조선 제도
	조선		조선	조선	
165 항공(8)			항공	항공	
	항공 기관				
					항공기관 정비
	항공기체				
					항공기체정비

구분	분류					
						항공장비정비
						항공전자정비
	166 자동차(8)					자동차보수도장
			자동차정비	자동차정비	자동차정비	자동차 정비
						자동차 차체수리
		차량				
				그린전동자동차		
	167 금형 · 공작기계(7)	금형				금형
			금형제작			
					사출 금형	
				사출금형설계		
					프레스금형	
				프레스 금형 설계		
17 재료(5/38)	171 금속 · 재료(17)	금속 가공				
		금속 재료	금속재료	금속재료	금속재료	
						금속재료시험
		금속제련				
		세라믹				
			압연			압연
						열처리
					재료조직평가	
			제강			제강
			제선			제선
						축로
	172 판금 · 제관 · 새시(5)					금속재창호(2013년 취득자 까지만 인정)
			판금제관		판금제관	판금제관
						플라스틱창호
	173 단조 · 주조(4)		주조		주조	주조
						원형
	174 용접(6)	용접	용접	용접	용접	용접
						특수용접
	175 도장 · 도금(6)					광고도장
						금속도장

		표면 처리	표면처리		표면 처리	표면처리
18 화학(2/12)	181 화공(9)			정밀화학		
		화공		화공		
				화약류제조	화약류제조	
				화학분석		화학분석
				바이오화학제품제조	바이오화학제품제조	
	182 위험물(3)		위험물		위험물	위험물
19 섬유·의복 (2/17)	191 섬유(8)	섬유		섬유	섬유	
					섬유디자인	
						염색 (날염)
						염색 (침염)
		의류		의류		
	192 의복(9)				신발	
						양복
						양장
						신발류 제조
						세탁
					패션 디자인	
					패션 머천다이징	
					한복	한복
20 전기·전자 (2/39)	201 전기(16)	건축전기설비				
		발송 배전				
			전기	전기	전기	전기
				전기공사	전기공사	
		전기 응용				
		전기 철도		전기 철도	전기 철도	
		철도 신호		철도 신호	철도 신호	
						철도전기신호
	202 전자(23)			광학		광학
					광학기기	
				로봇기구 개발		
				로봇소프트 웨어개발		
				로봇하드 웨어개발		
					반도체 설계	

		산업계측 제어				
				의공	의공	
						의료전자
				전자계산기		전자계산기
					전자계산기 제어	
			전자기기			전자기기
				전자 임베디드	전자	
		전자응용				
						전자캐드
					3D프린터 개발	
						3D프린터운용
				빅데이터 분석		
					사무 자동화	
21 정보통신(3/31)	211 정보기술(15)			전자계산기 조직응용		
		정보관리				
						정보기기운용
				정보처리	정보처리	정보처리
		컴퓨터시스템응용				
				정보보안	정보보안	
	212 방송·무선(6)			방송 통신	방송 통신	방송통신
				무선 설비	무선 설비	무선설비
				전파전자 통신	전파전자 통신	전파전자통신
	213 통신(10)	정보통신		정보통신	정보통신	
						통신기기
					통신선로	통신선로
			통신설비			
22 식품가공(2/11)	221 식품(7)	수산제조		수산제조		
		식품		식품	식품	
						식품가공

				식육가공		
						떡제조
	222 제과 · 제빵(4)		제과		제과	제과
						제빵
23 인쇄 · 목재 · 가구 · 공예 (2/19)						사진
	231 인쇄 · 사진(5)					전자출판
				인쇄	인쇄	인쇄
					가구제작	가구제작
			귀금속가공		귀금속가공	귀금속가공
						도자공예
	232 목재 · 가구 · 공예 (14)					목공예
						보석가공
					보석감정	보석감정
					보석 디자인	
						석공예
					피아노 조율	피아노 조율
24 농림어업(4/39)		농화학				
		시설 원예		시설 원예		
	241 농업(14)					원예
				유기 농업	유기 농업	유기 농업
		종자		종자	종자	종자
				화훼 장식	화훼 장식	화훼 장식
	242 축산(5)	축산		축산	축산	축산
						식육처리
					버섯	
						버섯종균
	243 임업(13)	산림		산림	산림	산림
				식물 보호	식물 보호	
				임산 가공	임산 가공	임산가공
				임업 종묘		임업종묘
		수산 양식		수산 양식	수산 양식	수산양식
	244 어업(7)	어로			어로	
				어업생산 관리		
		가스	가스	가스	가스	가스
		건설 안전		건설 안전	건설안전	
25 안전관리(2/42)	251 안전관리(27)	기계 안전				
				산업 안전	산업 안전	
		산업위생 관리		산업위생 관리	산업위생 관리	

		소방			
			소방설비 (기계분야)	소방설비 (기계분야)	
			소방설비 (전기분야)	소방설비 (전기분야)	
		인간공학	인간공학		
		전기안전			
		화공안전			
			화재감식 평가	화재감식 평가	
			농작업 안전보건		
			방재		
	252 비파괴검사(15)		누설 비파괴검사		
			방사선 비파괴검사	방사선 비파괴검사	방사선 비파괴검사
		비파괴검사			
			와전류 비파괴검사		
			자기 비파괴검사	자기 비파괴검사	자기 비파괴검사
			초음파비파 괴검사	초음파비파 괴검사	초음파 비파괴검사
			침투 비파괴검사	침투 비파괴검사	침투 비파괴검사
26 환경·에너지 (2/37)	261 환경(24)			농림토양 평가관리	
		대기 관리			
			대기환경	대기환경	
			생물분류 (동물)		
			생물분류 (식물)		
		소음진동	소음진동	소음진동	
		수질 관리			
			수질환경	수질환경	
			자연생태복 원	자연생태복 원	
		자연환경 관리			
		토양환경	토양환경		

		폐기물처리		폐기물처리	폐기물처리	
						환경
				온실가스 관리	온실가스 관리	
				환경위해 관리		
				기상		
				기상 감정		
	262 에너지 · 기상(13)	기상 예보				
		방사선관리				
				원자력		
		원자력발전				
			에너지관리	에너지관리	에너지관리	에너지관리
				신재생에너 지발전설비 (태양광)	신재생에너 지발전설비 (태양광)	신재생에너지 발전설비 (태양광)

재외동포(F-4) 자격의 취업활동 제한범위 고시

법무부고시 제2023 - 187호

□ **재외동포(F-4) 자격의 취업활동 제한범위**

1. 일반 기준

가. 단순노무행위를 하는 경우([붙임 1] 참조)

나. 선량한 풍속이나 그 밖의 사회질서에 반하는 행위를 하는 경우
  - 「사행행위 등 규제 및 처벌 특례법」 제2조제1항제1호 및 동법 시행령 제1조의2 등에서 규정하고 있는 사행행위 영업장소 등에 취업하는 행위
  - 「식품위생법」 제36조제3항 및 동법 시행령 제21조제8호 등에서 규정하고 있는 유흥주점 등에서 유흥종사자로 근무하는 행위
  - 「풍속영업의 규제에 관한 법률」 제2조 및 동법 시행령 제2조 등에서 규정하고 있는 풍속영업 중 선량한 풍속에 반하는 영업장소 등에 취업하는 행위

다. 그 밖에 공공의 이익이나 국내 취업질서 등을 유지하기 위하여 그 취업을 제한할 필요가 있다고 인정되는 경우([붙임 2] 참조)

2. 예외 기준

○ 「출입국관리법 시행령」 제23조제3항제1호 관련
  - 「국가균형발전 특별법」 제2조제9호에 따른 인구감소지역 중 법무부장관이 정한 지역특화형 비자 사업 대상 시·군·구에 거소를 두고 거소가 속한 광역시 또는 도 내에서 제1호 가목 또는 다목의 취업활동을 하는 재외동포(F-4)는 취업활동의 제한을 받지 않음(다만, 나목은 제한)

□ **재검토기한**

○ 법무부장관은 「훈령·예규 등의 발령 및 관리에 관한 규정」에 따라 이 고시에 대하여 2023년 1월 1일을 기준으로 매 3년이 되는 시점(매 3년째의 12월 31일까지를 말한다)마다 그 타당성을 검토하여 개선 등의 조치를 하여야 함

□ 다른 규정의 폐지

   ○ 재외동포(F-4)의 취업활동 제한범위 고시(법무부고시 제2023-187호, '18. 3. 26.)
     는 이 고시 시행과 동시에 폐지함

□ 시행일 : 2023. 5. 1.부터

단순노무행위에 해당하는 세부 직업

구 분	종 류	상 세 설 명
단순노무 종사자 (대분류 9)	(1) 건설 단순 종사원 (91001)	건축 및 토목공사와 관련하여 육체적인 노동으로 단순하고 일상적인 업무에 종사하는 자를 말한다. 【직업 예시】 • 건물건축 운반인부 • 보선 단순노무원 • 해체작업 단순노무원 • 토목건설 단순노무원 • 수로정비 단순노무원 • 관정 단순노무자 • 댐건설 단순노무원 • 건물정비잡역부 【제외】 • 전통건물 건축원(77241) • 조적공(77251) • 건물해체원(77293)
	(2) 광업 단순 노무원 (91002)	광산 또는 채석장의 폐쇄된 작업장에서 목제 및 철제 지주를 제거, 노천광에서 백악, 점토, 자갈 또는 모래를 채굴하는 일에 부속된 단순하고 일상적인 일을 수행하는 자를 말한다. 【직업 예시】 • 채석장 굴삭 단순노무자 • 채광 단순노무자 【제외】 • 광원(77411) • 채석원(77412)
	(3) 하역 및 적재 관련 단순	각종 제조업체, 시장, 부두, 화물운송업체 등에서 상품을 포장, 선적, 하여 및 적재하는 업무를 수행하는 자를 말한다.

종사원 (92101)	【직업 예시】 • 적재원 • 육상화물하역원 • 선박하역원	• 하역원 • 부두노무원 • 제품운반원
(4) 이삿짐 운반원 (92102)	이삿짐을 포장, 선적, 하역 및 적재하는 등 운반업무를 수행하는 자를 말한다. 【직업 예시】 • 이삿짐 운반원	
(5) 그 외 하역 및 적재 단순 종사원 (92109)	상기 세세분류 어느 항목에도 포함되지 않은 유사한 직무를 수행하는 자를 말한다. 한 장소에서 다른 장소로 운반하기 위하여 사무실 또는 가정용 가구 및 기기를 운반, 하역하는 직무가 여기에 포함된다. 【직업 예시】 • 가구 운반원 • 냉동물 운반원 • 어류 운반원 • 식료품 운반원	• 가구 하역원 • 과실 운반원 • 고기 운반원 • 창고 운반원
(6) 우편 집배원 (92210)	우체국의 관할구역에 설치되어 있는 우체통에서 우편물을 수집하고, 관할 구역에 송달할 우편물을 표기 주소지에 배달하는 자를 말한다. 【직업 예시】 • 우체부 • 우편배달원	• 우편물 집배원
(7) 택배원 (92221)	차량을 이용하여 고객들이 주문 · 구매한 상품을 고객이 원하는 장소로 운반하는 자를 말한다. 【직업 예시】 • 택배 배달원	
(8) 그 외 택배원 (92229)	의뢰인이 요청한 문서, 문서철, 소포 및 통신문 등의 물품을 수령자에게 빠르게 배달하는 자를 말한다.	

	【직업 예시】	
	• 퀵서비스 배달원	• 오토바이 퀵서비스 배달원
(9) 음식 배달원 (92230)	각종 음식점 등에서 고객의 요구에 따라 해당 요리를 특정장소까지 배달하는 자를 말한다. **【직업 예시】** • 식사배달원 • 요리배달원 • 중국음식 배달원 • 음식배달원 • 피자 배달원	 • 야식배달원 • 도시락배달원 • 분식배달원 • 치킨 배달원
(10) 음료 배달원 (92291)	우유, 녹즙, 발효유 등을 정기적으로 배달하는 자를 말한다. **【직업 예시】** • 우유 배달원(방문판매 제외) • 녹즙 배달원(방문판매 제외)	 • 야쿠르트 배달원(방문판매 제외)
(11) 신문 배달원 (92292)	가정이나 사무실 등 정기 구독자가 요구한 장소로 신문을 배달하는 자를 말한다. 신문대금을 징수하기도 한다. **【직업 예시】** • 신문 배달원(방문판매 제외)	
(12) 그 외 배달원 (92299)	상기 세세분류 어느 항목에도 포함되지 않은 유사한 직무를 수행하는 자를 말한다.	
(13) 수동 포장원 (93001)	자재나 제품을 상자, 가방 및 기타 출하 또는 저장용 용기에 담아 손으로 포장하는 자를 말한다. **【직업 예시】** • 수동 포장원	
(14) 수동 상표부착원	수동으로 상표나 라벨을 부착하는 자를 말한다.	

(93002)	【직업 예시】	
	• 수작업라벨부착원	• 수작업상표부착원
(15) 건물 청소원 (94111)	공공건물, 사무실, 상업건물, 아파트 등의 건물을 청소, 정돈하는 자를 말한다. 【직업 예시】	
	• 사무실 청소원	• 공공건물 청소원
	• 오피스텔 청소원	• 아파트 청소원
	• 병원 청소원	• 호텔 청소원
(16) 운송장비 청소원 (94112)	비행기, 선박, 기관차의 외부, 바닥, 유리창을 청소하는 자를 말한다. 【직업 예시】	
	• 기관차 청소원	• 선박 청소원
	• 비행기 청소원	• 버스 청소원
(17) 그 외 청소원 (94119)	상기 세세분류 어느 항목에도 포함되지 않은 유사한 직무를 수행하는 자가 여기에 분류된다.	
(18) 쓰레기 수거원 (94121)	건물, 야적장, 거리 및 기타 공공장소에서 빗자루, 봉투, 집게, 플라스틱 통 등의 쓰레기 수거용구를 이용하여 쓰레기를 수집하고 제거하는 자를 말한다. 분뇨 수거도 여기에 포함된다. 【직업 예시】	
	• 쓰레기 수거원	• 쓰레기 청소부
	• 분뇨 수거원	
(19) 거리 미화원 (94122)	거리, 공항, 역 및 기타 공공장소를 청소하는 자를 말한다. 【직업 예시】	
	• 거리 미화원	• 공원 청소원
(20) 재활용품 수거원 (94123)	건물 및 기타 공공장소에서 재활용품을 수거하여 재활용하거나 간단한 수리를 거쳐 판매하는 자를 말한다.	

		【직업 예시】 • 재활용품 수거원
	(21) 그 외 환경 미화원 및 재활용품 수거원 (94129)	상기 세세분류 어느 항목에도 포함되지 않은 유사한 직무를 수행하는 자가 여기에 분류된다.
	(22) 아파트 경비원 (94211)	아파트의 내·외부를 순찰하고 출입자를 통제하며 각종 시설물을 유지 및 관리하는 자를 말한다. 【직업 예시】 • 아파트경비원　　　　　　　• 빌라경비원
	(23) 건물 경비원 (94212)	학교의 내·외부를 순찰하고 출입자를 통제하며 각종 시설물을 유지 및 관리하는 자를 말한다. 또한 일반적인 빌딩이나 업무 공간 및 공장의 내·외부를 순찰하고 출입자를 통제하며 각종 시설물을 유지 및 관리한다. 【직업 예시】 • 청사경비원　　　　　　　　• 학교경비원 • 상가경비원　　　　　　　　• 건물경비원 • 병원경비원　　　　　　　　• 빌딩경비원 • 빌딩시설경비원　　　　　　• 빌딩보안원 • 시장경비원　　　　　　　　• 공장경비원 • 공사현장경비원　　　　　　• 공사경비원
	(24) 그 외 건물관리원 (94219)	상기 세세분류 어느 항목에도 포함되지 않은 유사한 직무를 수행한다. 【직업 예시】 • 교회 관리인　　　　　　　　• 성당지기 • 공원순찰원　　　　　　　　• 공원안전요원 • 공원관리인　　　　　　　　• 공원질서요원 • 놀이시설질서유지원　　　　• 별장 관리인
	(25)	공원, 영화관, 공연장, 운동 경기장, 유원지, 전시장 등 입장객의 표를

		확인하고 입장시키는 업무를 하는 자를 말한다.
검표원 (94220)		【직업 예시】
		• 고속버스검표원 • 극장검표원 • 놀이공원검표원 • 통행료검표원 • 승차권검표원 • 사우나검표원
(26) 주유원 (95310)		주유소나 가스충전소에 고용되어 연료 및 기타 자동차 소모품 등을 판매하는 자를 말한다.
		【직업 예시】
		• 주유원 • 가스충전원
(27) 매장 정리원 (95391)		도소매업체에서 매장에 진열되어 판매될 제품을 운송하거나 쇼핑카터 등의 운송수단 등을 정리하는 자를 말한다.
		【직업 예시】
		• 매장정리원 • 상품운반원 • 판매보조원 • 상품진열원 • 쇼핑카터운반 • 정리원
(28) 전단지 배포원 및 벽보원 (95392)		각종 점포나 상품의 광고 전단지를 거리나 지하철역, 버스 정류장에서 행인들에게 배포하는 자를 말한다. 포스터와 같은 홍보물을 전봇대나 벽 또는 지정된 게시판 등에 붙인다.
		【직업 예시】
		• 카달로그 배포원 • 벽보원 • 광고스티커 부착원 • 포스터 부착원 • 홍보지 배포원 • 스티커 부착원
(29) 그 외 판매관련 단순 종사원 (95399)		상기 세세분류 어느 항목에도 포함되지 않은 유사한 직무를 수행하는 자가 여기에 분류된다.
		【직업 예시】
		• 휴대품 보관소 접수원 • 헬스클럽 탈의실 보관원
(30)		산불의 예방 진화작업에 참여하는 산불 감시원도 여기에 분류 된다.

	산불 감시원 (99104)	【직업 예시】 • 산불 감시원
	(31) 계기 검침원 (99211)	가스·수도·전력사용량을 검침하기 위하여 수용가를 방문하여 계량기를 검침하여 기록하는 자를 말한다. 【직업 예시】 • 계기 검침원(가스, 수도, 전기 등)　　• 전기 안전 점검원
	(32) 가스 점검원 (99212)	도시가스 또는 LP가스를 사용하는 가정 및 사업체를 방문하여 가스누출 여부 등 가스사용의 안전을 점검하고, 경우에 따라 필요한 조치를 요구한다. 【직업 예시】 • 가스 점검원
	(33) 자동판매기관리 원 (99220)	각종 대금의 수금업무를 담당한다. 자동판매기를 유지·관리하며 수금하는 자를 말한다. 【직업 예시】 • 자동판매기 유지 및 수금원
	(34) 주차 관리원 (99231)	차량의 무료 또는 유료 주차시설을 운용·관리·안내하는 자를 말한다. 【직업 예시】 • 주차관리원　　　　　　　　　• 주차장 관리원
	(35) 주차 안내원 (99232)	차량의 무료 또는 유료 주차시설을 안내하는 자를 말한다. 【직업 예시】 • 주차 안내원
	(36) 구두 미화원 (99910)	사무실이나 식당 등을 방문하여 구두를 수집하고, 구두를 닦아주거나 광내고 간단한 수선을 실시하는 자를 말한다. 【직업 예시】 • 구두 미화원　　　　　　　　　　• 구두닦이

(37) 세탁원 및 다림질원 (99920)	의류, 섬유직물 및 유사물품을 손으로 세탁 또는 구김을 펴는 정도의 단순한 다림질하는 자를 말한다. 【직업 예시】 • 손 세탁원 • 단순 다림질원 【제외】 • 드라이클리닝기 조작원(82301) • 그 외 세탁기계 조작원(82309)	
(38) 환경 감시원 (99991)	자연환경 보호를 위하여 감시업무를 수행하는 자를 말한다. 쓰레기 투석, 낚시, 물놀이, 폐수방류 등에 대한 단속을 위하여 도보 및 차량을 이용하여 순회하며 주변을 감시하고 단속한다. 환경을 오염시키는 자를 단속하여 보고하고 관련기관에 고발조치 한다. 투석된 오염물질을 제거하도록 관련 부서에 보고한다. 기타 주변 환경보호를 위한 감시활동을 수행한다. 【직업 예시】 • 환경 감시원	
(39) 그 외 서비스관련 단순 종사원 (99999)	상기 세세분류 어느 항목에도 포함되지 않은 유사한 직무를 수행하는 자가 여기에 분류된다. 【직업 예시】 • 심부름원 • 사환	

그 밖에 공공의 이익이나 국내 취업질서 유지 등을 유지하기 위하여
그 취업을 제한할 필요가 인정되는 세부 직업

구 분	종 류	상 세 설 명
서비스 종사자 (대분류 4)	(1) 피부 관리사 내 발 관리사 (42231)	신체의 각 기관과 관계있는 발바닥의 특정부위를 지압, 마사지, 자극함으로써 피로를 풀어주고, 혈액 순환을 촉진하여 질병을 예방하며 건강유지에 도움을 주는 일을 하는 자를 말한다. 【직업 예시】 • 발 마사지사　　　　　　　• 발 관리사
	(2) 목욕 관리사 (42234)	손님이 목욕하는 것을 도와주며, 피로를 풀 수 있도록 안마, 미용서비스를 하는 자를 말한다. 【직업 예시】 • 목욕관리사
	(3) 혼례 종사원 (42320)	결혼식을 진행하기 위하여 의자, 카펫 등을 정리하고 필요한 서류를 준비하며, 예식 진행과정을 신랑·신부의 의상과 행동을 교정해주는 자를 말한다. 요청 시 주례업무를 대행하는 사람도 이 직종에 포함한다. 【직업 예시】 • 예식진행 보조원　　　　　• 예식종사원 • 폐백종사원　　　　　　　• 전문 주례사
	(4) 노래방 서비스원 (43232)	노래방에서 고객의 편의를 위하여 기기의 사용을 도와주거나 음료를 판매하는 등 각종 서비스를 제공하는 자를 말한다. 【직업 예시】 • 노래방 종사원　　　　　　• 노래방 관리인
	(5) 그 외 오락시설 서비스원 (43239)	상기 세세분류 어느 항목에도 포함되지 않은 기타 오락시설 종사자가 여기에 분류된다. 【직업 예시】 • PC방종사원　　　　　　　• PC방관리인

		• 비디오방 종사원 • 비디오방 관리인 • 만화방 관리인
	(6) 골프장 캐디 (43292)	골프장에서 골프 치는 사람들을 위해 골프백이나 골프기구를 정리하고, 거리에 따라 알맞은 골프기구를 선정해 주고, 골프코스나 골프장의 지형지물에 대해 조언하고 즐거운 골프가 될 수 있도록 골퍼들에게 서비스를 제공하는 자를 말한다. 【직업 예시】 • 캐디 • 골프진행 도우미
	(7) 주류 서비스 종사원 (44223)	주점, 클럽 등의 주류 접객업소에서 주류의 선택을 도와 제공하고, 고객에게 주류 목록을 제시하는 자를 말한다. 또한 주류의 특성에 관한 질문 등에 답하고, 요리와 잘 어울리는 주류를 추천하기도 한다. 【직업 예시】 • 소믈리에 • 와인스튜어드 • 호스트(식음료관련)
판매 종사자 (대분류 5)	(8) 노점 및 이동 판매원 (53220)	일정 매장을 개설하지 않고, 일정한 구역의 노상에 노점 등 임시매장을 설치하거나 순회하면서 각종 상품을 판매하는 자를 말한다. 【직업 예시】 • 노점상 • 노점 판매원 • 신문가두 판매원 • 열차객실 판매원

별첨 10 : 영주(F-5-14)부여 자격 종목 및 등급

산 업	직무분야	종 목	등 급
제조업 (62)	기계	공조냉동기계	산업기사 이상
		궤도장비정비	산업기사 이상
		사출금형	산업기사 이상
		사출금형설계	기사 이상
		프레스금형	산업기사 이상
		프레스금형설계	기사 이상
		기계정비	산업기사 이상
		기계가공조립	산업기사 이상
		농업기계	산업기사 이상
		메카트로닉스	산업기사 이상
		생산자동화	산업기사 이상
		일반기계	산업기사 이상
		자동차정비	산업기사 이상
		전자부품장착	산업기사 이상
		정밀측정	산업기사 이상
		조선	산업기사 이상
	재료	용접	산업기사 이상
		금속재료	산업기사 이상
		금속가공	기사 이상
		주조	산업기사 이상
		표면처리	산업기사 이상
	전기·전자	전기	산업기사 이상
		전기철도	산업기사 이상

		전자	산업기사 이상
		전자계산기	산업기사 이상
	건설	건설재료시험	산업기사 이상
		콘크리트	산업기사 이상
		토목	산업기사 이상
	섬유 · 의복	섬유	산업기사 이상
	환경 · 에너지	폐기물처리	산업기사 이상
		에너지관리	산업기사 이상
건설업 **(17)**	건설	콘크리트	산업기사 이상
		철도토목	산업기사 이상
		건축목공	산업기사 이상
		실내건축	산업기사 이상
		조경	산업기사 이상
	기계	공조냉동기계	산업기사 이상
	재료	용접	산업기사 이상
농업 **(5)**	농림어업	유기농업	산업기사 이상
		축산	산업기사 이상
어업 **(8)**	농림어업	수산양식	산업기사 이상
		어로	산업기사 이상
	식품가공	수산제조	산업기사 이상
	건설	잠수	산업기사 이상

별첨 11 : 취업 외 목적, 방문취업(H-2) 체류자격 소지자 안내 및 유의사항

<table>
<tr><td colspan="4" align="center">취업 외 목적, 방문취업(H-2) 체류자격 소지자
안내 및 유의사항</td></tr>
<tr><td colspan="4">1. 인적사항</td></tr>
<tr><td align="center">국 적</td><td></td><td align="center">성 명
(여권 상 성명)</td><td></td></tr>
<tr><td align="center">외국인등록번호</td><td></td><td align="center">체류만료일</td><td></td></tr>
<tr><td align="center">주소지</td><td colspan="3"></td></tr>
<tr><td align="center">국내 체류목적</td><td colspan="3"></td></tr>
</table>

2. 상기 본인은 체류기간연장을 신청하면서 취업활동에 종사할 수 없음을 안내받았습니다.

   또한, 취업 외 목적으로 체류하는 동안 취업활동을 하다가 적발되는 경우 범칙금 처분 및

   체류기간연장이 불허될 수 있음을 안내받았습니다.

년   월   일

서약인 :   (서명 또는 인)

법무부장관 귀하

【 방문취업(H-2) 동포 취업 외 목적 체류기간연장 허가 안내】

o 방문취업(H-2) 체류기간이 만료되어 본국으로 출국해야 하는 동포가 대한민국에서 취업하지 않으면서

   가족방문 및 동거, 자녀양육, 학업 등 목적으로 계속 체류하려는 경우에 취업 외 목적으로 체류 가능

o 취업 외 목적으로 체류하는 방문취업(H-2) 동포가 취업활동 적발시 출입국관리법령에 따라 처벌되며, 각종

   체류허가가 제한될 수 있음

별첨 12 : 동포체류지원센터 현황

(지정기간 '23.7.1.~'25.6.30.)

(가나다 순)

센터명	주소	연락처	
경기글로벌센터 (사단법인)	경기 부천시 경인로 133번길 10, 3	032-344-1412	sky3229 @naver.com
경상북도고려인 통합지원센터	경북 경주시 한빛길 4, 2층	054-742-4336	gkc365 @naver.com
경주 YMCA	경북 경주시 현곡면 용담로 283	054-743-2888	ymca0561 @hanmail.net
고려인마을 (사단법인)	광주광역시 광산구 산정공원로 28번길 35	062-961-1925	sctm01 @hanmail.net
글로벌드림 다문화연구소 (사단법인)	경남 김해시 호계로 473, 3층	055-322-1365	gdream1364 @daum.net
너머 인천 고려인문화원	인천광역시 연수구 함박로 27, 2층	032-816-9002	jamirin @hanmail.net
너머 (사단법인)	경기 안산시 단원구 신천로 45, 1층	031-493-7053	jamir150 @daum.net
대전 다문화센터	대전광역시 유성구 계룡로 30, 2층	042-543-1191	globalwork2023 @daum.net
반딧불나눔복지재단 (사단법인)	충남 당진시 송악읍 신평로 1565	041-352-0607	1217mjm @daum.net
서울 외국인주민지원센터	서울특별시 영등포구 도신로 40	02-2229-4909	hotline @sfrc.seoul.kr
안산외국인노동자의집 /중국동포의집	경기 안산시 단원구 화랑로 65, 3층	031-495-2288	5663004 @hanmail.net

센터명	주소	연락처	
울산외국인센터 (사단법인)	울산광역시 북구 호계3길 17-17	052-291-3133	fcous @daum.net
이주민종합지원센터	광주광역시 광산구 산정공원로 60번길 22	062-962-3004	cccwilly @naver.com
하이웃이주민센터	경북 경주시 금성로 374, 3층	054-772-0691	xairfcs3 @gmail.com
한국외국인노동자 지원센터	서울특별시 구로구 남부순환로 1291, 1층	02-6900-8000	info @migrantok.org
한중사랑교회	경기 부천시 경인로605, 상가동 B201호	02-837-9296	hansaram57 @hanmail.net

찾아보기

저자

행 정 사 · 법학박사 김 동 근
[대한민국 법률전문도서 출간 1위 : 한국의 기네스북 KRI 한국기록원 공식인증저자]

   숭실대학교 법학과 졸업
   숭실대학교 일반대학원 법학과 졸업(행정법박사)

현, 숭실대학교 겸임교수
    행정심판학회 학회장
    국가전문자격시험 출제위원
    대한행정사회 중앙연수교육원 교수
    경기대학교 탄소중립협력단 전문위원
    대한탐정협회 교육원장
    YMCA병설 월남시민문화연구소 연구위원

전, 대통령후보 디지털성범죄예방 특별위원회 자문위원
    서울시장후보 법률특보단장
    숭실대학교 행정학부 초빙교수
    대한행정사회 대의원
    공인행정사협회 법제위원회 법제위원장
    공인행정사협회 행정심판전문가과정 전임교수
    중앙법률사무교육원 교수

저서, 출입국관리법 이론 및 실무(법률출판사)
    외국인출입국사범심사 이론 및 실무(법률출판사)
    실전 형사소송 실무편람(법률출판사)
    고소장 작성 이론 및 실무 (법률출판사)
    사건유형별 행정심판 이론 및 실무(진원사)
    사건유형별 행정소송 이론 및 실무(법률출판사) 외 70권

최나리 변호사

성균관대학교 법학과
대법원 사법연수원 수료(41기)
인천지방검찰청 부천지청 검사직무대리
수원지방법원 민사조정위원

현, 법률사무소 로앤어스 대표변호사

저, 외국인출입국사범심사 이론 및 실무(법률출판사)
한권으로 끝내는 민사소송준비부터 가압류 강제집행까지(법률출판사)

출입국전문가와 함께하는

외국인 체류자격 · 체류기간 및 체류자격 변경절차 실무

2024년 1월 10일   초판 1쇄 인쇄
2024년 1월 20일   초판 1쇄 발행

공 저 자   김동근 최나리
발 행 인   김용성
발 행 처   법률출판사
          서울시 동대문구 휘경로2길 3, 4층
          ☎ 02) 962-9154   팩스 02) 962-9156
등 록 번 호   제1-1982호
ISBN   978-89-5821-450-2   13360
e-mail :   lawnbook@hanmail.net